高等院校小学教育专业教材

小学教育学

主 编 ◎ 严从根 叶飞 程亮

华东师范大学出版社
·上海·

图书在版编目（CIP）数据

小学教育学 / 严从根，叶飞，程亮主编. —上海：华东师范大学出版社，2022
ISBN 978 - 7 - 5760 - 2686 - 3

Ⅰ.①小… Ⅱ.①严… ②叶… ③程… Ⅲ.①小学教育—教育学 Ⅳ.①G620

中国版本图书馆 CIP 数据核字（2022）第 066275 号

小学教育学

主　　编　严从根　叶　飞　程　亮
责任编辑　李恒平
特约审读　李　鑫
责任校对　时东明　张亦驰
装帧设计　庄玉侠

出版发行　华东师范大学出版社
社　　址　上海市中山北路 3663 号　邮编 200062
网　　址　www.ecnupress.com.cn
电　　话　021 - 60821666　行政传真 021 - 62572105
客服电话　021 - 62865537　门市（邮购）电话 021 - 62869887
地　　址　上海市中山北路 3663 号华东师范大学校内先锋路口
网　　店　http://hdsdcbs.tmall.com

印　刷　者　常熟高专印刷有限公司
开　　本　787 毫米 × 1092 毫米　1/16
印　　张　24.25
字　　数　526 千字
版　　次　2022 年 6 月第 1 版
印　　次　2025 年 8 月第 6 次
书　　号　ISBN 978 - 7 - 5760 - 2686 - 3
定　　价　58.00 元

出版人　王　焰

（如发现本版图书有印订质量问题，请寄回本社客服中心调换或电话 021 - 62865537 联系）

序 言

当前,政治、经济、文化、科技中各行各业的快速发展催生着全社会、全领域的深度变革,同时也对教育工作提出了更高的改革与发展要求。作为党和国家教育事业的重要组成部分,小学教育质量事关亿万少年儿童健康成长,事关国家发展,事关民族未来。推进小学教育改革与发展,建设高质量小学教育育人体系是促进小学教育现代化、建设教育强国和办好人民满意的教育的基础性工作。

新中国成立以来,学术界关于小学教育的理论与实践探索已经十分丰富,涌现出北京师范大学黄济教授、劳凯声教授、檀传宝教授合作主编的《小学教育学》,安徽师范大学阮成武教授主编的《小学教育概论》,天津师范大学田本娜教授主编的《小学教育学》等一系列著作。可以说,这些关于小学教育学的教材是十分优秀的,对我国小学教育学学科建设作出了重大贡献。本书与已有教材既相互联系,又相对独立,相较而言具有以下特点。

第一,强化思想引领,坚持马克思主义的指导地位。以马克思主义思想,特别是中国化时代化的马克思主义思想为指导,统领教材编写和修订。尽可能体现习近平新时代中国特色社会主义思想,特别是习近平有关教育的重要论述,推进其理论体系向教材体系转化。充分运用习近平新时代中国特色社会主义思想的世界观和方法论,架构理论视角,建构教材体系,精选教材素材,分析小学教育现象和问题,指导小学教育实践。

第二,重视学科支撑,注意吸收小学教育学科的最新理论研究成果。小学教育理论研究异彩纷呈,各种教育观点不断涌现,促使小学教育学科发生了深刻的变化。本书着眼于当代小学教育学科改革的特点和趋势,结合学术界最新理论研究成果,对我国小学教育学科的建构进行深入的理论探讨。本教材重点对小学教育学科建设的主要问题进行理论反思,总结具有价值的思想和观点,为小学教育学科改革的实践服务,并推进小学教育学科理论的发展。例如,在小学学制的探讨上,通过对现代西方国家小学学制和中国学制的对比分析,描绘世界小学学制变革的趋势;在小学教育研究方法上,在吸纳一般教育研究方法的基础上,将小学教育学科的特点考虑在内,总结提炼出观察研究法、调查研究法、实验研究法、行动研究法与案例研究法等具有小学教育教学特色的小学教育研究基本方法。

第三,坚持实践导向,尽量提炼和呈现一线小学教育实践的丰富经验。小学教育学科既有深入的理论建构,也有面向实践的意义追寻。伴随着时代的变革和社会的发展,小学教育研究的中心也由理论体系的建构走向实际问题的解决,因此经过多年的摸索,积累了宝贵的实践经验,取得了新的发展。本教材根据小学教育基础性、全民性的特点,对我国正在进行的小学教育实践进行提炼和呈现,如小学课程、小学教学、小学生、小学教师等。此外,在实践经验的选取上,重点关注当代最新小学教育教学实践案例,并对其进行分析与解读。例如,在小学教育管理中,强调要实行小学特色管理,以此支持小学的可持续发展;在办学管理、教师管理、班级管理等方面呈现优秀案例,为有效开展小学教育管理提供借鉴。

第四,寻求多元价值,兼顾新时代小学教育师范生认知特点和教师资格证考试需求。面对小学教育学科复杂多样的理论难题和实践挑战,本书坚持寻求小学教育学科的多元价值,既不是空谈理论,也不是单纯强调实践,而是致力于理论建构和实践探索的统一,为小学教育研究者和一线教师提供参考。本教材在内容构成上既包含小学教育目的、小学教育功能、小学教育产生发展等理论体系,又囊括与小学教育实践息息相关的班主任工作、课程建设、教学模式等问题。进入新时代,小学教育学科建设不断完善发展,良好的就业前景吸引着越来越多的学生选择小学教育这一专业,小学教育成了当前热门师范专业。本书在注重研究价值的基础上兼顾小学教育师范生的认知特点和教师资格证考试的需求,在语言阐释上力求通俗易懂,佐以丰富的实践案例,供小学教育师范生阅读,逐步提高师范生的学习兴趣,为师范生今后进行教育教学实践提供借鉴。

第五,植根传统经验,在继承以往小学教育学课程教材的基础上创新发展。自小学教育学科设立以来,小学教育学课程教材在理论研究和应用研究上取得了丰硕的成果,使得小学教育学科逐渐演变成一门较为成熟的学科,在基础教育中的地位日渐凸显。本教材以马克思主义理论体系为指导,坚持借鉴与批判的统一,摒弃二元对立和非此即彼的观点,立足于传统小学教育学经验,并对其加以继承,在此基础上实现小学教育学课程教材的基础性创新发展。本教材坚持以小学教育学科前沿问题为核心,注重多维视野的相互观照,从宏观到微观、历史与现实、国际与本土等多方面探讨小学教育目的、小学教育课程、小学教学、小学德育、小学教育改革和发展等当前小学教育的难点问题,它们既是对小学教育发展趋势真实写照,也是对小学教育学科创新性发展的现实诉求。

参与本教材编写的作者有(以所编写章节的先后为序):华东师范大学程亮、李永涛(第一章),华中师范大学岳伟、李文娟(第二章),河南师范大学张晓阳(第三章),北京师范大学程猛(第四章),杭州师范大学严从根、程建坤(第五章),四川师范大学刘争先(第六章),华南师范大学陈寒(第七章),内蒙古师范大学马红斐(第八章),天津师范大学高维、天津市教育科学研究院武秀霞(第九章),南京师范大学叶飞(第十章),东北师范大学张聪(第十一章),安徽师范大学李宜江(第十二章),杭州师范大学徐洁(第十三章)。全书由严从根负责统稿和修订。

本教材的编写得到了华东师范大学出版社李恒平副编审的大力帮助,对此,我们深表谢意!在编写本书时,我们还参考或引用了相关的教材、论著、报刊和学术论文,我们也在此向这些作品的作者们一并致谢!

目 录

第一章　小学教育概述 …………………………………… 1
第一节　教育与小学教育 ………………………………… 1
第二节　小学教育的性质 ………………………………… 5
第三节　从教育学到小学教育学 ………………………… 10

第二章　小学教育历史和发展 …………………………… 18
第一节　小学教育的起源和发展 ………………………… 18
第二节　小学教育体系的产生 …………………………… 25
第三节　小学教育的发展趋势 …………………………… 39

第三章　小学教育目的 …………………………………… 51
第一节　小学教育目的的内涵、结构与依据 …………… 52
第二节　我国小学教育目的的历史演变 ………………… 56
第三节　我国小学教育目的的理论基础 ………………… 59
第四节　人的全面发展与小学教育目的的发展 ………… 63

第四章　小学教育功能 …………………………………… 69
第一节　小学教育与儿童发展 …………………………… 69
第二节　小学教育与社会发展 …………………………… 76
第三节　小学教育功能的形成与释放 …………………… 83

第五章　小学学制 ………………………………………… 88
第一节　学制和小学学制 ………………………………… 88
第二节　西方主要国家的小学学制 ……………………… 94
第三节　我国小学学制沿革 ……………………………… 99

第四节　小学学制的变革 ································· 105

第六章　小学生 ·· 109
　　第一节　儿童观的发展与内涵 ··························· 109
　　第二节　小学生的认知心理与学习 ···················· 114
　　第三节　小学生的社会情感能力发展与教育 ······ 119
　　第四节　小学生的权利与义务 ··························· 124

第七章　小学教师 ·· 130
　　第一节　小学教师的职业概述 ··························· 131
　　第二节　小学教师的权利与义务 ······················· 136
　　第三节　小学教师的专业素养 ··························· 143
　　第四节　小学教师的专业发展 ··························· 150
　　第五节　小学师生关系 ····································· 155

第八章　小学课程 ·· 159
　　第一节　课程与小学课程 ································· 159
　　第二节　小学课程的类型与结构 ······················· 166
　　第三节　小学课程的开发与实施 ······················· 170
　　第四节　小学课程改革 ····································· 181

第九章　小学教学 ·· 192
　　第一节　小学教学的内涵与作用 ······················· 193
　　第二节　小学教学目标 ····································· 195
　　第三节　小学教学的组织形式与基本环节 ········· 207
　　第四节　小学教学的原则与方法 ······················· 223
　　第五节　小学教学的评价 ································· 245
　　第六节　我国小学教学的未来改革趋向 ············· 257

第十章　小学德育 ·· 270
　　第一节　德育与小学德育 ································· 271
　　第二节　小学生的道德发展理论 ······················· 274
　　第三节　小学德育的主要内容 ··························· 280

第四节　小学德育的途径与方法 …………………………………… 286
第五节　小学生心理健康教育 ……………………………………… 292

第十一章　小学教育管理与班主任工作 …………………………………… 298
第一节　小学教育管理概述 ………………………………………… 299
第二节　小学学校管理 ……………………………………………… 303
第三节　小学班级管理 ……………………………………………… 309
第四节　小学课堂管理 ……………………………………………… 313

第十二章　小学教育改革与发展 ……………………………………………… 319
第一节　小学教育改革的历史进程与主题 ………………………… 320
第二节　当前小学教育改革的热点问题 …………………………… 327
第三节　小学教育的未来发展趋势 ………………………………… 337

第十三章　小学教育研究的基本方法 ………………………………………… 349
第一节　小学教育研究概述 ………………………………………… 349
第二节　教育观察研究法 …………………………………………… 354
第三节　教育调查研究法 …………………………………………… 358
第四节　教育实验研究法 …………………………………………… 362
第五节　教育行动研究法 …………………………………………… 368
第六节　教育案例研究法 …………………………………………… 373

第一章
小学教育概述

学习目标

1. 了解教育的基本内涵、要素和形态。
2. 理解小学教育的概念和主要性质。
3. 了解教育思想的发展脉络,理解一般教育学与小学教育学的形成和发展过程。

视频:小学教育意味着什么

内容脉络

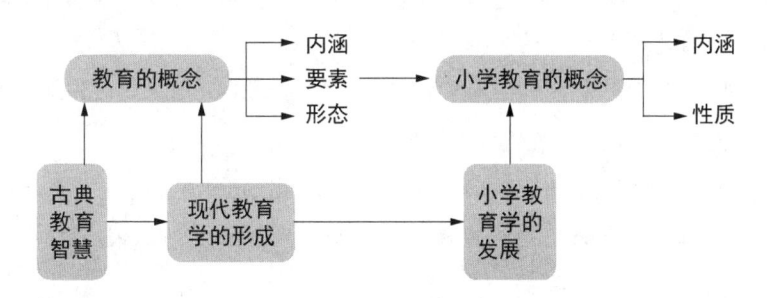

在现代社会中,教育的重要性不言而喻,它不仅关涉每个孩子当下的成长和未来的生活,而且在相当大的程度上关联到家庭的幸福、社会的发展和国家的繁荣。正因为如此,教育不再是单纯的个人事务,而成为了社会的公共利益,构成了公共政策甚至国家战略的重要内容。作为国民教育系统的重要组成部分,小学教育因其在对象上面向全民,在功能上注重基础,尤其具有不可替代的价值和意义。要想明晰这种价值和意义,我们需要从教育和小学教育的概念说起。

第一节 教育与小学教育

在今天,很少有一件事能像"教育"这样引人关注,也很少有一个词能像"教育"这样被频繁提及。我们每个人不是接受过"教育",就是在接受"教育"的过程之中,因此我们都有直接的教育经验或体验。对于"教育"这件事我们似乎都有自己的认知或理解,但当我们试图去界定"教育"概念时,它又显得不是那么清晰明了了。因此,在界定"小学教育"之前,还是有必要说明一下更为基本的"教育"概念。

一、教育是什么[①]

根据《中国大百科全书·教育》,"教育"这个词有广义和狭义之分:"从广义上说,凡是增进人们的知识和技能、影响人们的思想品德的活动,都是教育。狭义的教育,主要指学校教育,其含义是教育者根据一定社会(或阶级)的要求,有目的、有计划、有组织地对受教育者的身心施加影响,把他们培养成为一定社会(或阶级)所需要的人的活动。"[②]在日常语言中,我们确实会说,一部电影,一本书,一次参观,甚至某次事件或经历很有教育意义,即它们对我们的知识、技能或态度等产生了积极的影响,这便是广义的教育了;但更多的时候,我们取的是狭义的理解,即用"教育"一词指称"学校教育"。此外,"教育"有时还作为思想品德教育的同义语使用,比如我们常说"教育教学工作",将"教育"与"教学"并置,其中"教育"相当于"思想品德教育"。

> **📖 阅读材料**
>
> **"教育"的界定**
>
> 对于这个概念的内涵,人们在不同的社会语境中,站在不同的立场上,往往有非常不同的认识。下面是几种典型的观点:
>
> (1) 教育即能力的发展。瑞士教育家裴斯泰洛齐(Pestalozzi, J. H.):"教育是人类一切知能和才性的自然的、循序的、和谐的发展。"
>
> (2) 教育即社会化。法国社会学家涂尔干(Durkheim, E.):"教育是年长的几代人对社会生活方面尚未成熟的几代人所施加的影响。……教育在于使年轻一代系统地社会化。"[③]
>
> (3) 教育即文化传递。英国人类学家马林诺夫斯基(Malinowski, B. K.):"教育就是指一个文化体系的传递;在文化变迁的时候,除了传递以外,也兼指两个文化体系的传播和融合。"[④]
>
> (4) 教育即经验改造。美国哲学家杜威(Dewey, J.):"教育就是经验的改造或改组。这种改造或改组,既能增加经验的意义,又能提高指导后来经验进程的能力。"[⑤]
>
> (5) 教育即使人为善。日本教育学者村井实:"教育是'使儿童(或每个人)变成善良的各种活动'。"[⑥]

---

① 本部分主要修改自华东师范大学教育学编写组《基于教师资格考试的教育学》第一章中"教育的概念"部分。
② 中国大百科全书总编辑委员会.中国大百科全书(第11卷)[M].北京:中国大百科全书出版社,2009:438.
③ 张人杰.国外教育社会学基本文选(修订版)[M].上海:华东师范大学出版社,2009:8.
④ 马林诺夫斯基.文化论[M].费孝通,等,译.北京:中国民间文艺出版社,1987:45.
⑤ 杜威.民主主义与教育[M].王承绪,译.北京:人民教育出版社,2001:87.
⑥ 大河内一男,海后宗臣等.教育学的理论问题[M].曲程,迟凤年,译.北京:教育科学出版社,1984:317.

尽管我们很难对教育内涵形成完全一致的认识，但是从人们对"教育"一词的使用中，仍可以看到它所包含的三个要件：

第一，教育作为一种社会活动或过程，必定发生在人与人之间，而且是一方有意识地对另一方施加影响，即有施动的教育者和受动的受教育者。这是它不同于学习活动的重要之处，因为学习可以不需要他人的指导或教授。在这种意义上，与其说自我教育是教育，还不如说是一种自主的学习。但值得注意的是，这种影响可以是年长一代向年轻一代施加的，也可以是同代之间的，甚至在今天出现了年轻一代对年长一代的文化"反哺"；这种影响可以是面对面的互动，也可以通过各种媒介手段（如网络、电视、广播等）展开。

第二，教育意味着正在或已经传递了某种有价值的东西，特别是我们通常所说的知识、技能或态度等。因此，它与"教唆"不同，大概没有人会把教人使坏看作是教育。这些有价值的东西主要来自人类智慧的结晶，包括特定社会在长期发展中积淀下来的丰富文化遗产。但是，在不同的历史时期或社会文化中，人们对什么样的知识、技能或态度是有价值的，可能会有不同的看法，因此会有不同的选择。比如，在西方，教育有重知识或理智的传统，而在中国，教育有重道德或人伦的特征。

第三，教育意味着直接促进人的身心发展，尤其是心灵或精神的发展。这意味着，教育与哺乳、医疗、体育训练是不同的：前者更多关涉精神上的积极变化，后者更多指向身体机能的发展。从这种意义上，学校体育（physical education）与社会体育、学校教育与校外培训在性质和目的上是不同的。

概括来说，教育就是有意识地通过知识、技能或态度的传递，促进人的身心发展的社会活动。它必然内含了作为施动者的教育者和作为受动者的受教育者，而且是二者共同实施的一种对象性活动，涉及教与学的内容，以及承载这些内容的方式或手段等，这些可以统称为教育媒介（也被称为"教育中介"）。因此，教育者、受教育者和教育媒介是教育的基本要素。具体到学校教育中，教育者一般是教师，受教育者一般是学生，教育媒介则是师生交互作用的介质，包括课程材料及其他辅助教育手段、设备、设施甚至环境等。

根据正式化的程度不同，教育在形态上通常可以区分为三类：非正式教育（informal education）、非正规教育（non-formal education）和正规教育（formal education）。非正式教育泛指融合在日常生活或生产过程中个体习得知识、技能或态度的活动，并没有独立的形式或系统，比如父母对子女的教育、原始社会的教育，大体属于此类；非正规教育是在学校以外其他社会组织所从事的教育活动，有一定的系统性，比如场馆教育、培训或补习班；正规教育主要指学校教育，即个体在有组织的教育机构中所受到的系统化的教育。它们的具体差异，可以用下表来说明：

表 1-1 非正式教育、非正规教育和正规教育的比较

类型	非正式教育	非正规教育	正规教育
系统	无系统	有一定的系统	有严格的制度
对象	所有人	多为社会职业者	多为学生
过程	未明确的	非连续的	连续的
内容	无所不包的	灵活的	固定的
时间	终其一生	短期的	有较为统一的、确定的时限

二、小学教育的界定

根据上述对"教育"的理解,"小学教育"又意味着什么?顾名思义,小学教育是由小学这种特殊的机构所实施的教育,因此,它有别于家庭、社区或其他社会机构实施的非正规教育,也有别于融合在社会生产或生活过程之中的非正式教育,属于正规教育的范畴。

从概念上来说,小学教育(elementary education),通常也称"初等教育"(primary education),有时甚至与"基础教育"或"基本教育"(basic education)相当。在国际上,这个概念实际所指称的范围也不尽相同。比如,在英国,1926 年发布的《哈多报告》(Hadow Report)对教育阶段进行了重新划分,以 11 足岁为界线,将 11 足岁以下儿童接受的正规教育称为初等教育[1]。在美国,小学教育总体上是指从幼儿园(5 或 6 岁)到五年级(10 或 11 岁)或六年级(11 或 12 岁)的正规教育,但有时"初等教育"仅仅指小学教育的前三年(一至三年级);在我国,小学教育通常涵盖了从 6 周岁到 12 周岁学龄儿童的学校教育,而初等教育既包括了面向儿童的小学,也包括成人初等学校。2011 年,联合国教科文组织发布的《国际教育标准分类》(第三次修订版)提出,初等教育阶段入学年龄常常是不低于 5 岁不大于 7 岁之间,大多数的课程持续 6 年。当然,随着经济与社会的发展、教育系统的不断革新,小学教育的入学年龄或在学时长也会不断变化。

但是,这并不意味着可以通过年龄或年段来确定小学教育(或初等教育)的内涵。上述《国际教育标准分类》认为,初等教育"通常是为了给学生提供读、写、算的基本技能(即读写素养和计算素养),同时为他们学习和理解与知识、个性发展和社会性发展有关的核心领域奠定坚实的基础,以为初级中等教育做好准备"[2]。又如,《中国大百科全书·(教育卷)》直接将其界定为"使受教育者打下文化知识教育和作好初步生活准备的教育"[3]。

综合来说,小学教育主要是以小学为主体、以 6—12 岁学龄儿童为对象、以基本素养发展

---

[1] 哈多委员会.关于青少年的教育(哈多报告)[C]//瞿葆奎主编.教育学文集·英国教育改革.北京:人民教育出版社,1993:54.
[2] International Standard Classification of Education ISCED 2011[R]. UNESCO Institute for Statistics,2012:31.
[3] 中国大百科全书编辑委员会编.中国大百科全书·(教育卷)[M].北京:中国大百科全书出版社,2002:37.

为目标的正规化教育。单从概念来看,小学教育与初等教育略有不同:前者侧重实施主体,后者侧重目标、任务或水平;但从我国教育的实际来看,两者又是一致的,因为承担初等教育任务的机构就是小学。具体来说,这个概念可以从以下几方面来理解:第一,它属于正规教育的范畴,主要完成初等教育的目标和任务,通常前接幼儿园等机构实施的学前教育,后续初中和高中实施的中等教育;第二,它的目标主要是使学生具备公民的基本素养,在我国是使学生在德、智、体、美、劳等方面获得初步的全面发展,同时为进入初级中等教育做好准备;第三,它的内容主要是读、写、算的基本知识和技能,以及适应社会生活所必需的公共道德、社会情感、习俗或习惯等方面的初步内容。

第二节 小学教育的性质

作为学校教育制度的基本内容,小学教育在性质上具有多重性。它一方面作为基础教育的内容,具有鲜明的基础性特征,构成了"基础"中的"基础";另一方面作为义务教育的构成,具有面向人人的普及性或全民性的特征,而基于这个方面,小学教育又具有浓重的平等化意味。

一、基础性

基础性是小学教育最主要的性质和特征。作为基础教育的组成部分,小学教育是一个国家经济和社会的发展所必不可少的支撑,是国民教育系统中的基础起始阶段,而且也是在为每个个体的终身学习或发展奠定基础。具体来说,小学教育的基础性表现在:

首先,小学教育是经济与社会发展的重要基础。在今天这样一个全球互联互通的时代,国家之间的竞争已经不仅仅限于经济或军事实力的层面,而是越来越多地走向科技和文化的层面。科技的发展需要高端的人才,文化的发展需要高素养的国民,但要造就这样的人才、培养这样的国民,离不开教育的支撑。正因为如此,很多国家都把教育摆在优先发展的位置,我国更是明确提出了"科教兴国"战略,强调教育在国民经济与社会发展中的全局性、先导性、基础性的作用。作为教育系统中的起始阶段,小学教育可谓是"基础"中的"基础",尽管小学教育并不能承担提高国民素质的全部任务,但它却通过提供最为基本的读写算、培养最基本的行为习惯和社会交往能力等,为整个国民素质的提高奠定了重要的基础;尽管小学教育的直接目标不是培养人才,但它却为每个人的成长、为社会所需要的人才做出了必要的准备。从这种意义上说,小学教育以最为基础的方式,为整个国家或社会的发展贡献了力量。

其次,小学教育是国民教育系统的重要基础。早在1980年,中共中央、国务院《关于普及小学教育若干问题的决定》中就指出,"小学教育是整个教育的基础"。与很多国家一样,我国的学校系统也包括了从初等教育到中等教育再到高等教育的纵向贯通体系。在这个系统中,作为初等教育的小学教育无疑又处在"入门"阶段,它一方面力求尽快引导儿童实现从幼儿园到小学的顺利过渡,帮助他们获得基本的读写算素养、形成良好的行为习惯;另一方面也在为学生进入中等教育阶段的学习和生活做准备。这个阶段并不像中等教育或高等教育那样面临职业或专业的分流或分轨,而是面向所有适龄儿童的共有、共通甚或共同的教育阶段。同时,它又与中等教育阶段的一部分——初级中等教育(初中)结合在一起,构成了义务教育的范畴,因此它也与初中教育在目标和内容上保持一致性和连续性。即便如此,不同国家或地区除了在义务教育年限方面略有差异之外,还在小学与初中的学制安排上有所不同,比如都是九年义务教育,有些国家或地区是"六三制"(小学六年、初中三年),有些则是"五四制"(小学五年、初中四年),还有些是两种都有(如中国、美国)。但无论如何,从教育的连续性来说,没有良好的小学教育,就很难有高质量的义务教育,更难有高质量的高中教育甚至高等教育。

阅读材料

上海市义务教育阶段的五四学制

从2004年秋季学期开始,上海市九年义务教育全面实行"五四"学制,即小学五年,初中四年,取代过去小学六年、初中三年"六三"学制。这一政策是建立在数据调查、现状分析、发展预测、试点探索等研究的基础上的。其实施的理由主要在于:

第一,五四学制符合和适应上海学生身心发展的规律。随着人们物质生活水平的普遍提高以及优生优育和幼教事业的迅速发展,上海地区的学龄儿童生理、心理发展普遍呈现早熟的趋势。而小学与初中在教学方法、管理制度和生理、心理成长环境等方面有很大差异。由于小学教学是从儿童身心特点出发,把已经进入少年期的学生继续放在小学环境接受教育,不利于其发展和成长。相反,中学生活的独立性、主动性、自觉性和灵活性相对较强,对少年有更大的吸引力,让他们早一年进入中学学习,适应少年个体成长的需求,对提高他们的心理承受能力和智能发展大有好处。

第二,五四学制有利于上海高标准、高质量普及义务教育。六三学制中的初中只有3年,年限短、课时紧、课程多、坡度大,存在学生课业和心理负担过重、消化不良等缺陷。五四学制可拓宽初中教育阶段的时间和空间,有利于合理安排课程,分散教学难点,减缓教学坡度,使学生有比较充裕的时间和空间消化所学的知识,有效地解决初二两极分化问题。实际上,它有效地适应了传统的应试教育向素质教育转变的大趋势。

第三,五四学制适应了上海经济和社会发展的需要。增加一年初中教育的时间与内容,可以更充分地发挥初中教育的优势,增加实践的机会,以适应上海经济建设与社会发展的需要。作为全国经济中心的上海如果采取有效的措施,进一步完善五四学制,可大大提高初中的教育效益,提升整个义务教育的产出水平。

除此之外,五四学制的推行是符合国内外教育发展进步趋势的,它有利于实施上海课程教材改革方案,不会导致小学生学业负担过重。①

再次,小学教育是个体终身发展的重要基础。对于个体来说,小学阶段是学生身心快速发展时期,随着义务教育的普及,小学教育越来越多地为个体的终身发展或可持续发展奠定了基础,这主要体现在三个方面:第一,小学教育为个体进入特定的科目或知识领域提供了"入门教育","所谓"启蒙"也正是从小学教育开始的。在这里,儿童被引领进系统的科目或知识学习中,开始接触不同的科目或知识领域,把握这些科目或知识领域中最为基础性的内容,可以为后续更为系统、更为专业的知识学习夯实根基。第二,小学教育为个体进入社会生活提供了"试验田"。儿童从幼儿园或家庭转向小学,开始了新的社会化过程,特别是在与老师的互动、与同伴的交往中习得各种社会规范、尝试各种社会角色,为后续进入社会生活提供了初步的准备。第三,小学教育为个体的自由而全面发展提供了基本的支撑。通过综合的课程、丰富的活动,促进学生个性的自由发展,同时引导学生在德、智、体、美、劳等方面都得到基本的、协调的发展。在学习化社会的背景下,所有这些方面无疑对个体后续的发展和未来的生活具有重要的价值。

阅读材料

小学教育的"基础性"

……每个学生潜能的开发、健康个性的发展、为适应未来社会发展变化所必须的终身学习的愿望和能力的初步形成,将逐步代替对基础文化知识的灌输,成为小学教育的重要任务。具体包括:一是道德品质发展的基础。进入小学的少年儿童随着生活范围的不断扩大,会遇到越来越多的道德问题,小学教育工作者应引导学生认识、了解与他们的生活经验相联系的道德观念,并养成相应的道德习惯。二是智慧品质发展的基础。小学时期的少年儿童正处于智慧潜力逐步显现并迅速发展的时期,小学教育的一个重要的任务应当放在启迪儿童智慧发展上,知识教学应为智慧发展服务,智慧发展应促进知识教学。三是个性品质形成的基础。小学时期是少年儿童的个性倾向开始显露的时期,小学教育应当维护、尊重、发现并培养小学生的个性,使他们养成良好的个性品质。四是身体发展的基础。小学是少年儿童身体迅速发展的时期,应当使少年儿童养成锻炼身体的良好习惯,掌握锻炼的基本技能、技巧,以保证少年儿童的健康发展。②

---

① 沈祖芸."五四"学制修成正果[J].上海教育,2004(19):18-19.
② 朱小蔓.认识小学儿童,认识小学教育[J].中国教育学刊,2003(8):1-6.

二、全民性

"教育是国计,也是民生。各级政府要承担起责任,该投入的必须投入,保障义务教育的公益性,平衡好公办教育和民办教育、政府责任和社会责任,将教育改革发展与解决现实问题结合起来,让教育发展成果更多更公平惠及全体人员。"① 小学教育作为义务教育中的最基础部分,理应具有公益性,惠及全体人员,具有"全民性"。这里的"全民性",从广义上说,是指小学教育必须面向全体人民;从狭义上讲,是指小学教育必须面向全体适龄儿童。创造条件,确保每个人都有机会接受小学或初等教育的权利和机会,是当今世界教育改革的共同趋势。1990年3月5日至9日,由联合国教科文组织等发起和赞助的世界全民教育大会在泰国宗迪恩举行,会议讨论并通过了《世界全民教育宣言》(World Declaration on Education for All)以及《满足基本学习需要的行动纲领》(Framework for Action to Meet Basic Learning Needs),并正式提出了"全民教育"这一概念,重申了"人人享有受教育的权利",强调"每一个人——儿童、青年和成人——都应能获得旨在满足其基本学习需要的受教育机会。基本学习需要包括基本的学习手段(如读、写、口头表达、演算和问题解决)和基本的学习内容(如知识、技能、价值观念和态度)"②。在正规教育系统中,小学无疑是满足这种学习需要的主要机构。

从这种意义上说,小学教育至少构成了每个儿童——尽管不是所有人的基本需要。为了满足这种需要,很多国家直接将小学教育纳入义务教育的范围,从而使它成为国家必须予以保障、家庭必须予以支持、每个适龄儿童都必须接受的教育。历史上,最早出现的义务教育出现在德国魏玛邦,大体与今天的小学教育相当。1619年,魏玛邦发布学校法令,要求6—12岁的儿童必须入学,不愿送子女上学的家长会遭到惩罚。但是直到19世纪中后期,义务教育才逐渐在世界范围内从小学教育向中等教育延伸,成为所有适龄儿童的基本权利和义务。改革开放以来,我国明确实行九年义务教育制度,强调义务教育是"国家统一实施的所有适龄儿童、少年必须接受的教育,是国家必须予以保障的公益性事业"。经过四十多年的努力,到2020年我国小学教育的净入学率已经达到了99.96%。

> **阅读材料**
>
> **我国义务教育的普及**
>
> 改革开放初期,我国教育事业发展严重滞后,各类知识人才奇缺,普及教育相当落后。当时世界上已有156个国家和地区实行义务教育(绝大部分是小学义务教育),经济发达的国家不仅已经普及了小学教育,而且还在普及中等教育。而我国的文盲仍有1.4亿人之多,农村还在大量地产生新文盲;虽然小学入学率在90%以上,但实际念完五年的不过60%,真正达到小学毕业程度的只有30%。

---

① 本书编写组.党的二十大报告辅导读本[M].北京:人民出版社,2022:68-69.
② 王晓辉.全球教育治理——国际教育改革文献汇编[M].北京:教育科学出版社,2008:164.

> 到20世纪90年代，中共中央、国务院印发《中国教育改革和发展纲要》，把实现"两基"作为这个时期的奋斗目标。1994年召开的全国教育工作会议提出了"双八五"的目标：以县统计占全国总人口85%的地区普及九年义务教育；初中阶段的入学率达到85%左右，全国小学适龄儿童入学率达到99%以上；全国基本扫除青壮年文盲，使青壮年非文盲率达到95%以上。
>
> 截至2000年底，我国小学在校生13 013.25万人，适龄儿童入学率为99.11%，小学毕业生升学率为94.89%，与1985年相比，入学率和升学比率分别增加3.2个百分点、26.49个百分点；我国初中在校生6 167.7万人，毛入学率为88.6%，与1985年相比，毛入学率增加51.84个百分点。至此，我国顺利完成了基本普及九年义务教育的目标。①

三、平等性

由前面两个性质可以衍生出小学教育的第三个性质，即平等性。如果小学教育的目标或任务是培养人们的基本素养，满足人们的基本学习需要，那么它就不应该排除任何人，因为在获得这些基本素养、满足这些学习需要方面，并不存在一部分人具有相对于其他人的优先性。同时，全民性所提出的面向人人的要求，也意味着人们在获取小学教育的机会方面应该是平等的。具体来说，这种平等性主要体现在三个方面：

第一，小学教育是所有适龄儿童享有的平等权利。联合国《儿童权利公约》确认了儿童的基本权利，包括生存权、发展权、参与权和受保护权等。我国的《未成年人保护法》也明确提出，国家要保障未成年人的这些基本权利，而且"未成年人依法平等地享有各项权利，不因本人及其父母或者其他监护人的民族、种族、性别、户籍、职业、宗教信仰、教育程度、家庭状况、身心健康状况等受到歧视"。其中，受教育权是儿童发展权的重要组成部分，而受教育权首先包括的就是小学教育在内的义务教育。这就意味着，所有适龄儿童都有接受小学教育的基本权利，任何社会组织或个人不仅要承认儿童享有的这一基本权利，而且不得歧视或损害他们的这一权利。

第二，所有适龄儿童都有接受小学教育的平等机会。除了通过法律确认儿童享有的教育权利，国家还需要保障所有的适龄儿童都有机会进入小学接受最为基本的教育。这一方面要求政府提供充足的公共教育供给，满足所有适龄儿童进入小学接受教育的需求。当然，家长有权将孩子送到公办小学以外的教育机构（如民办小学）接受教育，但是只要家长选择在公办小学接受教育，政府都有责任满足他们孩子的教育需求。另一方面要特别关注那些在社会中处境不利的群体，尤其是在城市化进程中出现的进城务工人员随迁子女和农村地区的留守儿童，以及由于先天或后天因素导致的有发展障碍的儿童。

第三，所有适龄儿童都应享有同等的教育资源或条件。随着经济与社会发展水平的提

---

① 袁振国，翟博，杨银付.共和国教育公平之路[M].上海：华东师范大学出版社，2019：9,101.

升、义务教育的全面普及,国家不仅要确保所有适龄儿童都"有学上",还需要逐渐确保他们"上好学"——使这些儿童都有机会进入学校并获得相同或相近的发展。这就要求国家充分考虑不同地区或学校在教育资源或条件上的不均衡,并提供充分的资源或条件,确保每个儿童在学校中都能获得基本发展。当前为了让所有适龄儿童都"上好学",实现优质教育的平等,我国正在建设高质量的教育体系,积极推动城乡教育一体化发展,努力缩小不同地区之间的教育资源配置差距,缩小不同学校之间的教育质量差距,缩小不同群体之间的教育成就差距。

> **阅读材料**
>
> **控辍保学**
>
> 2013年教育部、国家发展改革委、财政部联合印发《关于全面改善贫困地区义务教育薄弱学校基本办学条件的意见》,希望通过全面改善贫困地区义务教育薄弱学校基本办学条件,使"小学辍学率努力控制在0.6%以下"。2017年9月,国务院办公厅印发《关于进一步加强控辍保学提高义务教育巩固水平的通知》,要求坚持依法控辍、提高质量控辍、落实扶贫控辍、强化保障控辍,首次"将义务教育控辍保学工作纳入地方各级政府考核体系"。2019年春季学期,教育部以国家深度贫困县为重点,先后分两次公布了共计374个控辍保学国家重点监测县,占全国县区总数量(2019年2 851个县级行政区)的13.12%,连续监测3年。到2019年10月,全国范围内832个国家级贫困县中,义务教育阶段辍学学生人数由2019年5月底的29万减少至6.5万,其中建档立卡贫困家庭学生人数由15万减少至2.7万。① 截至2020年6月14日,全国义务教育阶段辍学学生由全国控辍保学台账建立之初的60万人减少至6 781人(其中建档立卡人数由20万减少至97人);52个未摘帽贫困县辍学学生由8.2万人减少至433人(其中建档立卡人数由4.7万人减少至2人)。②

第三节 从教育学到小学教育学③

一、古典教育智慧

对教育的思考由来已久。最初,这些思考或是建立在一些思想家或教育家的实际经验

---

① 中央纪委国家监委公布第一批专项整治漠视侵害群众利益问题工作成果[EB/OL](2019-10-29).http://www.ccdi.gov.cn/toutiao/201910/t20191029_203235.html.
② 李帆,邢星.用教育之光点亮每个孩子的梦想[J].人民教育,2020(12):20-22.
③ 本节主要修改自《基于教师资格考试的教育学》第一章第二节"教育的思想"。

基础上,或是表现在他们对人性的假定和对美好社会的追求中。在源头上,中西教育及其思想形式都呈现出某种相似性。孔子和苏格拉底都没有直接留下著述,他们的思想主要是由他们的弟子等人记叙的,而且主要是以对话的方式展开的。孔子倡导"有教无类""因材施教""不愤不启,不悱不发"的启发方法;苏格拉底(Socrates)主张"知识即美德",其教学方法以"产婆术"闻名。

表 1-2 孔子启发法与苏格拉底产婆术之比较①

	孔子的启发法	苏格拉底的产婆术
共同点	都属于互动式交谈。 都属于伦理谈话。 苏格拉底和孔子都深知自己无知,并对不知以为知反感。	
不同点	以弟子问、先生答为主	以先生问、谈话对象答为主
	从一般到特殊	从特殊到一般
	强调温故而知新	重在探究新知

孔子之后的孟子和荀子,分别从不同的人性论出发,阐述了教育的功能。孟子主张性善,认为每个人都有"恻隐之心""羞恶之心""恭敬之心""是非之心"。"恻隐之心,仁也;羞恶之心,义也;恭敬之心,礼也;是非之心,智也。仁义礼智,非由外铄我也,我固有之也,弗思耳矣。"②所以,教育在扩充这些善端,存心养性。而荀子是性恶论的代表,他说:"人之性恶,其善者伪也。今人之性,生而有好利焉,顺是,故争夺生而辞让亡焉;生而有疾恶焉,顺是,故残贼生而忠信亡焉;生而有耳目之欲有好声色焉,顺是,故淫乱生而礼义文理亡焉。"③所以,教育在于"化性起伪"。

苏格拉底之后的柏拉图(Plato)和亚里士多德(Aristotle)分别从不同的本体论及心灵假设出发,提出了不同的教育主张。柏拉图是西方理念论(或观念论)的代表,他认为人的灵魂就具有天赋的知识,但是不同的人具有不同的灵魂,因此,他主张应该根据灵魂的不同性质施以不同的教育,强调"学习即回忆"和"教育即灵魂的转向"。其教育思想主要见于《理想国》。相比较而言,亚里士多德是实在论的代表,认为人的心灵就像蜡块,因此教育可以在上面形塑任何东西;他同时主张教育应由国家控制,致力于培养公民。其教育思想主要见于《政治学》和《尼各马可伦理学》中。

这些都是教育思想的源头。世界上最早的系统阐述教育问题的论著是我国的《学记》,是《礼记》中的一篇。此文约成于战国后期,是关于先秦儒家教育经验的总结。在教育目的上,《学记》强调"建国君民,教学为先""化民成俗,其必由学",以及"人不学,不知道"等;在教

---

① 陈桂生.孔子"启发"艺术与苏格拉底"产婆术"比较[J].华东师范大学学报(教育科学版),2001(1):7-13.
② 孟子.孟子·告子上[M].北京:中华书局,2006:245.
③ 荀子.荀子·性恶篇[M].北京:中华书局,2007:267.

育原则和方法上，提出禁于未发、及时施教、循序渐进、学习观摩、启发诱导、长善救失等。此外，它也对古代教育制度进行了记载。在西方，最早的教育论著当是古罗马时期昆体良（Quintilianus，M. F.）的《雄辩术原理》（或《论演说家的培养》）。昆体良提出，教育的最终目的是培养演说家，而这个过程必须经过初级学校、文法学校和修辞学校三个教育阶段。在教学过程中，昆体良特别强调要发展演说家所必需的记忆和模仿能力。

二、现代教育学的形成

作为独立形态的教育学是从捷克教育家夸美纽斯（Comenius，J. A.）的《大教学论》（1632）开始的。这本书开篇就说，其目的在于："将一切事物教给一切人的无所不包的艺术，它是真正能以确定性教授它们、务使必有成效的教学艺术，它是愉快地进行教授的艺术，即是说，教师和学生双方都没有烦恼或厌恶，而是双方都引为最大的乐事；它是彻底地而不是肤浅地、浮华地进行教学的艺术。这种教学能导致真实的知识、文雅的道德和最深厚的虔信。最后，我们愿意以先验的论证方法（apriori）来说明这一切，即是说，从事物本身不变的性质中，如同从活的源泉中引出长流不息的小溪，然后把它们汇合成为一条集中的河流，从而为建立普遍学校的普遍艺术奠定基础。"①由此可以看到，夸美纽斯旗帜鲜明地提出了教育知识生产的目的、方法和体系。不仅如此，夸美纽斯还从"泛智论"出发，提出了普及教育，主张根据学生年龄特征建立学校教育制度，并在理论上确立了班级授课制。

其后的一个半世纪，教育学并没有沿着夸美纽斯所开创的教育学体系发展，但是涌现了像洛克（Locke，J.）和卢梭（Rousseau，J. J.）这样的卓越思想家。洛克是英国经验主义的代表，他反对天赋观念，认为人的心灵就像一块白板，教育者可以随心所欲地涂写和塑造。他说："我们日常所见的人中，他们之所以或好或坏，或有用或无用，十之八九都是由他们的教育所决定的。人类之所以千差万别，便是由教育之故。"②洛克主张，教育的目的在于培养精明能干的绅士，必须具备德行、智慧、礼仪和学问四种品质，因此，他在课程和教学上强调实利的知识，关注能力的发展，注重儿童的特征。洛克的这些思想集中体现在他的《教育漫话》中。同样，法国启蒙思想家卢梭也主张感觉是知识的来源，主张人生而自由、平等。在教育上，他是发现儿童的第一人，他认为人的天性或自然本性是良善的，因此主张教育要"返归自然"，顺应儿童的本性，尊重儿童的身心特点和个性特征，培养身心和谐的自然人；在教学方法上，他倡导一种"自然后果法"。他说："我们不能为了惩罚孩子而惩罚孩子，应当使他们觉得这些惩罚正是他们不良行为的自然后果。"③卢梭最重要的教育著作是《爱弥儿》，这是一本教育小说。

---

① 夸美纽斯.大教学论［M］.傅任敢，译.北京：人民教育出版社，1985：3.
② 洛克.教育漫话［M］.傅任敢，译.北京：教育科学出版社，1999：1.
③ 卢梭.爱弥儿［M］.李平沤，译.北京：商务印书馆，2014：120.

但是直到德国的康德和赫尔巴特(Herbart, J. F.),教育学又开始了学科化的探索。康德在《论教育学》(或《教育论》)中提出,要将教育学从一门艺术发展为科学,甚至提出了实验的思想。其实,康德的这本书是他在哥尼斯堡大学开设教育学讲座时的笔记,由其学生林克整理而成。相比较而言,赫尔巴特的《普通教育学》(1806)体现了他对教育学体系的全面思考,标志着教育学作为一门独立学科的形成,《教育学讲授纲要》(1835)是他的另一本代表作。赫尔巴特认为,教育学若要成为一门科学,就需要以实践哲学和心理学为基础,前者说明教育的目的,后者说明教育的手段或途径。从实践哲学出发,赫尔巴特确立了道德之于教育的终极价值,并提出了内心自由、完善、仁慈、正义、公平或报偿等五种道德观念;根据多方面的兴趣(认识自然的知识兴趣和认识社会的同情兴趣),确立了与兴趣相对应的学科知识的体系;从"统觉"心理学出发,他提出了教学形式阶段,即"明了""系统""联合"和"方法"。此外,他还提出了"教育性教学"的概念,认为没有无教育的教学,也没有无教学的教育。

赫尔巴特对19世纪中后期的教育思想和实践产生了重要的影响,尤其是经过斯托伊(Stoy, K.)、齐勒尔(Ziller, T.)、莱因(Rein, W.)等人的发展,形成了第一个具有国际影响的教育学派——赫尔巴特学派。最初,美国的杜威也是这个阵容中的一员,但是到了19世纪末20世纪初,杜威渐渐发展出自己的教育哲学。在"新教育"运动的推动下,赫尔巴特被看作是传统教育的代表,而杜威往往被当作是现代教育的代表。作为实用主义的集大成者,杜威将哲学看作是教育的一般理论,将教育看作是哲学的实验室,从而将他的自然经验主义、实验主义(或工具主义)的思想,直接在教育领域加以检核。其教育方面的著述最有影响者为《民主主义与教育》《我们怎样思维》《经验与教育》。此外,杜威在担任芝加哥大学哲学、心理学与教育学系主任期间,开办了芝加哥大学实验学校(1896,又称"杜威学校"),推行教育改革的实验。

> **阅读材料**
>
> **杜威的教育观**
>
> 一、"教育即生活"。教育不是为遥远的未来生活做准备,就是生活的过程本身。个体总是处在社会之中的,并通过参与群体的生活,通过与他人沟通,在理智和道德方面获得发展的。这个过程就是个体生长的过程,就是经验不断改组或改造的过程。
>
> 二、"学校即社会"。社会总是通过有意识地控制儿童的环境对他进行教育的,而学校就是社会为了对未成熟的社会成员进行教育而创建的典型环境。学校不应脱离社会生活,而应该是社会的雏形或缩影。它应该是一个简化的、纯化的社会环境,应该成为平衡各种社会分歧或利益矛盾的共同体。它应该成为社会改革和社会进步的基本方法,它应该为培养民主主义社会的良好公民做出贡献。

三、"从做中学"(Learning by doing)。杜威反对为"求知而求知",主张在行动中求知,通过行动去求知,而且知识的最终目的是为了行动,为了解决生活的问题,更好地适应环境。因此,学校课程应该从儿童的生活经验出发,以儿童的社会生活为中心,将园艺、纺织、木工、金工、烹饪等人类的基本事务纳入教材。杜威认为,学校课程的组织应该根据儿童自然倾向的发展规律,逐渐从心理的顺序过渡到逻辑的顺序。

三、现代中国的教育思想

在 20 世纪上半期,赫尔巴特和杜威的教育学说对中国教育思想和实践产生了重要的影响。最初,我国主要译介日本的教育著作,其中最为重要的是自日语转介的赫尔巴特及其学派的教育思想;但是,随着 1919 年杜威访华以及他的在华弟子(特别是胡适、蒋梦麟、陶行知等)的推动,杜威的教育学说几乎占据了当时高校的教育学讲坛,"教育即生活""学校即社会""从做中学"等经典教学理念都张贴在许多学校的墙上,挂在一些教育人士的嘴上,蔚为时尚①。在这一过程中,一些本土的现代教育思想也逐渐形成,其中最具代表性的当是陶行知的"生活教育"和陈鹤琴的"活教育"了。

陶行知针对传统教育脱离生活、外来理论脱离中国实际的问题,对杜威的教育学说进行了批判性改造,提出了"生活教育"的理论。他认为:"生活教育是生活所原有,生活所自营,生活所必需",因此主张"生活即教育""社会即学校""教学做合一"等。

> **阅读材料**
>
> "生活教育"的意义
>
> "生活教育"的意义,就把杜威的两句名言翻了半个筋斗,变成了"生活即教育,社会即学校"。
>
> 人们的生活,可以划分为幼年期,青年期,壮年期,老年期,分年各有说法,普通人总以为幼年期和青年期是受教育时期,壮年期和老年期却是作事时期,或者说教育时期。普通人度过了青年期,便板起了脸,摆正了架子来教训自己的或别人家的子女,以为他是有那样的资格与权利了,哪里知道自己的生活既分时期,个人从幼年期里所受的教育,到青年期就有一部分不合用而须得再求了;在青年期所受的教育到壮年期一部分须得修正了,同样,进入老年期时,壮年期所得教育就有许多无用了。因此讲来,一个人的生活不能不转变,那么就不能不学习,不能不受相当的各年期的教育。这是第一点理由。儿童的生活是最活泼的,最易迁变的,教育者应该顺其生活之流转,为各项教育活

---

① 瞿葆奎.教育学的探究[M].北京:人民教育出版社,2005:492.

动之设施；不应当以教育活动来限制其生活。这是第二点理由。过某种生活时，能受某种影响，而此种影响不会轻易消灭，教育者能因势利导，便是极佳的成绩，若要使教育活动影响到生活上，感应结就异常薄弱，亦有事倍功半之失。这是第三点理由。使生活为教育之全部，则生活能随时革新，随处有意义；若教育为生活之一部，则生活一有教育的段阶，便无意义，便难革新。这是第四点理由。以上都是说明"生活即教育"的话。

杜威要把"学校即社会"，我们却要使"社会即学校"，这究竟有什么理由呢？现在分开来讲：

第一点社会的机构是整个的，学校所割宰的不过是社会某一部分；用一部分的社会组织来应用到学校里，那是另零的，非驴非马的，使儿童习见了社会的一方面，养成他们将来对于社会的一种偏解。第二点各个儿童有各个社会的背景，他的家庭的情况，他的邻居的情况，他的家庭的职业，他的居家的环境，没有一项不影响于他的，他所亲眼目睹，自身所经历的事变，难道不及学校中的一点儿组织，一点儿材料来得亲切有味么？第三点是所谓儿童的社会，不是成人的社会所能了解的；儿童在儿童社会中所感的困难，不是成人社会所能解决的；儿童社会有他们构成的原因和构成的材料，不是剽窃成人社会的一部分就可成功的。所以，儿童要的是儿童的世界，儿童的社会。第四点就是社会的展开应该是全部的，而不是片断的，另零的。教育者要把全部社会开放在儿童的眼前，无论是善的或恶的，让儿童先知道了全部社会，再去研究和知道他所要的所欢喜的地方，慢慢地欣赏和实验下去。①

针对传统教育的弊端，陈鹤琴主张将"死教育"变为前进的、自动的、活泼的、有生气的"活教育"。活教育的目的是"做人，做中国人，做现代中国人"，这种人必须要有健全的身体、建设的能力、创造的能力、能够合作和能为大众服务。活教育强调，大自然、大社会都是活教材，应让学生直接去学习；在方法上，活教育主张"做中教，做中学，做中求进步"，从而提出了直接经验、均衡发展、自动研究、积极鼓励、具体比较、分组学习、集体竞赛等原则。其教学过程主要分为四个步骤：实验观察——阅读参考——创作发表——批评检讨。

新中国成立后，主导性的教育思想主要是马克思主义教育学。一方面是马克思本人关于个人全面发展的理论。他认为，教育的任务就是培养自由而全面发展的个人，要实现这一任务，就要将教育与生产劳动结合起来，特别是在机器生产时代，尤其要将童工的生产劳动与教育结合起来。马克思认为，教育主要有三件事："第一，智育。第二，体育，像体操学校和军事训练给予的。第三，技术教育，这种教育传授全部生产过程的一般原理，同时引导儿童

---

① 胡晓风等.陶行知教育文集[M].成都：四川教育出版社，2005：247.

和年轻人实际使用和掌握一切行业的基本工具。"①另一方面是一些根据马克思主义的立场形成的教育学著述,其中包括20世纪上半期杨贤江的《新教育大纲》,以及对我国影响较大的苏联凯洛夫主编的《教育学》、苏霍姆林斯基的《帕夫雷什中学》以及《给教师的建议》等。

四、小学教育学的发展

不同于有关教育的一般性或总体性的思考,有关小学教育的思考或研究在很大程度上依赖于小学这种特殊机构的出现。历史上,夸美纽斯从"泛智"理想出发,较早地提出了普及小学教育的理想,瑞士教育家裴斯泰洛齐(Pestalozzi, J. H.)创办了面向贫民子弟的学校,提出了"要素教育"的思想。到了19世纪中后期,随着公共教育(特别是义务教育)开始发展,师资培养的需求进一步扩大和专业化,同时"儿童研究"的兴起和"新教育"运动的推进,也使得教育领域的很多研究都在不同程度上关联到小学教育及其相关问题。

但是,作为学科的小学教育学,主要是在我国小学教育研究与实践中逐步形成的。不同于一般或普通的教育学,小学教育学是专门研究小学教育活动及其规律的学问。一方面它是一般或普通的教育学在小学教育这个专门领域的体现和应用,因此它与一般或普通教育学之间是特殊和一般的关系。另一方面它又区别于学前教育学、中学教育学、高等教育学、特殊教育学、职业技术教育学等,构成了教育学的分支学科或领域。

在小学教育学的学科建制方面,我国也有一些探索和实践。具体来说,首先是开设小学教育方面的课程。1904年《奏定学堂章程》(癸卯学制)颁布之后,小学教师的培养逐渐走上了制度化的道路,一些师范学校或大学开设教育学方面的课程。1939年颁布的《师范学院教育系必修科目表》中规定学生必修《初等教育》《小学教材及教学法》等课程②。中华人民共和国成立后,承担小学教师培养的机构在相当长的时间内主要是中等师范学校,其所开设的教育类课程在目标和内容上都在相当程度上是面向小学教育实践的。第二,建立小学教育团体。早在民国时期,我国就建立了第一个初等教育团体——中国教育研究社,研究社的成员针对小学教育开展了实践和理论研究。改革开放以来,我国涌现了不少与小学教育有关的学科教育专业团体,特别是进入新世纪以后,中国教育学会教育学分会成立了初等教育学专业委员会,中国高等教育学会设立了小学教师教育专业委员会,积极推动了小学或初等教育学的学科建设和小学教师专业发展的研究。第三,开设小学教育专业。随着小学教师学历水平不断提高,中等师范学校逐步取消,一批高师院校开始设立小学教育专业,甚至建立初等教育学院或学系。如今,小学教育不仅是一个本科专业,也是教育硕士培养的一个重要领域。总体上,这些方面都为小学教育学的发展提供了重要的支撑。

---

① 马克思.马克思就若干问题给临时总委员会代表的指示·4.男女青少年和儿童的劳动[J].瞿葆奎,译;马骥雄,邵瑞珍,林祥楣,校.外国教育资料,1983(3):4.
② 郑金洲,瞿葆奎.中国教育学百年[M].北京:教育科学出版社,2002:308.

本章小结

教育通常意味着有意识地通过知识、技能或态度的传递,促进人的身心发展的社会活动。它由教育者、受教育者、教育媒介等要素构成,呈现出非正式教育、非正规教育和正规教育三种形态。作为正规教育的范畴,小学教育主要是以小学为主体、以6—12岁学龄儿童为对象、以基本素养发展为目标。它具有基础性、全民性、平等性等方面的性质与特征。人们有关教育的思考由来已久,可以上溯到先秦和古希腊时期,但是作为独立学科的教育学,主要是从夸美纽斯开始、到赫尔巴特成型的。有关小学教育的思考或研究,在很大程度上依赖于小学这种特殊机构的出现。作为学科的小学教育学,主要是在我国小学教育研究与实践中逐步形成的。不同于一般或普通的教育学,小学教育学是专门研究小学教育活动及其规律的学问。

思考题

1. "教育""教学""灌输""训练"等概念的异同。

2. 联系实际,说说学校、家庭、社区或其他社会机构在青少年儿童教育方面的责任和作用。

3. 对于小学教育的定位,人们往往有不同的看法。有人说,这是发蒙、启蒙的阶段;有人说,这是打基础的阶段;有人说,这个阶段主要是帮助孩子们形成良好的学习和生活习惯;也有人说,小学阶段重在保护孩子们的自由天性,让他们自由而快乐的成长。请简要评析这些观点。

4. 搜集有关"杜威学校""晓庄学校"的资料,分析杜威和陶行知的教育观对他们小学教育实验的具体影响。

拓展阅读

1. 田本娜.小学教育学[M].福州:福建教育出版社,1995.第一章

2. 黄济,劳凯声,檀传宝.小学教育学[M].北京:人民教育出版社,2007.绪论、第一章

3. 阮成武.小学教育概论[M].上海:华东师范大学出版社,2011.

4. 王道俊、郭文安主编.教育学(第七版)[M].北京:人民教育出版社,2016.第一章

5. 华东师范大学编写组.基于教师资格考试的教育学[M].上海:华东师范大学出版社,2016.第一章

6. 帕尔默.教育究竟是什么[M].任钟印,诸惠芳,译.北京:北京大学出版社,2008.

第二章
小学教育历史和发展

学习目标

1. 了解教育的起源、原始社会的教育特征和学校教育的产生原因。
2. 理解中西方小学教育体系的发展历程。
3. 掌握古代、近代和现代小学教育的特征。
4. 理解并把握小学教育的发展趋势。

视频：小学教育的发展历程与趋势

内容脉络

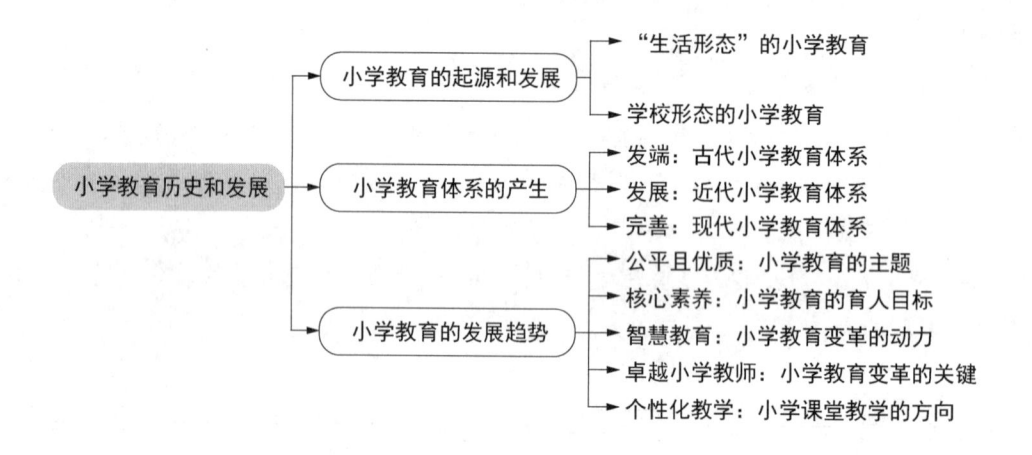

小学教育历史和发展
- 小学教育的起源和发展
  - "生活形态"的小学教育
  - 学校形态的小学教育
- 小学教育体系的产生
  - 发端：古代小学教育体系
  - 发展：近代小学教育体系
  - 完善：现代小学教育体系
- 小学教育的发展趋势
  - 公平且优质：小学教育的主题
  - 核心素养：小学教育的育人目标
  - 智慧教育：小学教育变革的动力
  - 卓越小学教师：小学教育变革的关键
  - 个性化教学：小学课堂教学的方向

第一节　小学教育的起源和发展

教育作为人类社会的产物，随着人类社会的发展与进步而不断演化。在原始社会时期，教育常常融于人们的日常生活和生产实践。这一时期的人类教育没有具体的教育阶段、明确的教育场所、专门的教育者及受教育者，故而也不存在专门的小学教育。我们把这种"通过共同生活的过程来教育自己的"，类似于小学教育性质、非形式化的教育活动，称为"生活形态"的小学教育。① 到了原始社会末期，随着社会生产力的迅速发展，人们对教育的需求愈

---

① 曾文婕,黄甫全.小学教育学(第3版)[M].北京:高等教育出版社,2017:29.

加强烈。人类社会逐渐出现了专门的教育者及专门的教育场所——学校。文字的产生和发展在丰富学校教育内容的同时，也强化了这种在专门教育场所通过专业教育者对受教育者进行教育的模式。因此，我们把这种通过专门学校传授教育的过程，称为"学校形态"的小学教育。

一、小学教育的起源："生活形态"的小学教育

小学教育是教育系统的有机组成部分。因此，要了解小学教育的起源，把握小学教育的产生历程，首先要明确人类教育的整体起源。

(一) 教育的起源

教育的起源一直以来都是教育研究中的重要问题之一。研究者们基于各自不同的认识及理论基础，提出了不同的观点。具体来说，关于教育起源的主要观点包括教育的生物起源说、教育的心理起源说及教育的劳动起源说。[1]

1. 教育的生物起源说

教育的生物起源论有两种具体观点：一是以法国利托尔诺为代表的"生存竞争说"。这种观点认为动物生存竞争的本能是教育产生的基础，即教育不是人类的专属活动，动物也有教育行为。第二种观点是以英国教育家沛西·能为代表的"生物冲动说"。沛西·能也认为教育的起源是一个生物学的过程："生物冲动是教育的主要动力。"[2]沛西·能指出，这种"生物冲动"，是包含在生物天性中的两种根深蒂固的特性，即模仿(mimesis)和本能(instinct)，本能可以随着环境的塑造而改变。实际上，生物起源说没有看到人类教育活动与动物本能行动之间的区别，因此，这种观点后期也受到很多学者的批评。

2. 教育的心理起源说

教育的心理起源说主要以美国教育家孟禄为代表。孟禄的观点是在对教育的生物起源说进行批判的基础上提出的。同时，孟禄还借助当时心理学的研究成果指出了"无意识模仿"的论点，强调儿童对成人行为的无意识模仿才是教育产生的原始动因。孟禄认为："在整个原始社会初期，教育的发生都来自'最非理性的'和'纯粹是无意识的模仿'，至多也不过是用'重复模仿'去'尝试成功'。"[3]随着社会的不断发展，当无意识模仿的过程变成了有意识的过程时，教育才真正出现。

3. 教育的劳动起源说

教育的劳动起源说是以米丁斯基、凯洛夫等为代表的苏联学者提出的，我国一些学者也持有这种观点。如杨贤江就指出："自有人生，便有教育。因为自有人生，便有实际生活的需

---

[1] 张斌贤.外国教育史[M].北京：教育科学出版社，2015：6-7.
[2] 赵祥麟.外国教育家评传：第3卷[M].上海：上海教育出版社，1992：374.
[3] 引自夏之莲.外国教育发展史料选粹(上册)[M].北京：北京师范大学出版社，1999：5.

要。"①教育的劳动起源说建立在马克思与恩格斯的劳动理论的基础上,这种观点的基本思想包括:(1)教育是人类社会所特有的活动;(2)教育是有意识、有目的的活动,教育是有意识的模仿活动,源于人类社会在劳动和劳动过程中产生的需要;(3)在原始社会的教育主要是为了传递和学习生产劳动经验;(4)学校教育的产生得益于人类社会生活特别是文化有了较大的发展,人类语言和意识的发展是教育产生的重要条件;(5)教育通过人的培养实现为社会服务的目的。②

(二)小学教育的萌芽

在原始社会,由于生产生活和社会生活的需要,人类社会中产生了一种与小学教育活动和内容相似的早期教育活动,即"生活形态"的小学教育,其产生主要是基于以下两点原因:

1. 适应群体生产生活的需要

原始社会早期,人类生产活动的首要目的在于满足自身的生存需要,由此产生了早期的生产活动。随着人类智力的发展和生产经验的积累,出现了人工制造的工具,社会生产力迅速提升,寓于生产与生活中的教育活动在内容和形式上也发生了变化。具体来说,在旧石器时期,人类为了将制造和使用工具的技能传授给下一代,产生了以模仿为主要学习方式的早期教育活动。而随着人类逐渐掌握农耕工具和农耕技术,农耕时代正式开始。③ 虽然从劳作方式来看,农耕社会里的生产活动还是一种群体的活动,然而,生产方式的改变以及由此带来的生产力的提升,极大地丰富了人们的教育内容。在这一时期,儿童不仅要学习简单的工具制作,还要学习更多复杂工具的制作以及相关农耕狩猎技能等。这一时期,学习生产技术以适应群体生产生活的重要性尤为突出。

2. 适应群体社会生活的需要

旧石器时期,个体力量的弱小意味着人类必须依靠群体力量才能生存,有了群体则意味着群体内的成员必须学会并服从一定的规则,从而适应群体的社会生活与习俗。这就产生了对儿童进行教育以培养儿童集体观念和维护公共利益观念的需要。到了新石器时期,群体的生活方式更加复杂,以家庭为单元的群体由此产生,在家庭这个小群体内部,相互尊重彼此活动范围及建立和谐家庭氛围的需求被进一步强化。实际上,从受教育的场所来看,这一时期的儿童教育可以被分为家庭外和家庭内两部分。在家庭外部,儿童通常是在自身生活的环境中,借助群体中的活动,如宗教庆典、部落选举首领、成人礼等学习群体规则和习俗,同时,部落中的长老也注重以身作则。在这种社会环境中,儿童不断受到熏陶,并逐渐努力让自己成为社会中举止正派的成员。④ 而在家庭内部,主要是通过家庭内的长辈对儿童进行言传身教,使儿童最终成长为一名合格的群体成员。

---

① 杨贤江.杨贤江教育文集[M].北京:教育科学出版社,1982:413-414.
② 黄济,劳凯声,檀传宝.小学教育学[M].北京:人民教育出版社,2019:14.
③ 赫·乔·韦尔斯.世界史纲[M].吴文藻,等,译.北京:人民出版社,1982:109-110.
④ 张斌贤.外国教育史[M].北京:教育科学出版社,2015:13.

（三）教育的内容和方法

原始社会中的小学教育源于社会生产和生活的需要，因此，这时的小学教育内容是生活化的，是与儿童日常生活紧密相关的。从教育方法来看，这种生活化的教育内容往往借助"言传"和"身教"来进行。

1. 生活化的教育内容

生活化的教育内容主要指这一时期的小学教育内容通常与人们的社会生活紧密相连。从教育内容的性质来看，可以将这种生活化的教育内容划分成以下四种类型，即生产劳动教育、生活规范教育、宗教和艺术教育以及军事教育。

（1）生产劳动教育。人们将生产劳动所创造的各种生活资料作为其生存的基础。基于此，生产劳动教育便成为原始社会中最基本与最重要的教育。原始社会中的生产劳动教育内容丰富，多与人们的衣食住行相关。具体来说，原始社会的生产劳动教育包括：工具制作教育与各种技术教育（包括生产技术、渔猎技术以及农业技术教育）。年青一代通过模仿长辈的劳动方式，学习他们的劳动经验，最终成长为一个独立的劳动者。在当时，儿童必须掌握的关键生产技术包括人工取火技术、纺织技术及房屋建造技术等。如《韩非子·五蠹》中提到："有圣人作，钻燧取火以化腥臊，而民说之，使王天下，号之曰燧人氏。"[1]生产劳动教育是当时小学教育中极为重要的一部分。

（2）生活规范教育。生活规范教育主要是为了帮助儿童适应并融入群体生活，学会如何处理群体成员间的关系。因此，当时的生活规范教育主要以群体行为规范教育、社会常识教育以及原始民俗活动教育等为主。其中，社会常识教育旨在让儿童了解氏族和自己家庭的传统，明确自身的义务，并遵循家庭和氏族的传统与礼法。生活规范教育类似于今天的思想道德教育，都是强调规范儿童的思想与行为，引导儿童成为一个适应群体生活的合格成员。教育方式则更多是通过儿童的不间断地观摩进行学习，从儿童出生一直延续到成人。通过观摩长者的行为，儿童将学到的经验持续加以应用并改进自身的行动与实践。

（3）宗教和艺术教育。宗教是早期人类生活的重要组成部分之一。孟禄指出，史前社会生活具有"泛灵论"的特点，这一特点也决定了史前社会的性质和内容。[2] 对自然的敬畏和崇拜带来了两种类型的宗教教育。一是培养专门宗教人才的教育。这种教育往往由专门的教士将一些特殊知识、技能和宗教事务等传授给那些意欲从事宗教事业的人。二是面向群体一般成员的宗教知识教育。这往往通过宗教活动，如舞蹈和歌唱等形式来进行。艺术教育则通常融于原始社会的各项活动与人们的作品之中。在原始社会时期，艺术教育是与部落群体日常生活紧密相关的，通常包括歌唱、舞蹈、纹饰和雕刻等。[3]

（4）军事教育。在原始社会时期，部落之间经常发生战争，这使得军事教育，包括如何制

---

[1] 张传燧.中国教育史[M].北京：高等教育出版社，2010：12-13.
[2] 夏之莲.外国教育发展史料选粹（上册）[M].北京：北京师范大学出版社，1999：6-7.
[3] 孙培青.中国教育史（第三版）[M].上海：华东师范大学出版社，2009：5.

作和使用武器,成为当时儿童的重要学习内容。《史记·五帝本纪》中记载:黄帝"教熊罴貔貅䝙虎,以与炎帝战于阪泉之野"。这里的"熊罴貔貅䝙虎"指的是以上述六种猛兽作为部落图腾标志的六个部落。黄帝对这六个部落进行军事教育,从而使它们能够与炎帝作战。① 除了我国,军事教育在其他国家也是当时儿童教育的重要部分。例如,为了培养未来能够保护部落安全的成员,美洲的印第安儿童从四五岁开始就学习弓箭的使用。

2. "言传"与"身教"的教育方法

在人类社会早期,生产劳动、社会生活及教育是紧密交织在一起的。因此,当时人们主要通过"言传"和"身教",借助生产与生活活动对儿童进行教育。原始社会时期的小学教育"通过直接的和个人的经验,儿童轻而易举就学会了他需要知道的东西。生活就是他的导师"。②

(1) 言传。"言传"是指群体中的长者利用生产生活外的空闲时间对儿童进行口耳相传的教育。家庭或群体中的长者会借助言语向儿童阐述在生产劳动中的经验、要领和注意事项。儿童在不断模仿成人的活动中逐渐掌握部落生产劳动经验。此外,成人还会利用空闲时间向儿童讲述群体的社会规范、习俗、历史和荣耀事迹等。在日常生活中,儿童的父母也会不断纠正儿童的行为,规范儿童的行为与言行。"从家里母亲的照管到狩猎父亲的教导,从观察一年四季的变化到照管家畜或聆听长者讲故事、氏族长者讲故事和氏族巫士唱赞美诗,到处都是学习的机会。"③

(2) 身教。"身教"指成年人通过自身的生产劳动和日常行为向儿童示范如何劳动以及如何与群体内的其他成员相处。"原始儿童所获得的技艺几乎全部都是通过失败愈来愈少的重复模仿的方式学到的。"④ 年龄较小的儿童借助模仿与游戏学习群体生活的规范,较大年龄的儿童多会参与到真正的生产活动中,学习各种生产技能。原始社会的小学教育注重儿童自身通过不断重复的实践,在失败中总结经验和学习。儿童在各种生活情境中通过模仿学会各种必备技能。此外,一些群体还借助奖惩、劝诫、树立榜样等方式规范儿童的行为。

因此,小学教育是在原始社会的生活化的教育中萌芽并不断发展的,直到学校这一专门机构的出现,人类社会才产生了制度化的小学教育。

二、小学教育的发展:学校形态的小学教育

生产力的发展使得人类社会的物质资源得到极大丰富,一些人开始出现剩余产品,同时,奴隶制的出现提高了社会对人才的需求,而文字的出现加速了学校的产生。由此,早期

---

① 孙培青.中国教育史(第三版)[M].上海:华东师范大学出版社,2009:6.
② 涂尔干.道德教育[M].陈光金,等,译.上海:上海人民出版社,2006:138.
③ 联合国教科文组织国际教育发展委员会.学会生存——教育世界的今天和明天[M].北京:教育科学出版社,1996:27.
④ 引自夏之莲.外国教育发展史料选粹(上册)[M].北京:北京师范大学出版社,1999:12.

学校形态的小学教育逐渐发展起来。学校形态的小学教育意味着：儿童的教育开始由专职教育者在专门场所教授特定的知识。因此，这种类型的小学教育是有计划、有目的的，极大地提高了教育的效率。

（一）学校的产生条件

学校的产生条件主要有三个方面：生产力的发展、社会政治关系的变化和文字的出现与发展。

1. 生产力的发展

生产力的快速发展推动了阶级的分化及物质财富的积累，这是学校产生的物质基础。具体来说，生产力的发展是在以下三个方面推动了学校的产生：

一是社会生产力的发展使得脑力劳动和体力劳动的分离成为可能。由于生产力的快速发展，人们开始产生剩余产品，这使得一部分人可以从体力劳动中解放出来，专门从事教育活动，由此推动专职从事教育的人员——教师的产生。

二是生产力的发展使得学校基本设施的建设成为可能。物质的丰富为学校及其相关设施的建设提供了财力支持，同时，房屋建造及工具制造等技术的发展为学校建设提供了技术支撑。

三是人们的闲暇时间的增加催生了一批教育者。生产力的发展使得一部分儿童能够有充足的时间专门用来学习，由此逐渐形成了专门的学习人员。同时，人们闲暇时间的增加也激发了部分人的教育需求，进一步推动了学校的产生。

2. 社会政治关系的变化

私有制和阶级的出现推动了奴隶制国家的产生，人类社会发展进入到了一个全新的时期。为了维护奴隶制国家的运转、确保贵族的利益，就需要一批掌握专门知识、文化、宗教等方面知识的官吏参与国家管理。这是学校产生的社会条件。

此外，部落显贵为了维护自身的利益，确保自身的统治地位，用世袭的方式将管理生产、宗教主持等专门的知识垄断起来，作为其巩固地位的重要工具。这些知识往往由部落中的巫师或首领掌握。他们为了将这些专门知识传递给自己的下一任继承人，成为了早期的专门教育者。专职教育者的出现是学校产生的重要条件。

进入奴隶制社会时期，生产力的提高带来了更为丰富的社会科学知识和自然科学知识，原始社会那种简单的教育方式已经无法满足人们的需求，建立一种专门从事教育活动的场所，即学校，颇为必要。丰富的知识是学校教育内容的源泉。因此，丰富的知识为学校的产生提供了必要的条件。

3. 文字的出现

文字是一种记录、积累、传播和传递知识的重要工具，它能够突破时间与空间的限制，使知识的继承和传递更加可靠和规范。社会分工的明确、手工业的形成、人类生产生活经验的丰富使得知识的发展和积累迫切需要一种全新的、能够突破时空限制的新工具将其记录下来,文字由此产生。在我国,文字的产生来源有多种说法,包括仓颉造字、西安半坡的刻画符号、山东大汶口的象形文字等。总体而言,文字对学校教育的意义主要体现在两个方面:

一是文字的产生推动了学校的建立。文字之于知识的重要意义不言而喻,但掌握文字需要由专门的人员在固定的场所,通过一段时间的学习才能得以实现。因此,为了更有效地学习文字,人们开始建立学校。

二是文字的产生为教义的编撰提供了条件。原始社会没有文字,人们只能通过口耳相传或者言传身教的方式来教育儿童。而在文字产生后,人们可以借助文字记录社会中的各种礼仪规范和事件,教育的内容得到了丰富和扩充。与此同时,文字的产生也能帮助当时的专职教育者编排适合儿童学习的教义,这为学校教育提供了新的教育手段。

(二) 早期中国小学学校教育

在我国,多数学者认为最早的学校是成均和庠。成均是乐教之地,庠通"养",最早是养老的场所,后来才转变为教育之地。到夏、商、周时期,我国有了明确规定的小学教育。例如夏朝的西序及商朝的左学与"序"和"庠"等,都是进行小学教育的场所。西周时期,小学教育的模式和内容更加规范。西周在国学和乡学之中都设有小学教育,并强调德育为先,兼习礼、乐、射、御、书、数。西周重视儿童的道德教育,认为只有在儿童掌握了道德的基础上,才能继续学习六艺和六仪。①

(三) 早期西方小学学校教育

国外早期的小学学校教育主要包括三类,第一类是以世俗知识为主要教育内容、以培养学生基本技能和礼仪的世俗学校,例如苏美尔人的"泥板书屋"(也称为书吏学校、埃杜巴)、古埃及的宫廷学校、职官学校及书吏学校等。世俗学校多强调对儿童进行基本的读写算训练。第二类是以宗教知识为主要教育内容、以培养信徒和教士的宗教学校。例如古印度的吠陀学校、古儒学校、寺庙学校以及希伯来的会堂学校等。顾名思义,宗教学校多是以宗教教义为主要学习内容,旨在培养教徒及传播宗教教义的教士。第三类是以斯巴达和雅典为代表的古希腊城邦学校,旨在培养合格的城邦公民。具体来说,斯巴达城邦崇尚武力。因此,斯巴达式的城邦学校更加强调专门化的军事教育,以培养保家卫国的合格的军人。而雅典城邦由于经济和文化较为发达,更加强调儿童的全面和谐发展,强调培养真善美的合格公民。因而这种雅典式学校(文法学校和弦琴学校)是以音乐、文法及哲学的学习为主,军事训练是作为儿童众多学习内容的组成部分。到了希腊化时期,城邦教育制度逐渐衰微,"由初等教育、中等教育和高等教育构成的三级教育制度已初具雏形"。②

---

① 孙培青.中国教育史(第三版)[M].上海:华东师范大学出版社,2009:19.
② R. Freeman Butts. *A cultural history of western education: its social and intellectual foundations*[M]. New York: McGraw-Hill Company, 1955:39.

第二节 小学教育体系的产生

现代小学教育体系的产生和发展源于古代小学教育模式,完善和奠基于近代小学教育体系。因此,要想深入理解现代小学教育体系,首先要了解古代小学教育的发展历程。

一、发端:古代小学教育体系

在古代,中西方的小学教育都比较强调道德和基础知识教育,关注儿童读写算技能的掌握及道德素养的培养。此外,西方古代的小学教育还特别强调宗教教育。

(一)中国古代小学教育

秦汉之后,我国的小学教育就进入了有组织有教材的阶段。例如,秦在政府机关附设"学室",对儿童进行识字和法令教育。到了汉朝,小学教育更加规范。这时的小学教育沿袭西周的传统,将其分为官学和私学两部分。其中,皇室子弟在宫廷学校接受初等教育,地方儿童在庠和序接受小学教育。根据儿童的年龄不同,汉朝的小学教育内容也有所差异,但基本都是以读写算和伦理道德教育为主。在私学方面,西周出现了书馆,其程度相当于今天的小学教育。书馆强调个别教学,体罚盛行。这时期还出现了一些识字课本,如《急就篇》《仓颉篇》和《凡将篇》等。这些识字课本的内容多涉及姓氏、衣着和饮食等生活常用字,并用韵语的形式汇编在一起,朗朗上口,便于儿童在短期内掌握大量实用文字。[1]

经济的发展和政治的稳定推动了科举制的产生,教育的地位在隋唐时期被进一步提高。然而,这一时期的官办小学并不完善。因此,初级私学(包括乡学、村学、私塾、家塾和家学)在我国小学教育发展过程中的重要作用日益显现。私学的学习内容以读写算和儒家经典为主,兼习诗歌和书法。到了宋元时期,经济的繁荣促进了我国古代小学教育体系的完备和成熟。这主要表现在:教育机构的进一步扩充、"德""知"并重的教育内容成为共识以及专题儿童教材的出现。除了中央官学和地方官学,我国在元朝时期还出现了一种面向农村儿童进行教育的机构——社学。社学的学习时间主要是在农闲时节。在私学方面,"小学""冬学""乡校""家塾""私塾""蒙馆"等迅速发展,有力地弥补了官学教育的不足。

宋元时期的小学教育除了强调基础的读写算和道德伦理教育外,还关注儿童良好学习习惯和学习兴趣的培养。例如,朱熹就认为:小学教育的任务就是"教以事",即"教人以洒扫、应对、进退之节,爱亲、敬长、隆师、亲友之道",以及"礼、乐、射、御、书、数之文",旨在培养"明人伦"的"圣贤坯璞"。[2] 小学的学习内容应该是"知之浅而行之小者"。在教学方法上,朱熹指出:儿童"凡读书,须整顿几案,令洁净端正,将书册齐整顿放,正身体,对书册,详缓看

---

[1] 王献玲.中国教育史[M].郑州:郑州大学出版社,2011:75-81.
[2] 万超.古代教育中宋代蒙学教育发展的特点和原因探究[J].教育现代化,2016(21):123-125.

字,仔细分明读之"。读书时,"须要读得字字响亮,不可误一字,不可少一字,不可多一字,不可倒一字,不可牵强暗记,只是要多诵遍数,自然上口,久远不忘"。①

宋元时期,我国出现了一大批分类编撰的专题童蒙教材。如表2-1所示,这一时期的童蒙教材可以分成强调识字、知识与道德教育的综合类教材;专注教授儿童伦理道德知识和待人接物准则的伦理道德类教材;兼顾历史知识和道德教育的历史知识类教材;关注文辞和美感教育的诗歌类教材以及有关各天文地理、人事的名物常识教材等。这些教材"在内容上包容了社会所需的各种知识,在形式上体现了语言和文字的运用规则,具有一定的示范性"。②

表2-1 宋元时期的童蒙教材③

教材性质	教育任务	教材	作者
综合类	识字、知识和道德教育	《三字经》《小学绀珠》	宋朝,王应麟
伦理道德类	伦理道德知识及待人接物的准则	《童蒙训》	宋朝,吕本中
		《少仪外传》	宋朝,吕祖谦
		《性理字训》	宋朝,程端蒙
		《训蒙绝句》	宋朝,朱熹
		《童蒙须知》	宋朝,朱熹
历史知识类	历史知识和道德教育	《小学》	宋朝,朱熹
		《叙古千文》	宋朝,胡寅
		《稽古千文》	元朝,许衡
诗歌类	文辞和美感教育	《训蒙诗》	宋朝,朱熹
		《小学诗礼》	宋朝,陈淳
名物常识类	天文、地理、人事、农工商各行各业及生活常识等	《州名急就章》	宋朝,欧阳修
		《姓氏急就章》	宋朝,王应麟
工具书类	字典、词典及字帖	《名物蒙求》	宋朝,方逢辰

明清时期,我国的小学学校数量更多、教育体系更完善、教育内容更系统、学习要求也更具体。如明太祖朱元璋就提出"治国以教化为先,教化以学校为本",从中央到地方设置了各种各样的小学教育机构。清朝时期,在地方上建有义学和井学,对少数民族和孤贫儿童进行教育,进一步拓宽了小学教育的对象和范围。

(二) 中世纪西方小学教育

公元476年,西罗马帝国的灭亡标志着欧洲进入中世纪时期,中世纪的小学教育注重语

---

① 孟琢,彭著东译注.童蒙须知·名贤集[M].北京:中华书局,2013:29-30.出自朱熹《训学斋规》。
② 沈雁冰:一年来的感想与明年的计划[J].小说月报,1922(12).
③ 资料来源:李良品.试论古代蒙学教材的类型、特点及教育功能[J].甘肃社会科学,2004(3):84-86+32.

言和宗教教育。其中,语言教育以口语为重,宗教教育则强调机械记忆。早期的中世纪小学以宗教色彩浓重的修道院学校和教区学校为代表。到了后期,随着城市的发展和市民阶层的崛起,西方开始出现了世俗学校,近现代西方小学教育体系开始成型。

1. 修道院学校

修道院推动了中世纪学校教育的产生。"修道院提供了古典教育与基督教教育整合过程的条件和土壤,成为古典文化、基督教文化与蛮族文化融合发展的精神和文化中心。"① 到公元 10 世纪,许多修道院都设有初级学校来发展教徒,学习基督教的基本教义和清规。根据儿童入学目的的不同,可以将修道院学校分为内学和外学。学校的课程包括拉丁语和"七艺"。② 其中,拉丁语是儿童的入门课程。修道院学校强调教育是为基督教服务,学生的首要任务就是学习宗教教义,其次才是其他知识。在教育体系方面,修道院学校的教学内容通常比较分散,常与其他相关学科掺杂在一起。③

2. 教区学校

教区学校的兴起得益于日耳曼的查理曼大帝。公元 8 世纪,查理曼大帝积极发展国民教育事业,在各地建立了大量的学校。查理曼要求:"每一个主教辖区和每一所修道院,应该教授圣诗篇、乐谱、唱诗、年度与季节的计算和文法,使用的所有课本都必须仔细审订。"④ 经过查理曼大帝的努力,到公元 12 世纪以后,这种教区学校成为欧洲最普遍的学校教育形式。教区学校的教学内容以"七艺"为主,学生首先学习拉丁语,在此基础上,可以进一步学习文学著作、修辞和逻辑等。学校的教材主要以波埃修、比德和阿尔琴等编写的课本为主,当学生修完了所有课程,就算是完成了基础教育。⑤

3. 世俗学校

中世纪后期,西方出现了一些世俗学校,主要以宫廷学校和城市世俗学校为代表。宫廷学校产生于公元 8 世纪,旨在培养贵族子弟和世俗政权所需要的官员。例如阿尔弗雷德大帝的宫廷学校就以宗教、道德、礼仪和文化知识的教育为主。阿尔弗雷德强调:"凡是具有自由身份的英格兰青年,若他们有足够的努力从事学习,则应令其入学,在他们的学业尚未臻于适合各种职务的程度时,不能中止学习,直至能较顺利地阅读英文著作为止。"⑥

城市世俗学校兴起于 11 世纪,其前身是行会教育,强调学徒制的教育方式。根据不同的教学内容,这一时期的城市世俗学校可以分为强调拉丁语教学的城市拉丁语学校以及注重培养学生读写算技能的写作和算学学校。城市拉丁语学校多以富豪商贾的子女为招生对象,而写作和算学学校则多以工匠和商贩的子女为招生对象。与城市拉丁语学校相比,写作

---

① 陈明莉.论欧洲中世纪教育的复兴[J].贵州大学学报(社会科学版),2004(2):58-62.
② 这里的"七艺"指:文法、修辞、逻辑("三艺")和代数、几何、天文、音乐("四艺")。
③ 王挺之.欧洲中世纪的教育[J].四川大学学报(哲学社会科学版),2001(3):107-144.
④ David Knowles. *Evolution of Medieval Thought*[M]. New York: Longman, 1962:162.
⑤ 王挺之.欧洲中世纪的教育[J].四川大学学报(哲学社会科学版),2001(3):107-144.
⑥ 戴本博.外国教育史(上)[M].北京:人民教育出版社,1990:203.

和算学学校强调阅读、写作和簿记等当时社会需要的基本技能,因此,这种学校的教学内容的实用性更强。

(三) 古代小学教育体系的基本特征

中西方的古代小学教育体系发展模式和历程虽然都不相同,但两者在教育权利、教育内容及教育方式等方面拥有一定的共通之处。

1. 学校教育的等级性

在教育权利上,中外的统治阶级掌握着教育的统治权,并形成了严格的等级制度,不同阶层的人拥有不同的教育权利并接受不同等级的教育。奴隶和底层阶级完全没有接受学习的机会。[1] 这使得古代的学校教育成为统治阶级的特权和专属,接受何种教育取决于儿童所处的社会阶级。此外,教育对于各阶级儿童的培养目标也不同。王公贵族的子女接受的往往是最优质的、有关社会统治的教育,以便培养未来国家的继承者。被统治者接受最基础的知识教育和道德伦理教化,要"明人伦",以便将他们培养成统治阶级利益的维护者,亦即"顺民"。教育成为统治阶级维护自身利益的工具。

2. 教育内容的基础性和抽象性

在教育内容上,中外的小学教育都强调对儿童进行基础知识与技能的训练和培养。因此,学校教育内容多以读写算和基本的道德规范为主。同时,古代的小学教育在内容安排上强调循序渐进,不同教育阶段的教育内容在难度和数量上有所差异。此外,古代小学教育的内容具有一定的抽象性,这主要表现在学校教育内容与生产劳动的严重脱节,知识的实用性不足。例如,我国封建社会强调儒学教育。在儒家教育思想中,强调"万般皆下品,唯有读书高",《论语·子路篇》中就提到:"樊迟请学稼,子曰:'吾不如老农。'请学为圃。曰:'吾不如老圃。'樊迟出。子曰:'小人哉,樊须也!'"[2]因此,我国古代儿童的学习内容除了读写算,绝大多数是伦理道德教育和儒学经典。农业、科技和手工业方面的知识在学校教育中的占比相当少。

3. 教育方法的专制性

在教育方法上,古代的小学教育多强调死记硬背和机械模仿。灌输、体罚和管制等在中外古代小学教育中都非常常见。这一时期,教师对学生的思想和行为要求严格,儿童的身心发展规律和个人特质经常被教师忽视。同时,古代的小学教育多强调师道尊严的建立,以达到教师对儿童的绝对控制与管理。例如,荀子就将教师与天、地、君、亲并提,指出尊师是决定国家兴衰的关键,教师对于学生而言是绝对的权威。《礼记·学记》指出:"凡学之道严师为难。严师难后道尊,道尊然后民知敬学。"[3]教师威严的建立进一步强化了教师对学生的管教,教育方法的专制性被持续深化。

---

[1] 曾文婕,黄甫全.小学教育学(第3版)[M].北京:高等教育出版社,2017:32.
[2] 李小龙注解.《论语》全解[M].北京:人民文学出版社,2009:245.
[3] 高时良译注.学记[M].北京:人民教育出版社,2018:8.

二、发展：近代小学教育体系

社会政治的变革、生产力的大幅度提高推动了近代小学教育体系的进一步发展。总体来看，我国近代小学教育体系从19世纪末期开始建立，经历了从照搬欧美经验到积极创新的历程。西方国家近代小学教育体系的建立，则源于文艺复兴运动、宗教改革运动以及资产阶级革命等，人们开始追求个性解放和人人平等。

（一）中国近代小学教育

鸦片战争后，中国传统教育陷入了"儒学寖衰"的境地，官学名存实亡，私塾弊病丛生。一部分有志之士如魏源、龚自珍等地主阶级改革派开始"睁眼看世界"，提出"不拘一格降人才"的培养目标、"经世致用"的学习风气以及"师夷长技以制夷"的学习内容。到洋务运动时期，兴办新式小学、派遣留学生和编纂儿童读物等措施，有力推动了我国小学教育的近代化。

1. 建立新式小学

鸦片战争后，一批有志之士积极学习西方的知识和技术，并模仿西方的教育模式建立了一批新式小学。例如正蒙书院、上海沪南三等学堂及南洋公学的外院等。这些新式小学推动了我国近代小学教育的产生与发展。以张焕纶创办的正蒙书院为例，我国最早的新式小学更多是基于中体西用的观念，强调兼顾中西这两种教育模式。1878年，张焕纶在上海正蒙书院内附设小班（上海市梅溪小学的前身），开创了国人自办近代小学教育的先河，被视为是中国近代小学的开端。① 张焕纶重视小学教育，认为小学教育对于人才的培养具有重要的意义。"窃谓国家盛衰，系乎风俗人才，而风俗人才尤急于蒙养。西国孩童皆有书院，犹得古者小学之意。今虽设有出洋局，然费巨难继，所养仅百人，岂能家喻户晓？"② 张焕纶提议翻译并采用西方国家小学教育的课本对中国儿童进行教育，并采取中国传统教学中的"分斋教学法"及西方的班级授课制对儿童进行教学。

2. 编撰儿童读物

洋务运动时期，新式小学开始使用翻译的西方书籍，社会上的儿童读物也开始注重根据儿童的心理发展特点，编纂适合儿童阅读和学习的书籍与杂志。梁启超指出，儿童教育应关注儿童的学习兴趣，以循序渐进的方法逐步提高儿童的知识储备与技能水平。此外，实物教学也应纳入儿童教育教学的过程中去。

实际上，早在1874年，传教士范约翰就创办了《小孩月报》。该月刊注重基于儿童的认知与学习特点编撰儿童读物。作为中国最早的儿童画报，《小孩月报》的文字浅近易读，其内容包括"诗歌、故事、名人传记、博物、科学等，插图是雕刻铜板，有各种鸟兽、花卉、树木等，线条精美、每月1册、每期发行1 000册左右"。③ 此外，戊戌变法运动期间，维新派建立的教育团

---
① 曾文婕，黄甫全.小学教育学（第3版）[M].北京：高等教育出版社，2017：35.
② 陈元晖，璩鑫圭，童富勇.中国近代教育史资料汇编：教育思想[M].上海：上海教育出版社，1997：475.
③ 吴洪成.中国小学教育史[M].太原：山西教育出版社，2006：119.

体蒙学公会也发行了国人自办的儿童教育读物——《蒙学报》。蒙学报除了刊登"母仪训育之法"和"为师教通便之法"外,也翻译了一些通俗易懂的西方儿童作品,供儿童学习和阅读。

3. 建立近代三级学制

洋务运动开始后,以容闳和郑观应为代表的早期改良主义提出中国要效仿西方建立包括小学、中学和大学在内的三级学制。维新变法时期,康有为就在《大同书》中提出要建立一个包含幼儿、小学、中学及大学的,完备的、人人平等的教育体系。1902年,清朝政府颁布《钦定学堂章程》,由此确立了壬寅学制。该学制被视为中国近代第一个以法定形式颁布的全国性学制,但并未实施。在壬寅学制中,初等教育被分为蒙养学堂和小学堂两个阶段,其中的小学堂为小学的中高年级,包括寻常小学堂和高等小学堂。小学堂以提高国民的整体基本素质为其办学宗旨,强调人人都可以接受小学堂教育。《小学堂章程》规定:"俟各处学堂一律办齐后,无论各色人等皆应受此七年教育,然后听其任为各项事业。"①

《钦定学堂章程》的失败推动了1904年《奏定学堂章程》的颁布,该章程标志着癸卯学制的产生。癸卯学制将"中国教育由古典转为近代化轨道,并奠定了中国教育近代化基础,使中国教育真正开始了近代化进程"。② 实际上,该学制是学习日本教育的成果,分为三段五级。其中,初等教育分为4年的蒙养院、5年的初等小学堂和4年的高等小学堂。③ 初等小学堂是义务教育,旨在提高国民的基本素质。

(二) 西方近代小学教育

西方近代的小学教育伴随着文艺复兴运动、启蒙运动、宗教改革运动而不断发展,强调人文教育和国民教育。同时,为提高国民整体素质,加强自身的综合实力,西方国家逐渐形成了义务教育制度。

1. 人文主义教育崛起

13至15世纪,新兴资产阶级的产生推动了一场以解放人的思想为特征的文艺复兴运动。该运动使得西方社会开始关注人性,并形成以意大利为代表的南欧人文主义教育和以荷兰为代表的北欧人文主义教育。人文主义教育强调学生对人文学科和古典科目的学习,尤其重视希腊文和拉丁文的学习,反对经院哲学。在教育方法上,人文主义教育家反对死记硬背,强调要根据儿童的特征因材施教,提倡直观教学。人文主义教育思想的影响推动了许多人文主义教育学校的建立,如维多利诺创办的"快乐之家"与格里诺主持的费拉拉宫廷学校等都是当时的代表。

此外,文艺复兴时期还倡导本族语教学。对本族语学习的重视和强调促进了本族语学校的产生。"这种学校是西方近代初等教育最早的办学机构,它的产生标志着西方近代初等

---

① 舒新城.中国近代教育史资料(中册)[M].北京:人民教育出版社,1981:404.
② 金林祥.中国教育通史11·清代卷(下)[M].北京:北京师范大学出版社,2013:316.
③ 孙培青.中国教育史(第三版)[M].上海:华东师范大学出版社,2009:348.

教育的出现。"①

2. 国民教育事业诞生

16世纪的宗教改革萌生了近代的国民教育思想,宗教改革推动了义务教育的进程。马丁·路德就指出:创办基督教学校是各个城市市长与镇长的职责。② 每个市镇都应当设立一所本国语初等学校,实行强迫义务教育。加尔文也指出,教育是"全体国民为确保良好的政治措施,维持教会之安全与保持人性之必需"。③ 因此,基督教教义、一般知识与技能及道德教育等是公办初级学校的主要学习内容。这一时期,欧洲各国纷纷建立了各自的国民教育体系,并颁布相关教育法令来保障各自国民教育事业的发展。早在1559年,德意志的威登堡公国就率先建立了由德语学校、拉丁学校和国立大学或学院组成的三级学校教育制度,德意志国民教育制度由此建立。④ 英格兰国王则是通过颁布的一系列济贫法"训练贫穷儿童学艺谋生,并教导以初步宗教"。⑤ 宗教改革后,英格兰在各个城镇、郡县和乡村都建立了教区学校(包括公立学校、慈善学校和捐助学校)。英国的教区学校经费多依赖于地方人士的捐款,这使得这些学校通常规模很小且设备简陋。教区学校旨在让学生会获得免费的宗教教育,并培养学生以读、写、算为代表的基本技能。

3. 义务教育制度建立

工场手工业的发展、封建专制制度的腐朽以及科学知识的扩充带来了17—18世纪的启蒙运动。在启蒙运动的推动下,爱尔维修、狄德罗等人将国家主义政治理论应用于教育领域,由此提出了国家主义教育观。在国家主义教育观思想的影响下,18世纪中后期,法、英、德等国开始尝试建立各自的国民教育体制,并颁布了普及初等教育的义务教育法。小学教育开始稳步发展。

在法国大革命前,法国的初等教育主要是由基督教学校兄弟会负责。基督教学校兄弟会以宗教、基本的读写算和基本生活技能教育为主,注重因材施教。法国大革命后,法国通过了《费里法案》,法国由此确立了国民教育义务、免费和世俗三条原则,并强调6—13岁的儿童必须要接受初等教育。然而,由于法国封建势力过于强大,直到1925年,法国才最终在全国普及了初等义务教育。

18世纪末,英国的初等教育主要面向工人阶级及劳动群众中的适龄儿童,这些儿童接受教育的学校多由宗教团体、慈善机构或个人捐资兴办,是一种旨在宣传宗教信仰的慈善事业。⑥ 学校规模较小,强调基本的知识和宗教教育。具体来说,当时的小学主要包括两类:第一类是具有慈善教育性质的日校,包括主日学校、教会学校、主妇学校、围窝学校等;第二

---

① 钟文芳.西方近代初等教育特性之历史研究[D].上海:华东师范大学,2004:35.
② 克伯莱.西洋教育史(上)[M].杨亮功,译.台北:协志工业丛书出版股份有限公司,1955:327.
③ 克伯莱.西洋教育史(上)[M].杨亮功,译.台北:协志工业丛书出版股份有限公司,1955:347.
④ 张斌贤.外国教育史[M].北京:教育科学出版社,2015:172.
⑤ 克伯莱.西洋教育史(上)[M].杨亮功,译.台北:协志工业丛书出版股份有限公司,1955:339-340.
⑥ 程西筠.论19世纪英国初等教育改革[J].世界历史,1989(04):58-67.

类是全日制的普通小学,如导生制学校。19世纪30年代后,英国政府开始加强对初等教育的控制,为此,英国政府颁布了包括《福斯特法案》(也称为《初等教育法》)在内的一系列法案。这些法案规范了初等教育的发展,英国的公共教育制度逐渐建立。

德国被认为是世界上最早建立公共学校制度的国家。早在17世纪中期,德意志各邦政府就开始实行强制性的初等教育,规定适龄儿童必须到学校接受教育。到了19世纪,德国开始关注普及初等教育,并强调教育要为国家服务的要求。19世纪30年代,德国开始建立完整的小学教育体制。例如,在1872年的德国《普通学校法》中就规定:初等教育阶段分为基础学校和高等学校,共计八年。① 19世纪末,德国初等教育基本普及。

(三) 近代小学教育体系的基本特征

文艺复兴、启蒙运动以及宗教改革这三场思想解放运动解放和丰富了近代小学教育的思想理论基础,同时,资产阶级革命和工业革命又为近代小学教育体系的建立和转型提供了政治和经济基础。总体而言,近代小学教育体系在教育权利、教育运行方式、教育对象及教育内容等方面呈现出以下新特点:

1. 教育权利的世俗化

教育权利的世俗化表现在:首先,19世纪后,许多国家(尤其是西方国家)的小学教育举办权开始从教会和封建势力转移到了资产阶级世俗权力的手中,国民教育制度和体系逐渐建立并完善。其次,科技的发展加强了国家间的交流与对话,国家间的冲突进一步强化了各国对公共教育地位的认识,各国开始相互学习并基于自身基础建立各自的公共教育制度,以培养各行各业人才,增强本国的综合实力。小学教育作为基础教育的重要部分,自然也被纳入国家管理的范畴。各国纷纷开办公立小学并将其作为一项公共事业,实施强制性的普及教育,以培养儿童的爱国主义精神,使其成为合格的国民或公民。小学教育权利的世俗化是近代小学教育发展的重要趋势之一。

2. 教育运行的法制化

为保障小学教育改革的顺利进行,强化世俗权力对小学教育的管理和控制,多数国家都借助教育立法的形式促进小学教育的发展。例如,魏玛公国早在1619年就颁布法令,明确要求6—12岁的儿童必须进入学校接受初等教育。英国则在1870年颁布《初等教育法》,规定强制实施义务教育。英国初等教育制度由此形成。② 1882年,法国颁布《费里法案》,确立了法国国民教育的三大原则。与此同时,我国也颁布了《钦定学堂章程》和《奏定学堂章程》这两部重要章程,我国近代学校教育制度也逐步建立。

3. 教育对象的普及化

在教育对象上,近代的小学教育强调所有适龄儿童都要进入学校接受教育。为保障儿

---

① 张斌贤.外国教育史[M].北京:教育科学出版社,2015:273.
② 曾文婕,黄甫全.小学教育学(第3版)[M].北京:高等教育出版社,2017:34.魏玛公国当时是"德意志民族的神圣罗马帝国"的一个小邦国。

童能够完成小学教育,各国通过颁布相关法律法规、建立义务教育制度、增加教育经费、增设公立小学等措施,完成了小学教育普及。教育对象的普及体现了人人都有平等的受教育机会的教育理念。教育对象的扩充也为各国经济与社会发展培养了一大批实用人才。例如,德国早在 19 世纪末就普及了义务教育,这为德国在近代的迅速崛起提供了重要的人才基础,帮助德国迅速跻身发达国家的行列。

4. 教育目标和内容的实用化

首先,教育目标和内容的实用化得益于资本主义的产生与发展,经济的迅速发展推动了社会对实用人才的需求。例如,我国明末清初出现的资本主义萌芽催生了以王夫之、黄宗羲及顾炎武等人为代表的实学思想,呼吁培养经世致用的人才。其次,为增强自身的经济与军事实力,提高本国在国际社会中的地位,许多国家也明确了实用的、功利的世俗教育目标。此外,近代科学的发展极大地丰富了小学教育的内容。因此,以宗教与道德伦理为核心的旧教育再也无法适应社会的需要。总之,近代的小学教育注重儿童基本读写算技能的培养,强调要教授儿童一些实用的知识。

三、完善: 现代小学教育体系

生产力的迅速发展、资产阶级政权的建立以及世界战争的频发促使世界各国在原有教育体系的基础上再次进行变革,以培养更多实用型人才。二战后,伴随相对稳定的国际环境的出现、科学技术的发展和全球化的深入,人们开始追求更加公平、更高质量及更具个性化的小学教育。

(一) 中国小学教育的变革

中国小学教育体系的演进基本可以分为三个部分,即:中华民国的小学教育、国民政府的小学教育和中国共产党领导下的小学教育。

1. 中华民国的小学教育

南京临时政府成立后,以孙中山、蔡元培等为代表的资产阶级革命派在学习和借鉴西方学校教育制度的基础上,结合当时的国情建立了新的资产阶级民主教育体系。1912—1913 年,为了尽快破除封建教育的影响,临时政府提出了壬子癸丑学制,该学制将初等教育分为初等小学校(义务教育)和高等小学校两个阶段,并规定男女可以同校。在课程方面,该学制强调教育要适应儿童的身心发展规律,反对体罚。[①] 为了解决小学教育在发展过程中的实际问题,临时政府又相继颁布《小学校令》与《小学校教则及课程表》等文件,以保障新的小学教育的顺利落实。

新文化运动后,我国开始出现教育普及化的趋势。1922 年,北洋政府效仿美国提出了 1922 年"新学制"(也称为"壬戌学制"或"六三三学制")。该学制基于儿童的身心发展规

---

① 王献玲.中国教育史[M].郑州:郑州大学出版社,2011:257.

律,规定小学教育为六年,初中和高中教育分别为三年。虽然 1922 年"新学制"是学习美国教育模式的结果,然而,该学制在一定程度上促使我国开始基于儿童身心规律划分教育阶段并教授合适的教育内容,由此开始形成较为成熟的现代小学教育系统。

2. 国民政府的小学教育

国民政府推行三民主义教育宗旨,强调初等教育要"使儿童整个的身心融育于三民主义教育中;使儿童个性群性在三民主义教育指导下平均发展;使儿童于三民主义教导下具有适合于实际之初步的知能"。① 为保障抗战时期小学教育的持续发展,国民政府还建立了学校管理和运行的制度。

1928 年,国民政府提出"戊辰学制"。在初等教育方面,该学制基本沿袭壬子癸丑学制的传统。1935 年,国民政府提出通过"实施义务教育标本兼治办法"计划,设想通过分批的方式逐步在全国普及义务教育。具体来说,该计划强调要从普及一、二年制义务教育开始,最终在全国普及四年制义务教育。② 此外,国民政府还在地方市县实行小学区制度,建立了多种形式的小学。

抗战爆发后,为了保障小学教育在战争时期的正常运行,国民政府提出了"战时须作平时看"的教育方针。1939 年,国民政府要求"每乡镇设中心学校,每保设国民学校,均包括儿童、成人、妇女三部分,使民众教育与义务教育打成一片"。③ 为保证初等教育的学校数量,确保适龄儿童能够按计划接受小学教育,1940 年,国民政府颁布了《国民教育实施纲领》来明确初等教育的学校类型,即六年制小学、二年或一年制的短期小学属于初等教育的范畴,同时规定,6—12 岁的儿童必须接受小学教育。之后,国民政府还将小学改称为国民学校和国民中心学校。为完成按期普及义务教育的任务,国民政府规定每个乡镇都要成立一所中心学校,每三保至少要成立一所国民学校,以保障学龄儿童的入学,最终达到 65％以上的入学率。④ 这些措施在一定程度上推动了小学的发展,保障了学龄儿童的正常入学,提高了国民的整体素质。

3. 中国共产党领导下的小学教育

中华人民共和国成立前,中国共产党就在革命根据地广泛建立小学,以此发展根据地的小学教育事业。陕甘宁边区政权建立后,小学数量逐年递增。如图 2-1 所示,1937 年春季,陕甘宁边区的小学数量仅为 320 所,到了 1939 年春季,其数量已经飙升至 890 所。1940 年,毛泽东在《新民主主义论》中明确提出了新民主主义文化教育方针,小学的数量在同年秋季迅速升至 1 741 所。抗战时期,各根据地因地制宜,发展出了多种形式的小学,包括"游击小学""两面小学"和"联合小学"等。在教学内容上,抗战时期的小学教育多以国语、政治、劳作

---

① 教育部教育年鉴委员会.第二次中国教育年鉴(第一编)[M].北京:商务印书馆,1948:3-6.
② 熊明安.中华民国教育史[M].重庆:重庆出版社,1990:140.
③ 蒋致远.第二次中国教育年鉴[M].台北:宗青图书公司,1991:183.
④ 余子侠.抗战时期国民政府初等教育政策述评[J].河北师范大学学报(教育科学版),2005(04).

等作为教育内容。解放战争后,根据地的小学教育在教学模式、内容及方法等方面都逐渐正规化,学校数量进一步增加。

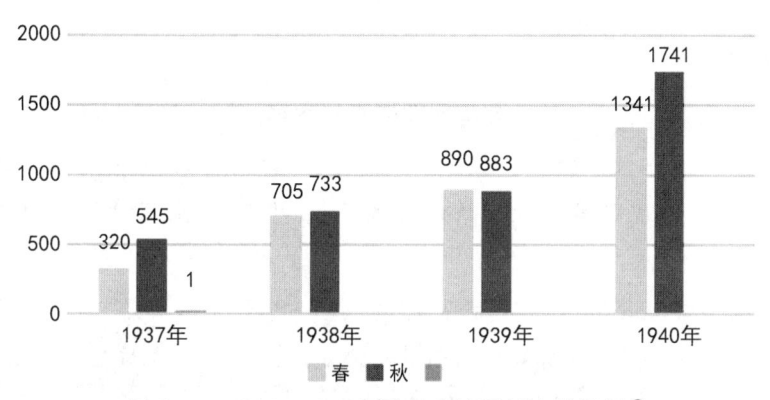

图 2-1 1937—1940 年陕甘宁边区的小学数量①

中华人民共和国成立后,我国小学教育事业的发展经历了曲折的过程。1949 年的《中国人民政治协商会议共同纲领》指出,我国要"有计划有步骤地实行普及教育"。② 这体现了我国普及教育的决心。到了 1952 年,我国又颁布了《小学暂行规程(草案)》,该规程明确指出我国的小学教育要实施"智育、德育、体育、美育全面发展的教育"。③ 1960 年,中共中央颁布《小学四十条》,再次明确了小学教育的培养目标。

改革开放后,党的教育方针的重申与明确推动了我国小学教育事业的迅速发展,我国开始有计划、有步骤地实施九年义务教育。1980 年颁布的《关于普及小学教育若干问题的决定》,明确了分期分区普及小学教育的任务。1985 年颁布的《关于教育体制改革的决定》提出要有步骤地实行九年义务教育。1986 年,《中华人民共和国义务教育法》的颁布意味着我国义务教育的普及与发展开始进入法制化的阶段。1990 年,我国城市地区基本普及义务教育。④ 到 2001 年,我国基本实现了"普九"任务。

与此同时,提升教育质量,发展素质教育等也提上了日程。1994 年,我国首次在中央文件中提出"素质教育"这一概念。为了落实素质教育的思想,1996 年和 1997 年,国家教委分别推出了湖南汨罗和山东烟台两个素质教育典型地区。⑤ 1999 年,《关于深化教育改革,全面推进素质教育的决定》提出:实施素质教育"必须把德育、智育、体育、美育等有机地统一在教育活动的各个环节中"。⑥ 2001 年,《基础教育课程改革纲要(试行)》再次指出:小学阶段

---

① 数据来源:孙培青.中国教育史(第三版)[M].上海:华东师范大学出版社,2009:497.
② 有林,郑新立,王瑞璞.中华人民共和国国史通鉴(第 1 卷)[M].北京:红旗出版社,1993:436.
③ 小学暂行规程(草案)[EB/OL].(1952-3-18).http://www.gzzxws.gov.cn/gzws/gzws/ml/32/200808/t20080816_1140.htm.
④ 《中国教育年鉴》编辑部.中国教育年鉴 1991[M].北京:人民教育出版社,1992:152.
⑤ 蒋纯焦.新中国 70 年教育的发展历程[J].河北师范大学学报(教育科学版),2019(6):17-23.
⑥ 中华人民共和国教育部.中共中央、国务院关于深化教育改革,全面推进素质教育的决定[EB/OL].(1999-6-13). http://www.moe.gov.cn/jyb_sjzl/moe_177/tnull_2478.html.

的课程要以综合课程为主,并设置综合实践活动并作为必修课程。① 一系列文件的颁布推动了素质教育在小学的推行,提高了小学教育的整体质量,有利于培养小学生的综合素养。

> **阅读材料**
>
> ### 湖南汨罗的素质教育
>
> 湖南汨罗从80年代初期开始就逐步落实"两全"教育方针,旨在推动全体学生的全面发展。1996年,汨罗的素质教育已经实施了12年,并形成了独特的汨罗素质教育经验。
>
> 汨罗经验,简单地说可以归结为两点。一是"三个控制",二是"四个面向"。"三个控制"就是控制重复教育、控制留级率和控制班额。这是推行素质教育最基本的条件。"四个面向"包括:面向属地的每一类教育、面向每一所学校、面向每一个学生和面向学生的每一个方面。"四个面向"是"两全"的具体化和实施手段。落实了"四个面向"就落实了"两全",而实现了"两全"就实现了素质教育。1996年,汨罗小学巩固率达99.98%,流失率仅为0.02%。
>
> 汨罗不仅关注优等生,注重升学率,而且对于差等生的培养也同样重视,合格率同样重要。在汨罗有句口号:"升学率是叶,合格率是花,叶绿花红才可夸。"
>
> 汨罗重视发展德育。1984到1996年间,汨罗在校生的犯罪率几乎为零。学校干净整洁,设施如新。汨罗的德育工作的展开主要通过"54321"工程,即确立5条标准、优化4支德育队伍、开辟3条德育渠道、建设2类教育基地和完善1个德育机制。5条标准是中心,4321则是具体的贯彻执行手段。②

2002年开始,我国在发展素质教育的同时,强调要"办好让人们满意的教育"。《国家中长期教育改革和发展规划纲要(2010—2020年)》明确指出,要在提高义务教育水平的同时,推进义务教育均衡发展。③ 2018年,习近平总书记在全国教育大会上强调要"把立德树人融入思想道德教育、文化知识教育、社会实践教育各环节,贯穿基础教育、职业教育、高等教育各领域"。④ 目前,我国的小学教育事业得到了长足发展,小学教育整体质量迅速提升。

---

① 中华人民共和国教育部.教育部关于印发《基础教育课程改革纲要(试行)》的通知[EB/OL].(2001-6-8).http://old.moe.gov.cn/publicfiles/business/htmlfiles/moe/s8001/201404/xxgk_167343.html.
② 资料来源:唐仲扬,胡宏文,梁友君,龚鹏飞,刘心洋.大面积推行素质教育的探索——湖南汨罗市中小学教育改革12年写真[J].人民教育,1996(2).
③ 国家中长期教育改革和发展规划纲要工作小组办公室.国家中长期教育改革和发展规划纲要(2010—2020年)[EB/OL].(2010-7-29).http://www.moe.gov.cn/srcsite/A01/s7048/201007/t20100729_171904.html.
④ 中华人民共和国中央人民政府.习近平出席全国教育大会并发表重要讲话[EB/OL].(2018-9-10).http://www.gov.cn/xinwen/2018-09/10/content_5320835.html.

（二）国外小学教育的演变

二战后，西方现代小学教育体系开始重建并不断完善。实际上，近代的小学教育模式忽视了儿童的个性、抑制了儿童的兴趣并且脱离了儿童的实际生活。因此，到了20世纪中后期，西方国家就开始进行教育变革，探索并建立新的小学教育模式。

1. 小学教育的民主化

二战结束后，各国亟待重建各自的教育体系，新教育运动的发展也进一步推动了现代小学教育迈向民主化的轨道。在进一步推行初等义务教育的同时，西方国家也开始尝试延长义务教育的年限，将小学教育与中等教育相衔接，以进一步提高国民的整体素质，提升国家的整体实力。

为了推动教育的民主化，英国在1944年颁布的《巴特勒教育法》（又称为《1944年教育法》）中废除了双轨制，并规定5—11岁的儿童必须要进入学校接受初等教育。法国也在《朗之万—瓦隆教育改革方案》中表示要衔接初等教育和中等教育。此外，联邦德国的初等教育则沿袭魏玛共和时期的四年制基础学校（也称为初等国民学校）。联邦德国规定，当儿童完成了四年制基础学校的学习以后，就可以进入初中的一、二年的观察期。最后对学生进行分轨，使他们分别进入高等国民学校、中间学校或各类高级中学进行学习。[1] 英、法、德三国的这一系列措施表明小学教育的民主化是各国现代小学教育体系发展的共同趋势。

2. 小学教育质量的提升

中苏冷战使得西方国家纷纷强调教育改革要提高基础教育的质量，维护教育公平，发展科学教育。1957年，苏联的"人造卫星事件"成为了西方各国进行基础教育改革的催化剂。为落实上述教育理念，许多国家规定统一的课程大纲，以推进本国的小学教育质量稳步提升。为此，美国在20世纪70年代发起了一场"回到基础"运动，强调对学生的基础知识和技能的培养。20世纪80年代，全球兴起一场教育改革运动，强调通过标准化考试、绩效问责等方式来保障教育质量。例如，美国在1983年发布《国家处在危险中：教育改革势在必行》报告，强调要通过国家统一课程和标准化测试提升基础教育的整体质量。2002年，美国再次颁布《不让一个孩子掉队法案》，明确了绩效问责制，并强调对学生要进行严格的考核，最终"不让一个孩子掉队"。

3. 小学教育课程的分化与综合

二战结束伊始，西方国家的小学教育课程强调要体现知识的"基础性"以及结构的"科学性"，学校要开足开齐国家所规定的科目，并注重对学生基础知识、基本技能的训练以及科学技术文化素养的培养。教师要注重使用发现教学法，培养儿童的学习主动性及问题解决能力。21世纪以来，西方各国开始强调跨学科课程的建立，关注培养学生的核心素养及关键技

---

[1] 张斌贤.外国教育史[M].北京：教育科学出版社,2015：370.

能。例如美国在基础教育阶段的 STEAM 教育,就是一种包含科学(Science)、技术(Technology)、工程(Engineering)、艺术(Arts)和数学(Mathematics)在内的综合教育。此外,芬兰在 2014 年发起的新课程改革也提出了"跨学科学习模块"的概念,强调通过现象教学来培养学生的"横向能力"。

(三)现代小学教育体系的基本特征

现代小学教育体系是在两次世界大战及第三次工业革命的时代背景下发展起来的。在这一时期,儿童心理学与儿童教育理论也得到了前所未有的发展。总体来说,现代的小学教育具有全民性、义务性、全面性和基础性四个方面的基本特征。

1. 全民性

从小学教育的对象来看,现代小学教育是面向全体公民并以提高整体国民素质为根本宗旨的教育。基于此,现代小学教育具有全民性的特征。全民性也是现代小学教育体系区别于近代小学教育的重要因素。当前,确保人人都有接受初等教育的权利成为各国教育改革的基本诉求与共识。在联合国教科文组织的呼吁下,全民教育运动得以开展并得到许多国家的认可与推行,普及初等教育、扫除文盲以及消除男女教育不平等等问题成为各国的研究焦点。作为全民教育的重要组成部分,现代小学教育也强调面向全体青少年和成人,注重满足他们最基本的学习需要。

2. 义务性

现代小学教育的义务性表现在全体适龄儿童都必须进入学校接受教育,这是他们监护人的义务。任何儿童,"只要到了法定年龄,都必须接受小学教育……对于每个公民来说,教育机会是均等的,是公民享有的权利"。[①] 为了保障适龄儿童的受教育权,世界各国纷纷颁布法律法规,实施强制的、免费的义务教育。《中华人民共和国义务教育法》就规定:"凡具有中华人民共和国国籍的适龄儿童、少年,不分性别、民族、种族、家庭财产状况、宗教信仰等,依法享有平等接受义务教育的权利,并履行接受义务教育的义务。凡年满六周岁的儿童,其父母或者其他法定监护人应当送其入学接受并完成义务教育。实施义务教育,不收学费、杂费。"[②]

3. 全面性

从培养目标来看,现代的小学教育更加注重学生的全面和谐发展,强调培养学生的综合能力。基于此,小学教育的内容通常涉及德、智、体、美等多个方面,学校课程丰富多彩,以满足儿童不同的学习与发展需要。经济与科技的快速发展意味着学生在学校要学会最核心的关键技能,从而能够在未来社会具备持续学习与成长的能力。这就要求现代小学教育体系能够在多个方面开发儿童的天赋,培养他们的能力。因此,现代小学教育体系通常强调多维

---

① 孙成武,于淑君.小学教育概论[M].济南:山东人民出版社,2014:38.
② 中华人民共和国司法部:中华人民共和国义务教育法[EB/OL].(2019-1-17).http://www.chinalaw.gov.cn/Department/content/2019-01/17/592_227073.html.

度、全方位的培养目标。

4. 基础性

小学教育的基础性体现在四个方面：第一，从其在整个教育体系所处的位置来看，小学教育具有基础性。小学阶段的教育是儿童顺利进入中学，学习难度更高层次教育内容的基础。第二，从课程内容来看，小学教育阶段的课程内容具有基础性。小学更加强调培养儿童的基础知识和基础能力。因此，相比初中、高中乃至大学阶段的课程内容，小学的学习内容都经过了一定的选择和处理，强调内容的基础性与易理解性。第三，在义务教育制度中，小学教育是实施义务教育的开端。这在客观上也决定了小学教育要注重对学生基本知识与能力的培养，为下一阶段的教育打好基础。第四，从个体发展的角度来看，小学阶段是儿童道德、智慧、个性及身体发展的基础阶段。因此，小学教育对于个体形成适应未来社会发展变化所需要的关键能力及素养具有不可忽略的重要作用。

第三节　小学教育的发展趋势

进入 21 世纪，全球化时代的来临与信息技术的快速发展为小学教育带来了新的时代机遇与挑战。教育的信息化理论、全民教育理论、终身教育思想、女性主义教育理论及可持续发展教育思想等推动着全球基础教育的革新。国际社会既注重保障小学教育的公平和教育质量，还强调建设新型小学、培养优质教师队伍、建构个性化的小学课堂，以培养学生的核心素养。

一、小学教育的发展背景

全球化新时代对人才培养的新要求、信息化时代对传统小学教育模式的冲击、社会对学校化小学教育的反思以及终身教育理念的推动，是当前小学教育的主要发展背景。

（一）全球化新时代的新机遇

对资本的掠夺和追逐推动了全球化的发展。一般来说，全球化可以分成三个阶段：第一阶段是全球化的起始阶段，也有学者称为"全球化 1.0 时期"。这一时期始于新大陆的发现，主要表现为国家间的交流和融合。第二阶段从 1800 年前后开始，一直持续到二战结束。在这一时期，第一次工业革命和第二次工业革命带来了生产力的大发展，资本不断累积。生产力的急剧发展加快了全球化的进程，世界开始成为一个整体。第三阶段始于二战结束后。科技的发展和网络信息技术的不断更新，使得国与国之间的距离被进一步缩短，地球村逐渐形成。

2019 年召开的世界经济论坛指出，"全球化 4.0"时代已经到来，这是人类发展的新时代，意味着第四次工业革命已经开始。"与此前三次工业革命不同的是，全球化 4.0 时代是一个碰撞的时代，也是一个层出不穷和前所未有的挑战时代，包括人工智能、大数据、自动化、未来的网络与虚拟经济、新的地缘政治等。"①

全球化时代的发展推动了国家与民族间的对话与交流,推动了文化的发展与革新。同时,发展以实现"全球共同利益"的教育逐渐成为世界各国基础教育改革和发展的趋势。加强国家间的尊重和理解,培养世界具有国际视野、文化认同和理解能力,具有社会情感能力的合格公民成为小学教育的重要目标之一。多元文化教育、国际理解教育、公民教育和移民教育等成为各国基础教育的研究焦点。2015 年,法国将公民教育和文化认同作为其教育的目标之一,与此同时,欧委会也发布了《欧洲 2020 战略》,强调教育要"以公民价值观为导向,促进国际交流与合作,促进学生的跨境流动,促进不同文化间理解与融合"。②

(二) 信息化社会的新挑战

21 世纪是信息化的社会,它所带来的挑战首先表现在网络的飞速发展与普及使得知识的生产与传播速度达到前所未有的程度,人类在这短短几十年内所积累的科学知识占到人类有史以来知识总量的 90%,这种"知识爆炸"现象对个体的信息分析与处理能力提出了更高的要求。其次,科技的发展丰富了信息传播的途径。线上教育发展迅速对传统教育模式带来了挑战,如何更好地结合线上与传统教育的优势成为当下人们研究的焦点。当前,知识是时代的核心生产要素,这就要求学校要培养具有创新精神与创新能力的新型人才。基于此,素质教育、核心素养教育以及创客教育等受到人们的关注。同时,科学技术的迅速发展也在一定程度上推动了小学教育的革新,"将教育信息化作为教育系统性变革的内生变量"以"推动教育理念更新、模式变革、体系重构"。③

信息具有开放性、互动性和虚拟性等传播特征,这决定了在信息化社会中,学生的学习内容更加丰富,学习方式更加多样。实际上,在当前的小学课堂中,多媒体的应用已相当普遍,但也存在着一些问题,包括"信息化学习环境建设与应用的水平不高、教师信息技术应用能力基本具备但信息化教学创新能力尚显不足以及信息技术与学科教学深度融合不够"等。④ 因此,如何更有效地利用信息化的优势,更新小学教育观念、重建小学教育模式、变革小学教育体系,是当前小学教育面临的主要问题。

近年来,物联网、云计算、移动通信、大数据等新一代信息技术的发展,深化并扩充了小学教育的原有理念、模式和内容,而近年来快速兴起的人工智能技术也推动了智慧教育的产生,即教师借助智慧化的学校环境与现代信息技术手段,发展学生的智力并培养学生的能力。总体而言,智慧教育的优势表现在:深度融合信息技术与学科教学、无缝整合共享全球

---

① 王辉耀.全球化 4.0 时代已拉开大幕[EB/OL].(2019 - 1 - 27).https://guancha.gmw.cn/2019-01/27/content_32419152.htm.
② 北京师范大学国际与比较教育研究院.国际教育政策与发展趋势年度报告 2016[M].北京:北京师范大学出版社,2018:27.
③ 中华人民共和国教育部.教育部关于印发《教育信息化 2.0 行动计划》的通知[EB/OL].(2018 - 4 - 18). http://www.moe.gov.cn/srcsite/A16/s3342/201804/t20180425_334188.html.
④ 同上。

教育资源、推动开放式的按需学习以及促进绿色高效的教育管理等。① 智慧教育,意味着学习环境将从多媒体转为智能学习环境,学校将真正打破边界,成为学习型社会的有机组成部分。

(三) 学校化小学教育的反思

1. 统一性

学校产生后,小学教育同其他教育一样,成为了在专门场所由专职教育人员实施的有目的、有计划、有组织的教育活动。按规范和标准办学、实施"科学管理"以及推动教育活动"有序、高效"地开展成为学校化教育的根本特征。② 为了追求小学教育的效率,学校开始强调教育活动的规范化、教育目标的标准化以及教育内容的同一化。教师和学校成为社会对学生要求的代言人,并形成了凌驾于学生之上的独断权力。学生个体的潜力、本性、需要及差异被忽视,学校事实上成为了束缚儿童个性自由发展、阻碍儿童全面发展的场所,成为一种不民主的教育。

2. 封闭性

学校的形成推动了小学教育的正规化。科学技术的迅速发展、人才需求的激增以及全球化的加深使得人们迫切需要一种能够在短期内培养大量人才的教育方式,这使得小学教育逐渐功利化和封闭化。具体表现在:在教育内容方面,过于强调学生对语言、数学和科学等为代表的核心学科的学习,忽视了学生的全面发展。伊里奇指出:"强制性学校的存在本身便把任何社会都划分为两个领域,即:有些时段、有些过程、有些安排、有些职业是'学术的'或'教育的',其他的则不是。这样,学校便有了划分社会现实的无穷力量:教育成了非世俗领域,而世俗世界则成了非教育领域。"③

3. 不均衡性

在发达国家与发展中国家之间、发达地区与欠发达地区之间、城市与农村之间以及公立与私立之间的小学教育资源是不均衡的,各个学校在环境、设备以及教师队伍等方面存在差距。发展中国家、欠发达地区以及农村更容易出现小学的"大班额"现象和师生流动性过大以及小学的空巢化问题。学校数量短缺、教师队伍不足、教育资源配置不均衡使得一些条件较好的城镇小学被迫成为"大班额"学校。2014年,一项针对河北省19个县市的调查结果显示:有48%的城镇小学都是"大班额"学校,62%的地级市城区小学是"大班额"学校。④ 班级人数过多,造成教师对学生关注度的降低和学生参与学习主动性的降低,最终导致教育质量的下降。

(四) 终身教育理念的推动

20世纪后期,国际教育思想蓬勃发展,推动了各种教育思潮的产生,例如终身教育、国际

---

① 胡英君,滕悦然.智慧教育实践[M].北京:人民邮电出版社,2019:9-11.
② 张永明,曾碧.小学教育学基础[M].北京:北京大学出版社,2013:36-37.
③ 伊万·伊里奇.去学校化社会:汉英双语版[M].吴康宁,译.北京:中国轻工业出版社,2017:30.
④ 田宝军,穆冬雨.小学阶段"大班额"问题及其对策[J].教学与管理:小学版,2017(02):11-13.

理解教育、多元文化教育、可持续发展教育、女性主义教育、后现代主义思想教育以及生态文明教育等。各理论流派对教育的目标、教育的内容和教育的方式方法提出了不同的看法，推动了小学教育的改革和发展。其中，终身教育思潮更是推动了世界范围的基础教育改革。

终身教育是在 1965 年由法国前教育部长保罗·朗格朗提出的。所谓终身教育，朗格朗指出："并不是指一个具体的实体，而是泛指某种思想或原则，或者说是指某种一系列的关心与研究方法。概括而言，也即指人的一生的教育与个人及社会生活全体的教育的统和。"①《学会生存》中提到，终身教育强调要打破"教学只是为青年设置的并且只是在学校里进行的"这种偏见，只有这样，教育才能成为"有效的、公正的、人道的事业"。② 这种教育理念强调教育应该伴随着人的一生，教育的内容是广泛的，人人在自己的一生中都能接受教育，从而不断完善自身。因此，终身教育涉及各级各类教育，强调要连接家庭教育、学校教育和社会教育，贯穿正规教育与非正规教育，最终建立一个人人都能参与的学习型社会。

与此同时，朗格朗还指出了未来终身教育发展的五项目标，即：1. 社会要为每个人的一生提供教育或学习的机会；2. 各级各类教育必须协调和整合；3. 社会要对小学、中学、大学及发挥教育功能的机构予以鼓励和支持；4. 政府或社会要采取措施推动本国公民的教育休假和文化休假制度；5. 终身教育理念应渗透到教育的各个领域。③ 实际上，终身教育理念强调要对小学教育的原有职能和价值观进行变革，从而更加关注提高学生的学习积极性及学习兴趣。此外，终身教育也要求对原有的学校组织结构进行调整和优化，使学校更为开放。终身教育不仅仅涉及学校教育或成人教育，朗格朗指出，终身教育还渗透在人类生活的各个方面，包括生命教育、职业教育、闲暇教育、艺术教育、体育运动教育、信息选择教育及公民教育等。④

二、小学教育的发展趋势

小学教育的发展是一项全方位、系统性的工程。从整体上看，教育公平、教育质量、智慧教育、个性化教育及教师质量将会成为未来小学教育发展的关键问题。

（一）公平且优质：小学教育的主题

20 世纪 90 年代以来，国际社会就强调并持续推进教育公平。袁振国指出，教育公平有四个阶段，即机会公平、条件公平、过程公平和结果公平。⑤ Theodore Schultz 指出："在我们庞大的学校体系中，如果能实现效率的最大化，这对于公平的贡献很可能将远远大于现在正

---

① 引自吴遵民.新版现代国际终身教育论[M].北京：中国人民大学出版社，2007：20-21.
② 联合国教科文组织国际教育发展委员会.学会生存——教育世界的今天和明天[M].华东师范大学比较教育研究所，译.北京：教育科学出版社，1996：179.
③ 吴遵民.新版现代国际终身教育论[M].北京：中国人民大学出版社，2007：7-8.
④ 何齐宗著.教育的新时代——终身教育的理论与实践[M].北京：人民出版社，2008：40-41.
⑤ 引自 Ludger Woessmann, Paul E. Peterson.学校与平等机会问题[M].杜振东，等，译.上海：华东师范大学出版社，2019：丛书序言.

在实施的许多改革。"①2000年,国际社会确立了联合国千年发展目标,强调要实现普及初等教育、促进两性平等。2010年的一项调查显示:1999年以来,全球失学儿童人数减少了3 300万,南亚和西亚失学儿童人数减少了一半以上。② 2015年,联合国教科文组织发布的报告表明,大多数国家已经实现了小学教育的性别平等,完成了千年发展目标。

然而,国家间教育公平的实现程度却有很大的差距。经济欠发达地区、一些发展中国家、阿拉伯国家和战争地区的国家普及小学教育的目标远没有实现。2010年联合国教科文组织的报告显示:2006年,60%的巴基斯坦失学儿童都是女孩。2007年,全球共有54%的女性无法接受学校教育。③ 教育公平始终是小学教育发展过程中的重要主题之一。除了初等教育入学机会的不平等外,"全球还有千百万学生虽然读到小学毕业却没有获得基本的读写和算术技能,而在这种情况下教育质量问题仍然没有被优先考虑"。④ 由此,初等教育的质量问题也亟待解决。

2014年后,在推进初等教育公平的同时提高教育质量成为各个国家基础教育改革的焦点。"2015年,17项联合国可持续发展目标(Sustainable Development Goals,SDGs)的颁布使其成为指导全球未来十五年发展的总向导。在教育方面,联合国教科文组织指出,各国要确保包容、公平的优质教育,促进全民享有终身学习机会。"⑤同年,联合国教科文组织发布《教育2030行动框架》,强调要保障女童和男童都能接受同样公平、免费且优质的小学教育。

除了联合国教科文组织的呼吁,许多国家也发布了相关计划来推动本国小学教育质量的提高。2015年12月,奥巴马签署《每一个学生成功法案》(Every Student Succeeds Act),要求要确保本州内的所有学生都能达到目标。2015年,新西兰发布《2015教育部年度报告》,强调要使每个新西兰儿童都实现教育成功。2017年,习近平在中国共产党第十九次全国代表大会上的报告中指出,要"努力让每个孩子都能享有公平而有质量的教育"。⑥ 在进一步保障教育公平的同时,追求卓越,提升基础教育质量也成为国际社会小学教育的重要发展趋势。

那么,如何实现公平且优质的小学教育呢?2014年联合国教科文组织公布的《全民教育全球检测报告》就从学校环境、教师待遇、学校课程、学校教材和教育投资等多个方面提出了可供参考的建议。2017年,联合国教科文组织指出,"确保包容和公平的优质教育往往是一项集体事业,学生、教师、政客、新闻媒体等多方行动者都应该共同努力并履行责任"。⑦ 多主体合作成为提高小学教育公平与质量的重要措施。

---

① 引自 Ludger Woessmann, Paul E. Peterson.学校与平等机会问题[M].杜振东,等,译.上海:华东师范大学出版社,2019:22.
② 联合国教科文组织.全民教育全球监测报告2010:普及到边缘化群体[M].联合国教育、科学及文化组织,2010:1.
③ 同上,第58页.
④ Jody Heymann, Adele Cassola.教育公平:范例与经验[M].陈舒,等,译.上海:华东师范大学出版社,2019:5.
⑤ 联合国.可持续发展目标[EB/OL](2015-09-25).https://www.un.org/sustainabledevelopment/zh/education/.
⑥ 习近平在中国共产党第十九次全国代表大会上的报告[EB/OL].(2017-10-28).http://cpc.people.com.cn/n1/2017/1028/c64094-29613660-10.html.
⑦ 联合国教科文组织.全民教育全球监测报告2017/8:教育问责:履行我们的承诺[M].北京:教育科学出版社,2017:6.

(二)核心素养:小学教育的育人目标

核心素养是个体所应必备的品格素养与关键能力,这种素养或能力能够满足个体终身发展与未来社会发展的双重需要。核心素养不单指某一个维度的能力,还涉及知识、技能、情感、态度、价值观等多个方面。中国教育学会副会长张绪培指出:"今天孩子在课堂里学化学,不是让他成为化学家,我们关注的是,毕业以后,作为一个公民,学过化学和没学过化学有什么差异?化学能留给他终身受用的东西是什么?这就是核心素养。"①在信息化社会中,科学技术的飞速发展与知识的爆炸式增长,让人们不禁反思:学生究竟应该具备哪些关键能力才能够真正适应并推进社会的改革和变化?为解决这一问题,国际社会提出培养学生的核心素养,也有国家或组织称为"21世纪技能""关键素养"或"综合能力"。

核心素养着眼于学生的终身发展,强调培养全面和谐发展的人。例如,新加坡的21世纪素养框架就以培养学生的核心价值观为总目标,强调培养学生的公民能力,全球认知和跨文化技能;发展学生的批判性和创造性思维;培育学生的沟通、合作和信息技能。② 联合国教科文组织强调全球公民应具备的核心能力包括知识和理解能力、认知能力、非认知能力以及行动能力。2016年,教育部委托北京师范大学历时三年完成的《中国学生发展核心素养》将核心素养分为三大领域和六项核心素养,包括人文底蕴、科学精神、学会学习、健康生活、责任担当和实践创新,如图2-2所示。

图2-2 中国学生发展核心素养总体框架

要培养学生的核心素养,整合小学教育课程体系是其中的关键步骤。首先,由于小学教育的基础性特征,小学课程体系变革就要以语文、数学等基本学习工具为中心,以培养学生的综合能力与核心素养为宗旨,因地制宜地整合相关课程,从而走向主题模块式的课程学习方式。这种课程既能为学生后期的深入学习打下基础,还能帮助他们全面掌握人类知识。因此,小学教育课程首先要改变原来课程过于强调学科本位的倾向,提高人们对整合课程优势的认识。其次,小学教育课程要注重循序渐进性,准确把握小学阶段的教育重点。明确小

---

① 赵婉娜.今天,为何要提"核心素养"(深聚焦)[N/OL].(2016-10-13). http://edu.people.com.cn/n1/2016/1013/c1006-28773930.html.
② 费尔南多·M·赖默斯,康妮·K·郑.21世纪的教与学——六国教育目标、政策和课程的比较研究[M]金铭,等,译.北京:北京语言大学出版社,2016:41-44.

学教育重在让儿童掌握基础知识和基本技能(例如读、写、算技能),培养儿童良好的学习习惯和学习态度。① 在此基础上,适当联合相关学科并借助实际生活的问题,在解决问题的过程中逐步培养儿童的综合能力。最后,也要注意建设全面多元的小学教育评价体系,以培养学生的核心素养为目标,破除唯分数论的痼疾,关注学生的知识运用与迁移能力。

> **阅读材料**
>
> **美国 Post Oak 学校国际文凭组织小学项目(PYP)课程**
>
> (PYP)课程(Primary Years Program,简称为:PYP),意为国际文凭组织小学项目。这是国际文凭组织(IBO)为3至12岁学生设计的一套强调跨学科学习的项目,旨在让学生通过质疑、立论、实验、验证、反思、解决问题等探究式学习方式,将儿童培养成全面发展的探究者,如图2-3所示。国际文凭小学项目涵盖6大学科,即:语言、社会学、数学、艺术、科学、个人教育,社交教育和体育,以培养学生的国际情怀。

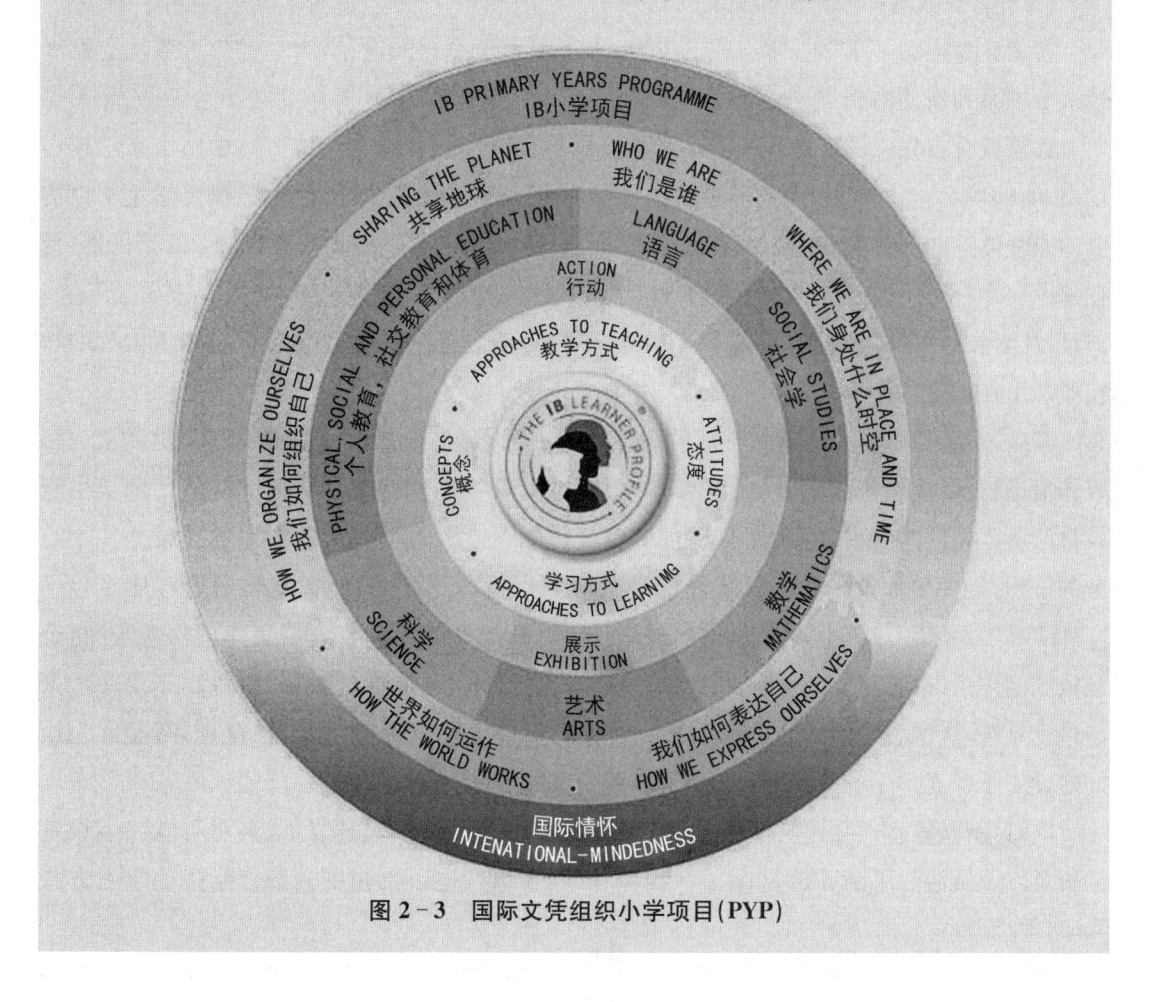

图 2-3 国际文凭组织小学项目(PYP)

---

① 冯建军.小学教育:新世纪·新定位·新发展[J].新乡教育学院学报,2002(02):66-70.

> 美国的 Post Oak 学校是密歇根州第十六所实施国际文凭组织项目的学校。该校的(PYP)课程体系在国际文凭组织小学项目的基础上,结合自身实际情况,形成了一套独具特色的优质课程体系。在课程目标上,Post Oak 学校的(PYP)课程体系强调循序渐进。基于国际文凭组织的 PYP 项目的 10 个课程目标,该校将每一学年划分为四个阶段,每一个阶段都有更加具体的发展目标。在课程结构上,Post Oak 学校以国际文凭组织的课程结构为基础,结合密歇根州的独特地理条件,建立了独具特色的校本课程体系。在课程实施上,Post Oak 学校强调以学生为中心,充分发挥学生的主观能动性,鼓励学生积极探索。此外,Post Oak 学校还强调多元评价。学校的评价体系包括终结性评价和形成性评价,强调在检测学生实际学习能力的同时,展示学生学习的全貌,科学评价学生的学习历程。①

(三) 智慧教育:小学教育变革的动力

智慧教育推动了小学教学方式的发展,丰富了小学教育的途径,为小学教育系统的发展带来了一系列新动向。

智慧教育首先强调打破传统的小学学校边界,建设新型"未来学校"。《中国未来学校白皮书》明确表示:未来学校要有开放灵动的学习空间、灵动多元的学习方式、满足学生个性需要的课程体系和开放融合的组织管理形态。② 2006 年,新加坡颁布"智慧国家 2015"计划,旨在建设一个打破学校课堂边界的、以学生为中心的、全面整合信息技术的"未来学校"。当前,可汗学校、STEM 课程学校等以及 MTC 学校等新型高科技学校的兴起,意味着传统的学校概念正在被重构。

其次,智慧教育要有完善且开放的智慧学习资源,这是智慧教育的前提与关键要素。多媒体信息材料、虚拟资源库、网络课程、学习网站以及各种教育教学数据库能够帮助学生查找自己所需要的学习材料,从而实现自主和合作学习。智慧学习资源体系的建设是一个复杂的过程,需要多种技术的支撑才能保障其顺利运行。总体而言,智慧学习资源体系包括"三库"和"六系统"。其中,"三库"指学习资源库、开放课程库和管理信息库,"六系统"指智慧资源门户系统、智慧检索导航系统、情境感知与个性化智能推送系统、资源动态语义汇聚与进化系统、资源智能转换与分类系统以及资源信息可视化管理系统。③ 此外,智慧图书馆的建设对于扩充学生的知识面也具有重要意义。

同时,智慧教育还强调灵活多元的学习方式。信息技术的飞速发展、各种移动终端设备的普及以及资源的不断开放推动了在线课程、网校以及电子书包的兴起。学生的学习方式

---

① 吴悠,朱德全.基于核心素养的小学课程整合研究——美国 Post Oak 学校 PYP 课程的经验与启示[J].教育探索,2019(01).
② 王素,曹培杰,康建朝,等.中国未来学校白皮书[R].北京:中国教育科学研究院未来学校实验室,2016:39-40.
③ 胡英君,滕悦然.智慧教育实践[M].北京:人民邮电出版社,2019:167-171.

不再拘泥于传统的学校教育,自主学习、终身学习、个性化学习、项目式学习以及研究性学习等将会成为典型的学习方式。① 人工智能技术的发展产生了培养具有创新精神与创新能力的新型人才的需求,因此,培养能够适应人-机共生的人才将成为小学学校教育的共识。例如,2015 年,韩国政府完成了"数字教材"的推广计划。韩国的"数字教材"以其丰富的学习资源、系统化的学习管理以及易于同步更新信息的优势,迅速提高了韩国学生的课堂表现和成绩。②

（四）卓越小学教师：小学教育变革的关键

小学教育改革的关键要素在于教师,卓越的小学教师队伍能够有效推动小学教育改革的进程。帕尔默指出:"教育改革的主要挑战之一在教师,他们把自己看作为年轻人服务的工作者,看作为学校和社会服务的领导者。通过欣然接受扩展了的领导者角色,教师们不会削弱反而将增强对儿童和年轻人尽职尽责的承诺。"③

卓越小学教师,就是指小学教师中的"卓越者"与"佼佼者",也是卓越教师整体队伍的组成部分。所谓卓越教师,从教师专业发展的角度来看,就是那些"具备高尚师德、较强的创新能力和教育教学实践能力,同时具有良好个性的、从事教育教学工作的专业人员"。④ 要想成为卓越教师,必须具备三大特征,即"德高""学高"和"技高"。所谓"德高"是指教师要有坚定的教育信仰和高尚的师德,这是卓越教师的显著特征之一；"学高"则是指教师要有广博的学识和开阔的知识视野,这是卓越教师的基本特征；"技高"则是指教师要有较强的自我学习能力、反思与研究能力与过硬的教育实践能力。这是成就卓越教师的核心要素。⑤

优质教师对于提高和保障小学教育质量的意义早已成为共识。早在 20 世纪 80 年代,美国就着手提高基础教育教师的质量。1987 年,美国成立国家专业教学标准委员会(National Board for Professional Teaching Standards,NBPTS),该机构制定了基础教育各个学科卓越教师的专业标准和评估体系,以此明确卓越教师的要求。美国教师只有通过了该机构的资格评定,才能获得国家高级教师资格证书。2004 年,英国开始实施本国的"卓越教师计划"(Outstanding Teacher Program,OTP)。2011 年,英国颁布《培养下一代卓越教师》(Trainging Our Next Generation of Outstanding Teachers),促进了英国教师教育的发展。此外,德国、法国以及澳大利亚等都颁布了本国的卓越教师发展计划,改革传统的教师培养体系,推动了教师职业的专业化发展。

2014 年,我国教育部出台《关于实施卓越教师培养计划的意见》,明确指出要"重点探索小学全科教师培养模式",加强卓越小学教师的培养。所谓卓越小学教师,要"热爱小学教育

---

① 赵慧臣,唐优镇,马佳雯,等.人工智能时代学习方式变革的机遇、挑战与对策[J].现代教育技术,2018(10):20-26.
② 胡英君,滕悦然.智慧教育实践[M].北京:人民邮电出版社,2019:57.
③ 李纯.教师发展与教学改革:一种多元文化的视角[M].北京:北京师范大学出版社,2017:158.
④ 陈玉祥."卓越教师"培养:理念与实现[J].中国教师,2014(24):5-8.
⑤ 王利琳.卓越教师培养的探索与实践[M].杭州:浙江大学出版社,2018:30-31.

事业、知识广博、能力全面,能够胜任小学多学科教育教学需要"。① 2018年,我国教育部再次颁布《教育部关于实施卓越教师培养计划2.0的意见》,强调要"培养造就一批教育情怀深厚、专业基础扎实、勇于创新教学、善于综合育人和具有终身学习发展能力的高素质专业化创新型中小学教师"。② 卓越小学教师队伍的建设,是小学教育改革的关键要素,也是小学教育发展的重要趋势之一。

(五)个性化教学:小学课堂教学的方向

个性化教学,就是关注和尊重学生的个性自由发展,通过因材施教的教学方式来发展学生的个性及社会性。例如,邓志伟等指出:个性化教学既是适应性教学,也是分化教学和全纳性教学。③ 李如密等则认为,个性化教学包括尊重学生的个性和尊重教师的个性两个方面。尊重学生的个性意味着教师要承认学生的个别差异性,并以此为依据照顾到每个学生的个性。尊重教师的个性意味着要在承认教师个别差异的基础上,鼓励教师的个性化教法,促进学生的共性发展。④

在教学目标上,个性化教学强调差异性和个体化。这种教学理念要求教师要基于学生学习兴趣和学习能力,灵活调整教学活动并因材施教。在教学内容上,个性化教学强调学习内容的丰富多样性。当前,"互联网+教育"理念的发展,信息技术的不断完善在客观上为教师和学生提供了丰富的学习内容和学习资源。在教学方法上,个性化教学强调弹性和创新性。教师在课堂上要根据学生的具体情况,结合自身的个性特征,对传统的课堂教学进行变革和创新。在评价方面,个性化教学理念强调动态的、生成性的评价。根据每个学生学习任务层次和领域的不同,评价的方式和标准也有所变化。最后,在人际关系上,个性化教学强调生生、师生间的合作与对话,注重建立和谐的课堂氛围。

个性化教学的模式根据不同的分类标准可以划分成不同的体系。美国学者沃尔伯格以教学过程的进展为分类依据,将个性化教学分为阶层模式、随机模式、多元多价模式和多元模式。阶层模式强调以学生的现有经验为起点和依据,通过难度不同的学习内容使所有学生在学习单元结束后达到教学目标,这种模式的典型方式就是程序教学。随机模式也是以学生的能力和经验等决定学生的学习起点,但学习内容和教学过程并不强调循序渐进性。多元多价模式的学习起点和教学过程都是不同的,不强求每个学生达到同一个教学目标。多元模式强调学习起点和学习途径的多元,但要达到同一个教学目标。⑤ 我国一些学者在对国外个性化教学研究的基础上,将个性化教学分为三类,即掌握教学原理指导下的掌握学习

---

① 中华人民共和国教育部.教育部关于实施卓越教师培养计划的意见[EB/OL].(2014-8-19).http://www.moe.gov.cn/srcsite/A10/s7011/201408/t20140819_174307.html.
② 中华人民共和国教育部.教育部关于实施卓越教师培养计划2.0的意见[EB/OL].(2018-10-10).http://www.gov.cn/xinwen/2018-10/10/content_5329343.htm.
③ 邓志伟.个性化教学论[M].上海:上海教育出版社,2002:55-57.
④ 李如密,刘玉静.个性化教学的内涵及其特征[J].教育理论与实践,2001,21(9):37-40.
⑤ 邓志伟.个性化教学论[M].上海:上海教育出版社,2002:156-157.

和 IGE 模式、不断进展原理指导下的程序教学和 PSI 模式,以及自我发展原理指导下的非指导性教学和 PLAN 模式。①

当前的小学课堂缺乏个性化教学的应用。从教师的角度来看,一些教师教案的固化、教学程序的"规矩"化以及教师教学材料的单一化,使得教师的教形成了缺乏个性与创新性的固定模式。从学生的角度看,缺乏思考精神、缺乏联系知识与经验的意识以及缺乏对个人学习风格的彰显的学习使得学生逐渐变得千人一面。此外,课堂组织形式单一、课堂开放性空间的不足、个性化教育评价的缺失和学生选择能力的缺失都是当前课堂教学中个性化教学不足的突出表现。② 总体而言,推进个性化教学是一项涉及多方主体、多个环节的长期性工程,教学理念的转向、新教学环境的塑造以及课堂教学模式的转变等都是这项工程的重要组成部分。在推进个性化教学的过程中,明确个性化教学不仅要强调革新教师的教法,更重要的是帮助学生建立新的学习方式,最终让他们学会认知、学会学习、学会做事和学会生存。

本章小结

本章以时间为线索,梳理了小学教育的萌芽、产生和发展,归纳并总结了古代、近代和现代小学教育体系的基本特征,进而分析了小学教育的趋势和走向。此外,本章还分别梳理了中外的小学教育发展历程,这能够帮助我们了解世界小学教育发展的总特点,理解小学教育发展的总趋势,把握中外小学教育发展的异同。

思考题

1. 简述教育的三种起源。
2. 文字在学校教育产生过程中起到什么作用?
3. 试结合实例分析古代、近代和现代小学教育的特征。
4. 简述古代、近代中国小学教育的发展历程。
5. 结合实例分析未来小学教育的发展趋势。

拓展阅读

1. 何齐宗.教育的新时代——终身教育的理论与实践[M].北京:人民出版社,2008.
2. 孙成武,于淑君.小学教育概论[M].济南:山东人民出版社,2014.
3. 曾文婕,黄甫全.小学教育学(第3版)[M].北京:高等教育出版社,2017.
4. 阮成武.小学教育政策与法规(第2版)[M].北京:高等教育出版社,2017.

---

① 邓志伟.个性化教学论[M].上海:上海教育出版社,2002:157.
② 王中华.个性化教学的理想与现实[M].北京:中国财富出版社,2015:46-47.

5. 北京师范大学国际与比较教育研究院.国际教育政策与发展趋势年度报告2016[M].北京：北京师范大学出版社,2018.

6. 胡英君,滕悦然.智慧教育实践[M].北京：人民邮电出版社,2019.

7. 费尔南多·M·赖默斯,康妮·K·郑.21世纪的教与学——六国教育目标、政策和课程的比较研究[M].金铭,等,译.北京：北京语言大学出版社,2016.

8. Ludger Woessmann, Paul E. Peterson.学校与平等机会问题[M].杜振东,等,译.上海：华东师范大学出版社,2019.

9. Jody Heymann, Adele Cassola 主编.教育公平：范例与经验[M].陈舒,等,译.上海：华东师范大学出版社,2019.

10. 冯锐,金婧.学习共同体的思想形成与发展[J].电化教育研究,2007(03)：72-75.

11. 郭法奇.中世纪西欧儿童的日常生活和教育[J].首都师范大学学报(社会科学版),2009(02)：63-67.

12. 窦卫霖,刘应波.教育公平：UNESCO全民教育的核心目标[J].全球教育展望,2013,42(10)：57-67.

13. 谢培松.初等教育学学科体系建构：原则、路径与框架[J].湖南第一师范学院学报,2018,18(03)：27-31.

14. 王桐,司晓宏.七十年来我国义务教育政策的演变与发展[J].现代教育管理,2020(06)：34-40.

15. 张春华,彭海蕾.聚焦学习者的个性化学习：国际经验与借鉴[J].当代教育科学,2020(02)：20-25.

第三章
小学教育目的

学习目标

1. 掌握小学教育目的的定义、层级结构与制定依据。
2. 了解我国小学教育目的相关表述的演变历史及当下表述的精神实质。
3. 理解马克思关于人的全面发展学说及我国小学生全面发展教育的内容。
4. 掌握改革开放以来我国小学教育目的的发展新趋势。

视频：小学教育目的

内容脉络

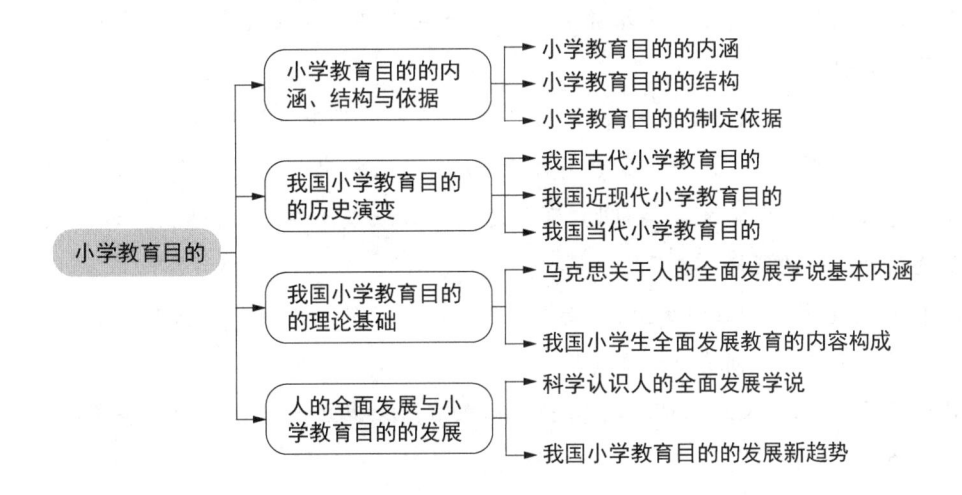

小学教育目的
- 小学教育目的的内涵、结构与依据
  - 小学教育目的的内涵
  - 小学教育目的的结构
  - 小学教育目的的制定依据
- 我国小学教育目的的历史演变
  - 我国古代小学教育目的
  - 我国近现代小学教育目的
  - 我国当代小学教育目的
- 我国小学教育目的的理论基础
  - 马克思关于人的全面发展学说基本内涵
  - 我国小学生全面发展教育的内容构成
- 人的全面发展与小学教育目的的发展
  - 科学认识人的全面发展学说
  - 我国小学教育目的的发展新趋势

马克思有这样一句名言："最蹩脚的建筑师从一开始就比最灵巧的蜜蜂高明的地方，是他在用蜂蜡建筑蜂房以前，已经在自己的头脑中把它建成了。"由此可见，意识性与目的性是人与动物活动之间的本质区别。人类任何有意识的活动总是以一定目的的设计作为起点和归宿的。教育是一种培养人的社会实践活动，在这一活动中，我们要考虑：培养什么样的人？为谁培养人？这就关涉教育的目的和宗旨，它是所有教育活动的出发点与最终归宿，贯穿于整个教育活动始终。无论是民间的还是官方的教育，无论是个人的还是学校的教育，都表现出鲜明的目的性。

第一节　小学教育目的的内涵、结构与依据

一、小学教育目的的内涵

教育目的总是一定主体的教育目的,它因主体不同而有不同的内容。每个受教育者和家庭,每个教育者及其工作于其中的教育机构,都有自己所追求的教育目的。因为教育目的的多层次性、多主体性,它历来是教育研究中争议最大的论题。教育目的的制定以主体对教育价值的认识为前提,受到主体对教育价值选择的支配与制约。德国教育学家布列钦卡依据西方现代教育文献,列举出许多有关教育目的的不同界定,比如"人性教育""良知教育""责任意识教育""爱的教育""自由教育""人格全面发展教育";又如"理性批判教育""和平教育""民主教育""社会主义教育""不服从教育",等等。[①]

不同国家、不同地区、不同教育流派在教育目的论上产生的差异,仍然集中在对"培养什么人"这一基本问题的认识上。[②] 但总体而言,教育目的一般指教育活动的预期结果,它主要反映和体现的是教育价值,是教育价值的具体化和现实化。关于教育目的的内涵界定,我国学界也存在一些不同的认识,例如:

教育目的就是指把受教育者培养成为一定社会需要的人的总要求,它具体规定着人才培养的质量和规格。[③]

所谓教育目的,是指社会对教育所要造就的社会个体的质量规格的总的设想或规定。[④]

所谓教育目的就是人们在进行教育活动之前,在头脑中预先观念地存在着的教育活动过程结束时所要取得的结果,它指明教育要达到的标准或要求,说明办教育为的是什么,培养人要达到什么样的规格。[⑤]

简单地说,它是人们在观念上、思想上对教育活动结果的设计以及借助一定教育手段通过一定的教育途径去达到某种结果的设计。[⑥]

教育目的是"培养人的总目标,关系到把受教育者培养成为什么样的社会角色和具有什么样素质的根本性问题"。[⑦]

以上种种界定,从不同方面揭示了教育目的的特征。首先,教育目的是一种预期的要求、设想或规定,是需要通过活动去达到的价值追求;其次,它关注的是个体的总体发展规

---

① 沃尔夫冈·布列钦卡.教育科学的基本概念分析、批判和建议[M].胡劲松,译.上海:华东师范大学出版社,2001:90.
② 魏所康.培养模式论[M].南京:东南大学出版社,2004:36.
③ 中国大百科全书总编辑委员会,中国大百科全书出版社编辑部编.中国大百科全书·教育[M].北京:中国大百科全书出版社,1985:172.
④ 王道俊,王汉澜.教育学[M].北京:人民教育出版社,1989:95.
⑤ 黄济,王策三.现代教育论[M].北京:人民教育出版社,1996:211.
⑥ 孙喜亭.教育原理[M].北京:北京师范大学出版社,1993:154.
⑦ 顾明远.教育大词典(增订合编本 上册)[M].上海:上海教育出版社,1998:765.

格,是对个体发展的综合素质要求,同时也是以对个体的理解与把握为前提;再次,它具有社会性,体现了社会发展的基本要求;最后,在形式上,它表现为教育观念或教育思想,并通过观念影响和指引人们的教育实践。综上所述,所谓的小学教育目的,就是依据一定社会需要和对人的认识而形成的关于小学生的总体发展规格的预期设想或规定。①

二、小学教育目的的结构

(一) 小学教育目的的内容结构

教育目的的内容结构是指教育目的的组成及其相互关系,教育目的一般由两部分组成:

一是对教育所要培养的人的身心素质及其结构作出规定,即指明受教育者在知识、智力、品德、审美、体质等方面的发展要求,以期受教育者形成某种素质结构。例如,"德、智、体、美全面发展"就是培养人才的素质要求,也可以说是古今中外教育育人育才的普遍规律。古希腊雅典设立文法学校、弦琴(音乐)学校和体操学校的格局及其连续系统的相应教育,很鲜明地表现了重视德、智、体、美素质培养的价值取向。而苏格拉底、亚里士多德则明确地主张德、体、智、美和谐发展的"和谐教育"。中国古代奴隶社会时期的教育内容为"六艺",即"礼、乐、射、御、书、数",按照范畴归属来讲,这无疑也是培养受教育者"德、智、体、美"素质的价值取向。人类社会早期教育要达到受教育者素质全面发展的这一追求,成为人类社会教育的普遍追求,成为古今中外教育的基本宗旨。党的二十大报告指出,当下中国,要"全面贯彻党的教育方针,落实立德树人根本任务,培养德智体美劳全面发展的社会主义建设者和接班人"。

二是对教育所要培养的人的社会价值作出规定,即指明受教育者应符合什么社会的需要或为什么阶级的利益服务。教育目的中关于受教育者社会价值和社会功能的规定对受教育者的发展起着定向作用。例如我国的教育目的中,即有培养社会主义事业的建设者和接班人这一规定,它体现了我国的教育培养人的社会主义方向,是我国社会主义教育的根本宗旨,从根本上把社会主义教育目的与以往社会的教育目的在本质上区别开来。依据马克思主义的理论,在社会主义社会,劳动人民成为国家和社会的主人,社会主义教育的宗旨就是培养劳动者和社会主义建设事业的接班人,而不是培养脱离劳动压迫人民的统治者。要使青少年一代成为社会主义的劳动者和建设事业的接班人,就必须使他们具有社会主义觉悟,树立为人民服务的思想观念,并具有为社会主义建设事业贡献力量的文化科学知识和真实本领。由此体现了教育为大众服务的社会主义性质。

(二) 小学教育目的的层次结构

由于学校教育系统中存在着级别和类型的差异,小学教育目的中还存在着层次结构和类型结构:第一层次的教育目的是国家的小学教育目的。它是由国家提出的,其决策要经过

---

① 张忠华.教育学原理[M].北京:世界图书出版公司,2012:152.

一定的组织程序,一般体现在国家的教育文本和教育法令中。第二层次的教育目的是小学的培养目标。它是根据国家的教育目的制定的某一级或某一类学校、某一专业对人才培养的具体要求,是国家教育目的在不同教育阶段、不同级别的学校、不同专业方向的具体化。第三层次的小学教育目的是小学阶段的课程目标,课程目标是由学校教学中各门学科目标组成的目标系统。第四层次的小学教育目的是教学目标,一般包括单元目标和课时目标。[1]各层次间既有联系又有区别,都受到国家层面小学教育目的的指导和制约。

当然也可以根据人的发展层次、个人成长过程、社会发展状态等维度,区分不同的教育目的价值取向(见表3-1)。

表3-1 教育目的层次及价值取向分类[2]

分类标准	教育目的价值取向	代表人物
按人的发展层次分类	造就"自然人"的教育	卢梭
	造就社会人("社会我")的教育目的	涂尔干
	造就精神人格的教育目的	康德
	发展人的自然本性、社会性、精神人格的教育目的	
按照个人成长过程分类	发展人固有潜能的教育目的	福禄贝尔
	使个人在现实社会中完满地生活的教育目的	斯宾塞
	为造就理想人格的教育目的	布德、林德
按社会发展状态分类	再现过去社会状态的教育目的	赫钦斯
	着眼于现实社会生活需求的教育目的	杜威
	预示未来社会状态的教育目的	富尔
教育目的层次的划分	把教育目的分为可能的目的("多方面兴趣")与必要的目的("道德性格的力量")	赫尔巴特
	把教育目的分为一般的目的与适应不同人的需要的目的	涂尔干
	培养独特个性的教育目的	卢梭
	共同的教育目的	

三、小学教育目的的制定依据

(一)特定的社会政治、经济、文化背景

教育目的就其本质来说,是要培养社会所需要的人。但是,由于社会制度、经济条件、文化历史背景的不同,教育目的的内涵也不尽相同。社会政治、经济、文化的发展水平是制定

---

[1] 张忠华.教育学原理[M].北京:世界图书出版公司,2012:153.
[2] 陈桂生.教育原理[M].上海:华东师范大学出版社,1993:228-229.

小学教育目的的客观依据。

首先,不同的社会发展阶段有不同的教育目的。教育目的随时代的变化、社会条件的变化而变化。不同的社会,生产力的发展水平不一,对社会成员的教育目的就会有所不同。例如,步入有中国特色社会主义建设新时代后,亟待培养的是能够担当民族复兴大任的时代新人。因此在2022年义务教育阶段新课标修订中,我们以习近平新时代中国特色社会主义思想为指导,落实立德树人根本任务,强调育人为本,依据"有理想、有本领、有担当"时代新人培养要求,明确了义务教育阶段新的培养目标。亘古不变的教育目的是没有的。

其次,不同的社会政治制度有不同的教育目的。资本主义制度和社会主义制度从维护各自的社会制度角度出发而确立相应的教育目的。我国社会主义社会的小学教育的基本目的是培养全面发展的人,培养社会主义事业的接班人和建设者。

再次,不同国家的文化背景也使教育培养的人各具特色。例如,世界上有的国家比较重视文化素质,教育目的强调陶冶学生的人格,注重培养有教养的人;有的国家注重科学技术教育,要求培养具有创新精神和开拓精神的人。这些取向不同的教育目的,反映了这些国家不同的文化背景与传统。[①] 总之,不同国家、不同时代的教育目的的制定都受到当时的社会政治、经济、文化等因素的影响。

(二) 少年儿童身心发展的规律

小学教育阶段的教育对象是6—12岁的儿童,这个年龄段的儿童处于人生发展中最为关键的时期,这段时期的身心发展对他们今后的发展有重大的影响。小学教育要适应并促进儿童的身心发展。

少年儿童的身心发展是有一定的客观规律的,在他们身心发展的不同阶段,其生理、心理各方面的水平是不同的,他们的身心发展有其基本特征。这些发展特征在生理上主要表现在形体、骨骼系统、肌肉组织、神经系统、心血管等方面,在心理上主要表现在认知、情感、意志、个性等方面。

但同时,由于遗传、环境、教育及个人主观能动性的不同,少年儿童的身心发展又具有个别差异性。这种个别差异性主要表现在:第一,不同的少年儿童的同一方面,其发展的速度和水平各不相同;第二,同一年龄阶段的少年儿童的不同方面的发展状况及其相互关系有差异性;第三,不同的少年儿童具有不同的个性心理倾向。

制定小学教育目的,要充分考虑到小学生的身心发展水平,要注意小学生年龄发展的阶段特征,尊重他们的兴趣与需要;在考虑小学生身心发展特征的共性时,还要注意到所存在的发展的差异性。

(三) 人们的教育理想

从根本上说,教育目的是存在于人的头脑中的一种观念性的东西,它反映的是教育者在

---

① 阮艳花,张春艳,于朝阳.教育管理理念与思维创新[M].汕头:汕头大学出版社,2019:144.

观念上预先建立起来的关于未来新人的主观形象。因此,教育目的是一种理想,这种理想同政治理想、社会理想等紧密结合在一起,从不同的哲学观点出发,产生了不同的教育目的,如实用主义教育目的、要素主义教育目的、永恒主义教育目的、存在主义教育目的等。在教育实践漫长的历史进程中,人们从各自的理想出发,赋予了教育所要培养的人以不同的内涵。

人文主义者拉伯雷心目中理想的人能读、能写、能唱、能弹奏乐器,会说四种至五种语言,会写诗作文,勇敢、知礼、健壮、活泼,爱做什么就做什么;而启蒙运动的先锋卢梭心目中理想的人是一个自然天性获得了自由发展的人,他身心协调和谐,既有农夫或运动员的身手又有哲学家的头脑。他心地仁慈,乐于为善,感觉敏锐,理性发达,爱美;既富于情感,更富于理智,还掌握了许多有用的本领。我国近代革命家梁启超主张培养的人应具有的特征是:公德、国家思想、进取冒险、权利思想、自由自治、进步、自尊、合群、生利分利、毅力、义务思想、尚武等。马克思心目中理想的人是个性全面发展的人,即精神和身体、个体性和社会性得到普遍、充分而自由发展的人。马克思主义关于人的全面发展的理论确立了科学的人的发展观,指明了人的发展的必然规律,是我国制定教育目的的理论基础。

第二节 我国小学教育目的的历史演变

一、我国古代小学教育目的

教育随社会的发展而发展,教育目的亦随社会的变革而变革。在教育史上,关于教育目的的主张,可以找到不同的回答。在中国漫长的奴隶社会和封建社会中,教育的主要功能是政治伦理功能,这也意味着教育的根本目的是培养维护奴隶制与封建制的政治秩序和伦理秩序的人才。夏、商、西周建立和发展了奴隶制国家,在文教政策上实行政教合一、官师合一。以此为出发点,夏以武取士,重武;商以乐取士,媚神;周以礼取士,敬天保民。孟子云:"学则三代共之,皆所以明人伦也。"这可视为中国奴隶社会的教育目的,这一目的表明,奴隶社会的教育主要是为明确人际分野即明确等级差别服务的。

中国封建社会是以儒家思想为统治地位的,教育目的也深深烙下了儒家思想的印记。而儒家基本继承了三代礼教的办学精神,以培养"明人伦"的君子或圣人作为教育目的,而"明人伦"就不会犯上作乱,这里的人伦是"父子有亲,君臣有义,夫妇有别,长幼有序,朋友有信"。而且为了使这五伦在人心上扎根,把仁、义、礼、智、信等道德都从属于孝悌。从"明人伦"的主张出发,儒家提出培养"劳心者"而不是"劳力者"。在儒家看来,"劳心者"为"君子""大人",而"劳力者"是"小人""野人","劳心者治人,劳力者治于人。"这深刻地说明其教育目的是培养巩固封建统治秩序的"劳心者"。[①]

---

① 杨其勇,李宗远.理论教育学研究[M].成都:西南交通大学出版社,2013:115.

二、我国近现代小学教育目的

1840年,西方列强用洋枪洋炮打开了中国的大门,延续几千年的封建制度逐步走向消亡。由于封建制度内部矛盾的加深和外国势力的侵入,出现了改革派与顽固派之争。面对西方列强入侵、国力衰微的局面,改革派力主了解西方,学习其先进的技术和文化,以改革现状,为此,他们提出了"自强""求富"的口号,主张学习西方文化,培养新式人才。而顽固派维护中学,反对西学。两派相互争论的结果,是"中学为体,西学为用"思想的产生。1904年1月,《奏定学堂章程》(旧称"癸卯学制")颁布,这是中国近代第一个以法令形式公布并在全国推行的学制。其对教育目的是这样规定的:"至于立学宗旨,勿论何等学堂,均以忠孝为本,以中国经史之学为基,俾学生心术壹归于纯正,然后以西学沦其知识,练其艺能,多期他日成材,各适实用。"袁世凯篡权后,在1915年公布《颁定教育要旨》,提出了爱国、尚武、尚实、法孔孟、重自治、戒躁进的教育宗旨,与清政府的忠君、尊孔、尚公、尚武、尚实的封建主义教育目的如出一辙。

作为民国临时政府第一任教育总长和北京大学第一任校长,蔡元培提出了"五育"并重、全面和谐发展的教育方针。他说国民教育"不外乎五种主义,即国民教育、实利主义、公民道德、世界观、美育是也"。他明确提出,在人的培养上,上述五个方面都很重要,是"今日教育所不可偏废者也"。蔡元培关于教育目的的这一思想,被民国临时政府确定为国民教育宗旨,并于1912年9月颁布施行。1919年爆发的"五四"运动,标志着中国由旧民主主义革命转入新民主主义革命阶段。与这场伟大的文化运动相一致的是,自此以后,在对教育目的的认识和把握上具有了新的变化。1927年第一次国内革命战争以后,国民党对教育也十分重视。1929年3月,国民党三大对教育宗旨做了如下决议:"中华民国之教育,根据三民主义,以充实人民生活,扶植社会生存,发展国民生计,延续民族生命为目的;务期民族独立,民权普遍,民生发展,以促进世界大同。"1936年,颁布《中华民国宪法草案》,其中规定:"中华民国之教育宗旨,在发扬民族精神、培养国民道德、训练自治能力,增进生活智能,以造成健全国民。"

三、我国当代小学教育目的

1949年,中国共产党领导中国人民夺取了新民主主义革命的胜利,中国教育由此进入了新的发展阶段。我国对教育目的的表述随着历史的发展而有所不同。新中国成立之初,《中国人民政治协商会议共同纲领》规定:人民政府的文化教育工作,应以提高人民文化水平、培养国家建设人才、肃清封建买办的法西斯主义思想、发展为人民服务的思想为重要任务。

社会主义改造基本完成以后,毛泽东于1957年在最高国务会议上提出:"我们的教育方针就是使受教育者在德育、智育、体育几方面都得到发展,成为有社会主义觉悟的有文化的劳动者。"

1958年,毛泽东又指出:"教育必须为无产阶级政治服务,教育必须同生产劳动相结合。"同年,中共中央、国务院《关于教育工作的指示》就明确指出:"教育目的是培养有社会主义觉悟的有文化的劳动者。"

1978年,我国宪法中关于教育目的的表述为:"我国的教育方针是教育必须为无产阶级政治服务,教育必须同生产劳动相结合,使受教育者在德育、智育、体育几方面都得到发展,成为有社会主义觉悟的有文化的劳动者。"直到今天,毛泽东关于教育目的的思想仍然对我国教育目的的制定有着重要的影响。以毛泽东的指示为直接指导所形成的教育目的着重强调了教育目的的社会制约性,也考虑到了教育目的对教育对象身心发展及其规律的适应性,在不同时期起过一定的积极作用。

中共十一届三中全会以来,改革开放及社会主义现代化建设事业的发展对教育事业提出了新的要求,国家制定了新时期的教育目的——"以经济建设为中心"方针主导下的教育目的。1981年,中共中央《关于建国以来党的若干历史问题的决议》要求:"坚持德、智、体全面发展、又红又专、知识分子与工人农民相结合、体力劳动和脑力劳动相结合的方针。"1982年,第五届全国人民代表大会第五次会议通过的新的《中华人民共和国宪法》规定:国家培养青年、少年、儿童在品德、智力、体质等方面全面发展。

1985年,中共中央《关于教育体制改革的决定》提出,要"为90年代以至下世纪初叶我国经济和社会发展,大规模地准备新的能够坚持社会主义方向的各级各类合格人才","这些人才都应该有理想、有道德、有文化、有纪律,热爱社会主义祖国和社会主义事业,具有为国家富强和人民富裕而艰苦奋斗的献身精神,都应该不断追求新知,具有实事求是、独立思考、勇于创造的科学精神"。

80年代初期强调"又红又专"和"科学精神"等是国家工作重点转移到经济建设上来的产物,也是对"文革"时期片面强调政治素质的一种拨乱反正。1986年,六届人大四次会议通过的《中华人民共和国义务教育法》规定:义务教育必须贯彻国家的教育方针,努力提高教育质量,使儿童、少年在品德、智力、体质等方面全面发展,为提高全民族素质,培养有理想、有道德、有文化、有纪律的社会主义建设人才奠定基础。

1995年,八届人大三次会议通过的《中华人民共和国教育法》也规定:培养德、智、体等方面全面发展的社会主义事业的建设者和接班人。1999年6月,中共中央国务院作出《关于深化教育改革全面推进素质教育的决定》中则指出:"实施素质教育,就是全面贯彻党的教育方针,以提高民族素质为根本宗旨,以培养学生的创新精神和实践能力为重点,造就有理想、有道德、有文化、有纪律的德、智、体、美等全面发展的社会主义事业的建设者和接班人。"

2006年9月1日实施的新修订的《中华人民共和国义务教育法》第三条规定:义务教育必须贯彻国家的教育方针,实施素质教育,提高教育质量,使适龄儿童、少年在品德、智力、体质等方面全面发展,为培养有理想、有道德、有文化、有纪律的社会主义建设者和接班人奠定基础。

2018年9月10日,全国教育大会召开。会议强调要坚持中国特色社会主义教育发展道路,培养德智体美劳全面发展的社会主义建设者和接班人。这次会议指出,要在学生中弘扬劳动精神,引导学生崇尚劳动、尊重劳动,懂得劳动最崇高、最崇高、最伟大。在培养人的素质上,把"劳"与"德、智、体、美"提到同等重要的位置。新时期的教育目的具有历史继承性,也反映了新时期社会发展的特点和我们对教育目的的新的思考和探索。

党的二十大报告指出,全面贯彻党的教育方针,落实立德树人根本任务,培养德智体美劳全面发展的社会主义建设者和接班人。这个报告进一步强调了我国教育要坚持为党育人、为国育才,努力办好人民满意的教育,培养能担当民族复兴大任的时代新人。从新中国成立以来提出的历次教育目的来看,虽然各个时期教育目的的表现形式不尽相同,但其本质和基本内涵是一致的,它们都是以马克思主义关于人的全面发展学说为指导,以社会主义建设的实际为依据,提出培养人的规格和要求以及实现这一目标的基本原则,这些都反映了教育目的的基本规律和我国社会主义教育目的的根本性质。

第三节 我国小学教育目的的理论基础

教育目的经过几千年的演变,至今已积累了丰富的人类经验,形成了更为合理的教育目的结构。当今世界大多数国家的教育目的既体现了社会发展的需要,又考虑到人的价值、人的发展的需要。人类历史每前进一步,都是探索规律、遵循规律的结果。任何一个国家制定教育目的,都必然在一定的揭示人、社会、自然乃至教育活动的规律的理论指导下进行。新中国成立以来,马克思关于人的全面发展的学说一直是我国教育目的的最重要的理论基础,人的全面发展既是社会发展的要求,也是个体发展的内在要求。只有全面发展的人,才能构成一个具有完整意义的现代文明,也只有全面发展的人,才是一个自由、幸福的人。正因为如此,马克思才把全面发展视为人类社会追求的最高目标和共产主义社会形式的基本原则,因此,教育应当把培养全面发展的人作为自己永恒的目标。[①]

一、马克思关于人的全面发展学说的基本内涵

(一)人的全面发展主要是指人的智力和体力的充分发展

马克思、恩格斯关于人的全面发展的理论首先是针对人的异化、片面发展提出的,而人的片面发展又是旧式分工的产物。异化范畴来自哲学,异化就是指由主体产生出来的客体总是作为主体的对立面,成为一种外在的异己力量而反对主体自身。通俗地讲,异化就是异己化,即人自身所创造的各种力量、事物、物质活动和精神活动的产物同人相对立,

---

① 扈中平,刘朝晖.我国教育目的的三个基本点[J].江西教育科研,1991(2):7-11.

反过来变为支配、统治和控制人自身的异己力量。马克思在《1844年经济学哲学手稿》中提出了"人的异化"理论,批判了资本主义条件下工人的异化劳动,他尖锐指出,工人在劳动中"不是肯定自己,而是否定自己,不是感到幸福,而是感到不幸,不是自由地发挥自己的体力和智力,而是使自己的肉体受折磨、精神遭摧残"。马克思、恩格斯在《德意志意识形式》中明确指出:"个人就是受分工支配的,分工使他变成片面的人,使他畸形发展,使他受到限制。"

在恩格斯看来,为了克服人的片面发展,未来社会"需要一种全新的人",即全面发展的人。什么样的人是全面发展的人呢?那就是"各方面都有能力的人,即能通晓整个生产系统的人","能够全面地发挥他们各方面的才能"的人。恩格斯在这里所说的全面发展的人,主要是指人的劳动能力的全面发展,也就是"体力和智力获得充分的自由的发展"。马克思在《资本论》中强调指出,能否承认和实现人的劳动能力的全面发展是大工业两大生死攸关的问题:第一,"承认劳动的变换,从而承认工人尽可能多方面的发展是社会生产的普遍规律,并且使各种关系适应于这个规律的正常实现"。① 第二,"用适应于不断变动的劳动需求而可以随意支配的人员,来代替那些适应于资本的不断变动的剥削需要而处于后备状态的可供支配的大量的贫穷工人人口;用那种把不同社会职能当作互相交替的活动方式的全面发展的个人,来代替只是承担一种社会局部职能的局部个人"。②

(二)人的全面发展,还包括人的思想品德、志趣、审美观的充分发展

虽然马克思、恩格斯在许多场合论述人的全面发展时都指向了生产者的劳动能力,但这种全面发展也指向人的品德、志趣和审美观。马克思明确指出:"个人的全面性不是想象的或设想的全面性,而是他的现实关系和观念关系的全面性。"③马克思、恩格斯一方面(主要方面)从作为一定社会生产中的劳动者的人、作为生产力要素的人的层面来揭示人的发展;另一方面又从作为一定社会关系中的人、作为完整的社会人的层面来揭示人的发展。马克思在批判费尔巴哈抽象的人的本质观时指出:"人的本质并不是单个人所固有的抽象物。在其现实性上,它是一切社会关系的总和。"④马克思还曾说:人,不是抽象的纯生物的个体,而是一定社会的具体成员。人的体力、智力、知识、才能、兴趣、爱好和意识倾向、行为习惯等,都是他们所处的生产关系和生活方式决定的。人们所生活于其中的各种社会关系,如民族的、阶级的、家庭的,等等,实际上决定一个人能够发展的程度。"生产力和社会关系这二者是社会的个人发展的不同方面。"⑤人应该在社会化的生产和真正的社会集体中获得全面的发展,使人"作为一个完整的人,占有自己的全面的本质"。⑥ 此外,马克思还展望到在共产主义社会取消了旧式分工时,人们就

---

① 马克思.资本论(第1卷)[M].北京:人民出版社,1975:534-535.
② 同上,第535页.
③ 马克思,恩格斯.马克思恩格斯全集(第46卷下)[M].北京:人民出版社,1980:36.
④ 马克思,恩格斯.马克思恩格斯选集(第1卷)[M].北京:人民出版社,1972:18.
⑤ 马克思,恩格斯.马克思恩格斯文集(第8卷)[M].北京:人民出版社,2009:197.
⑥ 马克思,恩格斯.马克思恩格斯选集(第3卷)[M].北京:人民出版社,1972:37.

可自由劳动,人的志趣可以得到充分发展。

(三) 人的全面发展需要教育与生产劳动相结合

教育是一种影响人、培养人的社会活动,教育的重要作用在于向受教育者传授知识,提高他们的思想道德、能力水平,促进他们的全面发展,同时也为他们变换职业创造了条件。恩格斯在《共产主义原理》中明确指出:"教育可使年轻人很快就能够熟悉整个生产系统,它可使他们根据社会的需要或自己的爱好,轮流从一个生产部门转到另一个生产部门。因此教育就会使他们摆脱现代这种分工为每个人造成的片面性。"但要注意的是,马克思主义所强调的教育,是与生产劳动相结合的教育。也是在《共产主义原理》中,恩格斯明确指出,使社会全体成员的才能得到全面发展的条件之一是"进行生产教育"。此处的生产教育,就是指教育与生产劳动相结合。教劳结合是马克思和恩格斯十分重视的问题,他们认为教劳结合有多方面意义,其中最重要的是它是培养全面发展的人的根本途径。马克思说:"生产劳动同智育和体育相结合,它不仅是提高社会生产的一种方法,而且是造就全面发展的人的唯一方法。"[①]"把有报酬的生产劳动、精神教育、体育和综合技术教育结合起来,就会把工人阶级提高到比贵族和资产阶级高得多的水平。"[②]

同时,值得注意的是,理解马克思人的全面发展的观点必须联系人的自由发展来看问题。以前,我们因为生产过程的分工直接导致人的片面发展,因而强调人的能力的全面发展较多,而对主要由社会关系直接导致人的异化,从而去关注人的自由发展则比较漠视。可是,在马克思看来,这两者是人的发展同一个过程的两个不同方面,二者相互影响、相互制约。"全面发展"更多地从人的能力发展的角度,强调人的发展的多方面性和丰富性;"自由发展"更多地从人摆脱人的依赖、物的依赖关系和精神奴役的角度,强调人的个性的和谐与完善,二者同时构成完整的人的自由而全面发展。[③] "每个人的自由发展是一切人的自由发展的条件"[④],这就是人的彻底解放从马克思对三种不同社会形态下人的历史发展的科学考察,不难看出,在马克思看来,人的社会实践的历史是在生产力发展的基础上人不断走向社会解放和人的解放的历史。只有在第三种社会形态里,人才能成为社会、自然和自身的主人,才能由必然王国进入自由王国,真正意义上的人的自由而全面的发展才能成为现实。

二、我国小学生全面发展教育的内容构成

所谓的全面发展教育,是对含有各方面的素质培养功能的整体教育的一种概括,是对为使受教育者多方面得到发展而实施的多种素质培养的教育活动的总称,是由多种相互联系

---

① 马克思,恩格斯.马克思恩格斯文集(第5卷)[M].北京:人民出版社,2009:556-557.
② 马克思,恩格斯.马克思恩格斯全集(第16卷)[M].北京:人民出版社,1964:218.
③ 王道俊,郭文安.教育学[M].北京:人民教育出版社,2009:90.
④ 马克思,恩格斯.共产党宣言[M]//中共中央马克思恩格斯列宁斯大林著作编译局编译.马克思恩格斯选集(第1卷).北京:人民出版社,1995:294.

而又各具特点的教育所组成的。我国小学生全面发展的教育由德育、智育、体育、美育、劳动技术教育等部分组成。

(一) 德育

德育是以培养学生良好思想品德和健全人格为根本,向学生传授一定社会思想准则、行为规范,并使其养成相应思想品德的教育活动,是思想教育、政治教育、道德教育、法制教育、生态文明教育、心理健康教育等方面的总称。小学德育的任务是:① 教育和引导学生热爱中国共产党、热爱祖国、热爱人民、爱亲敬长、爱集体、爱家乡。② 理解日常生活的道德规范和文明礼貌,初步形成规则意识和民主法治观念,养成良好的生活和行为习惯。③ 初步了解生活中的自然、社会常识和有关祖国的知识,保护环境、爱惜资源,具备保护生态环境的意识。④ 形成自信勇敢、诚实守信、有责任心、友爱宽容、自尊自律、乐观向上等良好品质。小学德育的目标是培养学生爱党、爱国、爱人民,增强国家意识和社会责任意识,教育学生理解、认同和拥护国家政治制度,了解中华优秀传统文化和革命文化、社会主义先进文化,初步养成良好的政治素质、道德品质、法治意识和行为习惯,初步形成积极健康的人格和良好的心理品质,促进学生核心素养提升和全面发展,为学生一生成长奠定坚实的思想基础。

(二) 智育

智育是指向学生传授系统的科学知识和技能,培养和发展学生智力才能的教育活动。小学智育的任务是:① 向学生传授系统的文化科学基础知识。在浩如烟海的科学知识中,选择最基本的东西传授给学生,这就是基础知识和基本理论。② 培养和训练学生形成基本技能和技巧,如学习技能、操作技能、社会活动技能等。③ 发展学生的智力,包括观察力、注意力、想象力、思维能力等,其中核心是思维能力和创造能力。习近平指出:"思维能力是人类认识世界、改造世界能力的最直接体现。人要使自己聪明起来,最根本的办法是培养思维能力。"[①]"无论时代如何发展,我们都要激发守正创新、奋勇向前的民族智慧。勇于创新者进,善于创造者胜"[②]。小学在智育方面的培养目标是:具有阅读、书写、表达、计算的基本知识和基本技能;了解一些生活、自然和社会常识;初步具有基本的观察、思维、动手操作和自学的能力;养成良好的学习习惯。

(三) 体育

体育是指向学生传授身体运动及保健知识,增强他们的体质,发展他们的身体素质和运动能力的教育。小学体育的任务是:① 指导学生锻炼身体,促进其身体的正常发育和机能的发展,增强体质、提高健康水平、全面发展学生的身体素质和基本活动能力。② 使学生掌握身体锻炼的基本知识和正确的技能技巧,养成经常锻炼的良好习惯。③ 使学生掌握卫生保健知识,养成良好的卫生保健习惯。④ 培养良好的体育道德品质。⑤ 为国家发现、选拔

---

① 习近平.论党的青年工作[M].北京:中央文献出版社,2022:142.
② 习近平.习近平谈治国理政(第四卷)[M].北京:外文出版社,2022:75.

和培养体育人才。小学在体育方面的培养目标是：初步养成锻炼身体和讲究卫生的习惯；培养学生对体育运动的兴趣；具有健康的身体。

（四）美育

美育又称审美教育或美感教育，它是一种培养学生具有正确的审美观和鉴赏美、表达美、创造美的能力的教育活动。小学美育的任务是：① 帮助学生树立正确的审美观，提高审美能力。② 培养学生健康的审美情趣，激发他们对美的热爱和追求。③ 发展学生表现美和创造美的能力。美育具有重要的作用。习近平指出："如果青少年的心灵世界没有动人的音符和丰富的颜色，如果青少年没有艺术爱好和艺术修养，不可能全面发展。"[1]小学在美育方面的培养目标是：初步具有广泛的兴趣和健康的爱美情趣；培养审美能力。

（五）劳动教育

劳动教育是发挥劳动的育人功能，对学生进行热爱劳动、热爱劳动人民的教育活动。小学劳动教育的任务是：① 在低年级以个人生活起居为主要内容，开展劳动教育，注重培养劳动意识和劳动安全意识，使学生懂得人人都要劳动，感知劳动乐趣，爱惜劳动成果。② 在中高年级以校园劳动和家庭劳动为主要内容开展劳动教育，体会劳动光荣，尊重普通劳动者，初步养成热爱劳动、热爱生活的态度。小学劳动教育的培养目标是准确把握社会主义建设者和接班人的劳动精神面貌、劳动价值取向和劳动技能水平的培养要求，全面提高学生劳动素养，使学生树立正确的劳动观念，具有必备的劳动能力，培育积极的劳动精神，养成良好的劳动习惯和品质。

综上所述，德育、智育、体育、美育和劳动教育都是全面发展教育的有机组成部分，它们各自有自身的基本任务，不能相互代替，但又是相互联系、相互促进的一个整体。其中，德育是实施各育的思想基础，为其他各育起着保证方向和保持动力的作用；智育是其他各育的知识和智力基础，各育的实施都不能离开知识技能教育；体育为各育的实施提供健康基础，是各育得以实施的物质保证；美育和劳动教育是德、智、体的具体运用与实施，可以促进学生德、智、体的发展和提高。因此，对小学生实施德育、智育、体育、美育和劳动教育，是实现小学教育目的培养全面发展人才的基本教育内容。

第四节　人的全面发展与小学教育目的的发展

一、科学认识人的全面发展学说

教育目的是一个理论问题，更是一个实践问题。马克思关于人的全面发展学说是指导我国小学教育目的的核心理论，但是人的全面发展理论需要配套的生产力实践基础与社会

---

[1] 习近平.习近平著作选读（第二卷）[M].北京：人民出版社，2023：201.

发展条件,所以,此学说如同马克思主义一样是不断发展的学说,其内涵侧重点在不同历史时期会表现出差异。同时,认识人的全面发展的内涵不仅要尊重马克思关于社会分工视野内的理解,更要认识到人的全面发展的其他认识基础;否则人的全面发展学说不仅不能正确指导我国小学教育目的的发展,反而会成为一种桎梏。

我们的教育目的必须以马克思主义关于人的全面发展学说理论为基础,同时借鉴中外教育家在教育目的上的诸多贡献,总结中外教育实践经验,并把小学教育目的深深植根于我国的社会实践条件,即我国现阶段社会经济发展状况和未来发展趋势以及国际社会发展的基本趋向中。应该强调,建设有中国特色的社会主义实践需要是建立我国教育目的最根本的依据、最坚实的立足点;否则,教育目的就会浮在空中,成为抽象的、一般的东西。当前,我国小学教育面临着如何从应试教育转到全民素质教育轨道上来的问题,这一问题的核心,实质上是要求教育工作者科学认识人的全面发展思想以及社会主义初级阶段的教育目的,并如何把它付诸教育实践之中的问题。只有目的明确了,实践才能避免偏差,才能顺利实现基础教育的转轨。①

改革开放以来,我国一直处于剧烈的社会转型中。一方面教育要为社会主义现代化建设服务又为人民服务,培养德、智、体、美、劳全面发展的社会主义建设者和接班人;另一方面要尊重学生的身心发展规律,关心每个学生,为每个学生提供适合的教育,促进他们主动地、生动活泼地发展。教育行动必须在个体身上体现出最终结果,一种试图超越于个体之外而对社会发生影响的工作不是一种教育的工作。现代社会为人的个性发展提供了前所未有的可能性,现代社会也需要具有鲜明的个性和创造性的社会成员,从而促进社会的高速发展,因此,尊重个体的存在价值,促进个性的充分发展是非常重要的。所以,社会主义的教育目的在强调全体受教育者的德、智、体、美、劳全面发展的一般要求的同时,也必然重视个人的自主性、创造性和其他个性品质,强调个体才能和特长的充分发挥,从而寓一般于特殊之中,形成较为完善的教育目的的内涵。

二、我国小学教育目的的发展新趋势

纵观改革开放以来我国小学教育目的观的发展历程,其终极目的指向的对象由"社会本位"转向了"人本位",由整体的、抽象的"人"转向了具体的、个体的"人",由个体的、具体的"人"转向了人的"自由""幸福""尊严"等生存状态。

(一)教育终极目的由"社会本位"转向"人本位"

我国传统教育是以"适应"为导向的,主要目的是为社会和政治服务,而社会尤其是政治是始终变化着的,而且从本质上讲,社会、政治也是为人服务的,教育应以人为主,为人的潜能充分全面地发展服务。因此,教育的终极性目的应为人服务,满足人的生存需要和发展需

---

① 丁静.试论近代西方教育目的论的主要分歧——兼论我国教育目的理论的构建[J].比较教育研究,1993(5):21-25.

要,确立以人为本的教育观。① 作为教育活动的总目的,定位于培养"人",其合理性在于:培养"人"更具"终极性",强调教育目的的终极意义在于维护教育的独立性和本体论价值,教育是以关注人的完善为目的的社会实践,这是它不同于政治、经济、文化等其他活动的价值所在,教育培养人可以体现教育的永恒性、稳定性和神圣性;培养"人"更具普适性,教育目的应更具概括性和适应性,而非其他特定人的局限性,人是所有与人相关的、为其他利益的"人才"的上位概念,具有较强的普遍性和适应性;培养"人"更具丰富性,人不仅具有广阔的外延,也有深刻的内涵,定位于"人",能满足社会各个层次、方面的需要,也能实现人的各方面的发展,具有广阔的发展空间,能实现教育服务于社会、促进个人发展的基本功能。因此,教育中的人可以是"劳动者""建设者和接班人""公民",但不能以其中的一个代替"人",因为他们仅仅是"人力",而非教育目的中的"人"。② 总之,学者们对于教育终极目的的理解,逐渐摆脱了"社会本位"的桎梏,开始走向"以人为本"。

当然,也有学者对于教育终极目的的"人本化"思潮提出了自己的不同意见,认为以人的发展来定位教育终极目的有欠妥当,人的自由发展在现阶段的教育目的中大多是一种奢望。这是因为,在我国的传统和现实情况之下,教育目的是以社会价值为取向的,社会的需求决定着教育目的,有什么样的社会需求,就有什么样的人。从根本上讲,只有社会获得大发展,满足了人的基本需求,人的自由发展才有可能成为教育目的的首选。③ 这说明学界对教育目的价值取向的新的演变趋势进行了理性反思。

(二) 教育终极目的由"人"转向"个体人"

随着教育终极目的的"以人为本"思想逐渐深入人心,也有学者从后现代主义分析教育目的中的人,认为传统的人已经终结,普遍、永恒、本质的人已不在存在,人不再是被理性设计、塑造的,而应追求个人的生命尊严和自由。所以,教育目的应关注人的特殊性、过程性和创造性,逐渐摆脱本质主义、基础主义、普遍主义对人的束缚,将人从形形色色的抽象形象中解放出来,培养自由、平等、个性的生命体。④ 同时,教育目的如果定位于"人"也存在诸多的不完善性,例如,人之取向的多元化容易导致理解的模糊,导致实践中的混乱;人作为教育活动的目的没有体现出与其他社会活动的区别,忽视教育的独特性所在;教育目的不仅定位于"人",还要超越"人",成为"己",即人的教育并不是要把每个人培养成雷同的一个人,而应成为他自己,内含人的生命本质和属于自我的独特魅力。⑤ 作为教育终极目的的"人"的形象是抽象的、理性的,总是蕴涵着深刻的微言大义,而我们应该注意到教育目的中人的直观性特征。抽象的教育目的笼统、片面,使教师无法建立起相应的、理想的受教育者形象,造成实践

---

① 朱本.关于教育目的的终极讨论[J].齐鲁学刊,1990(5):118-121.
② 扈中平.教育目的应定位于培养"人"[J].北京大学教育评论,2004(3):24-29.
③ 于智英.论教育目的与人的自由发展[J].当代教育论坛,2005(13):30-31.
④ 曹永国,韩绮君.人的终结和教育目的:后现代主义的现代意蕴[J].湖南师范大学教育科学学报,2006(1):5-10.
⑤ 张晶,靖国平.论教育目的定位于"人"之合理性与不完善性[J].教育学术月刊,2009(5):10-11.

混乱,各行其是。基于人的群体性形象、个体性形象和个性人形象,教育目的应构建个性化的人之形象。教育目的中的个性化人形象是人的社会性、个体性在个性形成中逐渐生成、完善的,这不仅是知识经济社会的要求,也是历代教育思想家的共识,其中,社会性与个体性是人存在和发展的前提,个性是社会性和个体性的升华。① 这些观点都指向了作为教育终极目的的"个体人"的形象。

(三)教育终极目的由"个体人"转向个体人的"生存状态"

改革开放以来,我国教育界针对小学生的"主体地位"进行了大量的理论与实践研究,如裴娣娜教授主持的"主体性教育"实验,叶澜教授主持的"新基础教育"实验等都在很大程度上推动了我国学生"主体"与"个体"意识的觉醒。但是教育的终极目的是不是要停留在"主体意识"觉醒的阶段上,众多学者给出了自己的见解。于是,"幸福""自由""尊严""人格"等个体人的生存状态成为教育终极目的的"热门词汇"。

教育终极目的与幸福。教育目的有两种:一种是终极目的,另一种是非终极目的。如前人所讲的"传道、授业、解惑""全面个性发展""做人"等教育目的,它们都不是教育的终极目的,因为它们不是终点,本身还有目的性,只有幸福是教育的终极目的。② 究其原因,幸福是人类一切生活的目的,作为一种生活形式的教育也是为了人的幸福而存在。教育目的既为了社会的幸福,也为了人的幸福,但最终还是为了人的幸福。因此,人的幸福是教育追求的终极目标。③ 但是也有学者认为,将幸福作为教育的终极目的的观点,不仅在理论上存在一定的矛盾,而且在实践中可能会陷入一些误区。从幸福的直接性来说,将幸福作为教育的终极目的,易于陷入"幸福主义悖论"中。从幸福的内生性来说,将幸福作为教育目的似乎有"蛇足"之虞。所以,幸福不是教育目的的选项,仅仅是目的实现后的副产品之一,与其将幸福作为教育的目的,不如将幸福作为教育生活的一种内在要求,唯有让学校教育成为让学生自我实现、自我调适、与人合作的过程,幸福的意义才能显现出来,幸福才真正有价值。④

教育终极目的与自由。有研究者不仅认为幸福是教育的终极目的,而且认为自由也是其应有之义。教育具有终极目的,这种终极性的教育目的追求让人自由、使人幸福。所谓自由的人就是寻求外在发展规律和内在自主意志的统一,在生活、社会的体验、创造中,不断自我选择、自我超越;而幸福的人就是基本欲望的满足和完美人性的展示,是一个自主、自由的人,而且,幸福是和他人共享的。⑤ 也有研究者认为在当代,自由与教育之间有着密切的关系,自由教育就是要使人心从盲从和迷信、权威和灌输中解放出来。由此,自由教育的根本

---

① 陶青.教育新解:人之形象与教育目的[J].教育理论与实践,2010(19):7-10.
② 张懿.论幸福是教育的终极目的[J].江西教育科研,2007(5):14-17.
③ 王卫东,董标.教育与幸福——教育基本理论专业委员会第十一届学术年会综述[J].教育理论与实践,2008(10):12-14.
④ 程亮.幸福是教育的目的吗?[J].教育理论与实践,2008(10):9-11.
⑤ 胥倩.论教育的终极目的[J].江苏高教,2003(5):127-128.

目的,一方面是要促使人的身体、道德和智慧和谐发展;另一方面是要促进人的理性的充分发展,从而使人从愚昧和偏狭的束缚中解放出来。自由教育思想的灵魂是人道、民主、理性,这既符合人的本性和教育本质,又契合现代文明社会里人与社会可持续发展的本质要求。自由教育体现了教育精神和教育的终极目的。①

教育终极目的与尊严。新课程目标确立了以人为本的教育理念,将学生的充分自由发展置于课程目标的核心位置。以人为本的理念既强调全体学生都得到全面发展,又强调学生的个体差异,让每一个学生都成为与众不同的唯一。从人的根本需求、人的根本目的上讲就是:学会生存;学会怎样生活;学习怎样使生命有价值意义。总之,就是如何活得更有尊严,今日之教育就是明日之中国,而教育的终极目的也就理所当然的是让人活得更有尊严。②

总之,幸福、自由、尊严等这些教育的终极目的都属于个体人的生存状态。这些针对个体人所追求的生存状态,充满了对人性的关怀和关注,人的最终归属感(自由和幸福等)是教育所应该达到的效果和目的,这就要更多地开始关注个体生存空间,关注个体自身的发展状况,而生存决定着最后的自由和幸福,是以生存求自由和幸福。"以生存求自由和幸福"重建了教育终极目的的价值基础,能够适应学校教育改革和发展的需要。翻开教育学理论的研究,关注个人生存、追求真实的生命成长已成为研究关注的焦点。③

在社会变革日益深刻的今天,随着全球化趋势的加强,世界各国尽管存在着政治、经济、历史文化的不同,但在教育目的上却有着殊途同归的趋势,即大多数国家都主张以人为本的教育目的观,要求教育关注个人需要,尊重人的个性,使每个人的潜能得到充分发展。著名比较教育家康德尔曾经说过:"世界上几乎所有国家将在教育目的与课题上越来越趋于接近和类似,只是各国用于解决教育课题的方法和手段,依存于该国的传统和文化。"而各国在小学培养目标上也有着共同之处:强调小学教育的基础性特征,主张小学教育要培养学生的全面素质,为学生的发展奠定基础。④

=== 本章小结 ===

小学教育目的既体现出一定社会对小学生质量规格的界定和要求,也体现了小学生自身发展所应该达到的水准与高度。全面认识小学教育目的的内容结构和层次结构,有助于教育目的的科学决策与实践转化。教育目的是根据一定社会的政治、经济、生产、文化科学技术等发展的要求、受教育者身心发展的状况以及教育主体的教育理想来确定的,它反映了一定社会对受教育者的要求和受教育者自身发展的需要。通过对

---

① 杨敏,王雷.自由教育:教育精神的终极目的[J].四川文理学院学报(社会科学),2007(17):64-65.
② 李四海.教育的终极目的:让人活得更有尊严[J].当代教育论坛,2005(8):29-31.
③ 马龙珠.教育的终极目的——关注人的生存状态[J].重庆城市管理职业学院学报,2006(4):54-56.
④ 张蓉.比较教育学[M].南京:南京师范大学出版社,2009:126.

我国小学教育目的的历史演变轨迹的考察,可以发现其具有历史性、阶级性和理想性。我国小学教育目的的理论基础是马克思主义关于人的全面发展学说,所谓小学生的全面发展教育,是对小学阶段含有德、智、体、美、劳素质培养功能的整体教育的一种概括,是对为使受教育者多方面得到发展而实施的多种素质培养的教育活动的总称。人的全面发展学说本身就是不断发展的,它需要持续借鉴中外教育家在教育目的上的诸多贡献,总结中外教育实践经验,并把小学教育目的深深植根于我国现阶段社会经济发展状况和未来发展趋势以及国际社会发展的基本趋向中,即注重学生"人"本身及其个性发展。

思考题

1. 我国现代小学教育目的的表述有哪些特征?
2. 马克思关于人的全面发展学说与小学生全面发展教育的内在关联是什么?
3. 人的全面发展在当前社会条件下的表现特征是什么?
4. 未来小学教育目的的发展趋势是什么?

拓展阅读

1. 丁证霖,瞿葆奎.教育目的[M].北京:人民教育出版社,1989.
2. 陈桂生.教育原理[M].上海:华东师范大学出版社,1993.
3. 冯建军.教育基本理论研究 20 年(1990—2010)[M].福州:福建教育出版社,2012.
4. 阿尔佛雷德·怀特海.怀特海文集·教育的目的[M].徐汝舟,译.北京:北京师范大学出版社,2018.
5. 沃尔夫冈·布列钦卡.教育科学的基本概念——分析、批判和建议[M].胡劲松,译.上海:华东师范大学出版社,2001.

第四章
小学教育功能

学习目标

1. 了解儿童发展的相关理论,掌握小学教育的个体发展功能。
2. 理解制约小学教育的社会性因素,掌握小学教育的社会功能。
3. 理解制度背景、社会和家庭因素对小学教育功能的影响。
4. 理解小学教育功能释放的特点及其对小学教育活动的启示。

视频:小学教育功能

内容脉络

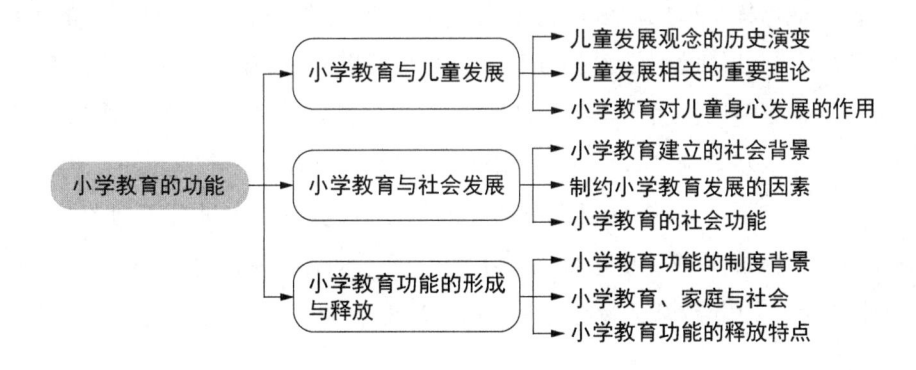

小学教育的功能
- 小学教育与儿童发展
  - 儿童发展观念的历史演变
  - 儿童发展相关的重要理论
  - 小学教育对儿童身心发展的作用
- 小学教育与社会发展
  - 小学教育建立的社会背景
  - 制约小学教育发展的因素
  - 小学教育的社会功能
- 小学教育功能的形成与释放
  - 小学教育功能的制度背景
  - 小学教育、家庭与社会
  - 小学教育功能的释放特点

第一节 小学教育与儿童发展

意大利教育家蒙台梭利在《童年的秘密》一书中写道:"儿童并不是一个只可以从外表观察的陌生人。更确切地说,童年构成了人一生中最重要的一部分,因为一个人是在他的早期就形成的。"①儿童期是个体成长的关键时期,小学教育在儿童身心发展中起着重要的作用。我们对儿童的认识并非一成不变,而是经历了一个不断深入的过程。梳理历史中的儿童观念和与儿童发展相关的重要理论,对于我们认识儿童发展和当前小学教育的个体及社会功能具有重要价值。

---

① 玛利亚·蒙台梭利.童年的秘密[M].单中惠,译.北京:人民教育出版社,2005:21.

一、儿童发展观念的历史演变

(一) 两种儿童发展观

根据《教育大辞典》,儿童观是"成人对儿童的认识、看法以及与儿童有关的一系列观念的总和"。① 儿童是小学教育活动的对象,儿童观的差异影响着人们对儿童发展过程及学校教育功能的认识。我国长期教育发展中的儿童观始终围绕着对人性的认识而展开——基于"性善论"和"性恶论"这两种典型的人性论立场,产生了相应的儿童观。孟子是"性善论"的代表,他认为人生而皆有恻隐、羞耻、辞让、是非之心,这是人性中的道德萌芽,即所谓的"善端",儿童的发展就是让这些本来就存在的萌芽能够生长,而教育的作用就在于引发学生固有的良知。与之相反,荀子是"性恶论"的代表,在他看来,人性中含有恶的成分,教育的作用不是顺从天性,而是"化性起伪",强调教育对个人的外塑和改造功能。②

在西方文化中,同样存在着"性恶论"和"性善论"两种人性传统及对应的儿童观。前者的代表是基督教的"原罪说"。作为西方中世纪时期一种典型的儿童观念,"原罪说"认为儿童出生时就是邪恶和有罪的,教育的功能在于通过严格的教导和约束,使得学生摆脱内在的邪恶,完成人性的救赎。卢梭(Jean-Jacques Rousseau)是"性善论"观点的代表人物。在《爱弥儿》一书开头,他这样写道:"出自造物主之手的东西,都是好的,而一到了人的手里,就全变坏了。"③卢梭认为,儿童本性是纯洁无辜的,但这种纯洁天性却可能由于不恰当的成长环境和教育活动而遭到腐蚀。因此,教育的功能就是提供良好的环境,保护儿童的美好天性免受环境的污染。儿童观影响着人们对于教育功能的认识和相应的教育实践,比如欧洲中世纪在"原罪说"的影响下,学校多施行十分严格的纪律规范,对学生进行密切的监督和控制,体罚十分盛行。相反,持有"性善论"的很多启蒙主义教育家更强调教育应当尊重儿童的天性,注重对学生的启发引导,营造爱与支持的成长环境。

(二) 遗传、环境与儿童发展

对遗传、环境和儿童发展这三者间关系的理解同样影响着我们对于教育功能的定位和认知。对此问题,长期以来存在着三种观念:遗传决定论、环境决定论、综合作用论。

遗传决定论者认为,儿童发展的个体差异主要由儿童自身的遗传因素或自然特质所决定。比如古希腊哲学家柏拉图(Plato)认为,人是由金、银、铜、铁等不同材质构成,个体材质决定了其发展目标以及应接受的教育类型:金质者才能接受最为高深的教育,成长为统治者和哲学王;银质者只需要接受基本的教育,最终成为武士;铜铁者只需要掌握某种劳动技能,养成服从的品质,无需接受教育。④ 与柏拉图的人分三等论类似,我国西汉时期的思想家董

---

① 顾明远.教育大辞典[M].上海:上海教育出版社,1998.
② 黄济,劳凯声,檀传宝.小学教育学(第三版)[M].北京:人民教育出版社,2019:63.
③ 卢梭著.爱弥儿:论教育[M].李平沤,译.北京:商务印书馆,1996:5.
④ 黄济,劳凯声,檀传宝.小学教育学(第三版)[M].北京:人民教育出版社,2019:63.

仲舒将人分为三类：圣人之性、中民之性和斗筲之性，他认为先天之性很大程度上决定了个体未来的发展方向和水平。① 在这类观点下，教育往往扮演着维系既有社会结构的角色。

环境决定论者认为，个体发展差异主要是由其成长和教育环境造成的。英国教育思想家洛克(John Locke)提出了著名的"白板说"，在他看来，儿童的初始心灵状态如同一块白板，个体所获得的一切知识、观念和能力均来自后天的经验。此外，以华生(John Broadus Watson)为代表的行为主义心理学派也是环境决定论的拥护者，华生在《行为主义》(1930)一书中写道："给我12个健康的婴儿，一个由我支配的特殊的环境，让我在这个环境里养育他们，不论他们父母的才干、爱好、倾向、能力和种族如何，我保证能把其中任何一个训练成为任何一种人物——医生、律师、美术家、大商人，以至于乞丐或强盗。"

随着对儿童心理发展认识的深入，更多研究者开始持有"综合作用论"的观点，即认为儿童的发展取决于先天因素和后天环境的综合作用。比如瑞士心理学家皮亚杰(Jean Piaget)认为，儿童认知发展是其借助外部刺激，不断建构和丰富自身的认知图式的过程，环境刺激和个体主动性发挥着同样重要的作用。② 教育思想家杜威(John Dewey)也认为，儿童发展是个体主动利用外界环境刺激连续不断地实现自身经验改造和完善的过程。③ 总之，"综合作用论"认为发展是遗传与环境、先天条件与后天因素、儿童主体与外界刺激相互作用的结果。

（三）作为文化现象的童年

根据童年社会学的观点，童年的发现是现代社会发展的产物。比如古代西方社会的儿童观基本上是"小大人"儿童观，即认为儿童与成人并无本质差异，儿童存在的价值和权利不被重视和承认。文艺复兴开始，儿童的价值开始逐渐被发现。比如，伊拉斯谟(D. Erasmus)认为，"儿童"这个词在拉丁语中就意味着"自由者"，教师不应当指望小学生有大人的举止。夸美纽斯(Jan Amos Komenský)认为，儿童身上包含着知识、道德、虔诚的种子，可以通过教育使得他们得到自然成长。④ 法国学者菲利普·阿利埃斯(Philippe Ariès)在《儿童的世纪》一书中分析了西方社会中"童年"现象的社会建构过程。⑤ 他指出，在中世纪时，儿童通常被视为成人的雏形，儿童与成人没有根本的区别，充其量只是比较幼小和柔弱，儿童的发展只是成人特性的逐步显现。当儿童一旦脱离母亲和保姆的怀抱，他们就马上进入成人社会，并混杂在成年人的活动空间中。随着人们对童年特殊价值的认识逐步提高，儿童逐渐与社会分割开来，并逐渐产生了儿童专属的游戏、服饰等。教育在这个过程中扮演着重要的角色，儿童由工作场所进入到教育场所，工作者的角色让位于学习者的角色。美国学者维维安娜·泽利泽(Viviana A. Zelizer)通过档案资料追踪，指出了美国社会中经济上"无用"但情感

---

① 廖其发.董仲舒的人性论与教育思想研究[J].西南师范大学学报(人文社会科学版)，1991(2)：62-68.
② 陈琦，刘儒德.当代教育心理学[M].北京：北京师范大学出版社，2007：30.
③ 方晓东.试论杜威的儿童发展观[A].中国地方教育史志研究会，《教育史研究》编辑部.纪念《教育史研究》创刊二十周年论文集(16)——外国教育思想史与人物研究[C].中国地方教育史志研究会，《教育史研究》编辑部：中国地方教育史志研究会，2009：7.
④ 朱小蔓.认识小学儿童 认识小学教育[J].中国教育学刊，2003(8)：5-10.
⑤ 菲利普·阿利埃斯.儿童的世纪：旧制度下的儿童和家庭生活[M].沈坚，朱晓罕，译.北京：北京大学出版社，2013.

上"无价"的儿童的建构过程。在她看来,随着儿童死亡率的下降、社会福利的提高以及核心家庭的形成,儿童与家庭的关系逐渐从传统家庭中的经济联系中解放出来,进而转向一种情感性联结和教育性关系,中产阶级家庭中甚至出现"神圣化"的现代童年。①

在中国社会中,对儿童问题的关注同样经历了一个长期的发展过程。1919年,鲁迅先生在《我们现在怎样做父亲》一文中,痛心疾首地谈到中国文化对儿童的压抑。他指出传统社会中儿童被视为矮小的成人,被圣经贤传尽量地灌下去,儿童被作为传宗接代的工具。② 20世纪初,随着新文化运动和美国进步主义思想的传播,以及中国社会中"儿童的发现",儿童教育问题开始受到越来越多的关注,并涌现出像陶行知、陈鹤琴等一批优秀的教育家。在建国后的很长一段时间内,新中国的儿童观却再次经历了由"儿童中心"向"国家立场"的转变,注重儿童个性表达的"儿童中心观"逐渐被强调儿童政治、阶级属性的"国家立场"所取代,由此也导致儿童的政治化、成人化倾向。③ 20世纪80年代以来,儿童发展的相关研究得到重视,"以儿童的方式对待儿童"的观念得以重新确立。

二、儿童发展相关的重要理论

1. 皮亚杰的儿童发展观

皮亚杰(Jean. Piaget)认为,人的认识发展主要表现为认知结构(即图式,schemas)的完善和发展。④ 新生儿仅具有几个简单的遗传图式,如吮吸反射。儿童图式发展主要包括同化(assimilating)和顺应(accommodating)两个过程。"同化"就是个体把新鲜刺激纳入原有图式中的心理过程。"顺应"指个体调节自己的内部结构以适应特定刺激的过程。当个体遇到不能用原有图式同化的新刺激时,便要对原有的图式加以修改或重建,以适应环境。儿童通过同化或顺应过程,解决已有的认知冲突,达到新的平衡状态(equilibrium),认识的发展就是"平衡——不平衡——平衡"的不断发展过程。总之,在皮亚杰看来,儿童在每个阶段具有其相应的认知特点,儿童发展在个体与环境不断的作用中得以实现。皮亚杰的儿童认知发展理论清晰阐述了遗传因素、环境条件和儿童活动三者之间的关系,并突出了儿童在教育活动中的主体地位。这对我们理解小学教育活动及其教育功能具有重要的启发意义。

2. 杜威的儿童发展观

杜威的教育理论关注教育、经验与儿童发展的关系。⑤ 在杜威看来,教育的根本点在于儿童的成长和发展。儿童生长的未成熟状态意味着一种缺乏,同时也意味着一种发展潜能。

---

① 维维安娜·泽利泽.给无价的孩子定价:变迁中的儿童社会价值[M].王永雄,等,译.上海:上海人民出版社,2008:11.
② 宋志坚.读鲁迅《我们现在怎样做父亲》[J].炎黄纵横,2019(2):48-50.
③ 刘怡.从"儿童中心"到"国家立场":20世纪50年代儿童观的重塑[J].史林,2020(4):158-169+221.
④ 陈琦,刘儒德.当代教育心理学[M].北京:北京师范大学出版社,2007:30.
⑤ 方晓东.试论杜威的儿童发展观[A].中国地方教育史志研究会、《教育史研究》编辑部.纪念《教育史研究》创刊二十周年论文集(16)——外国教育思想史与人物研究[C].中国地方教育史志研究会、《教育史研究》编辑部:中国地方教育史志研究会,2009:7.

也就是说,儿童之所以能够发展,在于其本身就具有的自我发展的天赋和本能,它为儿童的发展提供各种可能,是儿童发展的动因。儿童的发展不是被动的,而是具有自发性,教育者可利用儿童生长的依赖性和可塑性,促进儿童的生长和发展。与此同时,儿童具有旺盛的活动能力,也能够凭借活动的结果来进行调整,最终适应和改造环境。此外,活动在儿童发展中扮演着重要的角色。杜威认为,儿童生来就有一种要做事和工作的愿望,对活动具有强烈的兴趣。教育就在于让儿童从那些真正有教育意义和有兴趣的活动中进行学习。最后,杜威还强调儿童发展的整体性,在他看来,儿童的生长包括身体、智力、社会性、道德等多方面,这些方面互相影响、密不可分。因此,教育者应当从儿童发展的整体性出发,促进儿童平衡全面地发展。

三、小学教育对儿童身心发展的作用

《易经》上说:"蒙以养正,圣功也。"[①]儿童的童年期具有较强的可塑性。在现代社会中,学校成为儿童成长和社会化的重要场所,对儿童的身心发展具有十分重要的作用。

1. 基本知识能力的学习

儿童期是知识能力发展的关键时期。小学阶段学生所获得的知识技能是基础性的、通识性的,小学教育既是帮助学生获得未来参加社会生活的基本能力,也在为学生今后学习打下坚实的基础。当前,在基础教育阶段的知识学习领域,以 STEAM 教育为代表的跨学科学习开始成为一种全球的新趋势。STEAM 教育发源于美国,是科学(Science)、技术(Technology)、工程(Engineering)、艺术(Arts)和数学(Mathematics)的简称。STEAM 教育旨在打破学科领域的界线,关注学科间的整合,倡导基于项目的学习方式,鼓励学生动手探索,强调教育活动的体验性和实践性,注重知识学习与现实世界的相互联系。[②] 2016年,我国《中国学生发展核心素养》正式发布,"核心素养"以"全面发展的人"为核心,以文化基础、自主发展、社会参与为主旨,具体包括人文底蕴、科学精神、学会学习、健康生活、责任担当、实践创新六大素养内容,该框架也为当前我国基础教育人才培养提供了方向(详见图 4-1)。[③]

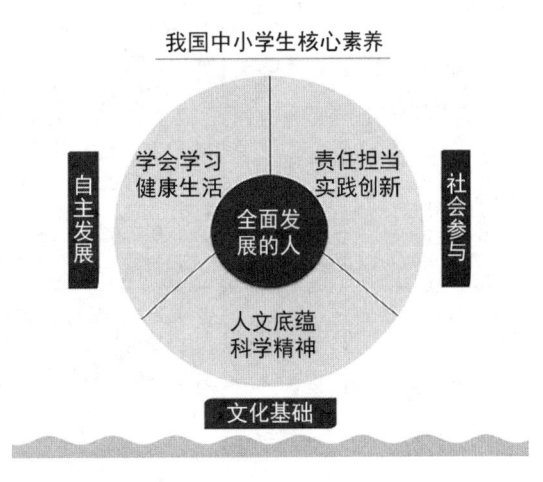

图 4-1 我国中小学生核心素养

[①] 刘玉建.《周易正义》导读[M].济南:齐鲁书社,2005:138.
[②] 魏晓东,于冰,于海波.美国 STEAM 教育的框架、特点及启示[J].华东师范大学学报(教育科学版),2017,35(4):40-46+134-135.
[③] 核心素养研究课题组.中国学生发展核心素养[J].中国教育学刊,2016(10):1-3.

> **阅读材料**

《中国学生发展核心素养》

研究学生发展核心素养是落实立德树人根本任务、适应世界教育改革发展趋势、提升我国教育国际竞争力的迫切需要。中国学生发展核心素养研究以科学性、时代性和民族性为基本原则,以培养"全面发展的人"为核心,充分反映新时期经济社会发展对人才培养的新要求,高度重视中华优秀传统文化的传承与发展,系统落实社会主义核心价值观。核心素养分为文化基础、自主发展、社会参与三个方面,综合表现为人文底蕴、科学精神、学会学习、健康生活、责任担当、实践创新六大素养,具体细化为国家认同等十八个基本要点(详见表4-1)。各素养之间相互联系、互相补充、相互促进,在不同情境中整体发挥作用。

表4-1 中国学生发展核心素养基本要点和主要表现[①]

核心素养	基本要点	主 要 表 现 描 述
文化基础	人文底蕴 — 人文积淀	重点是:具有古今中外人文领域基本知识和成果的积累;能理解和掌握人文思想中所蕴含的认识方法和实践方法等
	人文底蕴 — 人文情怀	重点是:具有以人为本的意识,尊重、维护人的尊严和价值;能关切人的生存、发展和幸福等
	人文底蕴 — 审美情趣	重点是:具有艺术知识、技能与方法的积累;能理解和尊重文化艺术的多样性,具有发现、感知、欣赏、评价美的意识和基本能力;具有健康的审美价值取向;具有艺术表达和创意表现的兴趣和意识,能在生活中拓展和升华美等
	科学精神 — 理性思维	重点是:崇尚真知,能理解和掌握基本的科学原理和方法;尊重事实和证据,有实证意识和严谨的求知态度;逻辑清晰,能运用科学的思维方式认识事物、解决问题、指导行为等
	科学精神 — 批判质疑	重点是:具有问题意识;能独立思考、独立判断;思维缜密,能多角度、辩证地分析问题,作出选择和决定等
	科学精神 — 勇于探究	重点是:具有好奇心和想象力;能不畏困难,有坚持不懈的探索精神;能大胆尝试,积极寻求有效的问题解决方法等
自主发展	学会学习 — 乐学善学	重点是:能正确认识和理解学习的价值,具有积极的学习态度和浓厚的学习兴趣;能养成良好的学习习惯,掌握适合自身的学习方法;能自主学习,具有终身学习的意识和能力等
	学会学习 — 勤于反思	重点是:具有对自己的学习状态进行审视的意识和习惯,善于总结经验;能够根据不同情境和自身实际,选择或调整学习策略和方法等
	学会学习 — 信息意识	重点是:能自觉、有效地获取、评估、鉴别、使用信息;具有数字化生存能力,主动适应"互联网+"等社会信息化发展趋势;具有网络伦理道德与信息安全意识等

---

① 来源:核心素养研究课题组.中国学生发展核心素养[J].中国教育学刊,2016(10):1-3.

续表

核心素养	基本要点	主要表现描述
自主发展	健康生活	
	珍爱生命	重点是：理解生命意义和人生价值；具有安全意识与自我保护能力；掌握适合自身的运动方法和技能，养成健康文明的行为习惯和生活方式等
	健全人格	重点是：具有积极的心理品质，自信自爱，坚韧乐观；有自制力，能调节和管理自己的情绪，具有抗挫折能力等
	自我管理	重点是：能正确认识与评估自我；依据自身个性和潜质选择适合的发展方向；合理分配和使用时间与精力；具有达成目标的持续行动力等
社会参与	责任担当	
	社会责任	重点是：自尊自律，文明礼貌，诚信友善，宽和待人；孝亲敬长，有感恩之心；热心公益和志愿服务，敬业奉献，具有团队意识和互助精神；能主动作为，履职尽责，对自我和他人负责；能明辨是非，具有规则与法治意识，积极履行公民义务，理性行使公民权利；崇尚自由平等，能维护社会公平正义；热爱并尊重自然，具有绿色生活方式和可持续发展理念及行动等
	国家认同	重点是：具有国家意识，了解国情历史，认同国民身份，能自觉捍卫国家主权、尊严和利益；具有文化自信，尊重中华民族的优秀文明成果，能传播弘扬中华优秀传统文化和社会主义先进文化；了解中国共产党的历史和光荣传统，具有热爱党、拥护党的意识和行动；理解、接受并自觉践行社会主义核心价值观，具有中国特色社会主义共同理想，具有为实现中华民族伟大复兴中国梦而不懈奋斗的信念和行动
	国际理解	重点是：具有全球意识和开放的心态，了解人类文明进程和世界发展动态；能尊重世界多元文化的多样性和差异性，积极参与跨文化交流；关注人类面临的全球性挑战，理解人类命运共同体的内涵与价值等
	实践创新	
	劳动意识	重点是：尊重劳动，具有积极的劳动态度和良好的劳动习惯；具有动手操作能力，掌握一定的劳动技能；在主动参加的家务劳动、生产劳动、公益活动和社会实践中，具有改进和创新劳动方式、提高劳动效率的意识；具有通过诚实合法劳动创造成功生活的意识和行动等
	问题解决	重点是：善于发现和提出问题，有解决问题的兴趣和热情；能依据特定情境和具体条件，选择制订合理的解决方案；具有在复杂环境中行动的能力等
	技术应用	重点是：理解技术与人类文明的有机联系，具有学习掌握技术的兴趣和意愿；具有工程思维，能将创意和方案转化为有形物品或对已有物品进行改进与优化等

2. 良好行为习惯的养成

小学生正处于认知方式、行为方式、审美情趣等诸多方面的形成阶段，学校的教育引导会对学生行为习惯养成产生很大的影响。并且，学生在该时期形成的行为习惯，具有基础性和持续性的特点，将会伴随个体一生并影响其未来的长期发展。小学阶段的学校教育可以帮助学生在学习生活、交友健康和社会参与方面养成良好行为习惯，促进学生素质品质的提升。需要注意的是,教育活动不是训练,真正的习惯是一种内在的品质而不是外在的强加。所以,学生行为习惯的养成,应当在对儿童主体感觉和愿望尊重的基础上,加以陶冶、引导和启发。

3. 道德判断能力的培养

当前,面对百年未有之大变局,道德教育是学校教育要面对的重大挑战。小学阶段是学生生命发展的早期,同时也是学生社会情绪和情感发展的敏感期,容易形成某种社会性认知的固定倾向。小学教育对于提高学生的道德意识和道德判断能力具有十分重要的作用。具体而言,学校和班级作为贯彻民主和公正的实验场所,其管理及运作可以为道德教育的开展和学生道德判断能力的发展创设良好的大环境。此外,学校可以在日常教学活动中开展各种道德教育活动,并就当前的社会道德问题展开自由讨论,促进学生道德水平的提升。

4. 文化认同的建立

文化认同是个体认为自己归属于某一文化或民族群体的感觉,是人的社会属性的表现。具体而言,文化认同是指个体对于本族群的生活方式、发展历程、价值观念等族际关系的认识、理解、认可乃至信奉。文化认同是国家认同、民族自信的前提,也是全球化语境下的国家软实力的重要体现。"当代中国是历史中国的延续和发展。新时代坚持和发展中国特色社会主义,更加需要系统研究中国历史和文化,更加需要深刻把握人类发展历史规律,在对历史的深入思考中汲取智慧、走向未来。"[①]基础教育阶段是培养文化认同的重要阶段。在小学教育中,无论是升国旗、唱国歌、传统节日文化庆祝等仪式性教育活动,还是语文、历史等学科教材中对国家历史、文化等的介绍,都能够有效地促进学生加深对自身作为中国人的文化身份的理解和认同。基于《基础教育课程改革纲要》要求,近年来广东省中小学中开展了颇具特色的校本课程实践,诸如广东民居、雕刻技艺、客家音乐等颇具地方特色的历史传统和文化遗产开始以"校本课程"的形式进入中小学,成为学校教育体系中不可或缺的部分。这些举措很好地提升了学生的人文素养,促进了学生对家乡的历史和传统文化的了解,在帮助学生学习传统文化的过程中激发了学生自身的文化身份认同。[②]

第二节　小学教育与社会发展

我国儿童教育先驱陈鹤琴先生在《一个理想的小学校》中这样讲道:"小学教育是国民的教育,是造就人才的开端,是发扬文化的始基,所以比中学、大学教育更加重要。国家的发展,青年的前途,全在小学教育的改进。"[③]小学教育是国家教育体系中不可或缺的重要组成

---

① 习近平.习近平书信选集(第一卷)[M].北京:中央文献出版社,2022:211.
② 李文郁.广东省基础教育地方课程研究与实践[J].课程教学研究,2012(3):5-9.
③ 陈鹤琴.小学教育[M].陈秀云,柯小卫,选编.南京:南京师范大学出版社,2012:9.

部分,其功能不可替代。小学教育对于社会本身发展具有重要影响。与此同时,小学教育作为社会系统中的一环,其发展也受到政治、经济、文化等诸多社会因素的影响。

一、小学教育建立的社会背景

西方小学教育的发展可以追溯到古希腊时期。古代希腊人按年龄将教育分为三个阶段:7 岁以前是学前期,7 岁到青少年阶段是初等教育,最后是中等教育。在学前期,儿童主要接受来自家庭的教育。在初等教育阶段,儿童进入学校接受基础教育,其教育内容为以自由主义教育为旨归的"七艺",其贯穿的基本思想是培养全面和谐的人格。[①] 在古代中国,儿童启蒙教育的主要机构是官办学校。春秋时期,"蒙馆""学馆"等私学开始出现,根据宋代思想家朱熹的观点,8—15 岁属于"小学",此时的教育目标是打基础(培养"圣贤胚模"),教育主要内容是"学其事"(日常生活基本礼节)。[②]

现代意义上的小学产生于 19 世纪中后期,随后小学教育开始以义务教育的形式在欧洲、美国、日本等国逐渐建立。在我国,近代小学教育制度的建立开始于 1902 年清政府颁布的"壬寅学制"。中华人民共和国成立后,1951 年颁布了《关于学制改革的决定》,确保了劳动人民的受教育权。1980 年中共中央、国务院作出《关于普及小学教育若干问题的决定》第一次提出了"全国应基本实现普及小学教育"的历史任务。1986 年,《中华人民共和国义务教育法》正式颁布,小学教育作为义务教育的基础组成得到法律的承认和保护。自中华人民共和国成立以来,我国已经实现从建国初的儿童入学率 20% 到九年义务教育普及的跨越。

二、制约小学教育发展的因素

1. 经济因素

经济因素是制约小学教育发展的重要原因。一个国家的经济发展水平既决定着教育发展的规模和速度,也制约着人才培养的质量。国家和地区的经济发展水平直接影响其对教育发展的财政支持力度,经济的落后往往导致教育有效供给不足。早在 20 世纪初,各主要资本主义国家基本完成了普及初等教育的任务;然而,截至 2015 年,全球发展中国家的初等教育的入学率才达到 90%,[③]远落后于西方发达资本主义国家。国际教科文组织 2018 年的统计数据显示(详见表 4-2),不同经济发展水平地区小学阶段的失学率具有十分明显的差异。比如,在经济较为发达的欧洲和北美国家,小学失学率约为 2%,而在经济欠发达的撒哈拉以南的非洲地区,小学失学率竟高达 19%。[④] 所以说,经济因素是影响国家和地区小学教育发展与普及的重要条件。

---

① 朱小蔓.认识小学儿童 认识小学教育[J].中国教育学刊,2003(8):5-10.
② 朱小蔓.认识小学儿童 认识小学教育[J].中国教育学刊,2003(8):5-10.
③ 舒帅,司成勇.全球普及初等教育:任重道远[J].世界文化,2015(6):4-8.
④ 联合国教科文组织.2020 年全球教育监测报告摘要——包容与教育:覆盖全民,缺一不可[S].2020.

表 4-2　2018 年全球不同国家各年龄组的入学指标

地　区	小　学		初　中		高　中	
	失学儿童		失学青少年		失学青年	
	（000）	（%）	（000）	（%）	（000）	（%）
全球	59 141	8	61 478	16	137 796	35
撒哈拉以南非洲	32 214	19	28 251	37	37 026	58
北非和西亚	5 032	9	3 998	14	8 084	30
中亚和南亚	12 588	7	16 829	15	64 745	45
东亚和东南亚	5 697	3	9 016	10	17 870	21
拉丁美洲和加勒比	2 267	4	2 544	7	7 159	23
大洋洲	210	5	109	5	408	25
欧洲和北美	1 133	2	731	2	2 503	7
低收入	20 797	19	21 243	39	26 176	61
中等偏低收入	30 444	9	30 706	17	87 730	44
中等偏高收入	6 570	3	8 444	7	20 615	20
高收入	1 330	2	1 085	3	3 275	8

资料来源：教科文组织统计研究所数据库。

2. 科技因素

在现代社会中，科技因素对小学教育发展的影响越来越大，主要表现在：首先，教育技术的发展依赖于科技进步，比如多媒体设备、电子白板、投影仪等现代教育技术在课堂中的应用改变了"黑板＋粉笔"的传统教学方式，有效地丰富了课堂形式，提高了教学效率。其次，科技发展影响教育的内容。三四十年前，电脑技术对普通公众来说还是新奇的事物，如今，诸如"机器人比赛""少儿编程"等内容已经开始进入中小学课堂。此外，科技影响受教育者的数量和教育质量。近年来，随着网络技术的发展，各种线上教学平台应运而生。比如著名的可汗学院（Khan Academy）可以向全世界学生提供大量的中小学免费课程，很好地促进了优质教育资源的共享。近年来颇为流行的"双师课堂"，基于网络互动视频直播技术，由两名老师远程配合共同完成教学，主讲老师通过大屏幕远程直播授课，辅导老师在课堂内负责课堂管理、答疑等。这些教育尝试有利于扩大优质教育的受众群体，提升薄弱地区的教育质量。最后，科技因素还可以影响甚至改变教育者的观念。随着人工智能、数据科学等的发展，教育实践者开始尝试将技术思维融入教学活动中，通过科学算法和技术辅助来达到促进个性化学习的目标。总之，日新月异的科技正在重塑着人们对教育的认知和想象，也改变着学校的教育实践。

> 阅读材料

科技发展与全球基础教育创新

信息技术的发展与渗透正改变着我们生活的方方面面,对于学校而言,在理念引领与问题驱动下,信息技术给学校变革带来诸多可能,催生出新的学校形态——未来学校(详见表4-3)。

表4-3 未来学校特征

未来学校	教育理念	课程设置	教学组织	学习方式	学习空间	技术可为因素
AltSchool	学生为中心 个性化学习	课程取决于学生	跨级、混龄分班(根据学生优势与能力) 打破固定课时	基于项目的学习	空间多样化 空间灵活、开放	数据驱动教学决策 个性化服务 家校互通
可汗实验学校(KLS)	个性化学习	个性化课程 技术发展不断更新课程	混龄组队(根据学习自主性和学习能力)	混合式学习 基于项目的学习	空间灵活、开放不同活动空间	移动学习 个性化服务
虚拟学校	按需学习 个性化学习	系统化课程 个性化课程方案	面向年级的课程组织 突破班级概念	个别化学习	虚拟空间 任意有网络连接的场所	增加学习机会 优质资源共享 自主学习资源
STEM课程学校	做中学	跨学科综合课程 聚焦真实问题	教学班 项目组队	基于项目的学习 基于问题解决的学习	STEM教室	虚拟实验环境 协作平台
达·芬奇学校	生涯定向 学以致用	课程与真实生活相关 跨学科综合课程	兴趣、生涯定向建班	基于项目的学习 社区服务学习实习	社区、企业等真实工作场所	学校关注点不同 技术作用因素不同
"野趣学习"学校(ELS)	体验教育 做中学	探究体验类课程 面向真实问题 校外资源整合	打破固定班级 打破常规课表 不同能力与年级的学生组成探险小组	体验学习 突破校园的无边界学习	开放教室 自然世界在教室中再现	借助技术教学互动
MTC学校①	全面、个性发展的评价	围绕学生8项能力的培养			记录学习过程	

---

① MTC(Mastery Transcript Consortium)是一个高中联盟。

> 2013年美国硅谷精英创办AltSchool，2014年美国视频微课达人萨尔曼·可汗(Salman Khan)建立可汗实验学校，技术驱动下的高科技学校不断兴起。美国大多数州建有K12免费虚拟公立学校，印度面向全国数百万辍学儿童提供"全天候希望学校"(AAS Vidyalaya)，落户美国的大型国际教材出版商培生(Pearson)公司打造了世界领军的在线学习平台，各类虚拟学校不断发展。美国教育政策进一步强化了STEM教育，英国国家科学学习网络专门开展STEM专业教师发展培训，澳大利亚发布《STEM学校教育国家战略2016—2026》。与此同时，跳出纯技术观点的多种创新学校也在不断涌现，如达·芬奇学校(Da Vinci school)、"野趣学习"学校等试验学校的教育改革新模式。诸如此类的学校让我们真切感到，未来学校的确已来。
>
> 总的来说，未来学校具有以下几个特点：强调个性化教育理念、"做中学"思想；课程设置个性化、跨学科，面向真实世界问题；教学组织打破固定班级，采用弹性课表；注重基于项目的学习，突破校园边界；学习空间灵活多样，突破教室空间；技术赋能、各有所长。未来学校的发展，为我们反思教育与技术的关系、学校教育边界以及学校功能的走向提供了重要的契机。①

3. 文化因素

文化为教育活动的开展构筑外部环境，也是教育活动的重要内容。文化因素对小学教育发展的影响也体现在多个方面。

首先，文化因素影响教育观念的形成、教育目标的制定和教育内容的选择。李瑾在《文化溯源：东方与西方的学习理念》(Cultural foundations of Learning: East and West)一书中提出了中西方学习模式的重大差异，即西方社会旨在开发心智、理解世界的心智取向(mind-oriented)，而东方社会则形成一种以追求个人道德完善，并实现自己社会价值的美德取向(virtue-oriented)。② 比如，就学习过程而言，东方学习过程强调诸如认真、勤奋、刻苦、恒心和专心这五种美德，而西方的学习过程则更加关注主动投入、探索与探究、批判性思考和自我的表达与交流这四个方面。③ 再比如，在受到儒家文化圈影响的东亚国家的教育观念有着较大的相似性，例如重视教育价值的深厚传统、对子女/学生学习的高度期望、重视通过国家考试量才录用、重视教师的合法权威。④

其次，文化因素影响教育流动和教育筛选过程。美国社会学家特纳(R. H. Turner)指出，各国社会均有其独特的社会文化规范，并影响着其社会流动和教育升迁的方式。⑤ 他还

---

① 节选改编自：祝智庭,管珏琪,丁振月.未来学校已来：国际基础教育创新变革透视[J].中国教育学刊,2018(9)：57-67.
② 李瑾.文化溯源：东方与西方的学习理念[M].张孝耘,译.上海：华东师范大学出版社,2015.
③ 同上.
④ 联合国教科文组织.教育：财富蕴藏其中：国际二十一世纪教育委员会报告[M].北京：教育科学出版社,1999.
⑤ Turner, R. H. Sponsored and contest mobility and the school system[J]. American Sociological Review, 1960, 25(6)：855.

提出了"赞助性流动"和"竞争性流动"两种社会流动范式,前者以1950年代末期英国的教育制度为代表,后者则是美国的教育制度的范例。"赞助性流动"是指个人获得某种社会地位,须先得到其他会员的赞助,并且在很早期就开始了教育分化和筛选过程。"竞争性流动"是指个人凭借自己的才能与努力获得成功并赢得相应的社会地位。避免早期分化、公开淘汰、为每个人提供平等的参与竞争的机会,也是"竞争性流动"制度的主要特点。

最后,文化传统还会影响教育管理体制。比如有着较强专制文化传统的法国,教育管理基本上是自上而下的中央集权式。而在有着长期分权文化的美国,其教育管理模式则是中央政府领导下的联邦自治,地方州政府在教育立法、教师聘任等方面有着较大自主权。

三、小学教育的社会功能

1. 培养合格的社会公民

从国家利益的角度讲,任何一个国家都希望其公民认同和热爱这个国家,遵守国家法律,养成符合国家利益的道德品质和价值取向,具有实践公民职责的知识和行为能力。培养公民是一切教育目标表述的基础,也是国家对教育的基本要求。① 小学教育的重要社会功能就是培养身心健康、能够初步适应社会的个体,进而为培养合格的社会公民做好准备。2019年10月,国务院发布《新时代公民道德建设实施纲要》,提出"培养公民"的时代使命。一方面,小学教育可以通过促进学生知识技能和道德品质的发展,全面提高个体素质。另一方面,还可以帮助学生初步理解自由、平等、民主、法治等社会主义核心价值观,认识到自身的权利和义务,养成社会参与意识和服务精神,为培养社会主义建设者和接班人奠定良好基础。

2. 促进教育和社会公平

教育公平既是社会公平的重要方面,又是促进社会公平的重要力量。一方面,学校教育通过提高来自低社会阶层受教育者的素质和能力直接影响其收入水平,缩小不同社会阶层的收入差距。另一方面,公平普惠的教育机会可以降低家庭经济差异和父母受教育水平对子女未来受教育水平及收入水平的影响,促进教育和社会公平的实现。实际上,优质而普惠的小学教育能够在一定程度上弥补由于家庭经济状况带来的不利处境对学生发展造成的影响。例如,近年来基于互联网技术发展起来的新的教学形式(如双师课堂、翻转课堂、网络公开课)在一定程度上推动了优质教育资源共享,为促进教育公平和社会公平提供了新的可能。而小学教育阶段受教育机会的差异则可能加剧社会不平等现象。近年来,教育私有化趋势在世界各地逐渐加强,并已经延伸到小学阶段。② 课外补习就是一个典型的例子。私人

---

① 万明钢.论公民教育[J].教育研究,2003(9):37-43.
② 联合国教科文组织.反思教育:走向"全球共同利益"的理念转变[M].北京:教育科学出版社,2017:66.

补习费用可能占去家庭的很大一部分收入，一些贫困家庭可能会难以承担起补习费用，从而导致学生学习机会的不平等。

> **阅读材料**
>
> **有"线"课堂无限可能："双师课堂"推动教育公平**
>
> "同学们，今天我们和北京的老师、同学一起学习一元二次方程的第三种解法。"这是西藏自治区拉萨市墨竹工卡县中学的一节数学课。课堂上，屏幕另外一端，是几千公里之外的中国人民大学附属中学的课堂。
>
> 内蒙古土默特左旗台阁牧中心校的学生们也在同时收看授课视频，有学生举手提问，老师就会立即进行讲解。
>
> "双师教学"是这两所学校正在广泛应用的教学方式——每个实验班有两名教师，在两个课堂同时开展教学，其中资源输出校教师在"第一课堂"负责网络远程主讲、共享学习资料、提供教师培训。资源输入即项目学校教师在"第二课堂"，负责整合课程资源、选择合适的模式教学、复讲复练、释疑解惑。
>
> 为了推动优质教育资源辐射、助力教育公平，2005 年，人大附中、教育部科技司、清华大学等共同发起成立"国家基础教育资源共建共享联盟"，基于联盟的探索实践，2013 年启动了网络远程扶贫项目"双师教学"。根据近日举行的国家基础教育网络扶贫扶智暨大规模推广"双师教学"调研会，截至目前，"国家基础教育资源共建共享联盟"和"双师教学"项目已辐射到 31 个省份的 5 949 所学校，免费使用平台资源的教师和学生达到 111 万余人，共享优质中小学教育资源 6 万余课时。
>
> 一块屏幕，点亮孩子的梦想与希望。
>
> 一个平台，改变教师的教学方法和理念。
>
> 一根网线，融合线上线下优质教育资源。
>
> ……
>
> "教育教学离不开师生面对面的情感交流与思维碰撞，线上教学不是课堂教学的简单复制，技术的发展不能取代教师的作用。"刘小惠说，未来要更好地利用线上资源和平台，创新线上线下相融合的教学模式，因地制宜地推行网络教育。
>
> 刘彭芝觉得，做好基础教育领域的互联网远程帮扶，应注重线上线下互联互通，"线上是画龙，线下是点睛。示范学校是主体，社会组织是纽带，也需要政府部门和权威机构有效引导和整合，科学布局，优势互补，实现高质量发展"。
>
> 教育部基础教育司司长吕玉刚认为，"双师教学"探索了优质教育资源共享、线上教学有效实践的路径。要发挥优质学校的作用，完善教学组织方式，扩大受益群体范围，让更多学生享受优质教育资源。

> "构建'互联网+'基础教育公共服务平台和体系""鼓励中老年教师发挥优势""用适合孩子们的方式教学""要让更多边远地区的孩子们受益"……调研会上,与会专家建议,在巩固拓展网络教育扶贫成果上持续发力,进一步推进国家基础教育优质均衡发展、实现教育现代化。①

3. 提高国民素质和国家竞争力

人力资本理论认为,教育投资可以通过提高受教育者的生产能力从而增加人力资本。国家教育财政支出是对人力资本的投资,具有促进经济增长的巨大作用。在现今这个时代,科技已经成为第一生产力。如要促进科技发展,就必须重视教育和人才的发展。教育、科技、人才已经一体化,其中教育是基础,科技是关键,人才是核心。党的二十大报告指出:"教育、科技、人才是全面建设社会主义现代化国家的基础性、战略性支撑。必须坚持科技是第一生产力、人才是第一资源、创新是第一动力,深入实施科教兴国战略、人才强国战略、创新驱动发展战略,开辟发展新领域新赛道,不断塑造发展新动能新优势。"

4. 促进文化的传递与保存

促进文化的传递与保存是学校教育的重要功能。就小学阶段的教育而言,学校正式课程是文化传承的重要途径。学校课程通过撷取文化中的精华,进行教学内容的组织和教学活动的设计,帮助学生掌握必备的文化知识,提升文化素养,同时也促进了文化本身的保存、传承和发展。另一方面,学校的校本课程、课外活动也是文化传承的重要方式。比如,近年来在教育部"传统文化进校园"的号召下,诸如剪纸、京剧、书法、花鼓等中国传统文化被重新以课外活动和选修课的形式引入学校教育,焕发出新的生机。教育部于2017年推出的纪录片《传承的力量》就讲述了全国近百所学校的传统文化实践,展示了学校教育在文化传承中的巨大活力。

第三节 小学教育功能的形成与释放

"十年树木,百年树人",尽管小学教育在教育和社会系统中发挥着基础性功能,其功能的形成和释放却是一个相对缓慢的过程。此外,作为社会系统中的有机组成部分,小学教育功能的形成还受到家庭环境和社会环境的影响。在本节中,我们将了解小学教育功能的制度背景,探讨小学教育与家庭、社会的关系,以及小学教育功能的释放特点。

一、小学教育功能的制度背景

小学教育的功能依赖于其所处的社会制度。首先,不同时代背景下的教育形态不同,其

---

① 推进基础教育网络扶贫扶智:有"线"课堂无限可能[EB/OL]. (2021-1-6). http://paper.people.com.cn/rmrb/html/2021-01/06/nw.D110000renmrb_20210106_2-12.htm.

教育功能存在着差异。古希腊思想家亚里士多德这样讲道:"立法者(即国民领导者)必须首先注意少年人的教育,'因为忽视教育就会危害政制',抓好教育就能维护这个政体的实力。"①我国古代《学记》中很早就提出"建国君民,教学为先""化民成俗,其必由学"的思想。在封建制度下,学校教育主要发挥社会政治功能。近代以来,伴随着工业革命和现代民族国家的建立,初等教育逐渐发展,以培养合格劳动者为目的的现代学校教育大量建立,学校教育承担起一定的经济功能。20世纪以来,伴随着经济进步和生产力的不断提高,教育的社会功能和个体发展功能都受到极大的重视。一方面,在人力资本理论的影响下,教育发展水平被视作国家综合实力的重要体现,教育的社会功能尤其是经济功能得到进一步强化。另一方面,近年来"个性化学习""自主学习""终身学习"等概念的提出,体现了教育对于个体发展功能的关注。

此外,小学教育功能也与国家的教育体制有关。例如当代德国教育采取的是一种"早分流""双轨制"的教育制度设计,学生在接受四年的小学教育后就会被分流到三种不同类型的中学中:主体中学、实科中学和文科中学。其中,主体中学起源于19世纪为社会中下层子弟设定的国民学校,大部分学生毕业后即接受职业培训;文科中学毕业后学生大都进入大学,导向学术轨道;实科中学则介于二者之间。② 因此,在这样的背景下,德国的小学教育还承担着部分社会筛选的功能。与之相反,美国的教育体制则是"晚分流"的典型代表,美国社会更加注重教育机会均等、公平竞争的理念,教育分流主要发生在高等教育阶段,更为注重基础教育的公共性。公立中小学在软硬件各方面相对平等,小学教育更多发挥着提供公平竞争的起点、促进社会公平的功能。

二、小学教育、家庭与社会

1. 家庭环境与小学教育功能

家庭因素对学生成长发展所产生的影响已成为学校教育发展中不可低估与忽视的力量。"家庭是人生的第一个课堂,父母是孩子的第一任老师。孩子们从牙牙学语起就开始接受家教,有什么样的家教,就有什么样的人。"③发表于20世纪60年代的《科尔曼报告》(Coleman Report)指出,相比于学校教育,家庭及同伴影响才是决定学生学业成就的关键因素。美国社会学家拉鲁(Annette Lareau)对不同阶层家长的教育参与的研究指出,中产阶级的家庭倾向于采用"协作培养":家长主动培养孩子的天赋、才能和主见,在课余时间给孩子精心安排各种兴趣活动,在语言使用上采用"讲道理"和"协商"的方式与孩子进行沟通,引导孩子形成、组织和表达自己的观点,并积极干预学校等公共教育机构的操作,使之更有利于孩子的发展。工人阶层家庭则倾向于采用"成就自然成长":家长照顾孩子并允许他们自己

---

① 蒋士会.教育功能及其演进[J].广西师范大学学报(哲学社会科学版),2003(2):99-104.
② 郑也夫.德国教育与早分流之利弊[J].清华大学教育研究,2012,33(6):6-15.
③ 习近平.习近平著作选读(第一卷)[M].北京:人民出版社,2023:545.

去成长,课余时间让孩子自由安排,和同龄小朋友一起玩耍"打发",在语言上以"发指令"的方式使孩子听话和服从;在孩子教育方面依赖于学校等权威机构,但面对这些机构又充满挫败感和不信任感,由此也导致了不同阶层儿童在学校教育中学业成就的差异。① 此外,由资本推动(家长参与)的课外补习现象(影子教育)也是影响正式学校教育的重要因素,它一方面可能对学校教育产生补充和促进作用,但与此同时,另一方面也可能导致教育的阶级差距进一步扩大,不利于教育公平和社会公平的实现。

2. 社会环境与小学教育功能

学校教育是社会系统中的一个子系统,其发展受到社会发展的制约。小学教育功能的形成和释放同样受到社会因素的影响。正面的、支持性的社会环境可以促进学校教育功能的发挥;相反,负面的社会环境则可能抵消学校教育功能产生的作用。根据《中国互联网络发展状况统计报告》,截至2018年,我国网民人数已达8.02亿,其中超过20%的网民都是年龄低于18岁的青少年群体。② 伴随着网络发展而来的青少年网瘾问题,以及"二次元"带来的文化冲击,也给学校教育带来了全新的挑战——与学校教育中所传递的价值观念产生冲突,甚至可能会抵消学校教育的效果。

三、小学教育功能的释放特点

教育是一种复杂的、具有时空特点的实践活动,包括教育功能的形成和释放两个过程。前者属于教育活动的过程,后者属于其他社会活动过程。制约教育功能形成的主要因素包括:教育者的素质、受教育者的基础条件、可资利用的物质基础、教育内容的科学性和教学过程的有效性。教育功能的释放则受到更多其他社会因素的影响。教育制约因素主要体现为毕业生所学知识和技能能否适应社会生产力和社会生活的现实需要。③ 比如,社会能否保证人才流动到其所学专业方向对应的岗位层次上去、社会是否为人才充分发挥其潜能提供必要的物质和精神条件。经济发展良好、政治氛围稳定、社会秩序公正的环境能够更好地选贤举能,实现人尽其才,促进学校所培养的人才进入合适岗位,发挥积极的社会效用。

"十年树木,百年树人",小学教育功能的释放都具有延时性的特点。从个人发展的角度来看,小学教育对个人有着深远影响,小学阶段良好的启蒙教育能够为儿童未来的发展奠定人生底色。然而,学校教育并不同于工厂中的产品生产,教育对个体发展的促进作用需要在其后长期的生活中显现。就像菲利普·杰克逊(Philip W. Jackson)在《课堂生活》(Life in Classrooms)中提出的"遥距观察",即"每个人在孩提时代,都可能幻想过逃离学校;长大成人

---

① 肖索未.社会阶层与童年的建构——从《不平等的童年》看民族志在儿童研究中的运用[J].湖南师范大学教育科学学报,2011,10(02):36-38.
② 中国互联网络信息中心.中国互联网络发展状况统计报告[S].2018.
③ 吴康宁.教育的社会功能诸论述评[J].华中师范大学学报(哲学社会科学版),1996(3):77-85.

以后,又有不少人会重新回顾学校生活。当人们回首往事时,过去的一切似乎都蒙上了一层浪漫的色彩"。① 小学教育功能释放的延时性特点启示我们的教育工作者要尊重学生自由成长规律,学会静待花开。因为教育是一个复杂的过程,只有在各种因素的共同作用下硕果才能出现。教育是面对人的事业,必须遵从人的成长规律,"静待花开"是在纷繁的教育事务和问题中的自觉,是对人和教育的理性。②

从教育的社会功能来看,小学教育功能的释放和价值的体现需要等学校培养的人才进入社会,并为社会所利用时才能实现。考虑到个体受教育年限的日益延长,小学教育的社会功能的释放需要更长的周期。正是由于学校教育功能释放的延时性,20世纪中后期开始产生"教育先行"的思想。所谓的"教育先行"是指,教育应当超前发展,具体体现在两个方面:一是教育投资的增长速度要超过经济增长的速度;二是教育为未来经济发展的需要培养人才,教育目标的设定应适当超前。很多国家的发展史验证了"教育先行"在国家发展中的重要作用。比如,日本从明治维新开始就把教育作为立国之本,强制推行义务教育,在二战之前就已经赶超西方发达国家,基本普及了初中教育。二战之后日本更加注重教育的先导作用,提出"技术立国"的口号,迅速提高教育普及程度,促进了经济的腾飞。20世纪80年代以来,很多第三世界国家也纷纷走上教育先行的道路,试图通过教育普及促进国家经济的发展。改革开放以来,教育发展一直是我国各项工作的重点。20世纪末基本"普九任务"的实现,对于提升我国国民素质进而推动经济连续增长起到了良好的促进作用。

思考题

资料分析

中国式"在家上学"

"在家上学"(Homeschooling)又被称为"家庭学校"(Home School),指的是一种以家庭为主要场所、通常由父母或家庭教师组织开展的教育活动。"在家上学"的核心特质:一是教育活动的组织者和责任人是家长而非学校教师;二是教育活动的主要场所在学校之外,通常以家庭为主,较大程度地利用社区等校外资源。与正规学校教育相比,这是一种"非学校形态化"的教育形式。"在家上学"的教育实践最早在欧美等一些发达国家中产生,并日趋流行。21世纪初以来,我国涌现出越来越多的在家上学的案例。2013年,21世纪教育研究院2017年发布的《中国在家上学研究报告》显示,截至2017年,全国有大约6 000个家庭实践在家上学,并且这个数量正在以每年30%的速度增长。③ 该报告同时显示,在家上学群体的年龄段主要集中在幼儿园和小学低年级阶

---

① Philip W. Jackson. Life in Classrooms[M]. New York: Teachers College Press, 1990.
② 郭思乐.静待花开的智慧:教育是效果之道还是结果之道——关于有效教学的讨论[J].教育研究,2011,32(2): 15-21.
③ 21世纪教育研究院.中国在家上学研究报告[S].2017.

段,90%的接受在家上学的学生年龄都在11岁以下。此外,中国的"在家上学"主要集中在城市家庭,家长一般具有较高文化程度,甚至拥有一定的教学经验。家长对学校的教育理念表示不满和孩子不适应学校的教育环境也是家庭从事在家上学的主要动因。然而,"在家上学"的问题却引发了社会的较大争议。一部分学者认为,在家上学反映了当前社会中不同群体的多样化教育需求,加强立法研究,推动"在家上学"的合法化,有利于保障公民对教育的自主选择权。也有研究者认为,"在家上学"脱离主流的教育环境,孩子所接受和认知的社会现实受制于父母给定的"框架",既不利于孩子社会性的发展,也与公共教育的价值取向相冲突。

请搜集相关资料,并结合小学教育及其功能,谈谈你对"在家上学"的认识。

拓展阅读

1. 联合国教科文组织.反思教育:走向"全球共同利益"的理念转变[M].北京:教育科学出版社,2017.

2. 菲利普·阿利埃斯.儿童的世纪:旧制度下的儿童和家庭生活[M].沈坚,朱晓军,译.北京:北京大学出版社,2013.

3. 朱小蔓.认识小学儿童 认识小学教育[J].中国教育学刊,2003(08):5-10.

4. 核心素养研究课题组.中国学生发展核心素养[J].中国教育学刊,2016(10):1-3.

第五章
小学学制

学习目标

1. 识记小学学制的基本内涵。
2. 理解小学学制确立的影响因素。
3. 了解世界各国的小学学制。
4. 运用本章知识,分析世界各国学制改革。

视频:小学学制

内容脉络

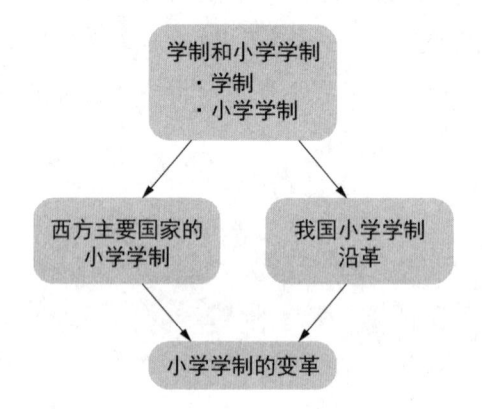

```
          学制和小学学制
           ·学制
           ·小学学制
          ↙         ↘
   西方主要国家的      我国小学学制
     小学学制           沿革
          ↘         ↙
          小学学制的变革
```

第一节 学制和小学学制

学校教育是最基本亦是最重要的教育形式。制度化是学校教育的基本特征。完善的学校教育制度有利于落实教育方针,培养社会主义建设者和接班人,实现教育强国。

一、学制

学制是在学校产生以后出现的。当前,学界对学制的说法有多种,据统计,学制概念至少有 20 种不同的定义[①]。归纳起来,主要包括以下几种观点:

---
① 刘磊明."学制"概念考辨[J].教育学报,2019,15(2):25-32.

一是体系说。顾明远主编的《教育大辞典》认为,学制也称学校系统,"是一个国家各级各类学校的体系。它规定各级各类学校的性质、任务、入学条件、学习年限以及它们之间的衔接和关系"。① 王焕勋主编的《实用教育大辞典》也认为,"学制是指一个国家各级各类学校系统及其相互关系,规定各级各类学校的性质、任务、培养目标、入学年龄和条件、修完年限"。② 同时,郑金洲的《教育通论》③、黄光雄的《教育概论》等著述④,虽然在概念的具体表述方面不一致,但也都采用此观点界定学制。

二是总体说。"学制是一个国家各级各类学校构成的总体。它反映各级各类学校系统及其相互关系,规定各级各类学校的性质、任务、培养目标、入学年龄和条件,修完年限。"⑤

三是架构说。"学制为学校制度之简称,是学校类型及体系的架构。学校制度系指被社会认可的教育机构组成一个具有相互关系、上下衔接、左右连贯的体系。"⑥

四是阶段说。"学制即学校系统,是某一国家或社会对于其未成熟的儿童和青年,实施公民训练或专业训练时,所划分之确定的学习进行的阶段。这些以年度为单位的学习阶段,互相衔接起来,变成一整个的学校系统。"⑦

五是制度说。陈桂生认为,"学制指一定国家或地区范围内学校系统中有关各级各类学校机构设置的基本制度",其功能是"为系统内不同学校配置、分工与衔接建立标准与规范"。⑧⑨

六是组织说。陶行知认为,"学制是一种普遍的教育的组织。它的功用是要按照各种生活事业之需要划分各种学问的途径,规定各种学问的分量,使社会与个人都能依据他们的能力,在各种学问上适应他们的需要"。⑩

总体而言,学界对学制的界定具有一致性,但仍有不同。"体系说"强调学制是一个系统,系统中的各要素比如学校层级、性质、任务、培养目标和修业年限等各要素之间的关系。"总体说"虽然也提出学制反应了各种关系,但其将学制"总体"界定,更凸显由"部分"组成的"整体"。"架构说"虽提出学制是各级各类学校的整体框架,但忽视了对学制内部的各要素的规定,相较于前面两种略显宽泛。"阶段说"突出了学校教育系统的阶段性,"制度说"明确了学制的归属,"组织说"强调了学制的功能。由此可见"学制"的概念不仅表述和归属存在差异,而且将学制与"学校教育制度""学校系统"或"学校制度"等相混用。

---

① 顾明远.教育大辞典[M].上海:上海教育出版社,1998:1827.
② 王焕勋.实用教育大词典[M].北京:北京师范大学出版社,1995:569.
③ 郑金洲.教育通论[M].上海:华东师范大学出版社,2000:226.
④ 黄光雄.教育概论[M].台北:师大书苑有限公司,1990:300.
⑤ 张念宏.教育学词典[M].南昌:江西教育出版社,1987:465.
⑥ 简明忠.技职教育学[M].台北:师大书苑有限公司,2005:6.
⑦ 邱椿.学制[M].上海:商务印书馆,1934:1.
⑧ 陈桂生.常用教育概念辨析[M].上海:华东师范大学出版社,2009:37-39.
⑨ 陈桂生.学校教育原理(增订版)[M].上海:华东师范大学出版社,2012:42.
⑩ 陶行知.评学制草案标准[J].新教育,1922(2):130-132.

在政策语境中亦存在类似的现象。1951年10月,在《中央人民政府政务院关于改革学制的决定》中提出,学制即"各级各类学校的系统"。① 1958年5月,刘少奇同志提出"我国应有两种教育制度、两种劳动制度",将"学制""教育制度""学校教育制度"与"学校制度"四词混用。② 在2015年新修订的《中华人民共和国教育法》中提到,学制是教育基本制度的组成部分,并区分了"学制系统内的学校"和"其他教育机构",似乎将学制等同于"学校教育制度"。由此可见,不管是理论界还是政策法规,对"学制"的认识虽大体一致,但是对其本质内涵和归属没有统一认识。但纵观新中国成立以来国内的教育学类教材,"体系说"接受程度比较高。

二、小学学制

小学学制(educational system of elementary school)是整个学制系统中的一部分。所谓小学学制是指规定小学学校的性质、任务、学习年限等的基本学校制度。③ 根据我国现行学制规定,普通小学招收6—7周岁的儿童入学,实行普及初等义务教育。修业年限5或6年,实行一贯制。④ 新中国成立以来,我国的小学教育学制中主要包括两个系统:一是对6(7)岁—12岁左右的儿童实施的普通小学教育;二是在20世纪90年代出现的为未能接受初等教育的成年公民开办的成人初等学校,主要是进行扫盲教育和基本的文化知识教育。⑤

(一) 小学学制的要素

学制构成的基本要素即学制构成内容的向度。一般而言,学制由学校的类型、学校的级别和学制的结构三个基本要素构成。⑥ 一是学校的类型。不同的划分标准使得实施小学教育的学校类型也不一样。根据举办的不同主体,可以分为公立学校与私立学校两类,比如上海市的上海实验小学、北京市的中国人民大学附属小学、杭州市的杭州师范大学第一附属小学等学校是由政府举办的公立学校;上海市的上海市世界外国语小学、广州市的番禺区祈福英语实验小学和杭州崇文实验小学等都是属于民办非营利私立学校。按照学校所实施的教育不同,可分为普通小学、特殊教育学校、少年艺术学校,等等。二是学校的级别。学校级别是指学校的层次水平。在民国时期,小学教育包括初级小学(1—3年)和高级小学(4—6);中华人民共和国成立后,我国的小学学校长期存在初级小学(1—4年级)和完全小学(1—6年级)。三是学制的结构。学制结构一般相对于整个学制系统而言,分为单轨制(以美国为代表)、双轨制(以欧洲为代表)和分支学制(以

---

① 中央人民政府政务院关于改革学制的决定[J].人民教育,1951(11):53-54.
② 何东昌.中华人民共和国重要教育文献(1949—1975)[Z].海口:海南出版社,1998:834,1307.
③ 教育学名词审定委员会.教育学名词[M].北京:高等教育出版社,2013.
④ 姜文闵,韩宗礼.简明教育辞典[M].西安:陕西人民教育出版社,1988:25.
⑤ 曹长德.教育哲学[M].合肥:中国科学技术大学出版社,2015:217.
⑥ 同上.

苏联为代表）。因小学教育属于学制系统中的一部分，所以，暂且不对小学学制进行结构分析。

（二）确立小学学制的影响因素

与学制系统一样，小学学制的确立受社会生产力发展水平、儿童身心发展规律、适龄人口数和国内外已有学制实践等因素的影响。

1. 社会生产力发展水平制约着小学学制的制定

在古代社会，社会生产力发展水平低，生产生活经验仅需要通过以老带新、口耳相传的方式进行传授，无需学校进行培养，亦没有机会接受小学教育。随着生产力的提高、科学技术的发展，对专业人才的规模和质量要求愈来愈高，因此，进入资本主义社会后，宗教领袖马丁·路德提出义务教育概念，小学教育日益受到重视。20世纪初，德国魏玛政府颁布法令，规定父母应送其6—12岁的子女入学。这是最早要求儿童必须接受小学教育的规定。即便如此，因为社会经济发展水平较低，真正能够接受义务教育的适龄儿童仍在少数。进入现代社会后，适龄儿童基本都能够接受小学教育。以我国为例，因为90年代的社会经济发展水平相对较低，1990年小学学龄儿童的净入学率为97.8%，小学的升学率只有74.6%；随着我国社会经济的发展，特别是2006年实施免费义务教育后，小学学龄儿童的入学率基本达到100%；小学升学率也比1990年有了明显提升，2019年小学升学率达99.5%，如表5-1。

表5-1　小学学龄儿童净入学率和升学率[①]　　　　　单位：%

年份	小学学龄儿童净入学率	小学升学率	年份	小学学龄儿童净入学率	小学升学率
1990	97.8	74.6	2000	99.1	94.7
1991	97.9	77.7	2001	99.1	95.5
1992	97.2	79.7	2002	98.6	97.9
1993	97.7	81.8	2003	98.7	97.9
1994	98.4	86.6	2004	98.9	98.1
1995	98.5	90.8	2005	99.2	98.4
1996	98.8	92.6	2006	99.3	100
1997	98.9	93.7	2007	99.5	99.9
1998	98.9	94.3	2008	99.5	99.7
1999	99.1	94.4	2009	99.4	99.1

① 资料来源：中国统计年鉴2020[EB/OL].http://www.stats.gov.cn/tjsj/ndsj/2020/indexch.htm.

续表

年份	小学学龄儿童净入学率	小学升学率	年份	小学学龄儿童净入学率	小学升学率
2010	99.7	98.7	2015	99.9	98.2
2011	99.8	98.3	2016	99.9	98.7
2012	99.9	98.3	2017	99.9	98.8
2013	99.7	98.3	2018	100	99.1
2014	99.8	98	2019	99.9	99.5

2. 学生身心发展规律影响小学学制的制定

规定入学年龄与修业年限、确定各类学校的分段与衔接、升级升学等，都必须考虑学生的身心发展规律。据联合国教科文组织于1968年召开的"大脑与人的行为会议"的结论：人的大脑，6岁时脑成熟度已经达到成人的90%左右，从这一年龄开始，儿童即可进行书本和文字等内容的学习。[①] 因此，大多数国家的学制规定，儿童入学年龄为6岁左右。以我国为例，小学阶段的入学年龄为7周岁，小学阶段为7—12周岁左右。随着脑结构的发展和功能的完善，13周岁左右升入初中。除此之外，特殊教育学校、少年艺术学校等实施小学教育的学校也是依据学生的身心发展水平和个体差异而设置的。

3. 适龄人口数是影响小学学制确立的重要因素

国家的人口数量、质量和结构会影响小学学制的确立。中华人民共和国成立后，曾出现过几次人口增长高峰，第一次在20世纪50年代，第二次在60—70年代中期，第三次在80年代初。70—80年代人口的快速增长，导致90年代出现了小学的入学高峰。但随着计划生育成为一项基本国策，进入21世纪，我国小学适龄儿童数量急剧下降，如表5-2。

表5-2 出生人口数与小学招生数　　　　　　　　　　　　单位：万人

年份	出生人口数	年份	小学招生数
1994	2 104	2000	1 946.5
1995	2 063	2001	1 944.2
1996	2 067	2002	1 952.8
1997	2 038	2003	1 829.4
1998	1 991	2004	1 747

---

① 鲁洁.教育学[M].南京：河海大学出版社，1991：107.

续表

年　　份	出生人口数	年　　份	小学招生数
1999	1 909	2005	1 671.7
2000	1 771	2006	1 729.4
2001	1 702	2007	1 736.1
2002	1 647	2008	1 695.7
2003	1 599	2009	1 637.8
2004	1 593	2010	1 691.7
2005	1 617	2011	1 736.8
2006	1 584	2012	1 714.7
2007	1 594	2013	1 696.4
2008	1 608	2014	1 658.4
2009	1 615	2015	1 729
2010	1 588	2016	1 752.5
2011	1 604	2017	1 766.6
2012	1 635	2018	1 867.3
2013	1 640	2019	1 869

（资料来源：根据中国统计年鉴整理）

当前我国人口增长速度相对降低，小学部分学校出现生源不足的情况，于是国家面临着减少小学数量的情况。正因为如此，无论国家还是学校，在制定教育发展规划时，必须要考虑人口因素，要摸清人口数量的现状和变化趋势，不能只考虑当前的状况，也应在学校数、校内编制、师资力量等方面提前做好准备。①

4. 国内外已有学制的有益经验是确立小学学制的重要借鉴

一个好的小学学制系统不能脱离本国学制发展的历史沿革，总是要吸取原有学制中合理的部分，同时也要吸收国外学制中的有利之处，因而学制具有继承性。比如我国现行小学学制继承了老解放区学制的优良传统，批判地吸收了旧中国学制中的合理因素，总结建国以来学制改革的经验与教训，才创建出具有我国特色的比较合理和完善的小学学制。历史表明，任何一个国家的学制都有它建立和发展的过程，既不能脱离本国学制发展的历史，又不能忽视国外学制的有益经验。但我们也应看到，在同一社会制度状况下，由于各个国家生产力科技发展水平的不同、教育发展程度的差异，学制也不完全一样。因此，在

---

① 曹长德.教育哲学[M].合肥：中国科学技术大学出版社，2015：215.

不同国家的学制之间、新旧学制之间既有彼此相同的一面,同时又有继承和相互借鉴的一面。

第二节　西方主要国家的小学学制

早在文艺复兴以前,西欧就有了行会学校和基尔特学校,这些学校主要教授本族语的读写、计算和宗教,这是欧洲最早的初等学校。文艺复兴后,教会又兴办了许多小学。特别是在18世纪欧洲发生了以蒸汽机的发明和使用为标志的第一次工业技术革命后,读、写、算的能力和一定的自然与社会常识成为劳动者的必备素质,这就推动了以劳动者子女为主要教育对象的小学教育的广泛发展。到19世纪后半叶,美、英、德、法、日都通过了普及初等教育的义务教育法,先后普及了初等教育。①

一、美国小学学制

19世纪末,美国形成了一套以公立学校为主,大、中、小学互相衔接的单轨制教育制度。因美国是一个联邦制国家,各州学制不完全一致,但都设有公立的、免费的中小学,共十二年。在美国的学制系统中,包括四种体制:一是八四制,即小学八年,中学四年。二是六三三制,即小学六年,初中三年,高中三年。三是六六制,即小学六年,中学六年。四是六、二四制,即小学六年,初中二年,高中四年。② 总体而言,采用六三三制的学区较多,即所谓的基础教育阶段(K-12阶段),具体包括初等教育——包括学前教育和相当于我国小学1—5年级的教育,初中教育——相当于我国初中6—8年级教育,高中教育——包含了9—12年级,相当于我国的高中教育。③

就小学教育而言,美国的小学有四年制、六年制、八年制三种类型(图5-1)。四年制学校与中间学校相衔接,数量较少;八年制小学多设在乡村;六年制小学占大多数。在美国,小学阶段没有统一的培养目标,但对小学教育的培养任务有比较一致的认识——增进儿童心理和体格的健康,发展儿童对社会和科学世界的认识,发展儿童的创造力和时空概念,培养儿童的社会适应能力和民主价值观这四个方面是小学教育的重要任务。小学毕业后,升入中学,中学学校分为综合中学(包括普通中学)、中间学校等类型。其中,中间学校则是20世纪60年代中后期出现的新型学校,实际上是"初级中学"概念与实践的深化,目的在于改进和完善由初等教育向中等教育的过渡。④

---

① 王道俊,郭文安.教育学[M].北京:人民教育出版社,2016:107.
② 上海师范大学教育系编.教育发展史资料[M].上海:上海师范大学教育系,1973:23-24.
③ 赵章靖.美国基础教育[M].上海:同济大学出版社,2015:57.
④ 同上。

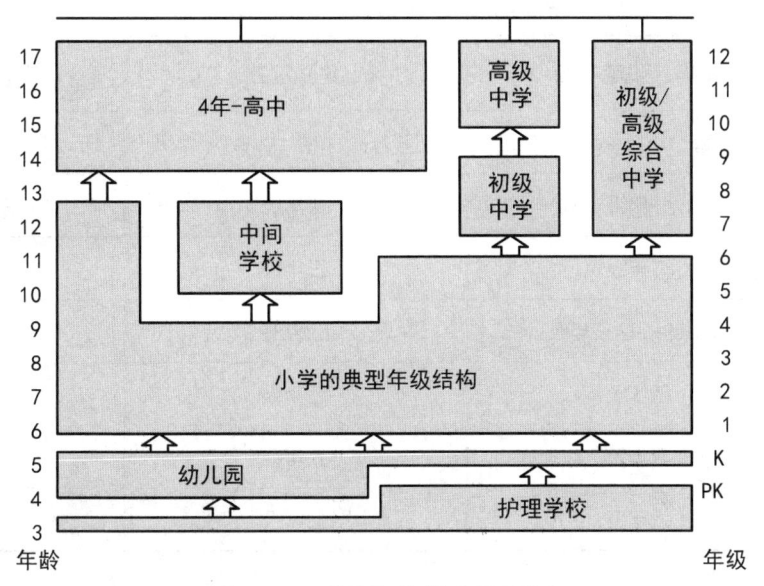

图 5-1　美国初等教育学制①

二、英国小学学制

英国实行典型的双轨学制。1870 年的《初等教育法》奠定了英国国民教育制度的基础，从而逐渐形成了双轨学制。其中一轨是初等教育范畴的基础教育（elementary education），为社会下层人民子弟设立，以就业为目的。另一轨是专为贵族、资产阶级子弟设立的，以升学为目标。他们在家中或是在预备学校（preparatory school）接受中等学校的预备教育，到一定年龄之后，升入中学（文法学校或公学）和大学。②

受历史文化传统的影响，英国四个区域，即英格兰、威尔士、苏格兰、北爱尔兰的学校教育体系存在一定的差别，但总体上来看英格兰、威尔士和北爱尔兰的学校教育体系基本遵循类似的结构框架；苏格兰教育体系则自成一体，如表 5-3。在英国，初等教育通常是从 4—5 岁开始，在 11—12 岁前后结束，实行七年制初等教育。实施初等教育旨在让所有儿童掌握基本的素养和运算能力，同时奠定在科学、数学和其他学科学习中的基础。③

英国的小学教育一般分为两个学段：一是关键学段 1，即低年级儿童（infant）（5 岁到 7 岁或 8 岁）；二是关键学段 2，即高年级儿童（Junior）（8 岁—11 岁或 12 岁）。但是，苏格兰和北爱尔兰的小学教育没有明显区分低年级和高年级。在威尔士，学校类型基本与英格兰一

---

① 资料来源：Snyder, T. D. and Dillow, S. A. *Digest of Education Statistics 2012* (NCES 2014-015)[R]. National Center for Education Statistics, Institute of Education Sciences, U. S. Department of Education. Washington, DC. 2013: 14.
② 王长纯,饶从满.国际基础教育比较研究[M].北京：中国审计出版社,1996：195.
③ 李建民.英国基础教育[M].上海：同济大学出版社,2015：44.

表 5-3　英国各地基础教育阶段学制对照表①

年龄	英格兰和威尔士	北爱尔兰	苏 格 兰
4—5	初等教育-key stage1 学前班	初等教育-key stage1 一年级	托儿学校（非义务教育）
5—6	一年级	二年级	初等教育 p1
6—7	二年级	三年级	p2
7—8	key stage2 三年级	key stage2 四年级	p3
8—9	四年级	五年级	p4
9—10	五年级	六年级	p5
10—11	六年级	七年级	p6

致，但将学前教育阶段与小学低年级整合在一起。在英格兰，小学通常情况下主要是招收 4—11 岁儿童，部分小学中会附有学前班或儿童中心。通常儿童在 11 岁时小学毕业（苏格兰是在 12 岁），直升入中等教育阶段，但也有例外。英格兰有一类招收 8—14 岁儿童的"中间学校"，即将部分初等教育和部分中等教育整合在一起的学校。某种意义上说，这一类学校类似于我国的九年一贯制学校，但又不同于我国的九年一贯制学校。英国小学生毕业时一般都要接受某种形式的评价来衡量其在小学毕业的发展水平。"11 岁考试"就是英国儿童在完成小学教育时需要加试的一项重要考试，它曾经是决定小学毕业生流向的重要因素，但伴随教育改革的不断推进，其重要性有所降低。目前，在英格兰和北爱尔兰，小学生完成关键学段 1 和关键学段 2 的学习后都要参加考试评价。但在威尔士，学生在完成前两个关键学段的学习后，则是由老师进行评价。②

三、法国小学学制

拿破仑一世颁布的《有关帝国大学的运作》政令将法国的整个教育体系划分为学院、高中、初中、小学等阶段。19 世纪 80 年代，法国建立了 6—13 岁"免费、世俗、义务"的教育制度。③

划分阶段是法国学制结构的一个特色。从总体上看，法国基础教育分为两个阶段。一是初等教育阶段，包括学前教育和基础教育（小学）两个阶段；二是中等教育阶段，即初中和高中划为一个大的周期（如图 5-2）。具体到各个阶段的衔接，幼儿园的最后一年和小学的第一年设置为一个整体阶段，以保障幼小教育的有效衔接；初高中之间则统一起来划分年

---

① 资料来源：李建民.英国基础教育[M].上海：同济大学出版社，2015：43.
② 李建民.英国基础教育[M].上海：同济大学出版社，2015：45.
③ 王承绪，顾明远.比较教育（第 4 版）[M].北京：人民教育出版社，2012：59.

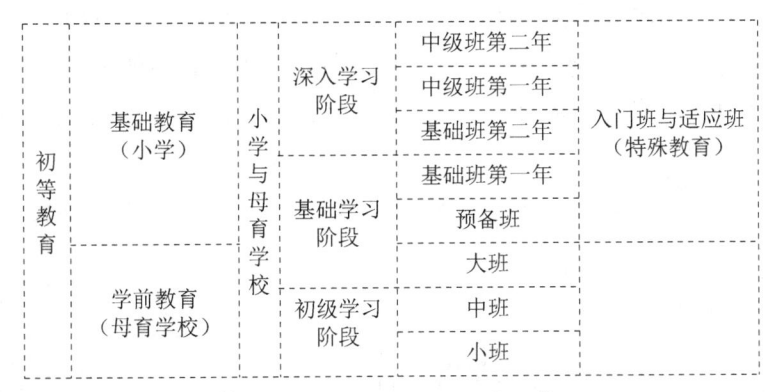

图 5-2　法国小学阶段学制①

级,配合循序渐进的"方向指导"制度,引导学生进入不同的升学渠道。

法国的基础教育分为基础学习阶段和深入学习阶段。基础学习阶段又包括幼儿教育的最后一年、预备阶段和基础阶段第一年,一般接受 6—7 岁儿童,这个阶段的儿童分别在幼儿园和小学中学习,并且两者之间有密切的衔接性。深入学习阶段又包括基础班第二年、中级班第一年和第二年,即三年级、四年级和五年级,主要接收 8—11 岁儿童。由此可见,法国基础教育学制具有非常鲜明的"学习阶段"整合的特色,这也凸显法国幼小教育衔接上的一个成熟实践。②

四、德国小学学制

德国是一个联邦制国家,各州享有独立的教育主权,自行颁布教育法规、决定教育机构的形式并对各级学校进行管理。因而不同州之间的基础教育制度、学校类型存在不少差异。但总体上看,各州基础教育在结构上具有高度的一致性。

德国实行双轨制教育,即儿童在"定向阶段"学习结束以后(12 岁后),便分流到三种不同类型的学校中,最终被培养成三种不同的人才:高级人才、中级人才和一般人才。③ 就小学教育而言,在德国绝大多数州,小学学制为四年,儿童年满 6 周岁即可入学,如图 5-3。目前,只有柏林和勃兰登堡两个州的小学学制为六年。小学毕业之后,德国学生将进入一个复杂的、多轨道的学校体系,他们将根据学业成绩、兴趣、家长意愿以及教师的建议进入不同的学校或学业项目,接受培养目标、学习内容各不相同的中等教育。这种分轨制或者叫分流制教育是德国基础教育体系区别于其他国家的一个非常突出的传统特色。这个复杂的分流机制开始于一个为期两年的"定向阶段"。在小学学制为六年的柏林和勃兰登堡州,这个定向阶段实际上就是小学的 5—6 年级。而在其他小学学制四年的州,定向阶段通常被视为中等

---

① 资料来源:王晓宁,张梦琦.G 法国基础教育[M].上海:同济大学出版社,2015:41.
② 驻法使馆教育处.法国学区情况概述[EB/OL].(2014-11-02).http://france.lxgz.org.cn/publish/portal116/tab5722/info113432.htm.
③ 吴遵民.教育政策国际比较[M].上海:上海教育出版社,2009:160.

教育的一个部分。定向阶段具体又可以分为隶属于某类具体中学的"校内定向"和不属于任何学校而独立存在的"校外定向"两种形式。定向阶段的主要目标就是通过针对性的教育、指导和观察来帮助学生明确未来的学习兴趣和自身的学习能力，对未来的学业方向做出最佳选择。①

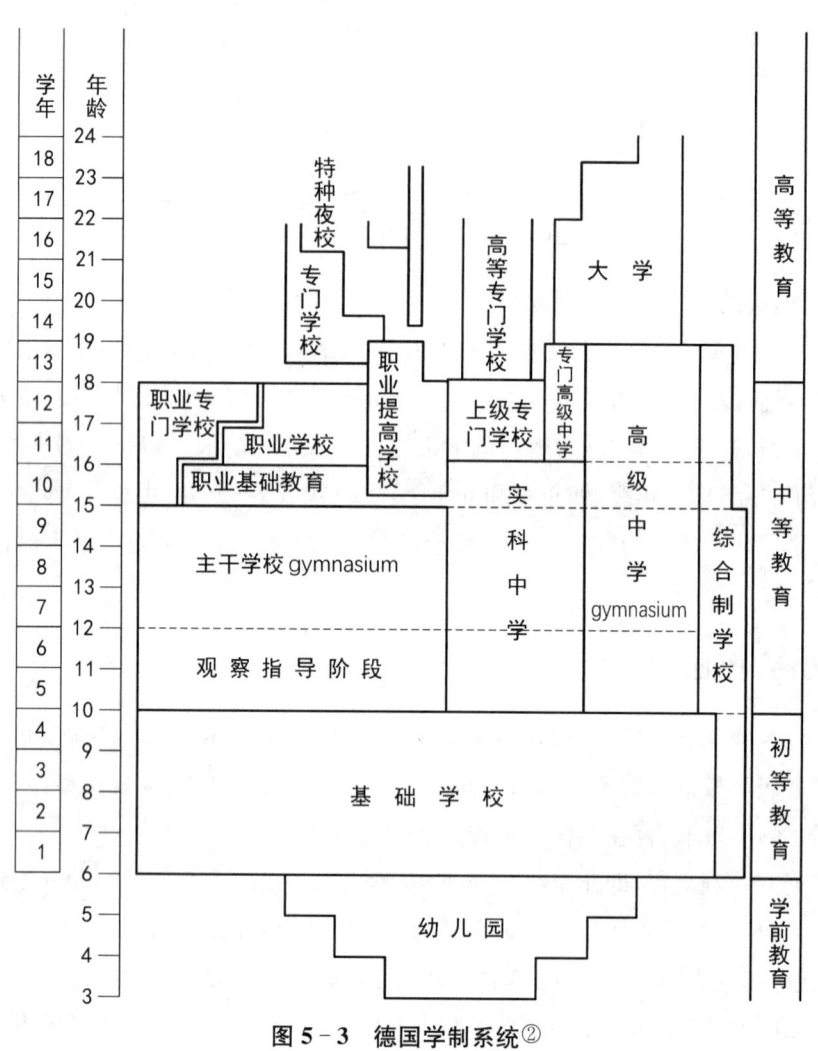

图 5-3　德国学制系统②

五、日本小学学制

日本近代学校教育制度的建立得益于明治维新倡导的文明开化。1872 年《学制》的颁布拉开了日本近代教育制度的序幕。《学制》对日本教育布局和发展做出规划：在全国建立八大学区，每个大学区建设一所大学；每个大学区划分 32 个中学区，每个中学区建一所中学；每

---

① 秦琳.德国基础教育[M].上海：同济大学出版社，2015：40.
② 资料来源：肖海涛.中国高等教育学制改革[M].广州：广东高等教育出版社，2011：61.

个中学区划分 201 个小学区,每个小学区各建小学。1879 年日本全面修订《学制》后,改颁"教育令",试图将法律引入学校教育制度,废除国定学区,效仿美国建立地方分权的小学教育制度。1886 年,日本废止"教育令",按学校种类分别颁布学校令,构建灵活应对国家以及社会发展的学校教育体制,分别颁布"帝国大学令""师范学校令""小学校令""中学令"以及"诸学校通则",等等。第二次世界大战后,日本于 1947 年同时颁布《教育基本法》和《学校教育法》,全面施行从形式到内容的划时代教育制度改革,实现了统一的"六三三四"学制,实行九年制义务教育,建立起战后现代学校教育制度。①

日本现行的学校教育体系主要由初等、中等和高等教育三个阶段构成,其学段划分为"六三三四"制,即小学 6 年、初中 3 年、高中 3 年、大学(本科)4 年。小学是每个年满六岁的儿童必须入学的义务教育学校(六足岁入学,十二岁毕业)。学科有国语、算术、社会(包括公民、史地)、道德、自然、保健、体育、音乐、美术手工、家政等。道德课是日本为加强民族主义教育于 1958 年增设的。此外,保健、体育课受到很大重视。教科书允许私人出版商编印,近年日本政府通过所谓审定及免费供应教科书办法,加强统制。②

第三节 我国小学学制沿革

自 1840 年鸦片战争后,帝国主义相继入侵,中国沦为半封建半殖民地国家。清政府为了维护清王朝统治,1901 年开始实行新政,1902 年颁布壬寅学制,但尚未实行。在此基础上,1904 年初颁布癸卯学制,这是中国近代史上第一个以法令形式公布的学校教育制度,它以"中学为体,西学为用"为指导方针,参照日本学制设计。辛亥革命后,南京临时政府修订了旧学制,颁布了壬子癸丑学制。1922 年(北洋军阀统治时期)又以美国学制为蓝本公布了壬戌学制,这个学制一直沿用到 1949 年全国解放初期。新中国成立以后,我国政府多次对学制进行改革,取得了显著的成效,极大地推动了中国教育事业的发展。

一、旧中国小学学制的历史沿革

(一) 壬寅、癸卯学制

我国实行的现代学制始于 1902 年(清光绪二十八年)清政府管学大臣张百熙草拟的《钦定学堂章程》,因 1902 年农历是"壬寅年",故称为"壬寅学制"。这是中国历史上第一个以中央政府的名义制定但未实施的全国学制系统,其中具体规定了各学堂的性质、培养目标、入

---

① 田辉.日本基础教育[M].上海:同济大学出版社,2015:52.
② 上海师范大学教育系编.教育发展史资料[M].上海师范大学教育系,1973:103.

学条件、在学年限、课程设置和相互衔接关系。"壬寅学制"包括：《京师大学堂章程》《高等学堂章程》《中等学堂章程》《小学堂章程》和《蒙学堂章程》。壬寅学制主要效法日本的学制，规定为三段七级。第一阶段为初等教育，分为三级，共10年；第二阶段为中等教育，设中学堂，为4年；第三阶段为高等教育，分三级。

《钦定小学堂章程》包括四章内容，分别为全学纲领、功课教法、各种规则和一切建置。《钦定小学堂章程》规定，小学堂之宗旨，在于传授道德、知识及一切有益身体之事；在州、县设立小学堂；小学堂分为高等、寻常二级，其修业各限三年；儿童自六岁起受蒙学四年，十岁入寻常小学堂修业三年；地方绅商得依小学堂章程立寻常小学堂、高等小学堂，谓之民立寻常、高等小学堂；寻常小学堂及高等小学堂，所有官立学堂，五年之内暂不征收束修；以后征收，寻常小学堂每月每人不得过银钱三角，高等小学堂每月每人不得过银钱五角。其民立者不拘此例。①

壬寅学制虽然颁布，但并没有真正实施。1904年1月，张百熙、荣庆、张之洞重新修订壬寅学制，上奏《重订学堂章程折》，即《奏定学堂章程》，又称《癸卯学制》，包括《初等小学堂章程》《高等小学堂章程》《中学堂章程》《高等学堂章程》和《大学堂章程》（附通儒院章程）。癸卯学制分三阶段七级：第一阶段为初等教育，分三级，包括蒙养院、初等小学堂和高等小学堂；第二阶段为中等教育，只有中学堂；第三阶段为高等教育，内分高等学堂及大学预科、大学堂和通儒院。癸卯学制是我国修业年限最长的一个学制，也是中国近代第一个以教育法令形式公布并在全国施行的学制。②

《奏定初等小学堂章程》规定：初等小学堂"以启其人生应有之知识，立其明伦理、爱国家之根基，并调护儿童身体，令其发育为宗旨，以识字之民日多为成效"。③ 初等小学堂修业年限为5年，每周授课不得超过30小时，教授科目分为完全科和简易科两类。完全科有修身、读经讲经、中国文字、算术、历史、地理、格致、体操8科。简易科专为出身贫困的儿童所设，修身、读经合为一科，历史、地理、格致合为一科，加上中国文字、算术、体操共5科。

《奏定高等小学堂章程》规定："令凡已习初等小学毕业者入焉，以培养过敏之善性，扩充国民之知识，强壮国民之气体为宗旨；以童年皆知做人之正理，皆有谋生之计虑为成效。"④ 高等小学堂修业年限为4年，每周上课36小时，课程为修身、读经讲经、中国文学、算术、中国历史、地理、格致、图画和体操9科。与高等小学堂并列的有实业补习普通学堂、初等实业学堂、艺徒学堂，修业年限为2—3年。

---

① 陈元晖，璩鑫圭，唐良炎.中国近代教育史资料汇编：学制演变[M].上海：上海教育出版社，1991：270-271.
② 顾明远，张东娇.中国学制百年[M].北京：教育科学出版社，2016：10.
③ 陈元晖，璩鑫圭，唐良炎.中国近代教育史资料汇编：学制演变[M].上海：上海教育出版社，1991：301.
④ 同上，306。

（二）壬子癸丑学制

1911 年，孙中山领导的辛亥革命推翻了清王朝，建立了中华民国。1912 年 9 月，中华民国第一个"学校系统令"颁布。随后，临时政府教育部在 1912—1913 年间又颁布了一系列的学校章程。因这一学制形成过程经历了壬子、癸丑两个年度，故被称为"壬子癸丑学制"。

"壬子癸丑学制"分为三段，即初等教育、中等教育和高等教育。其中，初等教育分为初等小学校和高等小学校两级，共七年，初等小学校四年为义务教育。1912 年 9 月 28 日，中华民国教育部公布《小学校令》。《小学校令》规定："小学教育以留意儿童身心之发育，培养国民道德之基础，并授以生活所必需之知识技能为宗旨。"①同时，《小学校令》还对学校的设置、教科及编制、设备、就学、职员、经费及学费、掌管及监督等进行了规定。具体而言，城镇、乡设立初等小学校，县设立高等小学校；初等小学校开设修身、国文、算术、手工、图画、唱歌、体操，女子加设缝纫；高等小学校开设修身、国文、算术、本国历史、地理、理科、手工、图画、唱歌、体操，男子加设农业，女子加设缝纫；小学学校应设备校地、校舍、校具及体操场、学校园；儿童达学龄后，应受初等小学之教育；凡教授小学校之教科者，为本科正教员，专授手工、图画、唱歌、体操、农业、缝纫、英语、商业之一科目或数科目者，为专科正教员，辅助本科正教员者为副教员，等等。

"壬子癸丑学制"以民主、共和精神为指导，缩短修业年限，实施义务教育，将女子教育正式列入学制系统，实施男女同校，废除读经讲经，增设补习科目，促进社会教育与初等教育发展。总之，"壬子癸丑学制"完成了对封建教育除旧布新的根本性改革，并为壬戌学制的现代化转型奠定了思想与实践基础。②

（三）壬戌学制

1919 年，全国教育会联合会开始提议学制改革。1922 年 11 月 1 日，民国颁布大总统令《学校系统改革案》，即"壬戌学制"。"壬戌学制"学制以美国学制为蓝本，采用六三三制，包括标准（宗旨）、各级各类学校组织系统（包括入学条件、修业年限、课程设置以及各类学校之间的衔接关系等）和附则三个部分。

"壬戌学制"提出，学制的标准是"适应社会进化之需要。发挥平民教育精神。谋个性之发展。注意国民经济力。注意生活教育。使教育易于普及。多留各地方伸缩余地"。同时，对于初等教育，"壬戌学制"规定，小学校修业年限六年；小学校得分初、高两级，前四年为初级，得单设之；义务教育年限暂以四年为准，但各地方至适当时期得延长之；小学课程得于较高年级，斟酌地方情形，增置职业准备之教育；初级小学修了后，得予以相当年期之补习教育。③

---

① 陈元晖，璩鑫圭，唐良炎.中国近代教育史资料汇编：学制演变[M].上海：上海教育出版社，1991：653.
② 顾明远，张东娇.中国学制百年[M].北京：教育科学出版社，2016：28.
③ 陈元晖，璩鑫圭，唐良炎.中国近代教育史资料汇编：学制演变[M].上海：上海教育出版社，1991：990-991.

壬戌学制调整了中小学修业年限，并注意学制的弹性。例如，壬戌学制规定，小学分两段，共六年。对没有条件完成 6 年小学办学的地方，可以允许先办 4 年小学。这使很多私塾在这种弹性学制下得以保存下来。同时，壬戌学制的颁布实施，结束了辛亥革命以后教育新旧交替的混乱状态。①

二、新中国成立以来的小学学制

（一）1951 年的学制改革

1949 年 12 月 23 日至 31 日，全国第一次教育工作会议在北京举行，会议确定了逐步改革旧教育的方针、步骤和发展新教育的方向。会议强调，教育必须为国家建设服务；教育应着重为工农服务；普及与提高正确结合，在相当长的时期内以普及为主。从此，全国开始有步骤地、谨慎地对旧有教育制度进行改革。②

1951 年 10 月 1 日，中央人民政府政务院颁布了《关于改革学制的决定》，明确规定了中华人民共和国的新学制。这个学制认为"我国原有学制（即各级各类学校的系统）有许多缺点"，"不能适应培养国家建设人才的要求，这些缺点亟须改正"，要求有步骤地进行学制改革。新学制的组织系统分为：幼儿教育（包括幼儿园）、初等教育、中等教育、高等教育和各级政治学校和政治训练班，如图 5-4。其中，小学部分规定："小学的修业年限为五年，实行一贯制，取消初、高两级的分段制。入学的年龄以七足岁为标准。毕业后，得经过考试升入中学或其他中等学校。"③1951 年的新学制的建立，反映了以下特点：一是制度设计上保障劳动大众的受教育机会；二是适应了当时国家巩固政权、经济建设的需要；三是在统一规定各级各类学校培养任务的前提下，具有一定的应时、过渡特征，还具有多方面的灵活性；四是学习苏联学制，但并非全盘照搬。④

（二）1958 年的学制改革

1956 年，我国基本上完成了生产资料所有制的社会主义改造，开始进入社会主义建设的新时期。社会政治、经济制度的变革，要求教育制度与之相适应。1958 年，中共中央、国务院发布了《关于教育工作的指示》，明确指出："现行的学制是需要积极地妥当地加以改革的。各省、市、自治区党委和政府有权对新学制积极地进行典型试验，并报告中央教育部。经过典型试验取得充分经验之后，应当规定全国通行的新学制。"随后，许多地区开展了学制改革的试验，如提早入学年龄，进行了 6 岁入学的试验；为了缩短年限，进行了中小学十年一贯制的试验；为了贯彻"两条腿走路"的方针，采取多种形式办学。⑤ 1963 年，中

---

① 顾明远，张东娇.中国学制百年[M].北京：教育科学出版社，2016：70.
② 国务院.1949 年 12 月 23 日至 31 日 全国第一次教育工作会议在北京举行[EB/OL].（2011-12-26）.http://www.scio.gov.cn/m/zhzc/6/2/document/1070723/1070723.htm.
③ 中央人民政府政务院关于改革学制的决定[J].人民教育，1951(11)：53-54.
④ 顾明远，张东娇.中国学制百年[M].北京：教育科学出版社，2016：123.
⑤ 全国十二所重点师范大学联合编写.教育学基础[M].北京：教育科学出版社，2014：116.

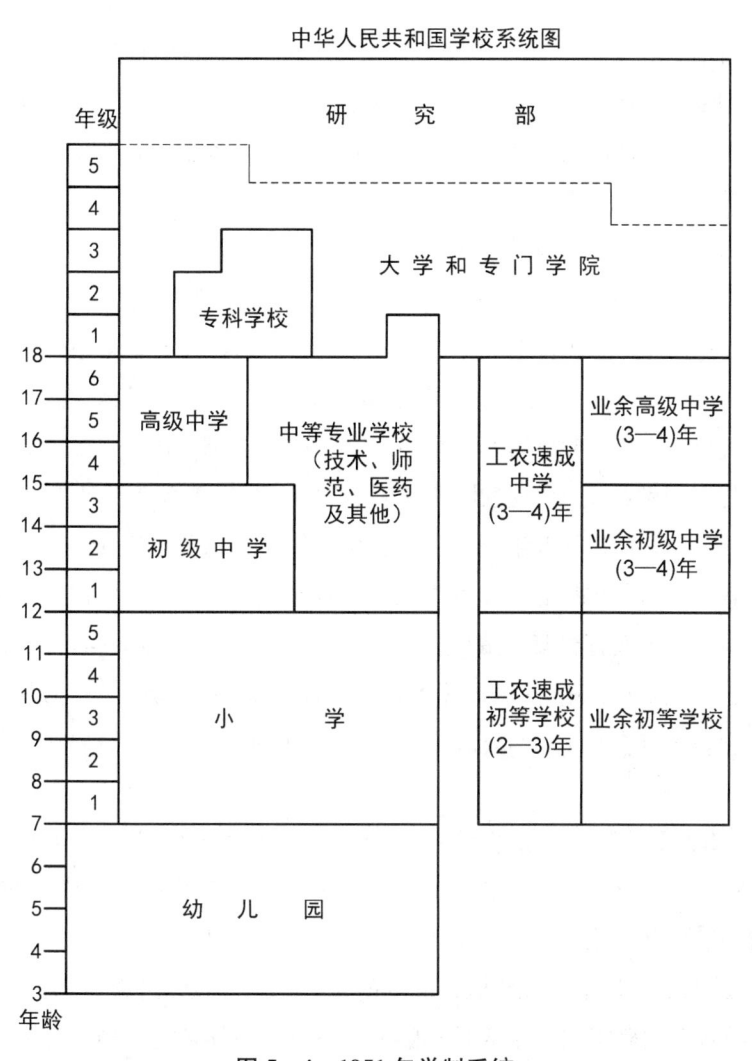

图 5-4 1951 年学制系统

共中央印发《全日制小学暂行工作条例(草案)》(简称《条例》)。《条例》共 8 章 40 条,具体规定了小学教育的任务、培养目标、教师的地位、课程的设置和教学时间等,还规定校长是学校的行政负责人,学校党支部对学校行政工作负有保证和监督的责任。中共中央在对《条例》的批示中指出,中小学教育是整个教育事业的基础,在中小学教育阶段,必须十分重视德育;在智育方面,小学阶段必须注重语文和算术的教学,还要适当注意体育;要认真贯彻执行"两条腿走路"的方针,采取多种多样的形式办学;教育事业必须为以农业为基础、以工业为主导的发展国民经济的总方针服务;加强教师队伍建设,进行教学改革等。各级党委必须加强对小学教育的领导,充分发挥教育行政部门和学校行政领导的作用。[①] 1964 年,针对当时中小

---

① 中共中央党校理论研究室编.历史的丰碑 中华人民共和国国史全鉴(9)教育卷[M].北京:中央文献出版社,2005:114-115.

学教育结构单一、不适应社会需要的现状,学制问题研究小组草拟了《学制改革初步方案(征求意见稿)》。《学制改革初步方案(征求意见稿)》中规划的我国新学制包括全日制、半工半读和半农半读、业余三类学校。在全日制学校中,小学5年,不分段。在《学制改革初步方案(征求意见稿)》颁布以后,教育又获得了一段时间的稳定发展,及至"文化大革命",教育制度遭到极大破坏。

(三) 改革开放以来的小学学制改革

1976年,"文化大革命"结束,党中央开始拨乱反正,学制开始重建。1979年6月,教育部邀请北京景山学校、北京大学附属中学、北京师范大学附属实验中学等学校商讨学制改革问题。1980年,北京师范大学成立中小学学制研究小组,开始研究适合我国国情的中小学基本学制,进行五四三年制的实验研究。1980年12月,中共中央、国务院印发《关于普及小学教育若干问题的决定》,提出:"中小学学制,准备逐步改为十二年制。今后一段时期,小学学制可以五年制和六年制并存,城市小学可先试行六年制,农村小学学制暂时不动。"并要求教育部"尽快提出学制改革方案,确定统一的基本学制"。为了避免学制改革中的盲目性,1984年教育部印发的《教育部关于全日制六年制小学教学计划的安排意见》中提出:"实行哪种学制,由各地按照各自的具体情况确定,防止'一刀切',凡用五年时间能够完成小学教学任务的,就不要改为六年","适应城乡的不同需要……城乡实行两种教学计划"。[①]

1986年《中华人民共和国义务教育法》出台,规定"义务教育必须贯彻国家的教育方针,努力提高教育质量,使儿童、少年在品德、智力、体质等方面全面发展,为提高全民族的素质,培养有理想、有道德、有文化、有纪律的社会主义建设人才奠定基础"。《中华人民共和国义务教育法》第一款第5条规定:"凡年满6周岁的儿童,不分性别、民族、种族,应当入学接受规定年限的义务教育",明确提出小学入学年龄为6周岁。另外,还提出要"合理设置小学,初级中学或中等学校",同时,"各级人民政府要为盲、聋、哑、弱智和其他残疾儿童、少年举办特殊教育学校(班)"。这在我国小学教育发展史上具有里程碑式的意义。

1993年,中共中央、国务院印发《中国教育改革和发展纲要》(简称《纲要》)。《纲要》在全面分析我国教育改革经验的基础上,对我国新时期面临的新问题进行探索,提出具有中国特色的、面向21世纪的社会主义教育体系框架,要求实现基本普及九年义务教育、基本扫除青壮年文盲,即"两基"。为了面对新世界,迎接新挑战,我国又先后出台《关于深化教育改革全面推进素质教育的决定》《国务院关于基础教育改革和发展的决定》《基础教育课程改革纲要(试行)》等文件,强调要对中小学实施素质教育,促进全面发展。

这些规定都为制定小学学制的有关条款提供了参照标准。我国现行学制系统中的小学

[①] 顾明远,张东娇.中国学制百年[M].北京:教育科学出版社,2016:236-237.

教育,即初等教育,主要指全日制(修业 9 个半月以上)小学教育,招收 6、7 岁儿童入学。学制为 5—6 年。在成人教育方面,主要为成人初等业余教育。如图 5-5。①

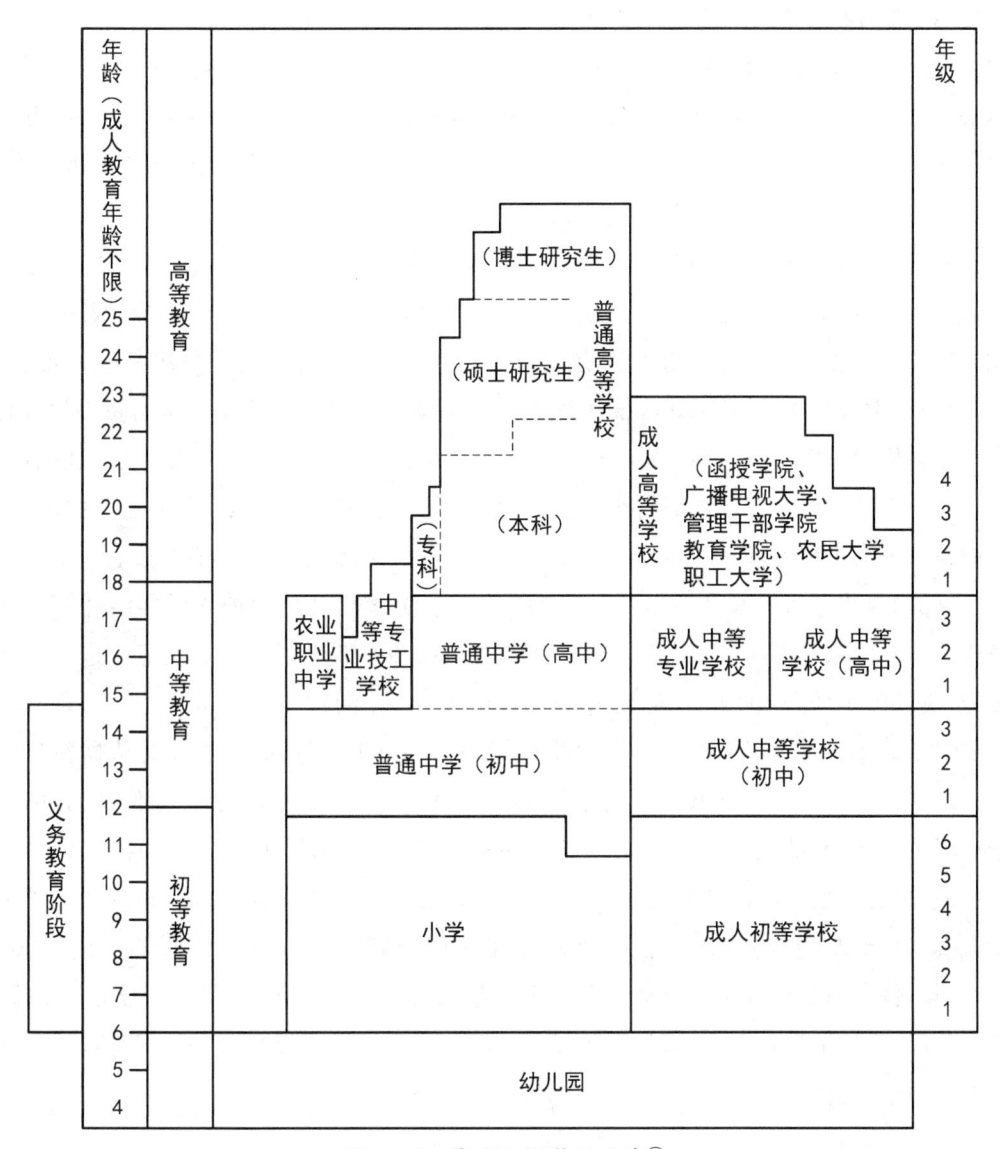

图 5-5 我国现行学制系统②

第四节 小学学制的变革

由于产业结构、人口结构和教育事业的发展,进入 21 世纪以后,世界各国都在积极探索学制改革。

---

① 叶澜等.教育理论与学校实践[M].北京:高等教育出版社,2000:216.
② 资料来源:吴文侃,杨汉清.比较教育学(修订本)[M].北京:人民教育出版社,1999:70.

一、调整小学学制年限

改革学制年限是学制改革的焦点难点。随着人口结构的变化,生育率的下降,缩短学制年限的呼声越来越高。以我国为例,我国 15—64 岁人口占比在 2010 年达到 74.5% 的顶峰,之后缓慢回落,到 2017 年已降至 71.8%;15—64 岁人口规模在 2013 年达到 100 582 万峰值后也转向回落,在 2017 年降为 99 829 万。① 这导致我国的"人口红利"逐渐消失。因此,有学者提出,通过"缩短受教育年限"来释放"人口红利"。②

比如上海实验学校推行"四三三"学制,从小学到高中实行十年一贯制,学生 16 岁左右考入大学,本科率达 100%,近半数学生被世界名校、国内一流高校录取。③ 不仅在我国,世界其他国家也在积极探索缩短学制年限的改革。2003 年,韩国教育部有关高级领导人曾透露:"为了提前大学入学年龄,政府正在商讨缩短 12 年学制修业年限的方案。准备将小学和高中修业年限各缩短一年,增加一年初中学习时间,实施'五四二'学制。"2006 年卢武铉政府提出将小学入学年龄提前至 5 周岁或将小学 6 年制改为 5 年制的改革方案,但因各种原因,缩短年限的改革方案未能实现。2015 年 10 月 21 日,为了解决韩国日益严峻的低生育率和老龄化问题,韩国执政党新国家党提出"学制改编方案"。方案中提出提前入学年龄并缩短基础教育学制。新国家党指出,通过提前小学入学年龄、缩短学制年限可以加快青年进入社会的速度,解决韩国年轻人入职年龄晚、劳动力短缺和低生育率问题。④

缩短学制年限是为了应对人口老龄化和劳动力人口不足等问题,主要是依据新自由主义教育理念和市场主义改革思想。但是这一观点也受到一些学者的反对,他们认为,国家立足于市场主义理念,从发展国家经济的角度缩短学制,不考虑学生身心发展特点是不可取的。因此,也有国家在延长义务教育年限。2001 年,俄罗斯政府工作会议讨论并通过了中小学学制从 11 年变为 12 年。然后俄罗斯联邦在每个联邦内选 5—15 所学校进行实验,到 2008 年,俄罗斯基础教育的学制将全面延长为 12 年。改革后的 12 年学制分为三个阶段,即小学阶段 5 年,中学教育 5 年,分科教育 2 年,其中前十年为基础义务教育阶段,后两年的分科教育由学生自己选择。⑤

二、加强学前、小学和初中教育的衔接

初中教育与小学教育、小学教育与幼儿教育之间的衔接问题是一个非常重要的问题。如何根据儿童的身心发展特点做好小幼衔接和中小衔接,使儿童愉快地转换角色,是小学教育制度改革的一项重要内容。

---

① 据《中国统计年鉴》2018 年版,表 2-5:"人口年龄结构和抚养比"。
② 罗淳,吴丽娟.缩短学制:试论"人口红利"二次开发的源头施策[J].南方人口,2020(05):36-45.
③ 黄守宏.中国经济社会发展形势与对策 国务院研究室调研成果选(2018 版)[M].北京:中国言实出版社,2018:185.
④ 金红莲.韩国基础教育学制改革研究[J].当代教育科学,2016(16):24-28.
⑤ 袁利平.国际教育改革与发展 侧重 2000 年以来的战略、经验与趋势[M].西安:陕西师范大学出版总社,2018:186.

"小幼衔接"是儿童为中心教育理念的体现。日本的"小幼衔接"强调小学与幼儿园有"适当差距",强调幼儿入小学应当"平缓过渡"而非急拐弯。因此,日本小学的1—3年级教室的环境设计、桌椅摆放乃至学习方式,与幼儿园的布置具有相似性。[1] 同时,"中小衔接"是基础教育改革的重要内容。中小学的教育目标和任务在总体上是一致的,但在具体教育目标和教学方法上又存在差异。这种差异使得不少小学生升入初中后难以适应中学的学习生活。20世纪80年代,北京和上海开始探索"九年一贯制"。"九年一贯制"是指小学、初中联体办学,使九年义务教育成为一个连续、系统、整体的一种学制模式。[2] 虽然,我国"九年一贯制"的办学实践日益成熟,但是在"办学一体化"方面仍然存在许多问题,值得深入探索。除了我国外,日本也在积极探索"初小一贯制"。2013年1月15日,日本内阁会议决定成立"教育再生实行会议"这一常设的官方咨询机构来推进教育改革。2014年7月,教育再生实行会议向安倍提出学制改革建议,其中之一即是创建"初小一贯制"教育制度。"初小一贯制"教育是小学和初中共享人才培养目标、共同制定和实施贯穿于九年义务教育阶段的系统化学校课程的教育。随着"初小一贯制"教育的制度化,有关硬件设施、学生、教师、时间、预算、人事管理等诸多方面的问题也接踵而至,如课程体系建设、教育财政、师资等问题。[3] 因此,日本的"初小一贯制"急需进一步改革和完善。

三、建设现代学校制度

《国家中长期教育改革和发展规划纲要(2010—2020年)》明确提出,建设现代学校制度,推进政校分开、管办分离;适应中国国情和时代要求,建设依法办学、自主管理、民主监督、社会参与的现代学校制度,构建政府、学校、社会之间的新型关系;落实和扩大学校办学自主权,完善中小学学校管理制度,完善普通中小学校长负责制,完善校长任职条件和任用办法;实行校务会议等管理制度,建立健全教职工代表大会制度,不断完善科学民主决策机制;建立中小学家长委员会,引导社区和有关专业人士参与学校管理和监督。[4] 2010年10月,国家开始启动实施国家教育体制改革试点项目,开展基础教育综合改革试点。为加快现代学校制度建设,推进教育现代化,2020年9月,教育部等八部门印发《关于进一步激发中小学办学活力的若干意见》,要求保障学校办学自主权,保证教育教学自主权,扩大人事工作自主权,落实经费使用自主权;增强学校办学内生动力,强化评价导向作用,强化校内激励作用,强化学校文化引领作用,强化优质学校带动作用;提升办学支撑保障能力,注重选优配强校长,注重加强条件保障,注重拓展社会资源;健全办学管理机制,完善宏观管理,完善内部治理,完

---

[1] 刘晓东.中国小学教育亟待战略转型——兼论"幼小衔接"应向"小幼衔接"翻转[J].湖南师范大学教育科学学报,2019,18(3):1-7.
[2] 查炜琮.推行"九年一贯制"学制的问题、原因与对策研究[D].上海:华东师范大学,2006.
[3] 孙晋露.日本中小学新学制改革探究——以"初小一贯制"教育的制度化为中心[J].比较教育研究,2015,37(12):89-94.
[4] 国家中长期教育改革和发展规划纲要工作小组办公室.国家中长期教育改革和发展规划纲要(2010-2020年)[EB/OL].(2010-07-29). http://www.moe.gov.cn/srcsite/A01/s7048/201007/t20100729_171904.html.

善社会监督。① 这是深化中小学学校体制机制改革,推进教育治理现代化的重大举措,为推进中小学教育治理现代化提供了行动指南。

本章小结

　　学制是一个内涵丰富的概念,常与"学校系统""学校教育制度""学校制度"混用。小学学制的确立受社会经济发展水平、人口因素、儿童身心发展规律和国内外已有学制实践等因素的影响。由于产业结构、人口结构和教育事业的发展,进入21世纪以后,世界各国都在积极探索学制改革,调整小学教育年限,加强学前、小学和初中教育的衔接,建设现代化学校制度,以实现教育治理现代化。

思考题

　　结合确立学制的依据和学制改革趋势,分析材料。

　　2015年10月21日,为了解决韩国日益严峻的低生育率和老龄化问题,韩国执政党新国家党提出"学制改编方案",方案中提出提前入学年龄并缩短基础教育学制。学制改编案具体包括四个改革方向:(1)小学入学年龄从满6周岁改为5周岁;(2)小学修业年限从6年改为5年;(3)中等教育修业年限从6年改为5年;(4)一部分4年制大学可实行3年制。新国家党指出,通过提前小学入学年龄、缩短学制年限可以加快青年进入社会的速度,解决韩国年轻人入职年龄晚、劳动力短缺和低生育率问题。该学制改编案一经媒体报道,立即在韩国国内引起了广泛的社会舆论,赞成和反对学制改革的声音此起彼伏。②

拓展阅读

　　1. 瞿葆奎.教育制度[M].北京:人民教育出版社,1990.

　　2. 陈元晖,璩鑫圭,唐良炎.中国近代教育史资料汇编:学制演变[M].上海:上海教育出版社,1991.

　　3. 郭秉文.中国教育制度沿革史[M].福州:福建教育出版社,2007.

　　4. 胡展航.基础教育 现代学校制度的实践与思考[M].北京:中国轻工业出版社,2013.

　　5. 顾明远,张东娇.中国学制百年[M].北京:教育科学出版社,2016.

---

① 中华人民共和国教育部.教育部等八部门关于进一步激发中小学办学活力的若干意见[EB/OL].(2020-09-15). http://www.gov.cn/zhengce/zhengceku/2020-09/24/content_5546939.htm.
② 资料来源:金红莲.韩国基础教育学制改革研究[J].当代教育科学,2016,(16):24-28.

第六章
小学生

学习目标

1. 比较传统儿童观与现代儿童观的差异,理解现代儿童观的内涵。
2. 理解为什么要关注儿童的认知发展,掌握儿童认知发展的经典理论。
3. 认识儿童社会情感能力的积极作用,了解社会情感能力的实践进展。
4. 认识小学生的权利和义务。

视频:儿童观与小学生发展

内容脉络

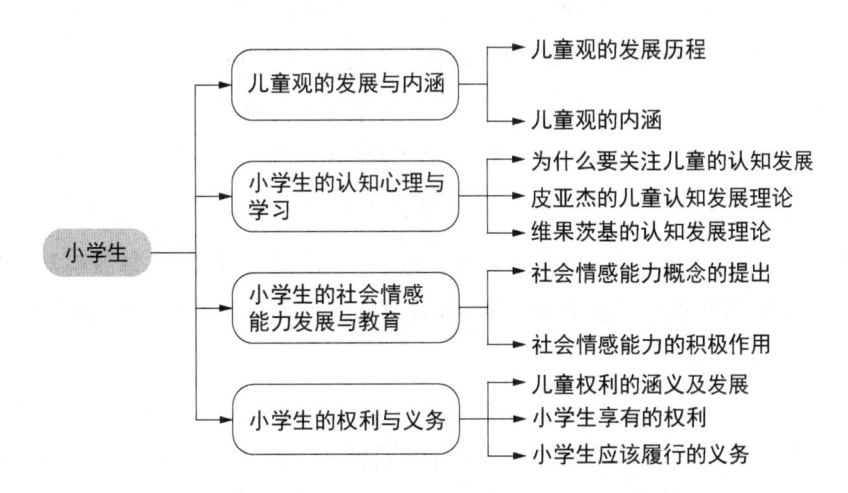

小学生
- 儿童观的发展与内涵
  - 儿童观的发展历程
  - 儿童观的内涵
- 小学生的认知心理与学习
  - 为什么要关注儿童的认知发展
  - 皮亚杰的儿童认知发展理论
  - 维果茨基的认知发展理论
- 小学生的社会情感能力发展与教育
  - 社会情感能力概念的提出
  - 社会情感能力的积极作用
- 小学生的权利与义务
  - 儿童权利的涵义及发展
  - 小学生享有的权利
  - 小学生应该履行的义务

小学生年龄一般在6—13岁,正处于童年时期,具有儿童所具有的认知、心理和性格特征,也享有基本的权利。为有效促进小学生的健康发展,教师需要树立科学的儿童观,认识儿童,保护儿童应有的权利,引导儿童履行相应的义务。

第一节 儿童观的发展与内涵

儿童观是人们对儿童的根本看法和理念。儿童观是教育的基本理论问题。对于儿童的不同认识使得人们拥有不同的儿童教育观、学生观,在面对教育实践时采用不同的教育方法。

一、儿童观的发展历程

随着人类历史的发展,人们对于儿童的认识也不断在发生变化。阿利埃斯(Philippe Ariès)在《儿童的世纪》中运用新文化史的方法,以长时段的研究视野,试图说明"童年"并非自古就有的,而是一个现代社会才建构出来的概念。在17世纪之前,人们并没有将儿童与成人区别看待,而是将儿童视作"小大人"。只是随着现代社会的发展,人们才"发现"了儿童。[①] 阿利埃斯的观点并非是说在传统社会儿童并不存在,而是表达当时的人们并没有意识到儿童的特殊性,因而儿童没有属于自己的童年生活。由此,我们可以从传统社会和现代社会的区分角度,将儿童观区分为传统儿童观和现代儿童观。

1. 传统儿童观

中国传统儿童观源自儒家的"四端"。孟子认为人有恻隐之心、羞恶之心、辞让之心、是非之心,这是仁义礼智的萌芽,称为"四端"。熊秉真指出,"四端"是儿童发展的内在基础,但儿童成长为成人并非意味着童心的消失,而是保持部分童心。这与现代社会将儿童和成人视为截然分离的两个阶段是不同的。[②] 在传统社会,儿童被视作"小大人",与成人没有本质区别。1919年,鲁迅在《我们现在怎样做父亲》中反思中国传统儿童观:"中国人的误解,是以为缩小的成人",直到近来,"才知道孩子的世界,与成人截然不同"。[③]

在西方,基督教的原罪论儿童观对中世纪学校教育产生重大影响。《旧约全书》认为儿童是被剥夺权利的、邪恶的罪人。"原罪论"一直主导着对人性的理解。原罪论儿童观认为,儿童可能做错事甚至本质上是邪恶的。由于儿童的"堕落"和"过错"都是"自然的",因而儿童必须受到控制、监视和惩罚,教育的目的是帮助儿童获得救赎。为了实现救赎的目的,儿童活泼的天性被抹杀,儿童与成人的差别被忽视。学校按照刻板的作息和严格的纪律约束儿童,学习枯燥的、与儿童日常生活无关的知识,完全没有游戏和自由活动时间。

2. 现代儿童观

随着人类社会逐渐由传统社会转向现代社会,现代教育理念开始萌发并得到广泛传播。现代社会的个体是独立自主的个体,现代教育的目的则是培养独立自主的个体。按照马克思关于生产力和生产关系的经典论述,生产力是社会发展的根本动力,传统社会向现代社会转型的终极原因即在于资本及"资本主义精神"推动的社会化大生产。资本是"天生的平等派",资本追求自由平等的"可以自由进入的市场"并要求摆脱人身依附关系,使劳动者成为自由人。在资本推动的传统社会向现代社会的转型过程中,个体逐渐获得自主性。借由启蒙运动的倡导,个体自主从一种现代社会的事实跃升为一种现代社会的价值。培养学生的

[①] 菲力浦·阿利埃斯.儿童的世纪:旧制度下的儿童和家庭生活[M].沈坚,朱晓罕,译.北京:北京大学出版社,2013.
[②] 熊秉真.童年忆往[M].桂林:广西师范大学出版社,2008:176.
[③] 鲁迅.鲁迅全集(第1卷)[M].北京:光明日报出版社,2015:50.

自主性成为现代教育的基本诉求。① 这种理念反映在儿童观方面体现为"发现儿童""以儿童为中心",代表人物是法国思想家卢梭和美国教育家杜威。

作为启蒙运动的代表人物,卢梭(Jean-Jacques Rousseau)拒斥基督教的儿童原罪学说,从而转变了传统童年观念的人性论基础。卢梭在批判传统儿童观的基础上明确提出了自然主义的儿童观。卢梭认为传统教育试图以成人的规范要求儿童成为"小大人",忽视了儿童的天性,破坏了儿童的自然本性。卢梭希望最大限度地减少文明的负面影响,使儿童尽可能地接近自然,通过自然主义教育培养儿童自由和思想的独立性。卢梭在《爱弥儿》开篇强调"出自造物主之手的东西,都是好的,而一到了人的手里,就全变坏了"。卢梭希望通过这样一种格言式的话语警醒世人,对于儿童的教育所要遵守的自然法则。"大自然希望儿童在成人以前就要像儿童的样子","在人生中儿童期有儿童期的地位,所以必须把儿童当儿童看待"。② 教育者要根据儿童的需要、兴趣和能力对儿童实施自然主义教育,教育者要尊重儿童的天性,保护好儿童在语言、感官等方面的美好天性,鼓励儿童在没有干扰或限制的环境中发展自己的特长。据此,卢梭对强迫儿童阅读的教育方式提出批评。他认为,儿童教育是要教育儿童自己思考。用书本代替这种教育,教给孩子的不是儿童自己发现的道理,而是依靠别人的理性获得的道理。由于儿童对思想还没有理解,所以他"什么也没有掌握"。

随着现代儿童观的兴起,到19世纪末20世纪初,在欧美兴起的新教育运动和进步主义教育运动极力倡导现代教育理念,传播"儿童本位"的教育思潮。杜威是进步主义教育运动的主要代表人物,蒙台梭利则在儿童教育领域产生了重大影响。

杜威和卢梭虽然生活在不同的时代与国度,但他们都高度尊重儿童的自发性和对游戏的热爱,尊重儿童的经验对成人生活和成人政治制度的影响,强调教育需要在儿童经验和成人经验之间提供连续性。

杜威认为,传统的儿童观"把成年看作固定的标准,按照这个标准来衡量,童年就成了匮乏状态"。③ 基于这种儿童观,传统教育忽视儿童的兴趣,脱离儿童的经验和实际生活。在杜威看来,儿童的"未成熟"状态并非是与成人相比较的优劣差别,而是表明儿童具有成长的潜力,儿童是一个有机的统一体,具有自然的生长潜力。因而,杜威提出教育即生活、教育即生长、教育即经验的改造。杜威认为,教育应该是体验式的,要以儿童的需求和兴趣为中心,即以儿童的兴趣为跳板,让儿童参与其中,掌握技能和学科知识。为了促进孩子对解决问题、发现新事物、弄清事物运作的兴趣,教师应给孩子提供探究和发现的机会。杜威的儿童观为以儿童为中心的课程和以儿童为中心的学校提供了基础性的思考。杜威关注的是什么样的童年经验才能更好地将儿童知识与他所处的复杂而多面的社会理解联系起来。"任何被称为学科的东西,无论是数学、历史、地理,或是自然科学中的任何一门,都必须取材于日常的

---

① 詹姆斯·马歇尔.米歇尔·福柯:个人自主与教育[M].于伟,李姗姗,译.北京:北京师范大学出版社,2008:75.
② 卢梭.爱弥儿[M].李平沤,译.北京:商务印书馆,1996:5,91.
③ 约翰·杜威.民主与教育[M].薛绚,译.南京:译林出版社,2014:38-39.

生活经验。"①

蒙台梭利(Maria Montessori)受到卢梭、裴斯泰洛齐等人的教育思想的影响,在开设"儿童之家"积累对儿童的观察和研究基础上,形成了以观察和支持儿童发展为基础的蒙台梭利方法,成为在全世界具有重要影响的儿童教育模式。《童年的秘密》一书较为完整地表达了蒙台梭利的儿童观。②

在"儿童之家"观察孩子们时,蒙台梭利发现儿童也存在与动物类似的受特殊环境刺激的敏感性。儿童的语言、感觉、运动等能力都有相应的敏感期。处于敏感期的儿童,如果有适宜的环境,就可以顺利地掌握某种能力。因而,蒙台梭利认为学习环境与学习本身同等重要。

蒙台梭利将儿童的活动称为工作,而不是游戏。因为她在"儿童之家"观察到儿童喜欢"工作"的称谓,不喜欢"游戏"的称谓。相较于儿童日常的玩耍,工作则是在有准备的环境中进行的活动。蒙台梭利认为,儿童的发展是在工作中实现的,"儿童的工作要求象征着生命的本能",因而,教育者要为儿童提供有准备的工作环境和材料,从而促进儿童的发展。

二、儿童观的内涵

从对儿童观发展历程的梳理中可以看出,人们对儿童的看法不断地变迁,儿童观是一个社会建构的结果。不同的时期、不同的学者对于儿童观的论述各有不同,形成了遗传决定和环境决定的一元论,遗传和环境共同作用的二元论,遗传、环境和儿童自身相互作用的多元论。在确立现代儿童观的内涵时,我们需要整合遗传、环境和儿童三个方面因素进行思考。对此,皮亚杰在其《发生认识论原理》中系统阐述了遗传、环境和儿童自身等因素在儿童发展过程中的相互作用。皮亚杰的观点对于我们理解儿童发展,梳理正确的儿童观具有重要启发。

第一,儿童的发展以个体的遗传素质为生理基础。生命科学的发展已经揭示了遗传因素对于个体发展的重要作用,正常的遗传素质是儿童发展的生理前提。如果儿童存在先天的基因缺陷,那么即便接受专业的训练,也无法达到正常儿童的发展水平。换言之,正常的遗传素质为儿童的正常发展提供了可能性。

当我们将遗传因素对儿童发展的作用推到极致时,就会形成遗传决定论的观点。遗传决定论认为,儿童的个体差异是由遗传素质中的某些特征决定的,儿童的发展过程只是这些遗传因素的自然展开。外界因素,包括教育,只能促进或延缓这些遗传因素的自然展开,而不会改变这一趋势。遗传决定论的代表人物包括古希腊思想家柏拉图、英国优生学奠基人

---

① 约翰·杜威.杜威全集(第十三卷 1938—1939)[M].冯平,等,译.上海:华东师范大学出版社,2015:37.
② 蒙台梭利.童年的秘密[M].马荣根,译.北京:人民教育出版社,1990.

高尔顿(Francis Galton)等。柏拉图在《理想国》中提出"人性等级论"①。他认为,每个人的天性在出生时由神用不同材料铸定,儿童的发展目标已经由个体的自然素质决定了,不同素质的人将从事不同的工作。高尔顿认为,"一个人的能力乃由遗传得来,其受遗传的程度如同机体的形态和组织之受遗传决定一样"。

遗传决定论夸大了遗传素质对儿童的影响,否认环境以及教育对儿童发展的影响,从而导致宿命论,这种观念低估甚至否认了学校教育对儿童发展的作用。遗传素质是儿童发展的生理基础,提供了儿童发展的潜在可能性。然而,如果没有支持性的外部环境,没有儿童自身的自主活动,这种可能性就不会转变为儿童发展的现实。

第二,儿童的发展需要支持性的成长环境。 孟母三迁是我国家喻户晓的传统教育故事,这一故事充分表明了成长环境对于儿童成长的重要意义。社会资本理论通过跨文化的实证研究证明支持性的成长环境是儿童健康发展的重要影响因素。

与遗传决定论相对应,有人主张环境决定论。环境决定论将儿童生活的环境与接受的教育视为儿童发展的决定性因素。这一观点的代表人物包括英国教育家洛克(John Locke)和美国心理学家华生(John Watson)等。洛克提出"白板说",认为儿童就像白板一样,一切的观念和知识都来源于后天的经验和教育。"人类之所以千差万别,就是由于教育之故。"② 华生则提出,"给我一打健康的婴儿,并在我自己设定的特殊环境中养育他们,那么我愿意担保,可以随便挑选其中一个婴儿,把他训练成为我所选定的任何一种专家——医生、律师、艺术家、小偷,而不管他的才能、嗜好、倾向、能力、天资和他祖先的种族"。③ 华生的主张具有鲜明的行为主义色彩。

由于环境决定论强调后天的成长环境和教育实践对儿童发展的作用,因而受到家庭和学校的重视,甚至成为教育者以此规训、控制儿童的重要依据。"棍棒底下出孝子""严师出高徒"等观点在传统社会深入人心,这种观点尤为需要教育者的关注和反思。环境决定论在否认个体的遗传素质对儿童发展中起决定性作用的同时,又陷入了另一个极端,即夸大了后天的生活环境和教育对儿童发展的作用。遗传决定论和环境决定论各执一端,都未能全面把握影响儿童发展的因素。此后,德国心理学家施太伦(Louis Stern)提出,儿童发展受遗传和环境因素的共同影响。

第三,儿童发展的关键是作为成长主体的儿童。 不论是遗传决定论还是环境决定论,都将外在于儿童的因素视为影响儿童发展的决定性因素。然而,没有作为成长主体的儿童的主动参与,先天的遗传素质和后天的教育引导都无法真正发挥作用。对此,皮亚杰指出:"我

---

① 柏拉图认为人都有理性意志和欲望,理性意志表现为智慧、勇气和节制,欲望表现为激情。进而设想在国家生活中,谋划者是具有智慧和德性的人,由金铸成;统治者(管理者)是具有智慧和勇气的人,由银铸成;卫国者(军人和武士)是具有勇气和激情欲望的人,由铜和铁铸成;共分为这三个阶层。该论点请读者批判分析。
② 约翰·洛克.教育漫话[M].傅任敢,译.北京:教育科学出版社,1999:4.
③ 约翰·华生.行为主义[M].李维,译.杭州:浙江教育出版社,1998:95.

们必需既不认为只有环境才对认识结构发生作用,也不认为认识结构是先天地预先形成了的,而应看作是循环往复的通路中发生作用的,并且具有趋向于平衡的内在倾向的自我调节的作用。"皮亚杰具体阐明了遗传、环境和儿童自身等三方面因素在儿童发展过程中的具体作用,并明确强调儿童的自我调节活动是儿童发展的关键。①

皮亚杰对儿童自我调节活动的强调契合了现代教育的理念,也使其与卢梭对儿童自然本性、兴趣重视,杜威对儿童兴趣、自由的关注等现代儿童观一脉相承。如果不重视学生的自主性,或者说不尊重儿童作为成长的主体地位,那么这种儿童观就无法称之为现代儿童观。因而,在教育实践中,我们要尊重和发挥儿童的主体性,尊重儿童的感受和选择。

第二节 小学生的认知心理与学习

认知是指人类获取、记忆和学习使用知识的心理过程和活动。认知包括许多心理过程,如知觉、注意、学习、记忆和推理等。理解认知发展并在教学中灵活运用需要掌握认知发展理论的基本内容。

一、为什么要关注儿童的认知发展

对于教师而言,首先要明确小学生如何理解教材中的知识。不同学生在学习同样的知识时,为什么有些人能掌握得好,而有些人明明很努力却无法掌握。这些问题是教育心理学有关认知发展研究尝试回答的问题。认知心理学的研究表明,儿童认知事物时的认知思维方式与成人不同,因此,对于教师而言,掌握儿童认知发展的基本理论,据此判断儿童认知发展所处的水平阶段,是提升教学和班级管理效果的重要方式。有经验的教师会考虑儿童的认知发展水平,将教学目标设定在学生已经具备的认知基础上,会确保儿童能够理解教学内容所使用的语言。

在具体介绍认知发展理论之前,我们先了解几个认知发展理论的基本概念,以便更好地理解不同的认知发展理论之间的差异。②

首先是儿童的成熟与学习。儿童的认知发展可以通过成熟、学习,或者二者的结合来实现。成熟是生理成长的结果,而学习是由经验所导致的结果。很多对于成人来说非常容易理解的知识,对于儿童而言却是无法接受的。因为儿童的生理、思维等方面的发展尚未达到接受相应知识所需的程度。认知发展理论指出,小学生的思维还处于具体运算阶段,抽象思维能力还不成熟,因此对于小学教师而言,在讲授知识时,必须考虑小学生思维发展特点,通过形象、具体的事例和图片等进行讲解。有经验的教师会注重儿童在不同领域学习所需的

---

① 皮亚杰.发生认识论原理[M].王宪细,等,译.北京:商务印书馆,1981:63-76.
② 斯滕伯格,等.教育心理学[M].张厚粲,译.北京:中国轻工业出版社,2003:35-56.

生理基础、思维发展是否成熟,是否具备接受相应知识的基础。

对于人类而言,有些思维和行为是随着生理的成熟自动发展的。比如,婴儿一出生不需要成人告诉他们就知道吃东西,以维持生命。人类的有些思维和行为并非随着生理的成熟而自动发展,比如对于日常生活使用的语言、所属地区的文化习俗等。这部分的思维和行为的发展需要通过学习,从而在外部刺激的作用下,促使人类认知的发展。由此我们可以发现儿童的成熟与学习之间的密切关系。对于教师而言,我们需要了解不同年龄阶段儿童的成熟程度,认识到他们具备什么样的能力,是否为学习特定的知识做好了准备。

其次是儿童认知发展的通达力(canalization)。关于成熟与学习的讨论让我们认识到,认知发展既可以通过成熟获得自动发展,也可以通过外部环境刺激的学习得到发展。我们可以用通达力来衡量一种行为或一种潜能的发展在多大程度上不依赖于环境。如果身处在差异很大环境下的儿童都可以同等获得一种能力,那么,这种能力是一种通达力较强的能力。比如儿童的视觉、听觉等感官能力可以在几乎任何环境下得到基本的发展。反之,如果一种能力只有在特定的支持性环境中才能得到发展,那么,这种能力的通达力就较弱。比如儿童的情感表达能力、社会交往能力等,需要在父母或者教师的指导和支持下才能学会如何合理地表达管理自己的情绪、与他人愉悦地交往。

学生在不同的环境中成长,带着具有明显差异的经验来到学校,因而,教师需要知道学生不同方面能力的通达力程度,尤其是具有低通达力的能力的学生需要教师给予更多的关注和支持,通过学校教育去发展他们。

再次是儿童认知发展的领域一般性与特殊性。儿童的认知发展可以分为领域一般性和领域特殊性。领域一般性(Domain-general development)是指儿童的认知能力可以同时在多个领域同步发展;领域特殊性(Domain-specific development)则是指儿童的认知能力在不同领域的发展速度是不同的。作为教师,我们经常会发现,一个学生的语文成绩很好,但学数学却非常吃力,但通常语文成绩好的学生,英语成绩也会比较好。因为语文和数学学习获得的认知主要是领域特殊性的,而语文和英语同样作为语言学科,学习获得的认知具有领域一般性。当然,语言认知的领域一般性是相对于单一科目来说的,对于整个学习来说,类似于元认知等方面的认知发展具有更为广泛的领域一般性。对于教师而言,领域一般性和领域特殊性的区分启发我们,要区分对待儿童不同认知能力的发展,进而确认儿童在一个学科领域取得的学业成就是否可以推论到其他的学科领域。

综上所述,充分理解儿童认知发展的基本特点和规律有助于教师更好地理解儿童如何学习知识,为儿童的学习提供支持性的环境。下面,我们具体学习认知发展领域的两个对儿童学习及教育实践产生重大影响的代表性理论。

二、皮亚杰的儿童认知发展理论

皮亚杰(Jean Piaget)对儿童认知发展的研究源于他跟随阿尔弗雷德·比奈(Alfred

Binet)开发世界上第一个智力测验量表过程中的有趣发现。皮亚杰发现,年龄对于儿童的认知具有重要影响,年龄相同的儿童往往会答错相同的答案,这些错误揭示了与年龄有关的不同的思考和理解世界的方式。这些发现促使皮亚杰开始形成认知发展理论。此后,皮亚杰采用访谈和观察的方法研究儿童的思维。在访谈中,他向孩子们提出一个问题或一个要回答的问题,然后让他们解释自己的想法,同样,在观察研究中,他对年幼的儿童提出一个问题,然后观察儿童在解决问题时的表现。皮亚杰感兴趣的不是儿童所拥有的确切知识和事实,而是儿童如何去获取和使用这些知识。

1. 发生认识论

皮亚杰提出发生认识论是为了解释人类认识的发生机制。皮亚杰认为,认知发展的主要机制是平衡(equilibrium),即个体已有的认知结构与环境需要之间达到的平衡。认知结构是指有组织的思考或行为的模式,其基本单位是图式(scheme),图式构成了个体用来理解和与环境互动的知识基础。儿童的认知结构决定了儿童的认知水平,儿童的认知水平随着年龄的增长而变化。儿童认知结构的改变提供了理解和组织新知识的途径,具体包括同化(assimilation)和顺应(accommodation)两种过程。

同化是指儿童将外界新的信息纳入自身已有的认知结构的过程。顺应是指在已有的认知结构无法同化外界新的信息时,儿童为了适应外部环境,修改原有的图式或创建一个新的图式来组织新信息的过程。在儿童认知发展的过程中,为了理解一个新的经验,他们首先会尝试同化,即尝试将自己已有的认知结构应用到新的经验中。例如,儿童最初是通过把物体拿到嘴边吮吸来认识事物,遇到新的物品便拿到嘴边吮吸就是他对新的经验进行同化的表现。如果某一天,这个儿童看到一个木块时,他仍会首先尝试同化,但当他发现木块和他已经掌握的图式不一致时,他就可能创建一个新的图式来表示对木块这一个新的信息的顺应,最终学会并不是所有的物体都要吮吸。皮亚杰以为,同化和顺应是紧密结合在一起运作的,成长中的儿童不断地对信息进行轻微的调和,将其同化到现有的结构中;同时也对这些结构进行轻微的修改,以顺应新的对象或事件。

2. 认知发展理论

皮亚杰认为,个体的认知发展分为四个阶段:感知运动阶段、前运算阶段、具体运算阶段和形式运算阶段。所有儿童的认知发展都是按照相同的顺序通过这四个阶段,每一个阶段都是建立在前一个阶段的基础上。在每个阶段,儿童的认知都有本质的不同,并影响着儿童在各种情况下的表现。皮亚杰的理论可以帮助我们为不同认知发展阶段的儿童提供最佳的学习方式。处于前运算和具体运算阶段的小学生,需要越来越有挑战性的学习活动,包括利用具体物体进行分类、排序、定位和保存的机会。

(1) 感知运动阶段

感知运动阶段发生在儿童从出生到2岁左右。这个阶段的儿童通过感官和身体经验来学习,认知发展主要是感觉(包括视觉、听觉等)和运动(包括移动或抓握物体)机能的发展。

儿童在这个阶段的主要成就是理解客体永存和形成因果关系。客体永存是指儿童可以理解当物体不再眼前时它仍是存在的。因果关系是指儿童逐渐产生了动作与由动作造成的对客体影响的分化，之后又扩展到动作与客体的关系，使儿童动作的目的性越来越明确。

皮亚杰观察到，他七个月大的女儿杰奎琳把塑料鸭子掉在毯子的褶皱下面，当她看不见塑料鸭子的时候，她似乎直接失去了找回塑料鸭子的兴趣。皮亚杰随即捡起塑料鸭子，并在杰奎琳的视线范围内将鸭子放回毯子下面。然而，杰奎琳并没有努力去拿回它。皮亚杰一遍又一遍地尝试着这样做，得到的却是同样的反应，仿佛因为杰奎琳看不到鸭子，所以鸭子对她来说就不存在了。皮亚杰在其他年幼的孩子身上尝试了这种活动，结果得到同样的反应。他推断，至少在九、十个月之前，孩子们还没有足够的经验来体会物体的永久性。

（2）前运算阶段

前运算阶段发生在儿童 2 岁到 7 岁之间。儿童在这个阶段开始通过语言与父母或同伴进行交流，但儿童的交流通常以自我为中心，不能理解别人是如何知觉情境的。

在著名的"三山实验"中，皮亚杰给七岁的孩子看一个假山风景。风景中有道路、房子、山，以及一个娃娃。娃娃的摆放方式是与孩子在不同的方向观看风景。然后皮亚杰让孩子们描述他们认为娃娃看到了什么。孩子们通常都是从他们的视角描述他们看到的景象。皮亚杰称这是一种无法去中心化的现象，也就是无法从他人的角度去看问题。儿童只有通过许多具体的、社会化的学习经验，才能形成更成熟、更准确、更不以自我为中心的观点。

（3）具体运算阶段

具体运算阶段一般发生在 7 岁到 12 岁之间。这个阶段的儿童开始能够对前一阶段形成的内部表象进行心理操作。对守恒概念的理解是这个阶段儿童学会对内部表象进行心理操作的重要特征。

皮亚杰给一个孩子提供了不同大小的透明容器，让他把液体倒进容器里。每个容器装的液体量完全相同，但由于有些容器较高较细，有些容器较矮较宽，处于前运算阶段的儿童很难理解这一事实。他们会猜测容器越高液体量越多；反之，容器越矮但越粗，液体量就越少。然而，运算水平高的孩子会越来越多地使用逻辑和推理，当他们面临这个任务时，能够保存他们对容器大小和体积影响的知识，并会意识到液体的数量保持不变。

（4）形式运算阶段

形式运算阶段一般从儿童 12 岁开始，持续到成年期。这个阶段的儿童开始形成对抽象事物或具体事物的心理表象并对这些表象进行操作。儿童可以进行越来越复杂、抽象的推理和思考，比如思考正义和平等等没有任何具体物质与之对应的概念。

皮亚杰的主要贡献是提出发生认识论和儿童认知发展理论。皮亚杰认为，儿童的思维方式与成人截然不同，儿童根据他们的认知发展阶段来理解世界；教师要为儿童提供学习机会，使儿童不得不在思维中接受和使用这些想法，即同化和顺应；教师要为孩子提供不超出他们当前认知发展阶段，但又要给他们足够的挑战以使他们的认知可以得到发展的学习经验。皮亚杰的认知发展理论对于理解儿童的学习具有重要启发,因而成为最有影响力的认知发展理论之一。

三、维果茨基的认知发展理论

维果茨基(Lev Vygotsky)和皮亚杰在 20 世纪初差不多同期形成了他们的认知发展理论。相较于皮亚杰关注儿童在某一特定时间点上内在认知结构的发展,维果茨基更关注儿童通过社会经验实现认知能力的增长。他认为,儿童的认知发展在很大程度上是儿童与他们文化中更有经验的成员,如父母、教师和年长的儿童互动的结果,因此维果茨基的认知发展观被称为社会文化的认知发展理论。这种社会文化的认知发展理论帮助教师认识到社会文化背景对儿童学习和认知的重要性:儿童都是带着具有差异化的社会经验进入学校学习的,儿童也是通过已有的社会经验学习许多复杂的认知技能,因此,教师的教学应该建立在儿童已有的文化经验基础上,而不是忽视儿童丰富的学习基础。其认知发展理论的内化、最近发展区、支架概念给予学校教育极大的启发。

1. 内化

内化(internalization)是指从社会环境中吸收所观察到的知识,从而为个体所利用。基于社会文化的认知发展理论,维果茨基指出,儿童从他们观察或者参与的社会互动中学习,从而将外部的社会经验内化为自己认知能力的一部分。当儿童和同伴们一起解决问题时,儿童有机会观察、参与到超出其现有个人能力的行动中去。通过与更有经验的同龄人互动,儿童学会了以更复杂、更高级的认知能力去解决问题。比如,儿童可以通过和同伴一起玩游戏时的互动来内化游戏规则,也可以通过观察同伴在不理解教师讲授的某个概念时的提问学习如何提问。

正是由于皮亚杰和维果茨基分别侧重从内部和外部理解儿童的认知发展,所以对于儿童的自言自语,两人给出了截然不同的解释。例如,儿童在玩一个小汽车乐高的过程中,可能会自言自语:"我先把车头做好,然后安上车灯,然后再给汽车装上轮子。"对于皮亚杰来说,自我中心主义言语是前运算阶段的一种心理局限。这是一种早期的、以自我为中心的语言形式,主要是儿童用来谈论自己和自己的活动。在皮亚杰看来,以自我为中心的儿童,并没有努力调整自己的观点使他人能够理解他的意思。在维果茨基看来,这种对话是儿童认知加工的一种基本手段,经常被儿童用来管理活动和给自己下达指令。自我中心的言语是内化知识发展道路上的一个步骤,因而儿童在日常的社会经验中往往是在成人或年长的同伴借助语言的指导下获得认知能力的发展。

2. 最近发展区

维果茨基最重要的贡献之一是提出最近发展区概念。最近发展区是指儿童"通过独立解决问题而确定的实际发展水平"与"在成人指导下或与能力更强的同伴合作解决问题而确定的潜在发展"之间的差异。维果茨基用这个概念来表示,如果儿童在成人或更有经验的孩子的帮助下能解决这个问题,那么这个问题就在他们的最近发展区。在儿童发展的过程中,儿童始终处于能够理解和解决不同学习问题的边缘,儿童需要的是有条理的解释、示范、提示,以及大量的鼓励,以增强自己继续尝试的信心。如果在他人的支持和帮助下,儿童仍然不能解决这个问题,那么很可能是这个问题太难了,超出了他们的最近发展区范围。

最近发展区这个概念不仅描述了儿童的认知发展如何从与更有经验的伙伴的社会互动中产生,也提供了一种评估儿童在最佳条件下的认知发展的方法——针对儿童特定的学习需要,在儿童现有能力的基础上为儿童的认知发展创造条件。维果茨基从最近发展区概念出发,提出用动态评估法评估儿童的学习。传统的评估方法是测量孩子在评估时的表现,然后将其与类似年龄的孩子的平均表现进行比较。与传统的评估方法不同,动态评估较少关注孩子已经学习了什么,或者他们目前的表现,而是关注他们能够学习什么,特别是需要什么来帮助他们充分发挥潜能。

3. 支架

维果茨基的最近发展区概念强调教师要在儿童认知的最近发展区为其创造支持性的学习环境。当有经验的教师能够描述或分解认知活动、示范解决问题的新策略、鼓励和支持儿童参与问题中较困难的部分时,儿童有机会从事更高级的认知活动。因而,支架是最近发展区密切相关的一个概念,并发展为一种重要的教学形式。支架式教学是以鼓励、提问、示范等形式为孩子提供支持,分解、简化儿童需要解决的任务,让儿童做比较简单的环节,增强儿童解决任务的信心。在支架式教学的过程中,随着儿童熟练程度的提高,教师会逐渐减少他提供的支持,这样最终孩子就可以自己胜任这个任务了。

当儿童在玩一个拼图游戏遇到困难时,成人不要简单地告诉儿童具体的操作步骤,而要问一些提示性的问题:"哪个拼版的形状和这个一样?""哪个拼版的图案可以和这里结合?"要让儿童思考他们可以通过哪些不同的线索来一步步地完成拼图游戏。当成人这样做的时候,就是在为儿童提供支架,把一个复杂的拼图游戏分解为一步步具有可操作性的任务,为儿童最终完成对他们而言十分复杂的任务奠定一个基础。当儿童掌握这种分解、思考问题的方法后,在完成一个新的拼图时,儿童就学会了一些可以自己使用的技能。

维果茨基的理论提醒我们要认识到学习和认知的直接社会背景的重要性。通过最近发展区概念以及相关的支架概念,维果茨基为我们提供了评估儿童的认知潜力和支持儿童学习的新方法。我们可以通过确定儿童独自解决问题和与同伴共同解决问题之间的差距来评估儿童的学习潜力,即儿童的最近发展区。对教师而言,有效教学的目的是为儿童的学习提供支架,并随着儿童能力的提高而逐渐减少支架。

第三节　小学生的社会情感能力发展与教育

社会情感能力是指理解、管理和表达在个人生活中社会和情感方面的能力,使其能够成功地管理生活任务。理解社会情感能力的学习,有助于我们从认知和非认知的角度全面看待小学生的发展。

一、社会情感能力概念的提出与发展

埃里克森人格发展阶段论

20世纪30年代,皮亚杰提出认知发展阶段理论,开启心理学的认知革命。60年代,舒尔茨(Theodore Schultz)基于战后美国农业生产的恢复提出人力资本理论。[①] 这些对教育产生重大影响的理论观点使得理性主义主导着我们对儿童发展的理解,认为儿童发展主要是认知领域的发展。比如,在儿童道德发展领域,受到皮亚杰认知发展理论的影响,科尔伯格提出道德认知发展的三水平六阶段理论。科尔伯格认为,道德发展的核心与首要前提是道德认识或道德认知。这一理性主义模式首先遭到了来自吉利根(Carol Gilligan)、诺丁斯(Nel Nolddings)为代表的关怀理论的批评,她们认为理性主义的道德判断模式忽视了女性的感受和视角。随着研究者对情感在儿童发展过程中作用的研究不断深入,他们发现,理性和情感在儿童发展过程中都具有非常重要的作用。21世纪以来,借助神经成像技术,格林(Joshua Greene)提出道德判断的双加工模式,证实了认知推理和情绪加工在道德判断过程中均具有重要影响。[②] 因而,我们应该改变以往教育观念中仅重视儿童认知发展,而对情感在儿童发展中的积极作用认识不够的倾向。

1983年,加德纳(Howard Gardner)在《智力的结构》一书中提出多元智能理论。他认为,人的智力不是一种能力,而是一组能力的整合。每个人都至少存在七项智能,即语言智能、数理逻辑智能、音乐智能、空间智能、身体运动智能、人际交往智能、自我认识智能(此后又增加自然观察智能)。加德纳强调人际交往智能对儿童发展的重要意义。1990年,萨罗维和迈耶在题为《情绪智力》的文章中首次提出情绪智力的概念,他们认为,情绪智力是个体准确评估自我和他人的情绪、恰当地表达情绪以及适应性地调节情绪的能力。1995年,戈尔曼出版《情绪智力》一书,系统阐述了情绪智力的内涵、生理机制以及情绪智力的培养等问题。戈尔曼将情绪智力界定为五个方面:认识自己情绪的能力;妥善管理自己情绪的能力;自我激励的能力;理解他人情绪的能力;人际关系的管理能力。同期,戈尔曼与格罗沃尔德创立美国学业、社会和情感学习联合会(the Collaborative for Academic, Social, and Emotional Learning),提倡以家庭、社区和学校联合推动社会情感学习项目,为学生创造安全、有爱心的学习环境,培养学生的社交、认知和情感技能。

二、社会情感能力的积极作用

小学生需要认识到自己的情绪变化,比如初入学校的紧张、害羞,以及努力实现目标之

[①] Schultz, T. Investment in Human Capital[J]. The American Economic Review, 1961(1): 1-17.
[②] Greene J D, Nystrom L E, Engell A D, et al. The neural bases of cognitive conflict and control in moral judgment[J]. Neuron, 2004, 44(2): 389-400.

后的自豪感等;小学生需要理解他人的情绪反应,理解他人的言语和非言语交流,以同理心去感受他人的情绪和处境;小学生也需要合作和协调技能,从而与同龄人合作共同解决面临的问题。如果欠缺这些能力,将会引发诸如校园欺凌、心理抑郁等问题,并影响学生的学业成绩。

有鉴于此,欧美国家从20世纪90年代开始尝试通过社会情感学习项目提升学生的社会情感能力,解决前述问题。提升学生的社会情感能力,从建立积极的情绪方面讲,可以建立安全、有关怀的学习环境,增强学生对学校、班级的归属感,进而提升学生的学习动机;从减少消极的问题方面讲,学生通过掌握一系列社交和情感能力,可以减少校园欺凌、心理抑郁等问题。实证研究表明,社会情感学习项目有助于改善学生心理健康、减少学生问题行为、提升学生学业成绩。杜拉克(Joseph Durlak)及其团队对以学校为基础的社会情感学习项目的元分析表明,213个项目共涉及270 034名学生在社会情感能力、对自己和他人的态度、积极的社会性行为、问题行为、情感抑郁和学业表现六个方面均有显著提升。[1] 近年来的实证研究也不断证实社会情感能力对学生发展的积极作用。因而,学校不仅需要培养学生的认知能力,也需要培养学生的社会情感能力,在促进儿童全面发展方面发挥积极作用。

社会情感能力对学生发展的积极作用已经得到国际社会的广泛认可。为了达到社会情感能力的积极作用,学校应该积极与家长和社区合作,提供教育机会,提高学生的自我管理、解决问题、决策和沟通技能;传递亲社会价值观和对自我、他人及工作的态度。目前,国内外正广泛开展多项实证研究,细致探讨社会情感能力对学生发展产生积极作用的影响机制以及有效提升学生社会情感能力的具体策略。在此,我们分别介绍两个在国际及国内产生重大影响的社会情感能力项目,即美国学业、社会和情感学习联合会开展的社会情感学习项目和经济合作与发展组织(Organization for Economic Cooperation and Development)开展的社会情感能力项目。

视频:小学五年级校会展示活动

三、美国学业、社会和情感学习联合会开展的社会情感学习项目

美国学业、社会和情感学习联合会是国际上最早也是最具影响力的社会情感能力研究与实践组织。学业、社会和情感学习联合会以戈尔曼的情绪智力模型为基础,提出社会情感能力的五个维度,具体包括自我意识、自我管理、社会意识、负责任的决策和人际关系技能五个维度。自我意识是指准确认知自己的情绪和思想及其对行为的影响的能力,包括准确评估自己的优势和局限性,拥有良好的自信和乐观。自我管理是指在不同情境中有效调节自己的情绪、思想和行为的能力,包括管理压力、控制冲动、自我激励、设定并努力实现个人和

---

[1] Durlak J A, et al. The Impact of Enhancing Students' Social and Emotional Learning: A Meta-Analysis of School-Based Universal Interventions[J]. Child Development, 2011, 82(1): 405-432.

学业目标。社会意识是指能够从不同背景和文化的角度出发，同情、理解他人的社会和道德规范，认识家庭、学校和社区资源和支持。人际关系技能是指与不同的个人和团体建立并维持健康和有益的关系的能力，包括清楚地沟通，积极地倾听、合作，抵制不适当的社会压力，建设性地协商冲突，以及在需要时寻求和提供帮助。负责任的决策是指在考虑道德标准、安全问题、社会规范、对各种行为的后果进行现实评估以及实现自我和他人的福祉的基础上，对个人行为和社会互动做出建设性和尊重选择的能力。

　　基于上述五个维度的社会情感能力框架，学业、社会和情感学习联合会开发了社会情感能力测量工具，以此开展基于实证的社会、情感和学业的学习。自1997年在《促进社会情感学习：教育者指导手册》中提出从班级与学校两个层面提高学生的社会情感能力以来，经过长期且大规模的学校实践，学业、社会和情感学习联合会已经探索出一套行之有效的社会情感能力干预框架。学业、社会和情感学习联合会认为，有效的社会情感学习项目具有以下特征：第一，社会情感学习项目可以有效提升学生的社会情感能力，进而减少问题行为、提升学业成绩，并对学生在学习与生活中获得成功产生长远影响。第二，家庭、社区与学校应该通力合作，共同开展社会情感学习项目，为学生社会情感能力的发展提供必要的支持。第三，学校层面的干预要关注班级内的课程教学、学校的支持性氛围以及校内外伙伴关系三个方面。① 为推广社会情感学习项目，学业、社会和情感学习联合会先后发布多份报告，介绍了经过验证有效的社会情感学习项目。如2013年，学业、社会和情感学习联合会发布的《有效的社会情感学习项目（学前和小学版）》介绍了包括RULER项目在内的80个社会情感学习项目的基本信息。② 在此，我们简要介绍RULER项目的基本情况。

　　RULER项目是耶鲁大学情绪智力中心开发的旨在促进幼儿园到八年级学生社会情感能力的学习项目，包括识别（recognizing）、理解（understanding）、标识（labeling）、表达（expressing）和调节（regulating）情绪。RULER项目的核心内容是一套培养学生社会情感能力的课程，教授学生如何识别自己和他人的情绪，理解情绪状态的原因和后果，使用课程中介绍的一系列词语来标记情绪，调节自己的情绪，并以适合社会的方式表达情绪。RULER的实施需要两年，在第一年，教师学习并教授情感素养的四种工具，包括共同宣言、情感测量表、情感调整方法和问题解决策略，旨在帮助教师和学生发展他们的自我和社会意识、同理心和观点采摘能力，以及培养健康的情感氛围。随后，教师学习将前述方法融入学校课程，并根据学生认知水平和情感发展阶段，教授"情绪词汇课程"，帮助学生准确地描述情感，培养学生在实际场景中应用所学到的情感技能。一项针对五年级和六年级学生的研究显示，接受干预后，学生的情绪技能（识别、理解、标记、表达和调节情绪）、人际技能（社

---

① Durlak J, Domitrovich C, Weissberg R, et al. Handbook of Social and Emotional Learning：Research and Practice [M]. The Guilford Press，2015：34-36.
② CASEL. Effective Social and Emotional Learning Programs——Preschool and Elementary School Edition [R]. CASEL，2013.

能力)和学业成绩都得到了改善。①

四、经济合作与发展组织实施的社会情感能力项目

经济合作与发展组织在全球持续开展的国际学生评估项目(PISA)对世界各国教育产生了重要影响,但因其对学生的评价偏重学生的认知能力,忽视非认知能力等原因而受到质疑。经济合作与发展组织认识到推动个人成功和社会进步的能力是多维的,除了认知能力,社会情感能力等非认知因素对于个人福祉和社会经济进步也具有重要作用。2012年,经济合作与发展组织在教育与社会进步项目中加入非认知能力对个体和社会发展的影响,并于2013年启动专注于学生社会情感能力的国际学生测评项目(The Study on Social and Emotional Skills,简称SSES项目)。我国江苏省苏州市151所学校的7 550名学生及家长参加了该项目在全球的首轮测评。

作为政府间国际经济组织,对于跨国比较和经济回报的关注使得经济合作与发展组织在确定社会情感能力的定义、理论基础和干预措施时,显示出与作为学术组织的美国学业、社会和情感学习联合会的差异。SSES项目认为,社会情感能力是指表现为一致的思想、感情和行为模式,能够通过正式和非正式的学习经历发展起来的,并且能显著提升个人社会经济收获的能力。SSES项目的定义凸显了社会情感能力可以通过环境变化和教育投入得到增强,从而提升个人的未来收获。②

SSES项目为了比较不同国家学生的社会情感能力,需要形成具有较高的跨文化性的社会情感能力框架。经过梳理相关研究,SSES项目选择具有跨文化性的大五人格理论作为项目的理论基础。大五人格是一种经典的人格分类方法,它把个体的人格分为五个大类:外倾性、宜人性、责任心、情绪稳定性(又称神经质性)和开放性。由此,SSES项目将社会情感能力划分为任务表现、情绪调节、协作能力、开放思维、与人交往以及复合技能六大维度,包含十七项二级能力。任务表现包括自律、责任与毅力;情绪调节包括抗压、乐观与情绪控制;协作能力包括同理心、信任与合作;开放思维包括包容性、好奇心与创造性;与人交往包括社交能力、自信与活力;复合技能是在大五人格理论之外增设的维度,包括成就动机和自我效能。

经济合作与发展组织实施社会情感能力调查项目的目的是向参与项目的城市和国家提供学生社会情感能力发展状况的信息,在此基础上,探究影响学生社会情感能力发展的影响因素和机制,从而为提升学生社会情感能力提供支持。为此,SSES项目基于生态系统理论,将学生社会情感能力发展的环境分为家庭、社区、学校及工作场所。相较于其他社会情感能力项目,SSES项目特别强调了工作场所对社会情感能力的影响。具体而言,家庭层面的影响因素包括家庭社会经济状况、家庭教养方式、亲子互动等,支持性和温暖的家庭氛围能够

---

① Brackett M A, Rivers S E, Reyes M R, et al. Enhancing Academic Performance and Social and Emotional Competence with the RULER Feeling Words Curriculum[J]. Learning and Individual Differences,2012,22(2):218-224.
② OECD. Skills for Social Progress:The Power of Social and Emotional Skills[R]. 2015:35.

提高儿童的认知、社会和情感技能,有父母参与阅读、讲故事和唱歌的儿童,不仅有更高的社会情感能力,而且有更高的学习积极性。社区层面的影响因素包括社区文化活动、社会网络、公共服务和公共安全等。社区文化中心、体育协会、志愿服务组织等开展的活动为学生社会情感能力的发展提供机会,社区其他家长提供的社会支持和养育子女的信息也有助于父母培养儿童的社会情感能力。学校层面的影响因素包括课堂教学、课外活动以及同伴关系。如果课程明确地将社会情感能力纳入学习过程,那么在语文、数学这些国家课程中就可以有效地教授社会情感能力。此外,学生作为班级代表参与学校治理和课堂管理,可以培养学生沟通、团队合作和承担责任等能力。工作场所层面的影响因素包括工作类型、培训机会和管理风格等,工作场所可以传递有益的社会情感能力,如有效沟通、团队合作和自我效能感等技能。

第四节　小学生的权利与义务

受传统儿童观念的影响,忽视儿童需要、侵犯儿童权益的现象时有发生。是否明确并有效保障儿童权利体现了学校对现代儿童理念的理解和实践。小学生享有基本的权利,也遵守相应的规范,履行相应的义务。因而,在本部分中,我们将首先阐明儿童权利的含义及其发展,其次具体介绍儿童享有的基本权利和需要履行的义务。

一、儿童权利的含义及发展

儿童权利是指儿童在道德上或法律上可以正当享有或被正当对待的权益。由于儿童权利与成年权利的根本区别在于儿童的脆弱性和依赖性,儿童的自主意识和理性能力尚处于发展中,且没有保护自己的手段,因而,学术界对于儿童是否在道德上拥有权利尚存在争议(如给予儿童多大程度的自主权),倾向于从法律保障儿童福利权利(welfare rights)的角度看待联合国以及各国内部制定的各项儿童权利规章。

在传统社会,一方面,受"师道尊严""严师出高徒"等教育观念的影响,教师凭借文化传统和专业知识成为学校教育中的权威。对于学生而言,只有服从的义务,没有个体的权利。另一方面,成人认为,儿童的心智发展尚不成熟,无法理解如何合理行使权利,会滥用、误用儿童权利,以儿童权利为理由反对教师合理的教育要求。而现代儿童观念则认为,儿童是有权利和尊严的人,儿童需要被作为具有独立人格和自主意识的个体对待。大量的儿童研究表明,儿童一出生就有一定的自主意识和理性能力,而不是在某个时刻突然具备这种意识和能力,儿童自我意识和理性能力的成长需要在成人的尊重和保护中随着年龄的自然成长而逐渐发展,最终克服其脆弱性和依赖性。因而,教育工作者必须尊重和保障儿童的权利,鼓励和支持儿童运用自己的权利,促进儿童的全面健康发展。

随着社会的发展,现代儿童观念逐渐普及,各项法律法规日益完善,儿童作为权利主体其合法权益得到较为完善的保障。国际方面,1924 年 9 月,国际联盟通过《日内瓦儿童权利宣言》,第一次以国际组织文本的形式提出保障儿童基本权利。1959 年 11 月,联合国发表的《儿童权利宣言》明确了各国儿童应当享有的各项基本权利,并阐述了权利的普遍性、特殊保护的权利,以及不受歧视的权利等十项保护儿童权利的原则。1989 年 11 月,联合国大会通过了《儿童权利公约》,其中明确指出儿童是指 18 岁以下的未成年人,具体规定了全世界儿童应该享有的包括生存权、发展权、受保护权与参与权等基本权利。不歧视原则、儿童的最大利益原则、尊重儿童权利与尊严原则和尊重儿童意见原则是《儿童权利公约》规定的儿童基本权利的思想核心。截至 2021 年 3 月,全世界共有 196 个国家签署加入《儿童权利公约》①,《儿童权利公约》成为具有法律约束力且获得最广泛批准的国际儿童权利规章。国内方面,国家先后颁布的《中华人民共和国宪法》《中华人民共和国教育法》《中华人民共和国义务教育法》《中华人民共和国未成年人保护法》等法规对学生享有的权利做出规定,广泛涵盖了儿童的生存权、受教育权等基本权利。2021 年 3 月,教育部颁布《中小学教育惩戒规则(试行)》,专门对教师禁止实施的七类不当教育行为做了明确和细化,切实保障学生的基本权利。

二、小学生享有的权利

若要引导学校尊重并保障儿童权利、教导学生履行应尽的义务,首先需要梳理儿童在学校教育中享有哪些基本权利。明确小学生的权利和义务,不仅有助于小学生的健康成长,也是依法治教的体现。《中华人民共和国教育法》第 43 条具体规定了学生享有的四类权利:参加教育教学计划安排的各种活动,使用教育教学设施、设备、图书资料;按照国家有关规定获得奖学金、贷学金、助学金;在学业成绩和品行上获得公正评价,完成规定的学业后获得相应的学业证书、学位证书;对学校给予的处分不服向有关部门提出申诉,对学校、教师侵犯其人身权、财产权等合法权益,提出申诉或者依法提起诉讼。通过梳理国际及国内相关规章对儿童权利的规定,我们可以将儿童权利分为保护、提供和参与三种类型。

1. 小学生享有的保护类权利

小学生属于未成年人,心智发展不成熟,无法有效识别学校及周围环境中可能存在的危险,缺乏必要的应对危险的能力,因而,学校要加强对学生的安全教育,并在建筑设施、食品、消防、校园活动等方面排除安全隐患,为学生提供安全的学习环境,保障学生的生命健康权、人格尊严权等基本权利。联合国《儿童权利公约》第 19 条规定:"各国政府必须保护儿童不遭受任何养育人或者监护人任何形式的暴力、虐待和忽视。"《中华人民共和国义务教育法》第 23 条规定:"各级人民政府及其有关部门依法维护学校周边秩序,保护学生、教师、学校的合法权益,为学校提供安全保障";第 24 条规定:"学校应当建立、健全安全制度和应急机制,对学生进行安全教育,加强管理,及时消除隐患,预防发生事故"。《中华人民共和国教师法》第 8 条规定:"制止有害于

---

① 1991 年 12 月,我国批准加入联合国《儿童权利公约》。

学生的行为或者其他侵犯学生合法权益的行为,批评和抵制有害于学生健康成长的现象。"

人格尊严是儿童的一项基本权利,学校教育要尊重儿童的人格尊严权利,避免贬损人格的现象发生。人格贬损包括教师或同伴通过肢体暴力或语言暴力的形式体罚、羞辱儿童,对儿童造成身体或心理伤害的行为。当前学校中肢体暴力的现象已经得到社会各界的广泛关注,但语言暴力的问题因造成的影响是隐性的,部分教育工作者还未给予足够的重视。《中小学教育惩戒规则(试行)》以划定这些"红线"的方式,具体规定了学校要保障学生的生命健康权利和人格尊严权利。

教师在教育教学管理、实施教育惩戒过程中,不得有下列行为:

一是身体伤害,以击打、刺扎等方式直接造成身体痛苦的体罚;

二是超限度惩罚,超过正常限度的罚站、反复抄写,强制做不适的动作或者姿势,以及刻意孤立等间接伤害身体、心理的变相体罚;

三是言行侮辱贬损,辱骂或者以歧视性、侮辱性的言行侵犯学生人格尊严;

四是因个人或者少数人违规违纪行为而惩罚全体学生;

五是因学生个人的学习成绩而惩罚学生;

六是因个人情绪、好恶实施或者选择性实施教育惩戒;

七是指派学生代替自己对其他学生实施教育惩戒。

2. 小学生享有的提供类权利

对于学生而言,最重要的任务是接受教育,因而,受教育权是学生在学校最主要的权利。政府及学校应该创设条件,保障学生的受教育权利,满足学生差异化的学习需求。联合国《儿童权利公约》第 28 条规定:"儿童都有接受教育的权利。小学教育应当免费,同时每个儿童都应拥有接受中等和高等教育的机会,应当鼓励所有儿童去接受尽可能高层次的教育。学校在处理学生纪律问题时,应当尊重学生的权利,并且永远不能使用暴力。"《中华人民共和国义务教育法》第 13 条规定:"县级人民政府教育行政部门和乡镇人民政府组织和督促适龄儿童、少年入学,帮助解决适龄儿童、少年接受义务教育的困难,采取措施防止适龄儿童、少年辍学";第 43 条规定:"义务教育经费投入实行国务院和地方各级人民政府根据职责共同负担""各级人民政府对家庭经济困难的适龄儿童、少年免费提供教科书并补助寄宿生生活费"。

在助学方面,自 2001 年起,我国在农村地区义务教育阶段实行免学杂费、免教科书费、补助寄宿生生活费的助学政策,该政策于 2017 年推广至全国城乡地区。2011 年秋季学期起,国家为农村义务教育阶段学生提供营养膳食补助。在特殊儿童教育方面,《中华人民共和国义务教育法》第 19 条规定:"县级以上地方人民政府根据需要设置相应的实施特殊教育的学校(班),对视力残疾、听力语言残疾和智力残疾的适龄儿童、少年实施义务教育;特殊教育学校(班)应当具备适应残疾儿童、少年学习、康复、生活特点的场所和设施。"

3. 小学生享有的参与类权利

学生在学校的参与程度是影响学生在学校教育收获多少的重要因素,无论是课堂的教学参与还是课后的活动参与,都创造了学生成长的机会。在事关学生利益方面的学校政策上,听取学生的声音不仅可以增强学生的能力,还可以帮助学校更科学、有效地决策。因而,学校应该保障学生的参与权利。联合国《儿童权利公约》第12条规定:"儿童有权对影响到自己的事情自由发表意见。大人应当认真听取、重视并思考儿童的意见。"我国《义务教育学校管理标准》第54条规定:"采取启发式、讨论式、合作式、探究式等多种教学方式,提高学生参与课堂学习的主动性和积极性";第84条规定:"发挥少先队、共青团、学生会、学生社团的作用,引导学生自我管理或参与学校治理"。

三、小学生应该履行的义务

学生的义务是指按照相关法律法规的要求,在参加教育活动中必须承担的责任。《中华人民共和国教育法》第44条具体规定了学生必须履行的四类义务:遵守法律、法规;尊敬师长,养成良好的思想品德和行为习惯;努力学习,完成规定的学习任务;遵守所在学校或者其他教育机构的管理制度,遵守学生行为规范。

第一,小学生应该遵守法律、法规。遵守国家的法律是每个公民必须履行的基本义务。2015年以来,"道德与法治"已经成为中小学的必修课程,法治教育成为小学教育日益凸显的重要内容。小学法治教育不仅仅要教授其法律知识,而且要树立法治意识和法治观念,将学生培养成为知法、懂法、守法、用法的未来公民。小学阶段要注重对学生的法治启蒙教育,通过渗透与小学生息息相关的《未成年人保护法》等相关内容,使学生具备初步的法律意识、权利意识和自我保护意识。

第二,小学生应该尊敬师长,养成良好的思想品德和行为习惯。根据科尔伯格的道德认知发展阶段理论,小学生处于习俗水平阶段。这个阶段的儿童有基本的规则意识和道德判断能力。小学生会试图努力成为家长眼中的好孩子、教师眼中的好学生,因而,学校应该积极抓住这个契机,通过学习道德与法治课程、参与班队活动等形式,引导学生尊敬师长,把行为规范的要求内化为个人良好的品德,外化为优秀的行为习惯。

第三,小学生应该努力学习,完成规定的学习任务。小学属于义务教育阶段,因而,努力学习并完成规定的学习任务带有强制性,是每个学生都必须遵守的义务。在我国现有学制体系中,每个学段都有相应的学习目标和学习任务。小学阶段是学生学习的基础阶段,小学生如果不努力完成规定的学习任务,就难以适应初中阶段学习,无法顺利完成九年义务教育的学习目标和学习任务。

第四,小学生应该遵守学校的管理制度,遵守学生行为规范。学校生活属于集体生活,相较于幼儿园的保教性质,小学阶段的学习和生活更强调规则和纪律。"无规矩不成方圆"。学校的管理制度对学生的学籍、品德、教学等方面予以规范,使得学校各项活动的开展有规可循,是学校安全、有序运作的基本条件。教育部于2015年修订颁布的《中小学生守则》涵盖了学生德智体美劳全面发展的基本要求,有助于规范学生的日常言行举止,培养小学生的规则意识和守法意识。当前,学校教育鼓励学生的个性发展,但人既是一个个体的存在,又是一个社会的存在。学校教育应该在起始阶段就引导小学生认识到学校管理制度、学生行为规范的权威性,让小学生通过学校规章制度的学习,主动维护学校教育教学秩序,逐步形成对社会规范的认同。

中小学生守则(2015年修订)[①]

1. 爱党爱国爱人民。了解党史国情,珍视国家荣誉,热爱祖国,热爱人民,热爱中国共产党。
2. 好学多问肯钻研。上课专心听讲,积极发表见解,乐于科学探索,养成阅读习惯。
3. 勤劳笃行乐奉献。自己事自己做,主动分担家务,参与劳动实践,热心志愿服务。
4. 明礼守法讲美德。遵守国法校纪,自觉礼让排队,保持公共卫生,爱护公共财物。
5. 孝亲尊师善待人。孝父母敬师长,爱集体助同学,虚心接受批评,学会合作共处。
6. 诚实守信有担当。保持言行一致,不说谎不作弊,借东西及时还,做到知错就改。
7. 自强自律健身心。坚持锻炼身体,乐观开朗向上,不吸烟不喝酒,文明绿色上网。
8. 珍爱生命保安全。红灯停绿灯行,防溺水不玩火,会自护懂求救,坚决远离毒品。
9. 勤俭节约护家园。不比吃喝穿戴,爱惜花草树木,节粮节水节电,低碳环保生活。

本章小结

小学生正处于童年期,教师应该把小学生当作儿童看待,这是现代儿童观对学校教育提出的要求。现代儿童观就是要"发现儿童",尊重并培养学生的自主性,为儿童的发展提供支持性的成长环境。在促进儿童发展方面,不仅要关注儿童的认知能力发展,还要关注儿童的社会情感能力等非认知能力的发展。教师需要认识到儿童发展认知因素和非认知因素的相互作用,促进学生的全面健康成长。受传统儿童观念的影响,忽视儿童需要、侵犯儿童权益的现象时有发生,因此,学校教育既要教导小学生明确自身享有的基本权利,也要引导小学生遵守相应的规范,履行相应的义务。

思考题

1. 传统儿童观和现代儿童观的根本差异是什么?
2. 学生的认知发展主要是内在认知结构的发展还是社会经验的内化?
3. 学生的社会情感能力和认知能力之间是什么关系?
4. 小学生享有权利的依据是什么?

[①] 教育部.教育部关于印发《中小学生守则(2015年修订)》的通知[EB/OL].(2015-8-25). http://www.gov.cn/gongbao/content/2016/content_5033904.htm.

拓展阅读

1. 菲力浦·阿利埃斯.儿童的世纪：旧制度下的儿童和家庭生活[M].沈坚,朱晓罕,译.北京：北京大学出版社,2013.

2. 菲利普·W.杰克逊.课堂生活[M].丁道勇,译.北京：北京师范大学出版社,2021.

3. 斯滕伯格,等.教育心理学[M].张厚粲,译.北京：中国轻工业出版社,2003.

4. 曹慧,毛亚庆.美国"RULER 社会情感学习实践"的实施及其启示[J].比较教育研究,2016,38(12).

5. 屈廖健,刘华聪.能力测评转向：经合组织学生社会情感能力调查项目研究[J].比较教育研究,2020,42(7).

第七章
小学教师

学习目标

1. 了解小学教师职业发展的历程,理解小学教师的职责和劳动特点。
2. 理解小学教师的权利和义务,熟悉国家有关教育法律法规所规范的小学教师教育行为,并能够依据国家教育法律法规,分析评价教师在教育教学实践中的实际问题。
3. 明确作为一名合格的小学教师应该具备的专业素养。
4. 了解教师专业发展的意义,理解教师专业发展的内涵、途径和阶段。

视频:小学教师专业发展

内容脉络

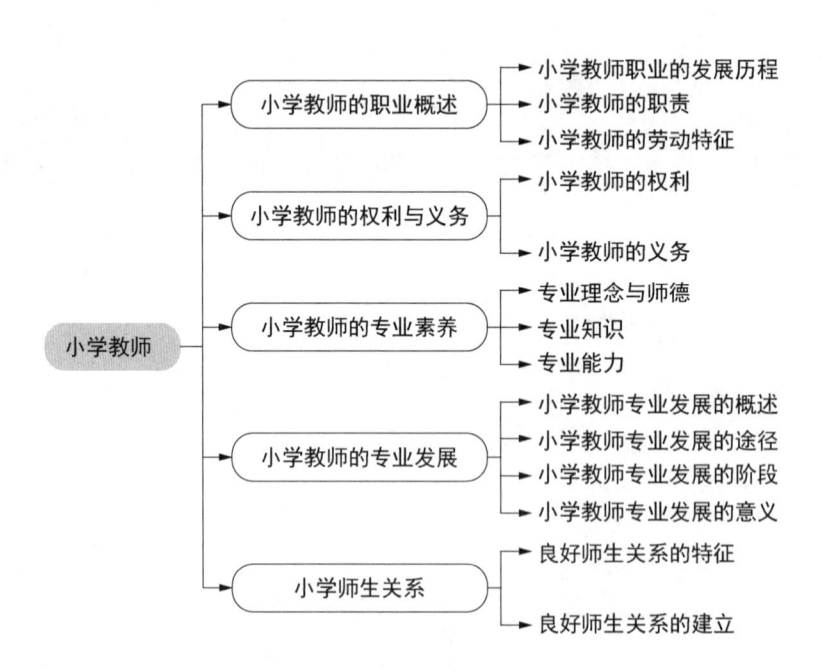

小学教师
- 小学教师的职业概述
  - 小学教师职业的发展历程
  - 小学教师的职责
  - 小学教师的劳动特征
- 小学教师的权利与义务
  - 小学教师的权利
  - 小学教师的义务
- 小学教师的专业素养
  - 专业理念与师德
  - 专业知识
  - 专业能力
- 小学教师的专业发展
  - 小学教师专业发展的概述
  - 小学教师专业发展的途径
  - 小学教师专业发展的阶段
  - 小学教师专业发展的意义
- 小学师生关系
  - 良好师生关系的特征
  - 良好师生关系的建立

第一节　小学教师的职业概述

一、小学教师职业的发展历程

教师职业的发展是随着社会文明和教育的发展而不断演进的，小学教师作为教师群体的一部分，其发展历程随着整个教师职业的发展而呈现出不同的特征，主要经历了非职业化阶段、职业化阶段、专门化阶段和专业化阶段四个阶段。

在原始社会，教育活动与生产劳动尚未分化，没有专门的教育机构，也没有专门的教师职业。这一阶段教师职业处于非职业化阶段，教育主要通过年长者向年轻一代传递日常生活经验而进行。

随着体力劳动和脑力劳动的逐渐分化，人类的教育活动逐渐进入一个自觉的历史时期，独立的教育机构开始产生。在这一阶段，为了能够把系统的、基本的读写能力和生活常识传递给下一代，小学教师伴随着教师职业的出现开始进入职业化阶段。但是这一阶段的教师职业尚未从其他职业中分化出来，主要由官吏或僧侣等具有一定文化知识和社会地位的人员来兼任。在中国呈现出"以吏为师"的特征，在西方则呈现出"以僧侣为师"的特征。

近代以来，随着工业革命和人类社会现代化进程的加快，社会对掌握一定知识和技能的劳动力需求不断增加。在此背景下，小学教育的规模不断扩大，现代学校如雨后春笋般出现，班级授课制取得了较大的发展。为满足学校和班级授课制对教师队伍的需求，法国基督教兄弟会于1681年创建了世界上第一所教师培养机构。随后，在欧美一些国家，专门培养师资队伍的机构也逐渐建立并增多。师资培养学校的出现，标志着教师职业逐渐开始从其他职业中分化出来，开始成为一种专门化的职业。

随着学校类型和教育受众的日益增多，教师的分工也逐渐细化，"术业有专攻"成为教师职业的发展趋势之一。自20世纪50年代开始，教师专业化的呼声日益高涨。1966年10月，国际劳工组织和联合国教科文组织在巴黎召开了关于教师地位的各国政府间特别会议，会议讨论并通过了《关于教师地位建议》的国际性教育文件，该文件认为，教师工作应该被视为一种专业，并明确指出"教师是可贵的专业人员"，"应采取措施向教师提供书籍和其他材料，提高他们的普通教育水平和专业资格"。[①] 随着教师资格证制度在世界范围内的推广，教师职业的专业性日益被确认。20世纪80年代，教师专业化的观念进入我国。1994年我国开始正式实施的《中华人民共和国教师法》中，明确规定"教师是履行教育教学职责的专业人

---

① 顾明远.教育大辞典(简编本)[M].上海：上海教育出版社，1999：129.

员",标志着教师职业的专业化资质在法律上得到了确认。① 1995年我国颁布了《教师资格条例》,对教师资格分类与适用、教师资格条件、教师资格考试、教师资格认定等做了初步的规定,标志着我国教师资格证制度的正式建立。②

小学教师作为教师队伍中不可或缺的重要组成部分,是履行教育教学任务、承担教书育人使命的专业人员。为促进小学教师的专业发展,建设高素质的小学教师队伍,2012年2月,教育部正式颁布了《小学教师专业标准(试行)》,对小学教师应具有的专业素养和所要开展的教育教学活动提出了要求。《小学教师专业标准(试行)》指出,"小学教师是履行小学教育工作职责的专业人员,需要经过严格的培养与培训,具有良好的职业道德,掌握系统的专业知识和专业技能",进一步明确了小学教师作为专业人员的角色身份。③

二、小学教师的职责

随着义务教育全面普及,教育需求从"有学上"转向"上好学",必须进一步明确"培养什么人、怎样培养人、为谁培养人",优化学校育人蓝图。小学教师作为履行小学教育教学工作职责的专业人员,是优化学校育人蓝图的实践者和行动者。正如韩愈在《师说》中所言:"师者,所以传道受业解惑也"。教师通过教育教学工作,促进年轻一代的社会化发展,完成教书育人的使命。所谓教育教学,是指教师作为学校教育的专职人员,以课堂教学为主阵地,通过科学文化知识的传授,使学生在学习过程中养成良好的习惯,获得基本的生活常识,形成正确的情感、态度和价值观。所谓教书育人,是指教师作为人类文明的传递者和学校教育的主导者,其最终目标是将学生培养成有理想、有道德、有文化、有纪律的社会主义建设者和接班人。具体而言,小学教师的职责主要包括以下几个方面。

(一)传递基础科学文化知识

人类文明之所以可以延续,就是依靠上一辈人不断地向下一辈人传递人类历史文明过程中积累的科学文化知识。学校是人类文明传播的聚集地,教师通过传播科学文化知识,推动人类文明的延续和发展。小学阶段是正规教育的第一阶段,是学生进行更高层级教育的基础,小学教育阶段的基本任务就是为学生身心发展奠定基础,使他们有能力开展下一阶段的学习和发展。因此,小学教育阶段所开设的语文、数学、英语、科学、思想品德、音乐等各门课程,都是以最基础的知识为主要内容,着重培养学生基本的读、写、算以及思考和动手能力,为小学生的进一步发展做准备。在这一过程中,教师作为教育教学的主导者和知识传授的践行者,实际上承担着基础科学文化知识的传递任务。为了能够更生动地传授基本的科学文化知识,小学教师需要综合考虑学生的心理特征、课程内容、教学目标等因素,在此基础

---

① 魏礼群.当代中国社会大事典(第2卷)[M].北京:华文出版社,2018:88-100.
② 中共中央宣传部政策法规研究室,国务院法制办公室教科文卫司.与宣传文化相关的法律法规条文汇编[M].北京:学习出版社,2013:299.
③ 教育部基础教育司.普通中小学校长工作手册[M].北京:教育科学出版社,2018:305-309.

上采用适当的教育教学方法和教学评价方式,以充分调动学生的积极性,引导学生主动学习、主动思考,使学生充分体会学习和探究的快乐。

(二) 帮助学生养成良好学习习惯

习惯是人们日积月累形成的行为方式,一经形成便不易更改。良好的学习习惯,是学生能够顺利、快乐地完成学业的必不可少的因素。因此,有人认为,中小学教育重要的目的之一,就是帮助学生养成良好的生活习惯和学习习惯。小学阶段是学生正式学习的第一阶段,他们刚刚开始进入学习生活,是其学习习惯形成的关键时期。研究表明,学生的学习习惯往往在小学阶段形成,且随着年龄的日益增长,错误的学习习惯日益难于纠正。因此,教师必须要充分发挥教书育人的使命,在教育教学过程中要主动培养学生良好的学习习惯,例如培养学生上课认真听讲、善于思考、课前预习、课后反思、制定学习计划的习惯等。与此同时,小学生在日常学习过程中不可避免地会或多或少地存在一些不良习惯,如坐姿不正确、做作业拖沓、上课总是有小动作等。面对这种情况,小学教师需要动之以情,晓之以理,适当采用惩罚策略,来帮助小学生克服自己的不良习惯。

(三) 塑造儿童心灵

教育是一个灵魂塑造另一个灵魂的过程,小学教师作为教育工作者,不仅要传授基础的科学文化知识,更重要的是塑造一个完整、健康的灵魂,为社会主义现代化建设培养德、智、体、美全面发展的建设者和接班人。[①] 这也是为什么很多人都将教师称为人类灵魂的工程师。学龄初期作为人生发展的重要阶段,是学生日后发展的基础,同时也是儿童智力和心理发展的关键时期,这一时期的儿童可塑性极大,在这一阶段,若儿童缺乏正确的指引,其发展路径很容易出现偏差。小学教师作为儿童成长和发展的启蒙者,其言行举止会在有意无意间影响小学生的行为。因此,小学教师需要具有高度的责任感和爱心,在面对不同的学生群体和学生个体时,因势利导,因材施教,引导小学生健康成长。

三、小学教师的劳动特征

作为专门承担小学教育教学任务的专业人员,小学教师的劳动目标、对象、方法、过程和结果的特点,决定了小学教师的劳动呈现出独有的特征。

(一) 示范性

小学教师工作的示范性是指在教育教学的交往活动中,教师的学识修养、思维方式和言行举止等各个方面会不自觉地影响学生的表现,成为学生模仿的对象。这一方面来源于教师在教育教学过程中的主导地位。在小学中,教师是传授新知识、进行班级管理、指导学生成长的专业人员,在师生关系中处于主导位置。加之尊师重教文化传统的影响,小学教师在儿童心中自然而然地便具有了相对权威地位,天然地对小学教师具有崇拜性和遵从性,这也

---

① 李荣兰.教师如何尊重学生[M].长春:东北师范大学出版社,2010:88.

是为什么很多在家里不听话的"小公主"或"小皇帝"在教师面前都会变成"乖孩子"。另一方面来源于小学生的向师性。小学生为 6—12 岁的儿童，其生理和心理发展尚不成熟，社会认知和社会经验较少。基于教师职业的身份特征，他们往往将教师作为某些方面的最高行为标准，对教师具有天然的向往、依附和模仿心理。正如黑格尔所说："教师是孩子们心中最完美的偶像。"① 他们会有意无意地模仿教师的言行举止和穿着打扮。这也是为什么小学生在与家长交流的过程中总会出现"老师说……"等现象。

"学高为师，身正为范"，小学教师工作具有强烈的示范性，是小学生身边最亲密的榜样和示范，直接影响着小学生品德、习惯和行为的形成，对小学生人生观、价值观和世界观的形成具有缔造作用。因此，小学教师在日常教育教学工作中必须要加强自身修养，时刻规范自己的言行举止，传递正确的情感、态度与价值观，通过自身的示范作用，引导小学生的健康成长。

（二）创造性

小学教师工作的创造性是指教师工作并非一成不变，而是基于不同的教育情景、不同的学生群体和不同的教育内容，在教育教学理论指导下能动地、创造性地选择教育策略和方法。正所谓"教无定法"，在同样的教育情景中传授同样的教育内容，面对不同学生群体（如成绩差异、年龄差异、性别差异等），为了达到更好的教育教学效果，教师需要选择不同的教育方法。与此同时，小学生正处于情绪稳定性和持久性较差的心理阶段，个体的差异性和心理发展的不成熟性，使小学教师在教育教学过程中会面临着更多的突发状况。面对这些情况时，并没有一成不变的公式或程序供小学老师进行选择，需要小学老师根据具体情境、依据教育理论和实践经验，创造性地形成解决问题的具体策略。这个创造性的工作过程，实际上就是教育理论与教育实践之间的中介内容，我们可以称之为教育机智或实践性知识。

小学教师工作过程中独特的创造性，要求小学教师具有一定的教育机智，使教师在面对不同的小学生群体和教育教学突发事件时，能够及时、迅速、准确地做出判断，选择正确的教育教学方式和路径，促进小学生的全面发展和个性发展。

（三）基础性

小学教师工作的基础性是指小学教师的工作内容和职责主要是向小学生传递一些基本的知识、技能和认识。小学教育阶段是学生接受义务教育的第一阶段，是基础教育的重要组成部分。小学教育的对象一般是 6—12 岁的适龄儿童，此时他们正处于身心迅速发展的阶段，虽然对社会生活有了一些基本的认识和尝试，但其认识和发展还是不完善和不成熟的。小学阶段的教育目标主要是引导小学生初步掌握阅读、书写、计算和表达的基本知识与能力，初步形成自我管理和明辨是非的能力，养成良好的学习习惯和生活习惯。这些知识、能力和习惯的掌握，是小学生进一步学习的基础。小学教师作为学校教育的核心和灵魂，是小学教育目标实现的主要行动者和实施者。因此，小学教师一方面需要向小学生传递一些基

---

① 崔慧旭，李涛.班级管理那些事儿：用心理智慧沟通[M].长春：东北师范大学出版社，2015：175.

本的读、写、算等学科知识,为小学生接受更高阶段的教育奠定知识基础;另一方面,也需要在日常的教育教学过程中,培养学生形成良好的行为习惯和生活常识,为小学生的健康发展奠定社会化基础。

基于小学教师工作的基础性,小学教师在日常教育教学工作中需要充分尊重学生身心发展的规律和特点,引导学生掌握基本的知识、技能和认识。在知识传授过程中,要更多地通过直观、多样、活泼的形式来呈现基本知识与技能;在学生发展过程中,要关注学生学习习惯、卫生习惯和品德习惯的养成。

(四) 情感性

小学教师工作的情感性是指教师工作除了脑力劳动和体力劳动外,还涉及诸多情感因素。在教师工作过程中包含着各种基于理性的判断,但仅仅有理性判断是不够的,喜悦、欣慰、开心、沮丧等情感性因素都伴随着教师的工作过程。这些感情因素是教师工作区别于其他工作的一个重要特征,彰显着教师工作的价值和人文性。正如《小学教师专业标准》中明确规定,小学教师应"关爱小学生,尊重小学生人格,富有爱心、责任心、耐心和细心"。[1] 这也是为什么有的学者将教师工作分为体力劳动、脑力劳动和情感劳动三部分的重要原因。教师工作的情感性一方面表现为教师需要感同身受,理解并关心学生的情感。[2] 小学生正处于心理发展尚未成熟的阶段,很多想法略显童真,教师需要倾听学生的想法,关注学生的感受,站在小学生的立场去思考和理解问题,而不是将自己的认识和情感强加于学生。另一方面,教师工作的情感性表现为教师能够在不同的教育情境中适当地表达和控制自己的情绪。例如,当小学生犯错误时,教师首先要做的不是生气和采取强制手段批评教育,而是应该设身处地地去了解学生犯错误的原因,理解学生的心情和动机,在此基础上动之以情、晓之以理,引导学生认识到自己的错误。

小学教师工作的情感性要求在教师发展过程中,除了关心小学教师专业知识和专业技能的掌握外,还要给予小学教师情感发展和专业理念上更多的指引,让每个小学教师成为"有血有肉"的灵魂塑造者,而非单纯机械的"教书匠"。

(五) 时空无边界性

小学教师工作的时空无边界性是指小学教师工作的时间具有连续性,空间具有广延性。小学教师的工作包括教学工作和非教学工作两部分。教学工作是小学教师的直接性工作,包括课前备课、正式上课、课后作业批改和学生辅导等内容;非教学工作是教师的间接性工作,包括班级管理、学生指导、各项行政性工作、参与各种会议和科研等内容。除此以外,小学生正处于活泼好动的年纪,其心理和生理发展尚不成熟,控制力较差,意志力较薄弱,这就意味着相较于初中和高中教师,小学教师的教学工作和非教学工作(特别是班级管理)将会

---

[1] 中共中央宣传部政策法规研究室,国务院法制办公室教科文卫司.与宣传文化相关的法律法规条文汇编[M].北京:学习出版社,2013:299.
[2] 李亚玲.情绪认知与管理:走进教学中的内在体验[M].广州:华南理工大学出版社,2013:134.

面临着更多的挑战,需要小学教师付出更多的精力和时间,因此,小学教师的工作时间和空间便具有了更多的不确定性。其工作时间不仅仅课上讲授,也包括课下(甚至下班后)的批改作业、学生指导、家校联络等活动;其工作空间不仅仅在学校里,也包括在学校之外根据学生培养所需要进行的各项活动。正是因为小学教师工作时空的无边界性,有人这样形容小学教师的工作:"一日三餐时间不对,一时一刻不敢离位"。

小学教师工作时空的无边界性使小学教师的工作世界和生活世界往往没有明确的界限。在繁重而又缺乏完全放空的工作环境中,小学教师相较于其他阶段的教师往往更容易产生职业倦怠。因此,必须要加强小学教师的心理健康教育,正确引导中小学教师在工作和生活中寻找适合自身的平衡点和调节器,避免小学教师因工作时空的无边界性而导致情感、态度和行为的衰竭状态。

第二节 小学教师的权利与义务

《中华人民共和国教育法》第三十三条明确规定:"教师享有法律规定的权利,履行法律规定的义务,忠诚于人民的教育事业。"①教师的权利和义务是教师所享有和必须履行遵守的,是教师专门性职业的体现之一。当然,作为公民的一部分,教师也享有所有公民具有的权利,需要履行作为公民的义务。本章节对于教师权利和义务的论述,仅限于教师这一职业赋予教师的权利和要求教师履行的义务。

为保障教师群体的合法权益,促进教师队伍专业化建设,1993年10月31日,第八届全国人民代表大会常务委员会第四次会议通过了《中华人民共和国教师法》,并于1994年1月1日正式施行。《中华人民共和国教师法》的第二章基于教师的工作特征和职责,对教师的权利和义务进行了明确的规定。

一、小学教师的权利

教师的权利表现为教师可以自主做出或要求他人做出的一定行为,教师的地位主要通过教师的权利赋予。《中华人民共和国教师法》第二章第七条明确规定教师享有六项基本权利。②

(一)教育教学权

教育教学权是指教师进行教育教学活动,开展教育教学改革和实验的权利。这是教师最基本、首要的专有权利。

1. 教育教学活动

教育教学活动是指教师组织和进行课堂内外的各种教育性活动和教学性活动,是教师

---

① 马雷军,刘晓巍.教师法治教育[M].北京:中国民主法制出版社,2017:190.
② 魏礼群.当代中国社会大事典(第2卷)[M].北京:华文出版社,2018:88-100.

履行教书育人使命的路径,也是教师开展其他一切活动的基础。能否正常地开展教育教学活动,关系到教师教书育人使命的实现和教师工作职责的履行。任何组织和个人都不能以任何理由阻止教师进行正当的教育教学活动。教师组织和进行教育教学活动的内容和形式可以是多种多样的:既可以传授知识,也可以培养情感和价值观;既可以通过课堂教授,也可以通过小组合作学习;既可以在校内进行,也可以在条件允许的情况下组织校外实践活动。教师组织和实施教育教学活动时,应根据教育教学目标、学生实际情况、教学条件等自主选择开展教育教学活动的形式。

2. 教育教学改革和实验

教育教学改革和实验是指教师根据当前学校教学的实际情况,在一定的教育学或心理学理论的指导下,采取一定的措施和策略,更好地促进学生学习和发展的活动。如全国著名的语文教育专家李吉林在小学二年级的语文课程中创造性地开发出"口头作文""情境说话""观察情境作文""想象性作文"等独创的作文样式,让学生把生活中看到的、听到的、感觉到的美好的人和事写下来,改变了传统的作文写作路径,使学生能够体会到写作的快乐。① 但是,任何形式的教育教学改革和实验,都不能以任何理由和借口违背教育目标和道德伦理。

(二) 学术自由权

学术自由权是指教师从事科学研究、学术交流,参加专业的学术团体,在学术活动中充分发表意见的权利。

1. 从事科学研究、学术交流

教师从事科学研究和学术交流的权利是指教师在履行基本的教育教学工作基础上,可以根据教育教学实践和经验,在一定理论指导下,进行教育教学研究、撰写并发表论文、申报课题、组织学术交流和讨论活动的权利,这是教师作为专业技术人员最基本的体现之一,也是教师成为研究者最基本的要求。正如苏霍姆林斯基所言:"如果你(指校长)想让教师的劳动能够给教师带来一些乐趣,使天天上课不至于变成一种单调乏味的义务,那你就应当引导每一位教师走上从事一些研究这条幸福的道路上来。"②在教育变革加速的年代,教师工作和专业发展也都要求教师日益成为研究者,在此背景下,保障教师从事科学研究和学术交流的权利就显得日益重要。

2. 参加专业的学术团体

专业的学术团体是指开展教育教学研究的学术性集体组织,如我国于1979年4月12日成立的中国教育学会,是新中国成立最早、规模最大的全国性教育学术团体,已形成覆盖基础教育阶段所有学科和教育工作领域的专业组织体系,成为具有广泛学术影响和教育教学改革引领能力的教育学术组织。教师参加专业的学术团体权是指教师有参加专业的学术团

---

① 李吉林.大专家牵手"长大的儿童"[M].北京:人民教育出版社,2018:125-127.
② 秦初生,吕志革.小学教育研究方法[M].桂林:广西师范大学出版社,2014:12.

体组织的活动或成为专业的学术团体中的成员的权利。教师参加专业的学术团体，一方面有利于通过外部的交流活动了解最新的教育动态，更新教育观念，变革教育教学方法，促进教育教学水平的提高；另一方面，也有利于教师收集教育科研信息，促进教师间的学术交流，提高教师的科研能力。

3. 在学术活动中充分发表意见

学术活动是指基于某一主题组织开展的有关知识与技能的交流性或研讨性的专项活动。根据学术活动的开展范围，大致可以分为全国型、省市型、区县型和学校型。无论在哪一类型的学术活动中，参与学术活动的教师都可以根据自己的工作实践和理论反思来发表自己的看法，任何个体和组织都不能非法干涉。赋予教师在学术活动中充分发表意见的权利是学术自由的体现，有利于促进教育领域的百花齐放、百家争鸣。

（三）指导评价权

指导评价权是指教师指导学生的学习和发展，评定学生的品行和学业成绩的权利。

1. 指导学生的学习和发展

指导学生的学习和发展是指教师可以根据教育教学需要，对学生的学习活动和身心发展进行适当地指导，是教师在教育教学活动中占据主导地位的体现。教师指导学生的学习和发展权表现为两个方面：第一，教师有权指导学生的学习和发展，当学生在学习和身心发展过程中出现偏差的时候，教师可以采取适当的方式及时纠正；第二，教师可以根据具体情境，自主采用适当的方式来指导学生的学习和发展。学生个体的差异性、教育情境的多变性、教育教学的创造性等特征都决定了没有固定的模式和策略来指导学生的学习和发展，教师需要针对学生在学习和发展过程中遇到的具体问题，因材施教，长善救失，促进学生个性和潜能的充分发挥。

2. 评定学生的品性和学业成绩

评定学生的品行和学业成绩是指教师可以根据学生具体的行为和学习表现，独立自主地对学生的思想品德、日常行为、学习成绩作出公正、客观的评价。任何机构和个人都不能通过非法途径篡改教师对学生的评定。教师的评定权赋予了教师一定的权威，通过教师评定权，可以对学生的学习和发展进行适当调控，让学生发现自己的优点和不足。这就要求教师在行使评定权的过程中，全面落实新时代教育评价改革要求，着力推进评价方式方法改革，做到客观、公正，在充分了解和调查学生品行和学习状况的基础上，给予学生具有指导性的评价和建议。切忌随意和滥用评定权，否则可能给学生的身心带来难以抹平的伤害。

（四）报酬待遇权

报酬待遇权是指教师按时获取工资报酬，享受国家规定的福利待遇以及寒暑假期带薪休假的权利。

1. 按时获取工资报酬

当前我国的中小学教师工资报酬是根据2006年7月国家开始实施的最新事业单位人员

工资套改方案制定的,由岗位工资、薪级工资、绩效工资和津贴补贴4个部分组成。① 教师按时获取工资报酬是教师基本的物质保障权利,学校及其相关主管部门必须根据相关法律和聘用合同规定,按时足额发放给教师相应的工资报酬,不得以任何借口或理由拖延工资发放时间或者不按照规定发放足额工资。为切实维护教师按时获取工资报酬权,2020年以来,党中央、国务院多次出台政策文件,要求保证教育经费投入,保障教师工资收入。国务院办公厅督查室针对拖欠教师工资补贴的问题,曾在全国范围内进行拖欠义务教育教师工资等问题的摸查工作,其摸查内容包括拖欠教师工资情况,欠缴教师社会保险费、职业年金和住房公积金情况及未落实义务教育教师平均工资收入水平不低于当地公务员平均工资收入水平情况。

2. 享受相关福利待遇

除基本的工资报酬外,教师还享受国家规定的医疗、住房、退休等各种福利待遇和寒暑假带薪休假的权利。《中华人民共和国教师法》明确对教师所享受的各项福利进行了规定:如"地方各级人民政府和国务院有关部门,对城市教师住房的建设、租赁、出售实行优先、优惠。县、乡两级人民政府应当为农村中小学教师解决住房提供方便""教师的医疗同当地国家公务员享受同等的待遇;定期对教师进行身体健康检查,并因地制宜安排教师进行休养。医疗机构应当对当地教师的医疗提供方便"。②

(五) 民主管理权

民主管理权是指教师对学校教育教学、管理工作和教育行政部门的工作提出意见和建议,通过教职工代表大会或者其他形式,参与学校的民主管理的权利。学校作为一种人才培养的专业性组织,需要基于专业规范和专业人员来运行。教师作为教育教学的专业人员,是学校的灵魂和核心,赋予教师群体参与学校民主管理的权利,有利于学校民主文化的建设和人文底蕴的培育,有利于唤醒教师的主体意识,有利于学生民主精神和民主意识的培养。可以说,教师参与民主管理,对学校的教育教学、管理工作和教育行政部门的工作提出建议和意见,是各方利益相关者的共同需求。学校教职工代表大会是教职工依法参与学校民主管理和监督的基本形式。《中华人民共和国教育法》第三十条规定:"学校及其他教育机构应当按照国家有关规定,通过以教师为主体的教职工代表大会等组织形式,保障教职工参与民主管理和监督。"③教职工代表大会制度的实施,为教师讨论学校改革、发展等方面的重大事项,保障自身的民主权利和切身利益,推进学校的民主建设提供了路径。这一方面依法保障了教职工参与学校民主管理和监督;另一方面也有利于规范学校行政管理权力和学术权力之间的关系,实现各种权力的相互支持、合理配置和相互协调,完善现代学校制度,促进学校依法治校。除教职工代表大会制度外,教师还可以通过工会、校长信箱、领导座谈会等形式来

---

① 李星云.教育与经济论[M].合肥:安徽人民出版社,2008:193.
② 魏礼群.当代中国社会大事典(第2卷)[M].北京:华文出版社,2018:88-89.
③ 于漪.于漪全集(基础教育卷)[M].上海:上海教育出版社,2018:78.

参与学校的民主管理。无论教师通过哪种方式参与学校的民主管理,其民主管理权利都应该得到保障和支持。

(六)培训进修权

培训进修权是指教师参加进修或者其他方式的培训的权利。教师培训是通过有计划、有组织的实践活动,对教师施加适当的影响,促进教师的专业发展的过程。随着学习型社会和互联网时代的到来,教师的教育教学方式不断发生变革,学生的发展也呈现出日益多样化的特征。在此背景下,教师需要源源不断地接受新的知识和技术来适应教育的发展与变革。教师培训作为教师学习的主要路径之一,能够有效地传播新理念、新知识、新技术,促进教师的专业发展。因此,保障教师参加进修或其他方式的培训权利是非常必要的。为保障教师的培训权,《中华人民共和国教师法》中明确规定:"各级人民政府教育行政部门、学校主管部门和学校应当制定教师培训规划,对教师进行多种形式的思想政治、业务培训""教师进修学校承担培训中小学教师的任务。非师范学校应当承担培养和培训中小学教师的任务"。[1] 作为教师,应该充分行使自己的进修培训权,在完成基本工作任务的基础上,积极参加各项进修培训活动,不断提高自己的专业知识与技能。学校和各级教育主管部门应该创造机会、拓展路径,支持教师参加各种进修培训活动,主动为教师提供各种形式的进修培训项目,并保障各项目的顺利实施。

二、小学教师的义务

教师在享受其权利的同时,也必须履行相应的义务。教师的义务是法律强制规定的、教师在教育教学过程中必须承担的责任,表现为教师必须或不可做出的一定行为。《中华人民共和国教师法》第二章第八条明确规定教师必须履行以下六项义务。

(一)遵纪守法的义务

遵纪守法的义务是指教师具有遵守宪法、法律和职业道德,为人师表的义务。宪法和法律是国家规定的所有社会个体和组织都必须遵守的行为基本准则,教师作为社会集体的成员,必须严格遵守宪法和法律的相关规定,不得有任何违法乱纪的行为。1997年国家教育委员会和全国教育工会联合印发了《中小学教师职业道德规范》(2008年进行了重新修改),对中小学教师应具有的职业道德提出了六点要求:爱国守法、爱岗敬业、关爱学生、教书育人、为人师表、终身学习。[2] 正如孔子所言:"其身正,不令而行;其身不正,虽令不从",教师作为学校教育的主导者,其言行举止都潜移默化地影响着学生的行为和思想。教师必须坚守高尚的情操,知荣明耻,严于律己,以身作则,严格遵守我国宪法、法律和职业道德,为人师表,做好学生成长路上的引路人。

---

[1] 魏礼群.当代中国社会大事典(第2卷)[M].北京:华文出版社,2018:93.
[2] 同上,第279页.

(二) 教育教学的义务

教育教学的义务是指教师具有贯彻国家的教育方针,遵守规章制度,执行学校的教学计划,履行教师聘约,完成教育教学工作任务的义务。教育方针规定了"为谁培养人""培养什么样的人"和"怎样培养人"等教育中的本质问题,是各级各类教育在性质和方向上不可违背的根本指导原则。教师作为学校教育的核心,必须在教育教学过程中贯彻党和国家的教育方针,坚持教育必须为社会主义现代化建设服务,必须与生产劳动相结合,培养德、智、体等全面发展的社会主义事业的建设者和接班人。在具体的教育教学活动中,教师必须遵守各级各类教育行政部门和学校所指定的各项规章制度,按照学校教学计划中的教学安排和聘用合同中的工作要求,按时按量地完成教育教学工作任务。这既是教师应履行的最基本的准则,也是教师工作的核心内容。故意不完成教育教学任务给教育教学工作造成损失的,其所在学校、其他教育机构或者教育行政部门应给予行政处分或者解聘。

(三) 教书育人的义务

教书育人的义务是指教师具有对学生进行宪法所确定的基本原则的教育和爱国主义、民族团结的教育,法制教育以及思想品德、文化、科学技术教育,组织、带领学生开展有益的社会活动的义务。教育的最终目标是培养健全的人格和美好的心灵。教师不仅仅是知识的传授者,更是学生成长和发展的引领者,是灵魂的塑造者,承担着让每个孩子健康成长、办好人民满意教育的重任。[①] 小学生正处于社会化初期,尚未形成完整的情感、态度和价值观,更需要榜样的引领与示范,因此,教师必须将思想政治教育贯穿在整个教育教学活动中。在课堂教学中,应结合具体的教育教学实践活动,将爱国主义、集体主义、民族团结、法治教育、科学技术教育、思想品德教育等内容渗透到知识传授的过程中,增加教学活动的教育性,引导学生形成正确的价值观。与此同时,教师在课堂外也应该适当组织或带领学生参加或开展各种有益的社会活动,让学生在具体的实践过程中感受和体会社会主义核心价值观,培养学生的社会责任感和公民素养。因此,教师不能只做传授书本知识的"教书匠",而要成为塑造学生品格、品行、品味的"大先生"。

(四) 尊重学生人格的义务

尊重学生人格的义务是指教师具有关心、爱护全体学生,尊重学生人格,促进学生在品德、智力、体质等方面全面发展的义务。儿童是祖国的花朵、未来的栋梁、社会主义的接班人和建设者,教师作为学生成长过程中的重要角色,深刻地影响着学生的成长和发展,可能不经意的一句话或一个眼神,就会激发学生的学习动力,增强他们的自信心。正如苏联教育家苏霍姆林斯基所言:教育,这首先是关怀备至地,深思熟虑地,小心翼翼地触击年轻的心灵,在这里谁有细致和耐心,谁就能获得成功。在教育教学过程中,教师应该注意呵护每一个学生的心灵,公平对待和关心每一个学生,让学生体会到教育过程中的温暖和

---

① 贺新向.基于课堂教学改革的学校组织变革研究[D].上海:华东师范大学,2017.

来自教师的关爱。在此过程中,要树立师生人格平等的观念,给予学生充分的民主和自由,尊重学生的观点和意见,以宽容的态度对待学生,不得随意践踏学生的人格和打击学生的自尊心。教师是塑造灵魂、塑造生命、塑造人的职业,一个学生遇到好老师是人生的幸运,一个学校拥有好老师是学校的光荣,一个民族源源不断涌现出一批又一批好老师则是民族的希望。教师要时刻铭记教书育人的使命,甘当人梯,甘当铺路石,以人格魅力引导学生心灵,以学术造诣开启学生的智慧之门,培养德、智、体、美、劳全面发展的社会主义建设者和接班人。

（五）保护学生权益的义务

保护学生权益的义务是指教师具有制止有害于学生的行为或者其他侵犯学生合法权益的行为,批评和抵制有害于学生健康成长现象的义务。中小学生正处于生理和心理不断发展变化的时期,尚未形成稳定的价值观,面对是非善恶可能会缺乏判断力,即使他们已经具备一定的是非分辨能力,可能也没有足够的能力去抵制和拒绝。教师在教育教学过程中,为保护学生的身心发展,为学生创造一个良好的学习环境和氛围,要自觉发现并制止任何有害于学生的行为或其他侵犯学生合法权益的行为,诸如面对任何侵犯学生接受国家规定的义务教育权利、侵犯学生隐私权、侵犯学生自尊的行为,教师都要及时制止并纠正。与此同时,随着社会的发展和互联网时代的到来,学生面临着更加纷繁复杂的多元文化和社会现象,教师有责任和义务净化教育环境,批评和抵制社会环境中各种不利于学生健康成长的现象,为学生身心的健康发展创造一个良好的环境。

（六）提高思想政治觉悟和教育教学业务水平的义务

教师是一项培养人的工作,需要有正确的价值引领,这就要求教师不断提高思想政治觉悟。教师的专业发展是一个持续的过程,特别是在知识技术更新速度日益加快的当今社会,教师需要不断更新教育教学观念、变革教育教学方式、提高教育教学业务水平,才能够顺应教育发展和改革的趋势与潮流,在正确的思想政治观的指引下,更好地完成教书育人的使命。正如我国著名的教育学家陶行知先生所言:"要想学生好学,必须先生好学。惟有学而不厌的先生才能教出学而不厌的学生。"[1]只有教师不断提高思想政治觉悟和教育教学业务水平,才能真正成为有理想信念、有道德情操、有扎实知识、有仁爱之心的"四有"好老师。这既是教师应该履行的义务,也是教师教书育人使命和教师专业发展的要求。

教师依法行使权利和履行义务,有利于保障教师职业的地位,促进教育教学工作的顺利开展,减少教师工作中的矛盾和冲突,促进教师专业化发展,使其更好地践行教书育人的使命。为保障教师完成教育教学任务,促进教师行使权利和履行义务,《中华人民共和国教师法》规定各级人民政府、教育行政部门、有关部门、学校和其他教育机构应当履行下列职责:1. 提供符合国家安全标准的教育教学设施和设备;2. 提供必需的图书、资料及其他教育

---

[1] 李忠,张慧凝."用活的人去教活的人"——陶行知"活人"教学观的当代意蕴[J].南京晓庄学院学报,2018(5):1-7.

教学用品;3. 对教师在教育教学、科学研究中的创造性工作给予鼓励和帮助;4. 支持教师制止有害于学生的行为或者其他侵犯学生合法权益的行为。

第三节　小学教师的专业素养

小学教师的专业素养是指小学教师从事小学教育教学工作所必需具备的理念、知识和技能,是小学教师这一职业区别于其他职业的根本特征,体现了小学教师职业的专业性。为保障小学教师的专业地位,提高小学教师的专业素养,2012 年,我国教育部印发了《小学教师专业标准(试行)》,对小学教师应具备的基本专业素养和要求进行了专门规定。

一、专业理念与师德

1. 专业理念

专业理念是教师基于教师这一职业形成的共同观念和价值体系,是小学教师在具体的教育教学活动中所遵循的一套行为规范和为实现教书育人使命而形成的内在品格,具体包括对教师职业的认知与理解、对小学生的态度与行为、教育教学的态度与行为、个人修养与行为。教师的专业理念作为一种意识形态和价值观,深刻地影响着教师的教育教学实践。正确先进的专业理念是有效教学的根本前提,错误落后的专业理念会导致教育教学实践的偏颇、无效甚至错误。因此,作为教育教学活动的起点,形成正确先进的专业理念对小学教师专业发展至关重要。

(1) 对教师职业的认识与理解。教师职业具有专业性和特殊性,随着社会和教育的发展,教师职业的专业性日益突出,教师专业发展的诉求日益强烈。想要有效地履行小学教师的使命和职责,促进自身的专业发展,小学教师需要对自己的职业有深刻的认识与理解,具体来说,至少包含四个方面:认识并理解教师享有的权利和应履行的义务,贯彻党和国家教育方针政策,严格遵守教育法律法规;认识并理解小学教育工作的重大意义和价值,能够对所从事的教育教学工作充满热爱,具有职业理想和敬业精神;认识并理解小学教师工作的专业性和独特性,注重自身专业发展;认识并理解团队合作的重要性,具有与不同学科教师、家庭、社会团体积极开展协作与交流的意识。

(2) 对小学生的态度与行为。小学生是小学教师进行教育教学的对象,为促进小学生全面且个性的发展,小学教师应该有意识地关爱小学生,重视小学生身心健康,将保护小学生生命安全放在首位;尊重小学生独立人格,维护小学生合法权益,平等对待每一个小学生;尊重个体差异,主动了解和满足有益于小学生身心发展的不同需求;积极创造条件,让小学生拥有快乐的学校生活。

(3) 教育教学的态度与行为。小学教师在具体的教育教学实践活动中,要以促进小学生快乐学习和素质教育为根本目的,树立育人为本、德育为先的理念,将小学生的知识学习、能力发展与品德养成相结合,重视小学生全面发展。与此同时,尊重教育规律和小学生身心发展规律,引导小学生体验学习乐趣,保护小学生的求知欲和好奇心,培养小学生的广泛兴趣、动手能力和探究精神,引导小学生学会学习,养成良好的学习习惯。

(4) 个人修养与行为。小学教师自身的言行举止会潜移默化影响学生的成长。特别是小学生正处于喜欢模仿的阶段,小学教师自身的修养和行为会对小学生产生更深刻的影响。因此,小学教师必须明确哪些心性、品质和行为是适当的或应该鼓励的,在教育教学过程中要富有爱心、责任心、耐心和细心,保持乐观向上、热情开朗、有亲和力,能够勤于学习,不断进取。

2. 职业道德

教师的职业道德是教师在教育教学过程中应该遵守的行为准则,是调节教师与学生、教师与教师、教师与家长、教师与社会等的基本规范。小学教师面对的是正在成长的小学儿童,必须要树立榜样的作用,这就决定了教师必须具备较高的职业道德。为加强教师职业道德建设,2008 年教育部、中国教科文卫体工会全国委员会印发了《关于重新修订和印发〈中小学教师职业道德规范〉的通知》,对 1997 年的《中小学教师职业道德规范》进行了修改;2013 年教育部印发了《关于建立健全中小学师德建设长效机制的意见》;2014 年教育部印发了《中小学教师违反职业道德行为处理办法》(2018 年进行了修订)。由此可见,教师职业道德建设始终是我国教育事业发展过程中关注的重点,是教师队伍建设的核心之一。树立崇高的职业道德,是做人民满意的教师的重要前提条件,对于教育事业的发展具有十分重要的意义。《中小学教师职业道德规范》中,对中小学教师应遵循的职业道德规范提出了六点要求。

(1) 爱国守法是对教师职业的基本要求。爱国守法是每个公民,也是每个教师的神圣职责和义务,这要求教师能够热爱祖国,热爱人民,拥护中国共产党领导,拥护社会主义。全面贯彻国家教育方针,自觉遵守教育法律法规,依法履行教师职责权利。不得有违背党和国家方针政策的言行。

(2) 爱岗敬业是对教师职业的本质要求。教师是从事教育教学工作的专业人员,肩负着培养社会主义建设者和接班人的重任,教师应始终牢记自己的神圣职责,履行职业要求,热爱并忠诚于人民教育事业,志存高远,勤恳敬业,甘为人梯,乐于奉献。对工作高度负责,认真备课上课,认真批改作业,认真辅导学生,不得敷衍塞责。

(3) 关爱学生是师德的灵魂。教师的工作对象是学生。学生作为有血有肉的人,是充满了情感的个体。教育教学作为一项塑造灵魂的活动,在教育教学过程中教师必须要关心爱护全体学生,尊重学生人格,平等公平地对待学生。对学生严慈相济,做学生的良师益友。保护学生的安全,关心学生健康,维护学生权益。不讽刺、挖苦、歧视学生,不体罚或变相体罚学生。

(4) 教书育人是教师的天职。教师的职责不仅仅是传授知识,而且是通过知识的传授将学生培养成全面而个性发展的人才。在教育教学过程中,教师必须遵循教育规律和学生身心发展规律,积极推进并实施素质教育。循循善诱,因材施教。培养学生良好品行,激发学生创新精神,不以分数作为评价学生的唯一标准,促进学生全面发展。

(5)为人师表是教师职业的内在要求。教师作为教育教学活动的主导者,其一言一行都会对学生产生影响。教师应该具有榜样和示范作用,守高尚情操,知荣明耻,严于律己,以身作则,在各个方面率先垂范,做学生的榜样,以自己的人格魅力和学识魅力教育影响学生。

(6)终身学习是教师专业发展不竭的动力。随着学习型社会的到来,终身学习成为时代的要求,教师职业的特殊性更是要求教师能够成为终身学习者。因此,教师必须树立终身学习理念,崇尚科学精神,拓宽知识视野,更新知识结构,潜心钻研业务,不断提高专业素养和教育教学水平。

二、专业知识

教师的专业知识是教师能够从事教育教学工作的基础,是教师职业专业性的核心标志。为了强化教师职业的行业标准,很多研究者由外而内提出了教师应该具备的专业知识内容。如舒尔曼认为,教师应该具有的专业知识包括学科知识、学科教学法知识、一般教学法知识、课程知识、学生知识、教育环境知识、教育宗旨与目的等七方面内容;格罗斯曼认为教师应该具备的专业知识包括内容知识、学习者与学习的知识、一般教学法知识、课程知识、教育情境知识、自我认知知识等六方面内容;伯力纳认为教师的专业知识应包括学科专长、课堂管理专长、教学专长和诊断专长等四方面内容。无论各研究者如何对教师的专业知识进行划分,大都包括学科知识、教育教学知识、通识性知识和学习者知识等。[①]《小学教师专业标准》从小学生发展知识、学科知识、小学教育教学知识、通识性知识四个领域对小学教师的专业知识提出具体要求。

1. 小学生发展知识

小学教师面对的是生动活泼、日益成长的小学生。小学教师的专业知识首先体现在认识小学生、了解小学生,把握小学生的特点和需求方面,按照小学生的身心发展规律开展教育教学实践活动。在具体的教育实践过程中,小学教师至少要了解以下关于小学生发展的知识:

(1)了解关于小学生生存、发展和保护的有关法律法规及政策规定。这是有关小学生发展最基本的知识,是法律法规所规定的小学生具有的权利和义务,是教师必须遵守不得违背的内容。如果教师违背有关小学生生存、发展和保护的有关法律法规及政策规定,需要承担相应的法律责任。

(2)了解不同年龄及有特殊需要的小学生身心发展特点和规律,掌握保护和促进小学生

---

① 帕梅拉·格罗斯曼.专业化的教师是怎样炼成[M].李广平,何晓芳,等,译.北京:人民教育出版社,2012:175.

身心健康发展的策略与方法。不同年龄阶段的小学生身心发展呈现出差异性,如低年级的小学生注意力不稳定,中年级的小学生注意力已经开始逐步稳定,高年级的小学生注意力相对比较稳定。① 教师需要针对不同年龄阶段的小学生身心发展规律来组织教学活动。与此同时,儿童的身心发展具有多样性,小学教师需要及时发现不同小学生的特殊需求,因材施教,促进不同学生个体身心健康而全面的发展。

(3) 了解不同年龄小学生学习的特点,掌握小学生良好行为习惯养成的知识。学习习惯是学龄初期的儿童在具体的学习过程中经过反复练习而形成的。学龄初期的儿童,正是形成良好学习习惯的关键时期,小学教师在其学习习惯的形成过程中起到了关键性作用。教师需要对不同年龄阶段小学生的学习特点有一定的认识,能够根据其学习特征,通过课堂教学和课下纠正,引导小学生在学习过程中养成认真上课、独立作业、自主学习等良好的学习习惯。

(4) 了解幼小和小初衔接阶段小学生的心理特点,掌握帮助小学生顺利过渡的方法。幼小衔接是指幼儿园与小学两个教育阶段过渡的教育过程,在这一过程中,初入小学的学生面临着学习内容、师生关系、学习方式、生活作息、社会期待等各方面的变化,是儿童发展过程中的重要转折点,如果不能通过正确的方法和路径引导小学生适应从保育走向正式教育的过程,可能会影响儿童整个小学阶段甚至学生阶段的学习生活。② 五年级的小学生面临着从小学教育到中学教育的过渡,初中与小学相比,可能会面临着科目增多、学习难度与强度增大、竞争更加激烈的情况,为了让学生更好地应对这些新问题,高年级的小学教师应该提前帮助小学生了解中学教育可能面临的变化和困境,帮助小学生做好相应的心理准备、知识准备和能力准备,使小学教育到中学教育的过渡顺利进行。

(5) 了解对小学生进行青春期和性健康教育的知识和方法。青春期教育和性健康教育是健康教育的重要组成部分。③ 随着互联网时代的到来,小学生会通过各种途径获取有关青春期和性的相关知识。但这一阶段的小学生,还没有充分的是非分辨能力,需要教师或家长进行适当的指引。特别是高年级的小学生,随着身体的发育可能会对身体等相关话题产生更多疑问。因此,小学教师应该了解一年级到六年级每个年龄阶段的小学生的生理、心理特点,并掌握系统的性教育内容,以及时引导儿童注意保护身体隐私部位、预防儿童性侵犯等现象的发生。

(6) 了解小学生安全防护的知识,掌握针对小学生可能出现的各种侵犯与伤害行为的预防与应对方法。

2. 学科知识

学科知识是指教师任教学科相关的专业性知识,是关于教师应该"教什么"的知识。学科知识是教师专业知识中的核心和主体。作为知识的传授者,如果教师不具备相应的学科知识,便无法完成最基本的知识传授工作,引导学生掌握相应的知识和技能。学科知识是教

---

① 朱晓斌,沈燕瑜,贡德英.儿童注意力品质训练技术的研究与开发[J].湖州师范学院学报,2014(12):27-33.
② 王向红.小学一年级学生入学适应的个案研究[D].烟台:鲁东大学,2014.
③ 杨培禾.小学性健康教育相关问题探讨[J].中国学校卫生,2009(9):839-841.

师能够顺利从事教育教学工作的基础,教师只有在透彻了解学科知识的基础上,才能够在教学中全局地处理教材内容,在课堂中举一反三地讲授相关知识,在指导学生过程中引导学生积极思考,在知识传授过程中渗透情感和价值观教育。当前小学教师应当掌握的学科知识,主要包括以下几个部分:

(1) 适应小学综合性教学的要求,了解多学科知识。小学阶段的教育不同于中学阶段,在教育内容上呈现出综合性特点。在教育教学过程中,小学教师需要从儿童生命和思维的整体出发,加强不同教学内容之间的联系,帮助学生对相关知识形成整体性的认识,发展学生的整体性思维。正是小学综合性教学的特征,要求小学教师了解多学科的知识,能够在掌握所教学科的知识体系的基础上,有机融合不同学科的教育内容,增强学科之间的知识交叉和关联,拓展学生的知识面,并增强所教学科与社会实践的联系,进而为儿童形成完整的知识观奠定基础。

(2) 掌握所教学科知识体系、基本思想与方法。掌握所教学科的知识体系、基本思想和方法是开展一切教育教学活动的前提和基础,是对小学教师最基本的要求。知识体系是所教学科的基本结构和知识之间的内在联系,这要求教师能够熟练地掌握课程标准和教学大纲中所教学科的知识与结构,对教材具有深入且透彻的了解。但仅仅掌握教材中的知识和结构是远远不够的,各门学科的基本思想和方法才是学科的灵魂和核心,是连接不同学科及社会实践的纽带。研究表明,随着儿童的成长和发展,教师所讲授的学科知识可能会被学生渐渐遗忘,但是在学习知识的过程中所习得的基本思想与方法却会伴随着学生的终生发展。[①] 因此,我们可以说,学生学会学习实际上就是掌握一定的基本思想与方法的过程,因而教师要在掌握所教学科知识体系的基础上,更加注重对基本思想与方法的理解,并在知识传授的过程中引导学生掌握学科的基本思想与方法。

(3) 了解所教学科与社会实践、少先队活动的联系,了解与其他学科的联系。所有的教育教学的最终目标都是促进学生全面发展,使学生能够更好地生活和交往。社会实践和少先队活动是小学生社会化的重要途径,是小学生参与并融入社会的起点。教师只有了解所教学科与社会实践、少先队活动的联系,了解与其他学科的联系,才能在知识传递的过程中密切知识与学生的社会生活之间的联系,促进学生综合素质的发展。

3. 小学教育与教学知识

小学教育教学具有基础性、养成性、启蒙性等特点,这使得小学教育呈现出不同于其他各阶段教育的特征。作为专门从事小学教育教学工作的教师,掌握小学教育教学知识是体现其教育教学工作特殊性和专业性的基础。

(1) 掌握小学教育教学基本理论。小学教育教学基本理论是指导小学教师进行教育教学工作的理论基础,包括小学教育学、儿童教育心理学、小学教学法等相关内容。理论是行

---

① 全国教育科学"十五"规划教育部重点课题"学习潜能开发研究"课题组.关于学会学习(2000.1~2004.11)[J].上海教育科研,2004(S1):2—80.

动的先导，先进的小学教育教学理论能够引导小学教师的教育教学工作按照正确、高效的路径运行，促进小学教师的专业发展和小学生学习的积极性。

（2）掌握小学生品行养成的特点和规律。儿童正处于品行形成的初期阶段，呈现出幼稚性与可塑性、模仿性与易变性、自我中心与缺乏自律等特征。小学阶段儿童品行的养成，直接影响着儿童今后的品德发展和社会化。不同年龄阶段和不同个性的小学生品行养成具有不同的发展特点和规律，小学教师只有掌握小学生品行养成的特点和规律，才能针对不同儿童个体和群体采取有效的策略和方法，引导儿童形成良好的品德和行为。

（3）掌握不同年龄小学生的认知规律和教育心理学的基本原理和方法。儿童的认知规律和心理发展影响着教育教学方法的选择和策略的使用，将不同年龄小学生的认知规律和教育心理学原理与方法运用到教育教学过程中，可以帮助教师更好地设计课程、改良教学方法、推动学习动机以及帮助学生面对成长过程中所遇到的各项困难和挑战。

（4）掌握所教学科的课程标准和教学知识。课程标准是规定了学科的课程性质、课程目标、内容目标、实施建议的教学指导性文件，反映了国家对学生学习的期望。只有掌握了所教学科的课程标准，教师才能在教育教学过程中贯彻党和国家的教育方针，明确学生学习的内容及要达到的目标。为全面落实立德树人根本任务，进一步深化课程改革，教育部新修订了义务教育课程方案和语文等16个课程标准，并于2022年4月印发。修订后的课程标准进一步强化了课程育人导向，优化了课程内容结构，研制了学业质量标准，增强了指导性和学段衔接性，不仅明确了"为什么教""教什么""教到什么程度"，而且进一步强化了"怎么教"的具体指导，为教师开展课程教学工作提供了好用、管用的有效性指引。学科教学知识是教师把学科知识转化为有效教学形式的中介性知识，能够指导教师通过有效且适当的教育手段和方法进行知识的传递。我们日常生活中常听到的"教无定法"，实际上就是教师根据学科教学知识创造性地选择教学方法和手段。

4. 通识性知识

通识性知识是指个人在生活和工作中所必须具备的，但又是非专业性和非职业性的知识，具有普遍的适用范围。通识性知识有利于人文素养的发展，能够丰富人的精神世界，扩展人的情感体验，增强人的眼光见识。小学教师作为一项培养人的职业，其本身必须具备博学文雅、通融识见的气度，而这种气度的养成离不开通识性知识。与此同时，小学教师必须关注小学生整体素质的提升，而非仅仅是知识的掌握，这也要求小学教师能够对学生进行通识教育，培养学生远大的理想和崇高的精神。小学教师至少具备四方面的通识性知识：

（1）具有相应的自然科学和人文社会科学知识。基本的自然科学和人文社会科学知识是小学教师作为专业人员不断提高自身修养的基础，有利于小学教师开拓视野、发展思维、丰富情感，以更好地认识教育教学工作，更好地促进学生的发展与进步。

（2）了解中国教育基本情况。作为教育工作的从业者，小学教师肩负着促进儿童发展、推动小学教育均衡优质发展的责任。了解我国当前教育的基本情况，一方面有利于增强教师的教育责任感,更好地理解并适应我国基础教育领域的改革活动,主动适应并推动教育改革的进行;另一方面有利于根据中国教育的现实情况,从国情出发,培养具有中国特色的社会主义建设者和接班人。

(3) 具有相应的艺术欣赏与表现知识。美育是学校教育的重要组成部分,2019年教育部颁发了《关于全面加强和改进新时代学校美育工作的意见》,就新时代加强学校的美育工作进行了全面部署和系统设计,强调了美育的重要性。教师作为学校美育的核心要素,只有具备相应的艺术欣赏与表现知识,才能具有认识美、体验美、感受美、欣赏美和创造美的能力,在此基础上才能真正将美学原则渗透于各科教学并形成教育。

(4) 具有适应教育内容、教学手段和方法现代化的信息技术知识。随着互联网和人工智能时代的到来,教育教学正在发生着巨大的变革,并呈现出教育教学与信息技术相融合的趋势。信息技术的发展为我们带来了丰富的学科应用、高体验性与适学性互动数字教材以及快速发展的在线学习环境。只有掌握相应的信息技术知识,教师才能够顺应时代发展的潮流,借助信息技术知识,更好地辅助教育教学活动的开展。

三、专业能力

1. 教育教学设计

教育教学设计是为了实现教育教学目标,促进学生掌握一定的知识与技能、过程与方法,形成相应的情感态度与价值观,教师在综合考虑学生、教材、课堂和教学设备等诸因素基础上,形成的教育和教学方案或计划。教学设计的根本目的是采取更好的策略与方法,提高教育教学质量,促进学生全面而有个性的发展。在教学设计能力方面,小学教师需要具备制定合理的小学生个体与集体的教育教学计划,利用教学资源科学编写教学方案,合理设计主题鲜明、丰富多彩的班级和少先队活动等能力。

2. 组织与实施

组织与实施是指组织相应的人力、物力和财力,通过具体而又明确的安排,落实教育教学方案和计划的过程。在组织与实施教育教学计划与方案过程中,教师需要能够建立良好的师生关系,帮助小学生建立良好的同伴关系;创设适宜的教学情境,根据小学生的反应及时调整教学活动;调动小学生学习积极性,结合小学生已有的知识和经验激发学习兴趣;发挥小学生的主体性,灵活运用启发式、探究式、讨论式、参与式等教学方式;发挥好少先队组织生活、集体活动、信息传播等教育功能;将现代教育技术手段整合应用到教学中;较好使用口头语言、肢体语言与书面语言,使用普通话教学,规范书写钢笔字、粉笔字、毛笔字;妥善应对突发事件;鉴别小学生行为和思想动向,用科学的方法防止和有效矫正不良行为。

3. 激励与评价

根据心理学家埃里克森的划分,6—12岁的小学阶段学龄儿童正处于勤奋对自卑冲突阶段,这个阶段的儿童渴望学业上被认可和称赞。如果小学生在学习过程中获得赞许,则会获得勤奋感,会更加积极地投入到学习中;反之,如果小学生在学习过程中没有获得正面的评价,则倾向于丧失信心,甚至形成自卑性人格。① 教师是学生学习评价的主体,加之小学生具有天然的向师性,教师的评价内容和方式直接影响着学生的学习。为了充分发挥学生评价的积极作用,通过评价引导学生更好地参与学习活动和成长发展,小学教师需要能够对小学生日常表现进行观察与判断,发现和赏识每一位小学生的点滴进步;灵活使用多元评价方式,给予小学生恰当的评价和指导;引导小学生进行积极的自我评价;利用评价结果不断改进教育教学工作。

4. 沟通与合作

所有的教育教学活动都是通过人与人之间的交往而进行的,而交往的有效性取决于交往双方沟通的有效性。对于教师这一职业而言,沟通能力直接影响着其工作能否顺利开展。如果一个教师无法跟小学生顺利沟通交流,那么也就意味着教师和学生双方都是处于互不理解的状态中,更遑论有效的教育教学活动。教育是一项系统性的事业,不仅包括单个教师,更涉及共同对学生进行指导的多科教师和班主任、学生家长、社区等因素,要形成有效的教育合力,促进小学生的健康发展,需要不同的教育因素通力合作。这就要求小学教师能够使用符合小学生特点的语言进行教育教学工作;善于倾听,和蔼可亲,与小学生进行有效沟通;与同事合作交流,分享经验和资源,共同发展;与家长进行有效沟通合作,共同促进小学生发展;协助小学与社区建立合作互助的良好关系。

5. 主动收集分析相关信息,不断进行反思,改进教育教学工作

教育教学反思是指教师主动对自己的教育实践进行再思考、再认识,并在此基础上总结自己教育教学中的优缺点,不断改进教育教学水平,促进个人专业不断发展的过程。教学反思意味着教师能够主动思考、主动探索、主动成长,既是教师专业发展的要求,也是衡量教师专业发展程度的重要指标。教师通过对自己的教育教学过程进行反思,能够对教育教学活动进行诊断,及时纠正教育教学过程中落后的教育理念、不恰当的教学策略和方法、不良的教学行为等,进而促进教师不断激活教育智慧,探索有效的教育教学手段,构建良好的师生互动机制,促进学生和自身的不断发展。要进行有效的教学反思,教师必须能够主动收集和分析自身教育教学过程中的资料、其他教师优秀的教育经验、先进的教育教学理念等内容,并基于所具有的相关信息,针对自身教育教学工作中的现实需要与问题,进行探索和研究。在此基础上,制定专业发展规划,积极参加专业培训,不断提高自身专业素质。

第四节　小学教师的专业发展

教师作为教育工作的主导者和引领者,教师专业发展关系到教育事业的发展和学生的成长,是落实立德树人根本任务,建设高素质专业化教师队伍,形成高质量教育体系的关键。

---

① 杨治良.简明心理学辞典[M].上海:上海辞书出版社,2007:156.

一、小学教师专业发展概述

教师专业发展一直是国内外教师研究领域关注的重点。随着我国教育事业的逐步繁荣,党和政府也日益关注教师专业发展。2018年颁布的《中共中央 国务院关于全面深化新时代教师队伍建设改革的意见》明确要求"开展中小学教师全员培训,促进教师终身学习和专业发展"。教师专业发展,是能够实现办人民满意教育的基础,是教师能够做人民满意教育的必要条件。特别是小学教育阶段是学龄儿童接受正式教育的起点,小学教师的质量关系到学生一生的成长,关系到亿万家庭的希望,更关系到国家的未来。小学教师的专业发展必须放在教育发展的重要位置中。

教师专业发展的研究经历了一个漫长的发展过程:从忽视到被关注,从关注教师群体的专业发展到关注教师个体的专业发展;从关注教师外部技能的发展到关注教师内在品质的发展。研究者对教师专业发展进行研究的过程,实际上也是进一步厘清教师专业发展路径的过程。当前,人们对教师专业发展这一主题已经形成了一系列的概念和术语,具有一套相对完整的话语体系。

教师专业发展是指教师作为教育教学专业人员,其专业理念、专业知识和专业技能不断发展完善的过程,是教师从一个不成熟的新手型教师逐渐成长为成熟型教师的过程。教师的专业发展具有明显的个人特色,是教师将教育教学知识与理论经过个性化,与个人已具备的知识、技能和情感相融合的过程。在这个过程中,需要教师充分发挥主观能动性,积极主动地去接受新的内容,完善或改进已有的知识体系。尽管外部的支持性因素在一定程度上能够促进教师的专业发展,但教师专业发展更多的是一个自主的过程。教师在专业发展中具有主体地位,直接决定着专业发展的速度和质量。

二、小学教师专业发展的途径

要增强小学教师专业发展的自主意识,促进小学教师专业发展能力不断提高,需要通过行之有效的途径来实现。随着教育信息化,小学教师专业发展的途径日益多样。教师在专业发展过程中可以更多地根据自己的学习特点和学习习惯,能动地选择不同的专业发展途径。当前,促进教师专业发展常用的途径主要有以下几种:

(一)培养与培训

培养与培训是有计划、有组织的实践活动,是对教师施加适当的影响,促进教师形成新的教育理念、教育知识和教学能力的过程,是教师专业发展过程中比较正式和最常用的一种途径。培养与培训过的形式和类型是多样的,大致可以分为三类:

1. 职前培养

职前培养是指在正式成为新教师之前,为了让预备教师能够掌握从事小学教育教学的理念、知识和技能而展开的培养培训活动。当前职前培养主要是指师范教育。为促进师范教育的发展,《中共中央 国务院关于全面深化新时代教师队伍建设改革的意见》明确指出,要加大对师范院校的支持力度,建立"以师范院校为主体、高水平非师范院校参与的中国特色师范教育系"。职前培养是教师质量的起点,深刻影响着教师队伍的发展方向。师范教育的质量在一定程度上决定着能否为中小学提供一批高素质的教师预备人才。

2. 入职培训

入职培训是对取得教师资格证并与中小学等教育机构签订正式聘用合同的新教师展开的培训活动。培训目的在于引导新教师更好地了解岗位职责,融入工作单位,适应教师角色。因此,小学教师入职培训的内容往往涉及具体实践性内容,是基础性的、引导性的和可操作性的。如,如何合理地惩戒学生、如何做好课堂管理、一节好课的基本要求等。入职培训的质量对于新教师适应教育教学工作至关重要,是新教师顺利走向工作岗位过程中必不可少的环节。

3. 在职培训

在职培训是为在职教师提供继续教育的手段,其目的在于传播新的教育理念、教育方法和手段,帮助在职教师解决教育教学实践过程中的具体问题,引导教师更好地进行教育教学和专业发展。[①] 当前,国家对教师的在职培训日益关注,建立了由政府主导的通过专门教育机构实施的在职教师培训体系。如 2010 年至今,由教育部、财政部为提高中小学教师特别是农村教师队伍整体素质而实施的中小学教师国家培训计划(简称"国培计划")。

(二)教育反思

教育反思是教师在教育教学实践中,以研究和批判的态度对自我行为表现及行为依据进行检查、评价和修正,进而不断提高教育教学实践合理性和教师素养的过程。[②] 它是对自身的教育教学工作持有的一种健康的怀疑。在这一过程中,教师基于自身的教育教学实践而进行再思考、再认识。因此,通过教育反思,教师可以审视自身的前认知,不断追问自身所面临的是什么、需要应对什么、自己做了什么、自己是否能够胜任工作,在这个不断追问的过程中,教师可以甄别前认知中形成的错误概念,转换教育思维,用教育理论来思考教育问题,进而促进自身教育教学的不断改进。

(三)教师学习共同体

教师学习共同体是教师基于专业发展的共同目标,在组织内部或跨越组织边界实现知识创新和专业发展的组织结构。在学习共同体中,不同的教师个体通过表达和审视不同的教育教学观点,在合作中逐渐形成共享的新认识,教师个体在对话中获得发展。当前我国教师学习共同体的形式是多样的,主要包括三种类型:① 教学改进型共同体。一般

---

① 时伟.我国教师继续教育模式的反思与重构[J].华东师范大学学报(教育科学版),2004(1):28-33.
② 曹永国.教师专业发展的学院模式过时了吗?[J].华东师范大学学报(教育科学版),2015(3):32-42.

是小范围的校内或校际组织,其目的在于促进教师教学水平的提高,如教研组、校本课程开发组。② 教师发展型共同体。一般是区域内教育行政部门牵头组织和构建的跨学校或跨学区的教师专业学习形式,其目的在于促进教师整体素质的提升。③ 教学研究型共同体。这类共同体强调以研究来变革教学实践,主要包括学校层面的专题(课题)研究和区域性的名师工作室。

三、小学教师专业发展的阶段

教师专业发展是从新手型教师走向成熟型教师的过程,在这一过程中,一般要经历几个阶段。对于教师专业发展的阶段,国内外学者进行了大量的研究,当前比较有代表性的是福勒的关注阶段理论和休伯曼的教师生命周期理论。

(一) 关注阶段理论

关注阶段理论是关于教师专业发展阶段划分较早的研究,根据不同阶段教师所关注的重点,美国学者福勒将教师发展划分为四个阶段:① 任教前关注阶段。这一阶段的教师尚未成为正式的教师,一般还处于学生(师范生)状态,没有直接的教育教学经验,对于教师职业的认识基本上依赖理论知识和现实生活中的直接经验,对于教育教学和教师职业的理解是富有幻想性的。这一阶段的教师,他们更关注自身。② 早期生存关注阶段。处于这一阶段的一般是刚入职的新教师,他们初次正式接触教育实践,还不能够完全确定是否能够胜任教育教学工作。这一阶段的教师更关注自己的教学是否熟练、学生是否接纳自己、同事和领导的评价等生存性问题。③ 关注教学情境阶段。在经过一定的教育教学实践后,新教师逐渐适应了教师工作,其关注的重点开始由完成教育教学任务转变为在教育教学过程中采用更好的策略与方法。这一阶段的教师开始关注具体的教育情境和具体的教育教学是否能够适应教育情境。④ 关注学生阶段。在经历了前面三个阶段后,教师关注的重点开始转向教育对象——学生本身,教师将会更多地思考不同学生群体和个体的需求,学生发展的一致性和差异性,并在此基础上,将学生发展作为教育教学工作的核心,以引导和满足学生发展与成长为根本目标。

(二) 教师生命周期理论

美国教育家休伯曼依据教师职业生涯的生命周期,对教师专业发展进行了划分。① 他认为,处于不同生命周期的教师,其专业发展的主题是有所区别的。基于此,他将教师专业发展划分为五个阶段:① 入职期(从教 1—3 年)。这一阶段的教师刚刚迈入教师职业,一方面对教育教学工作充满热情和想象,另一方面又面临着适应教师职业和顺利完成教育教学任务的焦虑。因此,这一阶段又被称为求生和发现期。② 稳定期(从教 4—6 年)。这一阶段的教师已经适应了教育教学工作,能够从容应对基本的教育教学工作,并形成了一定的教育教

---

① 崔继红,李梦哲.教师的职业生涯与规划[M].长春:吉林文史出版社,2012:42-50.

学风格。③ 实验和歧变期(从教 7—25 年)。这一阶段的教师具备了较多的教育教学经验,一方面开始寻求新的发展和改进,不断对职业发展提出新的挑战,并积极促进教育教学改革;另一方面,随着从教时间的增长,有些教师也可能会对教师职业和自身的工作产生怀疑、无奈甚至倦怠。④ 平静和保守期(从教 26—33 年)。经过实验和歧变期后,无论是改革的激情还是职业的倦怠,随着时间的沉淀和自身的反思都开始趋于平静,这一阶段的教师能够更加冷静和轻松地面对教育教学和工作中的各种突发事件与意外状况。与此同时,伴随着平静的到来,教师在实践过程中形成了自身的教育风格,这一阶段教师的教育教学可能更加趋于保守,而不是更多地尝试新的教育理念和方法。⑤ 退出期(从教 34—40 年)。随着退休年龄的到来,教师开始为退出职业生涯做准备。

四、小学教师专业发展的意义

(一)适应并促进我国小学教育发展与改革

随着我国社会经济的不断发展,我国基础教育领域的改革日益频繁。教师作为教育改革的直接贯彻实施者,一方面需要适应教育改革的要求,不断更新教育理念和教育方法,适应教育改革政策对教育教学工作提出的新要求;另一方面,教师作为教育教学工作的灵魂,应该成为我国基础教育改革的核心推动力,这就要求教师具有主动承担推动基础教育改革的责任和担当。

(二)提升小学教师职业地位

虽然教师的专业地位已经成为共识,但是当前我国教师职业的专业化程度并不理想,甚至有人称教师职业依然处于"半专业化"或"准专业化"的水平。① 之所以会出现这种情况,一个重要原因就是我国教师职业的专业化水平还有待提高,而这依赖于每一位教师专业水平的提升。促进教师专业发展,既是教师个体职业成长的需要,也是我国小学教师队伍整体专业地位提高的要求。

(三)实现教师生命价值

教师职业的生命价值主要体现在两个方面:一是学生培养;二是职业发展。"十年树木,百年树人",学生培养是一个长期的过程,在这个过程中需要教师不断地依据教育教学情景,采取适当的策略和方法,并使这些策略和方法依据适当的教育教学理论和实践经验来开展教学活动。教师只有在专业发展过程中才能不断更新教育理念,改进教育方法,形成适当的教育教学经验策略。同时,教师的职业发展是不断提高教育教学水平,更好地完成教书育人使命的过程,这个过程需要教师不断获取新知识、新技能。因此,无论是学生培养还是教师自身的职业发展,都离不开教师的专业发展。

---

① 毛亚庆,蔡宗模.建国以来高校教师专业发展的制度审视[J].清华大学教育研究,2010(6):27-34.

(四)促进学习型社会发展

随着学习型社会的到来,终身教育理念深入人心,教育和学习不再是一种工具,也不再是一种外在于人的东西,而成为人的内在需要。与此同时,知识观也正在发生变化:知识并非对认识对象的"镜式"反映,知识具有生成性,它是在丰富复杂的真实情境中通过人自身与环境的互动而建构生成的,不存在"纯粹客观""价值中立"的知识,也不存在对认识对象的终极解释,所有知识都有待于检验和反驳。[①] 在此背景下,教师不再仅仅是知识的传授者、独裁者、专断者,而是学习的引领者,要允许学生质疑,允许学生从自己的视角、理解出发重新检验与再思考知识。教师专业发展,是教师从单纯的教育者转向学习者和终身教育者的重要途径,只有教师学会学习,主动促进专业发展,才能真正教会学生成为学习者。

第五节 小学师生关系

师生关系是指教师和学生在教育教学过程中形成的相互关系,包括彼此所处的地位、作用和相互对待的态度等,是教师和学生为实现教育目标,通过教与学的直接交流活动而形成的多性质、多层次的关系体系。[②] 良好的师生关系是有效开展教育教学活动的基础,是师生双方进行互动和交流的基础。

一、良好师生关系的特征

(一)民主平等

师生之间民主平等的关系是教育活动取得良好效果的重要条件。虽然教师和学生在教育过程中的角色、地位和知识水平等方面存在着差异,但在科学真理面前,师生之间无论在政治上还是在人格上都是平等的。教师尊重学生的人格,发扬教学民主,并不意味着自身地位的削弱,反而会有助于教师创造性和主导作用的发挥。正如韩愈所说:"弟子不必不如师,师不必贤于弟子"。民主平等是建立良好师生关系的基本要求。

(二)尊师爱生

尊师爱生就是学生应当尊重教师,教师应当热爱学生,师生之间彼此尊重、相互友爱,这是建立良好师生关系的感情基础。热爱学生是教师的师德规范,是教师职业责任感的反映,它能使教师对教育教学工作高度负责。如果教师不热爱学生,就会失去教育学生的感情基础,就难以在教育实践中建立良好的师生关系,教育工作的成效就会受到很大的限制。而且,爱生是尊师的基础,它能激发起学生对教师的尊重和信赖,缩短师生间的距离,使学生易

---

① 楚江亭.科学内涵的解读与科学教育创新[J].教育研究,2010(3):57-62.
② 湖南省教育厅.小学教育学[M].长沙:湖南科学技术出版社,2008:70.

于接受教师的教育和影响。

（三）教学相长

教学相长是指在教育教学过程中教师和学生是相互制约、相互促进、共同提高的。教师只有了解学生，明确教育目的，才能正确地引导和教育学生，使自己的知识和教育得以发挥和发展；学生只有了解教师和教师职业特点，才能积极参与教育活动，在教育活动中获得自己的知识，促进智能和品德的发展。所以，师生双方是相互促进、彼此推动的关系。教学相长是良好师生关系的一个重要特征。

（四）心理相容

师生心理相容是指教师和学生集体之间、和学生个人之间在心理上彼此协调一致，并相互接纳。师生之间的心理相容是以教师教育活动为中介，使双方相互了解，观点、信念、价值观达到一致的结果。心理相容对师生之间融洽气氛的建立、维系正常的师生关系起着重要的情感作用。

二、良好师生关系的建立

（一）遵循理解原则

小学生年龄小，与教师在认识问题、处理问题上有非常大的差异。为了做好教育教学工作，教师有必要学习心理学、教育学等专业知识，加强自身的修养，陶冶自己的情操。处理问题时充分理解学生，热情地关心、爱护学生，消除师生心理上存在的隔膜。师生关系的一些裂痕往往是彼此缺乏理解造成的。比如，一位教师发现一个学生故意让旁边的一个同学抄作业，便在全班同学面前严厉地批评了他，说他这样做是害了那个同学。挨批评的学生很不服气，下课后，主动找到老师说："我知道让他抄作业不好，可是他说看看我怎么做的。我想让他看看也没什么不对。"听学生一说，老师意识到自己调查了解不够，没完全弄清楚事情的真相就批评他是不对的，便诚恳地做了自我批评，及时解决了矛盾。

（二）坚持尊重原则

如果说理解是建立民主、平等的师生关系的基础，那么，尊重就是这一关系的核心。教师不尊重、爱护学生，便得不到学生的尊重。师生双方是完成教育教学任务的统一体，利益是共同的，目的是一致的，没有理由不相互尊重。一些学生对教师的不礼貌行为，究其原因，常常是由教师造成的。受旧观念影响，教师往往唯我独尊，遇事不去设身处地为学生着想，不注意体会学生的思想感情，凭主观印象办事，独断专行，滥用职权，结果造成学生心里极为不满，出现抵触行为，甚至在背后议论教师，给老师起外号。作为一名教师，要心胸宽广，善于用尊重他人的行为影响学生。对学生的不礼貌行为，教师应采取宽容态度，适当加以疏导，不激化矛盾。

（三）发扬公平原则

教师偏爱少数优秀的学生是造成师生关系不融洽、不和谐的一个重要原因。过去教师

"抓两头,促中间"的做法,一般会导致好学生非常受宠,而大部分学生却被冷落,使大部分学生有一种失落感。师生无亲疏,无论哪一个学生都有长处,教师应该一视同仁,善待每一个学生,及时发现他们身上的优点,帮助他们克服缺点,努力挖掘学生的潜在能力,给所有的学生创造展现才能的机会,这样才能让学生感受到尊重。

思考:教师道德规范的国际视野

本章小结

"师者,所以传道受业解惑也。"作为履行小学教育工作职责的专业人员,小学教师承担着教育教学的工作职责和教书育人的使命,促进年轻一代的社会化发展。小学教师工作的目标、对象、方法、过程和结果的特点,决定了小学教师这一职业呈现出独特的使命责任和劳动特征。作为专业人员,一方面,为更好地保障教师的职业地位,促进教育教学工作的顺利开展,我国法律对教师的权利和义务进行了明确的规定,教师必须依法行使权利和履行义务。另一方面,要成为一名合格的小学教师,需要具备一定的专业素养,并能够自主进行专业发展,促进其专业理念、专业知识和专业能力不断完善。

本章从小学教师的职业特征、权利与义务、专业素养、专业发展和师生关系五个维度对小学教师进行了分析和阐述。第一节,小学教师职业概述。本部分主要阐述了小学教师专业人员身份的形成过程、应该具备的职责及劳动特征。第二节,小学教师的权利与义务。教师的权利和义务是教师所享有和必须履行遵守的,本部分详细论述了教师享有的权利和应履行的义务。第三节,小学教师的专业素养。小学教师的专业素养是小学教师这一职业区别于其他职业的根本特征。本部分基于专业理念和师德、专业知识、专业能力三个维度对小学教师应具备的基本专业素养和要求进行了细致、专业的梳理。第四节,小学教师的专业发展。教师专业发展关系到教育事业的发展和学生的成长,是教师这一职业永远都无法回避的主题之一,本部分从专业发展的概念、途径、阶段和意义四个方面对小学教师专业发展进行了分析。第五节,小学师生关系。良好的师生关系是开展有效教学的基础和前提,本部分在探讨良好师生关系特征的基础上,分析了良好师生关系建立的原则。

思考题

1. 小学教师的劳动呈现出哪些独特性特征?
2. 小学教师的职责包括哪些方面?
3. 小学教师享有哪些权利,应该履行哪些义务?
4. 你认为小学教师应该具有什么样的职业道德?

5. 结合实践认识,思考在新时代一名合格的小学教师应该具备什么样的专业素养,你认为应该如何促进这些素质持续发展?

6. 小学教师为什么要进行专业发展?专业发展的路径有哪些?

7. 如何建立良好的小学师生关系?

拓展阅读

1. 游小培.教师职业与发展[M].长春:东北师范大学出版社,2003.
2. 吴义昌.小学教师专业发展[M].南京:南京大学出版社,2018.
3. 贝丝·赫斯特(BethHurst),金尼·雷丁.教师的专业素养(第3版)[M].赵家荣,译.上海:上海教育出版社,2019.
4. 杜静.教师专业发展[M].北京:高等教育出版社,2017.
5. 史金霞.重建师生关系[M].北京:中国轻工业出版社,2012.
6. 张红波.成为小学教师[M].宁波:宁波出版社,2019.

第八章
小学课程

学习目标

1. 理解小学课程的含义、特点及类型。
2. 掌握小学课程开发及实施的过程。
3. 领悟"新课改"的理念和改革内容。
4. 获取小学课程的前沿动态信息,包括综合实践活动、STEM教育、校本课程、研学旅行、劳动教育课程等。

视频:小学课程

内容脉络

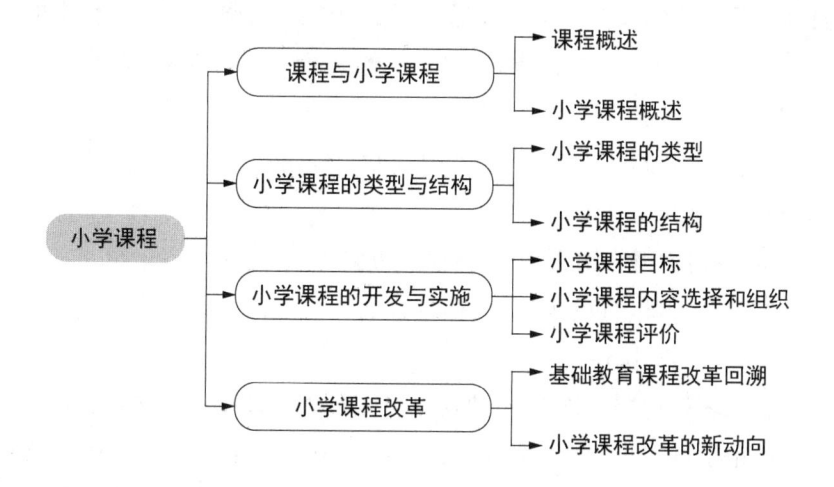

小学课程
- 课程与小学课程
  - 课程概述
  - 小学课程概述
- 小学课程的类型与结构
  - 小学课程的类型
  - 小学课程的结构
- 小学课程的开发与实施
  - 小学课程目标
  - 小学课程内容选择和组织
  - 小学课程评价
- 小学课程改革
  - 基础教育课程改革回溯
  - 小学课程改革的新动向

第一节 课程与小学课程

一、课程概述

(一)课程的定义

人们对日常语境下的"课程"并不陌生,通常也不会产生歧义,但从教育学科体系中课程论的角度来看,其定义则有着多样性。中西方的各类文献中"课程"皆有使用,我国古代文献

《诗经·小雅·小弁》及《五经正义》中都曾使用"课程"。宋代朱熹在《朱子全书·论学》中写道"宽着期限,紧着课程","小立课程,大作工夫"。意思是读书学习既是一个长期的过程,但也必须抓紧时间,同时应设置好阶段性发展目标,并投入精力去实现它。虽然这里的"课程"更多指课业发展及学识成长的过程,但它与今天的课程含义最为接近。英语的课程(curriculum)最早由英国教育家斯宾塞在其发表的文章《什么知识最有价值?》(*What Knowledge Is of More Worth?*)中使用,它是从希腊文演变而来的,原意是跑马道或跑马场(racecourse),引申为学业进程或教学进程。

1918 年,美国学者博比特(Franklin Bobbitt)出版了《课程》(*The Curriculum*)一书,是现代课程作为一个独立研究领域诞生的标志,课程论也成为教育学学科体系中的一个独立分支。此后众多学者对课程进行了系统的研究,提出了各种不同的课程定义。总结起来,课程的定义有以下五个方面:

第一,课程是实现目标的一系列计划。被誉为"课程目标理论之父"的美国学者拉夫尔·泰勒(Ralph Tyler)认为课程是目标引领下的线性过程,即课程包括确立目标——选择经验——组织经验——评价结果四个环节,每个环节都着眼于对课程目标的充分实现,整个过程也是课程的全部内容。

第二,课程是学生的经验或体验。这一定义源于杜威的《经验与教育》的相关理论。杜威提出"教育即生活"和"学校即社会",并通过"从做中学"强调经验在教育中的作用。由此可见,课程的这一定义打破了学校的界限,将学生的全部生活都纳入课程之中。该定义对基础教育阶段的课程更具有适应性。

第三,课程是有计划的教学活动。这个定义除了规定教学的范围、序列和进程外,还体现了课程活动的时空组合。

第四,课程可以根据学科(语文、数学、科学、历史等)和主题内容来定义。这一定义强调了特定学科领域的事实、概念和原理。然而,这样的课程定义未必适用于所有年龄段的教育对象,因而也具有一定的局限性。

第五,从课程的客观物质化载体看,课程也可以凝练为教材。相比于上述"课程即学科"的定义,该定义的范围进一步缩小。教材作为学科知识的系统化集中呈现,一方面体现了学科知识的逻辑结构,另一方面也应兼顾学习者的认知发展水平。因此,在将课程聚焦于教材的同时,切不可忽略学生学习的特点。

尽管课程的定义众多,但概括而言,课程就是在学校中解决教学什么、何时教学、如何教学的问题。因此,我们认为,课程是教育实践的核心问题,也是教育科学研究的永恒课题。

(二)课程的表现形式

在对课程定义的学理进行研究时,我们不免遇到诸如课程大纲、教材、课程科目等内容,这些虽然不是课程的全部,但都是课程的具体表现形式。因此,这些概念也为我们提供"管中窥豹"式理解课程的机会。

1. 课程标准

课程标准是确定学校教育一定阶段的课程水准、课程结构与课程模式的纲领性文件。它规定了各门课程的形式、目标、内容框架,提出了教学和评价的建议,对课程及教学的实施都具有指导作用。通常一定时间内,在一个国家或一个地域范围内同一教育阶段执行的课程标准是一致的。

义务教育课程方案和课程标准(2022年版)

课程标准的前身是教学大纲,但在实践中发现教学大纲中存在诸多弊端,无法适应现代课程发展的需求。于是,在2001年的新一轮课程改革中,教学大纲不再使用,取而代之的是课程标准。国家先后制定出台了18种课程标准的实验稿,其后多门课程又颁布了2011版的课程标准。2022年4月教育部又印发了2022版义务教育课程方案和语文等16个课程标准(图8-1)①。

图8-1 语文课程标准

尽管不同学科的课程内容各不相同,但各课程标准的体例基本一致,具体包括②:

（1）前言：结合本门课程的本质与特点,阐述课程改革的背景、课程性质、基本理念与本标准的设计思路。

（2）课程目标：按照国家的教育方针以及素质教育的要求,从知识与技术、过程与方法、情感态度与价值观三方面阐述本门课程的总体目标与学段目标。

（3）内容标准：根据上述课程目标,结合具体的课程内容,用尽可能清晰的行为动词描述所阐述的目标。

（4）实施建议：为了确保国家课程标准能够得到有效实施,减少中间环节的"落差",需要在国家课程标准中附带提供推广或实施这一标准的建议,主要包括教与学的建议、评价建

---

① 加上此前教育部已于2017年9月印发了《中小学综合实践活动课程指导纲要》。
② 刘艳玲,童莉芬.课程与教学论[M].南昌：江西高校出版社,2015：40.

议、课程资源的开发与利用建议,以及教材编写建议等。

(5)术语解释:对标准中出现的一些重要术语进行解释和说明,便于使用者更好地理解与实施标准。

由此可见,课程标准是学科课程实施的重要依据和保障。

2. 学科

课程学科也被称为课程科目。学校制定的课程表所体现的就是学科课程。课程科目通常是以一门或几门学科知识为基础的,包含了学科知识的基本概念和基本原理,能够让学生在较短的时间内较为系统地掌握某一学科的知识和技能。

3. 教科书

教科书课程的文本性载体,也被称为教材,通常按照学年或学期分册、分单元(章节)。在课程实施环节中,教科书是教学的主要媒介,是教师教学的主要依据,也是学生开展学习活动、获得知识的主要材料。而教科书及相关辅助教学材料的编写也是课程开发的重要方式。在我国,虽然课程标准具有唯一性,但同一教育阶段所使用的教材却有多个版本,即日常所说的"一纲多本"。虽然不同版本的教材在内容和难度方面存在差异,但其都是对统一的课程标准的执行。

按照教育部的要求,义务教育国家课程各学科应使用《义务教育国家课程教学用书目录》中的教材。其中道德与法治、语文、历史全部使用统编教材。以小学数学为例,《义务教育国家课程教学用书目录》中提供了人民教育出版社、北京师范大学出版社、河北教育出版社、江苏凤凰教育出版社等七个可供选择的版本,图8-2显示了其中的三个版本。

图8-2 人教版、北师大版、苏教版小学五年级下册数学教科书

此外,目前在小学课程中倍受关注的"统编本"小学语文教材是由教育部组织编写的。该教材于2017年秋季在全国小学一年级统一使用,到2019年秋季实现了所有年级的全覆盖。同时,随着《义务教育语文课程标准(2022年版)》的颁布,教材也在生字词的范围、课文

内容细节等方面不断调整和完善。总体上,这套教材具备六个特点:(1)强化文化育人。教材中吸收大量优秀传统文化经典及革命文化教育内容。(2)双线组织单元。一条线索是"内容主题",另一条是语文学科素养。(3)凸显目标意识。教材的编排体现目标明确,目标安排有序,目标集中实现和目标训练的落实。(4)重视阅读方法、阅读策略的学习运用。对此,特别需要重视的是,从小学三年级开始,教材中独立设置了阅读策略单元,这尤其体现了统编本教材的理念创新、实践创新。(5)习作自成体系。针对小学习作教学偏弱的实际,统编本教材设计了小练笔、大作文、习作单元三路并发的习作内容,确保习作可以有目标、有系列、有抓手,循序渐进开展,达到重实践、重过程、重方法,每练必得的教学效果。(6)"课内外一体"的阅读教学体制。统编本教材打通课内阅读与课外阅读的联系,将课内的精读、略读与课外阅读统一起来,形成了新的阅读教学体制。[①]

二、小学课程概述

在课程的学理定义基础上,不同教育阶段的课程因其教育对象和任务的差异而有其各自的特点。因此,在深入小学课程内容之前,我们有必要分析影响和决定课程的客观因素,即小学课程的基础。

(一)小学课程的基础

当代课程研究理论认为,课程的发展受到社会系统、文化、学生的身心发展特点、国家教育整体改革及发展、课程工作者、社区支持系统等六个方面的影响[②]。我们重点从社会、心理、文化、教育四个方面来分析小学课程的基础。

1. 小学课程的社会基础

课程以及整个教育都是一种社会现象,都是社会系统和社会活动的组成部分。同时,任何教育都必须依托一定的社会基础而存在,也必须体现社会对人才规格及质量的要求。例如,在君主专制时代,国家需要国民拥有忠君、尊王的思想,一旦推翻专制建立共和政府,国家就对国民有自治能力和平等精神的要求。在手工业社会,国民需要掌握的生活知识极为简单,而在工商业社会,国民所需要的能力变得复杂。[③] 所以,从手工业社会到工商业社会,学校课程的变更也是社会意志的体现和社会选择的结果。同样,在改革开放的大背景下,中国社会政治经济的繁荣发展对基础教育阶段人才成长提出了"全面发展"和具备"核心素养"等新要求。

2. 小学课程的心理基础

小学课程的最终目标是人才培养。小学儿童个体发展的需要就成为小学课程的心理基础。首先,儿童发展的整体性必然要求课程具有综合性、统整性、均衡性等特点和发展趋向。其次,小学生身心发展的顺序性和阶段性要求课程在前后逻辑联系、整体序列以及课程内容

[①] 段宗平.统编本小学语文教材的六点创新[J].语文建设,2018(7):19-23.
[②] 顾书明,等.小学课程设计与评价研究[M].苏州:苏州大学出版社,2016:25.
[③] 陈侠.近代中国小学课程演变史[M].福州:福建教育出版社,2007:74.

的衔接和递进方面符合相关特性。最后,学生身心发展的个体差异还要求课程具有生成性,内容多样包容,课程选择具备自主性。

3. 小学课程的文化基础

文化是人类生产生活的宝贵成果。科学技术、艺术、宗教、习俗礼仪,也包括教育本身都是文化的载体和形式。"以文化人"不仅体现了文化的能动作用,也体现了课程与教育对文化的依赖。可见,文化是学校课程取之不尽用之不竭的主要源泉。学校课程所负载的文化质量是由社会文化科学知识的水平决定的。文化科学知识的发展对学校课程的分化与整合起着重要作用,它决定着学校课程类型结构的变化。文化本身的价值观会影响课程评价及课程行为。

4. 小学课程的教育基础

小学课程自身的发展虽是教育发展的一部分,但也受教育整体发展水平的影响和制约。首先,历次教育思潮的演进无不在课程中留下深深的烙印。历史上,赫尔巴特提出的传统"三中心"(教师中心、课堂中心、教材中心)和杜威的"新三中心"(学生中心、经验中心、活动中心),都曾是课程的核心问题。其次,教育理念和教育技术的发展都为课程发展奠定了坚实的基础,翻转课堂、网络在线课程、STEAM 教学都得益于教育自身的发展。

(二) 小学课程的特点

1. 面向全体学生的全面发展

小学教育是基础教育中的基础,小学课程也是每一位公民都要学习的,因此,无论学生之间存在着怎样的地域文化、家庭环境差异,小学课程都要为全体学生提供合适的、公平的学习和发展机会。从这个意义上说,小学课程质量关乎国家基础教育质量,也直接影响着每个学生未来的发展。此外,小学课程要面向全体学生德、智、体、美、劳的全面发展,任何一个方面都不能偏废。小学教育曾存在"智育为先"的认知误区,体现在课程方面即重智轻德、音体美成为被边缘化的"小三门"、劳动课程长期缺位等。这些都给学生成长带来无法弥补的损失。正因如此,今天的小学课程才得以不断地完善和加强:思想品德课程回归生活,回归情感,实现多学科融合;音体美课程在强健体魄、塑造精神方面的作用广受重视;尤其劳动教育重返课程大家庭。2020 年 3 月国务院发布了《关于加强新时代大中小学劳动教育的意见》,四个月后教育部印发了《大中小学劳动教育指导纲要(试行)》。2022 年 4 月《义务教育劳动课程标准(2022 年版)》的印发也标志着劳动课程的回归,小学课程也真正实现了五育并举。

2. 注重核心素养

课程内容除了具有基础综合特性外,课程还着眼于学生核心素养的培养。历史上,尽管课程的价值和功能曾一度出现了"学科本位"和"知识本位"的倾向,但小学阶段学生发展的基础性决定了不能把课程当作学科知识传递的工具,也不能仅仅关注学生在课程学习中知识掌握的多寡,那些"能够适应终身发展和社会发展需要的必备品格和关键能力"才是课程设置的着眼点。于是,2016年国家制定了《中国学生发展核心素养》,核心素养以"培养全面发展的人为核心",分为文化基础、自主发展、社会参与三个方面,综合表现为人文底蕴、科学精神、学会学习、健康生活、责任担当、实践创新六大素养,具体细化为国家认同等十八个基本要点。由此,在当前和未来很长的时间里,小学课程的一个重要工作就是挖掘课程内容在学生核心素养培养方面的潜力。

3. 内容基础综合

小学课程的对象是学龄儿童,这一年龄段群体的知识基础十分有限,他们需要通过课程广泛接触人类文明的优秀成果。但是这种成果是较为粗浅的,因此,"宽而广"是小学课程基础性的形象诠释。小学儿童认知思维正处于起步发展阶段,他们更多地从整体去理解事物,难以直接触及部分和细节。综合是形成整体的必要条件,综合实现了部分之间的联系,也使得多个整体之间的关联成为可能。可以说,综合还原了事物的本来面目。《基础教育课程改革纲要(试行)》中明确指出,小学阶段以综合课程为主,课程的综合符合事物的存在属性和学生的认知特点,能使课程学习更容易、更便捷,过程更愉快、更丰富多彩。任何小学课程,只要有儿童认知特点的综合性,就是成功的开端。基于此,小学课程的综合性表现在知识、内容及形式上的全方位综合。因此,小学阶段的课程内容体现出基础性和综合性的特征。小学阶段不能过于偏重分科,综合学科和综合性教育要贯穿小学课程的始终①。

4. 活动经验取向

小学课程的内容虽然指向知识的汲取和文化传承,但课程实施始终注重学生的活动参与和经验积累。苏霍姆林斯基曾说,儿童的思维是在指尖之上的。小学儿童认知特点决定了他们无法通过抽象理论进行学习,操作活动才是他们最有效获取经验的方式。或者更确切地说,小学课程中学生获得的是经验而不是知识,小学课程的实施就是活动组织开展的过程。其原因主要有三个方面:首先,活动具有趣味性,可以最大程度地激发学生学习的主动性。从幼儿园步入小学,尽管儿童的生活从游戏转变为学习,但"好玩儿"依然是他们学习的核心动力。可能是活动内容涉及的奇妙知识,可能是师生同伴互动的愉快体验,也可能是活动教具的新颖别致……总之,丰富的活动给予学生深入学习的可能。其次,活动经验还原了知识的存在状态,贴近学生的认知水平。小学课程内容是贴近生活的,需要学生从客观现实中感悟知识的含义与价值。学生可以从活动中亲自感受事物的变化发展,并调用自己的经验、情感和思维去理解规律。因此,课程活动中获得的知识是主体化的。最后,活动中获得的经验具有实践指导意义,有利于知识的运用与创新。如前所述,活动中形成的是源于生活的、有趣的、个人化知识经验,而且这种知识的发展方向也必然促成现实问题的解决和对未知世界的探索。从这个意义上说,活动经验取向也赋予小学课程更大的生命力。

---

① 罗丹,张璇,潘立,等.当代小学课程发展[M].广州:广东高等教育出版社,2011:20.

第二节 小学课程的类型与结构

一、小学课程的类型

小学课程可以从多角度进行分类。依据课程决策和制定主体的不同,课程可分为国家课程、地方课程和校本课程;依据课程的组织形式,可分为学科课程和活动课程;依据课程内容的综合程度,可分为分科课程与综合课程;依据课程选择的自由度,可分为必修课程和选修课程;依据课程的表现形式,可分为显性课程和隐性课程。每一个课程分类都是对课程某方面特性的深入。

(一)国家课程、地方课程和学校课程

国家课程、地方课程和学校课程是依据课程决策和开发主体的不同而划分的课程类型。

国家课程是由国家教育行政部门决策、规划和开发的课程。因为它是兼顾了地域、文化、种族等特点而确定的所有学生的发展目标及相应的课程内容、课程实施及评价方式,所以它能最大限度地保证国家范围内教育的统一性和规范性,也能保证所有国民的基本素质。我国《义务教育课程设置实验方案》规定,国家课程占总课时的 80%—84%。而 2022 年 4 月印发的《义务教育课程方案(2022 年版)》将国家课程中的劳动、综合实践活动与地方课程、校本课程的合计比例确定为 14%—18%。因此,基础教育阶段国家课程是课程的主体。

地方课程根据地域政治、经济、文化、民族的发展特征和需求,将地方文化和本土知识融入课程。我国浙江省温州市就十分重视地方课程的开发与实施,其课程以瓯越文化的形成、特征、发展为核心,分别以"山水温州""文化温州"和"活力温州"为主题,从温州自然环境、社会经济发展状况、区域文化特征等方面建构温州地域文化的教育价值[①]。因此,地方课程不仅可以加强学生对地方文化的认同感,培养地方性人才,也可以发挥文化构建和传承的作用。

学校课程也称为校本课程,是学校根据自身的校情,如学校的类型、师资力量、文化积淀、生源情况、硬件设施,充分利用和挖掘校内外教育资源开发和实施的课程,其目的在于促进学生多元发展及彰显学校文化特色。由于校本课程是基于学校的,以学校为本位的课程,其存在体现了课程决策的民主与文明,也有效地扭转了"校校同课,课课同本"的单一局面。尽管按照要求,地方和学校课程同劳动和综合实践活动课程合占总课时的 14%—18%,然而,课程的开发是一项复杂而艰巨的任务,不是每个学校都能实现的。当前校本课程开发中就存在将校本课程窄化为兴趣小组活动课;与国家课程完全独立,缺乏社区、专家、学生、家

---

① 林静.论地方课程的价值取向——以温州市地方课程为例[J].天津师范大学学报(基础教育版),2007,8(2):26-28.

长多方参与;学校课程开发能力不足,导致校本课程实施随意化、不规范,只流于形式等问题[1]。

应当明确的是国家课程、地方课程、校本课程三者之间不是彼此独立、各自为政的。学校是地方的学校,地方是在国家的整体框架之中,因此,地方课程和学校课程可以是对国家课程的创新发展,是国家课程的地方化和学校化的特色发展。

(二) 学科课程与活动课程

依据课程的组织形式,课程可分为学科课程和活动课程。

学科课程是以文化知识(科学、道德、艺术)为基础,按照一定的价值标准,从不同的知识领域或学术领域选择一定的内容,根据知识的逻辑体系,将所选出的知识组织成学科的课程。学科课程是最古老、使用最广泛的课程类型。学科课程认为课程即知识,学校开设的课程主要是使受教育者获得系统的知识。由于知识一般被认为是概括的、逻辑的内容,因而这样的课程也是客观确定的,是外在于学习者个人生活的。也由于这个原因,学科课程成为在教学之前就已经规划、编制好的内容,如教材、教学计划等,因此学科课程以预设的固定状态呈现。学科课程按照预定的科目、内容和计划进行,教师是课程的说明者、解释者,学生是课程的接受者。

与学科课程以"知识、教材、教师为中心"的特点不同,活动课程是侧重于学生直接经验的课程形式,它是一系列由儿童自己组织的活动,也称为"经验课程""生活课程""儿童中心课程"。活动课程是源于杜威的进步主义教育思想,并在此基础上发展起来的一种课程。杜威提出:"教育即生活,教育即生长,教育即经验的不断改造与改组。"经验课程是动态课程,强调以学生为中心,注重学生的经验,关注学生的学习。因为学生的经验和学习是不断变化的,因此经验课程也拥有了动态性和生成性,要根据学生学的状况做出相应的变化与调整。

2016年教育部联合多部门出台的《关于推进中小学生研学旅行的意见》提出:"研学旅行是通过集体旅行、集中食宿方式开展的研究型学习和旅行体验相结合的校外教育活动,是学校教育和校外教育衔接的创新形式,是教育教学的重要内容,是综合实践育人的有效途径。"研学旅行课程的优势就在于其超越了学校、课堂和教材的局限,在获得时空上向自然环境、学生的生活领域和社会活动领域延伸,并以问题为中心,在实际情境中让学生认识与体验客观世界,亲近自然,了解社会,认识自我,在学习过程中提高发现问题、分析问题和解决问题的实践能力[2]。

(三) 分科课程与综合课程

依据课程内容涉及的范围及综合程度,课程可以划分为分科课程与综合课程。

---

[1] 叶波.论校本课程开发与特色学校建设[J].教育发展研究,2011(20):11-14.
[2] 王晓燕.研学旅行:课程开发是关键[J].中小学信息技术教育,2018(10):9-11.

分科课程聚焦于学科内部学术知识的逻辑联系,不考虑学科之间的相互关联,从而形成了多学科并列的课程。分科课程最早可以追溯到我国春秋战国时期的"六艺"(礼、乐、射、御、书、数)和古罗马时期欧洲教育的"七艺"(文法、修辞、辩证法、算术、几何、天文、音乐),我们在义务教育阶段学习的语文、数学、英语、历史、地理等课程也皆为分科课程。分科课程是随着18至19世纪科学的迅猛发展,以及学科领域的分化和分支领域出现而得以巩固和沿用的学科类型。其优势在于传递知识、技能的直接性和高效性,因为课程内容直接反映的就是学科的结构体系。但是随着人们对课程理解的深入,分科课程的弊端也日趋明显:课程内容随着学科发展激增,教与学的过程演变为知识的灌输与机械记忆,课程设置忽略学生的兴趣与认知特点,课程难以培养实践能力和创新思维。

综合课程正是在这样的背景下诞生和发展的,它打破了知识的学科界限,将两门及两门以上的课程内容进行综合。从综合的内容范围来看,综合课程包括三种类型:同一科学领域之内知识的综合;跨学科领域知识的综合;学科知识与社会生活的综合。例如,小学数学课程既注重学科内部综合,也强调数学知识与学生生活经验的结合。义务教育艺术课程是一门综合音乐、美术、戏剧(含戏曲)、舞蹈、影视(含数字艺术)5个学科为一体的课程。[①] 兴起于美国的 STEM 教育就是科学(Science)、技术(Technology)、工程(Engineering)、数学(Mathematics)四门学科英文首字母的缩写,课程旨在培养具有理工科背景的创新人才。其后又增加了艺术(Art)形成了 STEAM 课程,促进学生从更多视角认识不同学科间的联系,提高自身综合运用知识解决现实问题的能力。[②] 由此可见,综合课程有利于课程内容的交叉、渗透和融合,帮助学生形成完整的世界观,以及整合知识解决实际问题。尽管如此,综合课程仍需要避免成为传统学科的机械"拼盘",克服课程内容数量较多,学生难以深入等弊端。

(四)必修课程与选修课程

就课程选择的自由程度而言,课程可以分为必修课程和选修课程。

必修课程的主导价值在于培养和发展学生的共性,保证所有学生都能获得成长发展所必需的科学文化知识和实践创造能力,而不受经济文化、地域校际等因素的影响。因此,必修课程也具有一定的强制性。义务教育阶段学校开设的思想品德、语文、数学、外语、体育、音乐等绝大多数课程均为必修课程。同时随着社会的发展和科技的进步,一些新的课程也被纳入必修课程。例如,2001年教育部颁布的《基础教育课程改革纲要(试行)》要求小学至高中设置综合实践活动,并将其作为必修课程,以普遍提升学生的信息技术等多方面实践创新能力。

选修课程是必修课程的重要补充,其主导价值在于满足学生的兴趣、爱好,培养和发展学生的个性,不同地区、不同学校,甚至学生个体在选修课程的选择上具有一定的自主权。此轮新课改中,国家也倡导高中阶段学校在开设必修课的同时设置丰富多元的选修课程,以

[①] 中华人民共和国教育部.义务教育艺术课程标准(2022年版)[S].北京:北京师范大学出版社,2022.
[②] 赵慧臣,陆晓婷.开展STEAM教育,提高学生创新能力——访美国STEAM教育知名学者格雷特·亚克门教授[J].开放教育研究,2016(10):4-10.

实现学生多元发展。

（五）显性课程与隐性课程

按照学生学习经验的来源，可以从显性与隐性维度对课程进行分类。显性课程就是指我们日常所见的学校课程，包括学科教学与生活辅助两个方面。然而，学生在学校除了习获读、写、算等方面的知识和技能发展外，他们还从学校制度、班级组织、与教师和同伴群体的交互作用等方面接受内隐的价值观、社会规范等方面的影响和陶冶。例如，基础教育十分重视教育校园文化建设，许多学校提出"墨香育人"，打造"书香校园"，在校园环境创设中，"让校园的每一面墙会说话"。这些通过潜移默化的方式影响学生的内容就是隐性课程。因此，隐性课程也称为非正式课程、潜在课程或隐蔽课程。应当说，隐性课程贯穿于学校教育的整个过程。

与显性课程相比，隐性课程主要有以下特点：第一，隐性课程的影响具有弥散性、普遍性和持久性；第二，隐性课程对学生的影响是有意识性与无意识性的辩证统一；第三，隐性课程是非预期性与可预期性的统一；第四，隐性课程的影响既可能是积极的，也可能是消极的。

综上所述，课程的不同分类反映了课程的不同性质，同一门课程依据观察的视角可以归属于不同的类型。例如，中小学开设的综合实践活动既是必修课程，也是活动课程，既属于综合课程，也是显性课程。此外，每一类课程既有自己的独特优势，也存在不可避免的缺陷。这也启发我们，在深入推进课程改革的今天，我们对课程的正确态度应是科学探究、兼容并蓄的。

二、小学课程的结构

课程结构是课程内部各要素、各成分合乎规则的组织形式。小学课程的结构是指按一定标准选择和组织起来的课程内容所具有的各种内部关系，主要包括各类课程的比重、不同课程之间的相互渗透与配合，以及课程内容的编排顺序。因此，课程结构是课程的命脉，课程结构之间的矛盾运动是课程发展的动力，课程结构的合理程度直接决定课程目标的实现与课程功能的发挥。

小学课程结构具有客观性、有序性、转换性、可度性等特点[1]。首先，小学课程所包含的认知经验要素、道德经验要素、审美经验要素和健身经验要素是社会历史发展对小学阶段人才培养的客观要求。课程成分围绕这些要素展开并彼此联系。其次，课程内容之间的联系及课程序列的形成有着一定的逻辑、时间和层级关系。再次，课程的结构各要素之间的关系不是一成不变的，而是要不断革新变化以适应时代和社会发展的要求。我国新课程改革在课程均衡性、综合性和选择性等方面的变革就充分体现了课程结构的转换性特点。最后，课

---

[1] 廖哲勋.课程学[M].武汉：华中师范大学出版社,1991：69-73.

程结构的质量具有可计量性。课程内部要素的数量界限、各课程门类的学时分配及比例关系均反映了课程结构的可度性。

目前,按照我国《基础教育课程改革纲要(试行)》的要求,小学阶段以综合课程为主。小学低年级设品德与生活、语文、数学、体育、艺术(或音乐、美术);小学中高年级设品德与社会、语文、数学、科学、外语、综合实践活动、体育、艺术(或音乐、美术)。课程的具体结构如表8-1所示。

表8-1 小学课程结构

课程性质	科目	开设时间	占九年课时总计比例
国家课程	道德与法治	1—6年级	6%—8%
	语文	1—6年级	20%—22%
	数学	1—6年级	13%—15%
	外语	3—6年级	6%—8%
	科学	1—6年级	8%—10%
	信息技术	3—6年级	1%—3%
	体育与健康	1—6年级	10%—11%
	艺术	1—6年级	9%—11%
	劳动	1—6年级	14%—18%
	综合实践活动	1—6年级	
地方课程	由省级教育行政部门规划设置		
校本课程	由学校按规定设置		

来源:《义务教育课程方案(2022年版)》

第三节 小学课程的开发与实施

"课程开发"指使课程的功能适应文化、社会、科学及人际关系需求的持续不断的决定课程、改进课程的活动和过程。[①] 从课程开发的含义中,我们发现,"开发"不是一次性完成的终结状态,而是决定和改进的反复持续过程。具体而言,课程开发包含以下要素[②]:

① 课程开发的主体可以是国家、地方教育行政机构或学校,也可以是上述机构的相关人员。

② 课程开发的目的在于不断地改善和优化课程。

---

① 汪霞.课程论与课程改革[M].安徽:安徽教育出版社,2007:128.
② 顾书明,等.小学课程设计与评价研究[M].苏州:苏州大学出版社,2016:244.

③ 课程开发是一个包括了课程设计、课程实施、课程评价等环节(阶段)或知识技能活动的完整的实践进程或实践系统。

因此,小学课程的开发与实施也不是截然分开的先开发后实施的过程,而是在开发与实施中不断自我完善的过程。此外,教师作为课程实施的重要参与者,同时也承担着课程开发的重要任务。

当前课程开发的模式主要有四种:首先,目标模式将课程目标作为课程开发的基础与核心,强调先确定目标,再以精确表述的目标为依据进行评价,其代表人物有博比特、泰勒和布鲁姆。目标模式是课程开发研究领域最具权威性的理论形态,也是教育实践中运用最为广泛的实践模式。但在课程实践过程中人们也发现对于目标、效率和行为控制的过分强调极易导致课程实施的机械、刻板,甚至容易无视过程急功近利地追求目标。第二,过程模式是在寻求目标模式的改进中诞生的。英国学者斯滕豪斯率先将课程开发的焦点由目标转向了过程,指出课程的研究和开发不应当是按照某些事先决定的行为目标制定一套"方案"后再加以评价,而应当把它当作为一个动态的、持续的过程。在这个过程中,课程的研究、开发、评价不是分开的、独立的,而是一体的。所有这些都集中在课程实践当中,且教师在其中起着重要作用[①]。第三是情景模式。该模式重视课程与社会文化的关系,试图在对社会文化情景的分析中建立一种具有灵活性和社会文化适应性的课程方案,其代表人物有英国学者劳顿(D. Lawton)和基斯贝克。情景模式赋予了课程的文化选择属性和文化传播职能,避免了课程独立于社会成为学校围墙内的活动。课程开发的第四种模式是以英国学者施瓦布为代表的实践模式。该模式把教师和学生作为课程的有机组成部分和相互作用的主体,把课程理解为相互作用的有机"生态系统",强调通过集体审议来解决课程问题。由此可见,实践模式的突出特性在于师生等多主体集体参与课程开发,同时课程这个有机生态系统指向的不是知识技能的掌握对环境的控制,而是兴趣需要的满足和能力德性的提高[②]。综上所述,随着课程研究的深入,课程开发不再局限于某种单一的模式,而是要综合考虑培养目标、课程参与者的特点等多种因素,尝试课程开发模式的多元化。

一、课程目标

(一) 课程目标的含义

课程目标是指课程在开发和实施过程中要实现的具体要求,主要涉及受教育者要掌握的知识和应获得的能力。在理解课程目标时,需要与教育目的、教育目标和教学目标加以区分,掌握其各自的特征及彼此的联系。

---

① 汪霞.课程开发的过程模式及其评价[J].外国教育研究,2003,30(4):60-64.
② 吴刚平.校本课程开发的思想基础——施瓦布与斯滕豪斯"实践课程模式"思想探析[J].外国教育研究,2000,27(6):7-11.

教育目的是站在国家和社会的角度,确定"培养什么样的人"的问题,是对教育对象规格质量的总体规定。各级各类学校都应当严格按照教育目的要求培养人才。因此,教育目的是一切教育活动的出发点和最终落脚点。教育目标是一定时期内的教育价值判断和对具体教育任务的规定,各级各类学校依据教育对象的特征制定各自的教育目标。所以,教育目标是对教育目的"培养什么样人"问题的具体化。对比以上两个内容,课程目标是在教育目的的指导下,各级各类学校选择和确立自身活动内容和知识经验的具体任务,以实现和达成相应的教育目标。而我们常说的教学目标则是在课程实施环节中,对每一个教学单元、课时的教学结果的预期,是课程目标付诸实施的环节。总体上,我们可以将课程目标与其他目标的关系总结为图8-3的形式。

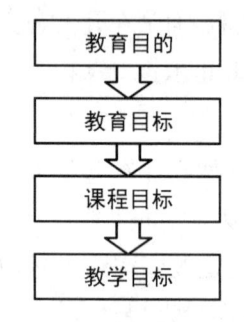

图8-3 课程目标与其他目标的关系图

（二）课程目标的功能

课程目标作为课程的首要内容,在课程的开发和实施过程中发挥着举足轻重的作用。首先,课程目标具有导向功能。目标是课程的肇始,课程目标一旦确定,后续的课程活动均以其为方向。具体而言,课程目标是筛选课程内容的依据,在庞大的知识系统中,究竟哪些内容可以进入课程体系,衡量的标准即是课程目标;在课程的实施环节中应当如何开展学与教的课程活动,依据同样是课程目标。应当说,课程目标之外的其他环节都是向课程目标的迈进,课程实施的结果就是课程目标的达成。因此,课程目标的导向功能渗透于课程的每一个环节。

其次,课程目标具有激励和调控功能。这种激励和调控作用的发挥具有时空延续性。在课程实施的每一个时间片段,所有课程参与者的行为都应接受课程目标的激励、监督和调整。目标明确的参与者在课程开发、课程实施,甚至是教学环节中都会有的放矢地开展活动,并不断地将自己的活动与课程目标对照,调整和去除那些游离于目标的行为,保证课程目标高效实现。

最后,课程目标具有评价功能。在激励和调控功能中,对于那些符合目标的课程活动,课程目标起到的是激励作用;而对于那些不符合目标的课程活动,课程目标将发挥其调控作用。那么,到课程结束时,课程目标是否实现或实现的程度仍然需要以课程目标为尺度对其进行衡量与判定。由此我们可以更进一步理解"课程目标引领课程,贯穿于课程的始末"的含义。

（三）课程目标的内容及演变

目前,我国小学阶段的课程以学科课程为主要形式,各类课程的目标也以学科为依托,强调学生在课程学习过程中知识技能和能力素养的变化。新课程改革前后,我国的课程目标经历了从"双基"到三维目标再到核心素养的三个阶段,这一变迁体现了从学科知识到学科本质再到学科育人价值的转变,从而使学校教育教学不断地回归人、走向人、关注人,进而实现真正的以人为本，人成为教育教学真正的对象和目的。这也是教育领域最深刻的变革①。

在 2001 年新课程改革之前，教学大纲作为课程的纲领性文件使用了 20 年左右。教学大纲中科课程目标围绕各学科基本知识和基本技能的"双基"展开。课程的着眼点在于"知识"，关注学生应当掌握哪些知识，以及这些知识掌握到什么程度。知识本位的课程目标容易将知识泛化，用知识取代情感、态度、能力，从而忽略学生的全面发展，也容易促使教与学成为强制的知识灌输、反复训练和机械记忆。当然，任何一种课程目标形态的出现都有其深刻的历史背景。在国家改革开放之初的特定时期，"双基"的课程目标在巩固"知识就是生产力"，以及培养知识扎实、技能过硬的人才投入社会生产建设等方面所发挥的作用是不可替代的。

进入 21 世纪，新课程改革在全新的理念下，将"三维目标"写进了各学科的课程标准当中，具体包括：知识与技能、过程与方法、情感态度与价值观。相比之前的"双基"，三维目标着眼于学生能力的全面发展，在延续过去知识与技能的基础上，过程与方法体现了课程对学生学习能力培养的显性要求和独立要求；情感态度与价值观则体现了对学生态度养成和人格发展的关注和要求。这些目标极大地促进了知识与学生生活经验的融合，也有利于学生未来更好地适应现代社会生活及参与科技发展。

我们以小学数学课程为例，对比新课程改革前后教学大纲和课程标准中的教学目的与课程目标②。新课程改革前，小学数学教学大纲中的教学目的为：（1）使学生理解、掌握数量关系和几何图形的最基础的知识。（2）使学生具有进行整数、小数、分数四则计算的能力，培养初步的思维能力和空间观念，能够探索和解决简单的实际问题。（3）使学生具有学习数学的兴趣，树立学好数学的信心，受到思想品德教育。

《义务教育数学课程标准（2011 年版）》不仅用独立的章节阐述课程目标，而且将课程目标分为"总目标"和"学段目标"两部分。标准对总目标的表述为，"通过义务教育阶段的数学学习，学生能：1. 获得适应社会生活和进一步发展所必需的数学基础知识、基本技能、基本思想、基本活动经验。2. 体会数学知识之间、数学与其他学科之间、数学与生活之间的联系，运用数学的思维方式进行思考，增强发现和提出问题、分析和解决问题的能力。3. 了解数学的价值，提高学习数学的兴趣，增强学好数学的信心，养成良好的学习习惯，具有初步的创新意识和科学态度"。之后总目标又分别从"知识技能、数学思考、问题解决、情感态度"四个方面进行了更为深入细致地阐述，同时强调总目标的四个方面是密切联系、相互交融的有机整体。课程设计和教学活动组织要兼顾总目标的四个方面，这些目标的实现是学生受到良好数学教育的标志。

对比曾经的教学大纲，课程标准首次以九年义务教育的概念对小学和初中课程的总目

---

① 余文森.从"双基"到三维目标再到核心素养——改革开放 40 年我国课程教学改革的三个阶段[J].课程·教材·教法，2019，39(9)：40-47.
② "课程标准"是新课程改革的成果，在课程标准制定出台之前一直使用"教学大纲"。课程目标被称为教学目的。

标进行整体阐述,而且目标更加具体充实,由过去的"双基"演变为"四基"和"四能",同时更加注重学生在数学学习中的过程性体验。情感目标除了培养数学学习的兴趣和信心,宏观的"思想品德教育"也被数学学习习惯、科学态度和创新意识所取代,使得情感态度和价值观目标更加贴近学科,也便于落实。

随着中国参与世界竞争的日渐深入,人才培养质量的提升成为教育发展的迫切要求,对新课程改革的总结和反思也一直在持续。2014年,《教育部关于全面深化课程改革落实立德树人根本任务的意见》中提出:"依据学生发展核心素养体系,进一步明确各学段、各学科具体的育人目标和任务,完善高校和中小学课程教学有关标准。"2016年,中国学生发展核心素养总体框架正式发表,核心素养把学科课程和教学引向人的发展中心任务,而不是学科本身,学科所培养的核心素养实际上就是对学科教学方向的规定。2018年,基于核心素养的高中各学科课程标准陆续颁布,核心素养开始进入课程,走进中小学。课程教学改革进入了核心素养的新时代[1]。

2022年4月《义务教育数学课程标准(2022年版)》印发,标准明确了义务教育数学课程培养的核心素养包括学会用数学的眼光观察现实世界;用数学的思维思考现实世界;用数学的语言表达现实世界。课程以学生发展为目标,以核心素养为导向,强调使学生获得"四基"与"四能",形成正确的情感、态度与价值观。

二、课程内容选择和组织

课程目标一旦确立,选择什么样的知识及活动进入课程,这些课程内容之间的联系、呈现方式及顺序就成为课程开发者最为关心的问题。

(一) 小学课程资源及内容选择

根据信息资源学的观点,资源是指自然界和人类社会中能创造物质和精神财富的各种客观存在物。课程的开发与实践就依托于这些物质和精神的资源。因此,课程资源是指形成课程必要而直接的因素。按照其功能特点,课程资源可分为素材性资源和条件性资源。素材性资源直接作用于课程,成为课程内容的素材或来源。如知识、技能、经验、活动方式与方法、情感态度和价值观以及培养目标等方面的因素。条件性资源虽然同样用于课程,却并不是课程本身的直接来源,不过它在很大程度上决定着课程的实施范围和水平。如直接决定课程实施范围和水平的人力、物力和财力,时间、场地、媒介、设备、设施和环境,以及对课程的认识状况等因素,都属于条件性课程资源。[2] 可以说,课程资源为课程内容的选择与生成提供了肥沃的土壤。

英国教育家斯宾塞曾提出"什么知识最有价值?"的疑问,这也引发我们对从课程资源中提取课程内容的探讨。课程资源成为课程内容至少要经过三个筛选过程:首先是教育哲学的筛选,即课程资源要有利于实现教育的理想和办学的宗旨,反映社会的发展需要和进步方

---

[1] 余文森.从"双基"到三维目标再到核心素养——改革开放40年我国课程教学改革的三个阶段[J].课程·教材·教法,2019,39(9):40-47.
[2] 吴刚平.课程资源的开发与利用[J].全球教育展望,2001(8):24-31.

向。其次是学习理论的筛选,即课程资源要与学生学习的内部条件相一致,符合学生身心发展的特点,满足学生的兴趣爱好和发展需求。第三是教学理论的筛选,即课程资源要与教师教育教学修养的现实水平相适应[①]。具体而言,为保证课程资源所形成的课程内容彰显小学课程特点(详见本章第一节内容),课程内容的选择还应遵循如下原则[②]:

适应性与超越性相结合原则。小学儿童的生理及认知发展特点要求小学课程内容的选择必须充分适应学生的特点,选择情境性强、形象生动、主题丰富的内容,避免概念性强且远离学生生活经验的内容。皮亚杰强调儿童的思维发展依赖于动作和实物。因此可被选择的课程内容应当具有体验性和操作性,可以使得学生在活动中完成思维和智慧的发展。此外,课程内容还应充分关注小学生情感态度等心理发展,整合学校、家庭和社会的多方面资源,促成智力因素与非智力因素的共同发展。

课程内容的适应性并不是说它必须亦步亦趋地跟随在发展的后面;相反,课程的作用就在于营造发展的空间,创造发展的可能性。正如苏联教育家维果茨基通过儿童的"最近发展区"告诉我们"教学应走在发展的前面",课程内容的选择必须具有超越性,应最大程度地预测儿童未来发展的可能性。例如,前文提到斯宾塞问道:"什么知识最有价值?"他的主张是科学知识最有价值,所以学校教育中的课程也必须以各门科学为内容,同时他还强调教育目的就是"为未来完满的生活做准备"。

基础性与时代性相结合原则。基础性不仅是小学课程本身的特点,也是课程内容选择的重要原则。小学儿童认知的特点决定了不是所有学科知识都适宜于传授给这个阶段的学生,该阶段课程的目标在于使学生掌握人类科学文化及社会生活中的基本知识概念、基本规则联系、基本生活常识,为后续专业能力的形成奠定基础。例如,小学语文和英语课程中渗透的听、说、读、写能力及小学数学课程的数字计算与数学思维能力,虽然它们较为基础,但却伴随学生终身。

当然,随着文化和科技的进步,社会对人的能力不断提出新的要求,课程内容也应当对此做出及时的反映。这就不得不再次提到当下的新课程改革,其中"繁难偏旧"内容的删除成为改革的亮点。复杂生涩,不易为学生理解的知识,已经严重过时且远离学生生活经验的内容都退出课程及教材,取而代之的是时代发展迫切需要的课程内容。如数学的统计学知识,科学的动手操作能力,语言的运用能力以及科学素养和人文精神。

学科性与实用性相结合原则。以学科为载体的课程内容的突出优势在于知识的整体性和逻辑性。美国学者布鲁纳提出:"掌握一门知识必须掌握这门知识的学科结构。"由此说来,学科课程内容也有利于促进课程实施的效果。现实中,学科教学的确促进了学生知识结构的清晰与稳固,但我们也不得不承认这种"唯知识"的课程内容导致了教学灌输和"死记硬

[①] 吴刚平.课程资源的开发与利用[J].全球教育展望,2001(8).
[②] 罗生全,李本友.小学课程设计与评价[M].重庆:西南师范大学出版社,2017:103-106.

背"的机械学习。换言之,小学生获得了缺乏理解、没有情感、不会运用的"僵尸知识"。因此,课程内容的选择必须还知识以生命,还学习过程以灵动,真正让那些贴近学生经验、具备活动操作性和能够指导生活实践的知识进入课程。

多样性与结构性相结合原则。随着科技和经济的发展,人类社会积累了丰富而庞大的文明成果,加之小学生尚处于认知发展的起步阶段,这使得小学课程可以吸收和容纳的内容复杂而多样。面对这一状况,课程的选择必须兼顾多样性与结构性。一方面让小学生置身于丰富多元的文化环境,尽可能地接受多学科多领域的科学知识;另一方面还要防止这些知识经验的零散化,通过加强课程内容的联系与整合,实现知识经验的结构化和系统性。

(二) 小学课程内容的组织与呈现

基础教育课程改革以来,我国小学阶段的课程以综合课程为主,包含品德、语文、数学、科学、外语、综合实践活动、体育、艺术(或音乐、美术)、劳动等课程内容。2022年随着新版课程方案和课程标准的颁布,小学阶段的课程内容得到了调整与更新(参见本章第二节小学课程结构)。如品德课程由品德与生活(1—2年级)和品德与社会(3—6年级)整合为道德与法治,劳动和信息技术从综合实践活动中独立出来。整体上,课程内容按年级螺旋式呈现,而且强调知识与经验的融合,学科素养与实践创新能力并重,学科知识的完整性与跨学科知识的整合性。

小学道德与法治课程以政治认同、道德修养、法治观念、健全人格、责任意识为学科培养的核心素养。课程以"成长中的我"为原点,由"自我认识"到"我与自然""我与家庭""我与他人""我与社会""我与国家和人类文明",不断扩展学生的认识和生活范围,以道德与法治教育为框架,有机融入国家安全教育、生命安全与健康教育、劳动教育,以及信息素养教育、金融素养教育等相关主题,强化中华民族传统美德、革命传统和法治教育。课程内容分学段按主题呈现。三个学段共有的主题为道德教育、生命安全与健康教育、法治教育、中华传统优秀文化与革命传统教育。其中,1—2年级为第一学段,也是学校生活的起步阶段。课程专门为一年级学生设置了入学教育以增强其适应性。3—4年级为第二学段,5—6年级为第三学段。这两个学段的课程在共有内容基础上增加了国情教育主题,旨在培养学生逐步形成集体荣誉、责任意识和深厚的爱国情感。

新的历史时期,不仅是道德与法治课程,义务教育阶段的所有课程都应在立德树人中发挥关键作用。因此,"学科德育"也是品德教育的重要组成部分。简而言之,学科德育是指将道德教育渗透于各科教学中,从而实现各科教学与品德教育的融合。它具有间接、隐性和渗透式等特点。[①]

小学语文课程是一门学习语言文字运用的综合性、实践性课程,工具性与人文性统一是其基本特点。课程以文化自信、语言运用、思维能力、审美创造为核心素养培养目标,内容涉及识字与写字、阅读与鉴赏、交流与表达、梳理与探索四个方面,包括中华传统优秀文化、革

---

① 叶飞.学科德育的实践意蕴及其实现途径[J].课程·教材·教法,2009(8)48-51.

命文化和社会主义先进文化三个主题。在内容组织与呈现方式上，课程设置了"语言文字积累与梳理"1个基础型学习任务群；"实用性阅读与交流""文学阅读与创意表达""思辨性阅读与表达"3个发展型学习任务群和"整本书阅读"与"跨学科学习"2个拓展型学习任务群。

此外，目前使用的"统编本"小学语文教材中也体现了课程内容的诸多变化。如一年级改为先识字再学拼音，即把拼音作为识字、正音的工具，而非阅读的工具。这样编排的目的是仅发挥拼音的"拐杖式"工具作用，但不对其过分强调，防止拼音成为课程和学习的负担。此外，阅读广受重视。一方面，课型被分为精读课和略读课；另一方面，课内阅读和课外阅读相结合，帮助学生实现"海量阅读"①，同时还提出阅读中的"随文识字"，以及读（阅读）写（写作）结合。

小学数学课程也是培养公民素质的基础课程，具有基础性、普及性和发展性。课程旨在使学生通过数学学习，形成和发展面向未来社会和个人发展所需要的核心素养。课程分为三个学段，内容由"数与代数""图形与几何""统计与概率""综合与实践"四个学习领域组成。每个领域的内容按学段逐步递进，不同学段主题有所不同。

从目前的教材看，小学数学课程凸显数学思想方法的教学渗透，强调学生数学核心素养的培养。例如，"数与代数"的课程内容注重学生对抽象思想、数形结合思想、分类思想、集合思想、类比法等思想方法的感悟；在"图形与几何"领域中，教材加强抽象思想、分类思想、集合思想、归纳法、类比法、演绎推理思想、转化思想、几何变换思想、模型思想等思想方法的应用和理解；人教版数学教材甚至编写了独立的"数学广角"单元，通过鸡兔同笼、找次品、抽屉原理等问题系统而有步骤地引导学生学习数学思想方法，提高数学思维水平、激发学习兴趣、培养创新意识。②

小学科学课程在较短的时间内经历了较大变化。2017年2月教育部颁布了《小学科学课程标准（2017年版）》。此前的《义务教育科学（3—6年级）课程标准（实验稿）》已经在小学一线实施了16年。因此，这版课程标准的颁布也标志着小学科学课程实践探索阶段的结束和跃升发展阶段的开始。③ 其中较为显著的变化有两个方面：首先是从过去3年级开始设置科学课，改为1年级即开课，并按照每两个年级为一个学段，将小学1—6年级划分为三个学段。其次，工程和技术首次以独立学科领域的方式进入科学课程，典型的是STEM教育（参见本章第四节）。

而时隔5年，《义务教育科学课程标准（2022年版）》印发。它确立了培养科学观念、科学思维、探究实践和态度责任等核心素养，要求学生通过对13个科学核心概念的学习，理解物质与能量、结构与功能、系统与模型、稳定与变化4个跨学科概念。13个学科核心概念分别是物质的结构与性质、物质的变化与化学反应、物质的运动与相互作用、能的转换与能量守恒、生命系统的构成层次、生物体的稳态与调节、生物与环境的相互关系、生命的延续与进

---

① 温儒敏.如何用好"统编本"小学语文教材[J].课程·教材·教法,2018(2)：4-9.
② 王永春.小学数学教材与数学思想方法[J].课程·教材·教法,2015(9)：44-48.
③ 刘恩山.《义务教育小学科学课程标准》的变化及其影响[J].人民教育,2017(7)46-49.

化、宇宙中的地球、地球系统、人类活动与环境、技术工程与社会、工程设计与物化。这些新的科学核心概念和跨学科概念也进一步深化了课程内容。

小学英语课程具有工具性和人文性双重性质。即课程既承担着培养学生基本英语素养和发展学生思维能力的任务，又负责提高学生综合人文素养。课程以小学3年级为起点，借鉴了国际上通用的分级方式，力求体现不同年龄段学生的学习需求和认知特点，使英语课程具有整体性、灵活性和开放性。课程内容由主题、语篇、语言知识、文化知识、语言技能和学习策略六要素构成。其中主题包括人与自我、人与社会、人与自然三大范畴。语篇包括连续文本和非连续文本。语言知识涉及语音、词汇、语法和语篇和语用知识。文化知识既包括饮食、服饰、建筑、交通及相关发明创造等物质文化的知识，也包括哲学、科学、历史、语言、文学、艺术、教育，以及价值观、道德修养、审美情趣、劳动意识、社会规约和风俗习惯等非物质文化的知识。语言技能又分为理解性和表达性技能。学习策略涉及元认知、认知、交际和情感管理策略。小学阶段课程内容分两级呈现：3—4年级学习一级内容；5—6年级学习二级内容。

目前，小学英语课程正在积极尝试的教学新模式有"单元整体教学"、"自然拼读"和"绘本阅读"三种。"单元整体教学"强调对教材的深度利用。现行的小学英语教材多以单元为单位编排教学内容，每个单元都有一个主题，无论是词汇、语篇，还是口语交际都围绕主题展开。这就要求教师在课程中要通过分析单元主题，把握单元语境与语用形态，在课文学习之中、之后，都将课堂聚焦到单元主题，并充分体现单元的整体性。即使单元整体内容不足，需要增加教学活动时，教师也应从整体入手进行增补，而不宜将整体割裂为若干部分，加入一些无法融入整体的内容。"自然拼读（Phonics）"虽是英语国家语文教学启蒙阶段的必学内容，但实践证明这种方法在我国小学英语课程中同样适用。它的核心是建立字母与语音之间的对应关系，帮助学生实现"见词能读，听音会写"，也充分体现小学英语课程先听说再读写的原则。"绘本阅读"是指通过对绘本的文本和图画的阅读理解，发展学生的语言能力，以及对社会、自然、自我的认知、促进他们的价值建构与精神生长。绘本阅读主要包括图片环游、拼图阅读、持续默读和阅读圈等四种常用的教学活动[①]。

小学综合实践活动课程是从学生的真实生活和发展需要出发，从生活情境中发现问题，转化为活动主题，通过探究、服务、制作、体验等方式，培养学生综合素质的跨学科实践性课程。课程由地方统筹管理和指导，具体内容以学校开发为主，课程活动方式包含考察探究、社会服务、设计制作和职业体验四项内容。（另参见本章第四节）

小学艺术课程包括音乐、美术、舞蹈、戏剧（含戏曲）、影视（含数字媒体艺术），重视以美育人和艺术体验，凸显课程的综合性。课程分阶段设置：第一阶段（1—2年级）以艺术综合为主，体现从幼儿园综合活动到小学分科课程的过渡与衔接，具体包括"唱游·音乐"和"造型·美术"两项内容。第二阶段（3—7年级）以音乐和美术为主，有机融入姊妹艺术，为学生

---

① 鲁子问，陈则航.小学英语课程标准与教材研究[M].上海：华东师范大学出版社，2020：353-375.

掌握较为全面的艺术基础知识和基本技能奠定基础。

小学体育与健康课程是以身体练习为主要手段,以体育与健康知识、技能和方法为主要学习内容,以发展学生核心素养和增进学生身心健康为主要目的。课程内容分为基本运动技能、体能、健康教育、专项运动技能和跨学科主题学习五个方面,且每个方面的内容亦有级别的划分。

小学劳动教育课程的回归是以2020年7月《大中小学劳动教育指导纲要(试行)》的颁布为标志的。此后,2022年4月《义务教育劳动课程标准(2022年版)》明确劳动课程是实施劳动教育的重要途径,在劳动教育中发挥主导作用。课程围绕日常生活劳动、生产劳动和服务性劳动设置十个任务群。其中,日常生活劳动包括清洁与卫生、整理与收纳、烹饪与营养、家用器具使用与维护5个任务群。生产劳动包括农业生产劳动、传统工艺制作、工业生产劳动、新技术体验与应用5个任务群。服务性劳动包括现代服务业劳动和公益劳动与志愿服务2个任务群。每个任务群又由若干项目组成。每2个年级为一个学段,不同学段完成不同的项目。

总体看来,小学课程是一个庞大的体系,拥有丰富的内容。课程内部和课程之间有着广泛的联系,课程实施的过程中也充分体现了以生活经验为中心的课程知识整合。由此,我们也能更深刻地理解小学课程的综合性特征是从内容到实施的全面综合。

三、课程评价

(一)课程评价的含义及内容

课程评价是通过一定的方法途径对课程计划、课程内容、活动实施和结果进行价值判断的过程。课程评价的目的在于追求和促进课程未来的发展,其最终目的是促进学生的发展。

课程评价涉及评价的依据、评价的标准、评价的对象、评价的主体、评价的方法等内容。课程评价的依据即课程设置时的价值取向,它凝结于课程目标当中。如前文所述,课程确立之初是看重知识技能的获取,还是追求能力素养的培养,不仅影响课程内容的选择和实施,也直接决定了人们如何评价课程。尽管价值取向为课程评价提供了重要的方向指引,但评价的实施还需要具体明确的评价标准。通常每一学科的《课程标准》都会在"课程实施"部分中提出课程评价建议。例如《义务教育语文课程标准(2022版)》不仅对过程性评价的内容进行了具体说明,同时对终结性评价中的学业水平考试的命题原则和要求等予以规定。也正是有了这些明确的指标体系,评价才具有了可操作性,师生才可以准确地掌握教与学的状况与水平。同时需要注意的是,课程评价的对象是课程本身,不能将课程评价与考试测验等同起来。日常教学中的单元练习和学期测试只能在一定程度上反映学生知识识记的状况,不足以成为评价课程的尺度。课程评价的对象是课程实施的全过程,既包括教师的教,也包括学生的学。在此基础上,由谁来评价,如何进行评价就关涉评价的主体和评价的方法了。因此,新一轮基础教育课程改革提出既要重视教师对自己教学行为的分析与反思,也要求建立以教师自评为主,校长、教师、学生、家长共同参与的评价制度,使教师从多种渠道获得信息,不断提高教学水平。

(二) 课程评价的功能

课程评价之所以备受重视,就是因为它有着极为重要的功能与作用。具体可分为以下三个方面:

诊断评估。任何一门课程都有自身的价值取向,都有必须满足的需要和必须达成的目标。课程评价的首要任务就是对结果与目标的一致程度进行估计,找到其中存在的问题,并对问题的来源、发展程度及影响做出判断与衡量。

反馈调节。通过课程评估,课程的问题得以揭示,但其并非课程评价的结束。正如新课改反对课程评价强调甄别与选拔。课程评估中问题的出现也意味着改进的开始。就课程评价所反馈的信息,课程的参与者可以有针对性地提出补救措施,开展改进工作。特别是对于教师和学生,调节反馈的过程亦是教学方式和学习方法提升的过程。从这个意义上说,课程评价也具有教学功能。

激励发展。任何一种评估和评价的出发点和落脚点都是为了促进发展,课程评价也不例外。课程评价可以引发课程参与者主动关注课程的实施效果,从而在课程的各个环节努力确保课程质量,最终实现课程结果的最优化。课程评价会直接促进课程目标的合理化,课程内容的全面性,课程参与主体的积极投入,最终这些都将转化为学生的成长与发展的动力。

(三) 课程评价的类型

课程评价的类型很多,但宏观上可以从量化评价和质性评价的角度加以区分。

量化评价通常是使用统计学的方法对相关评价指标进行数量化的研究,以描述解释评价对象与标准之间的差异。量化评价的理论基础是科学实证主义,努力追求科学性和客观性,希望通过实验和量化的方式降低评价的主观性,这也成为量化评价的突出优势。在课程评价的过程中,量化评价会通过测验、问卷等形式,以严谨的方式和程序对小学课程在实践中的情况进行测量、定量分析,希望通过科学的数据证明课程方案的可推广性。

随着脑科学及认知科学的发展以及心理测量技术的日趋完善,课程量化评价也迅猛发展。计算机化测验与认知诊断测验相结合,用测量学技术从学生回答问题的反应模式中挖掘深层信息,可以为教育实践工作者提供具有诊断性的反馈。[1] 在考试结果的分析和汇报方面,通过运用现代测量理论建立测验分数的衡量尺度以及不同分数的实质含义,使教育考试的分数具有像长度或重量一样的特征,从而对考试结果的解释不依赖于某个具体的测验,实现在同一个尺度上对不同学生和集体进行描述和比较。[2]

质性评价也称为定性评价,通常由评价主体对评价对象进行观察,用描述性的语言来陈述对象的各种特质,并挖掘其潜在的联系和意义。质性评价的理论基础是现象学、解释主义

---

[1] 杨向东,王中男.呼唤课程测量与评价的专业化——"课程评价国际研讨会"综述[J].全球教育展望,2010(1):88-91.
[2] 倪娟,沈健.中小学课程评价改革:主要问题及可能对策[J].教育发展研究,2011(8):18-23.

和人本主义。质性评价认为人的发展是多因多果的,课程的评价也并非简单统计数据所能解释的。因此,必须把课程置于丰富的环境当中,发掘其联系性和深刻性。在课程评价的过程中,注重评价的过程而非结果,重视学生的个体发展和课程的形成过程。

成长档案袋就是典型的质性评价。顾名思义,这种评价方法意在将被评价对象成长发展中的相关材料进行集中整理,通过材料的展示与描述勾勒出对象的变化历程,分析优势与不足,其关键是促成这一过程中的反思与提升。成长档案袋在小学课程评价中拥有广阔的使用空间。一方面,它可以是多主体参与的评价过程。除了教师,学生本人、家长、班级同学都可以成为档案袋材料的提供者。一张照片、一件作品、一个生活中的小事都可以折射出课程的侧面和学生的成长。另一方面,课程评价体现过程,重视发展。成长档案袋评价是生成性的,它并不关注结果,参与评价的主客体共同着眼于成长历程的回顾与反思,以及未来发展的规划与创新。

除以上类型外,课程评价还可以从评价时间和作用角度分为诊断性评价、形成性评价和终结性评价。诊断性评价是在课程开始之前,为了解学生的原有知识水平,确定课程起点而进行的评价。形成性评价是在课程实施过程中进行的评价,有利于掌握学生的动态发展,改进课程及教学。终结性评价是在课程结束阶段为了解课程实施的效果进行的评价。终结性评价也是下一轮课程制定与实施的重要参考依据。

综上所述,课程评价的类型是多种多样的,每一种评价都有其自身的优势与不足。因此,在课程的实施过程中应当发挥多种评价的优势,最大程度地发挥课程评价的作用。

第四节 小学课程改革

一、基础教育课程改革回溯

(一)"新课改"——第八次课程改革

当前小学教育中备受重视的"新课改",全称是"新一轮基础教育课程改革"。国务院曾于1999年颁发《中共中央国务院关于深化教育改革全面推进素质教育的决定》,于2001年颁发《国务院关于基础教育课程改革与发展的决定》。同年6月教育部颁布的《基础教育课程改革纲要(试行)》标志着课程改革的开始。由于此次改革距离我们最近,它也被约定俗成地称为"新课改",但在新中国历史上这已经是第八次课程改革。

教育是推动社会发展的重要力量,同时国家与社会政治经济的高速发展也对人才培养质量提出了更新、更高的要求。本次改革的总目的是:全面贯彻党的教育方针,全面推进素质教育,体现时代要求。要使学生具有爱国主义、集体主义精神,热爱社会主义,继承和发扬中华民族的优秀传统和革命传统;具有社会主义民主法治意识,遵守国家法律和社会公德;逐步形成正确的世界观、人生观、价值观;具有社会责任感,努力为人民服务;具有初步的创新精神、实践能力、科学和人文素养以及环境意识;具有适应终身学习的基础知识、基本技能和方法;具有健壮的体魄和良好的心理素质,养成健康的审美情趣和生活方式,成为有理想、有道德、有文化、有纪律的一代新人。

具体改革目标包含六个方面。

课程内容方面,改变课程过于注重知识传授的倾向,强调形成积极主动的学习态度,使获得基础知识与基本技能的过程同时成为学会学习和形成正确价值观的过程。

课程结构方面,改变课程结构过于强调学科本位、科目过多和缺乏整合的现状,整体设置九年一贯的课程门类和课时比例,并设置综合课程,以适应不同地区和学生发展的需求,体现课程结构的均衡性、综合性和选择性。

改变课程内容"难、繁、偏、旧"和过于注重书本知识的现状,加强课程内容与学生生活以及现代社会和科技发展的联系,关注学生的学习兴趣和经验,精选终身学习必备的基础知识和技能。

改变课程实施过于强调接受学习、死记硬背、机械训练的现状,倡导学生主动参与、乐于探究、勤于动手,培养学生搜集和处理信息的能力、获取新知识的能力、分析和解决问题的能力以及交流与合作的能力。

改变课程评价过分强调甄别与选拔的功能,发挥评价促进学生发展、教师提高和改进教学实践的功能。

改变课程管理过于集中的状况,实行国家、地方、学校三级课程管理,增强课程对地方、学校及学生的适应性。

教育无论是在过去、现在还是将来都与时代的发展紧密联系在一起。小学课程改革既是科技和教育发展的必然结果,也是推动科技和社会发展的动力。一定意义上,今天我们所看到的基础教育的发展就是"新课改"的成果。但与此同时,以2001年为起点,课程改革已经过去了近20年。纵观这20年,大致可以分为两个阶段:2001年—2014年为第一阶段,旨在构建我国素质教育课程体系;2015年之后为第二阶段,旨在构建我国信息时代的课程体系。尤其当"核心素养"成为国际课程的重要导向时,基础教育课程改革必须再一次出发,构建核心素养视域下的课程新体系[①]。

(二) 课程改革概览

了解历史才能更好地理解现在,追溯此前的七次课程改革[②],有助于从教育发展的视角全面认知我们置身其中的课程改革,明确未来课程前进的方向。

第一次课程改革(1949—1952):中华人民共和国成立后,文化教育制度也承担起改革和重建的重任。1949年12月,第一次全国教育工作大会召开,明确了教育发展的路线和方针。在教学计划方面,1952年教育部同时颁布了《小学暂行规程》和《中学暂行规程》,规范了中小学的课程设置。1955年颁布《小学教学计划》,要求加强劳动教育及体育。在课程学制方面,

---

[①] 张华.核心素养与我国基础教育课程改革"再出发"[J].华东师范大学学报(教育科学版),2016,34(1):7-9.
[②] 潘洪建.致知与致思:课程改革和知识论透视[M].济南:山东教育出版社,2015:96-98.

国务院于 1951 年颁布了《关于改革学制的决定》，此后教育部颁发了《四二旧制小学暂行教学计划》，小学取消了"四二制"，改为"五三制"。在教材方面，1950 年末，人民教育出版社成立，开始修订或重编中小学通用教材，出版了新中国第一套中小学全国通用教材。尽管这一时期的课程模仿苏联的痕迹十分明显，对我国国情关注不足，但它在确立当代中国基础教育课程体系的基本框架中发挥了重要作用。

第二次课程改革(1953—1957)：1953 年 3 月，教育部颁布了《中小学教学大纲(草案)》，学习苏联经验，参照苏联大纲的模式，制定了小学算术，中学数学、物理、化学等主要学科的教学大纲，放弃了自 1951 年开始的学制和课程体系，小学采用四二学制。1953 年以后的计划增加了生产技术教育，开设手工劳动课和农业常识课。同年颁布《中学教学计划(修订草案)》，增设了农业基础知识课。1955 年颁布《小学教学计划》。1957 年 6 月，颁发《1957—1958 学年度中学教学计划》，其中包括三个授课时数表，规定授课时数。在教材方面，1956 年发行了建国后第二套中小学各科教材。1953—1957 年，课程改革加强了劳动教育课，减少了基础文化课的教学。

第三次课程改革(1958—1965)：1958 年 9 月，以党中央国务院颁发的《关于教育工作的指示》为课改标记，中小学课程改革的主要特征是缩短学制、大炼钢铁、强调教育与生产劳动相结合。为了适应"大跃进"的发展形势，1958 年，教育部颁发了《1958—1959 学年度中学教学计划》，增设社会主义教育课、生产劳动课和体力劳动课，但忽视了基础知识的教学。教育部组织编辑出版十年制中小学实验教材。1963 年教育部又颁布《全日制中小学教学计划(草案)》，对文化课、品德课、生产知识课，对教学、生产劳动和假期工作都做了统一安排，调整了不同科目的课时比重，纠正了"重文轻理"的倾向。该计划一直沿用到"文化大革命"。

第四次课程改革(1966—1976)：文化大革命时期大搞"开门办学"，学制被缩短，课程教材改变。1969 年后，各地自行编订教学计划、教学大纲和教材，联系工农业生产实际，取消了外语课，把数学、物理合并为工业基础课，内容主要为"三机一泵"(拖拉机、柴油机、电动机、水泵)和土地测量，把生物、化学、农业基础归并为农业基础课，把语文、音乐、美术纳入生产系统，合并为革命文艺课，有的则把政治、语文、历史三科合并，学科体系被打乱，以适应工农业生产与革命形势的需要。1969 年 5 月 12 日，《人民日报》发表的吉林省梨树县《农村中小学大纲(草案)》提出：小学设政治、语文、算术、革命文艺、军事体育、劳动五门课。

第五次课程改革(1977—1985)：1976 年后，教育阵线开始文革后的"拨乱反正"。1978 年，教育部颁布了《全日制中小学教学计划(试行草案)》和《全日制十年制学校中小学各科教学大纲(试行草案)》，强调教学要为实现我国四个现代化培养又红又专的人才打好基础，提出教材编写要精选基础知识，加强"双基"，注重智力培养。课程门类上保留了农业基础课程，初中只学中国史。课程改革关注思想政治与文化科学知识、传统内容与现代科学知识、理论与实践关系的问题。1977—1980 年，教育部组织专家编写出版了中小学各科教材，这是共和国第五套全国通用教材。1981 年，教育部制定了《全日制小学和重点中学教学计划》，组织编写出版了第六套全国通用教材(1981—1985年)。此间小学开设思想品德、语文、数学、外语、地理、历史、体育、音乐、美术和劳动等课程,中学增加历史、地理、生物的教学时数,首次开设劳动技术课。从课程内容看,理科课程课时比重大幅度增加,"重理轻文"明显,且理科教科书存在着深、难、重的问题,学生负担较重,此后进行了适当修订,以降低要求。1985年,中共中央颁布《关于教育体制改革的决定》,进行简政放权、分级管理的改革探索。

第六次课程改革(1986—1991):1986年,国家教委(时名)颁布《中华人民共和国义务教育法》。1988年,国家教委颁发《义务教育全日制小学、初级中学教学计划(试行草案)》(包括六三制和五四制两种)和24个学科的教学大纲,同时对小学的培养目标、学生的基本能力、良好习惯等方面提出了明确的要求。该计划改革了课程结构,调整了各学科比例,增加了课程的灵活性和多样性,成为当时编写义务教育教学大纲的依据。同样在1986年,国家教委开始规划义务教育教材的编写工作。1988年春,国家教委颁发了九年义务教育全日制小学和初级中学各科教学大纲初审稿,作为编写义务教育教材的依据。九年义务教育教材编写的一个突出特点是"一纲多本",即在国家规定的教育方针和教学大纲基本要求的基础上,鼓励各地提出自己的编写计划。

第七次课程改革(1992—1999):1992年8月,国家教委为贯彻《中华人民共和国义务教育法》,正式颁发《九年义务教育全日制小学、初级中学课程方案(试行)》。该方案将教学计划改为课程计划,对小学和初中的课程进行统一设计,把全部课程分为学科类和活动类,还留有地方课程,改变了仅有必修课程的单一的课程结构。此外,1992年还颁发了24个学科教学大纲,并于1993年秋起在全国逐步试行。① 1996年,国家教委颁发了与九年义务教育课程计划相衔接的《全日制普通高级中学课程计划(试验)》,明确提出,普通高中学科类课程分为必修、限定选修和任意选修三种方式。1997年秋起,国家教委统一安排和部署,在江西、山西、天津开展了普通高中新课程方案试验。2000年,教育部颁发的《全日制普通高级中学课程计划(试验修订稿)》,强化了课程结构的多样性,在选修课中加大了地方和学校的作用。

此次课程改革已经初步实行了一纲多本的教材多样化政策,打破了单一的课程结构,课程内容开始关注学生全面发展的经验,全面发展教育、素质教育日益得到重视并逐步走进课堂,课堂管理模式打破了过于集中的格局。但课程教材体系不能适应全面推进素质教育的要求,依然存在教育观念滞后、课程内容偏难偏繁、缺乏针对性和实效性、课程结构单一、课程评价过于强调学生成绩和甄别选拔功能、课程管理强调统一和人文学科比重过低等问题。

纵览新中国成立以来的八次课程改革可以发现,改革呈现出"重建与移植——冲突和阵痛——反思与总结——理性建设"的路向。课程的价值取向也走过了"政治与经济关怀并重——政治关怀——经济关怀——个性关怀"的历程。相信未来课程发展仍将坚持以人为

---

① 1992年,计划将活动课程列入其中,推动了活动课程的改革与实施。一些地区组织制定了小学活动课程指导纲要,推动活动课程的实施。

本,始终关注学生核心素养的培养①。

二、小学课程改革新动向

(一) 综合实践活动课程——凸显基础教育课程改革理念

综合实践活动课程是我国"新课程"改革的一大亮点。按照《基础教育课程改革纲要(试行)》要求,从小学至高中都应设置综合实践活动,并作为必修课程由国家设置、地方指导和学校根据实际开发与实施(小学综合实践活动推荐主题汇总如表8-2所示)。课程开设的目的是增强学生的探究和创新意识,学习科学研究的方法,发展综合运用知识的能力;增进学校与社会的密切联系,培养学生的社会责任感。课程内容主要包括:信息技术教育、研究性学习、社区服务与社会实践以及劳动与技术教育。综合实践活动课程是一种具有独特价值和功能相对独立的课程,它既不是其他课程的辅助或附庸,也不是教学层面的一种教学活动方式,它是独立的课程形态。

表8-2 小学综合实践活动推荐主题汇总②

活动方式 学段	考察探究活动	社会服务活动	设计制作活动		职业体验及其他活动
			信息技术	劳动技术	
1—2年级	1. 神奇的影子 2. 寻找生活中的标志 3. 学习习惯调查 4. 我与蔬菜交朋友	1. 生活自理我能行 2. 争当集体劳动小能手		1. 我有一双小巧手——手工纸艺、陶艺 2. 我有一双小巧手——制作不倒翁、降落伞、陀螺等	1. 入队前准备 2. 入队仪式 3. 少代会 4. 红领巾心向党
3—6年级	1. 节约调查与行动 2. 跟着节气去探究 3. 我也能发明 4. 关爱身边的动植物 5. 生活垃圾的研究 6. 我们的传统节日 7. 我是"非遗"小传人 8. 生活中的小窍门	1. 家务劳动我能行 2. 我是校园志愿者 3. 学习身边的小雷锋 4. 红领巾爱心义卖行动 5. 社区公益服务我参与 6. 我做环保宣传员 7. 我是尊老敬老好少年	1. 我是信息社会的"原住民" 2. "打字小能手"挑战赛 3. 我是电脑小画家 4. 网络信息辨真伪 5. 电脑文件的有效管理 6. 演示文稿展成果 7. 信息交流与安全 8. 我的电子报刊	1. 学做简单的家常餐 2. 巧手工艺坊 3. 魅力陶艺世界 4. 创意木艺坊 5. 安全使用与维护家用电器 6. 奇妙的绳结 7. 生活中的工具 8. 设计制作建筑模型 9. 创意设计与制作(玩具、小车、书包、垃圾箱等)	1. 今天我当家 2. 校园文化活动我参与 3. 走进博物馆、纪念馆、名人故居、农业基地 4. 我是小小养殖员 5. 创建我们自己的"银行"(如阅读、道德、环保) 6. 找个岗位去体验

---

① 吴长法,王琪,李本友.新中国基础教育课程改革的历程与趋势[J].课程·教材·教法,2016,36(5):29-35.
② 中华人民共和国教育部.教育部关于印发《中小学综合实践活动课程指导纲要》的通知[EB/OL].(2017-9-27). http://www.moe.gov.cn/srcsite/A26/s8001/201710/t20171017_316616.html.

续表

活动方式 / 学段	考察探究活动	社会服务活动	设计制作活动		职业体验及其他活动
			信息技术	劳动技术	
3—6年级	9. 零食（或饮料）与健康 10. 我看家乡新变化 11. 我是校园小主人 12. 合理安排课余生活 13. 家乡特产的调查与推介 14. 学校和社会中遵守规则情况调查 15. 带着问题去春游（秋游）		9. 镜头下的美丽世界 10. 数字声音与生活 11. 三维趣味设计 12. 趣味编程入门 13. 程序世界中的多彩花园 14. 简易互动媒体作品设计 15. 手工制作与数字加工		7. 走进爱国主义教育基地、国防教育场所 8. 过我们10岁的生日 9. 红领巾相约中国梦 10. 来之不易的粮食 11. 走进立法、司法机关 12. 我喜爱的植物栽培技术

综合实践课程的总目标是：学生能从个体生活、社会生活及与大自然的接触中获得丰富的实践经验，形成并逐步提升对自然、社会和自我之内在联系的整体认识，具有价值体认、责任担当、问题解决、创意物化等方面的意识和能力。在小学阶段，总目标具体化为：

（1）价值体认：通过亲历、参与少先队活动、场馆活动和主题教育活动，参观爱国主义教育基地等方式，获得有积极意义的价值体验。理解并遵守公共空间的基本行为规范，初步形成集体思想、组织观念，培养对中国共产党的朴素感情，为自己是中国人感到自豪。

（2）责任担当：围绕日常生活开展服务活动，能处理生活中的基本事务，初步养成自理能力、自立精神、热爱生活的态度，具有积极参与学校和社区生活的意愿。

（3）问题解决：能在教师的引导下，结合学校、家庭生活中的现象，发现并提出自己感兴趣的问题。能将问题转化为研究小课题，体验课题研究的过程与方法，提出自己的想法，形成对问题的初步解释。

（4）创意物化：通过动手操作实践，初步掌握手工设计与制作的基本技能；学会运用信息技术，设计并制作有一定创意的数字作品。运用常见、简单的信息技术解决实际问题，服务于学习和生活。

综合实践课程的内容选择与组织遵循自主性、实践性、开放性、整合性和开发性等原则，并通过考查探究、社会服务、设计制作、职业体验等方式开展活动。在小学1—2年级，平均每周不少于1课时；小学3—6年级和初中，平均每周不少于2课时。在综合实践活动实施过程中，要处理好学生自主实践与教师有效指导的关系，教师既不能"教"综合实践活动，也不能推卸指导的责任，而应当成为学生活动的组织者、参与者和促进者。教师的指导应贯穿于综合实践活动实施的全过程。同时,课程评价要突出发展导向,教师应做好写实记录,为学生建立档案袋,开展科学评价。

(二)校本课程——立足学生综合素养,彰显学校特色

校本课程,顾名思义是基于学校的,是与学校有关的校方、教师、家长和学生均可以参与其中的课程,它适应学生的兴趣和需要,也是学校办学特色的体现。教师的创造性怎样体现,学生的个性化发展需求如何满足,这些都是校本课程的题中之义。与前面的课程相比,校本课程的优势在于课程民主化,满足多方面的要求,是一种自下而上的课程建构过程。校本课程的开发是当今世界课程改革的一种潮流,也是未来基础教育课程改革的一种基本取向[1]。因此,小学教育师范生也不应仅仅定位于单纯教学及学生管理工作,更要做好准备投入课程开发的高层次工作中,并将其作为未来职业发展的重要内容。校本课程的开发应包含三个基本特征:一是自主开发而非"他主"开发。二是民主开发而非学校领导者个人兴趣的实现。三是以学生核心素养的发展为根本旨归[2],实现学生个性化和多元化发展。同时,校本课程要体现与学生生活经验的联系,避免成为学生的课业负担。

目前,我国广东地区校本课程的开发无论是教师的参与、学校文化建设,还是从学生成长发展的角度衡量,都处于全国前列。2019年,中国小学生在国际跳绳世界杯赛的惊人表现,引起人们对跳绳这项中国传统体育运动的关注(如图8-4所示),事实上,一部分获奖选手就是广州市黄埔区东荟花园小学4—6的年级学生。而他们花样跳绳的学习就依托于学校的校本课程。

图8-4 某小学学生花式跳绳

---

[1] 崔允漷,沈兰,王一军,等.我国校本课程开发现状调研报告[J].全球教育展望,2002(5):6-11.
[2] 刘庆昌."校本课程"新释[J].教育科学研究,2018(12):1.

广州市黄埔区东荟花园小学制定了"花园式课程"校本课程[1],并提出"缤纷童年,幸福绽放"的课程理念,强调学生在个性、审美、心理等方面获得多元发展。课程围绕"人文之雅、健康之乐、科学之真、思维之活、艺术之美"五个目标分年段和年级设置了较为丰富的课程内容,其中既有选修课,也有必修课程,具体课程设计参见以下内容。

案例 8-1 东荟花园小学"花园式课程"图谱

	人文之雅	健康之乐	科学之真	思维之活	艺术之美
一年级	"铅"言"铅"语 童声童韵 妙语连珠 礼尚往来 趣味字母 字母王国	体能校本 少儿趣味田径 别开"绳"面 三防小知识	农业科普 科学幻想画 科学家的故事 垃圾分类	童话数学 纸造世界 等你来发现 创意拼搭 解谜小能手	灵动节奏 经纬印染 趣味游唱 美诗吟唱 魔法拓印 木刻年画
二年级	横平竖直 粤语妙妙屋 公民教育 花心丝语 童声童韵 动感童谣	体能校本 动感啦啦 捷足先登 人身安全小知识	蔬菜种植 小小气象家 走进自然 奇妙的实验 探索自然	趣妙数学 举一反三 数学汇展 五子棋 趣味九宫格	节奏大师 泥板纹饰 童趣绘声 粤味童谣 创意捏塑 泥条盘筑
三年级	笔墨生花 诗意达人 节日万花筒 撷英采华 趣味拼读 拼读世界	体能校本 "羽"众不同 魅力地壶 心理健康	园林之美 创意设计 膳食营养 循迹小车 养蚕达人	数学大观园 数学探秘队 玩转数字 数学魔术 生活中的数学	越舞越爱 奇异民居 魅力古典 趣味创编 编织 广彩天地
四年级	书韵芳菲 荟诗·诗汇 感恩教育 舌辩群儒 读者剧场 剧场达人	体能校本 活力篮球 武林盟主 应急能力	科普讲堂 地理漫谈 观鸟 小小科学家（生物类） 摄影基础	数学万花筒 趣味数学 快乐数独 玩转二十四点 灵动魔方	精彩舞韵 鸟语花香 京韵十足 多彩乡音 实验水墨 笔走龙蛇
五年级	笔落生风 童心童诗 修身立志 "遇"言不止 绘声绘话 七彩绘本	体能校本 水中蛟龙 青出于"篮" 认识自我	神奇百草 身边的发酵食品 计算机小高手 小小科学家（物理类） Arduino创意机器人	"荟"用数学 思维对对碰 数学大求真 走近机器人 数学达人	多彩和声 巧手剪纸 流行流唱 粤韵风华 纸浆艺术 璀璨灯饰
六年级	笔落生风 课本剧场 口吐莲花 励志教育 韵文诵读 美文美读	体能校本 你来我"网" 金绳雅韵 了解自我	工程与制作 蓝天飞梦 无线电测向 小小科学家（化学类） 星空与星象	玩转数学 理财小能手 阶梯数学	绘声"荟"唱 变废为宝 戏剧魅影 舞动青春 丽服华冠 Fashion Show

---

[1] 郭云海.核心素养导向的课程设计:花园式课程的文化与聚焦[M].上海:华东师范大学出版社,2019:1-8.

课程在实施的过程中既注重与义务教育课程的融合,也密切关注学生核心素养的培养。例如"人文之雅"课程内容就是在吸收语文课程对"听、说、读、写"四种基本技能训练要求的基础上整合了英语类课程的内容,同时体现了文明礼仪、传统文化、感恩励志等人文素养。

"健康之乐"系列课程以学校的品牌课程"金绳计划"为支撑,借助校内外的培训机构开展丰富的校内体育活动,促进各项体育运动发展,增进学生的兴趣爱好,增强学生的体质健康,使学生学有所长,学有所乐,幸福成长。

"科学之真"课程注重多种实践途径对课程实施的促进作用。一、二年级学生以班级为单位完成科技入门课程,参与简单的科技制作。中高年级学生根据自己的爱好,在学校开设的科目中选择进阶课程。与此同时,学校通过设定"科技月",邀请家长参与、引入校外科技资源的方式拓展课程的实施渠道。

"思维之活"课程实施的指导思想是:低年级学生体验数学乐趣,培养学习数学的兴趣;中年级学生品味数学文化,初步了解、建立数学思想,掌握简单的数学方法;高年级学生做到学以致用,探索用数学方法解决生活中的问题。

"艺术之美"课程通过绘画、手工、歌唱、舞蹈、戏剧等多种形式让学生受到古典传统文化、艺术地方特色、现代流行元素等丰富的艺术滋养与熏陶。课程以每周特长专业课形式开展,辅之以校园文化活动和全国、省、市、区各类艺术活动与比赛。

(三) STEM 课程——小学科学课程新样态探索

当今世界科学发现与技术创新不断,为人类在更大范围、更深层次上认识并合理利用自然提供了可能。科学技术推动了生产力的发展、经济的繁荣和社会的进步,促进了人们的生产方式、生活方式和思维方式的变革。科学技术的快速发展对每一位公民的科学素养提出了新的要求。2017 年,教育部印发了《义务教育小学科学课程标准(2017 年版)》[①],就曾关注到近年来国际科学教育的热门课程——STEM。STEM 课程将科学(Science),技术(Technology),工程(Engineering),数学(Mathematics)有机地融为一体,是一种以项目学习、问题解决为导向的课程组织方式。

> STEM 小例子:
> 假如桌子上有一杯水,首先提出问题:这杯水为什么会变凉?这是科学。接着研究怎么才能让水不变凉,这是技术;然后要实现让水不变凉的目的,这是工程;最后进行数据采集并测试分析,这就是数学。

---

① 课程以培养学生科学素养为总目标,包含科学知识、科学探究、科学态度,以及科学、技术、社会与环境四个方面的具体目标,课程涵盖了物质科学、生命科学、地球与宇宙、工程等四大领域,18 个主要概念下的 75 个学习内容。《义务教育科学课程标准(2022 年版)》作了较大修订,在 7—9 年级(12.1 项下)提出"知道跨学科(科学、技术、工程、数学等)解决实际问题的方法,并尝试解决实际问题。"

东部沿海省市是国内较早开始STEM教育的地区,随着众多中小学、幼儿园涉足STEM教育,一些地方形成了较为丰富的STEM课程经验(如图8-5所示)。例如,2018年江苏省率先制定了《江苏省基础教育STEM课程指导纲要(试行)》,STEM课程在幼儿园至高中全面推行。

STEM活动手册　　STEM教师指导用书　　STEM材料箱　　STEM教学平台

图8-5　江苏省STEM课程产品形态

STEM课程性质。STEM课程是跨学科的整合课程,强调探究、设计和创造的实践性。课程是开放式的,在实践过程中寻求音乐、美术、语言、人文等非技术学科的融入,以及写作表达、团队协作等能力对学生创造力的培养,探索"STEAM""STREAM""STEM+"等更丰富内容。

STEM课程理念与目标。课程旨在发展每一位学生的STEM素养,让学生解决与STEM领域相关的真实问题,倡导以项目化学习为主的课程实施方式,强调以表现性评价为主的多样化评价方式,创设灵活且包容的STEM学习环境。具体包括知识融通与应用、系统设计与创新、物化实践与表达、文化体验与认同、科学态度与责任担当等内容。

STEM课程内容。围绕课程目标,STEM课程内容涉及能源与动力、交通与运输、机械与制造、航空与航天、建筑与安装、农业与水利、生物与养殖、环境与工程、信息技术、医药与健康、化工与冶炼、数学与生活等13个领域。

STEM课程开发与实施。课程开发有三个途径:原创、引进与借鉴、拓展与改编。而课程既可以通过结合相关学科或活动课程融入的方式实施,也可以单独开设专门的STEM必修课、选修课以及课外或校外STEM教育活动。

STEM课程评价强调学生、同伴、教师等多主体参与,坚持过程性评价与结果性评价相结合,强调运用质性(表现性)为主的多样化评价方式。

STEM课程作为小学科学课程的创新模式,在发展学生探究、设计和创造等实践能力方面发挥着独特的价值。继浙江之后陕西也于2019年3月发布了《陕西STEM教育2029行动计划》。相信未来会有越来越多的地区和学校加入STEM课程的行列。

本章小结

身为一名小学教师,我们有必要从理论上和现实中对课程的类型与结构、开发与实施有清晰准确的认识。课程是宏观教育和微观教学的凝聚,是后续学科知识理解的框架系统。同时,置身于课程改革的大潮,我们唯有细致回顾课改的历史,方能深刻领悟改革的意义与价值,担负起课程改革的使命。我们唯有全面掌握课程改革的最新动向,才能站在课程发展的最前沿,推动课程不断深入发展。

思考题

1. 理解课程的含义,分析课程与教学的区别与联系。
2. 结合实例,说一说小学课程的类型。
3. 对比分析 2022 版各学科课程标准中的"核心素养"内涵(小学学段)。
4. 分析基础教育课程改革的成果及未来发展的方向。
5. 搜集相关文献,了解研学旅行和劳动课程的前沿信息。

拓展阅读

1. 崔允漷.新课程"新"在何处——解读《基础教育课程改革纲要(试行)》[J].教育发展研究,2001,21(9):5-10.
2. 钟启泉.核心素养的"核心"在哪里——核心素养研究的构图[N].中国教育报,2015-4-1.
3. 徐长发.新时代劳动教育再发展的逻辑[J].教育研究,2018,39(11):12-17.
4. 檀传宝.劳动教育的概念理解——如何认识劳动教育概念的基本内涵与基本特征[J].中国教育学刊,2019(2):82-84.
5. 吴长法,王琪,李本友.新中国基础教育课程改革的历程与趋势[J].课程·教材·教法,2016,36(5):29-35.
6. 靖国平,邓银程.课程与教学论教程[M].武汉:华中科技大学出版社,2012.
7. 盛朗西.小学课程沿革[M].福州:福建教育出版社,2008.
8. 汪霞.国外中小学课程演进[M].济南:山东教育出版社,2000.

第九章
小学教学

学习目标

1. 能够辨析不同类型教学目标的差异,可以根据课程标准等叙写恰当的教学目标。
2. 能够说出班级授课制的特点、优势和局限性,能够按照教学的基本环节进行模拟教学。
3. 能够举例说明小学教学中要遵循的教学原则以及常用的教学方法。
4. 能够比较分析教学评价的基本类型,具体阐述教师教学工作评价和学生学习质量评价的内容与方法。
5. 能够简述我国小学教学的未来改革趋向。

视频:小学教学

内容脉络

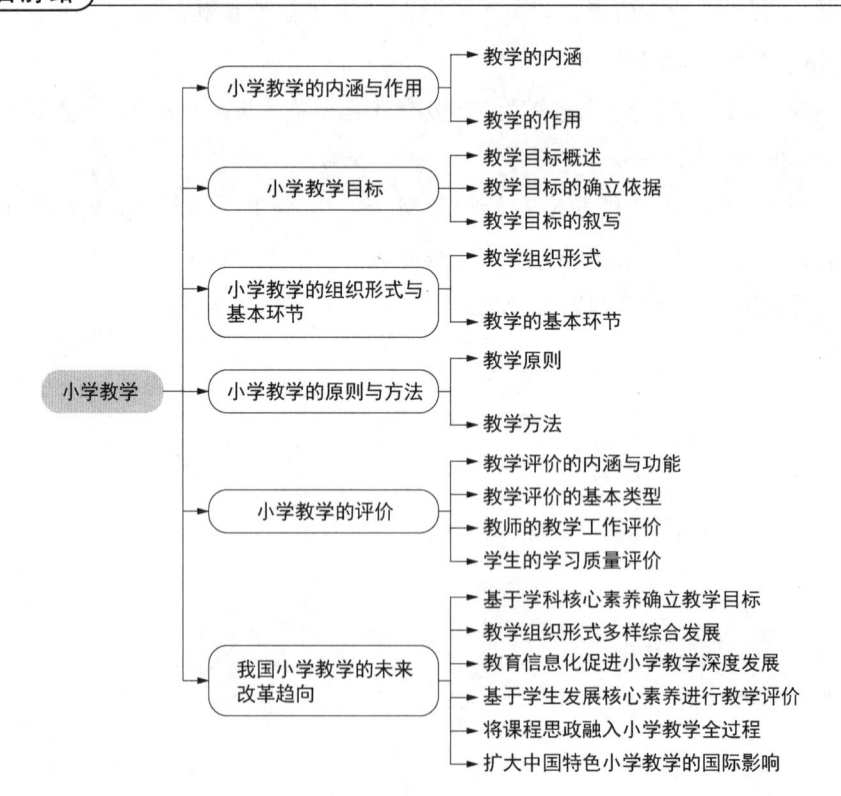

- 小学教学
  - 小学教学的内涵与作用
    - 教学的内涵
    - 教学的作用
  - 小学教学目标
    - 教学目标概述
    - 教学目标的确立依据
    - 教学目标的叙写
  - 小学教学的组织形式与基本环节
    - 教学组织形式
    - 教学的基本环节
  - 小学教学的原则与方法
    - 教学原则
    - 教学方法
  - 小学教学的评价
    - 教学评价的内涵与功能
    - 教学评价的基本类型
    - 教师的教学工作评价
    - 学生的学习质量评价
  - 我国小学教学的未来改革趋向
    - 基于学科核心素养确立教学目标
    - 教学组织形式多样综合发展
    - 教育信息化促进小学教学深度发展
    - 基于学生发展核心素养进行教学评价
    - 将课程思政融入小学教学全过程
    - 扩大中国特色小学教学的国际影响

教学是学校教育的中心工作,小学生的知识和技能、情感态度价值观的发展主要依赖于小学教学工作。在小学教学中,首先要确立教学目标,进而结合教学内容,通过一定的教学组织形式和基本环节开展教学,在此过程中要遵循教学的原则、采用特定的教学方法,最后要通过教学评价考察教学目标在多大程度上得到实现,主要对教学过程中教师的教学工作和学生的学习质量进行评价。本章将对以上内容进行探讨,并在此基础上探究我国小学教学的未来改革趋势。

第一节 小学教学的内涵与作用

一、教学的内涵

教学在原始社会就已产生,但在我国古代,人们常常单独使用"教"和"学"。"教"的甲骨文和金文表示成人手里拿着鞭子来督促孩子学习。"学"的甲骨文和金文表示孩子在房子里学习占卜的知识。"教学"二字连在一起使用,最早见于《尚书·兑命》:"斅学半"(斅,xiào,同教)。宋朝蔡沈对其注解:"斅,教也……始之自学,学也;终之教人,亦学也。"这说明其主要是指教者先教后学、教中又学的单方面活动。《礼记·学记》引用它作为"教学相长"的经典依据,指出:"学然后知不足,教然后知困,知不足然后能自反,知困然后能自强也。故曰:教学相长也。"在《礼记·学记》"建国君民,教学为先"中,"教学"的含义却极为广泛,几乎与"教育"同义。随着社会的发展,在客观上产生了有计划、有组织传递社会经验的需要,专门化的教学活动产生了,教学便开始具有教师教授、学生学习的专门含义。这种含义最早见于宋代欧阳修所作《胡安定先生墓表》中:"先生之徒最盛,其在湖州学,弟子来去常数百人,各以其经传相传授,其教学之法最备……"这里所用的"教学"概念与当今我们所说的教学含义已非常相近。[1]

在教学论研究领域,许多研究者对教学概念进行了界定。王策三指出:"所谓教学,乃是教师教、学生学的统一活动;在这个活动中,学生掌握一定的知识和技能,同时,身心获得一定的发展,形成一定的思想品德。"[2]李秉德指出:"'教学'就是指教的人指导学的人进行学习的活动。进一步说,指的是教和学相结合或相统一的活动。"[3]裴娣娜主编的《教学论》指出:"教学,即教师教学生认识客观世界并进而促进学生身心发展的教育活动。"[4]

通过对已有的关于教学定义的分析,我们发现,在我国教学理论界,对教学概念的认识已经取得了普遍共识。第一,都强调教师教与学生学的结合或统一,即教师的教和学生的学是同一活动的两个方面,是辩证统一的。"教"不同于"学",在课堂教学活动中,"教"主要是教师的行为,"学"主要是学生的行为。"教"主要是一种外化过程,而"学"主要是一种内化过

---

[1] 钟启泉,汪霞,王文静.课程与教学论[M].上海:华东师范大学出版社,2008:5.
[2] 王策三.教学论稿(第2版)[M].北京:人民教育出版社,2005:87.
[3] 李秉德,李定仁.教学论[M].北京:人民教育出版社,2001:2.
[4] 裴娣娜.教学论[M].北京:教育科学出版社,2007:3.

程。另外,"教"和"学"相互依存,相辅相成。"教"离不开"学","学"也离不开"教"。"教学"永远包括"教"和"学",但不是简单地相加,而是有机地结合或辩证地统一。第二,都明确了教师教的主导作用和学生学的主体地位。在教学过程中,教师主导着教学活动的主题和方向,学生具有主体性,是学习的主人;教师只能指导学生学习而不能替代学生学习,学生只有在教师的有效指导下才能更好地学习。第三,都指出了教学对学生全面发展的促进功能。学生身心的健康发展,离不开教学的全面影响。学校教学不仅使学生掌握一定的知识和技能,而且在学生身心发展尤其是思想品德形成等方面也发挥着积极的促进作用。①

基于我国教学理论界对教学的定义,我们对教学界定如下:教学是教师指导学生学习基础知识和技能,养成思想品德,进而发展其核心素养的教育活动。首先,这一定义按照规范的"种概念+属差"的经典定义方式,将教学的上位概念确立为教育,进而通过属差的描述将教学与教育中的其他活动区别开来,即由教师指导学生学习基础知识和技能,养成思想品德等。其次,这一定义在传统定义的基础上突出了核心素养,核心素养是学生习得的知识、技能和品德的综合体现,体现了 21 世纪对小学教学的新要求。

二、教学的作用

(一) 教学在小学教育体系中的作用

教学在整个教育体系中居于核心地位,学校、年级、班级、课程、考试、学年、学期等教育中的常用概念,都是由教学活动直接或间接地派生出来的。正是因为有了教学及其不断专门化和科学化,才有了学校制度的日渐完善和现代教育的繁荣。②

教学是小学教育的基本形式,是促进儿童身心健康全面发展的主要途径。根据历史的经验,如果重视教学并确立其中心地位,儿童一般就能稳步、健康、全面发展,教育事业也就能健康发展;反之,如果忽视教学的中心地位,儿童的有序和全面发展就会受到损伤,教育事业的发展也会遇到挫折。③

同时,教学这一教育主要形式需与其他教育形式相结合才能更好地发挥作用。一般来讲,教学有利于学生系统快速地学习各领域知识,但其也容易脱离实际。《学记》中提出"藏息相辅"的原则,主张教学与课外活动相结合。当下,教学需要与班级活动、学校主题实践活动、社区服务、研学旅行以及生产劳动等其他教育形式相结合,加强教育与儿童生活和社会实践的联系,以更好地发展学生的核心素养,促进其全面发展。

(二) 教学对小学生全面发展的作用

小学教育是基础教育的基础,作为小学教育的基本形式,教学在促进小学生全面发展上具有基础性作用。

---

① 全国十二所重点师范大学.教育学基础(第 2 版)[M].北京:教育科学出版社,2008:190-191.
② 丛立新.教学概念的形成及意义[J].北京师范大学学报(社会科学版),2007(5):5-12.
③ 王策三.教学论稿(第 2 版)[M].北京:人民教育出版社,2005:87.

在德育方面,教学能够使小学生继承和发扬中华民族的优秀文化传统和革命传统,培养其爱国主义和集体主义精神,热爱社会主义;具有社会主义民主法治意识,遵守国家法律和社会公德;初步形成正确的世界观、人生观、价值观;具有社会责任感和为人民服务的意识。

在智育方面,教学使小学生了解一些生活、自然和社会常识,具有初步的观察、思维、动手操作和学习的能力,养成良好的学习习惯;在具有适应终身学习的基础知识、基本技能和方法的基础上,养成初步的创新精神和实践能力。

在体育方面,教学使小学生掌握合理锻炼、养护身体的方法,养成讲究卫生的习惯,具有健康的身体、良好的心理素质以及初步的环境适应能力。

在美育方面,教学使小学生具有初步的感受美、鉴赏美、表现美和创造美的能力,养成健康的审美情趣和生活方式。

在劳动教育方面,教学使小学生具有热爱劳动、尊重劳动的情感和态度,具有一定的劳动技能,养成良好的劳动习惯;能够积极参加家务劳动、生产劳动、公益活动和社会实践。

总之,教学在小学生各方面的发展中都发挥着重要作用。需要指出的是,在教学中学生德、智、体、美、劳诸方面的发展,都是在教师的指导下,紧密结合具体的课程知识(经验)进行的。这是教学促进学生全面发展的基本特点。

(三) 教学对社会发展的作用

小学教学和整个小学教育体系在受社会决定的同时,也对社会具有反作用。人类在长期的历史发展中积累的文化知识需要一代代传递下去。教学是把社会和个人联系起来的重要纽带,是社会进行人类知识文化传递和继承的桥梁,是社会延续和发展必不可少的条件。通过教学活动,小学生可以在较短的时间内掌握最基本的人类历史经验的精华,有效地促进其身心健康发展,为其后续阶段的学习以及未来参与各种社会实践并创造新的知识经验奠定基础。[①]

需要指出的是,人类文化浩如烟海,在传统学科知识不断扩展的同时,一些新兴的学科领域也在不断产生。在有限的时间内让小学生掌握最重要和最基本的文化,进而促进其终身发展和社会发展,是教学必须承担的文化使命。

第二节 小学教学目标

一、教学目标概述

(一) 教学目标的内涵

在教育领域,"目标"一般指教育应达到的最终理想结果。[②] 在行为之前对行为结果进行

[①] 全国十二所重点师范大学.教育学基础(第2版)[M].北京:教育科学出版社,2008:192-193.
[②] 顾明远.教育大辞典(增订合编本):上卷[M].上海:上海教育出版社,1998:1119.

预测是人不同于动物的一个重要方面,而这种预测就是人想要通过自身行为达到的目标。教学作为一种人所从事的教育活动也是如此,教师在教学活动开始前就已经对教育结果做了一些预测,但这种预测不是一成不变的,而是随着教学活动的开展不断生成变化的。我们一般把这种在教学中基于学生当下指向学生未来学习结果的预测理解为教学目标。关于教学目标的含义,学术界主要有三种不同观点:①

一是标准要求说。这种观点认为,教学目标是指教学活动的主体在具体教学活动中所要达到的预期标准。②

二是教学结果说。这种观点认为,教学目标是教学活动主体预先确定的、在具体教学活动中所要达到的、利用现有技术手段可以测量的教学结果③,它是教与学双方共同实现的目标,既涉及教师教授目标,也包括学生学习目标④。

三是学习结果说。这种观点认为,教学目标反映的是教学活动结束后学习者内部心理结构变化的不同水平的学习结果。⑤

我们认为,教学目标的本质乃是对学生预期学习结果的一种描述。因此,教学目标是指在教师的指导下,学生在教学活动中所要达到的预期学习结果。首先,教师在教学活动中起着指导的作用,学生是在教师指导下的学习主体,教学目标强调的是学生的学习结果;其次,教学目标的实现需要以教学活动作为依托,脱离了教学活动,教学目标无从谈起;最后,教学目标是指向未来的一种结果,是对教学预期结果的一种反映,也是现在与未来的一种联结。

(二)教学目标的特点

教学目标作为具体教学活动的方向指引以及展开依据,一般具有以下几个特点:⑥

1. 预设性

教学目标是在学生当下基础上指向未来的一种结果,它是一种针对学生发展状态的理想性规划。也就是说,在开展教学活动之前,教师即可预见教学活动可能促使受教育者身心等方面发生哪些变化。教学目标的预设性使师生能够很好地把握教学过程,从而在动态的教学过程当中追逐教学目标,最终实现教学目标。

2. 生成性

尽管教学目标是对学生学习结果的一种预设,但是这种预设并不是固定不变的,而是随着教学活动的展开逐渐变化生成的。因为教师和学生是活生生的人,都具有一定的创造性,这使教学过程充满着诸多的不确定性,也正是在这些不确定的教学过程当中,教师和学生生成了很多事先没有预设的教学目标。因此,教学目标是预设与生成的统一。

---

① 罗儒国.建国 70 年教学目标研究的回顾与前瞻[J].河北师范大学学报(教育科学版),2019(1):31-37.
② 吴也显.教学论新编[M].北京:教育科学出版社,1991:328-329.
③ 田慧生,李如密.教学论[M].石家庄:河北教育出版社,1999:68-69.
④ 陈旭远.课程与教学论[M].长春:东北师范大学出版社,2002:194.
⑤ 盛群力,马兰,褚献华.界定三维教学目标之探讨[J].课程·教材·教法,2010(2):31-35.
⑥ 裴娣娜.教学论[M].北京:教育科学出版社,2007:97.

3. 整体性

在课程目标的引领下，我们可以把教学目标具体分为学年教学目标、学期教学目标、单元教学目标、课时教学目标。除了这样纵向排列的教学目标体现其整体性外，教学目标的横向延展也能体现其整体性。如外国学者布卢姆（Benjamin Bloom）把教学目标分为认知领域的目标、情感领域的目标与动作技能领域的目标；新世纪以来我国制定了三维教学目标，即知识与技能目标、过程与方法目标、情感态度与价值观目标。无论是纵向排列还是横向分布的教学目标，都强调其整体性。①

4. 可操作、可测量性

教学目标强调学生所要达到的预期结果是明确具体的、可付诸实施的，因此其具有一定的可操作性。在众多情况下，一个适当的教学目标可以通过一些可测量的行为来观察，比如"学生能够较为准确地复述课文""学生能够说出文章的主旨大意"等，这些行为是可以以一定的方式来测量的。

5. 灵活性

相对于教育目的、培养目标、课程目标，教学目标具有一定的灵活性，教师可以依据教学实际来制定教学目标，其内容和水平可以有一定的弹性，以便老师和学生灵活掌握，从而获得教学的最大效益。教学目标的灵活性一方面有利于教师创造性地开展教学活动，比如能更好地针对学生的学习特点开展不同的教学计划；另一方面能使学生通过教学目标的实现而获得相应的发展。②

（三）教学目标的类型

我国学者借鉴国外研究，按照目标的性质，将教学目标分为行为目标、生成性目标以及表现性目标。③

1. 行为目标

行为目标是指教学结束后在学生身上发生的一些行为变化，强调目标的精确性、具体性和可操作性。泰勒指出目标的制定要包含"行为"和"内容"两个方面，并在其著作《课程与教学的基本原理》中强调了人们在教学活动中易犯的错误：（1）把目标作为教师要做的事情来陈述，但却没有指出学生发生的变化；（2）列举课程所涉及的各种要素，却没有具体说明希望学生如何处理这些要素；（3）采用过于概括化的方式来陈述目标，却没有具体指出这种行为所能适用的领域。④ 结合泰勒的观点，我们可以这样来认识行为目标：首先，行为目标关注的是学生的外显行为，而不是单纯的教师行为；其次，行为目标强调学生对各种课程要素处理之后所达成的结果，对结果的关注是行为目标的重点。⑤

---

① 李秉德,李定仁.教学论[M].北京：人民教育出版社,1991：60-61.
② 李如密.教学目标与目标教学[J].中国教育学刊,1997(5)：39-42.
③ 裴娣娜.教学论[M].北京：教育科学出版社,2007：110-113.
④ 施良方.课程理论——课程的基础、原理与问题[M].北京：教育科学出版社,1996：84-85.
⑤ 裴娣娜.教学论[M].北京：教育科学出版社,2007：111.

行为目标的优点是可以对其进行分解，使之尽可能具体、精确，从而具有最大程度的可操作性。但行为目标过于强调学生的外显行为，在其长期应用过程中表现出了一定的局限性。首先，对学生的外显行为的过分关注在无形当中造成了对情感、态度、价值观等内隐因素的忽略，不利于学生的全面发展；其次，基于行为目标来评价学生，会把学生的行为分解为独立部分，这样学生作为整体的人所具有的完整性容易被割裂，从而出现一定的偏差。

2. 生成性目标

行为目标关注的是学生的学习结果，生成性目标则把着眼点放在了教学过程之上，它更多地强调在具体的教学情境中随着教学过程的展开而生成的目标。这种目标所关注的不是外部事先规定的目标，而是师生根据课程教学的实际进展情况而提出的相应的目标。如果说行为目标关注的是预期的结果，是在教学过程之前或教学情境之外预先制定的目标的话，那么生成性目标注重的则是教学过程，是教学情境的产物和问题解决的结果。这种目标的教育哲学观是基于教育是一个演进的过程，在任何阶段上的目的都不是终极目的的观点，因为目的是演进着的，而不是预先存在的。

生成性目标的优点在于它是教学过程中学生在与教学情境的交互作用中所产生的属于自己的目标，并不是教育者代表社会及自己强加给学生的。学生有权利自己去选择要学的东西，学生的主体地位得到实现。但这一目标也存在缺陷：首先，生成性目标对教师教学提出了一定考验，教师若没有经过严格训练，很难在教学活动中体现出同学生对话、交流与引导的能力和水平。即使教师受过这样的专业训练，在采用时也是非常困难的，会遇到课堂中教学方法的选择、教学时间的控制以及社会、家长对学生学习的各种要求等问题，这些问题必然会影响教学过程中目标的生成与发展。其次，学生是具有独特个性的个体，教师很难在一节课内与班内所有的学生进行对话并生成教学目标，偶尔的生成还是可以实现的，但真正实施起来仍存在很多困难。

3. 表现性目标

美国课程学者艾斯纳(E. W. Eisner)针对行为目标的局限性提出了表现性目标。表现性目标旨在为学生提供活动的引领，对活动的结果则不做规定。表现性目标主要强调在教学过程中学生个人特点的展现，教师给学生创设一个情境，学生在此情境中会有各种各样的个性化反应。教学目标不追求学生反应的一致性，相反学生多样化的表现才是学生个性、独特性的真实流露，这才是表现性目标所要追求的应然目标。

表现性目标关注学生学习过程与结果的独特性和首创性，这一目标的确立与呈现，可以给学生的创造性表现以充分的肯定，从而鼓励学生发挥创造性，也可以将学生个人的创造性表现展示出来，让更多的学生能够领略和分享同伴的智慧及创造性的学习成果，对其他学生加以引导和启发，鼓励学生在学习知识和解决问题的过程中，力求"不拘一格""另辟蹊径"地解决问题，有意识地培养和锻炼学生的创新思维。表现性目标的局限性在于，课堂教学中学生面对同一任务所发生的行为及其表现是不同的，教师如何关注每个学生的反应，如何捕捉学生的首创性表现,这对教师的教学观念、教学能力提出了很高的要求。另外,学生首创性表现鉴别标准的确定本身就是一个困难,这种目标具有模糊性和不确定性,在教学活动中往往难以落实。①

(四) 教学目标的功能

教学目标统领着教学过程的展开,制约着教学内容、教学方法的选择,同时为教学评价提供一定依据,一般具有以下几方面功能:②

1. 导向功能

教学目标是师生教学活动开展的方向标,即对整个教学活动具有指引、定向的作用。由其内涵可知,教学目标具有预设性,因此,教学过程的推进、教学方法以及教具的选择都在一定程度上受教学目标的指引。实践表明,教学活动的效果与教学目标的导向功能有着十分密切的关系。一般说来,教学目标定向正确,即可取得正向教学效果;教学目标定向错误,则取得负向教学效果的可能性更大。正因如此,教学目标被教育理论家们称为教学活动的"第一要素",确定正确、合理的教学目标被认为是教学设计的首要环节。③ 教学目标的方向性指引作用,决定了人们在制定教学目标时一定要秉承科学谨慎的原则。

2. 激励功能

一般来说,目标是激发人们内在动机的诱导性因素。在教学开始前,教师向学生明确提出具体的教学目标,这样做能够激发学生对新的学习内容的期待以及迫切完成学习目标的欲望,从而调动学生学习的积极性和主动性。学生对目标的价值看得越大,实现的可能性越高,这个目标的激发力就越强。教学目标使教师的"教"有了追求的方向,同时也使学生的"学"有了向上的动力。但是,并不是所有教学目标都具有激励功能,只有当教学目标被教师和学生真正内化,并且在一定程度上满足了他们需要的时候,这样的教学目标才会发挥激励功能。

3. 聚合功能

教学目标是教学系统内各组成要素的联结点和核心,对其他要素(教学内容、教学方法及手段等)起着统帅、支配、协调的作用,从而引领其他教学要素共同发挥出最佳的教学整体效能。教师的"教"和学生的"学"都是为了实现既定的教学目标,教材、教法、手段、环境等也都是为实现既定的教学目标服务的。可以说正是有了教学目标这个"灵魂",才使教学活动的各要素有机地聚合在一起,构成教学系统并使之能够有效地运行。教学目标聚合功能的发挥,可以充分体现出教学目标这一要素在整个教学系统中的地位,它促使人们能自觉地依据教学目标整体优化系统结构,以提高教学质量。

4. 评价功能

教学目标的制定是教学活动的起点,同时教学目标的达成亦是教学活动的终点。学生

---

① 范蔚.三类教学目标的实践意义及实现策略[J].教育科学研究,2009(1):49-52.
② 裴娣娜.教学论[M].北京:教育科学出版社,2007:97-98.
③ 李如密.教学目标与目标教学[J].中国教育学刊,1997(5):39-42.

在认知、情感等方面有无发展都需要以教学目标是否达成来鉴定,从这一方面来说,教学目标具有评价功能。如果教学目标本身存在问题,那么就会导致教学评价的信度、效度缺乏应有的保证,而使教学评价无法发挥真正的作用。因此,在实践操作中,要加强对教学目标本身合理性的反思与批判。教学目标评价功能的发挥,一方面为教学效果的检测和评价提供尺度,另一方面也为教学目标的确定和编制作出反馈。

二、教学目标的确立依据

教学目标的设计需要建立在科学依据基础之上,综合考虑多方面的因素,对此,国内学者的观点可归纳为如下三类:①一是"二因素说",该观点认为,教学目标研制需要弄清楚社会要求、学生发展状况。② 二是"三因素说",该观点认为,教学目标设计必须依据课程标准规定的课程目标、学科的性质特点、学生的实际情况③;或者通过综合考虑学段目标、课程资源特点、学生具体情况来确定④。三是"四因素说",该观点认为,教学目标设计需要考虑四个方面的依据,即教材的内容和性质、学生的活动与发展需求、社会的要求、教学本身的功能。⑤综合已有观点,我们认为教学目标的确立需主要考虑以下三个方面:

(一)学生的实际与需要

教学在其终极意义上是要促进学生的发展,尽管在教学过程中,教师也获得了一定程度的发展,但是相比较而言,学生的发展是最根本的。要想促进学生的发展,不了解学生的实际情况,那就是空谈,必须要以学生的实际作为首要依据。学生的实际包括的范围非常广泛,学生过去及现在的种种情况都可以视为学生实际的体现,既包括学生的实际年龄,也包括学生的心理年龄;既包括学生已有的认知结构,也包括学生成长过程当中的情感体验。由于每个学生个体都是独特的,其实际情况也是复杂多变的,因此了解学生的实际是一个漫长的艰苦的过程。在实际的教学中,有些教师不愿意了解学生或不是很了解学生甚至根本就不了解学生,这样就很难发挥教学目标对学生的引导、激励作用,教学的意义也就无从体现。⑥

除了考虑学生的实际情况之外,还应调查学生的现实需要。学生作为一个独立的人,具有马斯洛需要层次理论中提出的生理的需要、安全的需要、归属与爱的需要、尊重的需要和自我实现的需要五种需要。另外,学生作为学校教育场域中的教学主体,有着作为一个学习者特殊的需求。一般认为学生有探究的需要、获得新体验的需要、获得认可与欣赏的需要、承担责任的需要。学生的这些需要为教育中提倡的自主学习提供了人类学和心理学的依据。通过

---

① 罗儒国.建国 70 年教学目标研究的回顾与前瞻[J].河北师范大学学报(教育科学版),2019(1).
② 李润洲.三维教学目标表述的偏差与矫正[J].课程·教材·教法,2014,34(5):78-85.
③ 李朝辉.教学论(第 2 版)[M].北京:清华大学出版社,2016:31.
④ 韩用海.新课程"三维教学目标"反思[J].中国教育学刊,2008(7):51-54.
⑤ 李松林,巴登尼玛.新课程教学设计原理与方法[M].北京:人民教育出版社,2014:231.
⑥ 裴娣娜.教学论[M].北京:教育科学出版社,2007:114.

上述分析,我们可以把学生的需要简要概括为认知需要、情感需要、交往需要三个方面。

在教学目标的制定中,应首先对学生的实际以及需要进行研究,以学生身心发展特点作为教学目标制定的直接的、重要的基础,要研究作为教学对象的学生的真实情况,并了解学生目前状况与理想状况之间的差距,发现学生的共性与个性,从而以一种对个人和社会都有意义的方式,帮助学生满足各种发展需要,并沿着同社会要求与学生身心发展需求较为一致的方向使学生得到全面发展。

(二) 课程目标

所谓课程目标,就是指一定教育阶段的学校课程力图促进该阶段学生的身心发展所要达到的预期结果。简言之,课程目标是指特定阶段的学校课程所要达到的预期结果。①

制定教学目标一定要对课程目标进行研究,课程目标蕴含着课程的起点和终点,不仅指导着课程编制的全过程,为课程的开发和设计提供依据,同时也为教师的"教"与学生的"学"提供指引。教学目标是课程目标的具体化,它既上承课程目标,又下启教学单元目标、课时目标等,是每个单元、每节课、每个教学环节应该达到的具体要求。课程标准的要求是教学目标的重要来源之一,是教与学必须达到的基本要求。教学目标应体现课程标准的要求,将其分解、细化,知识技能目标尤应如此。以统编小学语文教材三年级下册第二单元第一课《守株待兔》为例,小学语文课标对第二学段(3—4年级)阅读方面的课程目标进行了陈述,具体如下:②

(1) 用普通话正确、流利、有感情地朗读课文。

(2) 初步学会默读,做到不出声,不指读。学习略读,粗知文章大意。

(3) 能联系上下文,理解词句的意思,体会课文中关键词句表达情意的作用。能借助字典、词典和生活积累,理解生词的意义。

(4) 能初步把握文章的主要内容,体会文章表达的思想感情。能对课文中不理解的地方提出疑问。

(5) 能复述叙事性作品的大意,初步感受作品中生动的形象和优美的语言,关心作品中人物的命运和喜怒哀乐,与他人交流自己的阅读感受。

基于以上课程目标,我们可以尝试为《守株待兔》一课设定以下教学目标:

(1) 通过对课文的梳理,能够说出"守株待兔"的意思和课文的寓意。

(2) 通过两遍以上的阅读,可以复述"守株待兔"的故事。

(3) 通过模仿例句,能够用"守株待兔"造句。

因此,在制定教学目标时,需要结合相应学段具体要求以及教学内容,以确保教学目标的设计充分反映课程目标的要求。

---

① 靳玉乐.课程论[M].北京:人民教育出版社,2012:172.
② 中华人民共和国教育部.义务教育语文课程标准(2011年版)[S].北京:北京师范大学出版社,2012:10.

(三) 社会的需要

教学并非是孤立的系统,社会是教学得以安身立命的基础。教学不是在真空当中进行的活动,教学总是和社会保持着联系,有些联系是显性的,有些联系由于不易被察觉而以隐性的状态存在。教学目标作为教学的起点,必然与社会也有着千丝万缕的联系。

首先,从大的社会视角来看教学和社会之间的关系,教学是社会大系统当中的一个子系统,这个子系统要反映社会的需要,从而为社会发展培养人才。同时,教学并不是被动地服从于社会的各种要求,它也有其独立性的一面,教学通过遵循人才培养的规律,按照自身的运行模式来反作用于社会。因此,教学和社会之间是互动的,二者通过回答"培养什么样的人"这一问题来协调彼此之间的关系。

其次,教学目标是教育目的、培养目标以及课程目标在教学活动中的具体化,因此,教育目的、培养目标、课程目标制定的依据也在一定程度上是教学目标制定的依据。而制定教育目的、培养目标以及课程目标的基本依据之一是社会的需要。我国现阶段教育目的是培养德、智、体、美、劳全面发展的社会主义建设者和接班人;课程目标旨在发展学生的核心素养,其中"社会参与"是学生核心素养的重要内容,强调能处理好自我与社会的关系,增强个人社会责任感,推动社会发展进步。这些层面的要求都需要在教学层面上有所反映,这些目标的实现都需要依托一定教学活动展开。在这一层面上,教学目标的制定也与社会的发展需要有着密不可分的关系。

总之,在确定教学目标时,要认真研究学生、课程目标、社会这三个基本依据,正确处理三个要素之间的关系。

三、教学目标的叙写

(一) 教学目标叙写的基本要求

叙写合理明确的教学目标需要我们遵循以下要求:[①]

1. 完整性

教学目标的叙写应力求做到全面。布卢姆(Benjamin Bloom)把教学目标分为认知领域、情感领域、动作技能领域,并分别在这三种领域下进行目标分类。我国在本世纪初课程改革中提出的三维教学目标,即教育教学过程中应该达到的三个目标维度,包括知识与技能、过程与方法、情感态度与价值观。三维目标是一个教学目标的三个方面,而不是三个独立的教学目标,它们是统一而又不可分割的整体。叙写教学目标时应利用知识与技能、过程与方法、情感态度与价值观三位一体的目标表述方式来体现目标的完整性。

以下是人教版三年级数学上册第八单元第一课时《认识几分之一》的教学目标设计:

---

① 本部分参考了十二所重点师范大学编的《课程论》中课程目标叙写部分的思想。参见十二所重点师范大学.课程论[M].北京:教育科学出版社,2007:126-127.

（1）学生初步认识几分之一，会读会写几分之一。

（2）学生能够通过动手操作、观察比较、小组合作学习活动，进一步认识分数，并养成合作意识以及提高数学思考与语言表达能力。

（3）学生能够感悟数形结合的数学思想和方法，发展数感；初步具有勇于探索、自主学习的精神，并获得运用知识解决问题的成功体验，体会分数在实际生活中的应用和价值。

上面提到的学生会读会写几分之一，体现的是知识与技能目标；学生通过动手操作、观察比较认识分数，体现的是过程与方法目标；学生"获得运用知识解决问题的成功体验，体会分数在实际生活中的应用和价值"等，体现的是情感态度与价值观目标。总体来看，我国的三维目标以其三位一体的目标表述方式体现了目标的整体性。

2. 明确的学习成果

教学目标指向学生未来学习的具体结果，这就要求教学目标的叙写一定要指出学生所要达到的学习结果。比如在叙写行为目标时，要求采用的行为动词要明确、可测量、可评价。在"了解方面"，以下行为动词可供使用：说出、背诵、辨认、选出、举例、识别等。在"理解方面"常使用的行为动词有：解释、说明、阐述、比较、归类、推断等。在"应用方面"常使用的行为动词有：使用、设计、解决、撰写、总结等。这一系列行为动词能够对学习结果做出具体明确的规定，可操作性强，便于观察、测量和评价，应该在教学目标设计中多加使用。

3. 准确性

准确性体现为教学目标的表述不能有含糊的内容或引起歧义的语词，表述要准确无误。为确保教学目标表述得具体明确，应注意以下三点要求：①

（1）表示学生身心变化的词语要具体。教学目标是期望在教学活动后学生身上所发生的具体变化，教学目标中用来表明这种变化的语词不能过于抽象概括，否则无法检测这种变化。如学生形成良好习惯、学生概括能力得到提高、学生的写作能力得到提高、学生获得全面发展、学生的公民意识得到增强等用词都不具体，这些词语难以准确检测或评估。而"学生在作文中，能够做到不写错别字和病句，不离题，层次分明，材料翔实"，这种教学目标的表述则相对具体得多。

（2）尽可能有表示行为条件的状语。表示行为条件的状语是指学生在什么条件或情境下完成动作或做出行为。表述教学目标的句子中，如果有了行为条件的说明，教学目标才较为具体明确，才可以检测和评估，目标才不至于被表述成比较模糊的目的。概括来讲，行为条件有四个方面：第一，是否允许使用工具书或计算器等辅助手段。如"学生借助英文词典能够翻译英语小短文""学生借助计算器能够进行四则混合运算"，等等。第二，是否提供相关信息，这直接关系到行为的难易程度。如"在教师提供注释的情况下，学生能够翻译古诗

---

① 张爱珠.教学目标的内涵理解和文字表述上的误区及修正——来自第一批小学新课改试验区的反思[J].辽宁教育研究，2006(7)：51-54.

《悯农》""在教师提供注释的情况下"就是提供的相关信息。第三,时间限制,表明行为完成的时间。完成行为的时间不同,目标水平也就不同,如同样是准确背出课文,用 5 分钟和用 2 分钟,则是两种水平的目标。所以,在教学目标的表述中,需要有时间状语。如"学生能够在 1 分钟之内准确背诵出李白的《静夜思》"。第四,完成行为的情境。因为同一行为可以在不同情境下完成,如"学生能够发表自己的见解",既可以在教师提问时完成,也可以在课堂讨论中实现。只有对完成行为的情境做出说明,才能使教学目标更具体。

(3) 尽可能有表示行为程度的语词。表示行为程度的语词能够表明行为的具体水平或标准,以使教学目标具有较强具体性和可检测性。如"在 3 分钟之内,学生能够完全正确地解答至少 2 个乘法计算题",其中"完全正确"和"至少 2 个"都是表示行为程度的语词。

4. 可行性

可行性指教学目标应该是根据学生现有水平以及依靠一些辅助手段能够达到的目标,重点强调教学目标的难度要适中,以利于发挥其激励功能。所谓难度适中,是指所编制的教学目标在学生"最近发展区",即学生经过努力可以达到的程度。当然,学生之间还有一定的差异,对于同样的教学目标,基础好、能力强的学生感觉不到难度;而基础差、能力弱的学生则感觉无法企及。因此,教师在确定教学目标时,应深入细致地了解学生的实际情况,实事求是地编制教学目标。难易适度的教学目标可以激发学生强烈的学习动机,调动学生的学习积极性。一旦达成目标,可以使学生体验到成功的愉悦,进而激励其努力学习,并发展其各种能力。①

(二) 教学目标叙写中常见的问题

教师在制定教学目标时,通常会出现各种各样的问题,常见的问题包含以下几点:

1. 目标叙写不完整

教学目标叙写的基本要求中提到教学目标的叙写要具有完整性,即教学目标应避免只关注学生在知识与技能层面的学习结果,同时也应考虑学生在情感态度价值观层面获得的结果等。而受应试教育的影响,许多老师重点强调知识与技能的获得,有意无意地忽视学生的心理需求、情感态度价值观养成等,这样的教学目标是不可取的。

2. 陈述不准确

教学目标的陈述不准确主要包括两类:

一是教学目标在陈述中出现行为主体的错位——把教师看作目标的行为主体,而不是学生主体。主体错位是教师教学目标设计中普遍存在的问题,其根本原因是教师混淆了教学要求与教学目标两个概念。所谓教学要求是将教师作为行为主体,以对课堂教学的行为进行要求和引导;而教学目标则是以学生作为行为主体,来设定学生通过学习能够获得什么。教学目标是教师为学生量身设计的,对他们的学习起引导作用,让他们知道这堂课需要掌握的学习内容有哪些,需要怎么做,学生甚至可以通过教学目标来自主学习。这才是教学

---

① 李如密.教学目标与目标教学[J].中国教育学刊,1997(5):39-42.

目标的真正目的。

二是陈述用词不准确，或者所使用的行为动词难以理解，缺乏可评估性。很多教师在制定教学目标时运用了一些笼统、模糊的词语，如"提高""灵活运用……""培养学生……的精神、态度"等，这些词缺乏质和量的具体限定性，缺乏可测性和可比性，不利于实际教学时的把握和评价时的运用。课堂教学是围绕教学目标展开的，因此，教学目标要避免空泛，尽可能明确、具体、可操作，以便于目标达成，保证课堂教学的有效性。

3. 目标不可行

不可行指的是根据学生能力和现有资源不可能达到所陈述的目标。无论是一般目标还是具体目标，集体目标还是个人目标，都要难度适中，既要使学生"跳一跳，摘桃子"，又要使他们"跳一跳"就能摘到"桃子"。但这里有很大的个体差异。同样的目标，能力强的学生嫌太易，能力差的学生嫌太难，这就需要教师作具体分析。自信心较强、期望值较高的学生，他们乐于克服困难，不怕失败，希望目标有一定的挑战性，否则就激发不起强烈的动机。而自信心较弱、期望值偏低的学生则希望目标不要太难，否则就会产生畏惧心理，如果连遭失败，就会感到气馁。所以，在确定教学目标时，教师应当在研究学生上下功夫，从学生实际出发，制定明确可行的目标。另外，教师在制定教学目标时，还应考虑教师的教学资源以及学生的学习资源等条件。缺乏必备的资源，一些教学目标的实现也可能会受到影响。

以下是一位教师为《牛津英语（上教版）》6B Module 1 City life Unit 3 Dragon Boat Festival 设计的教学目标：①

（1）help students to learn the new words …

（2）conduct students to use preposition phrase：with/without …

（3）try to develop the good habit of reading …

从以上教学目标的叙写中，我们可以发现以下几点问题：

第一，目标空泛。"learn"和"use"这样的词汇太笼统，没有明确听、说、读、写具体的要求。同时，"try to develop the good habit of reading"也没有明确指出通过怎样的学习活动培养学生的阅读习惯。

第二，目标单一或缺失。英语课程的价值在于人文性与工具性的统一，因此教学要关注学生的综合发展。在此案例中教师只设定了语言知识与语言技能方面的教学目标，忽视了情感态度、学习策略与文化意识方面的目标要求。这样容易使课堂变成单词和句型的机械操练场，不能体现综合语言运用能力和人文素养的培养。

第三，主体错位。部分教师制定教学目标时经常使用"指导学生……""使学生……"这样的句子，此案例中提到的"conduct students to use preposition phrase：with/without……"也是如此。这些句子的主语仍然是教师。学生是教学的主体，教学目标的表述应明确体现这一点。

---

① 韩敏.准确制定小学英语教学目标[J].教学与管理，2013(20)：41-42.

(三) 教学目标的叙写方法

教学目标的叙写很重要,准确、清晰的教学目标可以为教学活动的展开提供依据。我们在前面已按照目标的性质将教学目标分为行为目标、生成性目标以及表现性目标。由于生成性目标非常强调在具体教学情境和过程中的生成,其特殊性无疑给生成性目标的叙写增加了难度,因此本小节只对行为目标、表现性目标的叙写进行讨论。①

1. 行为目标的叙写方法

行为目标是以显性、精确、具体、可操作的行为的形式加以陈述的目标。它指明了教学过程结束后学生身上所发生的行为变化。泰勒认为有效的行为目标表述,必须指明学生身上应该产生的"行为改变"以及所应用的"生活领域或内容",即"行为"和"内容"两方面必须兼顾。马杰(R. F. Mager)认为行为目标叙写仅有"行为"和"内容"这两方面是不够的,应该包括"表现""条件"和"标准"三大要素。② 在马杰的三要素基础上,进一步发展形成了目前广泛使用的包含四个要素的行为目标"ABCD"叙写方法。③

A 是主体(Audience)。行为主体是学生,目标叙写的应该是学生的行为,即以"学生能……"开头,在实际应用中有些教师常常省略"学生",以"能……"开头,这种叙写也是可以的。但书面上可以省略,思想上却要牢记,教学的对象是学生,教学目标是学生发展结果的测量标准。

B 是行为(Behavior)。行为动词是描述学生可观察、可测量、可评价的具体行为,即"学什么"。这也是教学目标表述中最重要的部分。常用的词语有识记、描述、辨别、分析、解释、比较、发现等。例如:能识记"What do you like …? I like … He likes …"句型。

C 是条件(Condition)。条件是指学生展示自己所掌握知识、技能或者态度的条件,即"怎样学习",也就是教学目标表述语句中的状语,如"利用几何画板动态演示,归纳……"中的"利用几何画板"就是行为"归纳"的条件。

D 程度(Degree)。教学目标必须指明目标落实的程度,即提出要实现目标的程度和标准,以衡量学生学习行为结果的水平与质量,即"做到什么程度",如"能正确计算单位数乘单位数",其中"能正确计算"就是目标的程度和标准。实现程度的表示既可以是定性的,如"正确的";也可以是定量的,如"3 分钟内能正确计算 3 个单位数乘法题"。

这里举一个运用"ABCD"叙写方法表述行为目标的例句:在老师的提示下(条件),学生(主体)能较为准确地(表现程度)复述(行为动词)文章的内容。

严格来讲,在叙写行为目标时,应包括行为主体、行为动词、行为条件和表现程度四个要素。但是,在实践中只要不会引起误解或歧义,为了叙写简便,也可省略行为主体或行为条

---

① 本部分参考了十二所重点师范大学编的《课程论》中课程目标叙写部分的思想。参见十二所重点师范大学.课程论[M].北京:教育科学出版社,2007:131-133.
② Mager, R. F. Preparing instructional objectives[M].California: Pitman Learning, 1984:21.
③ 廖哲勋,田慧生.课程新论[M].北京:教育科学出版社,2003:170.

件。要使行为目标表述具体、明确,关键是描写行为的动词要与具体、可操作的行为相对应,如指出、选择、列出、背诵、转换、区别、解释、归纳、摘要、证明等,避免使用模糊的动词,如知道、了解、掌握、运用等。

2. 表现性目标的叙写方法

对长期才能实现的情感、能力方面的目标或难以具体结果化的目标,可用表现性目标表述,即明确规定学生应参加的活动及情境,并描述学生在活动中应表现出来的行为和态度,但不提出可测量的学习结果。

表现性目标叙写所采用的行为动词往往是体验性的、过程性的,指向无需结果化的或难以结果化的教学目标,如"用不同的物体和方法制造声音,描述自己对这些声音的感受"。关于怎样叙写表现性目标,艾斯纳认为"表现性目标的陈述可以是:(1)阅读并解释《失乐园》的意义;(2)考察与欣赏《老人与海》的重要意义;(3)通过使用铁丝与木头制作三维结构;(4)参观动物园并讨论那里有趣的事情。这些目标并不期望指明学生在参加这些教育活动后能做什么,而是识别他们将际遇的形式"。[1] 也就是说,表现性目标的叙写只是指出学生学习的项目或者问题,不指定学生的学习结果如何。在实际教学过程中,一些教师时常运用到表现性教学目标的设计,如要求学生对自己最喜欢阅读的文章或书籍发表自己的看法,让学生去评价自己所阅读的某一篇文章或某一本书的意义等。

基于上述观点,我们也可以尝试叙写小学教学中的表现性目标,比如"阅读《窗边的小豆豆》,并在读的过程中列出印象深刻的段落""去电影院看一部爱国主义电影并用语言描述观后感"等。表现性目标大多是开放性的,这种开放性的教学目标设计比较符合小学教学的特点,小学老师可通过表现性教学目标的设计培养学生的学习兴趣、引导学生对学习过程进行自我判断。例如,小学生阅读一本少儿读物,然后发表对这本书的看法和心得。在一个班级中,学生在分析问题的角度、程度等方面有所不同,发表的看法是各种各样的。表现性目标常常具有一定的模糊性,但它为我们从新的角度考察教学目标提供了方法论上的指导,具有重要的价值。[2]

第三节　小学教学的组织形式与基本环节

一、教学组织形式

(一) 教学组织形式的概念

学校的教学活动除了要明确教学目标、选择教学内容外,还需要考虑通过怎样的形式进

---

[1] Eisner, E. W. *Instructional and expressive objectives*[M]. Manuka Australia: Croom HelmLondon, 1975: 352.
[2] 裴娣娜.教学论[M].北京:教育科学出版社,2007:112-113.

行组织才能够有效开展教学活动。教学组织形式所要探讨的问题就是教学过程各因素的组合和相互作用,包括教学时间与空间的分配与安排等。

关于教学组织形式的概念,不同学者对此有不同的表述。李秉德主编的《教学论》提出:"教学组织形式是教学活动中师生相互作用的结构形式。或者说,是师生的共同活动在人员、程序、时空关系上的组合形式。"[①]裴娣娜主编的《教学论》提出:"教学组织形式是指为完成特定的教学任务,教师和学生按照一定制度和程序相互作用的结构形式。"[②]王策三认为:教学组织形式所要研究和解决的问题,就是教师以什么形式把学生组织起来,并通过什么形式与之发生联系,教学活动如何安排,教学时间如何规定和分配,等等。[③]

虽然上述定义不尽相同,教学组织形式要研究的问题却是共同的,包括三点:第一,教学活动的人员组织形式,即教师是通过集体上课还是小组和个人活动等形式完成的教学活动,教师发挥的作用是直接的还是间接的;第二,教学活动需要服从的时间和空间安排,即教学活动时间是固定的还是灵活的,教学场所是封闭的还是开放的;第三,教学活动的安排程序,即教学内容、教学方法、教学程序等如何在师生相互作用和时空安排下组织综合。[④]

基于此,可将教学组织形式的概念界定为:在教学过程中,为完成特定的教学任务,教师和学生按一定要求组合起来相互作用的结构形式。

(二) 班级授课制及其改革

班级授课制简称"班级教学",是以固定的班级为基础,把年龄大致相同的学生编成一个班级,由教师按照固定的课程表和统一的进度,分科对学生进行教育的教学组织。从 19 世纪后半期以来,班级授课制逐步成为全世界范围内广泛采用的、最基本的教学组织形式。[⑤]

1. 班级授课制的发展阶段

班级授课制的萌芽最早可追溯到文艺复兴时期,在欧洲部分地区开始出现,整体而言,其发展历经了三个阶段:[⑥]

第一阶段是以夸美纽斯(Johann Amos Comenius)为代表的教育家从理论上进行总结和概括,使其基本确立。

第二阶段是以赫尔巴特(Johann Friedrich Herbart)为代表的教育学家对班级授课制进行补充和发展的阶段。赫尔巴特根据儿童的学习活动提出了教学过程的形式阶段理论,即"明了—联想—系统—方法",对夸美纽斯的理论进行了重要的补充和发展。

第三阶段是以苏联教学论为代表,提出课程的类型和结构的概念,使班级授课制趋于成熟,成为一个体系。

---

① 李秉德,李定仁.教学论[M].北京:人民教育出版社,2001:214.
② 裴娣娜.教学论[M].北京:教育科学出版社,2007:223.
③ 王策三.教学论稿[M].北京:人民教育出版社,2005:267.
④ 裴娣娜.教学论[M].北京:教育科学出版社,2007:223.
⑤ 钟启泉,汪霞,王文静.课程与教学论[M].上海:华东师范大学出版,2008:156-157.
⑥ 王策三.教学论稿[M].北京:人民教育出版社,2005:269-270.

2. 班级授课制的特点

班级授课制的特点可归纳为以下三个方面：①

第一，以班级作为教学人员的组合单位。班级授课制之下，同一班级中学生的年龄相当、认知水平大体相同，并且教学人员固定，教学内容与教学方法一致，这就使得学生接受的知识相同，在课堂上能获得平等的教学资源，很大程度上确保了教育的公平性。

第二，以"课"作为教学活动的组织单位。班级授课制将每学年和学期的教学活动分割成合理有序、各部分相当、分量较小、相对完整且具有连续性的小的部分。每一小部分成为"一课"，"课"与"课"之间分量相当并相互联系，后一课是前一课的承接。教师"一课"接着"一课"进行教学，以保证学生知识结构的完整性、有序性。

第三，以"课时"作为教学时间的基本单位。每一"课"教学时长固定，"课"与"课"之间有一定间隔，用于教师和学生休息。其中，每一"课"的时长根据学生所处阶段而定，大概为30—50分钟不等，而小学阶段通常会控制在45分钟以内，保证学生注意力能够集中。

3. 班级授课制的优势与局限性

（1）班级授课制的优势。班级授课制自产生之后广泛流行，并逐渐成为世界各国学校教学的主要组织形式，这是因为其在教育教学中发挥了突出的优势，主要有：

第一，极大地提高了教学的效率。相对于个别教学而言，班级授课制的教学规模较大，一位教师能同时面对许多学生进行教学，能够确保将同一范围的知识在同一时空下传授给不同学生，有助于提高教学效率。

第二，保证了知识传授的系统性。班级授课制通过周课表的方式组织安排各学科的教学，保证了学习活动能够有条不紊地进行，确保了知识传授的系统性、完整性和一贯性，有利于学生循序渐进地学习，掌握各学科的系统科学知识。

第三，有效发挥了教师的主导性作用。由于小学生年龄特点与知识经验的限制，他们独立探索知识经验的能力相对薄弱，因此，小学阶段学生知识的获取以学校中教师的传授为主要渠道。班级授课制这一组织形式主要是以教师为主导，教师合理组织教学活动有助于帮助学生掌握知识并发展能力。

第四，有助于发挥班集体的教育作用。在班集体的教学过程中，学生可以相互交流讨论、相互启发思考，有利于培养学生团结互助的精神。同时集体环境也有助于学生形成关心他人、关心集体、遵守纪律的良好品质，能够更好地加强班风与学风建设。

（2）班级授课制的局限性。班级授课制的出现加快了教育教学的普及速度，即使到了今天仍然表现出长久的生命力。但是随着时代的发展，其不足之处也逐渐暴露出来。

第一，难以确保学生的个性化发展。班级授课制实施过程中坚持的是"步调一致"原则，

---

① 本部分主要参考王策三《教学论稿》及裴娣娜《教学论》中班级授课制的特点，参见：王策三.教学论稿[M].北京：人民教育出版社，2005：269-270；裴娣娜.教学论[M].北京：教育科学出版社，2007：223-224.

其教学内容、教学进度在班级中具有一致性,在一定程度上限制了学生个性化发展。

第二,学生的主体性地位受到限制。班级授课制下的教学活动大多由教师主导与设计,学生在课堂中处于相对被动的地位,通常是被动地接受教师传授的知识经验,限制了学生的主动性和独立性,影响了学生主体性的发挥。

第三,学生的探索性与创造性空间受限。在班级授课制下,小学阶段学生更多的是在教师指导之下接受知识,其主动动手、亲自实验、亲自观察的机会偏少,导致培养的学生"千人一面",缺乏创造性。

第四,教学活动的灵活性受到限制。班级授课制这一教学组织形式趋于固定化、形式化,无法容纳更多样的教学内容与方法,灵活性有限。

任何教学组织形式都有其长处和不足,班级授课制之所以能够被沿袭和广泛使用,得益于其优势;但也因其存在的局限性,随着时代的发展受到了许多批评,并进行了多次改革,对班级授课制进行完善和发展。小学教学除了选择最基本的班级授课制之外,也要有其他教学组织形式予以补充,以助于取得良好的教学效果。

4. 班级授课制的改革

在教育史上,改革班级授课制的主张和相应的实践不胜枚举。整体而言,主要从两个方面对班级授课制进行改革:其一,针对班级授课制的局限性提出新的改革与主张,目的在于克服其局限性;其二,针对班级授课制的基本结构(即"班""课""时")提出不同观点,其主张的侧重点各有不同。① 以下介绍一些比较具有代表性的改革主张和实验。

(1) 设计教学法。19 世纪末,设计教学法在杜威(John Dewey)所创立的芝加哥学校中被首先采用,后经美国进步主义教育家克伯屈(W. H. Kilpatrick)等人宣扬,风行一时。"设计"一词最早由理查德(C. R. Richard)提出,他主张中学的工艺训练应由教师主导转变成为学生创设情境,由学生自行计划、决定并着手解决。因而,"设计"被理解为"学生自己计划、运用他们已有的知识经验,通过自己的操作,在实际情境中解决实际问题。"1918 年,克伯屈发表《设计教学法》一文,系统归纳并阐述了设计教学法的理论,被后人称为"设计教学法"之父。他强调儿童通过主动操作并运用所学知识进行"有目的的活动",这也成为设计教学法的核心。他在杜威"思维五步法"的基础上提出设计教学法的四个基本步骤分别为:决定目的、制定计划、实施计划、评判结果。②

另外,克伯屈根据教学目的的差异,将设计教学法分为四种类型:一是以生产某物为目的,用物质的形式体现思想或观念的生产者的设计;二是以欣赏他人作品为目的的消费者的设计;三是以解决问题为目的的问题的设计;四是出于掌握某种技能或知识的练习的设计。这四种设计的分类并不是固定的,在具体的学习过程中可以包含两个或者两个以上的设计,而

---

① 王策三.教学论稿[M].北京:人民教育出版社,2005:274-275.
② 裴娣娜.教学论[M].北京:教育科学出版社,2007:226-227.

且既可以是个人独自完成,也可以是集体共同完成。① 与班级授课制相比,设计教学法能够充分发挥学生的积极主动性,而且注重培养学生的合作精神,注重教学内容与学生实际生活的联系。

(2) 道尔顿制。道尔顿制是由美国伯克赫斯特(Helen Huss Pakhurst)所创,因其在马萨诸塞州道尔顿市的道尔顿中学进行教学改革实验而得名。道尔顿制是对班级授课制的彻底否定,其特点是主张废除教师面向全体学生的课堂教学,废除课程表和年级制,强调教师与学生签订"工约",要辅导学生进行个别自学。而且主张由各科作业室或实验室取代教室,按照学科性质陈列参考书与实验仪器,让学生自学使用。通过设置成绩记录表的形式让教师和学生分别记录学习进度,既有利于增强学生自主学习的动力,又可以让教师管理学生的方式更加简单化。与班级授课制要求整齐划一不同,道尔顿制更加注重因材施教和对学生独立学习能力的培养,让学生按照自己的兴趣自由计划,根据自己的需要安排学习。②

(3) 分组教学。分组教学也叫"多级制"或"不分级制"。这种组织形式是将学生按照智力水平或者学习成绩分成不同班级或小组,通过定期测验来决定学生是升级(组)还是降级(组)。具体有两种分组情况,一是在学校内按学生智力或学习成绩分为年限长短不一、教学内容相同的教学组织;二是在同一班级内根据学生学习成绩的变化,分成教学内容深浅不同或学习进度各异的小组进行教学。分组教学是针对班级授课制不能适应学生个体差异性的局限性而提出的,与班级授课制主张按年龄分班不同,它注重的是按照学习程度的变化而分班,打破了班级授课制固定化的短板。③

(4) 复式教学。复式教学是指将两个或两个以上年级的儿童合编在同一班级内,在同一教室、同一课时中,教师用不同的教材分别对不同年级学生授课的一种教学组织形式。教师可根据教学的要求、学生的接受能力等因素灵活安排,能够有效解决师资不足的问题。在复式教学过程中,教师为其中一个年级学生授课(称为直接教学)的同时给其他年级学生布置作业或练习(称为间接教学或自动作业),将不同年级的教学任务区别开,以便教学顺利进行。这种教学组织形式主要适用于居住人口较少且分散的农村地区和边远地区。

复式教学的编班形式有多种,包括单班多级复式、双班二三级复式、三班二级复式等几种编排形式。相较于班级授课制的"单式教学",复式教学更为复杂,对教师的要求更高,教师在进行复式教学时需要明确各年级和各学科的教学重点,并合理安排教学顺序与时间,做到秩序井然。④

(5) 小队教学。小队教学又称分队教学或协同教学,是20世纪50年代在美国兴起的一

---

① 吴式颖.外国教育史教程[M].北京:人民教育出版社,1999:464-465.
② 裴娣娜.教学论[M].北京:教育科学出版社,2007:225.
③ 同上,第227—228页.
④ 曾文婕,黄甫全.小学教育学(第3版)[M].北京:高等教育出版社,2017:234-237.

种教学组织形式。小队教学是由两名或多名教师同时担任一个或者几个平行班的教学工作,教师队伍中通常包括高级教师、普通教师、实习教师、助教等教学人员,他们各司其职,分工合理且明确。在具体的实施过程中,一般由高级教师或有经验的优秀教师上课,然后分小组讨论,由普通教师和实习教师等进行辅导。该教学组织形式改变了班级授课制中由某个教师全面承担教学工作的形式,让教师共同分工和合作,有助于年轻教师的成长发展,促进年轻教师由"新手"向"能手"转变。同时,小队教学的组织形式能够将大班教学、小组教学和个别教学相结合,有利于教学活动形式更加多样化。[①]

(三)当代教学组织形式的新发展

随着时代的发展和信息技术的普及,教学组织形式的发展日益呈现出多元化、信息化、综合化的特点。[②] 新的教学组织形式实现了对班级授课制的新超越,下面主要介绍三种可以在小学使用的教学组织形式。

1. 翻转课堂

(1) 翻转课堂的内涵与特点。翻转课堂是根据英文名"Flipped Classroom"或"Inverted Classroom"翻译而来,与传统教学先教后学的模式不同,翻转课堂借助现代教育技术,将"学生的学"与"教师的教"进行了对调,让学生利用课外时间事先学习即将学习的新知,而后再借助课堂中的讨论、答疑等环节解决学习过程中遇到的困难与问题。

翻转课堂与传统的教学组织形式相比,具有明显的特点:一是翻转课堂运用现代教育技术改变学生的学习方式,如学生可以在课前借助教学视频自主学习知识。二是翻转课堂不再是"先讲后练",而是按照"学习—分享—练习"的顺序进行,课堂中不再是"教师讲、学生听"的模式,而是变为教师与学生互动的场所,相互沟通与交流,教师为学生答疑与解惑。三是翻转课堂以学生为中心,鼓励学生自主学习与探索。

(2) 翻转课堂的价值。翻转课堂是班级授课制在信息时代背景下的转型和升级,对于整体而言,翻转课堂在实施过程中彰显出诸多价值:

第一,翻转课堂调整了教学流程,更新了师生之间教与学的模式。翻转课堂对以往的班级授课制进行了升级和改造,改变了班级授课制的"教师教—学生学"固定模式,破解了"预习—上课—复习"的黄金定律,其教学流程调整为"学生自学—教师解答—课后巩固"。[③] 学生在课前借助教师录制的教学视频、教师提供的教学资源以及从网上自主查找的教学资源等自主学习;课堂上由师生共同讨论、答疑解惑;课后则借助网络化平台等巩固知识。[④]

第二,翻转课堂重置了课堂时间,赋予学生更多的学习主动权。一方面,在班级授课制中常常是教师讲授占据课堂主体,学生课堂讨论与交流时间相对较少,其自由发挥空间不

---

① 王策三.教学论稿[M].北京:人民教育出版社,2005:279.
② 和学新.从规范教学秩序到构建学生发展的有效教学机制——我国教学组织形式变革70年的回顾与展望[J].课程·教材·教法,2019(3):4-12.
③ 钟启泉.翻转课堂新境[N].中国教育报,2016-05-05(6).
④ 宋生涛,杨晓萍.翻转课堂的基本原理与教学形态[J].西北师范大学报(社会科学版),2018,55(2):98-104.

大。在翻转课堂中,尽可能减少教师单纯讲授的时间,增加课堂解答时间,给予学生充分的展示与讨论时间,让学生在问题情境中发现问题、提出问题并解决问题。另一方面,翻转课堂将班级授课制中冗长的"课"划分为多个精简、短小的小视频,按照知识节点录制多个小视频,便于学生理解和记忆,同时避免了学生因课堂注意力不集中而出现知识点遗漏、笔记不全面等问题。学生在学习过程中可随时对学习的重难点、疑问点进行回顾,自主把握学习的步骤与节奏。①

第三,促进教师更新角色,由"知识传授者"变为"学习指导者"。在当下信息化、网络化的时代浪潮下,社会知识更新日益迅速,传统的灌输式教学模式已无法适应时代的发展。在翻转课堂打破时空界限,给学生自由学习空间的基础上,教师由"知识传授者"变为"学习指导者",为学生指导、答疑与解惑,引导学生自主学习。

2. 小组合作学习

(1) 小组合作学习的内涵与特点。小组合作学习是指学生在小组或团队中为了完成共同的任务,有明确的责任分工的互助性学习。在划分小组时应根据学生的知识水平、学习能力、性格等因素合理分组,让不同特质、不同水平的学生进行优化组合,小组成员之间异质组合能够彼此互补,增强合作,各小组之间总体水平基本一致。

小组合作学习是在班级授课制的基础上进一步发展的组织形式,具有以下几个特点:一是小组成员根据教师布置的任务独立完成学习任务。二是小组成员通过分工合作,彼此互相帮助、取长补短。三是与传统教学相比,小组合作学习更注重教师在学习过程中对学生加以引导,让学生亲自体验与实践。四是在小组合作学习中,除了教师评价外,自我评价以及小组评价的地位越来越突出,突破了传统的评价方式。

(2) 小组合作学习的价值。与班级集体学习或个人独立学习相比,小组合作学习具有独特的价值,主要体现在:

第一,小组合作学习有利于培养学生探索问题、相互沟通、相互协助的能力。每个小组根据分配到的学习任务进行设计、分工与合作交流,任务分解后小组成员各司其职。小组成员在合作学习过程中具有相互依赖的关系,学生需要意识到每个人的展示成果不仅仅关系到个人,也关系到整个小组,所以组员之间需共享资源、合作沟通,方能实现合作效益最大化。② 如在"统计的初步认识"一课中,教师布置学生统计学校前公路上1分钟内通过的车辆数量。一开始学生各自记录,统计时学生发现车速太快,一人记录根本来不及,于是小组合作学习就变成了学生的内在需求,学生马上进行分工合作,明确每人记录一种车辆的分工,这回学生顺利地完成了统计任务。③ 通过小组合作学习,学生之间相互沟通、补充、支持与配合,提升了个人责任感,实现了人人发展。

---

① 王坦,吉标."翻转课堂"模式的理性审思[J].课程·教材·教法,2016,36(6):55-61.
② 王攀峰,张天宝.小组合作学习:一种重要的学习方式[J].教育学术月刊,2008(9).
③ 张再生,金建中,吴兴元.小学数学课堂中小组合作学习的教学策略研究[J].上海教育科研,2005(8).

第二，小组合作学习能够有效提高学生的创新能力。小组合作学习为学生提供了充分的表达思想、合作与交流的空间，在学习过程中能够有效激发学生思维与创新灵感及创新意识，进而提高创新能力。如在"圆面积"一课中，通过小组合作学习，学生不拘泥于教材内容，讨论研究出了把圆剪开，拼成近似长方形、近似四边形、近似三角形，都可以推导出圆的面积公式。①

第三，小组合作学习更能关注到每个学生的发展。在班级授课制的教学过程中，教师面对的是一个几十人的教学集体，教学规模相对较大，无法保证在一堂课中照顾到每个学生的实际需求。而通过小组学习，学生的主体地位得到重视，每个学生都可以表达自己的观点和意见，大家相互交流、相互帮助、共同分享，不仅可以实现学生参与活动的共时性，还能使每个学生进一步发现自我、认识自我，促进学生的发展。

3. 智慧课堂

(1) 智慧课堂的内涵与特点。21世纪以来信息技术快速发展，为了顺应信息时代对人才的需求，现在的教育改革越来越注重课堂教学的智慧生成性。关于什么是"智慧课堂"，目前学者们尚未形成统一的认识。大体来说，智慧课堂从智慧教育理论中衍生而来，与传统课堂相比，一方面，智慧课堂更加强调课堂所具有的智慧特性，着眼学生的智慧生成，让课堂成为能够充分激荡学生智慧的育人课堂。另一方面，智慧课堂也更加注重信息技术对于课堂发生的驱动作用，突出信息技术的智能化运用，让课堂成为智能化运用信息技术的课堂。②

因此，可将智慧课堂定义为在信息化时代背景下，运用人工智能、云技术、大数据处理技术等新型信息化技术将课程资源整合并运用于课堂中，最终目的在于提升学生智慧的新型课堂。

整体而言，智慧课堂具有以下特点：③

第一，个性协同化。智慧课堂体现的是个性化教育，主要是基于学习者的个性差异（如能力、兴趣、认知等）为其提供可供选择的不同学习策略等指导；并且注重在因材施教的基础上，培养学生的协同合作能力，在合作过程中锻炼提升创新思维等能力。

第二，智能跟踪化。随着信息技术、大数据分析等新兴技术的不断发展，智慧课堂能够利用这些技术与设备记录每位学习者的学习历程，并且通过大数据运算来分析学习者的学习效果，给出客观公正的评价，这种持续性的记录也有助于形成学生学习成长的个人档案袋，方便对学生的学习成长状态随时进行跟踪。

第三，工具丰富化。智慧课堂拥有丰富多样的学习工具和教学资源，不再局限于"板书＋PPT"的单一形式。这些学习工具和资源对于学生学习概念知识、方法理论以及应用实践都具有重要价值，学生可以利用恰当的工具和资源对所学知识进行组织建构，达成知识的

---

① 张再生，金建中，吴兴元.小学数学课堂中小组合作学习的教学策略研究[J].上海教育科研，2005(8).
② 王天平，闫君子.智慧课堂的概念诠释与本质属性[J].电化教育研究，2019(11)：21－27.
③ 唐烨伟，庞敬文，钟绍春，王伟.信息技术环境下智慧课堂构建方法及案例研究[J].中国电化教育，2014(11)：23－29.

内化。

第四，活动智慧化。学习活动的选择与建立是智慧课堂成败的关键。智慧课堂的学习活动建立在先进设备和丰富资源的基础上，教师对学生做出合理有效的指导，激发学生的积极性，引导学生在情景化、移动化、感知化的学习活动中灵巧、高效地运用知识解决问题。

案 例

电子书包环境下小学英语智慧课堂的构建[①]

电子书包环境下的小学英语智慧课堂，打破了之前教在先，学在后的课堂模式，基于电子书包学习系统，利用微课资源将前期知识点发布在学习中心，学生可以在课前先完成学习任务，带着问题进入课堂。在课堂组织阶段，教师创设情境任务活动，让学生在活动中运用语言知识，在小组合作中提高协作意识，在创设总结过程中锻炼归纳、创新的思维能力。在课后学习阶段，及时检测作业情况，学生根据自己具体的学习任务完成情况，完成个性化的拓展学习任务，及时互动交流，分享学习成果。

下面具体介绍一下教学实施过程的第二、三环节，以了解电子书包环境下智慧课堂是如何开展教学活动的。

第二环节：创设情境，布置任务。教师借助电子书包平台展示的功能给学生播放家人庆生的视频，自然引入情境——"妈妈即将过生日，我们来为妈妈亲手制作蛋糕"，理清本节课要学习的主题是如何制作蛋糕，制作食物。让学生进入到学习情境中，激发学习兴趣。

第三环节：小组讨论，对话练习。教师借助电子书包提供的虚拟超市环境，让学生以小组为单位，讨论在做蛋糕时需要用到的食材，学生使用终端进行挑选，如图9-1和图9-2所示。在小组挑选的过程中运用"What do we need"句型进行对话练习。在超市的生活情境中，进行对话的反复练习，在练习过程中教师提供必要的指导。

图9-1　电子书包中超市选材虚拟环境　　图9-2　电子书包中超市选材虚拟环境

[①] 庞敬文，王梦雪，唐烨伟，等.电子书包环境下小学英语智慧课堂构建及案例研究[J].中国电化教育，2015(9)：63-70.

从以上两个环节中我们可以看出，电子书包环境下小学英语智慧课堂充分利用现代化电子设备，为学生创设与现实生活相关的具有情景化、感知化、智慧化的学习活动，以激发学生的学习兴趣，让学生利用电子书包提供的虚拟环境反复练习，最终完成知识的内化，并灵活运用知识解决问题。

（2）智慧课堂的价值。智慧课堂的产生改变了传统"教"与"学"的形态，在课堂教学过程中彰显了其独特价值：①

第一，智慧课堂能够帮助教师及时获得反馈，实现精准指导。备课前，教师可以利用"智慧课堂"系统向学生和家长推送预习内容，通过学生的反馈确定上课的重难点，有针对性地准备课堂教学内容。上课时，教师可以利用电子设备，通过习题推送的方式实时获取学生对知识的掌握情况，以便决定辅导的方式是个别辅导还是集体精讲，从而提高课堂效率。

第二，智慧课堂能够增强课堂趣味性，提高学生参与热情。智慧课堂中的抢答、评分、投票等多种形式具有趣味性，有助于激励学生投入到学习过程中，提高学生的学习兴趣。利用电子书、智慧屏等电子设备能够将原本枯燥、乏味、平面的内容生动化、形象化、立体化，有助于提升学生课堂参与的热情，并促进学生的知识建构。

第三，智慧课堂借助现代教育技术，可在课堂上实现多点互动学习与全员即时评价。教师和学生利用智慧屏上的圈一圈、画一画、写一写等形式实现多屏互动，可以让教师看到每个学生的学习情况并让每个学生看到自己的学习情况。同时利用教学平台中的人气投票、随机点名、举手等多项功能，可实现教学活动的全员参与，也便于对学生的学习情况做出即时评价，这在传统课堂上是难以实现的。

第四，智慧课堂通过创设虚拟学习环境，拓展学生学习空间。在班级授课制的教学组织形式下，学生群体具有非流动性的特点，师生关系固定，学生活动范围受限，学习场域相对封闭。而智慧课堂能够为处于不同地点的学生创设虚拟的学习环境，提供智慧学习空间，使其成为临时的学习共同体。②

二、教学的基本环节

课堂教学是教师的"教"与学生的"学"相统一的活动，是学校教育的基本途径。完整的课堂教学需要由完善且缜密的教学基本环节组成，主要包括备课、上课、作业布置与检查和课外辅导等几个教学环节。③

（一）备课

课前的充分准备能够帮助教师在教学过程中有效组织课堂、有效利用现有资源、精准选择教学方法、合理组织教学过程，从而准确教授学生所需知识。教师要上一堂好课，需要从

---

① 任维勤，曹骥春.客观认识"智慧课堂"的利弊[J].人民教育，2018(19)：61-62.
② 王天平，闫君子.智慧课堂的概念诠释与本质属性[J].电化教育研究，2019(11)：21-27.
③ 冯建军.现代教育学基础[M].南京：南京师范大学出版社，2006：193-216.

以下几个方面做充分准备:

1. 备文本

备文本要求教师既能够与课程标准充分对话,又能够充分理解和使用教材。

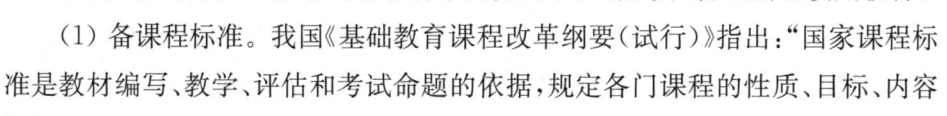

(1) 备课程标准。我国《基础教育课程改革纲要(试行)》指出:"国家课程标准是教材编写、教学、评估和考试命题的依据,规定各门课程的性质、目标、内容框架,提出教学和评价建议。"这就要求教师在进行教学设计时,能够吃透国家最新课程标准,掌握相应学段课程目标与课程结构,充分领会课标精神;在此基础之上结合所教授学科理论知识及个人知识与经验进行教学设计,形成符合课程标准要求的、独具学科特色与个人教学特色的教学设计。

(2) 备教材。教材是课堂教学的基本材料。在实际备课时,教师应树立"用教材教"而非"教教材"的观念。教师需要认真解读教材提供的内容,并根据学生和当地的具体情况灵活运用教材中的素材,从而更好地达到课堂教学目标。教师在备教材时应注意以下几点要求:

① 统揽全局,权衡轻重。教师备好课的前提是对教材有充分的了解和掌握,首先是"懂"教材。"懂"教材意味着教师应当从整体上对教材的编排体系、各部分之间的关联、各章节的编排意图有充分的把握和了解,将教材涉及的内容与编写思路、体系等内化于心,进而辨析教材中的重难点,即教材中每一阶段基础知识和思想方法中的核心内容和学习主题中难以理解、辨析、解答和接受的学习内容。对教材当中的重点,教师在教学实施过程中应重点倾斜;对教材当中的难点,教师应设计丰富的、学生易于接受和理解的各类教学活动予以突破。这样有利于学生突破重难点,并进一步将其内化为自身头脑中的知识。

② 明确目标,安排有序。教师在对教材有了整体的把握之后,还要"吃透"教材。这需要教师掌握能够"把书变厚,也能把书读薄"的意识与本领。首先,教师要根据课程标准的要求来确定教学目标,明确要教给学生哪些知识和技能以及怎么教学生应用所学知识,要能够对简练且重要的教材内容进行适当的补充,使教材"变厚"。其次,教师需要根据课时安排、学生现状等因素来综合考虑教材内容的取舍问题和合理整合问题,在有限的课时安排之下有效、精准地突破教材当中的重难点,对于不必要过多花费时间的内容可适当把握其教学深度,适当略讲或不讲,使"厚书变薄"。

③ 融会贯通,为我所用。在备课过程中,除了要吃透自己所教的教材外,还要吸取其他资料中的精华,将其"内化"为自己的教学思路和内容。教师在备课的时候,要合理借鉴相关辅助资料中的思路,对手头使用教材中的内容进行有效补充与适当拓展,特别是对教材当中的空白及不足之处进行适当补充和修正,以弥补教材的局限性,同时也使得自己所备教材内容更加充分和准确。另外,在教材使用过程中,也可借鉴其他优秀教材的理念、思路和内容,为我所用。

④ 合理设计,留有余地。教师在教学设计中应留有充分的教学弹性和余地,有意识地缺省某个环节,适当地给自己的教案留出一些自由的空间,允许学生有充分发挥思维与想象的

空间,将学习主动权交予学生。正如中国画中的"留白"章法,留下空白,让人浮想回味,教学亦需留有空间和余地,尊重学生的创造性。

2. 备学生

学生是教学设计的服务对象,在教学过程中,良好教学效果的取得需要建立在充分了解学生的基础之上。备学生主要包括了解学生基本状况和学情两方面。

(1) 了解学生基本状况。学生基本状况包括学生的家庭背景、身心发展特点和兴趣爱好等。通过了解学生的家庭背景,教师可以进一步掌握学生身心需求;通过了解学生身心发展特点,教师可以总结符合学生认知与接受能力的教学规律并遵循其开展教学;通过了解学生的兴趣爱好,教师可以在教学设计中纳入学生感兴趣的内容,从而更好地调动学生参与课堂的积极性和热情。在掌握学生基本情况后,教师还要与学生深入交流、沟通与分享,以"大朋友"的身份与学生交往,真正做到与学生情感与心灵的沟通,达到"亦师亦友"的境界。

(2) 了解学生学情。学生的学情包括学生已有的知识、经验、观点等。教师进行有效教学设计的前提是充分了解学生已有知识经验,在此基础之上,根据学生的认知特点与学生对新知的兴趣,将已有经验与新知内容之间建立联系,从而"已有"的"旧知"与"新知"衔接。

3. 备教学行为

教师在备课时还需要考虑选择什么样的教学行为来达成教学目标,教师在课堂中发生的教学行为主要有主要教学行为和辅助教学行为。[①]

(1) 主要教学行为。主要教学行为指课堂中教师为达到一定的教学目标、完成一定的教学任务而在课堂中表现的基本行为。主要教学行为对课堂质量与教学效果会产生重要影响,主要包括呈示行为、对话行为、指导行为。

呈示行为包括语言呈示、文字呈示、声像呈示、动作呈示等,能帮助教师以合理、准确的呈现方式向学生传递教学中的关键信息。对话行为包括教学问答与讨论等行为,旨在激发学生参与课堂的兴趣,为学生提供沟通与反馈机会。指导行为是教师在学生完成一定学习任务时提供的指引行为,包括练习指导、阅读指导、活动指导等。

(2) 辅助教学行为。辅助教学行为指教师在课堂上处理学生心理和教学情境中的问题的行为。常用的辅助教学行为有:奖励、惩罚等。辅助教学行为是为主要教学行为服务的,根据所教学生的特点、教学环境和教师自身个性特征等因素,教师会选择不同的辅助教学行为来完成教学任务,因此辅助教学行为多数是生成性的。教师需具备一定的教育机智和教学经验来选择适合的辅助教学行为,以保证主要教学行为的实施,达成教学目标。

4. 备教师自身

教师需要具备丰富的知识、过硬的教学技能和良好的道德品质,方能上好一堂课。

(1) 具备丰富的知识。教师成功教学的基础是教师自身具备的丰富的知识,包括所教学

[①] 施良方,崔允漷.教学理论:课堂教学的原理、策略与研究[M].上海:华东师范大学出版社,1999:137-266.

科知识、教育领域知识、广博的普通文化知识。首先,教师要想实现教育教学目标,必须具备足够的所教学科的知识。其次,教师还必须具备一定的教育学科知识,以此来指导自己的教学实践,顺利完成教学任务。最后,教师还需要不断提高自己的文化修养,在广博的普通文化知识的背景下开展各学科教学,赋予各学科知识以生命的活力。另外,在备课过程中,教师还要注意这三类知识的协调作用,要围绕教学内容,整合自己的知识储备,形成以学科知识为核心、文化知识为底蕴、教育知识为轨道的良好的知识结构。

(2) 具备过硬的教学技能。教师除了需要具备丰富、广博的知识,还需要具备过硬的教学技能,以便将知识以适当的方式传授给学生。若要具备过硬的教学技能,首先,教师需要树立终身学习的理念,持续实践和反思并不断汲取优秀一线教师的教学经验,以此来不断提升自身的教学技能。其次,教师需要树立合作的观念,与同学科教师,甚至是其他学科教师合作,集体备课,以弥补独立备课的不足与缺漏。

(3) 具备良好的道德品质。教师除了完成教书任务以外,还需要"育人",因此教师自身应该具备良好的道德品质。具体来说,首先,教师应树立正确的价值观,具有高尚的道德情操和审美情趣。其次,教师应具有热爱教学的情怀,避免过早陷入职业倦怠期。最后,教师应具备关爱学生的情感,时刻关心学生的成长。

(二) 上课

上课是教师在一定时间内组织学生按照预定计划进行的教学活动。上课是整个教学过程的中心环节,一方面是教师业务能力和思想水平的集中反映,另一方面也是学生掌握知识、发展智力和能力的基本方式。因此,明确上课的基本环节和基本要求,有助于教师提高教学质量,取得良好教学效果。

1. 上课的基本环节

在我国小学课堂当中,虽然教师通常会根据自身的学科特点、教学任务要求、上课进度等各方面因素对一节课的某些环节进行顺序与时间的调配,但整体而言,上课主要包括以下几个基本环节:

第一环节:组织教学。组织教学指上课伊始,教师要对课堂人数进行清点,提醒学生进入上课状态,做好心理准备等。

第二环节:检查复习。主要指教师带领学生对所学旧知识进行回顾,并帮助学生建立新旧知识之间的联系,为学习新知识做铺垫。

第三环节:学习新教材。新课学习的主要目的在于通过不同的形式、手段与方法为学生呈现新教材,引导学生掌握新的知识、技能与方法等。

第四环节:巩固新教材。在新课学完后,为帮助学生理解与掌握新知识,教师通常会帮助学生当堂巩固新知识。通常采用的形式为:提问、复述、板书、问答等。

第五环节:布置作业。为巩固所学,复习教材中的知识,并进一步培养学生运用知识的能力,教师需要为学生布置课后作业,明确作业要求、范围、上交形式等。

2. 上课的基本要求

作为教学的中心环节，上课应符合以下几个方面的要求：

(1) 教学目标全面。教学目标的全面性即教学目标要指向全体学生素质的全面发展，在教学目标的设计上应体现以下几个方面：第一，应从知识、技能、情感态度等多方面制定全面的教学目标；第二，应根据学生特点与实际水平制定有层次、有区别的教学目标；第三，应制定具有弹性的教学目标，避免呆板与固化。

(2) 教学内容准确。教学内容必须是正确和科学的，教师对教学内容的说明和解释应当准确无误。因此，在确定教学内容时应当根据课程标准、教材要求与学生需要等多方面确定，确保学生的适应性、顺序的合理性、逻辑的科学性、知识的衔接性和准确性。

(3) 教学方法恰当。教师要根据教学目标、教学内容需要、学生特点、教师个性、班级班风与学风等各个要素选择合适、有效的教学方法，充分利用现有的设备条件，科学化、艺术化、个性化地运用教学方法，以确保在课堂中能充分调动学生参与课堂的主动性与积极性，使学生能够顺利地掌握教学内容。

(4) 教学过程紧凑。整个教学过程要节奏紧凑、结构严密，教师要确保整个教学过程设计合理、科学，教师的讲解和学生的各种活动（如讨论、练习等）都要精心设计、安排妥当，使得教学时间得到最大程度的利用，提升课堂教学效率。

(5) 教学效果良好。一堂课成功与否，归根到底要看最后的教学效果，通过上课，要求学生的知识有所增加、能力有所提高、情意有所发展。另外，一堂课若要达到"好课"的标准，在总体上还要体现科学性、艺术性、人本性。首先，科学性要求教育教学要符合儿童身心发展规律尤其是儿童认知规律、学科知识的组合规律和社会发展要求等。其次，艺术性要求课堂充满情感、美感，在课堂中师生的主体性和创造性能够充分发挥。最后，人本性要求课堂多点感性，富有生活气息，师生双方都喜欢和享受课堂，让课堂焕发生命活力。

如何上好新授课

下面我们来分析一下情智教育创立者、南京市北京东路小学语文特级教师孙双金老师对统编语文教材二年级上册《敕勒歌》的教学，感受孙老师循序渐进的教学过程、恰当的教学方法和良好的教学效果：①

① 笑聊"老孙"，激发学生学习兴趣。这一部分属于课前谈话部分。孙老师选择了学生比较熟悉和感兴趣的神话人物"孙悟空"作为话题主角，与学生共同讨论了孙悟空"会七十二变""会使用如意金箍棒"等本领，最后一语双关，得出了"俺老孙"非常厉害的结论。通过与学生进行谈话，孙老师在短时间内迅速拉近了与学生之间的距离，特别是讨论的话题是学生比较感兴趣的，能让学生打开话匣子，有话可说。再加上孙老师通过幽默风趣的语言与同学们进行对话，有助于活跃课堂气氛，放松学生的心情，激发学生对于课堂学习的兴趣，让学生

---

① 孙双金.点燃想象 深度学习——《敕勒歌》教学实录[J].语文教学通讯，2019(15)：24-29.

尽快投入到接下来的学习中。

②再聊旅游,走进内蒙古大草原。这一部分属于课前导入部分。孙老师在与学生"拉近距离"后,又进一步选择了与新授课《敕勒歌》内容更接近的话题"你们去过什么地方",学生踊跃回答去过的各个地方,在某一学生回答"去过内蒙古"后,通过图片展示的形式提示学生用语言描述大草原的特点。孙老师采用了呈示、对话等主要教学行为,简单有效、形式合理,符合小学二年级学生的认知特点,且话题与课文贴合,过渡自然,为下面课文的学习做了良好的铺垫。这说明孙老师在课前备课时对教材和小学阶段学生有比较深入的了解,备课内容充实、准确。

③播放歌曲,入情入境读诗歌。这一部分属于上课过程中的"学习新教材"环节。孙老师首先播放了腾格尔的歌曲《敕勒歌》(其歌词与课文内容相同),使学生迅速入情入境;随后通过教师范读与学生模仿的形式锻炼学生朗读技能,并理解、领悟歌词(课文内容)所表达的情感。孙老师运用多媒体设备播放歌曲,采用情境教学法,调动了学生参与课堂的热情,促进了学生朗读技能的提升,初步培养了小学生对于大草原的喜爱之情,教学效果良好。

④学习诗歌,引导学生理解诗歌。这一部分是"学习新教材"的继续。对于诗歌第一句"敕勒川,阴山下",孙老师首先引导学生理解"敕勒"的含义,再由"敕勒族"引申出我国的其他民族,接着引导学生理解"川"的含义,进而介绍敕勒川的地理位置"阴山下",最后结合整句诗歌进行解释让学生感受敕勒川的辽阔,并加上肢体动作(张开双臂)有感情地朗读这句诗歌。对于第二句"天似穹庐,笼盖四野",孙老师首先引导学生理解"穹庐"的含义,接着介绍蒙古包和蒙古族的特点,然后引导学生理解"似"的含义,最后通过解释"笼盖四野"让学生进一步领会敕勒川的辽阔。

该部分具有多个亮点,是本课教学的出彩部分之一,主要包括以下几个方面:首先,孙老师注重引导学生理解知识,由教材内容合理拓展学生视野,真正体现了"用教材教"而不是"教教材"的理念。其次,虽为语文课,孙老师却能够准确介绍敕勒川的地理位置、蒙古包和蒙古族的特点等,可见其知识储备深厚。再次,孙老师在教学过程中,语气亲切,非常注重师生之间的平等关系。最后,孙老师在教学过程中除了采用讲授法外,还合理运用肢体语言鼓舞全体学生参与到课堂活动中,取得了良好的教学效果。

⑤激发想象,联系南京打比方。这一部分仍然是"学习新教材"的继续。主要包括两个板块:第一,孙老师通过创设情境,引导学生思考南京(该小学所在地)的"晴天""雨天""大街上"等场景,并用"天似……"来造句。第二,孙老师继续引导学生理解诗歌后半部分"天苍苍,野茫茫。风吹草低见牛羊",其中,孙老师首先引导学生理解"苍苍"的含义,然后与学生讨论见到"天苍苍,野茫茫"时的心情。最后一句诗"风吹草低见牛羊"比较容易理解,孙老师就设计了学生从桌底钻出来这一活动来模拟"风吹草低见牛羊"的场景。接着孙老师再次播放歌曲《敕勒歌》,让学生在理解全诗的基础上进一步感受草原的美、祖国的美。

同样,此段教学也有多个亮点,主要包括以下几个方面:第一,孙老师所选择的教学素材贴近学生实际生活,教学内容合理、准确。第二,孙老师采用了多种教学方法,如讲授法、谈话法、练习法等,使学生能够有效地理解和掌握知识,激发学生参与课堂的热情。第三,教学过程紧凑、合理、科学,先引导学生理解知识(理解"似"的含义),再运用知识(用"天似……"造句),最后组织活动进一步促进学生情意的发展(感受草原的美,热爱祖国大好河山)。

⑥ 尝试仿写,练习仿写《金陵歌》。这一部分属于上课过程中的"巩固新教材"环节。在结束新授课的教学后,孙老师组织同学们按照《敕勒歌》的写法仿写《金陵歌》,教学过程中采用谈话法引导学生逐句进行仿写,有利于让学生在回忆课文内容的过程中加深对课文内容的理解,提升写作技能,增强对家乡南京的认同和热爱。

总之,从课堂中我们能够充分感受到孙老师精心的备课内容、渊博的学科知识、扎实的教学功底以及对学生和教学的热爱,特别是孙老师在教学实施过程中采用了恰当的教学方法,学生课堂参与及互动效果明显,教学效果良好,是教师上课的优秀学习范本。

(三)作业布置与检查

作业布置与检查是对课堂所学知识的巩固与延伸,是教学活动中不可或缺的组成部分。① 组织好学生作业的布置与检查,有利于帮助学生巩固课堂所学知识、提升技能、养成良好的学习习惯,从而确保教学质量。②

1. 作业的类型

小学阶段的作业按照目的的不同可分为四类:为学习新知做准备的准备型作业、帮助学生掌握知识与技能的练习型作业、锻炼学生迁移能力与思维的拓展型作业、发展学生批判性思维与解决特殊问题能力的创造型作业。按照课堂内外的界限可分为课内作业与课外作业两种。按照学生完成的方式又分为书面作业(演算习题、作文、抄写等)、口头作业(朗诵、背诵、复述等)、实践作业(观察、实验、测量、调查等),等等。

2. 作业布置与检查的要求

小学阶段的学生注意力集中时间有限、做作业耐力有限,为达到巩固知识、提升技能、促进学生发展的效果,作业布置应做到以下几点要求:

第一,作业内容合理。作业的内容应当符合课程标准及教材要求,教师应在准确把握这些要求的基础上布置作业,避免作业超过学生需要掌握的范围,增加学生的学业负担;作业的深度要适当,避免超出学生能力范围。

第二,作业分量适当。教育部等九个部门规定:"小学一二年级不得布置书面作业,三至六年级家庭作业控制在60分钟以内。"教师布置作业时应严格按照国家规定的要求布置。③

---

① 李秉德,李定仁.教学论[M].北京:人民教育出版社,2001:225-226.
② 曾文婕,黄甫全.小学教育学(第3版)[M].北京:高等教育出版社,2017:254-255.
③ 教育部等九部门.教育部等九部门关于印发中小学生减负措施的通知(教基〔2018〕26号)[EB/OL].(2018-12-28)[2020-12-28].http://www.moe.gov.cn/srcsite/A06/s3321/201812/t20181229_365360.html.

第三,作业要求明确。教师布置作业时,应明确规定完成要求和作业上交的时间,以便达到通过作业来巩固和运用知识的目的。

第四,作业检查严格。教师在检查作业时应注意按时批改、认真检查、及时反馈。按时批改有助于教师形成良好的工作习惯,同时也有助于学生形成良好的学习习惯;认真检查能够发现学生在知识与技能方面的缺漏,明确补救措施与方案;及时反馈能使学生清楚地知道自己的进步和问题,确保各个层级学生共同进步。

(四)课外辅导

课外辅导的主要目的是帮助学生解决学习中的疑难。课外辅导是上课的重要补充,与上课是相辅相成的。①

1. 课外辅导的内容和形式

小学课外辅导的内容通常包括对课堂中的重点、难点、课堂遗留问题进行进一步解答,或是对学生在所学内容中的困难之处给予帮助。小学课外辅导通常包括个别辅导与小组辅导两种辅导形式,个别辅导采用"一对一"的辅导模式,更具有针对性;小组辅导通常更倾向于对小组内成员的共同问题进行指导与解答。②

2. 课外辅导的作用

课外辅导对学生课堂所学知识起到巩固与强化的作用,亦是教学工作的重要组成部分。③ 适当且有效的课外辅导有助于学生"各取所需",对优等生而言,课外辅导能起到"拔尖"作用;对于后进生而言,课外辅导能起到"助推"作用。另外,课外辅导也有助于教师因材施教,帮助学生进一步理解学习上的疑难之处,及时有效地解决学生学习中的困难。教师在重视课外辅导的地位与作用的同时,也要摆正对待课外辅导的态度。教师应当抵制超过学生承受能力范围的变相辅导,避免急于求成的"揠苗助长"式辅导,确保学生的身心健康。

第四节 小学教学的原则与方法

一、教学原则

(一)教学原则的概念与确立依据

1. 教学原则的概念

教学原则在教学理论研究中一直处于非常重要的地位,它是将教学理论应用于实际教学工作中的中间环节。自教育教学活动出现以来,教育家们就不断对教学原则进行探讨。对教学原则的概念,研究者们根据自己的经验和理解做出了界定。

---

① 李秉德,李定仁.教学论[M].北京:人民教育出版社,2001:225-226.
② 曾文婕,黄甫全.小学教育学(第3版)[M].北京:高等教育出版社,2017:254.
③ 同上,254-255页.

李秉德主编的《教学论》指出："所谓教学原则,是根据一定的教学目的任务,遵循教学过程的规律而制定的对教学的基本要求,是指导教学活动的一般原理。"①

王策三的《教学论稿》指出："教学原则是根据教育、教学目的,反映教学规律而制定的指导教学工作的基本要求。"②

王道俊和郭文安主编的《教育学》指出："教学原则是有效进行教学必须遵守的基本要求。它既指导教师的教,也指导学生的学,应贯彻于教学过程的各个方面和始终。"③

概括以上观点,教学原则就是在教学活动过程中应遵循的基本要求,是根据教育教学目的、教学过程的客观规律以及教学经验所制定的基本准则。

2. 教学原则的确立依据

教学原则作为教学活动过程中必须遵循的基本要求,是通过人们长期教学实践经验进行的概括和总结,反映了教学规律和学生身心发展规律,同时也体现了教学目的的要求。教学原则不是随意提出来的,而是具有一定的客观依据。

(1) 教学原则的确立建立在教学规律的基础上。教学原则虽然是人们主观上制定的,但是反映了教学过程中的客观规律。规律是客观事物之间内在的必然联系,它不是凭空提出来的,也不能被随意抹除,但是可以被发现和被识别。教学规律是客观存在于教学中的。古往今来,无论是我国的教学活动还是国外的教学活动,尽管彼此之间存在些许差异,但是在教育过程当中存在着一些共同的、不以人的主观意志为转移的客观规律,比如说受教育者身心发展的规律。因为教学的对象是学生,所以必须要依据学生的身心发展规律开展教学活动和确定教学原则,这样的教学原则用来指导教学活动才可以得到预期效果,促进学生更好地发展。

制定教学原则,一定要建立在全面深刻认识了解教学规律的基础上,这样确立的教学原则才更具有科学性,对教学活动更具有指导性。④

(2) 教学原则来源于对教学经验的积累与总结。在长期的教学实践中,人们对成功的经验和失败的教训不断进行总结,这种经验教训在一定程度上包含着人们对教学客观规律的认识。经过反复认识、概括抽象,从而总结制定出教学原则。例如,我国教育思想家孔子通过长期的教学实践,提出了"因材施教""有教无类""温故知新"等教学原则。这些教学原则提出后,人们将其应用至实践当中,通过长期的实践,人们结合实际不断对教学原则进行完善,使得教学原则可以更好地指导实际的教学活动。⑤

(3) 教学原则的提出受到教育目的的制约。教学原则本身没有阶级性,但是在制定、解释和运用教学原则时,因为受到不同政体的影响,除了要反映教学规律和教学经验外,还必

---

① 李秉德,李定仁.教学论[M].北京:人民教育出版社,2001:72.
② 王策三.教学论稿[M].北京:人民教育出版社,2005:139-140.
③ 王道俊,郭文安.教育学[M].北京:人民教育出版社,2009:211.
④ 李秉德,李定仁.教学论[M].北京:人民教育出版社,2001:73-74.
⑤ 同上,第72页.

须要受到社会教育目的的制约。例如我国古代提倡"学而优则仕",主张受教育者学有余力后入仕,通过做官实现自己经世济民的理想。到了现代,根据时代精神的需要,我国的教育目的主张培养德智体美劳全面发展的社会主义事业的建设者和接班人,这一教育目的回答了"要培养什么样的人才"的问题,总体上规定了社会主义学校办学与教学的方向,指导着教学活动的各个方面。而教学原则作为指导教学活动的基本要求,必须遵循教育目的。为了培养全面发展的人才,必须遵循"整体性原则",在教学中促进学生德智体美劳全面发展。除此之外,其他教学原则也都可以体现出我国现在的教育目的的基本要求。由此可见,教育目的对教学原则的制约不仅体现在教学原则的制定上,也体现在教学原则的解释与应用上。

(4) 教学原则的确立要适应社会的发展。因为教学原则是人们根据教学规律的主观认识制定出来的,所以就会受到主观认识的制约,毕竟在不同的时代有不同的教学认识,时代的发展也会影响人们发现教学规律的深刻程度与全面性,因此教学原则有其本身的客观规律性,又有时代特征。教学原则并不是一成不变的,曾经的一些教学原则在当时的教育环境中发挥着积极的指导性作用,但是随着时代的发展,社会文化思想和教学理念也在不断更新,会使一些教学原则因不再发挥积极的指导性作用而被舍弃;同时也会因为教育科学的发展,在教学活动中不断总结概括出新的教学规律和教学经验而制定出新的教学原则,或者曾经的教学原则在新的时代背景下被赋予了新的内涵。由此可见,人们对教学原则的认识是不断向前发展的,科学技术的发展、教学实践的深化促使教学原则理论和体系内容日益丰富和完善。

(二) 教学原则的体系

教学原则作为沟通教学理论与教学实践的中介,在教学工作中具有指导、调节教学过程的作用。教学原则往往来自教学实践活动本身,因此具有实践性的特点,能够有效指导教学活动的开展,在一定程度上影响着教学内容、教学方法和教学组织形式的选择与运用。所以开展教学活动一定要遵循教学原则,这有利于教学质量的提高。但是,单凭一条教学原则并不能够指导整个教学活动,需要形成一个相互沟通联系的完整的教学原则体系,才能够指导整个教学过程。

关于小学教学原则的体系,研究者们存在着一些分歧,提出来的教学原则体系也不尽相同。针对小学生的身心发展规律及小学教学活动的特点,我们认为小学教学原则体系包括:教学整体性原则、直观性原则、启发性原则、理论联系实际原则、有序性原则、因材施教原则、量力性原则和教育性原则。

1. 教学整体性原则

教学整体性主要包含两方面含义。一是指教学所承担的任务具有整体性,我国始终坚持社会主义办学方向,把"培养德智体美劳全面发展的社会主义建设者和接班人"作为根本任务。教学作为培养人的基本途径,必须坚持对学生进行全面发展的教育,包括德育、智育、体育、美育和劳动教育等内容,这几部分的教育内容构成了完整的教育活动,共同促进受教育者全面发展。因此,教师在教学活动中不仅要让学生按照教学计划完成规定的学习任务,还要在教学过程中有意识地促进五育教育内容的有机融合。二是指教学活动本身具有整体性,为了保证教学活动的有效开展,需要协调好教育者、受教育者、教学内容、教学方法等一系列教学要素之间的关系。在实际的教学过程中,教师要树立整体性的教学观念,使各种教学要素有机配合起来形成合力,达到最好的教学效果。①

> **专栏**
>
> **构建德智体美劳全面培养的教育体系:理据与策略(节选)**②
>
> 现代的教育学把活动分为课内和课外活动,以课内活动为主,课外活动为补充。课内活动分为教学、德育、班级、实践活动等。虽然说每种活动还有偏重,如教学偏重于学生的知识掌握、认知发展,德育与班级活动偏重于道德发展与行为习惯养成,实践活动偏重于学生创新精神和实践能力的培养,但总体上,我们在努力朝着"全方位"关系发展,努力完成五育整合的任务。
>
> 如在学科教学上,我们强调综合育人。一方面是强调课程的综合性,创新跨学科教学和主题教学。另一方面,在学科中按照学科核心素养,注重加强课题研究、"主题教学"项目设计、大单元整合教学、研究性学习等跨学科综合性教学。学科核心素养不同于传统的学科教学目标,学科核心素养是基于学生发展核心素养,在每一个学科所要完成的发展素养的目标。因此,学科核心素养是综合的,是人的全面发展在特定学科的综合体现。

2. 直观性原则

直观性原则是指在教学过程中,根据教学活动的需要,教师选择、制作各种各样的直观教具,并通过语言的介绍和交流,引导学生直接感知学习对象,使学生形成对学习事物具体而清晰的表象,从而理解学习内容。

夸美纽斯曾说:"凡是需要知道的事物,都要通过事物本身来进行教学;那就是说,应该尽可能地把事物本身或代替它的图像放在面前,让学生去看看、摸摸、听听、闻闻,等等。"③教学活动常常是将间接经验传授给学生的过程,学生主要是以学习前人经验为主。这些经验知识具有一定的概括性和抽象性,而人的认识总是从感性到理性、具体到抽象的。根据皮亚杰(Jean Piaget)的认知发展阶段理论,小学生正处于具体运算阶段(7—11岁),这个阶段的儿童的认知结构较前一阶段而言思维具有一定的弹性,思维可以逆转,具备一定的运算能

---

① 李秉德,李定仁.教学论[M].北京:人民教育出版社,2001:76-77.
② 冯建军.构建德智体美劳全面培养的教育体系:理据与策略[J].西北师大学报(社会科学版),2020,(3):5-14.
③ 张焕庭.西方资产阶级教育论著选[M].北京:人民教育出版社,1979:49.

力。但是这个阶段的学生还不能进行抽象逻辑思维,仍然需要具体事物的支持,所以直观性原则在小学教学阶段具有重要意义。小学生在学习书本中的抽象理论知识时总会遇到困难,这时候就需要教师通过直观性的、形象且具体的事物帮助学生去学习理解原本生疏难解的知识。直观性教学的过程也有助于提高学生的学习兴趣,减少学生学习抽象概念的困难,还可以发展学生的观察力和形象思维,帮助学生实现从具体思维向抽象思维的顺利过渡。[1]

> **案 例**
>
> **我们身体上的"尺"(苏教版小学数学二年级上册)教学片段[2]**
>
> 师:小朋友,我们已经认识了"米"和"厘米"这两个长度单位,学会了用米尺来测量一些物体的长度。在生活中,还有一些特殊的尺。我们一起来看几段视频吧。
>
> 教师播放视频:几个小朋友手拉手(一庹)测量一棵大树的粗度;妈妈用"一拃"测量孩子裤子的长度;一个小朋友用"一步"测量学校操场一周的长度;一个小朋友用"一脚"测量一块地板砖的边长。
>
> 师:这些尺子藏在哪儿呀?
>
> 生:都在我们的身体上。
>
> 师:是呀,这些都是我们身体上的"尺"。一拃、一庹在前面的学习中已经测量过了,你的一拃大约是多少厘米?你的一庹大约是多长?
>
> 生1:我的一拃大约是15厘米,我的一庹是1米20厘米。
>
> 生2:我的一拃大约是16厘米,我的一庹是1米25厘米。
>
> 师:不同的人"身体尺"会有所不同,同一个人在不同时期"身体尺"也会有所变化。
>
> 师:一步、一脚是怎么测量的呢?请看视频。(视频介绍一步和一脚的测量方法)
>
> 师:"像平常走路一样"是什么意思?
>
> 生:就是不能故意跨大步子或跨小步子。
>
> 师:我们一起来走一走,感觉一下,好吗?
>
> 师:你们会像视频中的两个小朋友那样,测量自己一步的长度吗?学生两人一组,合作开展测量活动,并将数据记录在表格中。
>
> ……
>
> 教师要善于在教学中适时、巧妙地引入几何直观,指导学生根据视频直观性的特点,将直观图形与抽象概念融合起来,寻找、探究图形(或视频)背后隐藏的东西,帮助学生找到解决问题的途径,突破数学理解上的难点。

---

[1] 王道俊,郭文安.教育学[M].北京:人民教育出版社,2009:217.
[2] 陈涛清.小学数学几何直观教学的优化策略[J].教学与管理,2015(5):45-46.

3. 启发性原则

启发性原则是指在教学中,教师要最大程度地调动学生的学习积极性,激发学生自主学习,引导学生主动学习,让学生学会思考,养成分析问题的能力,在学习过程中不断地探究以实现对知识的理解和掌握。

启发性原则源于孔子的《论语·述而》:"不愤不启,不悱不发,举一隅不以三隅反,则不复也。"也就是说不到学生努力想弄明白,但仍然想不透的程度时,先不要去开导他;不到学生心里明白,却又不能完善表达出来的程度时,也不要去告诉他。如果学生不能举一反三,就先不要再继续学习新的内容了。后来《学记》中也提到"君子之教,喻也。道而弗牵,强而弗抑,开而弗达。道而弗牵则和,强而弗抑则易,开而弗达则思。和易以思,可谓善喻矣。"这指出了教师的教学方法就是要善于启发诱导,要引导学生、激励学生、开导学生。启发诱导的过程有助于学生独立思考,让学生发展自己的创造性能力。启发性原则体现了教学活动中教师主导和学生主体的特点,学生作为学习过程中的主体,不能全部依靠教师,要在教师引导下,学会自主思考,掌握学习方法,不断完善个人经验,掌握知识的同时也提高个人能力。

> **案 例**
>
> **人教版小学三年级数学上册《分数的初步认识》教学片段①**
>
> 吴老师从孩子们熟悉的生活中开始了知识的学习。"有4个桃子,平均分给2个人,每人得到几个?""啪——啪",学生用两下整齐的掌声回答了问题。"有2个桃子,平均分给2个人,每人得到几个?""啪。"吴老师不紧不慢地说:"只有一个桃子,平均分给2个人,每人得到几个?"同学们面面相觑。突然有几个同学用右手尖点了一下右手心,"半个"。还有的同学两手心相对并不合上,表示"半个"。熟悉的生活一下子吸引了孩子们的注意力,同学们不由自主地说:"半个。"吴老师继续说:"对,半个。半个该怎么写呢?
>
> 图9-3 不同方式的"一半"

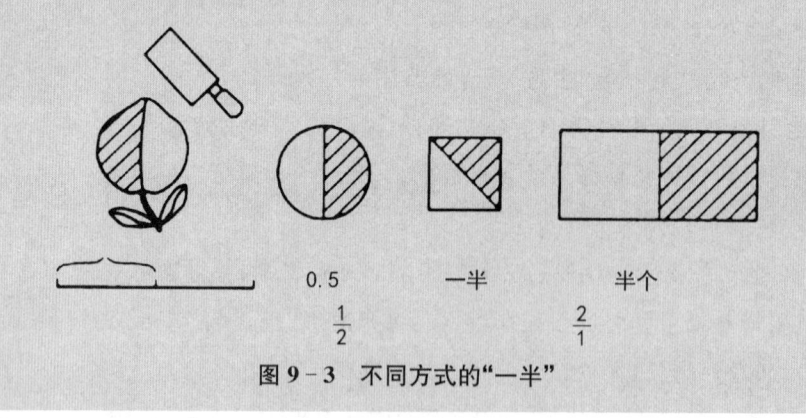

---

① 吴正宪.吴正宪与小学数学[M].北京:北京师范大学出版社,2006:139-140.

能用你喜欢的方法来表示一个桃子的一半吗?"教室里立刻热闹起来,有的同学接过老师手中的粉笔,跑到黑板前画图、写汉字。吴老师认真地看着同学们的板书,孩子们用不同的方式表示着自己心中的"一半"。

接着,吴老师请这些同学一一介绍自己的表示方法,解释每种表示方法的含义。吴老师的视线停在了 $\frac{1}{2}$、$\frac{2}{1}$ 前面,疑惑不解地问这两位同学:"这是什么意思?"两位同学分别说出:"这是二分之一,表示把一个桃子平均分成两份。每份是相等的。""你们在哪里见过二分之一?写 $\frac{1}{2}$ 的同学想了想回答说:"我在一本数学书上见过。"写 $\frac{2}{1}$ 的同学则很自豪地说:"我没有见过,是我自己想的。"吴老师笑着说:"挺好嘛,自己创造的。"伴着老师的声声赞许,同学们感受到了创造的快乐。

吴老师示意大家坐下,不紧不慢地说:"同学们,你们用自己喜欢的方式表示了桃子的一半,说明你们很有办法。不过,我向大家介绍一种更科学、更简便的表示方法。当把一个桃子平均分成两份,表示这样的一份时,可以像这位同学一样用这个数 $\frac{1}{2}$ 来表示。"她边说边走到黑板前用红粉笔框住了 $\frac{1}{2}$。"你们知道这个数叫什么名字吗?"同学们不敢肯定地回答:分数。吴老师边出课题边肯定大家的答案:"对啦,叫作分数。"接着,吴老师又一次回到 $\frac{1}{2}$ 前,给同学们引荐这位数的大家族中的新朋友——分数。孩子们在吴老师的带领下自然而然地进入了新知识的学习。

分桃子的情境在小学数学教学中被普遍应用,但如果只是为了体现平均分,对学生的吸引力并不大。如果善用情境,提出启发性的问题,就会引导学生思考分数产生的实际意义,使学生能进一步去开动脑筋思考。

4. 理论联系实际原则

理论联系实际原则是指在教学过程中坚持理论知识与生活和社会实践相结合,用理论知识指导实践操作,同时在实践的过程中不断修正完善理论,使学生能够学以致用。这一原则主要是针对教学中理论脱离实际的现象而提出。

我国一直重视知行合一的理念,学习理论、掌握知识并不是最重要的,懂得如何应用知识,将自己已掌握的知识应用于实践中才是最重要的。学生习得的知识主要是源于课本,属于间接经验,是前人在实践中积累总结的经验,学生要想真正将其纳入自己的知识体系,最终还是要亲身实践进行验证。因此,教师在教学过程中必须有意识地给学生提供和创造机会,通过多种多样的形式让学生参与到实践活动中,在这个过程中引导学生领悟知识的实用价值。而且,现在的小学生所处的时代发生了巨大的变化,教师在教学设计的过程中要把时代的因素考虑进去,而不能仅仅是把自己曾经习得的经验简单地传授给学生,要明白哪些知识可以帮助学生更好地适应现在的社会,哪些知识在过去是基础性知识,而现在对小学生来说却比较陌生,要根据学生的认知发展规律对知识有所选择。①

案 例

组织有"活性"的数学练习②

我们帮助学生猜想、创造和解决问题,帮助学生学习数学推理,帮助学生发现各部分数学知识间的内在联系,帮助学生发现数学与现实生活的联系,这一切都要建立在不断帮助学生理解数学基础知识、掌握数学的基本技能之上。而学生则应通过一定的有效的练习达到内化数学知识,熟练数学技能的目的。

在练习题的内容上强调知识的"活性",即通过学习,使学生明确数学的作用,学会在问题解决的过程中检索信息、提取已有知识的能力,学会综合运用、灵活运用知识,而不是花大量时间演练与升学考试相类似的题型。教师应向学生提供解决非常规的数学问题、解决与日常生活有关的问题、解决开放的或没有固定结论的问题的方法。

我们学过百分数后,曾组织学生开展了一些调查活动,从调查的数据中提出数学问题并解答。学生走向社会调查的范围很广,商品打折、利率、税收,等等。从提的问题来看,也反映出学生的思维灵活和对这部分知识的深刻理解,这比那些"实际完成计划的百分之几?""三月份比二月份节约百分之几"来得生动。此后,我们就下面的问题展开了数学交流:

商店所有的商品都打七五折,但星期日则在此基础上再降10%,如果你是在周日买东西就可以得到35%的优惠,你说对吗?

如果你想买一件衬衣,原价80元,首先增了10%,又减了25%,你认为是比原价多了,还是少了?

学生对学习到的知识往往不知道该如何应用,以及在什么情况下运用,也就是说应用理论知识去解决实际问题时常常无法提取相对应的知识信息,从而使学到的知识常常呈现出一种僵化的状态,能够做对题目,却无法解决现实中的问题。针对这种现象,教师可以学习以上案例的做法,在练习方式上"多动脑筋",创新形式,帮助学生发现书本知识与现实生活的联系。

5. 有序性原则

有序性原则是指教学要按照学科的逻辑系统和受教育者的身心发展规律开展,按照学

---

① 黄济,劳凯声,檀传宝.小学教育学[M].北京:人民教育出版社,2001:246-247.
② 刘可钦.刘可钦与主体教育[M].北京:北京师范大学出版社,2006:106-107.

生的认知发展规律有层次、有次序地教授,使学生系统地掌握知识和技能,促进学生思维拓展和身心的健康发展。

我国古代儒家思想提倡教学要按照内容的深浅程度由易到难进行,同时也要考虑学生的认知发展规律由简单到困难循序渐进地开展。朱熹曾提到"循序而渐进,熟读而精思",这就很明确地提出了教学的有序性原则。有序性原则的提出也是基于小学开设的每个学科的知识本身有严密的逻辑体系和基本知识结构,教师必须组织教材内容、带领学生按部就班地进行学习,不得随便颠倒顺序,不然很容易造成"坏乱而不修"的现象,给学生的学习带来困难。同时教师在教学过程中还要考虑学生思维能力的发展规律,安排的教学内容要符合学生所处年龄阶段的顺序特点,采用学生普遍容易理解和接受的方式进行教学,从形象思维出发,由具象事物开始,再逐渐发展学生的逻辑思维和辩证思维,因势利导,进而取得好的教学效果,促进学生身心有序发展。[①]

例如,在小学阶段进行写作教学时,一般在起始年段,教师要引导学生进行组词和造句练习;到中年级逐渐过渡到看图写作,逐步锻炼学生的思维能力。对小学高年级学生而言,进行一篇独立性的完整写作可能仍然具有一定的困难性,为帮助学生更好地完成写作任务,可以逐步予以学生必要的示范与引导,鼓励学生大量阅读以积累语言,并开展充分的课堂交流活动以锻炼学生的语言表达能力和组织能力。

6. 因材施教原则

因材施教原则是指教师的教学要从学生实际情况出发,针对不同学生的不同情况制定不同的教学方案,照顾到学生的个别差异,有的放矢进行教学,让学生在学习过程中发挥出自己的个性特点,扬长避短,得到充分的发展。

物种具有多样性,世界上没有两片完全相同的树叶,人也一样。早在两千多年前,孔子发现他的弟子们都有各自的特点,于是根据学生的特点进行教育,发挥他们的特长,是因材施教的最早践行者。每个学生自生下来就是独立的个体,具有个体独立性,再加上后天受到个体的生理素质、环境和教育的影响,他们的兴趣爱好、学习能力、品质素养等方面都会有差异。我国目前广泛采用的还是班级授课制,面对集体性教学,教师除了使所有学生达到最基本的水平之外,还要充分了解每个学生的需要和个性差异,具体情况具体分析,对学生进行针对性的教学,坚持因材施教,这样既有利于大部分学生达到培养目标的要求,还可以帮助学生在个人发展的过程中达到最优发展。[②]

7. 量力性原则

量力性原则是指教学过程中安排的教学内容、选择的教学方法等要适合学生的接受水平,防止教学中出现过于困难或过于简单,不符合学生实际情况的现象发生。

教学活动要注重效率。在一定时间范围内,学生学得越多,教学效率就越高。然而,教

---

① 李秉德,李定仁.教学论[M].北京:人民教育出版社,2001:84-86.
② 同上,第89—92页.

学效率的获得必须建立在符合学生身心发展规律的基础上,没有这个基础,不仅教学效率无法得到保障,而且会对小学生的发展造成负面影响。教学难度高于学生实际接受程度,学生不能真正理解和掌握所学知识,各种心理功能不能得到正确运用和提高;教学难度低于学生实际接受程度,由于缺乏必要的关注和紧张状态,学生很难对所学知识留下深刻印象,无法开展有价值的学习活动,使得学习效果不佳。因此,量力性原则要求对学生有透彻的了解,对学生水平有正确的评估,这样教学不会给学生带来过重的负担,而是能积极促进学生知识和智力的增长。①

> **案 例**
>
> **一道练习题引发的思考**②
>
> 亮亮是个小书迷,一次他在读法布尔写的《昆虫记》时读到这样一句话:"从某种意义上可以这样说,蟋蟀是个地道的哲学家。"他不理解"地道"的意思,就去查《现代汉语词典》,词典里是这样写的:
>
> [地道]dìdào【名】在地面下掘成的交通坑道(多用于军事)。
>
> [地道]dìdao【形】① 真正是有名产地出产的:~药材。② 真正的;纯粹:她的普通话说得真~。③ (工作或材料的质量)实在;够标准:他干的活儿真~。
>
> 仔细读了几遍后,亮亮终于明白了:句子中的"地道"的读音是_____,词语的意思是_____。"地道"在这句话中是_____(名词或形容词)。
>
> 这是三年级的一道练习题,针对49名学生进行测试,测试结果得分率23.5%,全对率12%,全错率43%。从数据中我们不难发现,出题教师没有立足学生的现有学习水平和智力水平,高估了学生的理解和判断力。首先在学生疑惑"地道"是什么概念时,就要判断读音显然勉为其难;其次在选择意思后还要判断出词性,而"词性"对于三年级学生来说有相当的难度,虽然有提示,但完全超越了学生的认知区域。题目检测的结果告诉我们,教学要让学生在开动脑筋的同时也要在他们可接受的范围内,即从现有发展区跨入最近发展区,这就需要教师在实践中运用"量力性"原则。

8. 教育性原则

教育性原则是指教育活动中进行的教学都应有利于教育目的的实现,要加强学生的思想教育,注重学生全面素质的培养。

正如赫尔巴特所说"我想不到任何无教育的教学",教学具有教育性是教育中的一条客观规律,知识的积累过程可以帮助学生形成科学的世界观,思想道德的提高也可以为学生积

---

① 黄济,劳凯声,檀传宝.小学教育学[M].北京:人民教育出版社,2001:244.
② 黄红兰.基于发展目标的量力性原则及实践运用——提高儿童阅读能力的教学思考[J].语文天地,2015(3):47-48.

极地学习知识提供动力。学习中会遇到各种困难,学习者必须有较高的思想觉悟和强烈的学习欲望才能克服困难,两者是相辅相成的。在教学过程中,教师加强学生思想教育,其意义不言而喻。小学阶段是学生世界观、人生观、价值观形成的重要时期,因此小学教学在培养学生良好的道德品质、行为习惯方面担负着重要任务。教学活动是对学生进行思想教育的主渠道,德育不仅是《道德与法治》一门学科的任务,在各门学科的课堂教学中都可以融入"课程思政"内容,培养学生的核心素养,把社会主义核心价值观融入教学过程中,实现我国立德树人、培养社会主义建设者和接班人的教育目的。

> **阅读材料**
>
> **以中华优秀传统文化为载体,培养学生的文化认同感**[①]
>
> 教师可以以历史悠久的语言文字为载体渗透文化教育,在汉字教学中渗透汉字发展历史的教育。从仓颉造字的传说到甲骨文、金、篆、隶、草、楷、行的渐变,汉字是世界上唯一没有间断过的文字形式之一,这足以让每位中华儿女感到骄傲。
>
> 教师还可以通过古诗词教学让学生感受中国古代诗歌语言的魅力,通过《元日》《清明》等与传统节日文化相关的内容以及《中华传统节日》等内容,给学生讲授中国传统节日文化的内涵与价值。通过对这部分内容的学习,学生认识到中国传统节日的丰富内涵和旺盛的生命力,自觉传承和弘扬中华优秀传统文化,树立文化自尊心、自信心和自豪感,乃至将其上升为国家的自尊心、自信心和自豪感。

二、教学方法

(一)教学方法的内涵与确立依据

1. 教学方法的内涵

教学方法作为教师实现教学目标的手段体系,是教师教学实践最直观的表现。经过千百年来的教学实践,教育家们摸索总结出许多教学方法。教学方法来源于教学实践,最后又作用于教学实践,帮助教师有效地进行教学活动。

李秉德主编的《教学论》提出,教学方法就是"在教学过程中,教师和学生为实现教学目的、完成教学任务而采取的教与学相互作用的活动方式的总称"。[②]

王策三认为,教学方法是"为达到教学目的,实现教学内容,运用教学手段而进行的,有教学原则指导的,一整套方式组成的,师生相互作用的活动"。[③]

基于学者们的界定,我们认为教学方法是在教学过程中,教师和学生为实现教学目的、

[①] 郑丽芬.课程思政理念下的小学语文教学探究[J].教育观察,2020(23):54-55.
[②] 李秉德,李定仁.教学论[M].北京:人民教育出版社,2001:183.
[③] 王策三.教学论稿[M].北京:人民教育出版社,2005:239.

完成教学任务而采用的一系列师生相互作用的方式。

2. 教学方法的确立依据

教学方法的确立与选择并不是随意的,而是受到许多因素的影响,最根本的是受社会生产与科技发展的制约。① 要做到合理有效地确立教学方法,还必须考虑教学目标、教学内容以及学生身心发展规律和个性特点等因素。

(1) 教学方法随着社会发展而不断创新。教学方法产生于实现教学目的的活动之中,在教学过程中需要通过教学方法这个中介完成教学任务或解决教学问题。历史上为了解决不同的教学目的任务,产生了不同的教学方法。原始社会还没有发明文字,主要是通过模仿和口耳相传进行教学。文字发明之后,才逐渐开始出现诵读、讲解和问答等教学方法。进入近代,科技和社会生产力迅速发展,人们开始尝试用演示、实验、练习的方法进行教学;在信息化的今天,实践能力和创新能力越来越受到重视,所以教学必然要倡导探究、发现的方法,激发学生的主体性和创造性。可见,社会发展带来的教学目的的不断更新,对教学方法的要求不断提高,是推动教学方法改革和创新的巨大动力。②

(2) 教学方法的确立受到教学目标要求的制约。教学目标是教师和学生立足于当下基础上的,以具体的教学活动为依托,指向于未来时空的一种结果。③ 也就是说教学目标是教学过程中师生预期达到的学习结果,不仅是上好一堂课的前提,更是保证课堂教学质量与效益的基础。教学目标指出了教学要达到的标准,规定了一节课的教学内容、重点难点、学习层次水平,影响着教学原则和教学方法的选择等。教学方法是手段,它是为教学目标的实现服务的,教学目标不同,教学方法也应不同。无论选择哪种教学方法,无论进行怎样的修改和创新,都应该有明确的目标和方向,这个目标和方向就是完成教学任务,提高教学质量,促进学生全面发展。教学目标是教学的出发点和归宿,教学流程的各个环节都是为了实现教学目标,所以在确立教学方法时,一定要考虑如何更好地为教学目标的实现服务的问题。因此,教学方法的确立受到教学目标的影响与制约,教学目标制定得是否合理直接关系着教学的成败,影响着教学方法的选择。

(3) 教学方法的选择由教学内容的特点决定。教育教学的最终目的是培养人,提高人才培养的质量要基于教学质量的提高。而提高教学质量则必须解决"教什么"和"怎么教"两大核心问题。"教什么"关涉的就是教学内容,"怎么教"就需要探讨教学方法。教学内容和教学方法是密不可分的,因为只有明确了"教什么",才能进一步决定"怎么教",所以教学方法必须符合教学内容及其特点。

我们在讨论马克思主义唯物辩证法的时候,都知道内容与形式是反映事物内在要素和外部形态之间关系的一对范畴,内容是事物存在的基础,内容与形式二者相互作用,内

---

① 王策三.教学论稿[M].北京:人民教育出版社,2005:241—242.
② 王道俊,郭文安.教育学[M].北京:人民教育出版社,2009:234-235.
③ 裴娣娜.教学论[M].北京:教育科学出版社,2007:96.

容决定形式,形式反作用于内容。教学内容与教学方法就可以理解为唯物辩证法意义上的"内容"与"形式",教学内容的展开需要由教学方法这个载体来承接,即教学内容决定了教学方法的选择,针对教学内容的特点、重点、难点,教师要选择恰当的教学方法来提高教学效果。

(4) 教学方法的使用需要考虑学生的认知发展水平。教育要适应学生的身心发展规律。首先,个体发展具有顺序性的特点,认知水平也是如此,都是由低级到高级、由简单到复杂、由量变到质变的连续不断的发展过程,因此在教学过程中确定教学方法时要考虑学生的认知发展水平。例如,小学阶段的学生处于具体运算时期,这个阶段的学生理解概念的能力有明显的提高,但学习过程中仍需具体事物的支持,思维能力水平还较低,所以小学阶段的教学方法仍以讲授法、谈话法、演示法、参观法等教学方法为主。

其次,个体身心发展还具有差异性的特征,要求在教学过程中不仅要认识学生发展的共同特征,还应充分重视每个学生的个性差异。教学过程中仅仅使用讲授法并不能照顾所有学生的认知发展水平,若要发挥每个学生的潜力和积极因素,就要选择有效的教学方法,例如讨论法、活动指导法等,使每个学生都能获得最大程度的发展。

(二) 小学常用的教学方法

虽然教学方法的确立受到教学目标、教学内容以及学生的认知发展水平等因素的制约与影响,但是教学方法一旦形成,是具有相对独立性的,能够对教学任务、教学目标和教学内容产生反作用。所以即使是同样的教学任务和教学内容,若采取不同的教学方法,或者同一教学方法被不同程度地操作运用,也是会导致教学效果产生差异甚至是极为悬殊的差别。所以在选择教学方法前,教师一定要熟练掌握现代教学理论,考虑到教学目标、教学内容、学生特性等因素,熟练地把握各种教学方法的特性,综合地选择教学方法开展教学。

教学方法类别繁多且变化无穷,教师针对不同的学习层次会采用不同的教学方法。但在实际的教学过程中也是有一些基本的、常用的教学方法的,这些教学方法是构成其他教学方法组合或教学模式的要素,也是改革、创新教学方法的基础。① 目前,小学阶段常用的教学方法有讲授法、谈话法、讨论法、练习法、实习作业法、参观法等。按照教学方法的外部形态,以及相对应的这种形态下学生认识活动的特点,可以将小学教学活动中常用的教学方法分为四类。②

1. 以语言传递为主的教学方法

以语言传递为主的教学方法是指通过语言的形式传递信息,就是说在教学过程中教师

---

① 王道俊,郭文安.教育学[M].北京:人民教育出版社,2009:235.
② 本部分主要参考了李秉德、李定仁《教学论》,钟启泉、汪霞、王文静《课程与教学论》,黄济、劳凯声、檀传宝《小学教育学》,王道俊、郭文安《教育学》,参见:李秉德,李定仁.教学论[M].北京:人民教育出版社,2001:188-201.钟启泉,汪霞,王文静.课程与教学论[M].上海:华东师范大学出版社,2008:198-201.黄济,劳凯声,檀传宝.小学教育学[M].北京:人民教育出版社,2001:261-267.王道俊,郭文安.教育学[M].北京:人民教育出版社,2009:238-248.

通过口头语言或者书面语言向学生呈现、说明知识,使学生理解知识,帮助学生夯实"文化基础",习得人文、科学等各领域的知识和技能,并且涵养内在精神的教学方法。其突出特点是能够比较迅速、准确且大量地使学生获得间接经验。由于语言是传递经验和交流思想的主要工具,在教学中起着非常重要的作用,而且学生思维品质的培养也离不开语言的锻炼与发展,所以以语言传递为主的教学方法在教学中被广泛使用,主要有讲授法、讨论法、谈话法等。①

(1) 讲授法。讲授法是指教师通过口头语言的形式向学生系统连贯地传授知识和思想观念,以促进学生的知识和能力发展的方法。讲授法可以说是目前历史最悠久的一种教学方法,也是使用范围最广泛、最普遍的一种教学方法,主要包括讲述、讲解、讲读三种方式。

讲述,指通过叙述、描绘事物的方式向学生介绍学习内容;讲解,指通过解释、论证的方式向学生说明概念、原理、规律、公式等内容;讲读,指教师利用教科书边读边讲,讲与读交叉进行,再配合一些练习活动使学生掌握知识。在实际的教学过程中,这三种方式经常互相配合使用,没有非常严格的界限。

讲授法本身有着其他教学方法无可替代的优点,例如,讲授法有利于学生在相对较短的时间内掌握大量且系统的理论知识,同时教师在教学过程中也有较大的主动权,有利于教师在教学活动中发挥自身的主导作用,把控所教授的知识内容,使教学活动有目的有计划地进行。但正是这种单向的"教师讲授—学生接受"的方式,容易造成"满堂灌"的填鸭式教学发生,使学生在教学活动中只是被动地接受知识,课堂积极参与程度不高,不利于学生发挥主体作用,其能动性和思维能力受到了限制。

为使讲授法发挥出应有的成效,运用讲授法时需注意:首先,讲授内容要具有科学性、系统性、思想性,保证讲授的概念观点、原理事实都是正确的;其次,教师讲授的逻辑要条理清楚、重点分明,讲授的过程要具有渐进性,由浅入深、突出重点、抓住难点,而且使用的语言要准确精练,且尽量生动形象,因为小学生的认知水平有限,形象的语言能够帮助学生更好地理解知识;最后,讲授的方式要多样、灵活,小学生在课堂上的注意时间有限,教师应注意与其他教学方法配合使用,避免学生在课堂上出现疲劳和精神涣散的现象。

(2) 讨论法。讨论法是指在教师的指导下,学生之间围绕着问题进行探讨,各抒己见,通过相互之间的启发、交流,辨明是非真伪以获取知识或巩固知识的方法。讨论的方式是多样的,可以是全班性的,也可以以小组为单位开展;可以整节课都进行讨论,也可以利用几分钟时间进行短暂讨论。其基本形式就是学生在教师的指导下进行独立思考和交流学习。当今社会对人才的培养越来越提倡思维能力和独立思考能力,在教学中开展讨论,有助于学生提高思辨和探究能力,进而提高教育教学整体质量。

---

① 钟启泉,汪霞,王文静.课程与教学论[M].上海:华东师范大学出版社,2008:198.

讨论法的优点在于学生都能参与其中,能够给予每一位学生表达自己观点和意见的机会,有利于调动学生的学习积极性,激发学生的学习兴趣。而且学生共同讨论的过程是一个集思广益的过程,彼此之间能够互相启发、互相学习,可以加深对学习内容的理解。在听取了不同意见的基础上,学生进行独立思考,有助于发展他们的思维能力,同时沟通交流的过程能够锻炼学生的语言表达能力。但是讨论法的缺点在于,讨论内容的质量很难保证,由于学生知识水平和能力水平的限制,尤其在小学阶段很容易出现讨论流于形式或者讨论内容脱离主题的情况,不能发挥出讨论法应有的作用。

所以,科学运用讨论法,就要求教师在讨论前精心拟定讨论内容,保证讨论题目具有价值且难度适当,并提前安排学生收集材料,做好准备;在讨论过程中,教师要在课上全面巡视,留意学生们的讨论情况,对讨论过程中出现的问题及时进行引导,善于启发学生,鼓励学生独立思考并勇于发表意见;在讨论结束后,教师要做好总结,概括班级的讨论情况,纠正学生的错误和片面模糊认识,使学生获得正确的系统的知识。

> **案 例**
>
> **《田忌赛马》(小学语文五年级下册)教学片断**[①]
>
> 师:第一次比赛后,田忌、孙膑、齐威王各自的情况是怎样的?你能在文中画出相关的词句吗?
>
> (学生独立思考,找出了相关语句,纷纷要求举手发言)
>
> 师:看样子大家都找出来了,那么你们能在小组内分角色把这些句子读一读吗?并且说一说,你为什么这样读?
>
> (学生在小组内饶有兴致地朗读,并纷纷表述自己把握角色的理由)
>
> 师:哪个小组愿意为我们朗读一下?
>
> (请了两个组朗读,学生十分踊跃,有的学生不仅读出了语气,还模仿了声音、配上了表情和动作)
>
> ……
>
> 师:田忌真了不得,仅仅是更换马的出场顺序,居然就让第二次比赛反败为胜!那么马的出场顺序只有前后这两种方式吗?咱们小组内议一议,提出出场的方式,比一比哪组提出得最多,记录员要及时把本组提出的方式记录下来。
>
> (教师提醒学生可以轮换一下小组内成员的分工)
>
> 生:开始热烈地讨论分析,记录员及时记录了马出场的各种方式。
>
> ……

[①] 《田忌赛马》当前为统编小学语文五年级下册课文,同时也是之前的人教版五年级下册课文,本教案引自孙建龙主编. 语文教学案例[M].北京:教育科学出版社,2008:44.

> 从案例中可以看出,教师在进行讨论之前是从教材出发,先让学生对课文内容有了初步的了解。在此过程中,通过让学生朗读并分享,找出表现田忌、孙膑、齐威王各自情况的词句,这在小学高年级语文教学中是比较常用的教学方式。教师在课文提供的更换马匹出场顺序基础上,向学生抛出问题:是否还有其他的顺序同样能取胜?这一问题成功激发了学生的兴趣,接着教师要求学生进行小组讨论:首先,确立讨论的目标——提出更多马的出场次序;其次,组内分工、合作学习,每组可轮换成员分工,安排记录员对讨论结果进行记录;讨论结束后,以竞赛的形式比一比哪组提出得最多。①

总之,讨论法不仅使课堂的教学氛围更加活泼,学生注意力和学习兴趣被调动起来,而且能够推动学生思考能力和语言表达能力的发展。

(3)谈话法。谈话法亦叫问答法,是指教师按照教学要求,根据学生已有经验向学生提出一些具有启发性的问题让学生回答,通过师生间问答对话的形式帮助学生获得知识,引导学生思考、探索进而发展思维能力的教学方法。谈话法的历史也由来已久,《论语》就记载了孔子与其弟子之间的对话,其中孔子利用谈话法传授给学生知识并启发其思维的教学方式,古希腊哲学家苏格拉底也曾使用过,并将其称为"产婆术"。

谈话法一般包括四种形式,分别为启发性或引导性谈话、复习性谈话、总结性谈话与研究性谈话。启发性谈话是指通过向学生提出问题,一步一步引导学生去思考和探索以获得新知识;复习性谈话是指根据学生已学内容提出一系列问题,主要是为了帮学生复习和深化已掌握的内容;总结性谈话是指经过系统学习后进行的谈话,目的在于使学生将已学习的零碎知识系统化、完整化,巩固认识和形成新的概念;研究性谈话类似于讨论法,主要是在教学过程中发展学生的独立思考和综合分析能力。

谈话法的特点是有利于激发学生的主动思维,调动学生的学习积极性,培养学生独立思考能力和语言表达能力,比较适合在小学课堂上实施。但是使用谈话法传授知识所花费的时间较多,在一堂课中往往很难进行深入的谈话,而且很难照顾到每一个学生的思想,所以在现实课堂中使用谈话法时通常只有教师的简单提问,缺少学生的互动与质疑,没能真正发挥谈话法的优点。

有效使用谈话法的条件有:首先,需要教师在课前做好充分的准备,根据教学内容和学生的已有经验准备好谈话问题;其次,教师在课堂上的谈话内容要具有普遍性,尽管是在个别学生身上发生了具体谈话,但要保证谈话的内容是能够引起所有学生的注意力的,可以让全体学生捕捉到重点内容知识;再次,教师所准备的问题要有意义,具有启发性,能够引起并

---

① 周齐.小学高年级语文课堂讨论式教学法的实施现状调查与分析研究[D].长春:东北师范大学,2013:25-26.

启发学生的深层思考,谈话过程中要保持耐心;最后,要做好归纳总结,因为谈话过程中学生的理解和掌握往往不够精准凝练,所以在谈话结束时教师应当及时总结归纳,帮助学生获得系统性、概括性的知识。

案 例

"千米"之教学片段①

师:"你们过去在哪儿见过千米这个词呢?""关于千米你都知道些什么?"

(大家纷纷举手,很踊跃)

生:"我坐汽车时看到仪表上写着千米这个词。"

生:"我听大人说1公里就是1千米,为什么不叫公里呢?"

生:"出租车上写每公里1元,是不是说行驶1千米要交1元钱?"

生:"说河流有多长时都用千米做单位,我想千米该是个长度单位吧?"

生:"千米与米有什么关系呢?""1 000米就是1千米吗?"

生:"坐火车时,我听爸爸说火车每小时行驶60公里,现在我知道了火车1小时行驶60千米。"

生:"我们量教室的长度都说几米几米的,可要是量安阳到北京有多远,还用米来量就太麻烦了,所以人们就发明了千米。"

至此,学生明白了千米在生活中应用很广泛,也知道了量很远的距离时要用千米作单位。这时又有学生说:"米用字母m表示,克用字母g表示,千克用字母kg表示,我想千米是不是该用km表示呢?"大家不由地点点头。

这节课从引入千米,到建立千米的概念,再到米和千米间的进率以及用字母表示,都是在与学生的谈话中完成的。这一过程那么自然,那么及时,孩子们那么投入,表现得比过去积极得多,虽没有按教师设计好的程序进行,但却完成了教学任务。对学生来说,得到的不仅仅是知识,更重要的是求知欲望的满足、思维习惯的培养和思维能力的提高。

---

2. 以直接感知为主的教学方法

以直接感知为主的教学方法是指在教学过程中教师利用实物教具进行教学,或者是组织学生进行教学型参观,让学生通过各种感官获得直观性的感受,以促进学生对客观事物或现象的理解而获得知识的方法。这一类教学方法的特点就是具有生动性、形象性、具体性和真实性,主要包括演示法和参观法。②

---

① 刘可钦.刘可钦与主体教育[M].北京:北京师范大学出版社,2006:87-89.
② 李秉德,李定仁.教学论[M].北京:人民教育出版社,2001:192-193.

(1)演示法。演示法是指教师通过展示实物、直观教具,或播放相关教学内容的课件视频进行示范性试验,使学生通过观察获得对事物的感性认知和相关理论知识的教学方法。其特点就在于能够大大地增强教学的直观性,帮助学生理解教学内容。演示的种类有很多,按照演示教具来划分有实物、模型、标本、图片、视频等;按照演示对象来划分有单独的实物等教具演示和连续成套的模型标本等教具进行的事物发展全过程的演示。教师可以根据教学内容的需要安排多种多样的演示,使教学内容更加清晰地呈现出来。

演示法的优点在于能够突出理论联系实际的作用,帮助学生通过丰富的外界事物或现象学习新知识,丰富学生的感性认知,使其能够较快掌握事物的本质。同时因为其自身具有直观性、生动性、形象性的特点,所以容易激发学生的学习兴趣,有助于提高学生的学习效果和整体的教学质量。其缺点在于演示法需要借助大量的外界工具,所以对教学条件和教学环境要求较高,且演示失败时容易分散学生的注意力,难以完成预期目标。

使用演示法时要求教师根据教学内容选择合适且典型的实物教具,做好演示前的准备;演示过程中教师要配以适当的讲解,突出重点问题和难点问题,引导学生一边观察一边思考;演示结束后,教师还要引导学生将观察到的实际事物、现象同课本中的理论知识联系起来,及时地根据结果作出结论。[①]

(2)参观法。参观法是指教师根据教学任务的要求,组织学生到工厂、展览馆、博物馆等社会特定场所或大自然中观察社会现象和自然现象,通过接触客观事物获取新知识以及验证巩固已有知识的教学方法。基本形式就是让学生在教师的指导下获得直接经验,一般分为学生学习某种知识前的预备性参观,学习某种知识过程中的并行性参观,以及学习某种知识后的总结性参观。[②]

参观法的优点在于它打破了课堂与教科书的束缚,能够有效地将理论知识与社会实际相结合;有效帮助学生更好地去领会所学的内容,深入理解所学习的理论知识,扩大学生的视野和眼界,激发学生的求知欲望;让学生在接触社会的过程中受到教育,有助于学校与社会之间的合作。其缺点就是受客观条件影响较大,比如说经费短缺问题、校外安全问题等。

科学地运用参观法需要做到:参观前在校内外做好充分准备,提前到参观地进行考察以方便妥善安排;事前要学生知晓参观的目的、要求和任务,根据不同的参观类型提出不同的参观要求;参观过程中,教师要时刻关注学生的情况,适时地进行指导,引导学生主动思考、全面了解并认真做好参观记录;参观结束后,教师要检查参观计划完成情况,通过撰写参观报告或心得体会的方式帮助学生把参观时获得的知识和体验予以概括。

---

① 钟启泉,汪霞,王文静.课程与教学论[M].上海:华东师范大学出版社,2008:199-200.
② 黄济,劳凯声,檀传宝.小学教育学[M].北京:人民教育出版社,2004:267.

3. 以实践练习为主的教学方法

以实践练习为主的教学方法是指通过实验、练习、实习等实践活动,使学生获取、巩固和完善知识,并促进技能发展的方法。其特点就是以学生的实践活动为特征,通过实践活动使学生的认知能力向高一层次发展,在实际练习过程中一边获得理论知识,一边践行理论知识,真正做到手脑并用、学以致用,将理论知识应用在实践中,培养学生"实践创新"素养。主要包括练习法、实验法和实习作业法。[①]

(1) 练习法。练习法是指在教师的指导下,学生运用所学知识反复完成一定的操作,从而巩固知识并形成技能和技巧的方法。孔子曾说过"学而时习之,不亦说乎?"所谓"习",就是练习之意。只有通过练习,才能使所学知识得到巩固,所学技能才会逐步熟练,进而融会贯通。练习在小学教学中具有重要意义,是一种基本的教学方法,其目的就是要让学生在运用过程中增强理解、获得技能技巧。

练习法的种类有很多,按照练习的目的可分为预备性练习、训练性练习和创造性练习;按照练习的内容可分为心理机能练习、动作技能练习和行为习惯练习;按照练习的形式可分为口头语言和书面语言的练习、解答问题的练习、实际操作的练习。[②]

练习法的优点在于练习是在学生掌握一定知识的基础上进行的,它强调的是将所学知识反复加以运用,借助练习可以使学生熟练掌握相关知识技能,并且有助于促进学生的认知发展。练习并不只是盲目地、机械地反复操作,在练习中,学生的理解、注意、认识等都会介入,共同发挥作用使学生对学习内容有更进一步认识,对理论与实际操作之间的关系有更深刻的了解。练习法的缺点在于难以维持学生的学习动机,因为练习主要表现为反复做同一项活动,重复性是其典型特征,在这个过程中,经过多次练习后,学生容易感到枯燥无味,失去学习兴趣。

运用练习法需要做到:明确练习的目的,使学生的练习具有目的性和自觉性;合理安排练习步骤,循序渐进、逐步提高练习的难度和质量,根据小学生的身心发展规律科学安排练习量,不要超过学生的承受能力;注重练习方式的多样化,防止单一性重复练习使学生失去学习兴趣;及时给予学生练习结果的反馈,引导学生加深理解和巩固。

(2) 实验法。实验法是指学生在教师的指导下,运用一定的仪器设备进行独立作业,观察并研究在一定条件下某些事物发生变化的全过程,探求其中的规律以掌握知识,并在实验过程中养成科学精神,能够用理性思维去看待问题,勇于探究,敢于质疑和尝试。实验法的最大特点就是要让学生亲自动手、独立完成,有助于学生习得操作一些仪器设备的方法,培养学生掌握技术的兴趣和意愿。

实验法的基本形式分为两种:一是探究性实验,需要在讲授新知识前完成,让学生探究、发现和获得新的知识经验;二是验证性实验,需要在教学内容讲完之后再做,让学生去核验

---

① 李秉德,李定仁.教学论[M].北京:人民教育出版社,2001:194-195.
② 钟启泉,汪霞,王文静.课程与教学论[M].上海:华东师范大学出版社,2008:200.

所学原理是否正确以加深理解。①

实验法的优点在于,学生通过亲身实验看到事物的因果联系,对于小学生来说,可以帮助他们加深对原理、概念、规律等知识的理解,是将感性知识过渡到理性知识的过程。在这种学习过程中更好地体现了学生的主体作用,有利于培养学生的思考能力、探索研究能力和实践能力,有利于培养学生严谨求实的科学态度和创造精神。缺点在于实验法对实验环境和仪器设备有一定的要求,而且个别实验过程中具有一定程度的危险性。

运用实验法需要做到:首先,教师要提前制定实验计划,做好实验前的准备工作,让学生提前明确实验的目的、内容、步骤以及仪器设备的使用和操作要领等;其次,在实验过程中,教师要适时地指导学生正确地进行观察、测验和记录,确保实验程序科学、操作规范,针对共同问题及时向全班做出指导,并对有困难的学生进行针对性指导;最后,教师要在实验结束后帮助学生做好总结,因为年龄特点的原因,小学生容易被实验器材等外界因素吸引,而忽略实验细节内容,教师可以通过简单的书面报告等形式帮助学生总结实验成果。

> **案例**
>
> **人教版《科学》三年级下册《有趣的磁铁》教学片段**②
>
> 师:我们已经初步认识了磁铁,它还有哪些我们不知道的秘密呢?下面我们来玩一玩磁铁,看你有什么新的发现。好!请打开材料盒尽情地玩吧,注意把你的发现记录下来。
>
> (学生开始探究活动,教师巡视了解情况,适时加以引导)
>
> 师:同学们玩磁铁时有哪些发现?让我们共同交流一下,谁想第一个把你的发现跟大家说一说?
>
> 生:我发现把条形磁铁放入水槽中的小船内,小船的两端停下时,总是一端指南一端指北。
>
> 生:我发现把圆柱形磁铁用线吊起来,总是"S"一端指南,"N"一端指北。
>
> 生:我明白了为什么用"S"极指示南方,用"N"极指示北方了。
>
> 生:我明白了用红色和蓝色是为了区分两个不同的磁极。
>
> 师:对,同学们说得真好。磁铁有指示南北的性质,可以帮我们辨别方向。
>
> 生:我发现磁铁只吸引铁一类的物质,不吸木头、布片、铜片等。
>
> 生:我发现把两块条磁铁分别放入两辆小车内,当两辆小车接近时,有时会紧紧地吸住,有时会感觉有一个力量在向外推。

---

① 王道俊,郭文安.教育学[M].北京:人民教育出版社,2009:244-245.
② 孙楠.《有趣的磁铁》教学案例[EB/OL].(2010-09-01)[2021-01-26].https://www.pep.com.cn/xxkx/rjbxxkx/rjxxkxwd/201009/t20100901_1650140.html.

生：我发现把两块条磁铁的"S"极和"N"极相靠近时会紧紧地吸住，把"S"极和"S"极靠近、把"N"极和"N"极靠近时会感觉有一个力量在向外推。

师：你观察得很仔细，"S"极和"S"极，"N"极和"N"极是怎样的磁极？

生：相同的磁极。

师："S"极和"N"极是怎样的磁极？

生：不同的磁极。

师：相同的磁极又叫同极，不同的磁极又叫异极，所以我们发现同极相斥、异极相吸。

生：我发现用磁铁吸小铁钉时，两极吸得最多。

师：你的意思是说磁铁两极吸铁钉的能力怎样？

生：磁铁两极的吸力最大。

生：是磁性大。

师：磁铁吸铁的性质叫磁性，磁铁两极吸的铁钉最多，说明磁铁两极的磁性最强。

生：我还发现用磁铁吸小铁钉时，一个接一个地吸了一串，这是为什么？

师：你真是个爱动脑的孩子。这种现象叫磁化，也就是说每一个小铁钉都被磁化成一个小磁铁了。

生：我不小心把铁钉掉进水槽里，没用手捞，用磁铁隔着水槽壁就吸上来了。

师：你真是个聪明的孩子！可以运用所学知识解决自己遇到的问题。

师：同学们真棒！通过观察、研究知道了这么多磁铁的秘密，老师真为你们骄傲，让我们用掌声表扬自己！

该教师通过实验法让学生动手操作磁铁，发现磁铁的"秘密"，在教师的引导下，学生整理归纳出其中的原理和规律，加深了对"磁极"知识的理解。这一过程不仅是学习理论知识的过程，也是锻炼学生发现能力、思维能力的过程。

（3）实习作业法。实习作业法又称实习法，是指教师组织学生在校内或校外的一定场所中进行实践活动，让学生将学到的知识运用于实践中，培养学生实际操作能力，提升学生实践创新素养的方法。实习与实验、练习一样，都是理论联系实际，将已学知识运用于实际的方法，但是实习作业法的实践性、综合性、创造性更强，能使学生学到书本上学不到的知识，更有助于学生发现问题，锻炼学生在复杂环境中解决问题的能力。[①]

实习作业法的优点在于增加了学生的实践锻炼机会，有助于学生将书本知识应用于实际中去，锻炼了学生的独立思考能力和实践技能。实习法强调了学生是学习的主体，尊重了学生的个体差异和个性化学习方式，大大提高了学生的学习兴趣，能够很好地激发学生的求

---

① 钟启泉,汪霞,王文静.课程与教学论[M].上海：华东师范大学出版社,2008：201.

知欲望。

应用实习法需要做到：首先，教师要制定计划，确定好实习地点以及所需要的各种设备等，给学生提出明确的实习作业要求，提高学生的参与性与自觉性；其次，教师要根据学科特点和所学知识的性质选择恰当的实习方式，做好实习作业过程中的指导工作，发现问题及时帮助学生解决；最后，教师要指导学生完成实习作业反馈，并及时对学生作出评价，巩固学习结果。

4. 以探索研究为主的教学方法

以探索研究为主的教学方法是指教师通过开展自主性探究活动，组织和引导学生掌握知识、培养能力、开发潜能、形成探究意识和探究精神的教学方法。这类方法的特点在于学生的个体独立性与主观能动性得到了最大程度的发挥，有助于提高学生在探索问题过程中的积极性和主动性，能够很好地锻炼学生解决问题的能力和探索创新的能力。但同时因为这一类的探索活动具有复杂性和不可控的因素，所以对教师的要求也就更高，要求教师不仅是指导者，更要成为学生的合作者与研究伙伴，帮助学生获得综合素养方面的提升。以探索研究为主的教学方法主要包括发现法。

发现法是指在教学过程中由教师先提出相关问题，创设问题情境，让学生自主通过查阅资料、做实验、观察、讨论等方式进行独立地探索研究，最后能够自行发现并掌握相关的知识原理内容的方法。也就是说在教师的指导下，学生自觉主动地去探索问题的解决方法，研究客观事物的属性，从中找到规律，形成自己的系统性知识，并提升个人探究和创新意识。

发现法的基本过程分为四个步骤：(1) 创设问题情境，向学生提出需要解决的问题或研究的课题；(2) 提出假设或制定猜想，学生利用已有资料对问题或课题内容提出自己的假设；(3) 从理论上或实践上检验假设，学生通过不同的研究方法对自己提出的猜想进行验证和辨明；(4) 总结得到结论，学生对研究结果进行完善补充。[①]

发现法在激发学生的学习兴趣、培养学生分析问题和解决问题的能力、形成敏锐的洞察力、培养创造性思维品质和主动探索精神等方面具有很大的优势。但不可否认的是，发现法所花费的时间较多，而且对于学生的知识经验储备和思维发展水平也有较高的要求，还需要教师具备较高的专业素养以全面把控整个探索过程。

科学地应用发现法要做到：第一，依据教学内容和学生的实际情况确定有价值的研究问题或课题，使学生产生研究的兴趣；第二，为学生创设一个有利于探索研究的情境，鼓励学生广泛收集资料，综合分析各种信息，拓宽研究思路；第三，严密组织教学，积极引导学生的探究发现活动，启发引导学生对问题进行思考分析，鼓励学生的发散性思维，使学生的思维活动不断深化；第四，总结解决问题成果，探索研究的最后可以组织学生开展讨论，检验假设，以补充完善结论。

---

① 李秉德，李定仁.教学论[M].北京：人民教育出版社，2001：200.

> ◰ 案 例
>
> **圆锥体积的计算**[①]
>
> 上课伊始,我把同学们带到操场。操场东侧有一堆圆锥体的沙石废料,我十分诚恳地邀请同学们为学校操场施工遗留的废沙石搬运问题出谋划策。"平整操场,修缮围墙的施工任务已进尾声,堆积在操场上的废沙石要运出学校,施工队只有一辆载重为4吨的汽车搬运,需要多少次才能搬运完呢?"话音刚落,同学们已经仨一群、俩一伙地议论开了。有的说:"称一称这堆沙石有多重,再看看总重里包含着几个4吨就知道需要几辆车了呗。"有的说:"这也太麻烦了,一点一点地称来称去,既浪费人力又浪费时间。"我耸耸肩膀皱皱眉头,俨然像个大孩子:"是啊,太麻烦了,难道就没有好一点的办法吗?"同学们又是一次自由组合的交流。大概是受了前两天"修建游泳池求挖出的土方需要几辆车运走"这个题目的影响,有一位同学大胆地提出设想:"老师,您能不能提供两个数据,一是每立方米沙石的重量,二是这堆沙石有多少立方米。"我脱口而出:"你好聪明啊!不过我只能满足你其中一个条件,每立方米沙石约重1.7吨。另一个条件还得请大家帮助解决。"看着眼前这堆圆锥体的沙石,同学们又一次开始了思考:有棱有角的长方体、正方体、直上直下的圆柱体的体积都好计算,眼前这个尖尖顶的圆锥体如何计算呢?孩子们探索新知的欲望燃起。我把话锋一转:"好,请同学们回到教室,4人一组共同研究。我为每个组都提供了研究的材料,请小组讨论实验,提出各组的解决方案。"充满好奇的孩子们回到教室,马上拿起了大小不同的圆柱体及圆锥体容器开始了水或沙的自由实验。
>
> 其实学生身上都有很大的研究潜力,为学生创设好情境,让学生在探索中学习是为了让学生"学会学习",改变以往"传授——接受"的背诵学习方式。让学生自己亲自去收集数据,自主探索,动手实践,彼此之间进行合作交流,帮助学生积累经验,内化知识。只有在这样的氛围中,学生才能逐步学会学习。

第五节 小学教学的评价

在教学活动中,教学评价是一个不可或缺的要素,是教学的重要环节。教学评价是对教学效果的基本判断,为教学活动更有效地开展提供基本的依据。

一、教学评价的内涵与功能

(一)教学评价的内涵

评价英文为"evaluate",其词干为"value",意为"价值",有引出和判断事物的价值之意,

[①] 吴正宪.吴正宪与小学数学[M].北京:北京师范大学出版社,2006:106-109.

体现了评价最本质的意义就是价值判断。美国学者格朗兰德(N. E. Gronlund)曾用公式对评价作了形象的说明：评价＝测量(量的记述)或非测量(质的记述)＋价值判断。① 这个公式表明，评价是基于事实的价值判断过程，是事实判断和价值判断的统一，它不仅要描述和把握客体的事实情况，还要从主体的目的和需要出发来判断客体的价值。

对教学评价内涵的认识一般来说有三种。一是认为教学评价是对教学活动的评价，主张教学评价是对教学活动的准备、过程和结果的测量、分析和价值判断。② 也就是说教学评价是依据一定的客观标准，对教学活动及其效果进行客观测量和科学判定的过程。③ 二是认为教学评价等同于学生评价，是在教学中对学生知识、技能、情感、价值观等方面学习与发展做出价值判断。在全面、科学地搜集、处理和分析学生信息数据的基础上，对学生的发展和变化作出事实判断和价值判断，目的在于促进学生的全面发展。④ 三是认为教学评价既包括对学生学习的评价，又包括对教师教学的评价。具体来说，教学评价是对教师的教学工作和学生的学习质量作出客观的衡量和价值判断的过程。教学评价作为教学过程中必不可少的环节，可以提供教学的反馈信息，以便及时地调整和改进教学，保证教学目标的实现。⑤

综合来看，教学评价具有以下特点：(1) 教学评价是一个综合的过程，既包括对教学行为的定性评价，又包括定量分析，对教学活动及其效果作出科学判定；(2) 教学评价是对教师的教和学生的学相统一的教学活动进行衡量和价值判断的过程，所以，教学评价就是依据制定好的教学目标，对教学过程中教师的教学工作和学生的学习质量进行测量、分析和价值判断。

(二) 教学评价的功能

教学评价有利于充分了解教师的教学状况，改善其教学行为，提高其教学效率；了解学生的学习情况，纠正学生出现的问题，促进学生的全面发展。在不同的条件或不同的需要下，可以偏重于某些功能而忽略其他功能。具体来说，教学评价的功能可以概括如下：

1. 导向功能

教学评价并不是随随便便进行的，它有特定的判断标准，通常是根据教学目标来进行。教学评价符合教学目标设定的教学期望，有利于教师判断自己的教学效果是否达标，还有哪些差距，也有利于学生检查自己知识掌握的程度，判断自己是否已经完成教学目标所规定的学习任务，引导着教师的教和学生的学都围绕着教学目标来开展。另外，教学评价标准作为实在性标准，往往会成为教学的标准，检测的内容也会成教学的内容，影响了教学的重点及难点，从而也会左右教学活动的准备工作、开展过程和最后的教学效果。

因此，要切实发挥教学评价的导向功能，实施教学评价首先要制定切实可行的教学目

---

① 陈玉琨.教育评价学[M].北京：人民教育出版社，1999：15.
② 裴娣娜.教学论[M].北京：教育科学出版社，2007：292.
③ 钟启泉，汪霞，王文静.课程与教学论[M].上海：华东师范大学出版社，2008：272－273.
④ 金娣，王刚.教育评价与测量[M].北京：教育科学出版社，2002：296.
⑤ 李秉德，李定仁.教学论[M].北京：人民教育出版社，2001：307.

标,根据教学目标制定科学合理的评价内容和评价标准,教师会根据这些评价标准设计教学方案,组织教学活动,反思教学效果。它的评价标准指导着教师的教学过程,对促进教师专业成长、提高教学质量具有积极的指导作用。[1]

2. 诊断功能

诊断功能是教学评价的又一重要功能。通过教学评价,教师不仅可以了解自己教学的变化与成长,而且可以发现已经发生或可能存在的问题,这些问题就是教师思考和改善教学工作的依据。有效的教学取决于教师对学生的经验、能力、兴趣、动机和情感的了解,这种了解是提出现实的学习目标,并创设适当学习情境去帮助学生达到既定目标的基础。[2] 通过教学评价,教师能够对小学生的整体学习情况作出诊断,了解学习目标和内容的达标情况,针对普遍存在的问题进行集中解决;同时也可以对个别学生出现的问题作出诊断,了解每一名小学生的基本情况,有助于进行个别指导,因材施教。

3. 激励功能

激励功能,顾名思义就是激发教师工作和学生学习积极性的功能。我们都知道人们在学习过程中并不是一直处于积极状态的,通过阶段性的测评可以帮助人们获得一定程度上的成就感或失落感以促进学习积极性。一般来说,肯定性的教学评价会给教师和学生带来精神上的成就感,有利于进一步激发教师的工作热情,提升学生的学习兴趣,增强他们的主动性和积极性,促使他们更加努力地工作和学习;而否定性的教学评价虽然会给人带来失落的感受,但是适度的失落和焦虑同样也会产生激励作用,能够帮助师生看到自己的不足,并努力寻找原因,弥补不足之处。但一定要注意要把握好否定性评价的程度,只有适度的挫败感才能起到推动的作用,过度的失落感反而会打消师生的积极性,更为严重的可能会影响他们的正常工作学习及身心发展。所以要切实发挥教学评价的激励功能,需要作出有意义的评价,能够给师生一定的成就感或适度的焦虑感,帮助师生既清楚自己的优势,又看到自己的差距和不足,并产生更大的积极性和热情投入到工作学习中去。

4. 反馈调节功能

从信息论的角度看,教学过程是一个信息输入、整理加工、输出、反馈和调节的过程,因此反馈调节也是教学评价的重要功能。教师可以从教学评价的结果中得到大量的反馈信息,通过这些信息了解教学情况,发现自己的薄弱之处,并及时做出修正和调整,改进教学方法,提高教学效能,使教学效果达到最佳。对学生来说也一样,学生能够根据反馈的信息反思自己的不足,并主动去弥补以完成自己的学习任务,得到良好的学习成果。

二、教学评价的基本类型

根据划分依据和标准的不同,教学评价可以分成不同的类型。从评价主体上区分,可以

---

[1] 杨淑萍.重新审视课堂教学评价的功能、内容与标准[J].教育理论与实践,2009,29(28):44-47.
[2] 李秉德,李定仁.教学论[M].北京:人民教育出版社,2001:310.

分成内部评价和外部评价;从规范程度上区分,可以分成正式评价与日常评价;从结果解释所参照的标准进行区分,可以分成常模参照性评价和标准参照性评价;从评价作用上区分,可以分成诊断性评价、形成性评价和总结性评价。①

(一) 以评价主体为依据的分类

依据评价主体的不同,教学评价可以分为内部评价和外部评价。

内部评价是指评价对象作为评价主体的自我评价,这种自我评价有时是隐性的,有时是显性的。它是建立在评价对象信任的基础上,能够激发评价对象的自尊与自信心,有助于增强评价主体的自我评价意识和能力。而且内部评价可以揭示深层次的内容,更容易反映问题的本质,并能够及时反馈和调整。然而,内部评价也存在主观性强,而且缺乏外界的参照标准,会造成评价结果可靠性低的问题。

外部评价是指作为评价对象之外的其他主体对评价对象的评价,包括教育行政主管部门人员、专家、同行(学)、社会相关人员以及家长等。这是一种外部的显性评价,其特点是外部参照体系比较客观,可信度较高。局限在于组织工作较为繁杂,耗费时间和人力较多。

(二) 以实施评价的规范程度为依据的分类

依据实施评价的规范程度不同,教学评价可以分为正式评价和日常评价。

正式评价是在明确评价目标的基础上,通过规范的评价程序,利用经过设计和测试的评价工具收集信息,系统、有针对性地了解评价对象的评价类型。其特点在于设计全面、组织完整、标准统一、过程规范、信度强,便于对学生的成绩和水平进行测量。各类毕业考试和入学考试一般都采用正式评价。但缺点在于其评价形式和方法缺乏灵活性,而且正式评价往往是事后评价的一个阶段,不能及时反馈评价对象的日常行为,使得评价结果失去了一定的时效性。

日常评价是日常教学活动中的一种评价类型,在评价者与评价对象的互动过程中,评价者通过观察和交流不断地了解评价对象,进而逐渐地对评价对象形成一定的看法和判断。日常评价提供的是全面、生动的评价对象信息,而不是僵化、静态的数据。它将评价纳入日常教学过程,有利于学生的成长、教师的发展和教学的改进,充分发挥评价者和被评价者的主体作用。在日常评价过程中,要注意摆脱主观偏见的思想,防止先入为主;要尽可能全面、深入地掌握评价对象的信息,避免推理中的逻辑错误。

(三) 以评价标准为依据的分类

依据评价标准的不同,教学评价可以分为常模参照性评价和标准参照性评价。

常模参照性评价又称为相对性评价,是指将个体的成绩与同一群体的平均成绩进行比较,从而确定该成绩的等级次序,换句话说就是去衡量个体在群体中的相对位置(名次)。常模参照性评价具有甄选性强的特点,因而可以作为选拔人才、分类排队的依据;它的缺点是

---

① 黄甫全.现代课程与教学论(第3版)[M].北京:人民教育出版社,2014:460-462.

不能明确表示学生的真正水平,不能表明学生在学业上是否达到了特定的标准,对于个人的努力状况和进步的程度评价不够清晰。

标准参照性评价又称为绝对性评价,是以具体的教学目标或标准作业为依据,确定学生是否达到标准以及程度如何的评价方法。它能够衡量学生的实际水平,能够较为清楚地反映学生实际掌握知识和能力的程度。正是因为标准参照性评价能很好地诊断学生知识、技能的掌握情况,其更加适用于升级考试、毕业考试和合格考试。

(四)以评价作用为依据的分类

依据评价所起的主要作用的不同,教学评价可以分为诊断性评价、形成性评价与总结性评价。这也是在小学教学过程中最常应用的评价方式。

诊断性评价通常是在教学活动开始前进行的一种预测性评价,其目的是在了解和掌握评价对象的基础上,为下一阶段的工作做好准备,以此更好地进行有针对性的教学。诊断性评价既重视诊断情况,又重视指导作用。

形成性评价又称过程性评价,是对教师在教学过程中对教与学的动态进行的系统评价。其目的是及时了解活动过程的效果、反馈信息,以便及时纠正和调整教学细节,使得教的效果与学的效果达到最佳状态。这种评价的目的是改进工作,不注重对评价对象进行甄别和选拔。它可以在教学过程中多次开展,往往伴随着整个教学过程。

总结性评价是指在教学活动结束时,对教学活动的最终结果进行理解和判断的评价。总结性评价的开展次数较少,但是其评价内容的通用性较高。总结性评价侧重于对评价对象的总体认识,其主要目的就是评定学生的学习成绩,以证明学生掌握知识、技能的程度和能力水平以及达到教学目标的程度。

三、教师的教学工作评价

(一)教师教学工作评价的内容

对教师教学工作的评价一般来说主要是对教师课堂教学情况进行评价,包括教学目标的设定、教学内容的安排、教学方法的运用等。

1. 教学目标

教学目标既是教学的出发点,也是教学的归宿。教学活动以教学目标为导向,始终围绕教学目标而进行。它对教学过程具有重要的导向和调控作用,直接决定着教学的发展方向和价值取向。所以,在评价教师的教学工作时首先需要确定教师制定的教学目标是否明确,应关注以下问题:

(1)教学目标的适切性。教育活动既是为了满足学生个性发展需要,也是为了培养社会需要的人才,所以在进行教学评价时应评定教师所制定的教学目标是否符合以下三个标准:一是符合时代特征,有利于促进学生全面发展;二是符合学科课程标准的要求,针对性强,学生能切实达到;三是符合学生的认知发展规律和经验储备水平。

(2) 教学目标的全面性。在进行教学评价时需要评判教师在界定和编写教学目标时是否做到了力求全面,三维目标就是重要的参考。可以从知识与技能、过程与方法、情感态度与价值观三位一体的目标表述方式来考查教学目标的完整性。

(3) 教学目标的可操作性。教学目标对教学实施具有指引作用,所以教学目标落实在每一节课时要具体,且具有可操作性,要明确指出学生要达到的学习结果。如在叙写行为目标时,用"说出、背诵、辨认"等来代替"了解",用"解释、说明、阐述"等来代替"理解",使用行为动词对学习结果作出具体明确的规定。

2. 教学内容

教学内容是教学过程传递的最主要的信息,是学生学习的主要对象,是教学活动的重要组成部分。在开展教学内容评价时应关注以下几点:[1]

(1) 教材使用情况。教学内容主要来自教材,因此在进行教学评价时要看教师是否能够根据教学目标妥善处理教材,依据教学目标合理组织教学内容,教学的重点和难点突出,教材中的基本概念和理论讲解清楚,能够进行系统知识的传授。

(2) 教材开发情况。在进行教学评价时,应关注教师在教学过程中是否能够根据实际情况,在以原本教材内容为主的基础上,适当开发利用校内外的教学资源;是否从中选取同社会实践与学生生活密切联系的教学资源进行教学,从而体现教学内容的丰富性,更好地激发学生的学习积极性。

(3) 教学内容的基础性和发展性。不同学生掌握知识的能力不同,为了满足不同学生的需要,教学内容的制定首先要保证的就是体现其基础性,可以让大部分学生都能够理解吸收。在此基础上,要体现教学内容的发展性和提高性,可以让部分学生的思维能力有所提升,也就是要坚持"上不封顶、下要保底"的原则。

3. 教学方法

教学方法作为沟通师生教与学的中介,是影响教学的一个重要因素。它是实现教学理论指导教学实践的基本途径,是促进学生发展的基本方式。在开展教学方法评价时需要关注以下几个方面:

(1) 教学方法的适切性。教师在课上运用的教学方法要符合所教授学科教学内容的性质和特点,以及学生的身心发展规律和教师的个人特点。

(2) 教学方法的多样性。教学活动是一个持续发展的动态过程,不同的教学内容适用不同的教学方法,在课堂教学过程中,教师要能够根据教学内容的安排选择不同的且更加合适的教学方法。而且小学生的课堂注意力时间有限,教师要能够根据学生的实际情况选择多种教学方法的组合,尽可能地吸引学生的注意力,激发学生的学习兴趣。

(3) 教学方法的启发性。"授人以鱼不如授人以渔",无论使用哪些教学方法,都必须坚

---

[1] 杨淑萍.重新审视课堂教学评价的功能、内容与标准[J].教育理论与实践,2009,29(28):44-47.

持不仅要教知识而且要教方法,使每位学生都能得到启发。教师在课堂教学中要能够灵活应用启发式教学方法,使学生积极主动学习。教师不仅要善于提问,而且还要鼓励学生多提问,注重培养学生的思维能力,提高学生的综合素质。

4. 教师素养

教师的个人素养是影响教学效果的关键因素。在教学评价过程中,我们经常看到这样的情况,同一节课,不同的教师讲授会有不同的教学效果,这与教师素养有很大关系。2014年教师节前夕,习近平总书记考察北京师范大学时,勉励广大师生要做有理想信念、有道德情操、有扎实学识、有仁爱之心的"四有"好老师。由此可见,教师仅仅掌握教学技能是不够的,还要掌握必备的素养和能力。因此,在进行教学评价时需要检验教师是否顺应社会的发展,具备了核心素养和能力,如师德规范、教育情怀、文化修养、教育教学能力、自我发展能力等。[①]

(1) 师德规范。师德规范是教师所特有的职业义务、职业责任以及职业行为上的道德准则。在师德规范方面,对教师进行评价的标准主要有:在教学实践中要始终贯彻党的教育方针,以立德树人为己任,践行社会主义核心价值观;坚守教师职业道德规范,遵循教育规律,循循善诱,因材施教,促进学生全面发展;依法执教,做到为人师表。

(2) 教育情怀。教育情怀是指教师对自己的教育事业具有认同感,热爱教育事业。在进行教学评价时应关注教师在教学实践中是否能够将其内化于心,用积极的情感和端正的态度开展教学工作,富有爱心、责任心、事业心,关爱尊重学生。

(3) 文化修养。文化修养是指教师在教学工作中具有较好专业素养、人文底蕴和科学精神。专业素养是指教师扎实掌握自己所教授学科的知识体系、思想与方法,具备丰厚的教育学科知识,同时也了解小学其他学科的理论知识框架,形成跨学科的思维。人文底蕴是指教师具备一定的人文社会科学知识与思维方式,在教学过程中能传递出较为高雅的审美与浓厚的人文积淀。科学精神是指教师的教育教学工作遵循科学思想与科学规律,在教学中具有批判意识等。因此,在教学评价过程中应关注教师在专业素养、人文底蕴和科学精神等文化修养上的表现。

(4) 教育教学能力。教育教学能力是评价教师教学工作的一个非常重要的指标,具体指教师能够依据学科课程标准,合理整合课程教学资源,制订教学活动基本方案;在教育教学实践中,为达成教学目标选择合理有效的教学原则和教学方法进行课堂教学、开展课堂互动,能够灵活调控教学过程;能够较好地运用信息技术支持学习设计和转变学生学习方式;能够实施多元评价,客观评价学生学习和自身教学,以促进学生更好发展,并提高自身教学水平。

---

① 本部分参考的文献有:中华人民共和国教育部.教育部关于印发《普通高等学校师范类专业认证实施办法(暂行)》的通知[EB/OL].(2017-10-26).http://www.moe.gov.cn/srcsite/A10/s7011/201711/t20171106_318535.html.另见王光明,张楠,李健,杨蕊,张胜.教师核心素养和能力的结构体系及发展建议[J].中国教育学刊,2019(3):81-88.

(5) 自我发展能力。自我发展能力是指教师具备终身学习的发展意识，对教师的职业发展具有非常重要的作用。在对教师自我发展能力进行评价时，需要关注教师是否有以下表现：积极参加教师培训和学科知识培训以充实自己的理论素养；在教育实践中有尝试借鉴国内外基础教育改革先进经验的意识；勤于反思，能够运用批判性思维去分析和解决教育教学问题，具备一定的创新意识和教育教学研究能力。

5. 教学效果

教师所取得的教学效果是教学评价的重要内容，是衡量一节课是否成功的关键指标。对教学效果进行评价，除了要了解学生掌握知识的情况之外，还要注意对学生素养发展情况等进行全面考察，要从教学目标完成情况、教学活动过程、学生综合素质、课堂教学特色等方面进行综合考评。①

(二) 教师教学工作评价的主体与方法

对教师的教学工作进行评价一定要根据具体评价项目的目的和评价对象的特点来确定评价主体和方法。目前，评价主体已经越来越趋于多元化，除了传统的外部评价，即由领导或同行教师作为评价主体的做法外，还包括教师自我评价以及学生评价等。每一类主体进行评价时可选择多种方式，如听课评课、课堂观察、访谈、教案分析等。同时要坚持定量方法与定性方法相结合、自评与互评相结合。②

1. 自我评价

教师对自己的教学活动进行评价可以帮助教师更好地认识自我，让每一个教师都可以对自己的教学规范、教学技能和教学效果等方面有清晰的了解，这有助于增强教师的主人翁意识，提高教学评价的有效性，使评价成为教师自我改进、自我教育的过程。

教师的自我评价一般是通过自我分析、自我反思来进行，可以以记录教学实例的形式记载自己整个教学工作的进程，同时记录下自己在教学过程中的所思所想以及所有教学的生成内容，最后进行总结反思，改正存在的不足之处。

2. 同行评价

同行评价一般指学科组的其他教师对某一教师的教学活动进行评价。由于同一学科组的教师们之间比较了解，大家又具备一定的专业知识和专业素养，对所属学科的相关内容，包括课程标准、教学目标、教学内容等方面最为熟悉，所以其评价更加切合实际情况，也更容易发现教学过程中出现的问题，能够提出中肯的建议和意见。

同行评价一般是通过听课评课的方式进行，由学科组统一组织教师之间互相听课，在课堂观察的基础上对教师的课堂教学进行评价。除此之外，还可以通过诊断教案的方式进行评价，主要是从教学目标的设置是否清晰、教学内容的安排是否合适、教学方法的选择是否恰当等几个方面来进行分析并提出建议。

---

① 李秉德，李定仁.教学论[M].北京：人民教育出版社，2001：331-332.
② 钟启泉，汪霞，王文静.课程与教学论[M].上海：华东师范大学出版社，2008：277-278.

3. 领导和专家评价

领导和专家评价是一种自上而下的评价方式,一般是由学校领导或上级教育行政部门领导以及教育教学领域的专家来进行,具有权威性的特点。这种评价主要采用听课、检查教师的教案、检查学生的作业、召开座谈会、进行问卷调查等方式了解教师的教学情况并作出评定。需要特别说明的是,专家对教师作出的评价往往是一种诊断性评价,是在听课的基础上对教师的教学作出评价,可以帮助教师发现问题,提高教学质量。

4. 学生评价

学生作为教学活动的主体,对教学目标、教学内容、教学方法以及师生关系的感受最为直接,让学生也参与到教师教学工作的评定中有利于加强师生之间的沟通和交流,从而帮助教师提高教学水平。

学生评价主要通过问卷调查或座谈会形式进行,通过了解学生对教师教学的意见和建议,来评定教师的教学态度、教学能力等,在一定程度上为教师的教学改进提供参考。

四、学生的学习质量评价

(一) 学生学习质量评价的内容

在"以人为本"的理念指导下,现在的教育更强调面向全体、关注全面发展,因此,对学生进行评价不仅要注重评价学生的学业成就,还要重视学生在学习过程中的表现以及学生的思想品德是否得到了发展。

1. 学业成就

广义上的学业成就是指学生在教师的指导下,通过学习活动在各方面获得的成果。这里所谈的学业成就是狭义上的概念,指的是通过各种考试测验学生的知识和能力水平。对小学生学业成就的评价,要以学科知识和技能为基础,但又不能局限于学科知识和技能,应注重考查学生在情境中运用所学知识和技能的能力,尤其是初步的创新精神和实践能力,以及科学和人文素养等。

2. 学习过程

学生在学习过程中的表现也是学生学习质量评价的一个重要方面,可以从学生在课堂教学中表现出的学习自觉性、探究性和灵活性等方面评价学生的学习过程。具体标准为:能自主学习,依据自身个性和潜力选择适合的学习内容;能够合理分配和使用时间与精力;对事物保有一定的好奇心和想象力,善于发现和提出问题,有解决问题的兴趣和热情;面对问题敢于大胆尝试,积极寻求有效的问题解决方法;能依据特定情境和具体条件,选择制订合理的解决方案;能够与他人有效开展合作学习并发挥个人优势,等等。

3. 思想品德

发展学生良好的思想品德也是教育教学的重要目标。对学生思想品德进行评价,观测的内容主要有:自尊自律,文明礼貌;诚信友善,宽和待人;孝亲敬长,有感恩之心;具有爱国主义、集体主义精神,热爱社会主义;具有热爱党、拥护党的意识和行动;继承和发扬中华民族的优秀传统和革命传统;具有社会主义民主法治意识,遵守国家法律和社会公德;逐步形成正确的世界观和人生观;理解、接受并自觉践行社会主义核心价值观;具有社会责任感,热心公益和志愿服务。

(二) 学生学习质量评价的方法

对学生学习质量进行评价,除了我们经常运用的考查和考试外,还有学生成长记录袋、表现性评价等评价方法。在对学生的学习进行评价时,既可以结合具体情况选择某种方法,也可以综合运用几种方法。

1. 考查和考试

考查和考试是学生学习评价的基本方法,也是最传统的方法。考查一般是指教学过程中进行的随机考试或自编测验,属于日常测验,在教学过程中可以选择合适的时间对学生的学习情况进行的小规模或个别的检查与评定,具体包括检查作业、书面小测验等。考试一般是一种标准化的测验,属于正式测验,在学期中或者学期末的阶段性时间点上对学生的知识和技能掌握情况进行,是标准参照评价的一种具体体现,以纸笔测验为主。①

纸笔测验的特点是具有灵活性,编制运用合理的纸笔测验能够在很大程度上了解学生学习的水平,给师生提供有效的反馈信息,既能帮助教师把握学生的学习状态,又能督促学生反思学习。为了避免测验内容或标准出现问题,在编制纸笔测验时应遵循以下要求:(1)坚持科学性。测验的设计、命题要符合教学目标的要求和学生认知发展的规律;确保高效度,能真实地测验出学生掌握知识的程度;确保高信度,能稳定地反映出学生的实际水平。(2)确保鉴别度。即测验能成功地把水平不同的学生区分开来。(3)坚持全面性和客观性。测验要有较大的覆盖面,尽量避免特殊知识经验和文化水平的影响,同时测验内容和评分标准应保持客观、科学,不得带有主观性。②

考查和考试的方法虽然能够评定学生在学科知识方面的掌握情况和在认知能力方面的发展强弱,但是这种方式并不能全面地考查学生的学习态度、品德修养和实践操作能力,需要与其他评价方法相结合,对学生作出更客观和全面的评价。

2. 学生成长记录袋

学生成长记录袋又被称为档案袋或学习文件夹。档案袋的英文为"portfolio",其原意有"代表性辑作"之意。最初使用这种形式的是一些艺术家,比如画家、摄影家等,他们都会将个人的作品收集起来,一是为了能够直观显示自己的成长经历并反思自己,二是整理成集也方便给其他人进行展示和评价。③ 后来的学校教育和学生评价改革浪潮从中受到启发,西方中小学校在评价改革运动中形成和发展起了一种崭新的质性评价方式——档案袋评价。20

---

① 钟启泉,汪霞,王文静.课程与教学论[M].上海:华东师范大学出版社,2008:279.
② 同上.
③ 胡中锋,李群.学生档案袋评价之反思[J].课程•教材•教法,2006(10).

世纪 80 年代后,这种方法在美国得到发展,学校普遍采用这种方式对学生的品德和学业进行评价。①

学生成长记录袋收集了学生一学期或者一学年的作品,比较系统且持续地记录了学生在学习过程中努力和进步的情况,克服了传统纸笔考试的片面性和单一性,强调了学生的参与性,重点关注学生的学习和成长过程。其中的作品有利于学生进行自我评价和自我反思。另外,成长记录袋具有一定的开放性,可以让家长和其他社会人员都参与到学生学习的评价中,共同创设成一个评价共同体,为学生的个体发展营造良好的环境。

使用成长记录袋需要注意以下几个方面：(1)让学生明确成长记录袋的实施是收集自己每个学习阶段的作品；(2)师生根据教学目标共同制定作品的标准与类型；(3)确保学生根据标准对自己的档案袋作品进行自我评估,并标好日期；(4)安排档案袋交流会,通过自评和互评的方式促进学生进步；(5)调动家长参与到学生成长记录档案收集的全过程,鼓励家长对学生的作品进行评价。②

> **专栏**
>
> **小学语文教师应用成长记录袋的调查研究（节选）**③
>
> 不同类型的成长记录袋,构建的项目不同,收集的内容也不同。在语文学习的过程中,教师要立足语文学科特点,明确各学段语文学习要求,根据不同学生的个体发展需求,开发多种可供学生自由选择的成长记录袋。
>
> 我们开发三大类成长记录袋：
>
> 1."我爱语文,我真棒!"——成果收集型记录袋
>
> 这类记录袋适合于大多数学生使用,主要收集学生一学期来最优秀或最满意的书写作品、朗读磁带、发表作文、获奖证书,等等。在收集的过程中,学生有选择作品的权利,教师不能用自己的标准代替学生选择作品,但可以指导学生考虑作品选择的理由。
>
> 2."我学语文,我做主!"——个性主题类记录袋
>
> 根据学生的个性特征和语文学习状况,创造性地选择成长记录袋的主题。如：爱好阅读的学生可以创建"阅读袋",存放阅读卡、读后感等；爱好写作的学生可以创建"笔耕袋",存放每学期的作文、日记、自编的童话故事、采访录、新闻等；爱好朗读的学生可以创建"金话筒",存放自己的朗读磁带、朗读感受等。主题性成长记录袋各具特色、各有亮点,要尽量让不同类型的学生都能体验到成功的喜悦、成长的快乐。

---

① 常建莲.学生成长记录袋的创建与使用研究[J].教学与管理(理论版),2018(7):64-66.
② 黄甫全.现代课程与教学论(第3版)[M].北京:人民教育出版社,2014:475-476.
③ 陈碧波.成长记录袋,想说爱你不容易——小学语文教师应用成长记录袋的调查研究[J].上海教育科研,2009(1):62-64.

> 3. "我思故我行!"——反思评估性记录袋
> 这类关注学习过程,促进学生自我反思的成长记录袋,主要包括语文学习习惯评价表、听说读写分项测验的考卷、各阶段语文成绩手册、自我评价、教师评语和家长的寄语等。重点是呈现与展示学生在学习进步、探索、反思、达成目标与成就的历程等方面有关资料,尤其应重视收集学生在语文学习过程中的反省记录,让学生感受到学习语文的快乐。

3. 表现性评价

表现性评价通常是给学生创设某种特定的真实或模拟情境,让学生运用先前所获得的知识完成某项任务或解决某个问题,以考查学生知识与技能的掌握程度,以及在过程中表现出来的问题解决、勇于探究、批判质疑以及交流合作等多方面素养的发展状况。

表现性评价强调关注学生的学习全貌,记录学生的整个学习和成长过程,从不同视角对学生学习的不同方面和不同层次进行描述和评价。教师在活动情境中运用多种手段收集学生的表现情况作为评价学生的重要信息来源,如课堂观察、访谈交流、学生成长记录册(袋)、学生个人的作品集以及小组合作的成果等。通过持续性、多元化的评价方式,教师能够获得关于学生的比较全面的信息,减少一次测验带来的误差。①

表现性评价对于激发学生的内在学习动力、促进学生终身学习具有积极意义,在学生学习质量评价中受到广泛关注。自我国开启新世纪课程改革以来,我国小学教师也逐渐开始采用表现性评价,在各学科的实践中进行了积极而有益的探索。

在进行表现性评价时,需要遵循以下几个步骤:②

(1) 确定测验对象。需要考虑学习活动中什么知识或内容(如事实、原理、规则)是最重要的;学生要成功完成学习活动,需要哪些基本的技能(智力技能、动作技能和实际操作技能);学生要成功完成学习活动,需要哪些基本的心理、行为习惯和情感态度。

(2) 设计评价情境。包括对要观察的行为表现进行详细列举和定义;在真实的学习情境中让学生能够自由地、自然地展现他们在知识、技能和情感态度方面的表现。

(3) 详细规定评分细则。表现测验并不是对学生在学习活动中的表现进行简单的描述就可以了,为了真正能评价到学生复杂的学习活动中的知识、技能和情感态度方面的表现与进步,并使评价的结果具有相当的可靠性,对评分细则的详细规定是必要的。

(4) 规定具体的测验要求和注意事项。包括时间(测验本身以及学习活动的准备时间,重新考虑、修正以及完成时间)、参考资料(评价者测验所需的)、其他帮助者(学习活动顺利完成所需要的协助者和咨询者)、设备(学习活动解决问题所需要的物质设备,如计算机网络)、准备性知识(学习活动顺利展开所必需的基本知识)以及评分标准(有必要让学生知道)。

---

① 霍力岩,黄爽.表现性评价内涵及其相关概念辨析[J].西北师大学报(社会科学版),2015,52(3):76-81.
② 黄甫全.小学教育学[M].北京:高等教育出版社,2007:282-283.

> **专栏**
>
> **小学表现性评价中优秀试题的五个标准（节选）**[①]
>
> 表现性评价测试的场景大都为真实或仿真的个人生活情境、学校生活情境、科学情境，通过真实情境，考查学生灵活应用学科知识解决生活问题的能力是表现性评价最根本的目的。如有的学校将学生考试的空间拓展到实验室、功能室、操场、体育馆，甚至拓展到公园、超市、博物馆、科技馆和社区。
>
> 案例：考查学生利用长方形面积公式解决实际问题的能力。采用纸笔测试：在一个长方形图上标出长和宽的数值，让学生计算面积。只要学生记住面积公式，会乘法计算，就可以答对了。考查的能力仅仅为"利用长方形面积公式进行计算的能力"，是一种低层次的能力。
>
> 表现性评价试题：给学生一个三角板、一把直尺，要求学生测量出一张A3纸张的面积。当然也可以用其他大小塑料片或纸张，或者要求学生测量书本的面积、课桌的面积、黑板的面积、小窗户的面积、教室门的面积，等等。
>
> 首先，学生要选择工具，由于直尺的量程较大，比较适合A3纸张测量，所以选择直尺。其次，要克服直尺量程不够测量A3纸的长度和宽度的问题，即需要补接性测量，或者将纸张折叠后再测量。此外，还要科学规范使用直尺测量，读数要准确并及时科学记录。为了减少误差，还需要采取多次测量求平均值的方法，最后用面积公式求出面积。
>
> 这样，不仅可以考查学生工具的选择、刻度尺使用和读数、基本测量方法和面积公式的使用情况，还能考查学生科学的态度、测量的技能、解决真实问题的能力和灵活应用知识的智慧。

第六节　我国小学教学的未来改革趋向

当今社会，信息技术高速发展，国家与国家之间、人与人之间的竞争日益激烈，社会对于人才培养的要求也随之提高。为了让所培养出来的未来公民能适应个人终身发展和社会发展需要，在教学过程中应落实"以人为本"的教育理念，回归育人的本真目的。在此背景下，未来我国的小学教学在教学目标、教学组织形式、教学手段、教学评价等方面将进行深入的变革。

一、基于学科核心素养确立教学目标

基于核心素养进行基础教育课程改革已成为全球趋势，而核心素养的达成需要学科核

[①] 王旭东.小学表现性评价中优秀试题的五个标准[J].教学与管理(小学版)，2017(8)：51-53.

心素养的落实为其提供保障。教学目标作为教学过程中起指导性作用的一环,其确立需指向学科核心素养,进而促进学生核心素养的发展。

(一) 核心素养与学科核心素养

"核心素养"这个概念舶来于西方,英文词是"Key Competencies"。"Key"在英语中有"关键的""必不可少的"等含义。"Competencies"也可以直译为"能力",但从它所包含的内容看,译成"素养"更为恰当。简言之,"核心素养"就是"关键素养"。[①] 中国核心素养课题组提出:核心素养是学生在接受相应学段的教育过程中,逐步形成的适应个人终身发展和社会发展需要的必备品格和关键能力。[②]

目前最受全球关注的七大核心素养为:沟通与合作、创造性与问题解决、学会学习与终身学习、批判性思考、信息素养、自我认识与自我调控、公民责任与社会参与。在全球基于核心素养进行基础教育课程改革的大趋势下,近些年来中国也在探索符合中国学生特点的核心素养内容。2013年4月,受教育部委托,林崇德教授领衔组织国内多所高校近百名研究人员历时三年集中攻关,于2016年9月13日公布了中国学生发展核心素养的整体框架和内容。[③]

中国学生发展核心素养由三大领域六种素养十八个要点构成。首先,文化基础领域包括人文底蕴和科学精神两种素养。人文底蕴包含人文积淀、人文情怀、审美情趣三个要点;科学精神包含理性思维、批判质疑、勇于探究三个要点。其次,社会参与领域包括责任担当和实践创新两种素养。责任担当包含社会责任、国家认同、国际理解三个要点;实践创新包含劳动意识、问题解决、技术应用三个要点。最后,自主发展领域包括学会学习和健康生活两种素养。学会学习包含乐学善学、勤于反思、信息意识三个要点;健康生活包含珍爱生命、健全人格、自我管理三个要点。

核心素养的培养离不开各门学科的学习。如果说核心素养是一幅"蓝图",那么各门学科则是支撑这幅蓝图得以实现的"构件"。[④] 为了使核心素养与学科更紧密地联系,中国学者独创了"学科核心素养"这一概念。学科核心素养指个体在面对复杂的、不确定的现实生活情境时,在综合运用特定学习方式下所孕育出来的(跨)学科观念、思维模式和探究技能,以及结构化的(跨)学科知识和技能,在分析情境、提出问题、解决问题、交流结果过程中表现出来的关键能力和必备品格。这一概念的创立进一步丰富了核心素养的观念体系,成为我国基础教育各学科课程改革的统摄性和主导性概念。

视频:节庆文化比较课例——国际视野

核心素养和学科核心素养是上位与下位、目的(方向)与手段(途径)的关系。

---

① 褚宏启.核心素养的概念与本质[J].华东师范大学学报(教育科学版),2016,34(1):1-3.
② 林崇德.中国学生核心素养研究[J].心理与行为研究,2017,15(2):145-154.
③ 林崇德.构建中国化的学生发展核心素养[J].北京师范大学学报(社会科学版),2017(1):66-73.
④ 钟启泉.基于核心素养的课程发展:挑战与课题[J].全球教育展望,2016,45(1):3-25.

学科核心素养是核心素养在学科的具体化,是核心素养的一个有机组成部分。核心素养是整个基础教育的总目的和总方向,相对而言,学科核心素养是实现这个总目的、总方向的手段和途径,手段和途径是为目的和方向服务的,所以学科核心素养的落实有利于核心素养的达成。①

(二) 基于学科核心素养确立教学目标的探索

新课改之后,我国各学科的教学目标都是根据三维目标维度确立的,但三维目标本身存在不足之处,其对人的发展内涵特别是关键的素质要求缺乏清晰的描述和系统科学的界定。而学科核心素养规定的是能力和品格目标,关注的是学生的发展,更能体现以人为本的教育思想,能够较好地弥补三维目标的不足。事实上,学科核心素养超越三维目标的地方就在于学科核心素养更能体现以人为本的教育思想。此外,学科核心素养在内涵上也传承了三维目标的内容。作为学科核心素养主要构成的关键能力和必备品格,实际上是三维目标的提炼和整合,即把知识、技能和过程、方法提炼为能力,把情感态度价值观提炼为品格。能力和品格的形成即是三维目标的有机统一。因此,根据学科核心素养来确立教学目标就显得尤为必要。②

我国义务教育阶段各学科课程标准(2022年版)明确了核心素养内涵,此前,一些老师在教学中已进行了相关探索。如有教师根据高中语文学科核心素养确立了统编小学语文五年级下册《威尼斯的小艇》这一课的教学目标:有感情地朗读课文,背诵第4自然段,积累相关语句(指向语言素养);通过了解小艇的特点与船夫的驾驶技术,感受威尼斯独特的风情(指向审美与文化素养);领会作者抓住特点,把人物的活动同景物、风景结合起来描写的表达方法(指向思维素养)。③ 基于学科核心素养确立教学目标,对于学科核心素养落地、开展素养本位的教学具有重要意义。

二、教学组织形式多样综合发展

新课程改革要求实现教学方式的转变,实践过程中班级授课制受到了质疑,合作学习、探究教学得到了重视,甚至有取代班级授课制的嫌疑,但实际上班级授课制地位依然不可动摇,仍然是最基本的教学组织形式。它要求教师和学生按一定的教学程序和结构开展教学,这对教学活动的常规开展和教学秩序的稳定,以及新教师的教学和新的课程改革的实施具有重要意义。在班级授课制作为基本教学组织形式的前提下,我国未来的教学组织形式的发展会呈现以下趋势:④

(一) 在班级规模上,教学组织形式向小型化发展

缩减班级规模已成为国内外的必然趋势。这不仅是由于经济发展为缩减班级规模提供

---

① 余文森.论学科核心素养的课程论意义[J].教育研究,2018,39(3):129-135.
② 余文森.从三维目标走向核心素养[J].华东师范大学学报(教育科学版),2016,34(1):11-13.
③ 丁莉莉.基于核心素养发展的小学语文教学设计和策略研究[J].中国教育学刊,2018(8):77-80.
④ 和学新.从规范教学秩序到构建学生发展的有效教学机制——我国教学组织形式变革70年的回顾与展望[J].课程·教材·教法,2019,39(3):4-13.

了支持,更是教育公平的迫切需求。班级规模会影响到教师的"教育关照度"、课堂教学管理和教学效果。首先,班级规模减小,教师对每个学生的关心与照顾越多,师生个别交往的机会与时间越多,更有利于学生的学习和成长。其次,在小规模班级中,学生之间情感纽带的力量会更强,也有利于教师进行班级管理,保证课堂教学的顺利进行。最后,在人数较少的班级中,教师有更多的机会进行因材施教和个别辅导,教学活动和方式更加灵活和多样,有利于取得良好的教学效果。因此,在以班级授课制为基本教学组织形式的背景下,班级规模向小型化发展成为必然趋势。

(二)在利用空间上,要拓展教学组织形式的空间

随着现代社会对以人为本教育思想的广泛重视和信息技术的发展,教学组织形式的时空制约性将越来越小,教学组织形式空间得以拓展和延伸。目前,一些创新性的教学组织形式已经出现。比如,北京市海淀区中关村第三小学用灵活组合的活动隔断取代了教室和教室之间的墙壁,让教室可以根据教与学的需求进行"变形";将三个年级、不同年龄的孩子放在一个"班组群"中生活、学习,是一个家庭式的学习基地;四个班组群组成了一个"校中校",实行人财物、责权利的统一和自治,实现了小学校般的便捷和温馨。[①] 因此,在未来要充分、灵活地利用教学组织形式的空间,使其得以拓展和延伸,为学生营造良好的学习环境。

(三)在课程形态上,教学组织形式体现了多样综合的发展特点

教学组织形式已经从基本的班级授课制形式中发展出了分组教学、分层教学、现场教学、实践教学、活动课时、合作学习、探究教学、选课走班教学、个别辅导、个别化教学、翻转课堂、智慧课堂等多种教学组织形式,也形成了多样综合的教学模式,如"集体教学、合作学习与个别辅导"相结合等。这些教学组织形式都是以班级授课为基础,吸收其他教学组织形式的优点,实现多种教学组织形式的优势互补形成的。在未来,我国小学教学组织形式仍然会呈现"百花齐放"的局面,同时在广大教育工作者的努力下,会出现更多综合化的教学形式,体现教学组织形式发展的多样综合特点。

三、教育信息化促进小学教学深度发展

随着信息技术在教育领域的广泛应用,教育信息化的程度将会越来越高,教学手段和教学工具将会越来越先进,教学方式会越来越多样,相应地将会推动小学阶段的教学向更人性化、更有效率的方向发展。[②]

(一)教育信息化催生教材多媒化

在教育信息化的影响下,过去"活人读死书"的时代一去不复返,小学教材呈现"多媒化"。教材多媒化就是利用多媒体,实现教学内容的结构化、动态化和形象化。如今,已经有

[①] 刘可钦.中关村三小:3.0版本的新学校[J].人民教育,2015(11):46-49.
[②] 祝智庭.教育信息化:教育技术的新高地[J].中国电化教育,2001(2):5-8.

越来越多的教材和工具书变成多媒体化。比如面向教育领域、以师生为目标用户的电子课本(E-Textbook),可以提供多样的资源呈现形式,如声音、图像、动画、视频等,且能支持丰富的交互功能,如与媒体界面的交互(移动、选择、翻页等)、与内容的交互(划线、注释、上传、下载等)、学生与学生的交互(共建笔记簿、在线评论等)、学生与教师的交互(在线作业布置、解答等)。① 这使小学教学内容更加与情境相关,变得更具象、直观、有趣,也符合小学生的认知特点。

(二) 教育信息化助力教学个性化

教学个性化指利用人工智能技术构建的智能导师系统能够根据学生的不同个性特点和需求进行教学和提供帮助。在小学阶段要做到这一点,关键是对每个小学生个性进行测定,特别是认知方式的检测,这就需要借助教育信息化手段来辅助实现。教师需具有一个可操控并可以实时指导的软件平台,平台中具备制作好的各种微型学习资源、编制好的练习题等以供测试;学生应该人手一台数字化学习终端,如平板、笔记本电脑等,可以观看视音频、阅读文本等学习材料,并且还可以上网与师生进行交流,这样就增加了学生和教师之间的互动和学生个性化的学习时间,让学生对自己的学习负责,并且让教师成为学生身边的"教练",而不是讲台上的"圣人";通过直接讲解与同地、异地的学习,学生即使缺席也不会被甩在后面,更让学生都能得到个性化的教育,让教师进行真正的个性化教学。②

(三) 教育信息化实现学习自主化

由于以学生为主体的教育思想日益得到认同,利用信息技术支持自主学习必将成为发展趋向。网上学习采用的是学生自主学习方式,网上教学不受时空限制,并且信息源丰富,知识量大,有利于情境的创设。借助现代教育技术手段的课堂教学所提供的教学环境,使得课堂上信息的来源变得丰富多彩,多种媒体的运用能充分调动小学生的多种感官,为他们提供一个良好的学习情境,有利于提高主动性,使其真正积极主动地探索知识,而不是被动地接受信息。这样,学生能成为知识信息的主动建构者。教师不再是课堂教学的主宰,而成为课堂教学的组织者、指导者和促进者;教师的主要作用不再是提供信息,而是培养学生获取知识的能力。在教师的指导下,学生主动思考探索,主动发现,教学媒体成为辅助教学的教具和为学生自主学习提供的认知工具。

(四) 教育信息化促使环境虚拟化

教育环境虚拟化意味着小学教学活动可以在很大程度上脱离空间和时间的限制,这是电子网络化教育的重要特征。现在已经涌现出一系列虚拟化的教育环境,包括虚拟教室、虚拟校园、虚拟学社、虚拟图书馆等,由此带来的必然是虚拟教育。虚拟教育可分为校内模式和校外模式。校内模式是利用局域网开展网上教育,校外模式是利用广域网进行远程教育。在许多建设了校园网的学校,如果能够充分开发网络的虚拟教育功能,就可以做到虚拟教育

---

① 吴永和,杨飞,熊莉莉.电子课本的术语、特性和功能分析[J].现代教育技术,2013,23(4):5-11.
② 王小彦.基于翻转课堂的个性化教学模式探究[J].中国教育信息化,2014(6):12-15.

与实在教育结合,校内教育与校外教育贯通,这是未来信息化小学的发展方向。

(五)教育信息化促进资源全球化

利用计算机和网络,可以使全世界的教育资源融汇成一个信息海洋,供众多小学阶段师生共享。网上的教育资源有许多类型,包括教育网站、电子书刊、虚拟图书馆、虚拟软件库等。教师既可以用计算机和网络中的教育资源构造便于小学生进行探索性学习的情境,还可以利用网上资源丰富的特点,发展基于资源的学习,支持教与学的活动。

四、基于学生发展核心素养进行教学评价

一套完整的育人目标在通过教育体系得以落实的过程中,需要课程、教学与评价共同保持良好的一致性,即都指向同一目标——核心素养,这样才能实现教学目标的有效达成。因此,教学评价也需指向核心素养,以检测和评估学生相关素养的发展,为课程与教学提供反馈与建议,敦促课程与教学不断改革以指向核心素养教育。[①]

(一)通过形成性评价了解和诊断学生核心素养的发展

形成性评价在及时、全面了解并诊断反馈学生核心素养的发展情况方面具有重要作用,对课程与教学的反馈也更有意义。目前世界各国在设计形成性评价方案的过程中,通常以建立学生成长档案的方式,对各方面素养表现进行及时、持续、完整的记录,进而为教学提供反馈,并按需调整教学。例如,法国确定了七大核心素养:法语素养、数学和科学文化素养、人文文化素养、外语素养、信息通信素养、社会交往与公民素养、独立自主和主动进取精神。通过学生的《个人能力手册》可以对其基础教育阶段的表现进行完整的记录。对于每个学生来说,能力手册可以及时反映他们对国家规定的核心素养的掌握程度。手册考察的内容包括三个阶段:第一阶段(入学至小学 2 年级),只考察法语、数学、社会及公民素养;第二阶段(小学 3—5 年级)和第三阶段(小学 6 年级至初中毕业),对七大素养全面考察。手册在各个学段逐步填写完毕,在这一过程中,所有的教师都会参与学生的素养考核,这让教师得以跟踪并诊断学生核心素养的进步情况,同时还可以定期向家长反馈学生核心素养掌握状况。如果某个学生在某项(或某些)核心素养的掌握上有困难,教师会为该学生提供相应的帮助。我国小学在未来进行教学评价时也应紧跟国际形势,通过形成性评价来对小学生的核心素养发展状况进行及时地反馈和诊断。

(二)在面向全体学生的统一考试中,将对素养的评价融入学科考试之中

由于在推进与落实面向核心素养的课程过程中,强调将核心素养整合到各学科课程中,因此在现有的学科考试中融入对核心素养的测评,也成为世界各国规划其素养测评方案的一种选择。例如,新西兰就将对核心素养的监测融入到每年一次的学生学业成就国家监测研究中,并将其融入到现有各学科的不同类型题目中,对不同素养在每个学科中的

---

① 刘晟,魏锐,周平艳,等.21 世纪核心素养教育的课程、教学与评价[J].华东师范大学学报(教育科学版),2016,34(3):38-45.

具体表现都给出明确的操作性定义,从而实现对核心素养的测评,随该年度的学科监测结果一起公布。

以数学学科为例,若要开展数学核心素养评价,必须从数学学科自身规律出发,从数学核心素养对于学生发展的独特作用出发,即利用数学思维方式、数学工具审视相关的生活问题、工作问题或科学问题。① 如史宁中提出可以通过开放题来考查学生的思维过程,开放题应当采用加分原则。他曾经给小学四年级学生出过这样一道题:"有两个居民区,中间有一条道路连接,现在要在路边建一个超市,你建议建在哪里?为什么?"大部分学生回答该建在中间位置,因为大家走得一样远,这样的回答有道理,可得满分;有的学生答要看居民区人的多少,应该离人多的居民区近一点,这样的回答更好了,可以多加两分;还有的学生答需调查哪个居民区去超市的人多,按比例来建,这样的回答可以再多加两分。只要学生答得更好,就可以给他加分。在这样的测试中,不能仅仅通过结果判断学生答案的对和错,更重要的是判断学生的数学思维方式及应用是否有道理,是否合乎逻辑。② 因此,在未来我国小学应探索将核心素养的评价融入各学科考试中,从而实现对核心素养的测评。

(三)选用真实情景考查跨学科的问题解决能力

教育的首要目标不是仅仅为了让学生在学校中表现出色,而是为了帮助他们在走出校园后可以生活得更好,即培养学生形成伴随一生的能力,这是提出核心素养的根本所在。这些素养的形成,需要学生在真实生活情境中学习并运用相关的知识、技能,而不仅仅是聚焦于单一的某个学科主题内容中。因此,结合真实生活情境、尝试选取并构建跨学科的内容主题进行课程设计,已逐渐成为世界各国普遍采纳的实践方式,而开展基于项目的学习或基于问题的学习(PBLs)则是这一方式中最受全球关注的跨学科学习策略。③

由于面向核心素养的课程与教学都强调真实情景对帮助学生获取核心素养的重要作用,一些国家会尽可能地选用真实情境对核心素养进行评估。例如,匈牙利在其国家基本能力评估(NABC)中,聚焦于学生能否将其与阅读和数学素养有关的知识和技能用于现实生活的情境之中;2010 年,比利时在佛兰德区的测试中,测试内容主要涉及对社会、空间、时间领域及环境研究领域中不同信息来源的使用;波兰在初等教育阶段的测试则是完全基于跨学科材料,重点关注与评估学生在阅读、写作、推理、利用信息和知识的实际应用中的表现。因此,我国未来小学在进行教学评价时,也应借鉴国际经验,尽量结合真实生活场景来考察跨学科的问题解决能力,以促进小学生核心素养的发展。

五、将课程思政融入小学教学全过程

2020 年 5 月,教育部正式颁布《高等学校课程思政建设指导纲要》,提出"全面推进课程

---

① 孔凡哲.中国学生发展核心素养评价难题的破解对策[J].中小学教师培训,2017(1):1-6.
② 史宁中.学科核心素养的培养与教学——以数学学科核心素养的培养为例[J].中小学管理,2017(1):35-37.
③ 刘晟,魏锐,周平艳,等.核心素养如何落地——来自全球的教育实践案例及启示[J].人民教育,2016(20):60-67.

思政建设是落实立德树人根本任务的战略举措""课程思政建设是全面提高人才培养质量的重要任务""将课程思政融入课堂教学建设全过程"。① 这为高校全面推进"课程思政"建设提供了指导性框架。目前,"课程思政"的观念日益深入人心,作为立德树人的重要举措,不仅要在高校全面推进落实,在中小学阶段也要将课程思政全面融入教学全过程。为此,要准确把握"课程思政"的内涵、意义及实施路径。

(一)课程思政的内涵与意义

从字面上看,"课程思政"由"课程"和"思政"两个短语组成,其中"思政"是中心词,"课程"是修饰语。"思政"指思想政治教育;"课程"指以课堂为渠道、以教材为载体的知识传递程序或进程,理论上应该包括高校思想政治理论课、专业课和通识课等课程,在小学阶段指道德与法治课、其他学科课程等。"课程思政"指向一种新的思想政治工作理念,即"课程承载思政"与"思政寓于课程",②简而言之,就是所有课程都要发挥思想政治教育作用,所有课堂都应具备育人功能。

在小学阶段推进课程思政建设,有利于落实立德树人的教育根本任务,让学科教学最终回归到"育人"的本真目的;有利于将思想政治教育的目标融入各科的教学,使得各门课程都能参与到学校育人的过程当中,形成一个完整的课程育人体系;有利于提升教学效果,通过课程教学中系统性连续性地渗透思政内容,拓宽思政教育传播渠道,在知识传授与价值引领的统一中让思政教育更有力度。③

(二)将课程思政融入小学教学全过程的实施路径

将课程思政融入小学教学全过程,需要教师不断提高自身的思想政治教育教学能力,学生要在道德情感启蒙和道德实践中获得思政教育,同时要结合不同课程特点开展课程思政,如此,才能有效保证课程思政在小学教学全过程中得以实施。④

1. 提高教师的思想政治教育能力

将课程思政融入小学教学全过程,需要小学教师提高思想政治教育能力。第一,教师要提高将知识传授与价值引导相结合的能力。教师可以参加相关培训,了解思政动态,和其他教师就最新思政热点交流看法、分享经验,也可以观摩在思想政治教育方面成绩卓著的学科带头人的思政教学,汲取经验。第二,教师要提高发现学生思想动态、与学生沟通的能力。小学阶段是学生思想和品格形成的重要时期,教师要加强与学生之间的思想、情感和生活等方面的交流,把握学生的思想动态,及时发现学生生活中存在的问题和困难并予以解决,让学生的思想和品格能够积极健康地发展。第三,教师应该结合自己的教学风格将思想政治

---

① 中华人民共和国教育部.教育部关于印发《高等学校课程思政建设指导纲要》的通知[EB/OL].(2020 - 06 - 01). http://www.moe.gov.cn/srcsite/A08/s7056/202006/t20200603_462437.html.
② 邱伟光.课程思政的价值意蕴与生成路径[J].思想理论教育,2017(7):10 - 14.
③ 谭晓爽.课程思政的价值内涵与实践路径探析[J].思想政治工作研究,2018(4):44 - 45.
④ 王学俭,石岩.新时代课程思政的内涵、特点、难点及应对策略[J].新疆师范大学学报(哲学社会科学版),2020,41(2):50 - 58.

教育融入课程教学过程中。对于擅长数据分析的教师，可以通过自身严谨的态度、缜密的思维方式、较强的数据搜集和分析等能力对学生的钻研精神和学习态度产生影响；对于擅长举例和讲故事的教师，可以在选取案例和故事的过程中多选择一些既与学科内容相关又有正确价值导向的例子。

2. 学生要在道德情感启蒙和道德实践中获得思政教育

首先，小学属于启蒙性学习阶段，在这个阶段要重点考虑加强对小学生道德情感的启蒙。小学阶段的思想政治教育的重要任务是使学生了解相关的道德和精神"是什么"，并初步形成道德情感。对此，可以通过故事和想象力启迪的方式引导他们形成爱党、爱国、爱社会主义、爱人民、爱集体的情感，培养他们立志做社会主义建设者和接班人的美好愿望。① 其次，应创造条件让小学生接触实际社会，参与社会实践活动。思想政治教育需要"灌输"，但是不能仅限于"灌输"，尤其是对抽象逻辑思维不成熟的小学生，他们对理论知识，特别是富有哲学意味的思想政治理论知识的理解不会太深入，因此道德教育、思想教育应该更强调使小学生在实践活动中自我体验、自我反思，在生活中体会道德规范和要求，在对社会不断的了解中理解道德规范和价值观，进而提升学生的思想政治素养。②

3. 结合课程特点开展课程思政

在小学阶段，不同课程的性质不一样，开展课程思政的具体内容和方式方法也不一样。对于语文、英语等人文课程，教师应注意培养学生对中国优秀传统文化的认同感和自豪感，如在讲人教版六年级下册英语《What are you going to do》的"Good to know"这一部分时，主题是"People write words on different things"，在此可适当扩展一下中国古代人们书写的方式：竹简(bamboo slips)、骨头(bones)、丝绸(silk)等，让学生在了解中国传统文化的过程中增强文化认同感和自豪感。对于数学、科学等与意识形态联系不明显的课程，教师在教学中尤其要注意不能生搬硬套、强硬嫁接，应该注重将思想政治教育与科学精神、创新意识、逻辑思维等相互融合，通过一种润物无声的方式潜移默化地影响学生。

六、扩大中国特色小学教学的国际影响

中国的小学教学在形成和发展过程中一直在探求"中国特色"，在此过程中出现了很多代表性成果。一些优秀的教学经验和方法已逐渐走向世界舞台并得到国际社会的认可，扩大了中国特色小学教学的国际影响。

(一) 中国特色小学教学的形成与发展

中华人民共和国成立以来，我国的小学教学一直在探求"中国化"的道路上迈进，形成和发展了很多"中国经验"，走出了独具中国特色的小学教学之路，在这个过程中出现了一些代表性成果，诸多教学名师在长期的课堂教学实践中创造了卓有成效的教学方法与基本范式。

---

① 韩震.大中小学德育一体化思路下的德育教材体系建设[J].教育研究,2020,41(3)：14-18.
② 韩震.让马克思主义为青少年奠基科学的世界观和方法论[J].人民教育,2018(9)：1.

如李吉林的"情境教学法"、邱学华的"尝试教学法"、于永正的"五重教学法"、魏书生的"六步教学法"、窦桂梅的"主题教学"、刘可钦的"主体教育"、孙双金的"情智教育"等。

作为教师，如何促进具有"中国特色"的小学教学的形成呢？在此，可参考李吉林"情境教学法"的形成过程。李吉林的情境教学主要有两个来源：其一是源远流长的中国传统教育文化。儒家的"经世致用"，要求学有所用，把自己的学习与社会服务结合起来；道家的"崇尚自然"，要求尊重个性，以儿童的身心发展规律为教育的出发点；佛家的"精神超越"，要求修身养性，以追求人性完美和品格高尚为宗旨。孔子说："学而时习之，不亦说乎"，李吉林则认为语文作为工具学科，必须通过多练让学生掌握语言这一工具。胡瑗主张"必游四方，尽见人物情态，南北风俗，山川气象，以广其见闻，则为有益于学者矣"，李吉林就带学生观察大自然，观察社会；王守仁曰："大抵童子之情，乐嬉游而惮拘检，如草木之始萌发，舒畅之则条达，摧挠之则衰痿。今教童子，必使其趋向鼓舞，中心喜悦，则其进自不能已。"李吉林就创设轻松自由的情境，让学生在玩中学习。①

其二是源自对当时语文教学问题的批判。当时小学语文教学中存在"单调、呆板、低效"的弊端，李吉林称之为"用分数把儿童拴在教室里、捆在作业本上、阻隔在学校的高墙之内的封闭式教育"。② 这种教育是对人的个性的压抑，是对儿童创造性的压抑，其带来的弊端必然是小学教学发展的障碍和桎梏。对此，李吉林希望给儿童创设轻松自由、能激起无限想象力的情境，引导儿童发表个性化的言说，由此开始了对培养儿童创造精神的小学语文教学，即情境教学法的探索。

情境教学法的探索过程经历了四个阶段：（1）在阅读教学的语言训练中运用。创设情境，把"言"和"形"结合起来，进行句子或片断训练。（2）在作文教学中的运用。通过"观察情境作文"，引导儿童观察，在情境中加深体验、展开联想；习作时则在再现情境中构思，在进入情境中陈述，促进儿童情动而辞发。（3）在语文教学的审美教育中运用。摸索出"生活显示情境、实物演示情境、音乐渲染情境、图画再现情境、扮演体会情境、语言描述情境"六种不同途径，创设和教材有关的情境，对儿童进行美感教育，促进儿童由感受美入境，到爱美而动情，至理解美而晓理。（4）在前三个阶段的基础上，运用"形式上的新异性、内容上的实践性、方法上的启发性"的情境教学三原则，进一步促进儿童的整体发展。③

由此可见，教师若要形成具有"中国特色"的小学教学，需要深入研究中国传统教育思想和实践，从中汲取经验，促进自身教学理论和教学能力的发展。另外，还需要洞察当下小学学科教学中存在的弊端，对教学过程中遭遇的问题保持敏感，并勇于积极探索相应的解决方式，形成独特的教学风格，不断地为小学教学的"中国特色"贡献力量。

---

① 曹艳.李吉林语文情境教育思想研究[D].成都：四川师范大学，2008：9-10.
② 李吉林.李吉林文集（卷三）：情境教育三部曲[M].北京：人民教育出版社，2006：167.
③ 李吉林.为全面提高儿童素质探索一条有效途径——从情境教学到情境教育的探索与思考（上）[J].教育研究，1997，18(3)：33-41.

（二）中国特色小学教学的国际影响日益扩大

我国独具特色的小学教学经验与方法已逐渐走向世界舞台，并发挥着越来越重要的影响。比如邱学华的"尝试教学法"，指先让学生尝试练习，教师再讲解的"先练后讲"的教学思想。这种教学思想是通过对比分析自学辅导法和发现教学法的优势和局限性，按照中国教育的特点创造出的一种新的教学法。[①] 尝试教学法已引起国外教育界的关注。1986 年，日本佐藤三郎教授已将此法编入《世界有特色的教学方法》一书。1988 年，日本新算数研究会副会长片桐重男教授亲自到中国考察尝试教学法，并给予高度评价，他撰文指出："尝试教学法先让儿童进行思考和讨论，然后给予指导，不失为一种理想的方法。"尝试教学法论文已译成日文、英文、德文在国外教育杂志上发表，并在 1991 年 8 月北京国际数学教育会上交流。1993 年 6 月，邱学华还应邀到日本讲学。

再如 2008 年 7 月，在墨西哥举行的第 11 届国际数学教育大会中，专门为中国设置"国家展示"，以全面介绍中国数学教育的成就和经验。2018 年，由上海市教学研究室申报的"走向世界的中国数学教育——义务教育阶段数学课程改革的上海经验"被评为基础教育国家级教学成果特等奖，"上海经验"引发广泛的学术和实践影响。英国决定引进全套上海小学数学课本，连学生用的练习册《一课一练》也一并引进。另外，第 14 届国际数学教育大会于 2020 年 7 月 12—19 日在中国举办，这不仅标志着国际数学教育界对中国数学教育发展和水平的认可，同时为中国数学教育及其研究的崛起提供了一个良好的契机。

中国特色小学教学正在以其独特的魅力赢得国际社会的认可，但不可否认的是，中国的小学教学仍处于发展阶段，仍需要广大小学教师和理论研究者贡献智慧和力量，积极探索更有效、更符合学生实际的"中国经验"，为小学教学的"中国特色"增添更多靓丽的色彩。

本章小结

教学是小学教育的基本形式，是促进儿童身心健康全面发展的主要途径。在小学教学中，首先要通过教学目标对学生的预期学习结果进行描述，教学目标具有导向功能、激励功能、聚合功能和评价功能。叙写教学目标要注意完整性、准确性、可行性等。

班级授课制仍是当前教学组织形式的基本形态，当前的翻转课堂、小组合作学习、智慧课堂等对传统的班级授课制进行了超越和创新。在小学教学中应遵循的原则主要有整体性原则、直观性原则、启发性原则、理论联系实际原则、有序性原则、因材施教原则、量力性原则、教育性原则，可采用的教学方法主要有讲授法、讨论法、谈话法、演示法、参观法、练习法、实验法、实习作业法、发现法。教学评价对教学过程中教师的教学工作和学生的学习质量进行测量、分析和价值判断，具有重要的导向功能、诊断功能、激励功能和反馈调节功能。

---

① 邱学华.尝试教学法的理论与实践[J].人民教育,1994(4):32-35.

我国小学教学的未来改革趋向有：基于学科核心素养确立教学目标，教学组织形式多样综合发展，教育信息化促进小学教学深度发展，基于学生发展核心素养进行教学评价，扩大中国特色小学教学的国际影响等。

思考题

1. 简述教学目标的确立依据和叙写要求。
2. 简述当代教学组织形式的新发展。
3. 联系实际阐述如何做好备课工作。
4. 教师教学工作评价的内容主要有哪些？
5. 试论述我国小学教学评价的未来改革趋向。
6. 材料分析题

一位教师在教一年级学生学习"两数相差多少的应用题"一课时，为了让小朋友们能够亲身感受和体会老师教给他们的"比"的方法是可靠的，于是利用一年级学生爱唱爱跳和对比赛等具有奖励性质的活动感兴趣的特征设计了一个问题情境，下面是这一情境的课堂教学实录。

老师指定 7 个女生、3 个男生到台前唱儿歌（女生的声音明显大于男生的声音）。

老师：他们唱得好不好？

学生：好！

老师：男生和女生哪个组的声音大？

学生：女生声音大！

老师：同学们知不知道为什么女生的声音大？

学生：女生人多（学生凭直觉感受到）。

老师：是吗？那么女生比男生多多少呢？

学生：（部分学生已经很快说出女生比男生多 4 人，还有大多数同学在用各种不同的方法计算）

老师：（留给学生思考计算和交流答案的时间，直到绝大多数同学都得出结果，随后提问）你是怎么知道是 4 的？

学生：比的（学生说出自己比的方法）。

老师：大家用比的方法做得对不对呢？我们一块来比一下（让男生和女生成对依次坐回原位，最后剩下 4 个女生）。

问题：请分析以上教学片段中所体现的教学原则和教学方法。

拓展阅读

1. 李秉德,李定仁.教学论[M].北京：人民教育出版社,2001.

2. 王策三.教学论稿[M].北京:人民教育出版社,2005.

3. 裴娣娜.教学论[M].北京:教育科学出版社,2007.

4. 钟启泉,汪霞,王文静.课程与教学论[M].上海:华东师范大学出版社,2008.

5. 曾文婕,黄甫全.小学教育学(第3版)[M].北京:高等教育出版社,2017.

6. 喻平.发展学生学科核心素养的教学目标与策略[J].课程·教材·教法,2017,37(1).

7. 和学新.从规范教学秩序到构建学生发展的有效教学机制——我国教学组织形式变革70年的回顾与展望[J].课程·教材·教法,2019,39(3).

8. 郝志军.中小学课堂教学评价的反思与建构[J].教育研究,2015,36(2).

第十章
小学德育

学习目标

1. 理解德育与小学德育的内涵及意义。
2. 理解并掌握小学生的道德发展理论。
3. 认识并理解小学德育的主要内容。
4. 掌握小学德育的主要途径和方法。
5. 了解与掌握小学生存在的心理问题及心理健康教育的意义和实践方式。

视频：小学德育

内容脉络

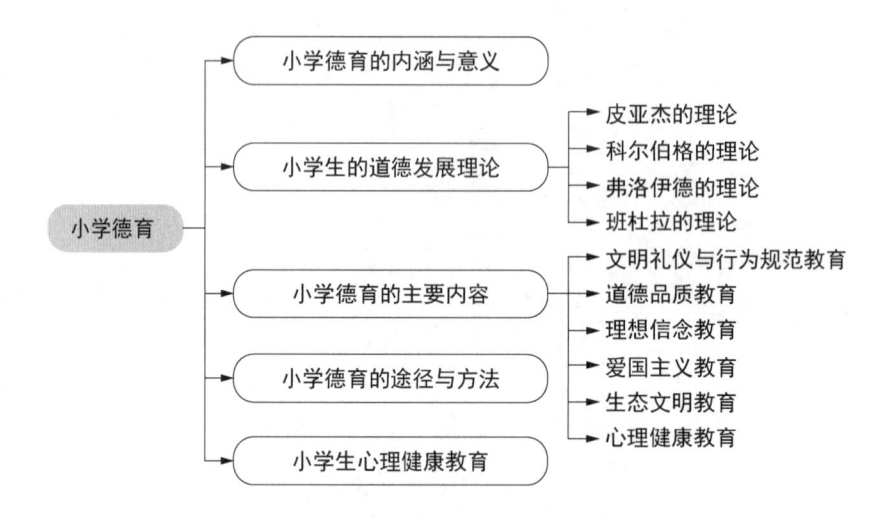

小学德育
- 小学德育的内涵与意义
- 小学生的道德发展理论
  - 皮亚杰的理论
  - 科尔伯格的理论
  - 弗洛伊德的理论
  - 班杜拉的理论
- 小学德育的主要内容
  - 文明礼仪与行为规范教育
  - 道德品质教育
  - 理想信念教育
  - 爱国主义教育
  - 生态文明教育
  - 心理健康教育
- 小学德育的途径与方法
- 小学生心理健康教育

本章引言

　　小学是个体品德发展的重要阶段，小学德育对于个体良好品德的形成具有基础性的作用。为了使小学德育更好地发挥育人、育德的功能，促进小学生健全人格的养成，我们有必要从理解德育与小学德育的内涵、小学德育的重要意义为起始点，进而探索小学德育的主要内容、小学德育的途径与方法以及小学生心理健康教育等，在促进人们对小学德育的全面理解的同时，推动教师更好地从事小学德育工作，有效地提升小学德育工作的质量和效果。

第一节 德育与小学德育

德育和小学德育具有丰富的内涵,它们的核心内容是道德教育,同时与政治教育、思想教育、法治教育、心理健康教育等又有着紧密的联系。从新时代的德育以及小学德育的本质属性来看,培养具有良好的道德品质、思想政治素养、民主法治精神乃至于生态文明素养的时代新人,无疑是国家建设和社会发展的迫切需要,同时也体现着德育以及小学德育培养全面发展的人的本质属性。因此,我们有必要对小学德育的内涵及外延进一步地厘清,在明确其本质内涵的基础上,更好地发挥德育和小学德育的功能。

一、德育与小学德育的内涵

(一) 德育的内涵

什么是德育?这个问题看似简单,却也有它复杂的方面,在教育领域中也存在着一定的学术争议。一般而言,教育学界对于德育概念的理解有广义和狭义之分,也即大德育与小德育之分。[1]

大德育即广义的德育,它认为德育不仅包含了道德品质的教育,同时包含了思想教育、政治教育、法治教育、心理健康教育等方面的内容。它是这一系列的教育活动的统称。思想教育主要是指促进受教育者的思想认识的教育,它旨在使受教育者在马克思的历史唯物主义和辩证唯物主义的思想基础上形成正确的世界观、人生观和价值观。政治教育主要是指对受教育者进行国家、民族、阶级、政党、政权、社会制度和国际关系的立场、态度和情感的教育,[2]它的重点是培养受教育者的政治认知、政治理念和政治信仰。法治教育主要是指对受教育者展开民主法治精神的教育,引导受教育者深刻认识国家的宪法和法律,行使宪法和法律所规定的公民权利,履行宪法和法律所规定的公民义务,做一个懂法、知法、守法的法治公民。大德育的概念具有一定的合理性。一方面,国家不仅需要培养有道德的人,同时也需要培养具有政治意识、法治精神、心理健康等素养的公民;另一方面,道德教育与政治教育、思想教育、法治教育等本身就有密切的关系,其中渗透着政治、思想等元素。当然,过度泛化的德育概念也存在着一些弊端,比如,把德育视为无所不包的范畴,实际上也就取消了这一概念本身;同时,在实践中让德育承担其所不能承担的任务,也容易导致德育工作的效果不佳,等等。[3]

小德育即狭义的德育,主要是指道德教育,即西方教育理论中所讲的"moral education",它是对旨在于促进学生道德品质发展的一系列教育活动的统称。小德育将德育的概念限定

---

[1] 檀传宝.德育原理[M].北京:北京师范大学出版社,2007:2.
[2] 鲁洁,王逢贤.德育新论[M].南京:江苏教育出版社,2010:123.
[3] 檀传宝.学校的道德教育原理(第三版)[M].北京:教育科学出版社,2015:3-4.

在道德教育上,使得大德育存在的一些问题得以解决,例如,德育不再是一个什么都可以往里面装的箩筐,其本质得以凸显;德育的实际教学负担被减轻,教师不必背负过重的教学任务。然而,将德育的内涵仅仅局限在道德教育上,也会造成德育的孤立处境,这并不利于学生的品德发展,因为道德与人的其他人格特质是融合在一起的,是无法剥离的,其发展也是一体的,我们无法也不可能抛开其他人格特质而单独发展人的品德。① 为此,针对大小德育的优缺点,檀传宝教授提出了守一而望多的观点。"守一"的意义在于德育的基本内涵是指道德教育;"望多"则是指德育要重视思想、政治、心理健康等方面的教育;思想、政治教育与狭义的德育有千丝万缕的联系,需要"望多"从而加强学校德育本身。② 这也表明,尽管德育的基本内涵是指道德教育,但是德育工作也要重视思想教育、政治教育、法治教育等的重要作用。

综上所述,我们可以对大德育和小德育的观点进行一定的综合,从而给出德育概念的基本定义:德育是教育者基于个体发展与社会发展的需要,促进受教育者的道德品质、思想意识、政治态度以及法治精神等方面的不断建构和提升的教育活动。德育的核心内涵是促进受教育者的道德品格的不断提升,注重受教育者的道德人格的养成;同时,德育也不能忽视思想教育、政治教育、法治教育等方面的重要价值,要全方位地促进受教育者的思想素养、政治素养、法治素养等的综合发展,从而为培养全面发展的人奠定坚实的基础。

(二)小学德育的内涵

小学德育是德育工作的一个重要阶段,它在培养儿童健全的人格品质方面发挥着重要作用。小学德育的内涵与德育的内涵在本质上是相通的,只不过因其阶段特征而具有一定的特殊性。具体来说,小学德育是教育者基于个体发展与社会发展的需要,促进小学阶段的受教育者的道德品质、思想意识、政治态度以及法治精神等方面的不断建构和提升的教育活动。因此,小学德育要遵循小学生的身心发展及道德思维发展的基本规律,通过德育目标、内容、方法等的合理设计来促进小学生的道德品质、思想意识、政治态度以及法治观念等的全面发展,从而为下一个阶段的德育工作打下更加坚实的基础。

为此,小学德育工作需要把握好以下几个方面的特殊性:第一,小学德育工作必须依据小学生的心理发展规律来开展。心理学研究表明,个体的心理与行为发展具有阶段性的特征,小学生的年龄一般在6到12岁,这段时间又被称为学龄初期。这一阶段的儿童心理机能发展较快,概念思维和自我意识迅速增长,社交范围开始扩大,这有助于他们把社会规范和道德准则转变为内在的道德认同。③ 因此,小学德育需要围绕小学生的这些心理发展特点,选择适当的教学内容、教学方法来展开德育工作,让小学生在最适合他们的道德发展的德育机制中获得稳步成长。第二,小学德育需要依据国家、社会的要求,促进小学生为未来的生

---

① 冯建军.现代教育学基础[M].南京:南京师范大学出版社,2005:256.
② 檀传宝.学校的道德教育原理(第三版)[M].北京:教育科学出版社,2015:4.
③ 汪凤炎,燕良轼,郑红.教育心理学新编(第四版)[M].广州:暨南大学出版社,2016:125.

活做好准备。小学生虽然还处于学龄初期,但是他们终究要成长为社会人,担当社会责任和国家使命。因此,小学德育要在小学生能够理解和接受的限度内展开国家意识、社会责任、道德品质等方面的教育,培养出具有国家认同、社会责任感以及健全的道德人格的社会主义合格公民。第三,小学德育要重点关注道德品质的教育,把与小学生的生活世界最为接近的道德价值观有效地传递给学生;同时,小学德育也要把一定的思想教育、政治教育、法治教育、心理健康教育等方面的内容传递给学生,促进小学生的完整人格的发展。

二、小学德育的重要意义

小学德育作为大中小德育工作的起始阶段,对于受教育者的道德人格的健全发展具有基础性的作用。小学德育不仅可以促进个体的品德发展,使个体成长为具有优良的道德品质的人;同时也可以促进个体的思想素养、政治素养、心理健康素养等的和谐发展,实现全面发展的人的培养。小学德育作为一项培养健全的人的教育事业,它也将极大地促进国家和社会的发展。因此,小学德育不仅对于个体发展具有重要意义,同时对于国家和社会的发展也具有非常重要的意义。

首先,小学德育对于促进个体道德发展具有重要意义。在小学阶段,学生的道德发展处于初始的阶段,还没有形成稳定的世界观、人生观、价值观,也可以说,这一时期的小学生还未发展成为成熟的道德主体,他们在道德品质上还是"未特定化的"。因此,小学德育工作对于小学生的道德品质发展具有重要意义,具体表现在:第一,小学德育可以更好地培养小学生的文明礼仪和行为习惯,使其成为一个能够遵守基本的社会文明礼仪和行为规范的道德人。文明礼仪与行为规范是社会对个体所要求的基本素养,其中包括了见到师长要主动问好、不随地乱丢垃圾、不乱吐痰,等等。这些文明礼仪和行为规范是人之为人的基本素养,小学德育可以通过这种文明礼仪和行为规范的教育让小学生成长为讲文明、懂礼节、有教养的新时代好少年。第二,小学德育可以促进小学生的道德品格的不断提升。人的道德品格主要包括了知、情、意、行四个方面。在道德认知上,小学德育可以使小学生不断去认知和理解诚实、守信、公正、关怀等道德观念,并在不断内化的过程中使之成为自己内心的道德观念。在道德情感上,小学德育可以引导小学生产生积极的道德情感,同时在具体的道德情境中实现对他者的同情、理解和关怀。在道德意志上,小学德育可以使小学生形成更加坚定的道德意志,以道德准则约束自我,坚定自我的道德信念。在道德行动上,小学德育可以通过一系列的道德实践活动来培养小学生的道德行动能力,从而将道德上的"知"转化为道德上的"行",使小学生成为有为的道德主体。第三,小学德育可以帮助小学生过有意义的道德生活。道德不是约束人的牢笼,而是帮助人过上有意义生活的重要基础。小学德育可以帮助小学生认知和体验道德与生活之间的内在联系,把握好个性发展与社会道德标准之间的尺度,并且将自我与他人、社会有效地连接起来,引导小学生在处理好这几层关系的同时形成积极健康的道德价值观,从而为过上有意义的道德生活打下良好的基础。

其次，小学德育对实现全面发展教育具有重要意义。全面发展教育是促进人的德智体美劳等方面的和谐发展的教育。全面发展教育意味着学校教育系统需要对德育、智育、体育、美育、劳动教育等予以同等的重视，而不是以功利的价值取向看待教育内容，在崇尚智育的同时将其他四育进行人为的贬抑。小学德育对实现全面发展教育的重要作用主要体现在两个方面：第一，小学德育可以通过对小学生的道德品质的有效培育，成为全面发展教育的重要组成部分。小学德育可以对小学生进行人生初始阶段的德育工作，这对于一个人的道德成长是至关重要的。甚至可以说，小学德育可以为人的道德人格的成长奠基，因为小学阶段的道德发展将对儿童的终身发展产生巨大影响。因此，小学德育也就成为了全面发展教育的不可或缺的一部分，它在促进人的全面发展的过程中发挥着重要作用。第二，小学德育可以为小学阶段的其他教育提供道德的方向。司马光在《资治通鉴·周纪一》中写道："才者，德之资也；德者，才之帅也。"才是德的辅助，而德却是才的统帅；育德与育才是一个相互统一的过程。在小学阶段，如果智育工作没有德育的方向性指导，小学生所学的知识就可能在未来成为伤害他人或者社会的工具；如果美育缺少德育的引领，那么艺术也就会失去道德的标准和方向；如果劳动教育没有德育的统帅作用，劳动就会失去服务社会、服务国家的道德意涵，而仅仅是个人谋生的手段。因此，小学德育对整个小学阶段的教育工作具有重要的意义，它起着核心引领的作用。

最后，小学德育对促进国家和社会的发展具有重要意义。第一，小学德育可以发挥出一定的国家政治功能。学校通过向小学生介绍我国的基本国情、政治制度以及社会主义核心价值观等方面的重要内容，培养小学生初步的政治认知、政治思想和政治信念，从而为他们成长为社会主义小公民奠定基础。第二，小学德育可以发挥出一定的文化功能。小学德育通过渗透中华优秀传统文化以及现代文化中的优秀价值观，比如勤俭节约、孝悌忠信、诚实守信等，不仅可以使中华五千年的优秀传统文化得以继承与弘扬，还能够培养出具有现代文化素养的社会主义文明建设者。另外，小学德育在一定程度上还可以发挥出生态功能。学校通过生态文明的教育，可以帮助学生树立起人与自然和谐相处的生态观念，让学生对生态文明建设形成责任感，并且培养学生保护生态环境的行动意识与行动能力。总而言之，小学德育是学校德育工作的重要阶段，小学生可以在小学德育的持续影响之下，成长为真正的社会主义建设者和接班人，为国家发展和社会建设贡献自己的一份力量。

一个教育实践者对德育问题的忧思

第二节　小学生的道德发展理论

人的道德发展是一个漫长的过程，在小学阶段，学生往往还处于未成熟的道德发展状态。同时，小学生的道德发展具有一定的规律性，只有正确认识这些规律，德育工作才能发挥出积极的育人功效。本节将重点介绍小学生道德发展的各种思想理论，并分析这些思想理论对于小学德育实践的引导作用。

一、皮亚杰的道德认知发展理论

皮亚杰是第一个系统研究儿童道德认知发展的心理学家,他通过向儿童呈现对偶故事并在此过程中对儿童进行观察与提问,来研究儿童的道德认知发展。皮亚杰将道德的实质概括为两方面的内容,第一是尊重准则,第二是社会公正感,并且以此为参照点来判断儿童道德发展的成熟程度。皮亚杰认为儿童的道德认知发展经历了一个由低级到高级的阶段性的连续过程。具体来说,儿童的道德认知发展大致可分为四个阶段。第一阶段是自我中心阶段(2~5岁)。在这一阶段,儿童并不能按照真正道德的方式来行动,而是凭借自己的想象来认识与接受规则,并且对于儿童而言,外部的规则并不具有强制约束力。如果儿童的行为符合了某一规则,极可能只是儿童对于他人行为的一种模仿。第二阶段是权威阶段(6~8岁)。这个阶段儿童总是按照父母、教师这些年长、成熟、有力量的权威者的要求行事,并且对于他们而言,权威者所制定的规则具有不可变更性;如果有人违背了规则就必须接受惩罚。第三个阶段是可逆阶段(9~10岁)。在这个阶段,儿童不再将规则视作不可变的东西,而是认为如果所有人都同意,那么规则是可以被改变的。此时,是否被所有人认可成为了儿童判断行为好坏的标准。第四阶段是公正阶段(11~12岁)。处于这一发展阶段的儿童形成了公正的观念,他们能够意识到在依据规则进行判断时,需要从关怀、同情出发考虑他人的现实处境。①

依据皮亚杰的儿童道德认知发展理论,小学生(年龄一般在6~12周岁)主要处于权威阶段、可逆阶段以及公正阶段。换而言之,儿童在小学阶段处于道德发展的关键期,是否能顺利发展成为道德主体,小学德育的作用至关重要。儿童在进入小学之初,刚刚摆脱以自我为中心的道德发展状态,将权威者的意志作为绝对的真理;在此时,教师对他们而言是规则的制定者,是指导他们规范生活的重要他人。因此,在小学低年段,教师的一言一行往往能对学生产生重要的道德影响;如果教师能够以公正的方式来对待学生,那么尽管学生并不明白公正背后的内涵以及价值,但是他们在处事时依旧会使自己的行为趋向于"公正"的要求,以此来遵守权威者所制定的规则。在小学的中年段,儿童逐渐从权威阶段过渡到可逆阶段,此时的儿童已具备了初步的道德理性,不再视权威为唯一的标准,他们把规则作为与同伴之间共同约定的东西。此时,教师对学生进行德育时需注重培养他们的道德思考能力和判断能力,并将他们视为良好规则的共同制定者,让他们成为规则的主人。到了小学的高年段,儿童的道德判断趋于成熟,是否公正成为他们行动的重要依据。在这里,公正不是一种平均主义,而是建立在公平基础上并考虑到同伴之间差异的社会伦理。对教师而言,如何教会学生做出公正的道德判断就成为了德育的重要内容。同时,在这一阶段,教师也需以启发诱导的

---

① 汪凤炎,燕良轼,郑红.教育心理学新编(第四版)[M].广州:暨南大学出版社,2016:180.

方式帮助学生适应不同的道德情境,促进他们的道德发展。

二、科尔伯格的"三水平六阶段"理论

科尔伯格继承并发展了皮亚杰的道德认知发展理论,他开创了道德两难故事法,在故事情境中设置道德冲突,并提出道德问题让被试回答,以此检测被试的道德认知发展水平。同皮亚杰一样,科尔伯格也将公正这一伦理价值视为人的道德认知发展的中心原则,并以此为基准提出了著名的"三水平六阶段"的道德认知发展理论。

1. 前习俗水平

学前以及小学低年段儿童的道德认知发展水平一般处于前习俗水平。在这一阶段儿童并未形成一定的道德观念,其遵守规范的依据主要在于个人行为的结果与自身的利害关系。这一水平又可具体划分为两个阶段:

第一,惩罚和服从的定向阶段。儿童往往因为害怕受到惩罚而选择服从规则,并且对于儿童来说,免受惩罚的行为便是好的行为;而受到批评责备的行为则是坏的行为。换而言之,这一阶段的儿童并不关注行为本身的性质,而是把行为的结果作为判断好坏的标准。

第二,工具性的相对主义定向阶段。此时,儿童的是非判断标准在于一个行为是否对自己有利,如果他能从中得到好处,那么这就是一个好的行为;但若他因此而受到惩罚或是遭遇其他伤害,那么对他来说这就是一个坏的行为。在这一阶段,儿童依旧没有形成一定的道德判断力。

2. 习俗水平

从小学中年段开始,儿童逐渐会进入习俗水平,但是这一阶段可能一直持续至青年乃至成年。这时期儿童逐渐从个人走向团体与社会;对他们而言,道德的价值在于为他人与社会尽义务。习俗水平也可分为两个阶段:

第一,好孩子定向阶段。儿童在这一阶段往往会依据家庭、学校以及社会对于"好孩子"的期望与要求来行动。相较于上一阶段,尽管儿童已走出对个人利益的计较得失,但是他们依旧没能正确认识道德价值,在复杂的道德情境中仍不能做出理性的判断。

第二,维护权威或秩序的定向阶段。个体在这一阶段已然意识到维护普遍的社会秩序的重要性,他们往往会依据法律法规展开行动,并将其视为权威。但是在个体看来,法律与其他权威规则是绝对的,具有不可变更性,因此道德对他们而言更类似于外在于自己的教条,而非自主的选择。

3. 后习俗水平

在年龄上至少是青年期的人才能达到这一水平,甚至有不少成年人一生也不能达到。处于这一阶段的人开始认识到法律和规则不是一成不变的,而是具有相对性,甚至在法律之上还有另一些普遍价值在发挥作用。用皮亚杰的观点来看,处于这一水平的人达到了完全

自律的道德状态。这一道德发展水平也可分为两个阶段：

第一，社会契约定向阶段。此时，尽管个体依旧尊重并信仰法律，但是更加认为法律和规则的目的在于服务于人，因此它是可变更的；一旦法律落后于时代的发展，就应当得到及时的修正；另外，如果法律不符合大多数人的利益，那么个体也可以选择拒绝服从它。

第二，普遍道德原则的定向阶段。当个体达到这一发展阶段时，往往已形成一定的道德信仰，对是非善恶具有独立的判断标准；在具体行事的过程中，其不受现实规范的制约，而是从道德的本质出发考虑问题，听从良心的召唤。

依据科尔伯格的理论，小学低年段的学生一般处于前习俗水平，道德认知力较弱，对此，学校德育应当遵从循序渐进的原则，避免将过于复杂的道德概念传递给学生，而是要注意从行为的结果方面引导学生；换而言之，奖励与惩罚的德育方法较为适用于处在前习俗水平的小学生身上，在其具体行为表现之后施予奖励或惩罚，能够帮助他们初步认识自己行为的好坏，并在提高好行为出现频率的同时也降低坏行为的发生频次。这就使得小学生在能够真正体认道德观念之前形成一定的道德敏感性。小学中高年段的学生则主要处于习俗水平。在各方德育力量的影响之下，此时小学生形成了一定的道德认知，这一认知主要以绝对法则为中心。学校的规则对小学生而言成为了衡量行为是否合乎道德性的重要标准，因此，德育在此时的主要任务在于帮助学生理解规则，既要使他们知道规则的具体内容，又要让其明白规则的意义与价值以及制定的缘由。另外，教师的榜样作用在此时也非常重要，教师是否能遵守规则、严于律己能够影响学生的道德认知发展。如果教师以规则破坏者的身份出现，就容易让学生出现价值混乱；而若教师选择与学生共同遵守规则，甚至做得更好，就会让学生对规则形成一种信念，并有助于他们的进一步发展。尽管对于小学生而言，后习俗水平较难达到，但是学校德育仍需把握小学生道德认知的最近发展区，在不违背其心理发展规律的前提下，引导学生突破权威法则的限制，让他们成为更加自主的道德人。

三、弗洛伊德的精神分析理论

弗洛伊德认为人格由本我、自我和超我三个部分组成，并且这三者相互作用，共同支配着主体的行为；而衡量一个人的行为是否道德，则主要取决于超我是否发挥积极的导向作用。按照弗洛伊德的理论，本我是人格结构中最原始的部分，包括了生物原始的冲动与欲望（弗洛伊德称之为"力比多"）。本我遵循着快乐原则，个体在本我的支配下毫无自制力，一味追求自我的满足。可以说，依于本我展现出的行为没有道德可言。一般来说，新生儿的行为主要由本我控制，并处于一种无道德发展状态。随着个体生命的成长，本我之中逐渐分离出自我。尽管自我是在努力满足本我的需要，但是依于自我的行为往往会将外部环境的状况考虑在内，其遵循的是现实原则。由于本我的需求与外界现实之间常常形成冲突，自我的一个重要工作就在于控制及压抑本我，但是由自我主导的行为中道德情感的力量依旧薄弱，也因此自我在某些时刻无法控制住本我。大概到儿童五六岁的时候，由于社会规范力量的作用,超我开始出现。超我遵循的是道德原则,具有超我人格的个体能够有意识地支配自己的行为,并努力使之符合道德规范。当儿童想要通过不道德的方式来满足自我需求时,往往会出现一种道德内疚感。这种道德内疚感其实就是自我与超我之间紧张状态的流露,在此作用下,儿童会为了"安心"而选择打消不道德的念头。

在人格发展方面,弗洛伊德给出了五个阶段的划分,即口唇期(1岁前)、肛门期(2～3岁)、性器期(3～6岁)、潜伏期(6～12岁)以及生殖期(成年期)。在每一个阶段个体都会遇到相应的发展问题,并且前一个阶段会对后一个阶段的发展产生影响。在口唇期,婴儿的活动主要以口唇为主,如果口唇的活动能使婴儿产生快感,在未来个体会有乐观的性格特征;反之,则易出现悲观、退缩、猜疑等性格。在肛门期,儿童一般会接受排便训练,如果父母对其训练过于严格,可能会使其形成洁癖、强迫等人格,但如果父母对其采取放任的态度,就易使孩子在长大后形成不守规则、肮脏、凶残等人格特征。在性器期,儿童会以异性父母作为自己性欲对象,从而产生恋母(男孩子爱恋母亲而仇视父亲)或者恋父情结(女孩子爱恋父亲而仇视母亲)。如果儿童能够压抑性欲,接纳、认同同性父母,就能获得健康的人格成长;反之,儿童可能发展出同性恋、异性癖、异装癖等人格障碍。到了潜伏期,儿童进入小学接受教育,性的作用在此时以潜伏的方式呈现,他们趋向与同性交朋友而避开异性,如果儿童在这一阶段遇到不良的引诱,就会产生性偏离。最后,生殖期是个体性发展的成熟期,在这时个体走出父母的家庭,寻求爱侣,养育子女成为社会化的成年人。

依据弗洛伊德的精神分析理论,小学阶段的儿童正处于人格发展的潜伏期,并且其人格结构包括了本我、自我与超我。这表明,此时的儿童具有一定的道德感,他们有约束自我的意识和能力,但是相较于成年人,他们的超我人格还未完全成熟,在某些时刻,尽管儿童会产生道德内疚感,但为了获取一定的自我利益会选择不道德的行为。对此,小学德育应当关注学生的道德情感发展状态,使道德情感成为学生品德心理结构中真正的动力机制,并让其力量大到足以引导道德行为的形成和发展。与此同时,德育的力量还在于"护",这要求教师要注重保护学生的心灵,教会学生学会自我保护,顺利度过人格发展的重要阶段。

四、班杜拉的社会学习理论

皮亚杰和科尔伯格从道德认知的角度,弗洛伊德从道德情感的角度分别探寻了儿童道德发展的基本规律,为小学德育工作提供了有价值的指导。同时,新行为主义心理学家班杜拉基于对"个体""环境"以及"行为"三者关系的探讨给道德发展研究提供了不同的思路,在他看来,个体的道德行为表现受人的内部因素以及环境因素的共同影响,创设一定的条件,并合理利用奖惩能够有效促进学生的品德发展。具体如下:

1. 抗拒诱惑

"抗拒诱惑"是指在具有诱惑力的情境中,个体能够依据社会规范的禁忌,对自己的愿望、冲动等行为倾向有所抑制，使自己在行动上不至于做出违反社会规范的行为。① 个体在出生时是生物人的角色，没有道德意识，也没有对规则的认知，"饿了吃饭，渴了喝水"是生物人的生存实况，他们按照自己的生理需求行动。但是，道德主体一定是社会人，个体在接触外界事物之后开始出现社会化的过程，抗拒诱惑，学会压抑不合时宜的生理需要来使行为符合社会规则的要求，这是生物人向社会人发展的必要环节。小学生正是处于这种社会化的过程中，他们的心智并未完全发育成熟，对于诱惑的抗拒力量还不够强。从品德心理结构来看，抗拒诱惑力其实对应的是"知情意行"中的道德意志，因此，小学德育应当注重这一方面的培养，创设一定的诱惑情境，促进学生道德意志的成长。

2. 赏罚控制

利用赏罚的方式来培养学生道德品质，具体的做法是如果学生出现合乎道德准则的行为就给予一定的奖励；相反，若学生的具体行为违背了道德准则，那么就要对其施予惩处。这一方法可以和抗拒诱惑结合使用。当学生能够成功抗拒诱惑时，给予他奖励，其实就是对他道德意志的肯定，可以提高此后相似行为出现的频率，达到道德行为强化的效果。没能抗拒诱惑的学生则会受到相应的惩罚，这能够让学生为逃避惩罚而避免此类行为的再次出现。奖惩的方法较为适合于道德发展较低阶段的小学生，但值得注意的是，奖惩需要依于一定的原则。首先，奖惩需要合乎一定的道德性，在不伤害到学生情感的情况下进行，尤其要拒绝体罚这种违背道德伦理的陈旧做法。只有奖惩本身体现出道德性，才能说服学生信仰道德。其次，奖惩要具有一定的教育性。奖惩不是简简单单对学生某个行为的评价，而是一种教育手段，其目的是帮助学生践履道德，成为道德行动的主体。最后，奖惩要能够体现成效，即教师需以适当的方式进行奖惩，不被学生喜欢的以及不痛不痒的奖惩并不能很好地发挥出教育效果，而教师若能够在充分了解学生实际情况及个人需要的情况下进行奖惩，则更能让奖励打动学生，让学生在奖惩中接受教育。

3. 模仿学习

班杜拉将模仿学习分为四种类型，由低级到高级分别是直接模仿、综合模仿、象征模仿以及抽象模仿。② 直接模仿是一种较为机械的模仿方式，道德学习者主要模仿的是某一外在的道德行为。综合模仿具有一定的整合性，在多次直接模仿他人的道德行为之后逐渐形成了自己的道德行为。象征模仿则是指个体模仿的是他人道德行为背后的意义（即精神品质），不再是"依葫芦画瓢"式的外在行为模仿。抽象模仿的难度最大，主要指道德学习者从观察他人的行为中学到一种抽象的道德原则，并运用这种道德原则来展开自己的行动。实际上，在班杜拉看来，模仿学习也是观察学习，主要是通过观察他人具体的道德行为表现来发展自己的道德水平。由于儿童喜欢模仿心目中最重要的人以及在他们看来很优秀的人，

---

① 陈琦，刘儒德.当代教育心理学（第二版）[M].北京：北京师范大学出版社，2007：416.
② 汪凤炎，燕良轼，郑红.教育心理学新编（第四版）[M].广州：暨南大学出版社，2016：233.

因此在小学德育中，教师的榜样作用十分重要。值得注意的是，儿童在模仿学习时，既会模仿他人好的行为也会模仿不良行为，所以，教师一方面需要以德正身，给学生带来积极的榜样影响；另一方面则要引导学生对各种行为形成一定的道德判断力，以此来避免社会人士、同辈群体等人的不良行为对其造成不良的道德影响。

第三节　小学德育的主要内容

在小学阶段，为了贯彻立德树人的根本任务，增强国家意识和社会责任感，教育学生理解、认同和拥护国家政治制度，了解中华传统优秀文化和革命文化、社会主义先进文化，增强中国特色社会主义道路自信、理论自信、制度自信、文化自信，引导学生准确理解和把握社会主义核心价值观的深刻内涵和实践要求，养成良好的政治素养、道德品质和行为习惯，小学德育需要重视以下几个方面。

一、文明礼仪与行为规范教育

中国自古以来便被称作礼仪之邦，国人的言谈举止往往依于一定的礼数。《论语·乡党篇》记载："君召使摈，色勃如也，足躩如也。揖所与立，左右手，衣前后，襜如也。趋进，翼如也。宾退，必复命曰：'宾不顾矣。'"这是一段描述孔子接待宾客的情形，大意为孔子在接见宾客时总是脸色沉重，脚步盘旋，向和他一起站立迎宾的人作揖，手向右向左，衣服前后摆动，却整齐不乱。快步向前的时候，像鸟儿展开两翅一般；宾客走后，一定向国君汇报说，"客人已经不回头了"。孔子用自己的言行展现了个人的文化礼仪素养，同时也诠释了中华的文明礼仪。在当代，这种"礼"的精神仍然具有重要的意义。对于国家和社会而言，文明礼仪是一个国家的文明程度、生活习惯和道德风尚的反映；对于个人而言，文明礼仪则是一个人的基本道德素养、文化修养的直接反映。因此，文明礼仪和行为规范的教育是德育的基本内容，对于小学阶段的儿童来说，让其养成良好的文明礼仪和行为习惯，可以极大地提升他们的文化涵养、道德涵养，为他们的未来人生奠基。

在小学阶段，文明礼仪及行为规范的具体教育内容非常多，归纳而言主要有以下几个方面。第一，个人卫生习惯方面，要求学生衣着整洁，经常洗澡，勤剪指甲，勤洗头，早晚刷牙，饭前便后要洗手；自己能做的事自己做，衣物用品摆放整齐，学会收拾房间、洗衣服、洗餐具等家务劳动。第二，在上课纪律及学习要求方面，学生须做到按时上学，不迟到，不早退，不逃学，有病有事要请假，放学后按时回家；课前准备好学习用品，上课专心听讲，积极思考，大胆提问，回答问题声音清楚，不随意打断他人发言；课前预习，课后认真复习，按时完成作业，书写工整，卷面整洁。第三，在待人接物方面，要求学生能待人有礼，尊重长辈与同学，见到长者能主动问好；做事认真负责，诚实守信。第四，在对待公共设施与环境方面，要求学生能爱护公物，不做出涂抹刻画以及其他破坏公物的行为；爱护周围的生态环境，爱护花草树木。

第五,在公共秩序方面,遵守公共规则,不在公共场所喧哗打闹;能文明礼让他人,帮助有需要的人。

总而言之,文明礼仪与行为规范教育要兼顾儿童的私人生活与公共生活,学校和教师要注意从细节出发来教导儿童,并善于利用多种途径、多种方法来呈现具体的教育内容,让小学生在正面接受、耳濡目染以及具体行动中成为有文明礼仪、文化教养的人。

二、道德品质教育

道德品质教育是德育的核心内容。先秦时期,孔子将道德品质的教育放在私学的首要地位,他主张将"仁"作为最高的道德准则,而仁、知、信、直、勇、刚则是君子所应具备的六种道德品质。① 到了汉朝,大儒董仲舒将三纲五常作为道德教育的核心内容,从此以后忠、孝、顺成为了封建王朝所提倡的最重要的道德品质。② 在当代,道德品质教育仍然是学校教育中必不可少的德育内容,但是随着时代的发展变迁,道德品质的核心也有了一定的变化。对于新时代的小学生而言,道德品质的教育需要从以下两个主要方面着手。

一方面,依托于中华优秀的传统文化,从中华民族之根中追溯中华传统美德,传承和发扬具有中华之魂的道德品质。在古代,"仁"是道德发展的根基所在,也是最核心的道德价值。"仁者,爱人。"仁实际上表达的是个体对于他人的生命价值与权利的尊重;同时,仁并不是意味着对恶的宽容与放纵,因为"唯仁者能好人,能恶人"。仁是一种有分寸、有理性的道德原则。在当代,"仁"的价值依旧重要,对于小学生而言,"仁"的要求在于规范自我,形成正确的善恶是非观念,并能以尊重、友爱的态度对待他人。"义"在古代是另一个重要的道德价值,"义"常被人们误解为一种超乎理性范畴的"义气"之义,但实际上,在儒家学说中,"义"表示的是对他人与社会的责任与义务。③ 小学生属于未成年人,他们相较于成年人承担的义务较为有限,但这不意味着小学德育可以放松在此方面的培养。小学生需要知道"义"理,对他们来说,"义"具体表现为尊重他人、遵守规则、诚实守信、爱护公共设施、孝敬长辈等;小学生通常难以遇到需要展现"大义"的道德事件,但是他们可以从小事做起,展现新时代小学生的道德风采。这些都是我们中华文化中所蕴含的传统美德,需要我们在小学德育中不断传承和发扬,从而使小学生能够具备这些优良的道德品质。

另一方面,依据社会主义核心价值观的要求,发展小学生的道德品质。小学德育要培育和践履社会主义核心价值观,引导儿童了解和理解自由、平等、公正、法治、爱国、敬业、诚信、友善的意义。同时,在小学德育中,德育工作要在充分理解和吸纳社会主义核心价值观的基础上,重点培养学生处理好以下几个层面的关系,并且在这些关系中去培养小学生的道德品质。一是个人与自我的关系,小学德育需要引导学生形成自尊、自律、自制、自

---

① 孙培青.中国教育史(第三版)[M].上海:华东师范大学出版社,2009:41.
② 同上,第119页。
③ 同上。

强不息等道德品质,让学生即便在独处时也能遵循内心的道德准则,做到慎独、不逾矩。二是个人与他人的关系,要引导小学生与他人友好相处,形成诚实守信、宽容大度、关心他人等道德品质。三是个人与社会的关系,小学德育要深化学生与社会、国家的关系,让小学生能够遵守社会的文明礼仪及道德规范,成长为一名具有文明礼貌、热心公益、服务社会的道德人。总之,小学德育工作要继承传统,同时也要注重时代性与发展性,做到与时俱进,不断创新,从而把中华传统美德以及新时代的道德要求有效地传递给学生,培养学生健全的道德人格。

三、理想信念教育

理想信念的意义深远,它能够指引人生前进的方向;正确的理想信念往往能让人活出精彩,而错误的理想信念则会将人带入歧途。因此,小学德育应当引导学生形成正确的理想信念,成为意志坚定的社会主义建设者和接班人。根据小学生的身心发展特点,小学阶段的理想信念教育应当牢牢把握以下两个方面的内容。

第一,理想信念教育应当包含个人理想和社会理想两个方面。个人理想与社会理想是有机统一的关系;社会理想能够为个人理想提供指导,同时个人理想也为社会理想提供基础,有助于社会理想的实现。具体而言,个人理想代表的是一个人对于自己未来生活与事业的憧憬与追求,换而言之,这是个人对自己的主要定位。学校应当引导学生基于正确的价值观念来谈个人理想。学生的个人理想必须是合乎道德性的,不应以损人利己的方式来实现个人理想,更不应触犯国家的法律法规。同时,个人理想须与国家利益相一致。个体命运与国家利益始终是息息相关的,损害了国家的利益,最终也无法保全个人的利益。个人理想一定是脚踏实地的,学生需要避免天马行空的空想,而是将理想设在未来所能达到的能力范围之内。另一方面,社会理想表达的是个人对于未来社会的向往。当前,中国梦是所有人所应当追求的社会理想,中国共产党必然能够带领中国人民完成两个一百年的宏伟目标,最终实现中华民族的伟大复兴。因此,小学阶段的理想信念教育应当指导学生形成正确的个人理想,同时也要强调中国梦这一重要的社会理想,使学生在个人理想与社会理想的融合统一中形成坚定的理想信念,形成更加健全的道德人格。

第二,理想信念教育要注重培养小学生正确的世界观、人生观与价值观,并使之形成一定的人生信仰。对此,小学德育也要注重新时代中国特色社会主义理论的学习,通过渗透式的教育来引导学生学习习近平总书记系列重要讲话精神,领会党中央治国理政的新理念新思想新战略。通过小学德育工作,让小学生了解中国共产党人不忘初心、砥砺前行的奋斗精神,树立起对中国共产党的政治认同、情感认同以及价值认同,并增强学生对于中国特色社会主义的道路自信、理论自信、制度自信、文化自信。在此基础上,小学生将成长为热爱祖国、热爱中国共产党,有着坚定信念的社会主义建设者和接班人。

四、爱国主义教育

爱国是中华儿女最为朴实的情感,爱国主义是中华民族屹立于世界之林的精神基石,爱国主义教育则是中华民族永恒的教育主题。在新时代,爱国主义教育是实现中华民族伟大复兴的必由之路,它能够增强国家凝聚力,增强中华民族归属感。在小学阶段,爱国主义教育的主要内容有以下几个方面:

第一,爱国观念的传导与爱国情怀的培育。爱国主义教育要引导学生对国家形成认知并产生深刻的认同。国家认知是指学生通过学习了解国家的政治、历史、地理、文化等知识;国家认同则是学生在国家认知的基础上形成对国家在情感上的强烈热爱和认同,并产生一种深刻的归属感。爱国主义是人们在国家认知、国家认同基础上形成的对祖国所怀抱的一种深厚的情感,这种情感浩大广博,并且超脱了个人利益的得失。爱国主义教育不是要学生去抽象地爱国,而是要引导学生去热爱祖国的大好河山,热爱祖国的同胞,热爱中国共产党,热爱人民政府,热爱祖国的五千年文化,等等。爱国主义教育要注重涵养学生的爱国情怀,让学生从对祖国的情感依恋上升为一种超越自我的爱国主义精神。在小学阶段,教师可以通过讲述历史故事、参观红色文化纪念馆、游览祖国大好河山、保护国家公共资源等方式,加强个人与国家之间的紧密的情感纽带,从而稳固地培育学生的国家认同及爱国主义精神。

第二,理性爱国行为的培养与爱国行动的展开。爱国主义教育也要讲理性,小学德育要鼓励学生以理性的方式来表达爱国情感,避免以不理智的行为来表达自己的爱国之情。例如,2012年中日钓鱼岛争端激化,一些青年人为了抗议日方企图"国有化"我国钓鱼岛的行为,在示威游行时砸毁国人购买的日本品牌的汽车、相机等物品,甚至将一些店铺纵火砸毁。这种"爱国行为"事实上是非理性的,它损害了中国人民自己的利益。因此,小学德育中的爱国主义教育,也应当注重对小学生展开理性爱国行为的引导,避免学生以不理智的方式来展开错误的"爱国行为"。学校德育的重要工作是引导学生展开积极的爱国行动,鼓励小学生做社区志愿服务、祭奠革命烈士、维护城市清洁等力所能及的爱国行动。通过生活中的热爱祖国、热爱社会的实践活动,可以在潜移默化中培养学生的理性爱国情感,鼓励小学生的理性爱国行为,从而真正促进小学生的爱国主义精神的培养。

五、生态文明教育

生态环境是人类赖以生存的根基,保护生态环境、促进人与自然和谐发展是当前教育工作的重要任务。习近平总书记指出,建设生态文明是中华民族永续发展的千年大计,整个中华民族对于生态文明的建设都有不可推卸的责任。"纵观世界发展史,保护生态环境就是保护生产力,改善生态环境就是发展生产力。良好的生态环境是最公平的公共产品,是最普惠的民生福祉。对人的生存来说,金山银山固然重要,但绿水青山是人民幸福生活的重要内容,是金钱不能替代的。你挣到了钱,但空气、饮用水都不合格,哪有什么幸福可言!"[①]小学生是未来社会生活的主人,是生态文明的守护者,为此,学校应加强小学生的生态文明教育,促进他们生态文明素养的不断提升。小学阶段的生态文明教育主要内容有以下几个方面:

首先,生态文明知识教育。这是生态文明教育的基础环节。对于小学生而言,他们需要了解一些基本的生态文明概念,比如可持续发展、全球变暖、水土流失、循环利用等。但值得注意的是,小学阶段生态文明的概念性知识不应过于复杂,并且教师应当基于小学生的认知发展特征来呈现教育内容,让小学生在"听懂"的前提下内化这些概念知识。小学生需要了解当前世界范围内出现的土地沙漠化、全球变暖、水土流失、海洋污染等严峻的生态问题以及背后隐藏的危机,同时教师还应把如何进行生态环境保护的相关知识传递给学生。尽管小学生在生态文明建设上可能力有不逮,但是教师可以按照由小事及大事的方式为学生展现具体的生态行动,并鼓励学生从小事做起,从保护身边的生态环境做起。

其次,生态文明意识教育。这要求小学德育要让小学生认识到人与自然是命运共同体,破坏了自然环境,自然环境最终会报复人类;如果善待自然,人类便能依靠自然的哺育得以可持续生存和发展。这可以引导小学生从内心深处树立起对自然的尊重以及热爱,并形成尊重自然、保护自然、顺应自然的生态价值观。同时,通过这一系列的德育工作,不仅可以使小学生树立起关于生态文明保护的积极意识,同时也可以使他们摒弃不合理、不环保的生活方式,坚持过一种生态文明的生活,成为自觉的生态人。

最后,生态文明行动教育。小学的生态文明教育不能仅仅在课堂中进行,在课堂之外有着更为广阔的教育空间。在小学阶段,学校开展生态文明行动教育的主要目的在于提升学生的实践能力和环境保护能力,学校可以设计各种各样适合小学生心理特征的生态实践活动,比如,垃圾分类、低碳出行、光盘行动等与小学生的日常生活息息相关的主题活动,这些主题活动可以以知促行,以行促知,不断深化小学生对于生态文明理念及生态价值观的理解和践行。

📖 **阅读材料**

山东省寿光路小学的绿色环保"创客教育"

山东省寿光路小学坚持"绿水青山就是金山银山"的生态理念,将生态文明教育与学校德育品牌建设有机融合,营造绿色生态环境,打造绿色校园文化,并积极开展丰富多彩的绿色环保实践活动。其中绿色环保创客教育是学校特色生态文明教育实践,不仅形式有趣,并且还有助于激发学生的环保创造力。在绿色环保"创客空间"中,学生乐享"创客"课程,人人参与"创客"教育实践活动,时时培养创新思维。学校组织召开"动手做万物,人人皆创客"主题环保"创客节",以绿色环保为主题,"发现身边的麻烦事",

---

[①] 习近平.习近平著作选读(第一卷)[M].北京:人民出版社,2023:113-114.

引领学生用绿色环保的方式解决生活中的麻烦事,如围绕学校周边交通拥堵问题,倡导师生绿色出行,节约环保。学校还开展"秀秀我的环保创客作品"展览活动,学生利用废旧包装盒等物品进行巧妙构思,制作出独具特色的创意摆件、实用文具等,锻炼动手动脑的能力;组织"创客嘉年华"——环保创客展互动活动,二十余个校、班两级"创客空间"活动异彩纷呈:校级活动如纸桥承重、纸船承重考验着孩子们的想象、动手、创造能力;班级活动独具匠心:小小的吸管成为了家长和孩子手中神奇的魔杖,不仅变成了迷宫、眼镜,还盖起了小别墅,趣味搓纸画将一张张废纸变为精美的立体图画……学生们在"创客空间"参与自己感兴趣的活动,感受创造、创新、实践的喜悦。①

六、心理健康教育

小学阶段是学生心理成长的关键期,在这一阶段,小学生可能会出现学习适应不良、考试焦虑、人际孤僻、社交恐惧等心理问题。如果学校和教师忽视了对学生心理上的辅导,就容易导致学生出现较为严重的心理疾病,并影响其身心的发展。因此,心理健康教育也是小学德育中不可或缺的内容。

具体而言,小学阶段的心理健康教育包括了三个主要方面:一是发展性的心理健康教育。其目的在于优化学生的心理品质,培养学生良好的心理素质,让学生能够以乐观自信的态度面对生活中的种种机遇与挑战;在逆境之中保持冷静,以从容心态、不屈不挠的精神面对学习、人际、学生工作等方面的挫折。这种发展性的心理健康教育主要面向的是心理相对健康的学生,具有一定的提高性,让原本心理就处于健康状态的学生获得更好的心理状态。二是预防性的心理健康教育。对于处在正常心理状态的学生,则需要帮助他们维持这种状态,并避免心理健康问题的出现。相当一部分小学生存在"蛋壳心理",心灵较为脆弱,一旦遇到某些较为棘手的问题就容易心理受伤,甚至陷入苦闷抑郁之中。预防性的心理健康教育的主要任务就在于帮助学生加固心理防线,以积极的心态面对各种挑战。值得注意的是,预防性的心理健康教育并不是预防学生不良情绪的发生,而是教会学生调整自我的心理状态,不让这些不良情绪扩大,从而产生一些消极的心理暗示,最终影响整个人的心理健康。三是补救性的心理健康教育。一些学生在生活和学习中出现了焦虑、自卑、厌学等不良心理,甚至与老师和同学产生敌对情绪,将自己孤立起来。对于这些学生,教师应当及时引导他们,避免更严重的心理疾病的出现。对于心理问题更为严重的学生,学校和教师应当对其进行一定的心理治疗。这种补救性的心理健康教育旨在"治病",力求让学生恢复健康的心理状态。

---

① 蓝冀.生态文明教育融入学校德育初探[J].环境教育,2020(5):74-75.

第四节　小学德育的途径与方法

在小学阶段,教师需要依据小学生的年龄特点选取合适的德育途径与方法来呈现德育内容,实现德育目标。德育途径,简要而言就是指教师对学生进行德育时所选用的主要渠道及形式,课堂、活动、文化以及管理都是小学德育的重要途径。德育方法则是旨在提升学生道德认知和道德思维水平、激发学生的道德情感、促进学生的道德行为养成的方法,榜样示范法、对话讨论法、情景体验法等都是比较适合小学生心理特征的德育方法。

一、小学德育的途径

(一) 课程育人

课程育人是指德育工作要充分发挥课堂教学的主途径、主渠道的作用,将学校德育目标、德育内容等细化落实到具体课程的教学活动之中,渗透到课程教学的全过程。值得注意的是,在小学阶段,课程育人这一途径并非专指道德与法治课程,事实上语文、数学、英语等课程也会对学生的道德发展产生重要影响。因此,课程育人既要重视专门的品德课程,同时也要重视其他学科课程的育人功效。

在小学阶段,道德与法治课程作为直接的德育课程,对于培养学生的道德品质、思想素养、爱国情怀、法治观念等具有重要作用。因此,推进课程育人,需要小学德育严格落实《道德与法治》课的每周课时安排,保障学生的德育课程时间,其他学科教学不得占用。同时,在教学方法上需要依据小学生的心理发展规律,避免以说教、灌输的形式呈现课程内容,而是要结合着学生的实际生活引导学生进行更加自主的道德思考、道德判断以及道德行动,促进小学生的道德品质的健全发展。另一方面,小学德育也要注重其他各类学科课程的育德功能。比如,语文这门学科的教学内容中包含了中华优秀传统文化以及现当代的文学知识,其中蕴含着丰富的价值观念,简单的一句"谁言寸草心,报得三春晖"便可以教导小学生要感念父母的养育之恩;音乐、美术等人文艺术课程也可以潜移默化地影响学生的审美品位、生活情趣、道德情感等,让学生在润物细无声的熏陶之中形成完善的品德与健全的人格。另外,数学、英语、科学、劳技等课程其实也蕴含着道德价值观,教师可以充分利用这些学科中的真、善、美的价值观念来引导学生的品德成长。阅读材料展示了小学数学课与德育工作的有机融合和渗透。

> **阅读材料**
>
> **让"德育之花"在小学课堂开放(节选)**
>
> 数学课堂是渗透德育的主阵地,教师要积极创设学习情境,让学生在认识、学习、理解数学知识的同时,感受到家国情怀。对于课堂情境与知识传授,就好比15克盐放在面

前,如果是一口吃下去,很难下咽,但如果将之溶解于一碗可口的汤中,就会不知不觉地享受佳肴。这些所谓的"盐",就好比是优秀的道德、品质、情怀,要想让学生领会和感知,就要从课堂情境的创设中,提高数学课堂吸引力。在学习小数时,我们引入古代数学家刘徽的故事,对小数的最初形态进行定义;接着介绍十三世纪的著名数学家朱世杰提出"小数"概念,领先法国数学家克拉维斯几百年。由此让学生认识到古代数学的杰出成就,增强学生对灿烂的中华文明的敬仰,激发学生的爱国情怀。同样,在学习四则运算知识时,我们还可以穿插数学家陈景润的故事,面对哥德巴赫猜想,陈景润默默地研究数载,终于夺得桂冠,成为中国人的骄傲。在学习圆周率时,引入古代数学家祖冲之的故事,他推算圆周率,居当时世界之首。从这些富有创新精神、孜孜以求的数学家的艰辛付出中,让同学们以他们为榜样,立足中国现代化建设需要,努力学习,奋发向上,增强民族自豪感,树立远大的理想。

  在数学课堂中,对德育的渗透还可以与教学内容相衔接,从数学知识点中延伸出道德品质。在学习"克和千克"时,我们引入事例:中国现在大约有14亿人,每个人节约一粒米,一顿饭就可以节约14亿粒米,这些米加在一起,重量约为3 465 532克,请问可以换算为多少千克?在该题的求解过程中,学生不仅从单位换算中巩固了数学知识,更重要的是,从中体会到节约粮食的重要性。同样,在认识时间时,我们可以联系学生生活情境展开话题讨论。在生活中,请同学们思考一个问题:一分钟可以用来做哪些事情?一个小时可以用来做哪些事情?有学生回答一分钟可以跳跳绳,跑跑步,还可以洗洗手,深呼吸,等等;一个小时可以去看一本书,可以去逛市场,等等。很多小学生对时间的认识比较模糊,通过认识时间,让学生从心里建立时间观念,把握好自己的时间,养成珍惜时间的好习惯。同时,在学习数学中,对于数量关系、空间形式以及计算方法,都需要准确无误,在计算中让学生学会认真,体会一丝不苟,科学严谨的学习态度,拥有良好的道德与优秀品质。①

(二) 活动育人

  "道德是生活中的道德,道德离不开生活。"②德育也因道德的这一根本特性而必须根植于生活,发生在学生的生活之中。一般来说,局限在课堂之内的德育所能发挥的作用是有限的,学生需要走出课堂,在更为广阔的生活空间中接受德育,获得知情意行的全面发展。活动育人的提出,就是要把生活实践作为德育工作的主要途径和渠道,通过把德育与生活实践融合在一起,把德育教材中的知识、概念体系加以活动化、生活化的改造,从而赋予德育工作以实践性、活动性,使学生在活动中接受德育。

---

① 李胜全.让"德育之花"在小学课堂开放[C]//2020全国教育教学创新与发展高端论坛会议论文集.北京:中国教育发展战略学会教育教学创新专业委员会,2020:172-173.
② 高德胜.生活德育论[M].北京:人民出版社,2005:41.

在小学阶段，活动育人中的"活动"类型可以丰富多彩，主要有仪式活动、节日纪念活动、校园主题活动以及社会实践活动等。对于小学生而言，他们参与的仪式活动主要包括开学典礼、毕业典礼、校庆典礼、少先队入队仪式、颁奖典礼、升旗仪式、国家重要纪念仪式活动等。① 这些庄重的仪式活动可以让学生以严肃、认真的态度对待道德，并激发起他们作为学生以及国家公民的一种责任感。节日纪念活动是德育的又一重要活动途径，教师可以利用春节、端午节、五四青年节、劳动节、中秋节、国庆节等节日对学生进行中华优秀传统文化以及爱国主义教育，让学生在追溯中华历史中感受先人的高尚品质以及爱国情怀，并由古及今，共同探讨作为新时代中华儿女的我们应当如何对待传统文化、如何保护传统文化、如何去弘扬优秀的传统文化。校园主题活动则是富有当地文化特色以及学校个性风格的重要活动，学校可以选取"体育运动""读书""保护环境""光盘行动""中国梦"等主题开展相应的活动，甚至可以听取学生的想法，让学生来民主决定每一期的校园活动主题，让学生在兴趣的引领下感受道德的美好，获得德育的浸润。社会实践活动也具有非常好的德育价值，因为学生走出了学校这一稍显狭隘的生活空间，可以在社会上得到锻炼。学生通过社会生活中的志愿者活动、学农活动、参观各类纪念馆、环境保护活动等，可以体会到自身所肩负的社会责任，培养他们关怀他人、服务社会的意识和能力。

（三）文化育人

文化中隐藏着育人的力量，德育要想真正完成"立德树人"的目标，就必须重视文化的育德功能机制，让学生接受优良的文化氛围的熏陶。校园的建筑、设施、景色等都是文化育人的重要元素，如果学校能够对其加以重视，将校园打造成舒适、温馨、优美的空间，它们就会自然而然发挥出一种道德价值力量。生机盎然的花草树木在让学生感受到源于自然的清新舒适的同时，也以隐喻的方式向学生传达着生命的意义：破土而出的青草诉说着顽强的意志，身姿挺拔的青松彰显着高洁、不屈的品质，苦寒之中绽放的红梅更是书写了生命的坚韧。学校的墙壁则是校园文化的栖居之所，以文字形式呈现的各种积极的价值观能够给予学生最为直观的教育，让学生在一次又一次的视觉感染下，渐渐向道德的标准靠齐。墙壁上的图画往往能引起小学生的特别兴趣，也更为符合他们的心理发展规律，因而在小学阶段，学校德育要格外重视这种图画式文化，最好能够在以图为主的前提下采取图文并茂的方式呈现德育内容。另外，学校人性化的设施也具有文化育德的价值，学校公共设施如果能够秉持以人为本的价值观，尊重学生的实际需要，让学生的校园生活因设施的齐全、便捷而舒适自如，学生也能在潜移默化中形成关怀的品质，设身处地为他人着想。

此外，文化融入还要注重动态的文化实践活动，让学生在动态的文化实践中获得品德的发展。学生是学校的主人，校园文化的建设离不开学生的行动，与此同时，学生也能从建设校园文化的过程中获得精神上洗礼。比如，校园墙壁的设计可以让学生参与完成，学校可以

---

① 段倩倩.学校仪式活动德育功能的异化及其回归[J].教育导刊（上半月），2018(6)：67-71.

以某一价值观为主题让学生进行自主创作。另外,学校也可以组织不同主题的文化周,让学生在诗朗诵、话剧表演、合唱比赛等文艺活动中展现自我、以美促德。同时,教师也可以让学生走出学校,感受社会中的文化氛围,比如参观各类博物馆、社区组织的创意设计比赛以及春游、秋游活动,等等,这些也都可以促进学生的道德成长。另外,参与社会文化实践活动可以结合当地的文化特色,比如通过本地的区域文化、民俗文化、旅游文化等文化资源,为学生提供文化学习、文化参观、文化熏陶的机会,从而在文化实践活动中获得文化素养及道德素养的全面提升。

(四) 管理育人

管理伴随、渗透在学校教育以及德育活动之中,并起着组织、指挥和控制的作用。一方面,学校管理本身就是一个育德的途径及机制,具有助力学生道德成长的作用;另一方面,学校管理将诸多德育要素进行有机结合,形成一股合力,使德育发挥出育人的作用。

学校管理作为德育途径,主要具有以下几个方面的作用。第一,学校管理通过校规校纪、小学生守则等规章来管理学生,引导他们形成正确的价值观。学校的规章制度通常以强制的方式来执行,一旦有人违反就必须承担一定的后果。因此,对于小学生而言,这些基本的行为规范具有一定的权威力量,他们为了避免惩罚而更倾向于以合乎规范的方式来进行行为选择,这可以促进他们形成良好的道德行为习惯。第二,学校管理可以通过基本的各类管理组织来对学生进行思想、道德等方面的教育。在小学阶段,少先队、班集体、德育处等组织承担着重要的德育职责,少先队通常在爱国主义教育上发挥着重要的作用,培养学生的爱国、爱党、爱人民的爱国主义精神;德育处的工作主要体现在两个方面,一是设计一定的管理体制来监督与评价学生的行为表现,二是对学生的失范行为进行必要矫正,帮助他们认识到自己的错误,并引导其改正错误。班集体则是德育的主阵地,大部分学生各类问题的发现与解决都是在班集体之中,并且学生德育课程的学习以及课外德育活动的参与都离不开班集体的组织支持与保障。第三,学校管理可以通过让学生成为管理主体,在发挥学生的主体性的基础上促进其品德成长。在学校管理中发挥学生的主体性,对于学生的道德成长具有重要的作用,学生可以主动地去学习学校的规章制度、行为规范,同时在管理活动中去践履这些规章制度,同时切身体会到自身的权利与责任,促进自身的主体意识的成长。同时,在管理活动的参与中,学生也可以形成积极的公民品质和道德品质,养成良好的公共精神和参与精神。

二、小学德育的方法

(一) 榜样示范法

在德育中,榜样示范法是指教育者以某个或某些道德高尚者作为榜样来引导受教育者的模仿和学习,从而促进受教育者的品德成长的一种德育方法。教育者也可以让自己成为学生的道德榜样,在生活中以身作则,潜移默化地影响学生的品德发展。对于小学生而言,教师属于重要他人,教师作为道德榜样可以起到显著的德育效果,这就要求教师要时刻注意自己的仪表仪态、行为举止、道德品格等方面,以自身的道德模范作用促进学生的成长。学生的道德榜样也可以产生于学生群体之中。一般来说,学生榜样往往是由教师评选出来,教师在选出学生榜样的时候,要根据学生的道德行为表现来选择,同时也注重公正的原则,以免引起学生的反感。社会生活中的道德模范也是非常重要的道德榜样。当然,在运用社会道德模范来开展榜样育德的时候,要注意道德模范与学生之间有一定的距离,并且他们的人生经历也与小学生的经历有较大差距。因此,教师在利用社会模范人物对学生进行德育时,要尽量选择最为贴近小学生生实际生活的典型,比如一些平凡中的伟大人物,从而对学生的道德发展起到更好的引导作用。通过对榜样的学习和模仿,小学生可以更好地内化榜样人物的道德行为以及道德精神,从而在学习榜样的过程中磨砺自己的道德品质。

(二) 对话讨论法

对话讨论法是小学德育常用的方法之一,主要指师生之间以及生生之间围绕着道德问题展开平等的交流、对话和沟通,以此促进品德发展的有效方法。保罗·弗莱雷认为,教师不能替代学生进行思考,也不能将自己的思考强加给学生;真正的思考只能通过交流、对话而产生。① 因此,他反对灌输式的教育,提倡用对话的方式让人获取作为人的意义。内尔·诺丁斯在论述道德教育问题时,也重视对话的方法,她将对话与榜样、实践和求证作为道德教育的四个主要组成部分。② 在小学德育中,对话讨论法应遵循以下几个原则:第一,平等原则。对话讨论是双向的过程,要求参与这一过程的主体具有平等的话语权,这要求教师要平等对待学生,形成师生之间平等对话。第二,尊重原则。对话主体之间要相互尊重,而不是一味地否定对方。对话讨论不是讲求输赢的辩论赛,而是追求彼此的道德共识,开拓彼此的道德视野,形成人与人之间的相互尊重的关系。第三,信任原则。信任是良好对话关系的基本特征;教师要相信学生有对话的能力,同时学生也要相信自己能在对话中展现自我,从而更好地构筑师生之间的交互信任。第四,批判性原则。虽然小学生的道德理性尚未成熟,在某些道德问题的讨论中难以对他人的观点进行透彻的审视,但教师可以鼓励并引导学生去质疑、去批判,让学生在追问和探讨中不断提升自身的道德理性。

(三) 情境体验法

情境体验法可以通过具体而特殊的道德情境激发学生的道德认知、道德情感和道德行为,促进学生的道德发展。教师在德育教学中创设一定的情境,让学生以主体的身份参与其中,通过扮演不同的角色,形成更加真切的体验,有助于提高德育的效果。在小学德育中,情境体验法的运用有以下几种。第一,根据教材中展示的情境让学生体验。在小学《道德与法治》教材中有不少活动设计,教师可以引导学生在课堂中组织和参与这些活动,形成特殊的德育情境,这不仅有助于学生对教材内容的理解,同时也能激发学生对德育的学习兴趣。第

---

① 保罗·弗莱雷.被压迫者教育学(修订版)[M].顾建新,赵友华,何曙荣,译.上海:华东师范大学出版社,2014:40-41.
② 内尔·诺丁斯.学会关心:教育的另一种模式(第二版)[M].于天龙,译.北京:教育科学出版社,2014:41.

二,根据学生生活经验以及生活中的实际问题进行情境设计。在情境创设方面,可以依托于当地的文化背景甚至是学校的特色文化。例如,在《道德与法治》二年级上册《团团圆圆过中秋》一课中,师生可以在情景体验中展现自己家乡的节日风俗,并据此来传达对中华传统文化的热爱以及对家乡的情思。第三,可以创设道德两难的情境让学生参与其中,展开深入的道德辨析。学生在生活中常常会遇到一些道德困惑,甚至出现道德两难情境,设置道德两难情境,可以培养学生的道德判断能力,引起学生对于一些道德观念的进一步思考,以帮助学生去解决生活中的实际道德问题。当然,情境体验法的运用要充分发挥学生的主体作用,让学生对情境体验环节有设计与参与的自主权。这就要求教师要充分肯定学生的主体性创造力,同时对情境体验的整个过程进行适当的引导。

(四) 道德叙事法

道德叙事是指在德育过程中围绕某一主题由学生或老师讲述自己或他人的故事,而其他人作为倾听者参与其中,并对故事产生情感共鸣,最终叙述者与倾听者在良好的情感互动中获得对某些道德价值观的深刻认知,从而促进道德品质的成长。在德育课堂中,道德叙事法的运用能够让学生发出自己的声音,说出自己或是他人的道德故事。想要在小学德育中运用道德叙事法,教师首先需要创设一个适合小学生的叙说主题,叙说主题要贴合小学生的真实生活,能够引起小学生的情感共鸣,从而更好地引发儿童的学习兴趣。同时,叙说主题不可违背基本的道德价值观,要避免使用消极的、不利于学生身心健康发展的主题。教师还要创设一个良好的课堂氛围来支持道德叙事活动。好的课堂氛围是轻松的,不会给叙事者造成心理压力,好的课堂氛围也应当是带有鼓励性质的,每一位学生都有机会站在讲台上讲述故事、展现自我。对于叙事者小学生而言,他们不需要过多的语言技巧来征服听众,只要讲出真实、动人的故事即可。在叙说的过程中,一个颔首、一次眼神的交汇就是对叙事者的鼓励与支持;在叙述结束后,一阵热烈的掌声、一段积极的评价便是最真诚的回馈。教师可以通过这种道德叙事,升华学生的道德认知,培养学生的道德理性和道德情感,在潜移默化中促进学生的道德发展。

(五) 行为训练法

行为训练法是一种通过道德实践和道德行动来促进受教育者的道德品质健全发展的德育方法。良好的品德最终是要外化在行为上的,小学德育工作不仅要促进学生的道德认知、道德情感的发展,还要促进学生的道德行为,使学生成为真正意义上的道德主体。具体而言,行为训练法主要有日常行为规范训练、课外活动、社会实践等。日常行为规范训练主要是通过教师和家长的指导让学生按照基本的行为规范和文明礼仪来行动,比如私人生活中的仪表仪容、公共场合的道德行为规范、学校生活中的纪律规范等。通过不间断的日常行为规范的训练,学生可以成为具有良好的文明礼仪和行为习惯的人。课外活动主要包括了体育运动、文艺活动、学科兴趣小组活动等,这些活动具有隐性的德育价值,学生往往可以在不知不觉中获得道德品格的成长。社会实践则是一种让学生走出校门的、更具独立性的行为训练形式,主要有社区志愿活动、公益活动、学农活动、环境保护活动,等等。在小学阶段,由于学生年龄较小,各方面发展尚未成熟,一般来说社会实践主要由教师组织指导,并要注意保障学生的行动安全。在小学德育中使用行为训练法,教师一方面要给予学生一定的自主权,让其有展现自我道德行为的机会;另一方面也要对学生进行合理的指导,当学生出现道德认知上的困惑或是具有行为失范倾向的时候,教师要及时加以引导和矫正,帮助学生塑造正确的道德观念和道德行为。

第五节　小学生心理健康教育

心理健康是健全人格的重要组成部分,拥有健康的心理对于小学生的生命成长与全面发展非常重要。因此,学校和教师有责任对学生进行心理健康教育,帮助他们解决心理问题,使他们积极面对学习和生活中的困难和挫折,培养良好的人格品质,从而更好地适应学校生活和社会生活,成为更加积极健康的道德主体。

一、小学生常出现的心理问题

(一)学习方面的心理问题

在学习方面,小学生常见的心理问题主要有以下三种类型:第一,学习适应不良。一般来说,学习适应不良多出现在刚上一二年级的小学生身上,这是由于学校是有目的、有计划、有组织地实施教育的机构,并且以制度化的方式运作,而一二年级的小学生刚刚从家庭生活中走出来,对于学校的制度化生活还有不适应的地方,如果没能得到及时的心理调适,学习适应不良可能会更加明显。第二,厌学。厌学主要表现为缺乏学习欲望,对学习产生畏难情绪,感到无能为力,看不到目标和希望。① 学生出现厌学心理主要有三方面的因素:从学校因素来看,学校生活的刻板、单调,学习压力过大,课业负担过重等,都会使学生对学习失去兴趣,并逐渐对整个学校生活感到厌烦。从家庭因素来看,一些家长"赢在起跑线上"的观念也造成了学生巨大的心理压力,并且当父母不断地将自己的孩子与"别人家的孩子"进行对比时,更会让一些学生形成自卑情绪,甚至产生退学的念头。从学生个体因素来看,一些学生具有"蛋壳心理",缺乏自信与毅力,并且抗压能力较差,容易陷入挫折之中,在遭受连续的失败之后便会对学习产生困惑、无助的感觉。第三,考试焦虑。小学生面对考试的时候一般都会产生一定的紧张感,这种紧张感如果控制在合理范围之内,事实上可以激发学生的潜能,提高学习的效率。但是,当学生面对考试表现出过度紧张的情绪,这就意味着学生陷入了考试焦虑中,这种焦虑使得学生会出现头晕脑涨、思维迟缓、反复遗忘、神经性肠炎等心理和生理反应,大大降低学生的学习效率,甚至使其产生比较严重的心理问题。

---

① 郑雪.小学生心理健康教育[M].广州:暨南大学出版社,2001:162.

(二)人际交往上的心理问题

具有良好的人际关系是心理健康的重要表现。心理健康的小学生往往能与父母、老师、同学进行良好的沟通交流,减少冲突的产生。但是,小学阶段的学生也会存在一些人际交往上的心理问题。第一,孤僻症。这主要是指小学生在与他人相处的过程中,存在某些交往障碍,不能与他人保持正常的交往关系,并且自己对此也产生一种消极的心理状态,具体表现为当自己不能得到他人重视时,会产生失落感,并伴随着自尊心受损,从而不愿与人交往;而真正与他人进行交往时,他人的一些言辞会使自己感到不被尊重。学生产生孤僻症的原因主要有:一是在家庭中父母采用了专制型的家庭教养方式,让孩子从小处于一种被安排好的、并且不容改变的生活状态之中,从而养成了怯懦、退缩的性格特征;二是不良社会环境与社会风气的影响,使得家庭一般或是困难的学生因自卑而否定自己,同时家境优渥的学生也容易产生一种优越感,从而看不起家境比自己差的同学,这也可能导致孤僻症的产生。三是学生自己的内在原因。学生在进入小学之后自我意识加强,当他们对自己的评价过高时,容易产生自负心理,在交往时不太能尊重他人;当对自己的评价过低时,则容易产生自卑心理,因过分在意他人对自己的看法而不敢展现自我,畏首畏尾,从而产生孤僻的心理问题。第二,社交恐惧症。这是指个体对正常的社交活动有一种异乎寻常的恐惧和紧张不安的内心体验,从而出现回避社交的一种人际交往障碍。[①] 患有社交恐惧症的学生尽管知道这种反应不合理,但却难以控制自己。社交恐惧的表现主要是在面对他人时,处于神经紧张的状态,不敢与对方对视,甚至出现面红耳赤的生理状态,这是因为他们害怕自己在他人面前出丑;而一旦结束与他人的交往,则会有如释重负的感觉,心理也会随之恢复正常状态。造成学生社交恐惧主要原因有两点,一是早期与他人相处时有过一些惊恐经历,一旦学生再度与人相处时,就会被唤起惊恐的情绪反应。二是家庭造成的影响,父母以溺爱或是强制的方式过度保护孩子,会使得孩子与外界产生隔离感,形成胆小、依赖、羞怯等性格特征。

二、心理健康教育的意义

心理健康教育能够预防及解决小学生常见的一些心理问题,有益于学生良好心理品质的形成。在小学阶段,学生可能会出现入学适应不良、厌学、考试焦虑、心理孤僻、社交恐惧等问题,对于这些问题,学校的心理健康教育能够起到良好的引导和矫正作用。在实际生活中,小学生的心理健康问题常常被忽视,一些轻度的心理疾病往往被家长与教师视作正常的心理反应,这对于小学生的成长是非常不利的。在小学开展心理健康教育,事实上也可以起到转变家长、教师的错误观念的作用,让家长与教师能够更加重视心理发展对于小学生成长的重要性,家校合作共同守护学生的心理发展,从而培育学生的自信、乐观、坚毅、宽容、友善等良好的心理品质,为学生的人格发展提供更全面的支持和帮助。

[①] 郑雪.小学生心理健康教育[M].广州:暨南大学出版社,2001:252.

小学的心理健康教育还具有显著的社会功能。国家和社会的发展需要更多的心理健康、人格健全、勇于拼搏的建设者。拥有"蛋壳心理"的人遇到挫折往往选择退缩,不能直面人生的逆境,即便他(她)拥有了建设国家的知识,也难以真正将自己的力量贡献出来。然而,有着健康的心理和人格的人,则可以把每一个困难当作挑战,把每一段步履维艰的经历视为成长的历程,他们更能学以致用,将自己的知识变成建设国家和社会的砖瓦。可以说,国家和社会的发展离不开健康的、富有创造力的个体。心理健康教育可以帮助学生树立自信、学会自立,敢于创新、不怕失败,并能够做出理性的决策,这对于国家和社会发展具有重要意义。同时,和谐的社会离不开个体的"心理和谐",富强、民主、文明、和谐的国家建设离不开具有良好心理品质的人。德育工作通过培育健康的心理、健康的人格,不仅可以促进学生的个体发展,同时也可以间接地促进国家、社会的发展。

三、心理健康教育的实践路径

(一)线下形式的心理健康教育

线下的心理健康教育鼓励面对面的交流和互动,有助于教师发现学生存在的心理健康问题,并及时予以矫正。在小学阶段,线下的心理健康教育主要有三种方式:(1)心理辅导课程。它主要是通过课堂教学的形式向学生普及心理健康知识,传授给学生一些解决心理问题的方法。比如,学校开设的有关心理健康教育的校本课程,就可以比较好地发挥出心理辅导课的作用。值得注意的是,在心理健康教育的辅导课中,教师要通过对话讨论的方式来了解学生的心理状态,与学生形成良好的互动关系,使学生在一种宽容、开放的课堂氛围中打开自身的内心世界,同时寻求心理问题的解决对策。系统性的心理辅导课程不仅可以帮助学生获得心理健康的相关知识,同时可以让学生养成自信、乐观、坚毅、耐心等心理品质,从而形成健全的心理人格。(2)团体心理辅导。相对于课堂教学,心理辅导是一种基于团体情境的非正式心理辅导形式,主要由教师组织,以学生团体为对象,让团体成员通过叙事、对话讨论等方式来呈现自己所遇到的一些心理问题,来提出自己对于心理健康问题的看法,并让团体成员在互动过程中观察、学习他人,不断地重新认识自我、探讨自我、接纳自我,从而形成积极向上的生活态度和价值观,有效地解决心理问题。(3)专题心理讲座。专题心理讲座的主讲者主要是学校中具有较强的心理学专业素质的教师以及学校请来的心理健康教育方面的专家。讲座主要是针对小学生常出现的一些心理问题,并予以相应的引导及帮助。专题心理讲座是心理辅导课程、团体心理辅导的有益补充,它一方面可以对某些具有普遍性的心理问题进行专业的指导;另一方面它也可以对学校或是社会中出现的一些特殊心理问题给予专业解答和正确引导,预防学生出现类似的心理问题。

(二)线上形式的心理健康教育

互联网和通信技术的飞速发展,已然引起教育的变革,线上教育正在不断发展并且成为当前教育体系中的重要部分,这也推动了心理健康教育的线上形式的快速发展,形成线上线下相结合的双重路径。当前,线上的心理健康教育主要包括了:(1)网络心理健康课程。网络心理健康课可以分为直播课和录播课。与线下的真实课堂相比,网络课程的时空限制较少,学生既可以参加线上的直播课程,同时也可以在合适的时间选择录播课程,在时间和空间层面上更加自由,有助于提高心理健康课程的学习效率。(2)网上心理咨询服务。当前,QQ、微信、邮箱等都已经逐渐成心理老师与学生沟通的新技术媒介,通过这些即时通信工具,学生在进行线上心理咨询的过程中可以保持匿名状态,从而更好地保护隐私,维护学生的自尊心。同时,心理老师也可以通过微信群、QQ群等群聊方式,针对小学生的共性心理问题进行详细地解答,并分享一些有关心理健康的文章,这在某种意义上也可以实现团体心理辅导的部分功能。家长也可以通过群聊内容获得心理健康科学知识,从而更好地配合学校的心理健康教育工作形成家校协同育人的合力,促进学生的心理、人格的健康发展。(3)心理健康专题网站。学校和教师可以通过创设心理健康专题网站来促进学生的心理品质发展,网站上可以包含不同类型的心理健康教育资源,比如心理健康科学知识的文章,专家的教育视频,舒缓情绪的音乐,有助于放松身心的短文、美文,等等。此外,心理专题网站还可以设立心理测评系统,帮助学生测试自己的心理健康状况,并针对学生的心理问题提供有效的指导。心理健康专题网站可以成为师生共建、共享的心理教育空间,学生在这一空间中既能获得科学的指导,又能分享自己的心得,从而在完善自身的心灵世界的同时也助益他人的心理健康发展。

本章小结

德育是教育者基于个体发展与社会发展的需要,促进受教育者的道德品质、思想意识、政治态度以及法治精神等方面的不断建构和提升的教育活动。德育的核心内涵是促进受教育者的道德品格的不断提升,注重受教育者的道德人格的养成;同时,德育也不能忽视思想教育、政治教育、法治教育等方面的重要价值,要全方位地促进受教育者的思想素养、政治素养、法治素养等的综合发展,从而为培养全面发展的人奠定坚实的基础。

小学德育是德育工作的一个重要阶段,它在培养儿童健全的人格品质方面发挥着重要作用。小学德育的内涵与德育的内涵在本质上是相通的,只不过因其阶段特征而具有一定的特殊性。具体来说,小学德育是教育者基于个体发展与社会发展的需要,促进小学阶段的受教育者的道德品质、思想意识、政治态度以及法治精神等方面的不断建构和提升的教育活动。小学德育要遵循小学生的心理发展规律;要依据国家、社会的要求,促进小学生为未来的生活做好准备;要重点关注道德品质的教育,同时也要把一定的思想教育、政治教育、法治教育、心理健康教育等方面的内容传递给学生,促进小学生的健全人格的养成。

因此,小学德育的主要内容应当包括文明礼仪与行为规范教育、道德品质教育、理想信念教育、爱国主义教育、生态文明教育、心理健康教育等。为了更好地向学生传递这些德育内容,小学德育工作不仅要以课程教学为主渠道、主途径,实现课程育人,同时还应当促进德育途径的多样化,注重活动育人、文化育人、管理育人,使德育工作成为一个协同合作的整体。小学德育工作还要综合运用多种德育方法,包括榜样示范法、对话讨论法、情境体验法、道德叙事法、行为训练法等德育方法,通过这些德育途径和方法的综合运用,更好地促进小学生的健全人格的成长。同时,小学德育工作要关注小学生的心理健康教育,帮助他们解决心理问题,培养小学生良好的心理、道德品质,使他们更好地适应学校生活和社会生活,成为积极健康的道德主体。

思考题

1. 德育的内涵是什么?小学德育的内涵是什么,它有什么样的特征?
2. 如何理解皮亚杰、科尔伯格、弗洛伊德、班杜拉等人的道德发展理论?这些理论对于小学德育工作有什么启发?
3. 在小学德育工作中,有哪些常用的德育方法?
4. 小学德育工作有哪些主要途径?
5. 结合新时代的背景来谈一谈,小学德育应当有哪些主要内容?
6. 当前我国的小学生存在哪些主要的心理问题?针对这些心理问题,有哪些解决方法?

拓展阅读

1. 鲁洁,王逢贤.德育新论[M].南京:江苏教育出版社,2010.
2. 檀传宝.学校的道德教育原理(第三版)[M].北京:教育科学出版社,2015.
3. 黄向阳.德育原理[M].上海:华东师范大学出版社,2000.
4. 戚万学,唐汉卫.学校德育原理[M].北京:北京师范大学出版社,2012.
5. 汪凤炎,燕良轼,郑红.教育心理学新编(第四版)[M].广州:暨南大学出版社,2016.
6. 陈琦,刘儒德.当代教育心理学(第二版)[M].北京:北京师范大学出版社,2007.
7. 赵汀阳.论可能生活(第二版)[M].北京:中国人民大学出版社,2010.
8. 高德胜.生活德育论[M].北京:人民出版社,2005.
9. 檀传宝.德育与班级管理[M].北京:高等教育出版社,2007.
10. 冯建军.生命与教育[M].北京:教育科学出版社,2004.
11. 冯建军.当代主体教育论[M].南京:江苏教育出版社,2001.

12. 陈桂生.教育原理[M].上海：华东师范大学出版社,1993.
13. 叶澜.教育概论[M].北京：人民教育出版社,1991.
14. 康德.论教育学[M].赵鹏、何兆武,译.上海：上海人民出版社,2005.
15. 雅斯贝尔斯.什么是教育[M].邹进,译.北京：生活·读书·新知三联书店,1991.
16. 科尔伯格.道德教育的哲学[M].魏贤超,译.杭州：浙江教育出版社,2000.
17. 路易斯·拉思斯.价值与教学[M].谭松贤,译.杭州：浙江教育出版社,2003.
18. 内尔·诺丁斯.学会关心：教育的另一种模式[M].于天龙,译.北京：教育科学出版社,2003.

第十一章
小学教育管理与班主任工作

学习目标

1. 理解小学教育管理的基本内涵，明确小学教育管理的意义。
2. 了解小学学校管理的基本要素、运行过程与评价方式。
3. 掌握小学班级管理的基本技能与基本方法。
4. 理解小学课堂管理的基本理论与影响因素。

视频：小学教育管理与班主任工作

内容脉络

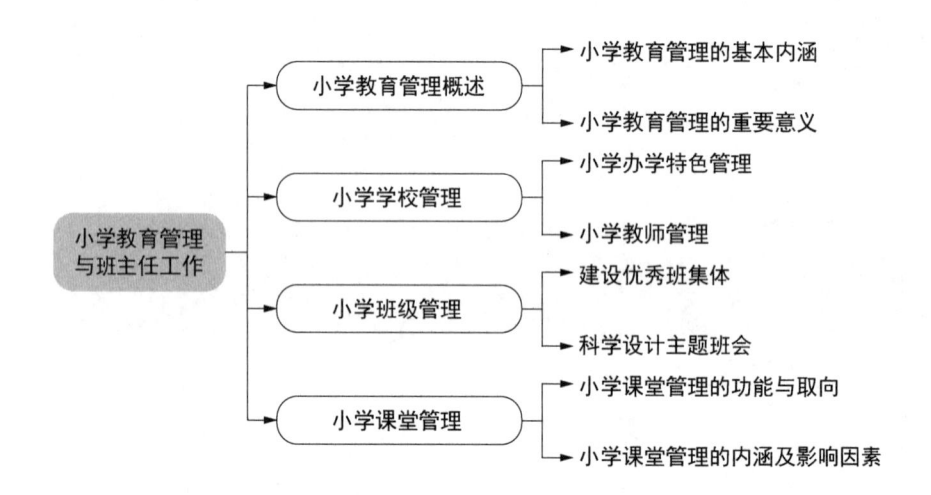

小学教育管理与班主任工作
- 小学教育管理概述
  - 小学教育管理的基本内涵
  - 小学教育管理的重要意义
- 小学学校管理
  - 小学办学特色管理
  - 小学教师管理
- 小学班级管理
  - 建设优秀班集体
  - 科学设计主题班会
- 小学课堂管理
  - 小学课堂管理的功能与取向
  - 小学课堂管理的内涵及影响因素

本章引言

作为基础教育阶段中的"基础"，小学教育在人的成长过程中发挥着十分重要的奠基和引导作用，而这离不开小学教育的科学管理。小学教育管理是一项系统性较强的活动，是对小学生所在的学校、班级、课堂等进行组织、引导的综合性实践过程。在国家治理体系与治理能力现代化的时代背景下，如何科学有效地开展小学教育管理，深刻影响着面向2035年的中国教育现代化水平，进而影响着一批又一批"时代新人"的培养。因此，明晰小学教育管理的内涵与意义，科学开展小学教育管理，科学开展小学教育管理，特别是引导班主任开展好教育管理工作,有着重要的实践价值,也是小学教育学的核心内容。

第一节 小学教育管理概述

无论是开展小学教育管理工作,还是从事小学教育管理研究,都离不开对"小学教育管理"这一基本概念的认识与理解。实际上,由于对这一基本概念的不同阐释,小学教育管理的理论研究与实践探索也会有差异。

一、小学教育管理的基本内涵

从范畴来看,小学教育管理归属于教育管理之中,是一种特殊的"管理"。这种子属关系实际上要求我们在理解小学教育管理的基本内涵时,务必要清晰地识别"管理""教育管理"与"小学教育管理"三个不同概念的各自内涵以及内在关联。

(一)教育管理是一种特殊的管理现象

管理是伴随人类发展而逐渐产生的一种社会现象,为人类社会所特有。人类正是借助管理行为而将自身的认识、理解转化为有计划、有组织的实践活动。从沿用至今的京杭大运河、雄伟的万里长城,到古埃及的金字塔、古希腊的雅典卫城;从军队组织、捍卫和平,到科研攻坚、深空探索……从古至今,政治、经济、文化、社会等领域无不存在着人类的管理现象。正如马克思在《资本论》中所指出的那样:"一切规模较大的直接社会劳动或共同劳动,都或多或少地需要指挥,以协调个人的活动,并执行生产总体运动——不同于这一总体的独立器官的运动——所产生的各种一般职能。一个单独的提琴手是自己指挥自己,一个乐队就需要一个乐队指挥。"[1]因此,科学而有效的管理在很大程度上推动着人类社会的进步,提升人类文明水平。

然而,要想实现这种科学而有效的管理并不容易,因为管理本身就是一件十分复杂的工程。这种"复杂"体现在:其一,管理是人类社会的一种理性行为,这种行为伴随着人类理性的成长而不断改进、提升,并在处理各种复杂问题的过程中不断发展,而那些非理性的管理往往容易造成混乱、模糊的产生,无益于人类的进步。其二,管理是人类社会的一种决策过程,面对未知的情况、朝向特定的目标,如何实现有效发展、裁定发展任务等,都需要人类自身的科学决策,而一旦决策失误就会导致很多难题接踵而来。其三,管理是人类社会的一种资源重组过程。相对于人类日益增长的现实需要而言,资源总是显示出有限性、稀缺性,如何科学调配人力、物力、财力、时间等资源并发挥最大效益,需要科学开发资源并加以有效管理。实际上,这种资源重组过程时时发生,以至于我们常常忽略了科学管理的巨大效用。

---

[1] 马克思,恩格斯.马克思恩格斯全集(第23卷)[M].中共中央马克思列宁与恩格斯斯大林著作编译局,译.北京:人民出版社,1972:367.

在教育领域,管理所发挥的功能尤为重要。教育领域是一个多主体、多侧面的复杂领域,来自国家、社会、家长等外部主体的教育诉求,呼唤着优质教育资源的不断开发、教育管理水平的持续提升;来自校长、教师、学生等内部主体的发展样态,需要管理效率的不断提高。因此,教育管理既有社会管理的共性特征,又有教育自身的个性特征。具体表现在:

其一,提高教育质量是教育管理的核心。教育质量是教育组织存在和发展的生命,一所学校要想获得良好的社会口碑,获得长足发展,必须切实提高教育质量,而教育质量的提高必须紧紧依靠科学的教育管理。

其二,调动师生的积极性是教育管理的关键。教育管理的主体是生活在教育场域中的教师和学生,师生如果始终具有惰性、教师不关心学生、学生不关心集体,那么教育管理水平就会低下;反之,只有充分调动师生参与、互动的积极性,主动关心学校发展,才能切实实现教育管理目标。

其三,实现管理育人是教育管理的目标。教育管理不仅依靠人的主动性、积极性来完成,而且也在管理过程中实现着对人的教育和引导。优美的环境、科学的组织、严谨的制度、优质的校风、教风、学风等,都充分体现着一所学校的教育管理方式,也以多种形态实现着管理育人的实践成效。

> **阅读材料**
>
> ### 窦桂梅眼中的"校长"
>
> 校长身份只是在原来学科教师身份的基础上,又增加了一个逻辑、一个维度,站到了一个更宽的视域、更广的维度去建构儿童发展的育人系统。我发挥自身专业长处,"寻找自己的行走方式",形成专业影响力。对自己的专业生活、经验进行提炼,形成自己教育教学的独特风格,是优秀教师之所以优秀的标志。它与校长角色之间不是非此即彼的"转变",应该是延伸与丰富,是"跨越"。
>
> 校长要"从一棵树到一片林":始终以儿童研究者的姿态,实现从课堂研究力到课程领导力的转变,进而再回到课堂,形成一个新的、更大的闭环。校长得有课程意识下的课堂领导力和影响力,才不会"瞎子领着瞎子,一同掉进沟里"。学科和活动是育人的两大基石,都要努力在课堂上落实,课堂占据了学校生活80%的时间,课堂的真实问题是学校改革发展的着力点。校长具备"学科课堂+"背景,有助于抓住关键问题,直击要害,确定学校的"最佳解决课程方案"。①

(二)小学教育管理是一种特殊的教育管理现象

小学教育管理之所以不同于其他教育管理,其原因就在于小学这一特殊时期所表现出

---

① 摘自冀晓萍,赖配根.彼此成就:学校管理的第一哲学——窦桂梅的管理之道[J].人民教育,2019(17):45.

的独特性、差异性。

1. 小学教育管理是一种养成性的人本管理

《吕氏春秋·本生》有云:"始生之者天也,养成之者人也,能养天之所生而为天子。"这种"养成"实际上就是培养并使之不断成为人的意思。相比于中等教育、高等教育等其他教育阶段,小学教育具有较强的养成性特征,这也使得小学教育管理成为一种具有养成性特征的人本管理。小学是人生成长的起始时期,这种成长不仅表现在儿童生理发育的显著性上,还表现在学生心理发育、思想发育等多侧面上。能否在小学阶段打好基础,深刻地影响着人的长远发展。在这一阶段,小学生往往好奇心强、活泼好动、思维敏捷,需要科学的教育管理。

在中国古代,并没有现代学制意义上的小学学段,但中国古人十分重视早期的养成教育。《三字经》《百家姓》《千字文》等养成教育内容,饱含着古人对培养人的价值追求。颜之推所撰写的《颜氏家训》、朱熹所编著的《童蒙须知》、曾国藩所执行的《曾子家训》等都充分表明中华文明在漫长的岁月中始终注意人在家庭教育环境中所应接受的、必要的养成教育。这些优质的早期养成教育为人的成长打下了坚实的基础,也推动着中华民族生生不息地发展。

世界各国普遍重视养成教育。苏联教育家苏霍姆林斯基十分重视学生上学前的阶段,认为这种入学准备理应得到高度重视,并为此亲自进行了大量的教育实验。苏霍姆林斯基在《把整个心灵献给孩子》一书中谈到:"真正的学校,那是儿童集体的丰富多彩的精神生活,它以多种多样的志趣和爱好把施教者与受教者联系在一起。"[1]无论是"幻想角"还是"小鸟医院",都在这所被誉为"蓝天下的学校""快乐学校"的地方培养着儿童的成长。以人文本,为人的成长打下坚实基础,这正是小学教育管理理念非常重要的体现。

2. 小学教育管理是一种义务性的国家管理

小学教育是我国义务教育体系的基础,小学教育管理也是整个义务教育体系中最为基础性的教育管理。2018年修改的《中华人民共和国义务教育法》第二条明确规定:"国家实行九年义务教育制度。义务教育是国家统一实施的所有适龄儿童、少年必须接受的教育,是国家必须予以保障的公益性事业。"在九年义务教育中,学生需要在小学度过美好的童年时光,完成人生中最为宝贵、最为重要的基础性学习阶段。这对于小学生而言具有重要的人生价值和生命意义。而对于国家和社会的发展而言,优质的小学教育管理能够提升小学教育质量,推动各级各类人才高质量成长,为国家和社会培养优秀人才。在这种管理过程中,学生不仅习得知识,而且能够获得基础性的生活习惯、学习习惯等方面的养成,并能在个人与集体、个人与社会等不同关系中科学定位。1990年3月在泰国召开的世界全民教育大会通过的《世界全民教育宣言——满足基本学习需要》就反复强调,人人享有受教育的权利,向所有

---

[1] 苏霍姆林斯基.育人三部曲[M].毕淑芝等,译.北京:人民教育出版社,2015:9.

的人提供接受教育的机会。在我国,小学教育正受到国家的高度重视,小学教育管理也在很大程度上成为一项重要的国家事权。

3. 小学教育管理是一种全面性的发展管理

正是因为小学教育管理是一种打基础、筑根基的教育管理过程,所以小学教育管理也必须是一种全面性的发展管理。对于小学生而言,我们很难在童年时期透视其漫漫人生旅途中会成为什么样的人,会对什么感兴趣,会做什么样的工作,会面对什么样的困难……这些不确定性越多,我们越需要为学生进行一种全要素、全过程的教育管理,推动其全面成长。小学阶段不同于职业技术教育、高等教育,不能为小学生的成长形成相对稳定的专业技术方向,而是要为小学生的人生成长奠定扎实而全面的基础。这提示新时代的小学教育管理要在德育、智育、体育、美育以及劳动教育多个方面实现全面发展,筑牢人生成长的基础。

综上所述,小学教育管理是一种较为特殊的教育管理,具有狭义和广义两种不同的界定。

从狭义的角度来看,小学教育管理指的是小学学校管理,即小学管理者对小学组织进行的管理活动,管理的对象主要是学校。

从广义的角度来看,小学教育管理不仅包括小学学校管理,还包括小学教育行政。小学教育行政主要指国家、政府对小学组织进行的管理活动。①

二、小学教育管理的重要意义

小学教育管理因"小学教育"这一特殊学段而对人的成长、国家教育发展以及人民群众的教育期待等具有重要的现实意义。

1. 高质量的小学教育管理有助于推动人的终身成长

每个人在学校中的成长基本上都是从小学阶段开始的,高质量的小学教育管理总是给人留下难以忘怀的人生记忆。在小学期间所接受的知识、形成的能力、养成的素质等,往往会在无形中为人的成长打下坚实的基础。在朝向教育现代化2035的征途中,高质量的小学教育管理正是要积极致力于培养经济和社会发展所需要的有用人才。可以想到,在一所教育管理优质的小学中,一个有着良好小学教育基础的人,能够在小学阶段形成良好的学习习惯、生活习惯等,必定会助力其一生的发展。

2. 高质量的小学教育管理有助于提升国家教育发展水平

在我国教育系统中,小学教育发挥着基础性、奠基性的重要功能。实际上,高质量的小学教育管理不仅是对小学教育的有效保障,而且能够促进中等教育、高等教育等其他阶段教育的发展,还能够促进职业教育、成人教育等其他形态教育的提升。而这正是因为小学教育管理在保障小学教育发展过程中所具有的独特价值。

---

① 葛新斌,等.现代小学教育管理新论[M].济南:山东教育出版社,2013:8.

3. 高质量的小学教育管理有助于回应人民群众对优质教育的热切期待

当前我国社会主要矛盾已经转化为人民日益增长的美好生活需要和不平衡不充分的发展之间的矛盾。而这种不平衡、不充分反映在教育领域，则是小学教育实际上出现了管理上的低效等问题。在城市中，很多家长都希望把孩子送到当地一所优质的小学去读书，"学区房""学位房"等现象仍然突出，其实质正在于家长对优质教育的追求，而这种追求实际上很大程度在于这些小学本身具有较高的管理水平。高质量的教育管理不仅保障着小学发展，也提升着学校教育质量，助推着学校美誉度的形成。在乡村，国家正投入诸多宝贵资源支持和帮助乡村小学提高教育管理质量，并借此系统性地提升乡村教育质量，补上乡村小学教育发展的短板。而这些正充分反映出国家通过高质量的小学教育管理，提高教育发展水平，积极回应人民群众对优质教育的热切期待。

第二节 小学学校管理

> **阅读材料**
>
> **东北师范大学附属小学的学校文化**
>
> 文化是一所学校的灵魂，是学校内涵发展的本质所在。东北师范大学附属小学在"率性教育"理念的指引下，形成了独特的学校文化气质，不仅表现为具有开放的育人环境、特色的课程体系、自主的管理制度，更表现为凝聚在每一位师生身上的良好气质、精神品质、思想行为和文化韵味。
>
> 学校文化不是打造出来的，更多地要靠传承、凝练、创新而来。学校自创办之初，先后进行了"动的教学法"改革实验、单科单项改革实验、提高小学生素质综合改革实验、小主人教育整体改革实验等探索性研究，进入21世纪后，着重进行了"开放式学校"构建改革实验，创造"开放、多元、自主、个性"的教育环境及教育要素。纵观学校近70年的探索历程，学校文化一直在传承、凝练、创新中发展，其实质是在不断"解放学生""发展学生"。现阶段，学校以"率性教育"办学理念为核心的精神文化也正是传承于此。率性教育的核心，就是要在进一步解放儿童的基础上，让儿童成为教育中的主人，让儿童获得更多的自由和爱。
>
> 基于对《中庸》"天命之谓性，率性之谓道，修道之谓教"教育思想的理解，2014年学校提出"率性教育"理念。"率性"就是遵循儿童的身心发展规律和特点，"率性教育"就是遵循儿童的身心发展规律和特点促进儿童发展的教育，即保护天性、尊重个性、培养社会性的教育。保护天性，即保护儿童愿意探究、愿意想象、好问好动的天性。保护天性在幼儿园和小学低年级尤显重要。忽视对天性的保护，就会影响儿童的率真与创造。尊重个性，即尊重学生的差异。

> 学校的重要历史积淀是尊重学生的差异。因此,学校在管理方式、教育教学评价方式上,打破完美主义,减少"一刀切",做到严而有度,对学生不苛求。同时,培养学生的自主精神、合作态度、规则意识和责任观念,为学生未来成为合格公民奠定价值基础。这一新的教育理念的提出,使学校教育更注重从"人"的发展视角和高度,叩问学校教育的本质,核心更加指向对人的理解、对教育的理解,使学校精神文化在传承、凝练中走向创新。[①]

结合东北师范大学附属小学的办学特色,请思考:什么是办学特色?该校办学特色带给我们哪些启示?

"现代教育,特别是现代学校,是工业文明的产物,它反映了工业社会对学校的要求,工业社会的一些概念也就渗透到学校生活的各个方面。"[②]作为社会系统中的一个单元,小学在发展过程中需要密切注意自身的管理要素和管理过程。在社会对优质小学教育高度期待的历史背景下,小学学校管理如何进一步提高水平成为一项重要议题。小学学校管理本身是一个复杂的系统,包括小学办学特色管理、小学学校主体管理、小学教学管理、小学德育管理、小学安全管理等多个子项,需要我们予以高度重视。

一、小学办学特色管理

任何一所学校都有自己与众不同之处,这些与众不同之处实际上正是学校的独特标志,也是一种办学特色的外在表现。

(一)小学办学特色的基本内涵

特色是区别于其他同类事物所表现出来的特有风格,具有典型的差异性和可识别性。小学办学特色是指一所小学在办学实践中逐渐形成的,具有稳定性、科学性的教育管理形态,并从教育理念、办学风格、育人目标等方面表现出较为明显的独特性、差异性。

综观当前我国小学办学实际,小学办学特色表现出如下四个基本特征。

一是独特性。一所小学所表现出的独特性,在一定意义上即为这所学校所具有的个性。办什么样的教育,建什么样的学校,每一所小学都有自己的理解和表达,而这正是这所小学独特性的基本内涵。

二是差异性。小学办学特色的差异性实际上是一所小学有别于其他学校所表现出的质的差异。很多小学都想在众多学校中"卓尔不群、越而胜己",例如一些学校在努力追求"人无我有""人有我优""人优我精""人精我创"等,正是小学的差异性表现。

三是稳定性。我国有很多历史悠久的区域性名校,如北京府学胡同小学、重庆巴蜀小学

[①] 于伟.学校文化不是打造出来的[J].中国教师报,2015-12-02(013).节选时略有删减.
[②] 陈孝彬,高洪源.教育管理学(第三版)[M].北京:北京师范大学出版社,2008:2.

等。这些学校之所以长盛不衰,一个重要奥秘就在于其不断延续的办学特色。这种办学特色往往不因学校管理者的改变而改变,而是在经年累月中逐渐积淀下丰厚的办学底蕴,在接续传承中不断创新。

四是科学性。一所小学的办学特色不是一般的话语表达、碎片化的教育实践,而是那些不断打磨、提炼、升华而成的办学理念、发展定位、育人目标等,具有高度的凝练性、总括性与基础性。正是这些科学的小学办学特色,在无形中支撑着这所小学的可持续发展。

(二) 小学办学特色的构成要件

一所小学之所以具有自己的办学特色,不仅在于学校建筑、校园风貌等硬件设施的独特性,更在于教育理念、教学模式、课程建构、教师团队、德育管理等核心要件具有鲜明的独特性。

一是独特的教育理念。一所小学的教育理念是基于这所学校长期办学实践而逐渐形成的、具有高度概括性的话语表达,具体表现为这所学校的办学使命、育人目标、校训、校风、教风、学风、校徽、校旗、校歌、校服以及学校的主视觉等多种要素。

二是鲜明的教学模式。教学模式是在一定的教学思想或教学理念指导下建构的、具有稳定性、科学性的教学活动框架和程序。鲜明的教学模式是一所小学办学特色的核心,在教学准备、教学组织、教学实施、教学评价、教学科研、教学管理等多个方面表现出与众不同的特色。

三是系统的课程建构。课程改革是当前我国小学教育综合改革的核心。一所小学所开设的课程不仅具有与其他小学共通的国家课程,如语文、数学、英语等,也包括同区域内其他小学相通的地方课程,而且更为重要的是,还有特色鲜明、内容丰富的校本课程。这些系统的课程建构,往往成为很多小学的靓丽名片,是一所小学办学特色的重要构成因素。

四是合理的教师团队。教师是一所小学改革和发展的重要力量,也是彰显办学特色的重要标识。无论是个性鲜明的校长、声名远播的资深教师,还是朝气蓬勃的青年教师,高水平、结构合理的教师团队是一所小学办学特色的重要基础。

五是优秀的德育管理。德育管理是一所小学办学特色最为重要的体现。无论是少先队组织和活动,还是优秀班集体建设,优秀的德育管理不仅在内部规范着学生的德育活动,而且在无形中提升着学校的美誉度,推动着学校育人理念的最终形成。

📖 阅读材料

长春市文庙小学的办学特色

一、和美教育理念

育人目标:为学生创造美好未来

学校精神:和乐尚美

校训：和合共生，美美与共

校风：乐道乐业，乐思乐学

教风：尚礼尚新，尚研尚雅

学风：美志美德，美心美行

校歌：《文小·起航》

二、"趣探思悟·学以大成"的教学模式

1. 教学过程："趣—探—思—悟"

2. 操作程序：趣导—乐探—深思—宽悟

三、和美课程建构

1. 根本目标：端德、精艺、健体、善书

2. 具体模式：和美课程"1＋3＋X"模式

(1) "1"是国家课程，是保障教学质量的基础性课程；

(2) "3"是地方课程，是研究和体现办学目标的特色课程；

(3) "X"是学校课程，是促进学生个性发展的拓展性课程。

四、和美教师团队

1. 发展目标：敬业乐道、善思尚研、博学优雅

2. 发展机制：师徒结对机制，集中研修机制，同课异构机制

五、优秀的德育管理

1. 总体目标：培养"美志·美德·美心·美行"的和美少年

2. 特色活动

(1) "三礼"（开笔礼，祭孔礼，毕业礼）

(2) "四节"（读书节，体育节，音乐节，英语节）

(3) "五活动"（元旦迎新，清明诵读，端午美食，六一主题，中秋书画）[①]

二、小学教师管理

苏霍姆林斯基认为："教育是最艰巨的工作，现代学校领导工作的实质就在于，要让教师在这项工作中亲眼看到那些体现先进教育思想的好经验，是如何形成、成熟和得到肯定的。而这种经验的创造者，其所作所为堪为其他教师榜样的人，就应当充任学校校长。"[②]小学教师是小学教育管理的关键主体，对小学教师队伍进行科学管理，能够推动教师的专业发展、学校教育质量的持续提高，是对学校未来发展高度负责的重要表现。

---

① 节选自：长春市文庙小学校内资料《和美教育——文庙小学特色办学的探索之路》，2020年7月。

② 苏霍姆林斯基.育人三部曲[M].毕淑芝，等，译.北京：人民教育出版社，2015：11.

(一) 小学教师的基本角色

小学教师的角色是在不同人际关系中彰显出的一种独特的身份标识。在小学教育管理过程中,因面对不同主体、承担不同任务,小学教师所肩负的角色也不同。总体而言,小学教师的基本角色有如下六种。

一是学校改革发展的承担者。一所小学的改革发展无论蓝图多么美好、任务多么艰巨,都需要具体贯彻落实,而小学教师正是学校改革发展任务的具体承担者;反之,如果没有小学教师的责任担当,那么很多小学的发展便会陷入停滞。

二是优秀班集体的建构者。优秀班集体是学生成长的沃土,对于成长期的小学生而言尤为重要。而小学教师,尤其是小学班主任,正是班集体的积极建构者,他们需要不断提升自身班级管理经验,以各种方式推动班集体的优质化发展。

三是家校密切合作的推动者。现代教育学十分重视家庭教育、学校教育与社会教育这三种不同教育形态间的互动,小学教师正是推进家校合作的具体操作者。无论是班主任组织召开家长会、与家长进行常态化沟通,还是学科教师与家长交流学生的学科学习情况,都反映出现代小学教师必须积极致力于推动家庭和学校的密切合作,才能真正实现小学生的全方位发展。

四是学生成长过程的管理者。学生是教师的教育对象,理应受到教师的高度重视。小学教师必须时刻关注学生的成长过程,不仅要从学生学科学习的角度关注其学业成就,而且还要关注小学生在生理、心理、思想等方面的学情变化。

五是小学教育科学的研究者。小学教育是一门重要而独特的科学,如果仅仅从实践层面进行日常操作,而缺少了必要的深度反思,那么小学教师的专业发展也必将受限。因此,每一位小学教师都应以自己的方式对小学教育科学开展深入研究。

六是学习共同体的促进者。小学教师在专业成长过程中还要面对很多"同行""同事",并且要联合这些教师建构起小学教师专业学习的共同体。小学教师不仅是这一共同体的天然成员,而且必须积极努力,成为这一学习共同体的促进者,在促进自身发展的同时推动共同成长。

(二) 小学教师的教育管理

人的管理行为既不是人的本能,也不是感情的冲动,而是在环境和教育影响下的主体行为,是通过教育能够改变的一种自觉的活动。[①] 小学教师的专业成长受到来自环境和教育的深度影响。为此,应从小学教师的准入、培养、惩戒等不同维度进行有针对性的教育管理。

一是严格把控小学教师的资格准入。虽然是在小学这一最为基础的学段做教师,但小学教育实践的复杂性、艰巨性与重要性等基本特征充分表明,并非谁都可以成为小学教师。一所小学应在教师选聘上下足功夫,选聘那些符合党和国家教育政策、本校教育实践要求等

[①] 陈孝彬,高洪源.教育管理学(第三版)[M].北京:北京师范大学出版社,2008:36.

的小学教师。2012年2月,教育部下发了《小学教师专业标准(试行)》,明确提出了《小学教师专业标准(试行)》作为小学教师队伍建设的基本依据、小学教师培养培训的主要依据以及教师管理的重要依据。其中包括"师德为先""学生为本""能力为重""终身学习"四项基本理念,并从"专业理念与师德""专业知识""专业能力"三个维度描述了小学教师专业标准的基本内容。①

二是持续提升小学教师的专业能力。2022年4月由教育部等八部门印发的《新时代基础教育强师计划》明确指出:"高质量教师是高质量教育发展的中坚力量"。对于小学教师而言,专业能力是充分彰显教师质量的核心要素。持续而有效的专业提升过程能够切实推动小学教师的专业发展。从当前我国小学教师专业能力提升的过程来看,主要有以下三个方面。其一,专题培训。通过专家授课、专题讲授等方式进行专题培训,实现小学教师对相关教育理论的领会和学习。其二,校本研修。通过校本化的方式对本校教师的状况、问题等进行研修,从而在学校教育理念的指导下切实提升教师专业能力。其三,自我教育。通过一系列激励政策、制度等推动小学教师在专业能力上实现反思、提升,并将专题培训、校本研修等外部资源转化为内在发展的动力。

阅读材料

于永正谈教师的教育方法

铃声落了,教室里的多数人如果对你视而不见,依然我行我素,乱哄哄的(低年级小朋友尤甚),你不要发脾气,要静静地观察每个人,目光不要严厉,但要犀利、灵活、有神。一般情况下,片刻之后,多数学生会安静下来。此刻,你一定要及时给学生们一个满意的表情,表扬表现好的人,表扬要具体,指出哪一排哪一组的学生安静,哪些学生坐得端正。

如果还有人在说话,甚至打闹,则用一种期待或者严厉的目光"盯"住他。无效,则点明某一排或某一组的某一人仍在做影响大家上课的事,因为你不可能知道他们的名字。再无效,则迅速地走到他们眼前,请他们站起来,严肃但措辞文明地告诉他们,之所以请他们站起来,是因为他们无视课堂纪律,影响了别人的学习。必要时,则请他们把名字写在黑板上,然后说一句:"噢,你叫李勇,你叫王强。"不要指责,更不能挖苦。这招儿肯定有效。千万不要不管班级里怎么样乱七八糟,傻乎乎地走进教室立刻开始教学。否则,你很难把课上下去。②

---

① 教育部关于印发《幼儿园教师专业标准(试行)》《小学教师专业标准(试行)》和《中学教师专业标准(试行)》的通知[EB/OL](2020-8-20). http://old.moe.gov.cn/publicfiles/business/htmlfiles/moe/s7232/201212/xxgk_145603.html.
② 摘自于永正.给初为人师的女儿20条贴心建议[M].北京:教育科学出版社,2014:2.

三是不断激励小学教师的教育信念。积极推动对小学教师的教育管理,能够从根本上提升一所小学的教育水平,而教师的很多想法都是潜隐而不为人知的,并突出地表现为教育信念。信念是内隐于个体行动之中的一种观念状态,是个体信以为真且不断运用于实践中的一种思想因素。小学教师的教育信念正是其在教育过程中所一贯秉持并坚信不疑的基本观点和心理倾向。为此,应采取切实有效的措施,激励小学教师的教育信念。例如,近年来国内有很多地区都建立了省级、市级等不同层次的名师工作室,小学教师可以借助名师工作室这一模式,参与到专业发展的团队之中,不断发挥优秀教师的引领和示范作用,切实推动自身教育信念的科学建构。

第三节 小学班级管理

班级是小学生成长的微观单位。在小学这个人生成长的最初阶段,一个优秀的班级在其成长过程中扮演着十分重要的角色。教师尤其是班主任,需要积极引导学生参与建构阳光、向上、奋进的班集体,这种引导的过程实际上也是小学生初步实现社会化的重要过程。

小学班级管理是小学班主任工作的核心,是一项内容丰富的教育管理过程,并突出表现为建设优秀班集体、开好主题班会两个重要问题。

一、建设优秀班集体

优秀班集体是每个班级发展的重要愿景,然而这一愿景的实现并非易事,需要从班集体目标、规范等的建构,以及班风的培养等方面着手。

(一)班集体的目标构建

建设优秀班集体的一个重要前提就是要明确究竟什么是班集体。在对班集体的认知当中,最为常见的就是将班级群体等同于班集体。其实,班集体是在班级群体的基础上发展起来的,与一般的班级群体相比,班集体具有共同的奋斗目标和良好的班风。班级和班集体是不同的概念,班集体是班级在形成过程中所形成的一种特殊状态。在班级群体向班集体转化的过程中,班集体的形成具有一些典型标志。如共同的奋斗目标、较强的领导团队、严格的规章制度和良好的活动效果等,班集体也会很好地促进学生的个性发展。

对于班集体的定义,存在许多种不同的认知。例如,将班集体混同于班级群体,将班集体等同于教学班,将班集体等同于教育对象的集体,将班集体管理等同于道德说教等,这些对于班集体的认知都存在不同程度上的偏差,我们在理解班集体内涵的过程中要避免出现偏差。

那班集体是什么呢?我们首先要理解集体的内涵。苏联教育家马卡连柯指出:"集体不仅是教育的对象,而且是教育的主体";"集体并不等于一群人,而是一个有目的组织起来的活动机构,是一个有活动能力的机构"。在此基础上,班集体是指在班主任的引领下,以某一阶段、一定数量的学生的发展为目标,以教学为核心,以学生自组织为主的交往共同体。在一般的班级群体向班集体进行转化的过程中,往往需要班主任运用一定的策略和手段。

在构建小学班集体目标的过程中,需要达到三个方面的基本要求。

首先,要注意将个人目标与集体目标相统一,将小学生个体的发展与班集体的发展结合起来,推动小学生将个体发展目标融入班集体发展目标之中。

其次,要将学校传统与班集体个性相结合,在尊重学校文化传统、遵照学校总体要求的基础上,结合班级实际制定目标。

最后,注重目标的静态性与动态性相结合,长远目标与短期目标相结合,制定多层级、可实现的小学班集体的具体目标。

(二)班级规范构建

班级规范简称班规,我们每个人都接触过班规,例如,很多小学班级教室墙壁上贴有的《学生日常行为规范》等。班级规范是指为实现班级发展目标,根据教育法律法规、教育目的、相关规定,由学校管理者与班级群体共同制定的班级行为准则。需要注意的是,小学班集体规范应是由班级管理者和班级群体共同制定的,也就是班主任和小学生共同来制定的,强调制定过程中的民主参与性。小学班级规范在建构过程中侧重关注如下关键点:

第一,针对性。班规的制定需要结合小学生的身心发展特点,针对小学生群体的年龄和认知发展特点,制定出符合特定发展阶段学生认知特点的班级规范。另外,班规的制定也需要结合当前社会发展的需求以及学校的特色目标,符合时代的发展需求;还需要结合学校的价值追求和文化,在社会发展和学校现实的基础上制定出本班的班级规范。

第二,完备性。小学班规的完备性体现在两个方面:班级规范要反映多方主体的要求以及各规范之间的有机编排。同时,班规也要符合社会和学校的利益和价值追求,在表达上要有逻辑性和层次性,要内容丰富,结构严谨。

第三,程序性。小学班规的制定要经过提出、讨论、最终确定、表达呈现等环节,每个环节都不可缺少。同时,在制定的过程中要强调民主性,所有人都有发言权,都对班规有期待。因此,班规要充分反映最大多数学生的利益。

第四,教育性。班规制定的目的是对班级学生群体产生教育作用,所以在班规制定的过程中,要加大宣传力度,让班级成员对班规具有充分的了解。除了书面上的班规,还要增加不成文的班规,增加班级潜在的规范。同时,对形成的成文规范也要反复修改,对班规表达的语言文字进行润色、加工,增强班规的合理性和科学性。

(三)班风的培养与构建

班风是班级内大多数同学情绪、言行、道德风貌和作风等方面的共同倾向。如很多小学教室内贴有"勤奋、团结、求实"等字样,这些都是班风的一种现实表达。班风也是一个班集体成员的心理定式,是师生在长期的工作和学习过程中逐渐形成的一种精神面貌。对于小学班级管理而言,每个班主任在班级管理过程中都希望班级建构优秀的班风,因为班风是巩固和发展班集体的必要条件,是班集体形成的综合标志。这就要求小学班主任高度重视班风的培养与构建。

第一，培养小学生对班级的归属感和团体感。小学班主任可以从学习活动上下功夫，使小学生在日常的学习活动中获得成就感，进而逐渐具有班级归属感和团体感。班主任还要创造一个轻松愉快、人人畅所欲言的氛围，让那些年龄较小的小学生能够感受到班集体的温暖。

第二，重视开展小学班级课外活动。班主任要积极开展丰富多彩的课外活动，通过课外活动活跃班级氛围，促进学生之间的积极互动，并通过课外活动与学生进行常态化的交流对话，拉近师生之间与生生之间的距离。值得注意的是，小学班主任务必注意课外活动的必要性、教育性问题，多举办有意义、有针对性的班集体活动。

第三，指导小学生参与制定规章制度。小学班主任要与学生共同制定班级的规章制度，在制定的过程中，学生不仅会对自己制定的规章制度产生认同感，还会对班级产生认同感和归属感。这是班风培养的重要策略。

第四，研制小学班级的系统性标志。班级的系统性标志有很多，如班徽、班旗、班歌、班服等，这些独特的标志不仅表明了一个班级存在的样态，体现出一个小学班级的基本特点和价值追求，而且也推动着学生对班级的认同。在研制班级标志的过程中，能够进一步凝聚小学生的智慧，增强班风的力量。

二、科学设计主题班会

主题班会既是班主任教育工作的有机组成部分，又是学生获得良好发展的基础。科学设计主题班会，是实现小学班级管理的重要策略。

（一）主题班会的内涵与特征

主题班会是教育学生和学生自我教育的重要形式。主题班会具有明确的教育计划、指向和内容。对于小学生来说，参加主题班会既能获得满足，更能得到锻炼和提高。在新中国成立七十周年之际召开的主题班会课，一般都会以爱国主义为主题。这样，就能通过班会课提升小学生的爱国主义情感。主题班会为学生创设了教育场景，学生在班主任的引导下直接参与主题班会，其个性、特长可以在主题班会中得到充分的显露。这不仅可以使班主任老师发现学生身上的闪光点，深化班主任对学生的认识，也可以使这些学生发现自身价值，增强发展的信心和勇气。总体而言，主题班会具有如下特征。

第一，主题性。"主题班会"，顾名思义就要有一定的主题。不同于普通班会，主题班会具有鲜明的教育主题，只有紧密围绕这个教育主题进行活动，才能实现主题班会的育人功能。

第二，群体性。小学主题班会的开展必须面向班级内全体学生，实现全员参加、全程参加。成功的主题班会能增长学生的知识、陶冶情操、锻炼能力，加深班级成员之间的理解，增添班集体发展的凝聚力。

第三，动态性。班集体的形成以及班级成员的个体成长都不是一蹴而就的，不可能开展一次主题班会就最终实现。因此，主题班会在开展过程中，应积极关注学情的变化，基于主题班会的预设方案而逐渐调整,使之不断贴近学生发展实际,最终充分发挥主题班会对学生的教育功能。

第四,思想性。主题班会不同于一般的班会,其主题彰显深刻的思想性。在主题班会召开过程中,班主任要不断引导小学生关注相关话题、案例等,最终实现主题班会对学生情感、态度和价值观等的深刻影响。

(二)小学主题班会的整体设计

设计一堂科学而高效的主题班会并非易事,需要班主任认真思考班会的目标、形式与内容等要素。

1. 小学主题班会的目标确立

第一,要符合小学生发展实际。由于小学生是主题班会的开展主体,因此,小学主题班会教育目标的确立应首先考虑到小学生自身的发展特点,依据小学生身心发展的不同阶段确立主题班会的目标,只有这样才能切实体现小学主题班会的育人功能。

第二,要切合小学班级实际。主题班会作为一种班级活动的形式,它的主题确立必然要服务于班级文化建设的需要,具体主题的确立应从班级发展的实际情况出发,立足班级某一时期发展的现实,从中选取适切的主题,才会保证班会活动顺利开展。

第三,引导小学生树立正确的情感、态度与价值观。主题班会应该是师生之间就共同关心的话题进行交流、互动的重要过程。小学生有自己的喜怒哀乐,有自己的思维方式,一个远离小学生思想的话题很难引起他们的关注。因此,只有贴近学生心灵的话题才能令他们产生共鸣。所以,小学班主任要了解当下的小学生在想什么、怎么想,要选择他们共同关心的话题,让每个人都有话可说,有感而发,从而在交流互动的过程中引导学生的情感、态度与价值观。

第四,切忌小学主题班会内容空洞。一节小学主题班会课的时间一般在 40 分钟左右,在 40 分钟的时间内,如果选取的主题较大,试图面面俱到,则往往是蜻蜓点水,主题就难以深化。因此,班会主题的提炼要尽量从小处着眼,从某个侧面、某个点入手,切忌"假、大、空"。

2. 小学主题班会的内容与形式

小学主题班会的内容选择必须从主题出发,结合小学生关注的某些热点、焦点问题展开研讨。例如,国际国内的时事形势,节假日文化传统,文学、美术、音乐、影视作品等赏析,历史、体育、卫生等知识的介绍,相关班务工作等都可以成为小学主题班会的重要内容。

小学主题班会的形式是为一定的内容与主题服务的,在确定了主题班会的核心内容后,可以通过多样化的形式开展主题班会。例如,咨询式主题班会,引导学生主动发问、开展咨询;竞赛式主题班会,调动学生的参与积极性;文娱式主题班会,寓教于乐,推动学生快乐成长;展览式主题班会,通过举办各种学生作品展等,推动学生个性化发展;视听式主题班会,通过相关影视作品等的赏析,设计相关情境,提升学生的审美情趣。

3. 小学主题班会设计的具体过程

第一,确立班会主题。每周一次的主题班会是班主任教育学生、进行班集体建设的重要过程。不同的班会主题制约与影响着主题班会的全过程,决定着主题班会的内容、方法、途径等的选择与确定。因此,每次主题班会都需要首先确立班会主题。

第二,确立活动时间、地点等常规要素。班级活动的时间、地点等常规要素的确立为班会的正常顺利开展提供了基础保障。在班会的准备过程中确定好这些常规因素,有利于班会教育效果的达成。

第三,设计活动流程。主题班会的活动流程一般来说指的是班会开展过程中各个流程的衔接,包括导入环节、体验环节、感悟分享环节以及小结升华环节等。导入环节常用视频、短小的体验活动等形式达到暖场、代入情境和点明主题的目的;体验环节常用体验活动、情景剧表演等方式,让每位同学亲身体验;感悟分享环节通常以小组合作学习、交流与分享的创新班会课的形式展开,小组内与全班层面的交流分享会形成观点的碰撞和智慧的凝聚;小结升华环节在班主任总结的基础上,升华班会课主题。

第四节 小学课堂管理

课堂管理是小学教育管理的重心。《义务教育课程方案(2022年版)》明确指出,要"创设以学习者为中心的学习环境,凸显学生的学习主体地位,开展差异化教学,加强个别指导,满足学生多样化学习需求"。小学生每天生活在课堂之中,通过课堂学习获取知识、习得经验、锤炼技能。因此,高质量的小学课堂管理能够切实提升小学教育管理实效,促进小学生和谐成长。

一、小学课堂管理的功能与取向

在苏霍姆林斯基看来,"小学应当首先教会学生怎样学习。……小学最重要的任务,就是授予学生一定范围的巩固的知识和技能"。① 这就在很大程度上要求小学教师必须学会高质量地管理课堂,并深刻理解课堂管理的重要功能与基本取向。

(一)小学课堂管理的重要功能

一是组织功能。组织功能是课堂管理最为基本的功能。高质量的课堂教学有赖于教师对教育环境的积极创设、对教学设施设备的有效利用、对教学活动的精准把控、对教学对象的真诚期待,而这些都是课堂教学所发挥出的组织功能。小学课堂管理更为侧重组织功能。因为在小学课堂教学过程中,如何由分散的个体演变为高效的学习集体,如何从活泼好动的儿童变成遵守课堂教学秩序的学生,这些都需要课堂管理积极发挥其强大而有力的组织功能。

二是促进功能。促进功能是指教师通过有效的课堂管理,积极地为学生创设良好的课堂环境,充分满足课堂内个体和集体的合理需求,激发学生的学习积极性,挖掘学生的学习潜能,从而最大程度地发挥课堂教学对学生全面成长的推动作用。小学生正处于成长过程

---

① 苏霍姆林斯基.育人三部曲[M].毕淑芝,等,译.北京:人民教育出版社,2015:106.

中最为重要的人生起始阶段,需要课堂管理着力发挥促进功能,切实提升小学生发展的核心素养。

三是发展功能。发展功能是指教师在课堂管理中能够通过规章制度、行为规范的充分建构,引导学生从他律走向自律,切实帮助学生获得自我管理的能力,推动学生不断形成人生发展的功能。小学生在人生成长过程中不仅需要他律,熟悉并遵守规则,而且也需要以高度的自律获取人生发展的契机,在尊重规律的基础上努力建构规则,从而推动自身逐步走向成熟。

四是协调功能。协调功能是指教师在课堂教学过程中,不断协调各种复杂的关系,充分调动人、物、信息、事件、空间等诸多资源的作用。课堂管理涉及非常丰富的要素,没有这些要素协调有序的联动、配合,就难以达成有效的课堂管理。小学课堂管理因教学对象年龄偏低,无法有效实现自律自为,需要教师充分发挥课堂管理的协调功能,提升课堂管理的实效性。

(二)小学课堂管理的基本取向

课堂管理是每一位教师的必修课。然而每一个国家中、每一种文化内的课堂管理是不同的,教师应采取什么样的模式来进行课堂管理呢?对于小学课堂管理而言,课堂管理的基本模式有行为主义取向、人本主义取向和教师效能取向三种不同取向。[①]

1. 行为主义取向

行为主义取向的课堂管理总体上认为,外部环境决定着学生的成长。学生在课堂中所表现出来的那些不良行为,往往都是通过学习获得的或者因为没有学会正确的行为,因此在课堂管理过程中,教师应认真对待那些影响学生发展的外部环境,不断强化学生适宜的行为并根除那些不良的行为。行为主义取向的课堂管理主要有斯金纳模式和坎特模式。

(1)斯金纳模式,即矫正模式。这种模式的核心主张是,人的行为在本质上是对环境刺激所作出的反应,人的行为能否得到有效维持取决于后果是什么。在课堂管理过程中,教师要想真正推动学生在课堂中表现出适宜的行为,就必须采取奖励、表扬等措施,切实强化学生的适宜行为,修正学生的不良行为。

(2)坎特模式,即果断纪律模式。这种模式的核心主张是,希望借助有效制订、实施课堂秩序来管理课堂纪律。教师应当使用果断的纪律来管理课堂,以此维持良好的课堂教学过程。这些"果断的纪律"主要包括:事先陈述和解释要求、期望,坚持自己的期望和要求,运用明确、冷静、坚定的语气与目光,使用非语言性姿势支持语言要求,不采用威胁和斥责等方式来影响学生的行为,时时重复自己的要求,不要升格为训斥。

2. 人本主义取向

人本主义取向的课堂管理总体上认为,学生在很多方面具有自己的决策能力,他们能够

---

① 参见皮连生主编.教育心理学[M].上海:上海教育出版社,2011.

控制自身的行为并对此负责任。在课堂管理中,教师不应苛求学生百依百顺,而是应该关注学生自身的需求、情感等,向学生提供最好的机会去发掘归属感、成就感和积极的自我认同,以此来切实维持一种积极的课堂环境。而一旦出现课堂管理问题,教师则需要更多地加以沟通,引导学生分析问题的性质及其产生的后果,亲自解决好问题。人本主义取向的课堂管理主要有格拉塞模式和基诺特模式。

(1) 格拉塞模式,即现实治疗法、控制疗法。这种模式的核心主张是,人具有爱和被爱的需要、希望自己的价值得到自己和他人认可的需要。如果这些需要无法得到满足,就会产生许多行为问题。而学生是有理性且可以控制自身行为的,因此教师不应该接受学生的不良行为的借口,而是应当帮助学生做出好的选择。格拉塞提出了这一模式的基本程序,即联系学生、正确对待学生面临的行为问题、形成判断、制定计划、做出承诺、不接受借口、承受自然后果。

(2) 基诺特模式,即明智信息模式。这种模式的核心主张是,课堂管理的核心是教师用明智的方式和学生进行和谐沟通。纪律是逐渐形成的,教师应该在纪律形成过程中以身作则,在和有行为问题的学生进行沟通时努力换位思考,要相信学生具有自控能力,鼓励学生进行自我管理。基诺特提出师生之间的和谐沟通应努力做到:表达"明智的"信息,接受感情宣泄而不是否决,避免"贴标签",谨慎使用表扬,引导合作,理智地表达愤怒。

3. 教师效能取向

与前两种课堂管理模式不同,教师效能取向的课堂管理模式更加关注教师课堂管理技能的提高。课堂管理主要取决于教师的管理技能,通过培训能够提高教师的课堂管理技能并达成改善课堂管理质量的效果。教师效能取向的课堂管理模式主要有戈登模式和库宁模式。前者主要关注教师效能训练,后者则用来防止和应付不良行为。

二、小学课堂管理的内涵及影响因素

课堂管理是教师为了不断创设良好的学习情境、充分而有效地利用时间并切实减少不良行为而采取的诸多措施。在小学课堂教学过程中,小学教师不仅具有"教"的任务,而且还具有"管"的使命,亦即教师需要在协调并控制课堂中诸多教学要素及其关系,使之不断形成一个有逻辑、有系统的有机整体,以确保教学活动的有效开展。这一过程就是通常所说的课堂管理。

建设高质量的小学课堂是很多学校及教师不断努力的方向。然而,小学课堂管理总是受到诸多因素影响而难以有效提升管理实效,这些因素归纳起来,主要有四个方面。

一是学校的教育管理水平。课堂教学表面上看是发生在一个班级的课堂之中,但实际上也发生在一所学校之中。一所小学的教育管理质量深刻影响着课堂管理质量,其宏观的教育管理水平在无形中深刻地影响每门学科、每个课堂。清华大学附属小学之所以能够闻名全国,就在于校长窦桂梅建构了这所小学的科学教育管理制度,形成了不断向课堂要质量的良好效果。

二是教师的教育管理能力。教师是课堂管理的关键,师德师风、专业水平、工作能力以及组织管理经验等都直接决定着课堂管理水平。很多年轻教师之所以难以有效驾驭小学课堂,核心正在于缺乏教育管理的经验与能力,没有理性认识到小学课堂管理的独特性、特殊性,对小学课堂管理的现实样态估计不足、思考不深,无法实现自身教育素养在小学课堂管理中的实践性转换。

> **阅读材料**
>
> **吴正宪老师的课堂教学艺术**
>
> 吴老师在她的教育教学工作中就能做到客观、公正、平等,不偏袒任何一个学生,也不歧视任何一个学生,力争把"爱"的阳光洒在每个学生的心田。例如,在每次争论结束后,吴老师都会真诚地祝贺获胜者:"祝贺你们,是你们精彩的发言给大家留下了深刻的印象。"孩子的脸上洋溢着体验成功的快乐。这时吴老师并没有忘记身边暂时败下阵来的同学,仍然深情地握住他们的手说:"谢谢你们,正是因为你们的问题出现,才给全班带来一次有意义的讨论!"老师彬彬有礼地向他们深深鞠一躬:"谢谢!"孩子们笑了。别小看了这一次握手、一声感谢,它使成功者体会到快乐,使暂时失败者找回了面子,这无不体现着吴老师对孩子们的热爱与尊重,体现着吴老师以学生为主体的教育思路。如果不去理会这些暂时的"失败者",有可能使这些孩子产生自卑心理或是抵触情绪,成为永久的失败者。[①]

三是学生的课堂学习行为。学生是课堂管理的对象,课堂管理主要指向对学生的有效管理;学生也是课堂管理的主体,能够在教师的指导下实现自我教育与自我管理。小学生处于活泼好动的年龄,往往在课堂教学过程中难以及时、完整地配合教师完成教学任务,如果小学生学习态度端正,目的明确,学习习惯较好,自律性较强,那么课堂管理的效果就会较好;反之,课堂管理则容易陷入混乱。

四是班级的学习风气与规模。班级是课堂管理存在的微观环境。一个优秀的班级就会具有较强的凝聚力、良好的班风和学风,这样的课堂也易于形成高质量的管理;反之,对于那些纪律相对涣散的班级,教师需要在课堂中发挥更多的权威,给予学生充分的指导和监督。同时,班级规模越大,师生之间、学生之间的情感联结越容易减少,学生之间的个体差异越大,课堂管理的难度也随之增加。因此,要积极实行小班化教学、减少大班额,才能切实推动课堂管理的高质量发展。

从课堂管理的任务来看,课堂管理一般包括课堂环境管理、人际关系管理、课堂秩序管

---

① 摘自李兰瑛.教育教学中的心理效应——著名特级教师吴正宪教育艺术案例[J].小学教学参考,2003(9):44.

理等多个方面。课堂环境管理是指针对课堂教学过程中的物理环境、社会心理环境等的布置、设计与营造，课堂人际关系管理是指针对课堂教学过程中的师生关系、同学关系等不同主体间的关系进行组织、规范和安排，课堂秩序管理是指针对课堂教学过程中的行为规范、准则纪律等进行制订、呈现与实施。

本章小结

小学教育管理是一种较为特殊的教育管理，是小学可持续发展的重要保障。高质量的小学教育管理有助于人的终身成长，有助于提升国家教育发展水平，有助于回应人民群众对优质教育的热切期待。

在小学教育管理过程中，要推动学校办出特色。小学办学特色是指一所小学在办学实践中逐渐形成的，具有稳定性、科学性的教育管理形态，并从教育理念、办学风格、育人目标等方面表现出较为明显的独特性、差异性。它是由独特的教育理念、鲜明的教学模式、系统的课程建构、合理的教师团队以及优秀的德育管理等要件构成。小学教师是小学教育管理的主体，为此，要严格把控小学教师的资格准入，持续提升小学教师的专业能力，不断激励小学教师的教育信念。

班级是小学生成长的微观单位。在小学这个人生成长的最初阶段，一个优秀的班级在其漫漫人生旅程中扮演着十分重要的角色。在小学教育管理过程中，要通过建设优秀班集体、开好主题班会等方式加强班级管理。

课堂管理是小学教育管理的重心，具有组织、促进、发展、协调等功能。学校的教育管理水平、教师的教育管理能力、学生的课堂学习行为以及班级的学习风气与规模等都深刻影响着小学课堂管理的实际成效。

思考题

1. 什么是小学教育管理？开展好小学教育管理的重要意义是什么？
2. 如何理解一所小学的办学特色？
3. 建设优秀班集体，需要作出哪些方面的努力？
4. 为什么要进行小学课堂管理？有哪些因素制约着小学课堂管理的发展？

拓展阅读

1. 苏霍姆林斯基.育人三部曲[M].毕淑芝,等,译.北京：人民教育出版社,2015.
2. 雷夫·艾斯奎斯.第56号教室的奇迹：让孩子变成爱学习的天使[M].卞娜娜,译.北京：光明日报出版社,2017.

3. 于永正.给初为人师的女儿20条贴心建议[M].北京：教育科学出版社,2014.

4. 窦桂梅.回到教育的原点[M].桂林：漓江出版社,2015.

5. 张聪,于伟.班级变革与儿童成长[M].长春：东北师范大学出版社,2020.

6. 李家成,张永."新基础教育"学生发展与班主任工作指导纲要[M].北京：北京大学出版社,2019.

7. 齐学红,李亚娟.班主任工作十日谈·幸福老班[M].北京：教育科学出版社,2021.

8. 赵福江.更好的班级管理智慧[M].上海：上海教育出版社,2021.

9. 饶玲,朱晓颖.义务教育学校管理标准：要点·实施·案例[M].北京：北京师范大学出版社,2018.

10. 褚宏启.校长如何规划学校发展[M].北京：北京师范大学出版社,2016.

第十二章
小学教育改革与发展

学习目标

1. 了解21世纪以来世界范围内的小学教育改革重点,理解改革开放以来我国小学教育改革的特征。

2. 理解当前我国小学教育改革的热点问题,深刻理解为每个学生提供适合的教育的时代内涵。

3. 理解我国小学教育的未来发展趋势,能够辩证分析"五育"并举与全面发展素质教育的关系,深入理解教书育人能力是师德师风建设成效的最终检验。

视频:小学教育改革与发展

内容脉络

```
                    小学教育改革与发展
                   /                \
        历史进程与主题              当前小学教育改革的热点问题
  ·20世纪世界范围内的小学教育改革    ·落实立德树人根本任务
  ·21世纪以来世界范围内的小学教育改革 ·培育和发展小学生核心素养
  ·改革开放以来我国的小学教育改革    ·加强体育、美育和劳动教育
                                   ·积极培养学生创新思维和科
                                    学探究能力(开展STEM教育)
                                   ·探索适合小学生发展的教育
                    ↓
              小学教育的未来发展趋势
            ·更加突出立德树人
            ·更加坚持"五育"并举
            ·更加强化课堂主阵地作用
            ·更加突出师德师风建设
            ·更加突出学校、家庭、社会协同育人
```

小学教育因其基础性、全民性的地位,成为教育改革与发展的重要阶段。进入21世纪以来,围绕小学教育改革与发展这个主题,学术界与实践界开展了系列研究与实践探索,并取得了阶段性成果。本章从小学教育改革的历史进程与主题入手,分析讨论当前我国小学教育改革的热点问题,展望我国小学教育的未来发展趋势。

第一节　小学教育改革的历史进程与主题

教育改革是一种特定的教育价值取向与实现的过程，教育主体通过对传统和现实教育不同层面和程度的反思、改组、扬弃和超越，更好地适应社会发展和人的自身发展的需要，促进教育向着合理方向自我完善和变革。教育改革具有价值性、主体性、革新性和社会性。小学教育改革是整个教育改革工程的重要组成部分。它一方面是自身性质、结构、功能等方面的改进、重组和提升的过程，同时，另一方面又是社会发展尤其是教育系统整体结构和功能发生变革和发展的积极反映。这种改革，可能是一个国家小学教育自身性质、体系、内容、方法等方面的扬弃、革新、超越，也可能是对国外小学教育经验的吸收和借鉴。[①]

一、20 世纪世界范围内的小学教育改革

在过去一个世纪中，世界教育先后经历了三次改革浪潮，一个重要焦点是小学教育的改革与发展。每一轮教育改革的浪潮都有各自的时代背景和特点，也都有教育自身的发展规律和内在逻辑。正是这一次次改革浪潮的强力推动，使得小学教育得到了前所未有的发展。同样，小学教育在发展中出现的矛盾与问题，又总是通过改革来加以解决和协调。

19 世纪末到 20 世纪 30 年代，欧美国家小学教育在一定发展水平的基础上，掀起第一次教育改革浪潮并波及世界各国。首先是制度上的改革。进入 20 世纪，小学教育限于工人阶级和农民子女就学的双轨性质开始受到各国劳动人民和民主人士的反对，为争取教育民主和平等的斗争推动着资本主义国家废除等级性的教育制度。法国、德国、英国等国进行了小学教育的制度性变革，使小学教育改变了原先性质，并与中等教育直接衔接和沟通起来，成为统一的国民教育制度。其次是目标、内容和方法上的改革。在欧洲，英国教育家雷迪（1858—1932）、巴德利（1865—1967）、怀特海（1861—1947）、沛西·能（1870—1944），比利时教育家德可乐利（1871—1932）和意大利教育家蒙台梭利等人在欧洲掀起"新教育运动"。"新教育运动"极力反对传统的主知主义，强调儿童个人的自由和发展以及学校与社会生活的联系，提出以"生活教育""自发学习""尊重个性""人类爱和国际协调"等新的教育纲领创办"新学校"，以此培养学生会思考的头脑，并重视培养学生的实际操作能力、健强的身体、灵巧的双手、自由的个性、主动和首创精神以及合作能力。与此相互策应和相互影响的是美国的"进步教育运动"，其中，以杜威为代表的实用主义教育思想成为这场影响广泛而深远的教育革新运动的理论基础。1899 年，杜威在《学校与社会》一书中首次使用"传统教育"一词，对赫尔巴特教育思想进行彻底的批判，并将自己的思想称为"现代教育"，他针对传统教育中教育与儿童生活经验相脱离、学校与社会生活相脱离、理论与实践相脱离的弊端提出"教育即

[①] 阮成武.小学教育概论[M].上海：华东师范大学出版社，2011：232 - 234.

生活""学校即社会""从做中学"的理论。从20世纪初开始,杜威的实用主义教育思想在进步教育运动的推动下替代了赫尔巴特的主知主义,成为推动20世纪前半个世纪美国教育改革的主导性教育思想,并影响着世界上各种社会制度下的30多个国家的教育。①

欧洲"新教育运动"和美国"进步教育运动"合流,进一步发展成为20世纪20年代以后声势浩大的"现代派教育革新运动",它促使小学教育在目标、内容和方法上的深刻变革。正是在这一时期,中国开始建立自己的小学教育制度,并受到西方国家教育思想的影响,"教育变革"成为民主和科学两大主题的重要内容。杜威曾于1919—1921年来华访问、讲学,他的实用主义教育思想在中国得到广泛的传播。胡适、陶行知师从杜威,深受其影响。胡适主持的1922年"新学制"改革、陶行知先生提出的"生活教育"理论,以及各种以儿童活动为中心的教学法改革实验,如设计教学法、道尔顿制、文纳卡特制、德可乐利教学法等的引进,有力地推动了这一时期中国小学教育的改革。②

二、21世纪以来世界范围内的小学教育改革

一是加强基础学科教学,注重提高儿童的基础学力。终身教育、终身学习是20世纪90年代以来国际教育改革的核心理念,为适应学习化社会的需要、提高儿童的基础学力是各国小学教育改革首要的关注点。基础知识的掌握和基本技能的养成、乐于学习的态度是基础学力的核心,各国在提高儿童的基础学力方面的共同趋势是精选终身学习必备的基础知识和技能,以使新一代国民具有适应21世纪社会、科技、经济发展所必备的素质。英国从1999年开始在小学推行"国家基础学力战略"。1999年,美国教师联盟指出,各州课程标准必须包括四门核心课程:英语、数学、科学和社会科学。2001年,布什政府向国会提交了《绝不让一个孩子落伍》的教育改革计划,要求加强中小学数学和科学教学。日本小学教改则一贯重视儿童基础学力,认为"切实教给儿童终身自主学习所必需的能力和人格形成的基础知识、基本技能,这些丝毫不容忽视"。中国政府在第八次基础教育课程改革中,把培养学生"具有适应终身学习的基础知识、基本技能和方法"作为新课程培养目标的重要内容。

二是加强道德教育,注重培育儿童的价值观。当代社会的一个显著特征是在经济发展和科技进步的同时,伴随着普遍的社会道德危机,因此,重视公民道德教育成为普遍的趋势。公民道德要从小培养,小学成为公民道德培养的关键时期。各国小学教育改革普遍重视价值观教育和儿童精神、道德的发展,主要表现为重新强调传统的价值观念:重视公民教育并扩充新的时代内涵,如国际理解教育和环境教育;加强网络道德建设,保护儿童免受有害信息的侵害;加强心理健康教育,塑造良好个性;改革道德教育的方法,提高道德教育的实效性等。美国重新强调了在学校中要强化传统价值观念、培养美国公民应具有的共同品德,如诚

---

① 阮成武.小学教育概论[M].上海:华东师范大学出版社,2011:238-239.
② 同上,第239页。

实、勇敢、正直、慷慨、忠诚、善良、守法、爱国、勤奋、公正和自我修养等。英国在1999年新国家课程标准中强调现代公民要形成四个方面共同的价值观，包括自我：养成自尊心和自制力；人际关系：尊重他人，诚实可信自信；社会：追求自由与正义，尊重宗教和文化的多样性，积极参与民主生活；环境：对可持续发展抱有责任感，理解人在自然中的位置，努力保持自然的平衡性和多样性。日本在小学道德教育上，特别注重通过丰富的体验，充实学生的内心世界，强调提高学生的道德实践能力，将尊重人的精神贯穿到家庭、学校和具体的社会生活中去。中国素有重视德育的传统，1999年由中共中央、国务院颁发的《关于深化教育改革全面推进素质教育的决定》中把德育作为实施素质教育的核心。2001年，中共中央颁布了《公民道德建设实施纲要》。2002年，由全国妇联联合团中央、教育部等单位开展"小公民道德建设计划"，使"公民道德从儿童抓起"落实到小学教育之中。

　　三是加强信息技术教育，注重养成儿童的信息素养。21世纪对教育影响最大的因素是信息技术的迅猛发展，信息技术的应用迅速进入各国小学课堂，世界各国正在逐步实现所有小学进入互联网。信息时代要求人们必须具备信息素养，因此信息素养的养成成为各国小学教育改革的一大热点。培养儿童的信息素养，包括对待信息技术的观念、获取和处理信息的能力、防止儿童成为信息和媒体的不加鉴别的被动接受者、信息伦理等。英国在新的国家课程中，将以前的"信息技术"改为"信息和交流技术"，旨在为儿童有能力参与快速变化的世界生活做准备，侧重学生创造性地发现、探究、分析、交换、提供信息。中国第八次基础教育课程改革强调"加强信息技术教育，培养学生利用信息技术的意识和能力"。

　　四是加强个别化教育，注重发展儿童的个性。在课程改革方面，教育内容的生活化、关注儿童的经验是许多国家面向世纪课程改革的要点，落实在教学方式方面，则体现在加强个别化教育，以适应儿童学习方式的差异。如法国规定所有小学必须对学习上遇到困难的学生进行个别辅导，打破年级教学组织形式，把初等教育分成三个学习阶段，按学生的发展水平和学习能力进行小组教学；在班级规模方面，倡导小班教学。在教育目标上，韩、日两国都对压抑学生的创造力和个性的应试教育进行反思，认为教育要尊重学习者的多样化、重视儿童个性发展。中国把培养人的主体性、促进儿童生动活泼地发展作为素质教育的重要目标，并围绕此目标展开了新一轮基础教育的课程改革，进而引发教和学的方式的变革。

视频：吴正宪的一节数学课

　　五是加强科技启蒙教育，注重培养儿童的创造性。20世纪90年代，知识经济开始逐步替代工业经济，各国政府调整科技与教育政策，强化教育在国家创新体系中的作用。重视智力发展，培养儿童的创造性是各国小学教育共同关注的问题。新加坡的课程改革提出使学生掌握必要的技能，成为勇于革新、善于获取信息、富有创造精神的人。英国则是由政府斥资，支持中小学和产业界的联系，使学生了解社会的基本运作，为培养创新精神打基础。科技启蒙教育是各国小学教育的重要内容。美国促进科学协会拟定的《2061计划》旨在通过具有实效的科学、数学和技术教育的课程，增强美国公民以科学理解力为核心的文化能力。各国在小学科学教育中的共同趋势是注重儿童科学探究的欲望、过程和方法,强调体验性和过程性目标,把"科学"作为综合课程以融通不同的学科领域,从而保证科技教育的智慧启蒙价值。①

三、改革开放以来我国的小学教育改革

1978年改革开放以来,伴随着我国经济的快速发展和与日趋复杂的国际环境的深入交流,小学生成长环境、发展动力、思想意识、价值追求等都发生了深刻的变化。我国小学教育改革在国家颁布和实施的一系列政策的推动下,从目标任务、发展战略、改革方向到发展路径与保障机制等方面都实现了全方位的发展。

(一) 小学教育改革的目标任务：突出立德树人,促进全面发展

改革开放以来,我国小学教育教学改革的目标任务突出立德树人、促进全面发展,从根本上改变"知识本位""片面发展"的诸多弊端,体现了时代发展和人自身发展的双重需要。1978年4月,邓小平在全国教育工作会议上提出按照中小学生所能接受的程度,用先进的科学知识来充实中小学的教育内容。进入20世纪90年代,针对学生学业负担过重以及片面追求升学率的状况,适时提出了改革的目标任务是实施"素质教育",并先后颁布了系列的政策文件。1993年,国家颁布的《中国教育改革和发展纲要》中指出："中小学要由'应试教育'转向全面提高国民素质的轨道,面向全体学生,全面提高学生的思想道德、文化科学、劳动技能和身体心理素质,促进学生生动活泼地发展。"1999年,全国教育工作会议通过了《深化教育改革全面推进素质教育的决定》,指出要转变教育观念,改革人才培养模式,积极实行启发式和讨论式教学,激发学生独立思考和创新的意识,切实提高教学质量。要让学生感受、理解知识产生和发展的过程,培养学生的科学精神和创新思维习惯,重视培养学生收集处理信息的能力、获取新知识的能力、分析和解决问题的能力、语言文字表达能力以及团结协作和社会活动的能力。由此可见,"素质教育"是"全面发展"的进一步深化与提升,并成为20世纪90年代我国小学教育教学改革的目标任务。进入21世纪之后,为扎实推进素质教育,2001年5月,国务院印发了《关于基础教育改革与发展的决定》,要求加快构建符合素质教育要求的新的基础教育课程体系,新一轮的基础教育课程改革由此拉开帷幕。同年6月,教育部印发了《基础教育课程改革纲要(试行)》,强调知识与技能、过程与方法、情感态度与价值观的三维课程目标,来保障素质教育有效落实。2014年,教育部发布了《关于全面深化课程改革落实立德树人根本任务的意见》,把"立德树人"作为新时代全面深化课程改革的新目标、新任务和新要求。2017年9月,中共中央办公厅、国务院办公厅在印发的《关于深化教育体制机制改革的意见》中提出了新时代下"三个全面"改革目标,即全面深化教育综合改革、全面实施素质教育、全面落实立德树人根本任务,提出了培养学生终身发展、适应时代要

---

① 冯建军.小学教育新世纪·新定位·新发展[J].新乡教育学院学报,2002(2):66-70.

求的四大"关键能力",即认知能力、合作能力、创新能力与职业能力。由此可见,党的十八大以来,将"立德树人"目标任务具体化为"学科核心素养"(关键能力和必备品格),并通过深化课程与教学改革得以有效落实。①

(二)小学教育改革的战略主题:强调数量普及与公平和质量并重

改革开放以来,我国小学教育教学改革的战略主题体现了由数量普及向公平与质量并重的发展趋势。改革开放初到 20 世纪末,我国提出了到 2000 年基本普及九年义务教育的发展战略,以提高入学率及扩大学生数量为基本目标要求。1986 年,我国颁布了《中华人民共和国义务教育法》,使得适龄儿童与少年受教育权利以法律的形式得以规范并得到保证,这也使得受教育者的数量得以保障。为了防止学生的辍学现象,教育主管部门又特别制订了解决义务教育阶段学生流失问题的指导性文件,严格控制流失率。到 2000 年,我国基本普及了九年义务教育,小学儿童达到了 1.2 亿人,成为我国基本教育体量最大的群体,基本实现了学龄儿童 99% 的入学率。进入 21 世纪之后,"公平与质量"成为我国义务教育改革与发展的时代主题。教育质量和教育公平同时在党代会的报告中明确提出是在 2012 年党的十八大,那时全国范围的各级各类教育均取得了长足的发展,人民群众比以往任何时候都更加迫切追求"上好学""上一样的学"。为此,党的十八大报告明确提出要"着力提高教育质量,培养学生社会责任感、创新精神、实践能力";要"大力促进教育公平,合理配置教育资源,重点向农村、边远、贫困、民族地区倾斜,支持特殊教育,提高家庭经济困难学生资助水平,积极推动农民工子女平等接受教育,让每个孩子都能成为有用之才"。把"公平而有质量的教育"作为一个关键词明确提出是在党的十九大报告中,此时中国特色社会主义进入了新时代,教育事业发展取得了历史性成就,人民群众开始了对美好生活的向往,包括对"上一样的好学"的追求。为此,党的十九大报告提出要"努力让每个孩子都能享有公平而有质量的教育"。

为了有效提升教育质量,一方面,国家通过研究制订学科课程标准,引领和指导小学教育教学改革的发展方向,如制定 2001 版、2011 版义务教育课程标准;另一方面,通过研究制订综合素质评价体系,推动学校教育教学改革,如 2014 年 6 月,教育部研究和制订了综合素质评价体系,明确了好学校、好教师、好学生的质量标准。因此,2021 年,教育部等六部门联合印发《义务教育质量评价指南》,强调坚持育人为本、面向全体学生,注重综合素质评价,促进全面培养,引导办好每所学校、教好每名学生。促进内涵发展、提升教育教学质量成为小学教育教学改革的战略重点。经过多年的努力,我国小学教育教学质量在某些方面有了明显提升。从 2018 年 7 月我国公布的首份《中国义务教育质量监测报告》中可以看出,"学生学业表现良好,综合应用能力相对薄弱;学生演唱表现较好,但音乐听辨能力与赏析能力、美术

---

① 熊梅,王敏.改革开放 40 年我国小学教育教学改革:特征、成就和展望[J].四川师范大学学报(社会科学版),2019,46(1):78-85.

基础知识与赏析能力均有待提高",这也向我们表明了关注学生能力的培养、重视学生学习质量的提升的必要性。①

(三) 小学教育改革的方向：由单一性改革向综合性改革推进

改革开放以来,我国小学教育教学改革从局部领域、单一要素改革逐步向整体的、系统的、综合性的改革推进。改革开放初期到 2000 年前后,重点以教育体制改革为主。为了从根本上改变在教育事业的管理权限、教育结构、教育思想、教育内容、教育方法上存在的问题,1985 年,中共中央颁布了《关于教育体制改革的决定》,提出必须从教育体制入手,有系统地进行改革。进入 21 世纪之后,小学教育教学改革呈现出以课程改革为核心推进综合改革的发展趋势。2001 年,伴随着《关于基础教育改革与发展的决定》的颁布,围绕着课程结构、内容、目标、过程、方式、评价、制度等进行了全面的、整体的综合性改革。党的十八大之后,围绕着立德树人的根本任务,2014 年,教育部颁布了《关于全面深化课程改革落实立德树人根本任务的意见》,进一步明确了改革的方向,要对课程标准、内容、评价体系等进行全方位的、综合性改革。2017 年 9 月,《关于深化教育体制机制改革的意见》指出：要全面深化教育综合改革,全面实施素质教育,全面落实立德树人根本任务,系统推进育人方式、办学模式、管理体制、保障机制改革。2019 年 6 月,《中共中央 国务院关于深化教育教学改革全面提高义务教育质量的意见》强调要坚持立德树人,着力培养担当民族复兴大任的时代新人;坚持"五育"并举,全面发展素质教育;强化课堂主阵地作用,切实提高课堂教学质量;按照"四有好老师"标准,建设高素质专业化教师队伍;深化关键领域改革,为提高教育质量创造条件;加强组织领导,开创新时代义务教育改革发展新局面。

从教育教学改革的实践层面来看,在改革开放的八九十年代,重点以教法改革为核心。具有典型性、代表性的教法改革有：上海育才学校的"读读、议议、讲讲、练练"八字教法实验,江苏李吉林的"小学语文六步教学法"实验,黑龙江的"学导式教学法"实验等。20 世纪 90 年代,重点关注教育教学模式的改革与探索。具有典型性、代表性的改革试验有：主体性教育改革试验、创造性教育改革试验、愉快教育改革试验等。21 世纪之后,伴随着我国基础教育课程改革的推进,以课程改革为核心,小学教育教学改革开始向全方位、多领域、综合性发展。以 2014、2018 年的国家级基础教育教学成果奖为例,小学教育教学改革不仅涉及课程开发、教学方式、教学评价等各个领域,同时教育教学综合改革逐步上升。②

(四) 小学教育改革的发展路径：倡导多元协同、合作创新

改革开放以来,伴随着国家改革权限的放开,我国小学教育教学改革的发展路径逐步呈现出上下互动、左右联动、多元参与、协同创新、共创共享的多元化发展路径。伴随着 2001 年

---

① 熊梅,王敏.改革开放 40 年我国小学教育教学改革：特征、成就和展望[J].四川师范大学学报(社会科学版),2019,46(1)：78-85.
② 熊梅,王敏.改革开放 40 年我国小学教育教学改革：特征、成就和展望[J].四川师范大学学报(社会科学版),2019,46(1)：78-85.

国家颁布《关于基础教育改革与发展的决定》,实行国家、地方、学校三级课程管理体制,为我国小学课程与教学改革赋予了更大的改革自主权,从而极大地激发和调动了各方参与小学课程与教学改革的积极性、主动性和创造性,激发了我国小学教育教学改革的活力、潜力和动力,形成了多元参与、协同改革创新的良好发展态势,在多个领域和范围内取得了重大突破。

参与小学教育教学改革的主体呈现出多元性的发展态势,逐步形成了政府、高等院校、科研院所、专家学者、基层学校以及一线教师等多方共同参与改革的路径,同时也形成了U(高校)-G(政府)-S(小学校)协同创新的改革发展路径,有效地推动了小学课程与教学改革,并在一些新领域、薄弱环节取得了重大突破与创新,如在校本课程开发、综合实践活动课程领域、德育改革、评价改革等方面取得了突破性成果。①

(五)小学教育改革的保障机制:逐步建立较为完善的动力体系

改革开放以来,从国家到地方以及基层学校逐步建立起激发和推动教育教学改革的动力保障机制和条件支持体系,有力地推动了各方改革的动力、潜力、活力和创造力。一是逐步建立起了支持教育教学改革的政策法规体系和工作机制。改革开放以来,从国家到地方先后颁布了一系列的政策文件,为小学教育教学改革提供了政策保障。从国家的政策层面来看,《关于教育体制改革的决定》(1985年)、《中国教育改革和发展纲要》(1993年)、《深化教育改革全面推进素质教育的决定》(1999年)、《关于基础教育改革与发展的决定》(2001年)、《关于深化教育体制机制改革的意见》(2017年)、《关于深化教育教学改革全面提高义务教育质量的意见》(2019年)、《深化新时代教育评价改革总体方案》(2020年)、《关于进一步减轻义务教育阶段学生作业负担和校外培训负担的意见》(2021年)等纲领性文件对指导和推进我国小学教育教学改革起到了里程碑的作用。从地方政策层面来看,许多省结合实际制定和出台了相关的政策文件。如江苏省制订和全面启动了《基础教育教学改革行动计划》,2015年至2020年,有组织、有计划地推进基础教育教学改革,设立基础教育前瞻性教学改革实验项目经费,每年重点扶持30个左右省级教学改革项目。二是逐步建立起了教育教学科研激励机制,建立起了各级各类教育科研立项和审批制度,尤其是省市地方逐步加大了对小学教育教学改革立项的倾斜力度,激发和调动了小学教育工作者积极参与教育教学改革研究的热情和积极性,不断提升了研究的能力和水平。各级教育学会组织也发挥了重要的推动作用,如小学教育专业委员会等,通过课题立项、学会会议、论文评奖等,有效地推动了全国小学教育教学的改革与发展。2019年教育部发布了《关于加强新时代教育科学研究工作的意见》,对推动建设具有中国特色、世界水平的教育科学理论体系、不断提升教育科研质量和服务水平提供了新的指导与引领。三是逐步建立起国家和地方的奖励政策。1994年,为奖励取得教学成果的集体和个人,鼓励教育工作者从事教育教学研究,提高教学水平

---

① 熊梅,王敏.改革开放40年我国小学教育教学改革:特征、成就和展望[J].四川师范大学学报(社会科学版),2019,46(1):78-85.

和教育质量,我国颁布了《教学成果奖励条例》。各省地方政府率先设立了省级基础教育教学成果奖,分为特等奖、一等奖、二等奖。2014年,国家颁布了基础教育类教学成果奖励政策,并于2014、2018年分别启动了二届评奖,有力地激发和调动了各方参与改革的积极性和创造性。四是逐步建立起西部教育改革支持计划,加大对薄弱地区教育教学改革扶持的力度。尤其是党的十八大以来,进一步加大了对薄弱地区扶持的力度,进一步体现了教育的公平与质量。从2016年起,教育部将支持西部教育教学改革计划纳入主要工作之一,选派北京、江苏、浙江等先进地区组成国家级专家团队,对口帮扶贵州、甘肃、青海、西藏等西部薄弱地区中小学教育教学改革。①

第二节 当前小学教育改革的热点问题

当前我国小学教育改革主要从以下四个方面进行:一是培育和践行社会主义核心价值观,落实立德树人根本任务。二是加强体育、美育和劳动教育,培育和发展小学生核心素养。三是积极开展STEM教育,培养学生创新思维和科学探究能力。四是不断探索适合小学生发展的教育,促进人人成才。

一、培育和践行社会主义核心价值观,落实立德树人根本任务

(一)坚持把立德树人作为学校办学的根本

教育是立德树人的事业。全面落实立德树人是中国教育现代化的根本任务,也是回答"培养什么人、怎样培养人、为谁培养人"这一问题的实践任务。立德树人是中国教育的优秀传统之一,新时代已将立德树人作为培养中国特色社会主义建设者和接班人的关键,将全面落实立德树人根本任务作为检验学校工作成效的根本标准。立德树人本质上是关乎道德、教育与人的内在关系的思想,既具有深厚的传统文化基因,也具有鲜明的传承性与时代特点。②

学校立身之本在于立德树人。学校是人才培养的主阵地,人才培养一定是育人和育才相统一的过程,而育人是本。育人的根本在于立德。想要把青年人培养成优秀人才,不仅要抓好知识教育,更要抓好思想品德教育。2016年9月,习近平总书记在北京市八一学校考察时指出,基础教育是立德树人的事业,要旗帜鲜明地加强思想政治教育、品德教育,加强社会主义核心价值观教育,引导学生自尊、自信、自立、自强。各级各类教育要坚持把立德树人作为学校办学的根本,把立德树人内化到学校建设和管理各领域、各方面、各环节,做到以树人为核心,以立德为根本。2018年9月,习近平总书记在全国教育大会上要求,把立德树人融

---

① 熊梅,王敏.改革开放40年我国小学教育教学改革:特征、成就和展望[J].四川师范大学学报(社会科学版),2019,46(1):78—85.
② 朱益明,王瑞德,等.中国教育现代化2035:从规划到实践[M].上海:上海教育出版社,2020:74.

入思想道德教育、文化知识教育、社会实践教育各环节,贯穿基础教育、职业教育、高等教育各领域。凡是不利于实现这个目标的做法都要坚决改过来。学校要紧紧围绕立德树人的根本任务,加快构建充满活力、富有成效、更加开放、有利于学校科学发展的体制机制。

把立德树人的成效作为检验学校一切工作的根本标准。2018年5月,习近平总书记在与北京大学师生座谈时指出,要把立德树人的成效作为检验学校一切工作的根本标准,真正做到以文化人、以德育人。学校要围绕这个根本任务,坚持这一根本标准,建立健全促进立德树人的教育体系。学校要把立德树人成效这一根本标准落实到办学的体制机制上来。要全面落实立德树人根本任务,推进育人方式、办学模式、管理体制、保障机制改革,建立促进学生身心健康、全面发展的长效机制。①

(二) 以社会主义核心价值观教育为引领

落实立德树人根本任务需要以社会主义核心价值观教育为引领。党的十八大明确提出"富强、民主、文明、和谐、自由、平等、公正、法治、爱国、敬业、诚信、友善"二十四字社会主义核心价值观。其中,富强、民主、文明、和谐是国家层面的价值目标;自由、平等、公正、法治是社会层面的价值取向;爱国、敬业、诚信、友善是公民个人层面的价值准则。显然,培育和践行社会主义核心价值观是各级各类学校的教育任务,是教育领域全面贯彻落实立德树人根本任务的需要。

帮助少年儿童扣好人生的第一粒扣子。"我们倡导的富强、民主、文明、和谐,自由、平等、公正、法治,爱国、敬业、诚信、友善的社会主义核心价值观,体现了古圣先贤的思想,体现了仁人志士的夙愿,体现了革命先烈的理想,也寄托着各族人民对美好生活的向往。只要是中国人,就应该自觉培育和践行社会主义核心价值观。"②少年儿童培育和践行社会主义核心价值观,要做到"记住要求、心有榜样、从小做起、接受帮助"。"记住要求",就是要把社会主义核心价值观的基本内容熟记熟背,让它们融化在心灵里、铭刻在脑子中,随着自己年龄、知识、阅历不断增长,会明白得更多、更深、更透。"心有榜样",就是要学习英雄人物、先进人物、美好事物,在学习榜样中养成良好的思想品德追求。"从小做起",就是要从自己做起、从身边做起、从小事做起,一点一滴积累,养成好思想、好品德。"接受帮助",就是要听得进意见、受得了批评,在知错就改、越改越好的氛围中健康成长。少年儿童要养成严格要求自己、虚心接受批评帮助的习惯。③

(三) 小学立德树人的实践案例

清华大学附属小学发端于1915年的成志学校,坚守百年"立人为本,成志于学"的办学传统,坚持社会主义办学方向,旗帜鲜明地培育社会主义核心价值观,系好人生的第一枚纽扣,

---

① 本书编写组.习近平总书记教育重要论述讲义[M].北京:高等教育出版社,2020:45-48.
② 2014年5月,习近平总书记考察北京市海淀区民族小学,在师生座谈会上发表《从小积极培育和践行社会主义核心价值观》的重要讲话。
③ 从小积极培育和践行社会主义核心价值观[EB/OL].(2014-05-30)[2020-11-05].http://www.xinhuanet.com//politics/2014-05/30/c_1110944180.htm.

并由此撬动儿童的整体发展,通过理论构建、目标细化、课程优化、课堂改造、系统评价、机制创新等,建构并实践了成志教育系统育人模式,有效落实了立德树人根本任务。成志教育中的"志",根植于中华优秀文化,依据百年成志学校的文化品格及立德树人根本任务,含义有三：理想与抱负、意志与品质、实践与行动。"成",遵循儿童小学六年身心发展规律,从呵护兴趣到培养乐趣、再到激励志趣的过程和结果,体现方向性、动态性、教育性。成志教育聚焦立德树人,结合学校百年办学传统,确立"让儿童站立在学校正中央"的教育哲学、"为聪慧与高尚的人生奠基"的教育使命,引导儿童将个人的命运与祖国、人民的命运紧密相连,实现个人价值与社会、国家价值的有机统一,培养有理想、有本领、有担当的时代新人。即以成志为纲,尊重儿童天资与性情,培育其理想与抱负,砥砺其意志与行动,构建横向优化学科育人的"1+X课程"、纵向遵循儿童身心规律的年段三进阶,横纵联合形成主题课程群、儿童内生机制、自我激励评价的系统育人模式。①

二、加强体育、美育和劳动教育,培育和发展小学生核心素养

2019年全国教育工作会议强调"要重点针对长期以来疏于德、弱于体和美、缺于劳的问题,换脑筋、换思路、换办法,改环境、改途径、改习惯,让立德树人回归社会、回归家庭、回归生活,以新的方式推进立德树人工作,培养德智体美劳全面发展的社会主义建设者和接班人"。② 在2020年全国教育工作会议上,提出要"对准'五育并举'体系中的短板弱项,保持定力、持续用力、精准发力。要绘好爱国主义同心圆,推动教体融合,划出美育硬杠杠,构建劳动教育责任链条,打通家校连心桥"。③ 在2021年全国教育工作会议上,陈宝生部长强调"要抓好体育、美育文件的落实。""要科学评价,促进体育、美育工作落到实处。""推动各级各类学校准确把握新时代劳动教育特点,把劳动教育清单丰富起来,把教育目标和内容衔接起来。要加强专业指导,健全劳动素养评价制度,为劳动教育的实施创造良好条件。"④

可见,相比于德育和智育,特别是智育,体育、美育和劳动教育是"五育"中的薄弱环节。进入新世纪以来,特别是党的十八大以来,党和国家高度重视五育并举,特别重视加强体育、美育和劳动教育,不断发展素质教育,培养德智体美劳全面发展的社会主义建设者和接班人。

(一) 树立健康第一的教育理念,全面强化学校体育工作

学校体育以身体练习为主要手段,以学习体育与健康知识、技能和方法为主要内容,以增进学生健康,培养学生坚强的意志品质、合作精神和终身参加体育锻炼的意识与能力为主要目标。《关于全面加强和改进新时代学校体育工作的意见》中指出：学校体育是实现立德

---

① 清华大学附属小学.成志教育：小学立德树人的模式构建与实践探索[J].人民教育,2018(8)：53-59.
② 陈宝生.落实 落实 再落实——在2019年全国教育工作会议上的讲话[EB/OL].(2019-01-30)[2020-11-05]. http://www.moe.gov.cn/jyb_xwfb/moe_176/201901/t20190129_368518.html.
③ 奋战2020 确保"收官之年"圆满收官——2020年全国教育工作会议召开[EB/OL].(2020-01-11)[2020-06-05]. http://www.moe.gov.cn/jyb_xwfb/gzdt_gzdt/moe_1485/202001/t20200111_415187.html.
④ 乘势而上 狠抓落实 加快建设高质量教育体系——在2021年全国教育工作会议上的讲话[EB/OL].(2021-02-04) [2021-02-14].http://www.moe.gov.cn/jyb_xwfb/moe_176/202102/t20210203_512420.html.

树人根本任务、提升学生综合素质的基础性工程,是加快推进教育现代化、建设教育强国和体育强国的重要工作,对于弘扬社会主义核心价值观,培养学生爱国主义、集体主义、社会主义精神和奋发向上、顽强拼搏的意志品质,实现以体育智、以体育心具有独特功能。学校体育课程要注重大中小幼相衔接,聚焦提升学生核心素养。义务教育阶段体育课程帮助学生掌握1至2项运动技能,引导学生树立正确健康观。要补齐师资、场馆、器材等短板,促进学校体育均衡发展。坚持整体推进与典型引领相结合,鼓励特色发展。弘扬中华体育精神,推广中华传统体育项目,形成"一校一品""一校多品"的学校体育发展新局面。①

近年来,在全面育人理念的指引下,江苏省苏州市吴江区盛泽实验小学教育集团积极探索体育跨学科协同教学模式,在体育与其他课程的协同中发掘体育全面育人的价值和功能,发挥体育全面育人的特殊作用,取得了一定成效。他们首先从转变观念入手,深刻认识体育学科开展跨学科协同教学的必要性和必然性。《义务教育体育与健康课程标准(2017年版)》将体育课程分为运动参与、运动技能、身体健康、心理健康与社会适应四个方面,并指出四个方面是一个相互联系的整体,各个方面的目标主要通过身体练习实现,不能割裂开来进行教学,这充分说明了体育与健康课程的综合性,跨学科协同可以消除体育与其他课程割裂的弊端。其次,发掘体育跨学科协同全面育人的功能。体育与其他课程跨学科的协同不能简单地"做加法",而应该"做乘法",把体育与其他课程的协同目标定位于"小立课程,大作功夫",充分发掘和发挥体育跨学科协同全面育人的价值和功能。体育教育的核心价值不是竞技比赛,也不是娱乐,而是育人。体育与育人是不可分割的统一体,小学体育课程必须走综合化、统整化之路,与德育、智育、美育诸方面协同起来,实现其全面育人的使命担当。最后,进行资源整合,优化体育跨学科协同全面育人的策略。包括有机渗透策略、任务驱动策略和主题统整策略。②

(二)坚持以美育人、以文化人,提高学生审美和人文素养

学校美育有广义和狭义之分。狭义的学校美育,主体是艺术教育,主要包括音乐、美术、舞蹈、书法、戏剧等艺术课程。广义的学校美育,即大美育观,又称美感教育,是通过培养人们认识美、体验美、感受美、欣赏美和创造美的能力,使其具有美的理想、美的情操、美的品格和美的素养。③《关于全面加强和改进新时代学校美育工作的意见》指出:美是纯洁道德、丰富精神的重要源泉。美育是审美教育、情操教育、心灵教育,也是丰富想象力和培养创新意识的教育,能提升审美素养、陶冶情操、温润心灵、激发创新创造活力。要健全面向人人的学校美育育人机制,缩小城乡差距和校际差距,让所有在校学生都享有接受美育的机会,整体推进各级各类学校美育发展,加强分类指导,鼓励特色发展,形成"一校一品""一校多品"的

---

① 中共中央办公厅.国务院办公厅印发《关于全面加强和改进新时代学校体育工作的意见》和《关于全面加强和改进新时代学校美育工作的意见》[EB/OL].(2020-10-15)[2021-02-08]. http://www.moe.gov.cn/jyb_xxgk/moe_1777/moe_1778/202010/t20201015_494794.html.
② 曹忠.全面育人理念下的小学体育跨学科协同教学[J].中小学管理,2019(11):22-24.
③ 赵方军."划出美育硬杠杠":大美育观下的学校美育工作机制构建[J].中小学管理,2020(9):50-53.

学校美育发展新局面。①

福建省晋江市实验小学创建于1910年,前身系青阳壁立小学。学校秉承"励行尚美"的办学理念,以坚持创"优质＋特色"学校、建"敬业＋卓越"团队、育"全面＋特长"人才的办学目标,遵循"以美明德、以美启智、以美健体、以美促劳、以美育美"的办学思路,落实"文化立校、环境美校、制度治校、课程强校、科研兴校、特色亮校"的办学策略,搭建"课堂文化研讨月、教学风格研讨月、名师团队教学展示"等平台,构建"教、科、培"三位一体校本教研制度,有力促进了教师的专业成长。基于"多样课程,多彩生活,多元文化"的理念,推行"励美36"成长计划,建构"三阶课程体系",即"人之本——关注人的健康,人之韵——致力人的涵养,人之和谐——实现人的发展"三个阶层,包含"生活技能类、身心素质类、行为规范类、文化涵养类、艺术素养类、科技探究类、国际视野类"等七个领域,自主开发了19套34本校本教材,形成了"书香、科技、艺术、体育、英语"等五大特色,全方位培养学生的综合素质和能力,催开了"一校多品"之花。②

（三）弘扬劳动精神,教育引导学生崇尚劳动、尊重劳动

"劳动是财富的源泉,也是幸福的源泉。人世间的美好梦想,只有通过诚实劳动才能实现;发展中的各种难题,只有通过诚实劳动才能破解;生命里的一切辉煌,只有通过诚实劳动才能铸就。劳动创造了中华民族,造就了中华民族的辉煌历史,也必将创造出中华民族的光明未来。"为此,实施劳动教育非常必要,要通过劳动教育"牢固树立劳动最光荣、劳动最崇高、劳动最伟大、劳动最美丽的观念,让全体人民进一步焕发劳动热情、释放创造潜能,通过劳动创造更加美好的生活"。③ "劳动教育也可以定义为是以促进学生形成劳动价值观（即确立正确的劳动观点、积极的劳动态度,热爱劳动和劳动人民等）和养成良好劳动素养（形成劳动习惯、有一定劳动知识与技能、有能力开展创造性劳动等）为目的的教育活动。"④中共中央、国务院《关于全面加强新时代大中小学劳动教育的意见》指出：劳动教育是中国特色社会主义教育制度的重要内容,直接决定社会主义建设者和接班人的劳动精神面貌、劳动价值取向和劳动技能水平。要把劳动教育纳入人才培养全过程,贯通大中小学各学段,贯穿家庭、学校、社会各方面,与德育、智育、体育、美育相融合,紧密结合经济社会发展变化和学生生活实际,积极探索具有中国特色的劳动教育模式,创新体制机制,注重教育实效,实现知行合一,促进学生形成正确的世界观、人生观、价值观。⑤

---

① 中共中央办公厅 国务院办公厅印发《关于全面加强和改进新时代学校体育工作的意见》和《关于全面加强和改进新时代学校美育工作的意见》[EB/OL].（2020-10-15）[2021-02-08].http://www.moe.gov.cn/jyb_xxgk/moe_1777/moe_1778/202010/t20201015_494794.html.
② 福建省晋江市实验小学.励行尚美 以美育人[J].人民教育.2017(9)：81-82.
③ 习近平.习近平著作选读（第一卷）[M].北京：人民出版社,2023：118.
④ 檀传宝.劳动教育的概念理解——如何认识劳动教育概念的基本内涵与基本特征[J].中国教育学刊,2019（2）：82-84.
⑤ 中共中央 国务院关于全面加强新时代大中小学劳动教育的意见[EB/OL].（2020-03-20）[2021-02-08].http://www.moe.gov.cn/jyb_xxgk/moe_1777/moe_1778/202003/t20200326_435127.html.

作为全国中小学劳动教育实验单位,浙江省杭州市富阳区富春第七小学在进行传统劳动教育的同时,还对劳动教育的时代内涵进行了思考和拓展,提出了"新劳动教育"的理念。新劳动教育的"新"主要体现在新劳动教育的立场是积极的,新劳动教育的内容是开放的,新劳动教育的主要功能是满足学生的存在性需要,新劳动教育的实现路径是整合的。"新劳动教育"是以劳动为载体,以劳辅德、以劳增智、以劳强体、以劳育美、以劳养心,实现立德树人的根本任务。在"新劳动教育"的具体实施中,富春第七小学设计了三大途径:开心农场、生活整理和亲子合作。开心农场利用校园周边20余亩土地开辟的综合性学习探究、体验区,形成了一个教育的综合体,突出"育德养心",即体现劳动教育所承载的生命教育的内涵。开心农场实行项目承包责任制,分片划出责任区,落实到各班进行日常的管理养护。生活整理是学校开展"新劳动教育"的又一重要载体,突出好习惯的养成。在生活整理中,学校制定了一整套课程,从如何摆放文具到如何整理用品,从教室内到操场,从学校到家庭,从作业整理到思维整理,使孩子养成了好习惯,终身受益。亲子合作是学校和家庭的结合,突出融生活于教育。家长与孩子共同参与各类活动,引导学生体验劳动,获得成长。学校还推出了"12岁前应该做的30件事",受到家长孩子的欢迎。通过几年的实践,"新劳动教育"在教育的范畴、目标、内容、评价上,有了新的探索,成为学校德育的新途径。学校教育实现了从课堂育人到开放育人,从书本育人到生活育人,从知识育人到实践育人。[①]

在实践劳动教育的过程中,很多学校探索将劳动教育融入具有综合性的课程学习和实践活动中,同时也赋予劳动在信息化时代应具有的科技性和创意性,让劳动育人落在了实处。例如:山东省郓城县黄岗小学通过开发实施"乡村田园课程",实现了劳动育人的零距离无缝衔接;天津市和平区岳阳道小学的孩子们在"物联网种植"生态课程的学习中,借助手机APP对植物的生长过程进行远程监控,借助传感器反馈空气、土壤的数据分析,在基础农业种植知识学习与网络应用的体验中,实现知行合一,形成了劳动光荣、劳动有乐趣的价值观。[②]

三、积极开展STEM教育,培养学生创新思维和科学探究能力

(一) STEM教育的涵义

引起全世界关注的STEM教育起源于美国,是美国为应对科技教育危机和未来社会挑战而提出的教育发展战略。1986年,美国国家科学研究委员会在《本科的科学、数学和工程教育》报告中提出了科学(Science)、数学(Mathematics)、工程(Engineer)和技术(Technology)教育集成的建议,而这一建议通常被视为STEM教育的发端。STEM是科学、技术、工程和数学(Science,Technology,Engineering and Mathematics,STEM)英语首字母的缩写。2001年,STEM教育这一术语第一次为美国官方所使用,将"什么是STEM教育"

[①] 章振乐.正心立德 劳动树人——小学"新劳动教育"的实践与思考[J].中国特殊教育,2017(5):27-29.
[②] 谢凡,陈锁明.赋能·综合·质量:中国小学校长的年度关注——来自中国教育学会小学教育专业委员会2019年学术年会的讨论[J].中小学管理,2020(1):48-50.

描述为：它超过其首字母缩写所意味的，远不止于科学、技术、科学和数学。STEM 教育是关于学生参与的(engagement)基于项目的学习(project based learning)；STEM 教育运用科学探究过程和工程设计过程，是跨学科的；STEM 教育运用到竞争的要素(elements of competition)，是关于积极学习(active learning)和合作与团队工作的，是关于实际问题解决的(practical problem solving)，它联接抽象知识与学生的生活(the abstract to the lives of students)，混合过程和内容(intermingles process and content)；STEM 教育是以标准为基础的(standards-based)，向学生提供投身于严谨学科(invest in rigorous subjects)的理由。尽管 STEM 教育的提出和实施在美国被认为是一种集成战略，但 STEM 首先代表科学、技术、工程和数学四门独立的学科领域。在不同的阶段，这四门学科领域的标准都在推陈更新，如《技术素养标准：技术学习之内容》(2000 年)、《K-12 教育中的工程》(2009 年)、《K-12 科学教学框架：实践、跨学科概念与核心概念》(2011 年)、《下一代科学教育标准》(2013 年)。我们认为，美国的 STEM 教育路径由学校正规教育路径以及社会非正规教育路径组成，两者有着共同且互补的教育目标，从而形成了全方位的学习网络。在小学的正规教育中，STEM 教育最重要的课程载体是科学课程。与此同时，美国社会的大量机构、博物馆、科学中心、创客社区、实验室都以综合 STEM 的项目形态，让学生自愿经历不同的学习体验，发展和促进了义务教育的课程。①

（二）STEM 教育在我国小学的推广与实践探索

STEM 教育是培养具备 STEM 素养和 STEM 能力人才的一种重要教育方式。我国已开始逐渐重视并在小学和中学中渗入。从上海云中心、深圳柴火空间、鲨鱼公园等 STEM 教育机构的盛行，到《教育信息化"十三五"规划》《义务教育小学科学课程标准》等文件对 STEM 教育的推进，再到中国教育科学研究院发布的《中国 STEM 教育白皮书》《中国 STEM 教育 2029 行动计划》《STEM 教师能力等级标准（试行）》等对 STEM 教育的宏观规划，近年来 STEM 教育在我国得到了迅猛发展。② 我国非常重视 STEM 创新教育模式。2018 年，中国教育科学研究院发布的《中国 STEM 教育 2029 行动计划》中指出努力打造一体化 STEM 创新生态系统，联合政府、学校、高新企业、社会组织等各方力量，建立健全长效合作机制，动员全社会资源在共识基础上积极参与、交流协作和多元投入，共同搭建 STEM 教育的支持体系，建立基于地区特色的 STEM 实践社区，鼓励博物馆、青少年宫、科技馆、数字媒介等社会机构积极开放空间，为学习者提供更加广阔的学习平台。③

由于 STEM 教育与科学教育的相似性极高，科学课程成为我国实行 STEM 教育的重要途径。"STEM 教育是一种以项目学习、问题解决为导向的课程组织方式，它关注不同学科

---

① 张悦颖,沈祖芸.小学 STEM 教育实践路径与方法——上海市世界外国语小学的探索[M].上海:上海科技教育出版社,2017:1-2.
② 肖化,区楚瑜,周少娜.以 STEM 教育视角比较小学科学课程标准——以中国内地、中国香港、美国为例[J].基础教育,2019(3):47-57.
③ 包卉.浅谈 STEM 理念下小学科学教材的开发与新探索[J].编辑学习,2020(6):99-104.

知识间的相互影响和整合,将生活情境和社会问题置于学习中心,被视为培养学生 21 世纪技能与核心素养的'疗效药'。小学科学课程本身具有整合性,对学生科学素养乃至 STEM 素养的形成具有重要的启蒙作用。2017 年教育部印发《义务教育小学科学课程标准》,倡导跨学科学习方式,建议小学科学教师在教学实践中开展 STEM 教育。"①同时,《义务教育小学科学课程标准》"有两项改变引起社会各界的广泛关注:一是恢复在一二年级开设科学课,二是增加技术与工程领域的学习内容。这两点变化不仅印证了在 K12 年级持续开展科学教育的必要性,也体现了将 STEM 教育融入小学科学教育的时代要求"。②

在课程方面,STEM 教育代表着课程组织方式的重大变革。目前中小学最广泛采用的课程模式是分科教学,STEM 教育的课程设计应该使用"整合的(integrated)课程设计模式",即将科学、技术、工程和数学等整合在一起,强调对知识的应用和对学科之间关系的关注。在 STEM 教育中,学生需要不断地评估自身的兴趣点、经验和才能,通过基于现实的项目,在深度和广度上应用跨学科的知识和技能。③

上海世界外国语小学的 STEM 课程的创建以 2011 年引进美国加州科学课程为标志,之所以着力构建 STEM 课程,主要原因有二:一是改变课程模式和结构,把分科课程模式和主题课程模式融合,取两种课程模式之长,在解决实际问题中使各门学科有目的地融合。二是改变教和学的方式,主张在"情境"之中的质疑探究式的学习方法,学生们通过解决真实世界的问题来为自己"创造机会"。在世界外国语小学,STEM 课程内容首先是分科的,其次是整合的,再次是延伸与扩展的,STEM 课程的整体设计关联校内和校外,主阵地落实在校内的课堂中。④

(三) STEM 教育在我国小学实践中的问题与审思

有学者研究指出,当前小学科学课程中开展 STEM 教育存在的主要问题有:(1) 课程价值定位各异。部分小学科学教师认为应当将 STEM 教育整合于小学课堂教学之中,部分教师认为应当将 STEM 教育作为学校的选修课或社团活动,还有一小部分教师认为 STEM 教育可以取代原有的科学、信息技术等课程。这说明小学科学教师倾向于将 STEM 教育视为一门新课程或一种新活动,而非可应用于各学科课程的教育理念或方式。(2) 对跨学科内容理解与应用不足。部分教师无法在不同学科知识间建立有意义的联系,难以利用跨学科概念开展科学和工程实践活动。(3) 缺乏评估体系的引领与支持。目前小学科学教师大多认同基于学生表现的评估理念,知道可以通过作品来评价学生的学习效果。然而,由于缺乏教育评估的理论与技术,当涉及评估目标的确立、分类和界定时,教师很难将 STEM 教学目标具体化、操作化,也不知道如何将学生的能力水平划分成不同的等级。此外,如何组织包括

---

① 林静,石晓玉,韦文婷.小学科学课程中开展 STEM 教育的问题与对策[J].课程•教材•教法,2019(3):108-112.
② 叶兆宁,周建中,杨元魁.小学一二年级如何开展 STEM 教育[J].人民教育,2020(3):105-108.
③ 《中国 STEM 教育 2029 创新行动计划》解读[EB/OL].(2019-07-31)[2021-02-13].https://baijiahao.baidu.com/s?id=1640504649598404046.
④ 张悦颖,沈祖芸.小学 STEM 教育实践路径与方法——上海市世界外国语小学的探索[M].上海:上海科技教育出版社,2017:3.

学生、家长等在内的多元主体参与教育评估,促进不同利益相关者对 STEM 教育的认识,也是 STEM 教育评估面临的难题。(4)环境支持体系不完善。目前 STEM 教育在小学科学课程中的开展并没有得到学校管理人员的重视,也没能形成社会联动机制。调查显示,小学科学教师认为目前实施 STEM 教育的主要困难包括"缺乏管理和资金上的支持":一方面,课时上的限制导致占用时间较长的科学实践活动难以开展;另一方面,教学资源配备不足导致一些好的想法、教学设计难以实现。①

我国 STEM 教育的一种情况是校内校外隔离。学生可能在课余时间去校外参加 STEM 类的小创或各种活动,但几乎没有机会将他们在课外学习完成的东西带到学校里来,以此获得学科成绩和学分。在校内课堂中,学生们受制于考试成绩和升学压力、学校课程设置更多采取抽象感知教学法和纸笔测评方法等现实因素,排除了参与、经历并理解的学习方法。另一种情况是 STEM 以项目为载体,成为学校拓展、探究课的活动内容,游离于基础型课程之外,可有可无、不稳定的课程内容现状,显示其得不到充分的重视。②

四、不断探索适合小学生发展的教育,促进人人成才

(一)为每个学生提供适合的教育

"让教育适合每一个学生,是现代教育的基本理念,也是现代教育区别于传统教育的本质所在。为了实现让教育适合于每一个学生,现代以来的教育家们,以课程为切入点,通过对课程的改革来实现教育适合学生的理想追求。"③实现"教育适合学生"理念的路径主要有两种,即基于教学艺术的选择和基于课程变革的选择,两种选择因受现代教育组织形式的制约,都难以产生良好的效果。为此,需要更换视野,将着眼点放在学校教育层面,通过学校的多样化发展,辅之以教学与课程的改革,实现教育面向全体学生、教育适合全体学生的现代教育价值追求。实现学校多样化发展需要摒弃机械一元论观念,认识和把握教育的多阶段性和个体发展目标的多方面性,走向多元综合的学校发展理念。④ 无论学校面对的是哪种类型的学生,良好的教育质量都是学生发展的根本条件与保障,然而现实是,一些学校教育质量不高,与优质学校教育形成了鲜明的对比,由此产生对来自质量不高学校的学生的一种心理上的暗示和社会歧视。以同一个标准来培养人,使得那些不符合这种标准的学生遭受教育上的失败与打击,从而导致教师无论在课程与教学上做怎样的改革,都难以实现为每个学生提供适合的教育之宗旨。此种状况严重影响教育公正的实现,学校变得越来越只适合于少数学生而非全体学生,对国家的教育强国战略的实现是极其有害的。为此,学校多样化发

---

① 林静,石晓玉,韦文婷.小学科学课程中开展 STEM 教育的问题与对策[J].课程·教材·教法,2019,39(3):108-112.
② 张悦颖,沈祖芸.小学 STEM 教育实践路径与方法——上海市世界外国语小学的探索[M].上海:上海科技教育出版社,2017:3.
③ 周兴国.走向适合学生:课程理念及其变革[J].课程教学研究,2012(11):5-8.
④ 周兴国.为每个学生提供适合的教育——兼论学校多样化发展的价值追求与实践路径[J].教育发展研究,2012(8):42-46.

展必须以办好每一所学校来保证教育公平。但是,必须要看到,追求学校的多样化发展,仅提出有关教育适合学生的原则要求是不够的,现实的教育改革还要求我们探讨促进学校多样化发展的各种可能性条件,从而将这种原则落实到实处。① 为此,长期以来,特别是近十年来,我国各地的小学结合各自的校情、学情、师情、地情等,树立多元的人才观,不断探索适合小学生发展的教育,促进人人成才,让人人都有出彩的机会。

（二）适合小学生发展的小学教育实践案例

广东省中山市石岐中心小学在深入调研学校现状,请教专家,走访退休校长,广泛征询教师、家长意见后,提出了"打造适合学生的教育"的办学理念。他们坚信:每一个孩子都有其独特的潜质和优势,就像一颗未经打磨的钻石,只要给他阳光,他就能灿烂。适合学生的教育就是那一缕阳光。为此,石岐中心小学从以下四个方面着手,持续探索适合学生的教育。一是培养适合儿童的教师。无论什么层次、什么形式的教师发展,学校都有一个共同要求:将教师成长目标指向更好地实施"适合学生的教育"。二是国家课程"校本化",烹制"营养美食"。为了打造适合学生的课堂,教师就像一位高明的烹调师,运用科学的方法,将国家课程"校本化",将教学内容烹制成滋养学生成长的"营养美食"。三是打造"总有一种活动让孩子心动"的课程。利用本土资源开发校本课程,满足学生多样发展、挖掘潜能的需求。尊重学生个性的成长,开展丰富多彩的兴趣活动,力求触动不同个性学生的兴奋点,激发各种潜能学生的生长点。四是家校合作,心手相连。采取"邀请家长去家访"等活动,重视调动家长参与学校教育的积极性,形成家校和谐互动。②

浙江省温州市实验小学认为:一个孩子只有一个未来,我们关注每一个孩子,致力于让每个孩子成为最好的自己。他们认为,学校的课程设置追求的是有效性,而不是作秀、摆摆样子。针对小学阶段老师包办太多,孩子自主学习的良好习惯没有培养起来,升入初中后不能很好适应的现象,温州市实验小学设立一种整理课,让孩子们每天能像整理家务一样整理自己的学业。由英语老师率先发起的"36个孩子36种作业"的理想状态,慢慢呈现出来。渐渐地,每一次作业都成了孩子自我反思、自我成长的生长点,成了孩子学习的一种自觉需要,逐渐实现了让学生"人人亲历科学过程",让"每个老师都有梦"。③

（三）为适合而教的审思

"适合的教育"首先是合乎人性的教育,其次是适合学生群体特点的教育,再次是适合学生个体的教育。三者具有词典式顺序,不可颠倒,也不可偏废。④ 所以,适合学生的教育不是迎合学生一切需求,而是将儿童的现时兴趣、需要与其将来的发展结合起来,引导儿童从现

---

① 周兴国.为每个学生提供适合的教育——兼论学校多样化发展的价值追求与实践路径[J].教育发展研究,2012(8):42-46.
② 冀晓萍.打造适合学生的教育——广东省中山市石岐中心小学教育改革纪实[J].人民教育,2010(7):6-12.
③ 冀晓萍,言宏.让每个孩子成为最好的自己——浙江省温州市实验小学教育改革与发展纪实[J].人民教育,2009(21):11-19.
④ 冯建军,刘霞."适合的教育":内涵、困境与路径选择[J].南京社会科学,2017(11):141-149.

在走向未来。这意味着,在让课程适合学生身心发展的理论与实践的进程中,需要将课程的类型分析与教育对象的类型分析结合起来。任何只是从课程的角度或者是从教育对象的角度出发来思考问题的选择都是不完满的,因而是不可能达到教育适合每一个学生的理想目标的。这就是说,我们需要根据学生的类型特征来确定相应的课程结构,然后再根据课程的适用前提与范围来考虑它可以适用的教育对象,这是一个需要反复进行的思维平衡,唯有如此,我们才能够在课程与学生之间、在教育与学生之间寻找到最恰当的适合性整合。[①]"教育之于个体的魅力在于提供给每一个学生适合其发展的支持服务体系,促使学生的潜能得到最大程度的发挥,从而达到学生自己最佳的发展水平,让学生成为更好的自己。"[②]古人云:"万物之生各得其宜也。"(《诗·小雅·由仪序》)同样,教育虽然有着丰富的变化和无穷的奥秘,但适合学生的就是最好的。所谓适合的教育,既要适合不同阶段学生的共同特征,也要适合不同学生的独特性,二者不可偏废,尤其不可为了强调学生发展的个性而放弃全面发展的要求,要处理好全面发展和个性发展的关系,使个性发展建立在德智体美全面发展的基础上。适合学生的教育首先要尊重学生,这是第一前提,违背学生身心发展规律、违背学生个体发展意愿的教育都是不适合的。尊重学生是前提,学生选择是关键,适合的教育是学生自我选择的教育,必须赋予学生选择的权利。当然,对待适合的教育,还需要社会和家长树立多元的人才观、成才观。人才不是单一的,而是多样的,社会也需要多样的人才。我们的教育就是要帮助学生选择适合自己的教育,因势利导,因材施教,使人尽其才,才尽其用。[③]

第三节 小学教育的未来发展趋势

《义务教育课程方案(2022年版)》和各学科课程标准(2022年版)强调以习近平新时代中国特色社会主义思想为指导,全面贯彻党的教育方针,落实立德树人根本任务,发展素质教育。展望未来,我国小学教育改革与发展会在传承的基础上,更加突出立德树人,培养担当民族复兴大任的时代新人;更加坚持"五育"并举,全面发展素质教育;更加强化课堂主阵地作用,不断提高课堂教学质量;更加突出师德师风建设,不断提升教师教书育人能力;更加突出学校、家庭、社会协同育人,促进学生身心健康成长。

一、更加突出立德树人,培养担当民族复兴大任的时代新人

(一) 立德树人的蓝图更加清晰

中共中央、国务院《关于深化教育教学改革全面提高义务教育质量的意见》中指出:坚持以习近平新时代中国特色社会主义思想为指导,全面贯彻党的教育方针,落实立德树人根本

---

① 周兴国.走向适合学生:课程理念及其变革[J].课程教学研究,2012(11):5-8.
② 李宜江.学困生教育转化的五种可能结果及教师的理性选择[J].上海教育科研,2020(12):70-74.
③ 冯建军.适合的教育是学生满意的教育[J].上海教育科研,2018(3):卷首语.

任务,遵循教育规律,培养德智体美劳全面发展的社会主义建设者和接班人。要树立科学的教育质量观,深化改革,构建德智体美劳全面培养的教育体系,健全立德树人落实机制,着力在坚定理想信念、厚植爱国主义情怀、加强品德修养、增长知识见识、培养奋斗精神、增强综合素质上下功夫。坚持德育为先,教育引导学生爱党爱国爱人民爱社会主义;坚持全面发展,为学生终身发展奠基;坚持面向全体,办好每所学校、教好每名学生;坚持知行合一,让学生成为生活和学习的主人。①

《中共中央关于全面加强新时代少先队工作的意见》中指出:"团结、教育、引领广大少年儿童努力成长为能够担当民族复兴大任的时代新人。"②"强化政治引领,旗帜鲜明培养共产主义接班人。""引导少先队员从小培育和践行社会主义核心价值观。坚持立德树人,把培育和践行社会主义核心价值观贯穿于少先队教育之中,帮助少先队员明德修身,扣好人生第一粒扣子。教育引导少先队员记住要求,把社会主义核心价值观基本内容熟记熟背、入脑入心。教育引导少先队员心有榜样,学习英雄人物、先进人物、美好事物。教育引导少先队员从小做起、从自己做起、从身边做起、从小事做起,一点一滴积累,养成好思想、好品德。教育引导少先队员接受帮助,养成严格要求自己、虚心接受批评帮助的习惯,在知错就改、越改越好的氛围中健康成长。"③

(二)培养担当民族复兴大任的时代新人是立德树人的时代要求

教育是国之大计、党之大计。进入新时代,培养担当民族复兴大任的时代新人成为教育的根本任务。当今世界正经历百年未有之大变局,全球经济重心、科技创新、产业分工、全球化进程、治理体系面临着前所未有的重大变化。新一轮科技革命加速突破,以5G、物联网、人工智能、大数据、区块链等为代表的新一代技术广泛渗透经济社会各领域,数字化、智能化发展深刻改变国家间比较优势和发展位势。到本世纪中叶,要把我国建设成为社会主义现代化强国,满足人民美好生活的需要,实现中华民族伟大复兴的中国梦,归根到底靠人才、靠教育,必须要在加快推进教育现代化的新征程中培养担当民族复兴大任的时代新人。"培养担当民族复兴大任的时代新人,既保持社会主义新人的底色和本色,又与建设富强、民主、文明、和谐、美丽的社会主义现代化强国,实现中华民族伟大复兴的中国梦紧密联系在一起,在任务宗旨上实现培养新人的时代超越。"④

培养担当民族复兴大任的时代新人是教育工作的根本任务,也是教育现代化的方向目标,更是立德树人的时代要求。担当民族复兴大任的时代新人是德智体美劳全面发展的社会主义建设者和接班人;是拥护中国共产党领导和我国社会主义制度、立志为中国特色社会

---

① 中共中央 国务院关于深化教育教学改革全面提高义务教育质量的意见[EB/OL].(2019-06-23)[2021-02-08]. http://www.moe.gov.cn/jyb_xxgk/moe_1777/moe_1778/201907/t20190708_389416.html.
② 中共中央关于全面加强新时代少先队工作的意见[EB/OL].(2021-02-04)[2021-02-08]. http://www.moe.gov.cn/jyb_xxgk/moe_1777/moe_1778/202102/t20210204_512507.html.
③ 中共中央关于全面加强新时代少先队工作的意见[EB/OL].(2021-02-04)[2021-02-08]. http://www.moe.gov.cn/jyb_xxgk/moe_1777/moe_1778/202102/t20210204_512507.html.
④ 阮成武.新中国70年培养新人的教育进路[J].教育研究,2019,40(8):15-23.

主义奋斗终身的有用人才;是有着坚定的理想信念,厚植的爱国主义情怀,高尚的品德修养,丰富的知识见识,不懈的奋斗精神,良好的综合素质,能够满足党、国家、人民以及时代需要的人才。① 小学教育的启蒙性、全民性和普通性,正是它与中等教育、高等教育的最根本区别,小学教育是基础教育的基础,不是升学教育的基础,在当今学习化社会之中,它是终身教育的奠基阶段,为人一生的发展奠定基础。小学教育要为人生的发展打好基础,基础的东西应该具有可持续发展的本性,它的养成必须有助于儿童的终身发展。这一"基础性"的定位,是一个符合终身教育理念的定位,一个符合人的生命可持续发展的定位。对小学教育"基础性"的新定位,使我们看到,小学教育的任务主要不再是基本知识、基本技能、技巧的训练和掌握,而必须把每个学生潜能的开发、健康个性的发展、为适应未来社会发展变化所必需的自我教育、终身学习的愿望和能力的初步形成作为重要的任务。小学教育应该教会儿童学会做人、学会做事、学会学习、学会与其他人共同生活,为人才的成长打好全面的基础。② 从小种下小学生的社会主义核心价值观和实现中华民族伟大复兴中国梦的种子,并不断浸润、呵护、厚植,必定会在小学生未来人生发展的不同阶段发芽、开花、结果。

二、更加坚持"五育"并举,全面发展素质教育

(一)"五育"并举是培养全面发展的人,为小学生一生发展奠基的根本举措

习近平总书记在教育文化卫生体育领域专家代表座谈会上的讲话上指出:"发展素质教育,推进教育公平,促进学生德智体美劳全面发展,培养学生爱国情怀、社会责任感、创新精神、实践能力。"发展素质教育就是要坚持"五育并举",推进大中小幼一体化德育体系建设,形成方向正确、内容完善、学段衔接、载体丰富、常态开展的德育工作体系。教育引导学生立志求真理、悟道理、明事理。教育引导学生重视知识的宽度、学习的深度、视野的高度,做到敏于求知、勤于学习、敢于创新、勇于实践。树立健康第一、以美育人、劳动光荣的教育理念,全面加强和改进新时代学校体育美育劳动教育。③

在2020年全国教育工作会议上,陈宝生部长指出:"要清醒看到,人民群众渴望接受优质教育,但如何遏制片面追求升学冲动、促进学生全面发展的问题,仍然没有很好解决。教育是培养人的,促进人的全面发展是根本目的。但发展的任何阶段、任何时期,都存在适度分流、适当选拔问题。科学的教育观还未在全社会真正树立,实际工作中背离教育规律的情况还时有发生。学生的品德养成、体魄健康与知识技能获得同等重要,甚至更重要。在德和智、身体和分数、能力和知识、实践和书本之间,不能有轻重之分,更不能舍本逐末。"④为此,要"大力发展素质教育。切实加强学校体育工作,深入推进体育教学改革,把体质健康和运

---

① 张庆亮.教育就是要培养担当民族复兴大任的时代新人[N].学习时报,2020-11-06(A6).
② 冯建军.小学教育新世纪·新定位·新发展[J].新乡教育学院学报,2002(2):66-70.
③ 张庆亮.教育就是要培养担当民族复兴大任的时代新人[N].学习时报,2020-11-06(A6).
④ 陈宝生在2020年全国教育工作会议上的讲话[EB/OL].(2020-09-08)[2021-02-14].https://xcb.nwnu.edu.cn/2020/0909/c2407a147926/page.htm.

动技能作为学生综合素质评价重要指标。制订学校美育工作基本标准,通过考试招生制度改革、教育教学质量监测、综合素质评价等手段,形成倒逼机制,扭转重智育、轻体育美育的局面。充分发挥实践育人功能,开好综合实践活动课程,抓好校内外劳动等关键环节,以劳树德、以劳增智、以劳强体"。① 在 2021 年全国教育工作会议上,陈宝生部长指出:"要持续完善德智体美劳全面培养的育人体系,健全学校家庭社会协同育人机制。"②

(二)持续完善德智体美劳全面培养的育人体系

在 2021 年全国教育工作会议上,陈宝生部长指出:"要持续完善德智体美劳全面培养的育人体系。"即提升思想政治工作质量,发挥教材培根铸魂、启智增慧作用,促进学生身心健康全面发展。完善"健康知识+基本运动技能+专项运动技能"体育教学模式,构建五级学校体育竞赛制度。要探索构建学段有机衔接、课内课外深度融合的美育体系,聚焦教会、勤练、常展,深入推进美育教学改革。要面向全体学生开展心理健康教育。对学生心理问题及时发现、疏导和干预,增强学生承受挫折、适应环境的能力。加强卫生健康教育,改进工作方法,持续做好儿童青少年近视综合防控工作。要发挥劳动教育的综合育人作用。③

更加突出德育实效。继续完善大中小幼一体化德育工作体系,制定科学合理的小学德育工作实施方案,深化课程育人、文化育人、活动育人、实践育人、管理育人、协同育人。大力开展理想信念、社会主义核心价值观、中华优秀传统文化、生态文明和心理健康教育。加强爱国主义、集体主义、社会主义教育,引导少年儿童听党话、跟党走。加强品德修养教育,强化小学生良好行为习惯和法治意识养成。打造中小学生社会实践大课堂,充分发挥爱国主义、优秀传统文化等教育基地和各类公共文化设施与自然资源的重要育人作用。广泛开展先进典型、英雄模范学习宣传活动,积极创建文明校园。突出政治启蒙和价值观塑造,充分发挥共青团、少先队组织育人作用。④ 完善德育评价。根据小学生身心特点,科学设计德育目标要求,引导小学生养成良好思想道德、心理素质和行为习惯,传承红色基因。通过信息化等手段,探索小学生、家长、教师以及社区等参与评价的有效方式,客观记录小学生品行日常表现和突出表现,特别是践行社会主义核心价值观情况,将其作为小学生综合素质评价的重要内容。⑤

不断提升智育水平。着力培养小学生认知能力,促进思维发展,激发小学生创新意识。严格按照国家课程方案和课程标准实施教学,确保小学生达到国家规定学业质量标准。充分发挥教师主导作用,引导教师深入理解学科特点、知识结构、思想方法,科学把握小学生认

---

① 陈宝生在 2020 年全国教育工作会议上的讲话[EB/OL].(2020-09-08)[2021-02-14].https://xcb.nwnu.edu.cn/2020/0909/c2407a147926/page.htm.
② 乘势而上 狠抓落实 加快建设高质量教育体系——在 2021 年全国教育工作会议上的讲话[EB/OL].(2021-02-04)[2021-02-14].http://www.moe.gov.cn/jyb_xwfb/moe_176/202102/t20210203_512420.html.
③ 同上。
④ 中共中央 国务院关于深化教育教学改革全面提高义务教育质量的意见[EB/OL].(2019-06-23)[2021-02-08].http://www.moe.gov.cn/jyb_xxgk/moe_1777/moe_1778/201907/t20190708_389416.html.
⑤ 中共中央 国务院印发《深化新时代教育评价改革总体方案》[EB/OL].(2020-10-13)[2021-02-08].http://www.moe.gov.cn/jyb_xxgk/moe_1777/moe_1778/202010/t20201013_494381.html.

知规律,上好每一堂课。突出小学生主体地位,注重保护小学生好奇心、想象力、求知欲,激发学习兴趣,提高学习能力。加强科学教育和实验教学,广泛开展多种形式的读书活动,营造书香校园。采取有效措施切实减轻小学生学业负担。① 完善过程性考核与结果性考核有机结合的学业考评制度,加强课堂参与和课堂纪律考查,引导小学生树立良好学风。②

继续强化体育锻炼。坚持健康第一,实施学校体育固本行动。开齐开足体育课,严格执行小学生体质健康合格标准,健全国家监测制度。科学安排体育课运动负荷,开展好学校特色体育项目,大力发展校园足球,让每位学生掌握1至2项运动技能。广泛开展校园普及性体育运动,定期举办学生运动会或体育节。通过购买服务等方式,鼓励体育社会组织为学生提供高质量体育服务。健全小学生视力健康综合干预体系,保障小学生充足睡眠时间。③ 强化体育评价。建立日常参与、体质监测和专项运动技能测试相结合的考查机制,将达到国家学生体质健康标准要求作为教育教学考核的重要内容,引导小学生养成良好锻炼习惯和健康生活方式,锤炼坚强意志,培养合作精神。小学校要客观记录学生日常体育参与情况和体质健康监测结果,定期向家长反馈。④

切实增强美育熏陶。实施学校美育提升行动,严格落实音乐、美术、书法等课程,各学校可以结合地方文化设立艺术特色课程。广泛开展校园艺术活动,帮助每位小学生学会1至2项艺术技能、会唱主旋律歌曲。引导小学生了解世界优秀艺术,增强文化理解。鼓励学校组建特色艺术团队,办好小学生艺术展演,推进中华优秀传统文化艺术传承学校建设。通过购买服务等方式,鼓励专业艺术人才到小学兼职任教。鼓励支持艺术院校在小学建立对口支援基地。⑤ 改进美育评价。把小学生学习音乐、美术、书法等艺术类课程以及参与学校组织的艺术实践活动情况纳入学业要求,促进小学生形成艺术爱好、增强艺术素养,全面提升小学生感受美、表现美、鉴赏美、创造美的能力。⑥

大力加强劳动教育。充分发挥劳动综合育人功能,加强小学生生活实践、劳动技术和职业体验教育。优化综合实践活动课程结构,确保劳动教育课时不少于一半。家长要给孩子安排力所能及的家务劳动,学校要坚持学生值日制度,组织小学生参加校园劳动,积极开展校外劳动实践和社区志愿服务。创建一批劳动教育实验区,农村地区要安排相应田地、山林、草场等作为学农实践基地,城镇地区要为小学生参加农业生产、工业体验、商业和服务业

---

① 中共中央 国务院关于深化教育教学改革全面提高义务教育质量的意见[EB/OL].(2019-06-23)[2021-02-08]. http://www.moe.gov.cn/jyb_xxgk/moe_1777/moe_1778/201907/t20190708_389416.html.
② 中共中央 国务院印发《深化新时代教育评价改革总体方案》[EB/OL].(2020-10-13)[2021-02-08]. http://www.moe.gov.cn/jyb_xxgk/moe_1777/moe_1778/202010/t20201013_494381.html.
③ 中共中央 国务院关于深化教育教学改革全面提高义务教育质量的意见[EB/OL].(2019-06-23)[2021-02-08]. http://www.moe.gov.cn/jyb_xxgk/moe_1777/moe_1778/201907/t20190708_389416.html.
④ 中共中央 国务院印发《深化新时代教育评价改革总体方案》[EB/OL].(2020-10-13)[2021-02-08]. http://www.moe.gov.cn/jyb_xxgk/moe_1777/moe_1778/202010/t20201013_494381.html.
⑤ 中共中央 国务院关于深化教育教学改革全面提高义务教育质量的意见[EB/OL].(2019-06-23)[2021-02-08]. http://www.moe.gov.cn/jyb_xxgk/moe_1777/moe_1778/201907/t20190708_389416.html.
⑥ 中共中央 国务院印发《深化新时代教育评价改革总体方案》[EB/OL].(2020-10-13)[2021-02-08]. http://www.moe.gov.cn/jyb_xxgk/moe_1777/moe_1778/202010/t20201013_494381.html.

实践等提供保障。① 加强劳动教育评价。明确小学不同年级劳动教育的目标要求,引导小学生崇尚劳动、尊重劳动。探索建立劳动清单制度,明确小学生参加劳动的具体内容和要求,让小学生在实践中养成劳动习惯,学会劳动、学会勤俭。加强过程性评价,将参与劳动教育课程学习和实践情况纳入小学生综合素质档案。②

三、更加强化课堂主阵地作用,不断提高课堂教学质量

(一)让课堂焕发生命的活力

中共中央、国务院《关于深化教育教学改革全面提高义务教育质量的意见》中强调要"强化课堂主阵地作用,切实提高课堂教学质量"。③ 要"优化教学方式。坚持教学相长,注重启发式、互动式、探究式教学,教师课前要指导学生做好预习,课上要讲清重点难点、知识体系,引导学生主动思考、积极提问、自主探究。融合运用传统与现代技术手段,重视情境教学;探索基于学科的课程综合化教学,开展研究型、项目化、合作式学习。精准分析学情,重视差异化教学和个别化指导"。并要求"各地要定期开展聚焦课堂教学质量的主题活动,注重培育、遴选和推广优秀教学模式、教学案例"。

叶澜教授提出要从生命的高度用动态生成的观点看课堂教学。具体来说,首先,课堂教学应被看作师生人生中一段重要的生命经历,是他们生命的有意义的构成部分。对于学生而言,课堂教学是其学校生活的最基本构成部分,它的质量直接影响学生当前及今后的多方面发展和成长;对于教师而言,课堂教学是其职业生活的最基本的构成部分,它的质量直接影响教师对职业的感受、态度和专业水平的发展、生命价值的体现。总之,课堂教学对于参与者具有个体生命价值。其次,课堂教学的目标应全面体现培养目标,促进学生的全面发展,而不是只局限于认识方面的发展。我们需要课堂教学中完整的人的教育。最后,课堂教学蕴含着巨大的生命活力,只有师生的生命活力在课堂教学中得到有效发挥,才能真正有助于新人的培养和教师的成长,课堂上才有真正的生活。④ 同时,叶澜教授提出了一堂好课的五项基本要求。即扎实、充实、丰实、平实、真实。具体说来,一是有意义,即扎实的课。在这节课中,学生的学习是有意义的,初步的意义是他学到了新的知识;再进一步是锻炼了他的能力;再往前发展是在这个过程中有良好的积极的情感体验,使他产生更努力学习的强烈要求;再发展一步,在这个过程中他会越来越主动地投入到学习中去。这样的学习学生会学到新东西。学生上课,"进来以前和出去的时候是不是有了变化",没有变化就没有意义。二是

---

① 中共中央 国务院关于深化教育教学改革全面提高义务教育质量的意见[EB/OL].(2019-06-23)[2021-02-08]. http://www.moe.gov.cn/jyb_xxgk/moe_1777/moe_1778/201907/t20190708_389416.html.
② 中共中央 国务院印发《深化新时代教育评价改革总体方案》[EB/OL].(2020-10-13)[2021-02-08]. http://www.moe.gov.cn/jyb_xxgk/moe_1777/moe_1778/202010/t20201013_494381.html.
③ 中共中央 国务院关于深化教育教学改革全面提高义务教育质量的意见[EB/OL].(2019-06-23)[2021-02-08]. http://www.moe.gov.cn/jyb_xxgk/moe_1777/moe_1778/201907/t20190708_389416.html.
④ 叶澜.让课堂焕发出生命活力——论中小学教学改革的深化[J].教育研究,1997,18(9):3-8.

有效率,即充实的课。表现在两方面:一方面是对面上而言,这堂课下来,对全班学生中的多少学生是有效的,包括好的、中间的、困难的,他们有多少效率;另一方面是效率的高低,有的高些,有的低些,但如果没有效率或者只是对少数学生有效率,那么这节课不能算是比较好的课。从这个意义上讲,这节课应该是充实的课。整个过程中,大家都有事情干,通过老师的教学,学生都发生了一些变化,整个课堂是充实的,能量是大的。三是有生成性,即丰实的课。这节课不完全是预设的,而是在课堂中有教师和学生的真实的、情感的、智慧的、思维的、能力的投入,有互动的过程,气氛相当活跃。在这个过程中既有资源的生成,又有过程状态生成。四是常态性,即平实的课。我们受公开课的影响太深,当有人听课的时候,容易出的毛病是准备过度。教师课前很辛苦,学生很兴奋,到了课堂上成了准备好的东西来表演。大量的事先准备使得课堂上没有新的东西生成出来,是准备好的东西的再现。当然,课前的准备有利于学生的学习,但课堂有它独特的价值,这个价值就在于它是公共的空间,这个空间需要有思维的碰撞、相应的讨论,最后在这个过程中师生相互地生成许多新的东西……我把这样的课称为平实的课(平平常常,实实在在的课)。这种课是平时都能上的课,而不是很多人帮你准备,然后才能上的课。五是有待完善,即真实的课。课不可能十全十美,十全十美的课作假的可能性很大,只要是真实的就是有缺憾的,有缺憾是真实的一个指标。公开课要上成没有一点点问题的课,那么这个预设的目标本身就是错误的,这样的预设给教师增加了很多的心理压力,然后作大量的准备,最后的效果是出不了"彩"的。生活中的课本来就是有缺憾的、有待完善的。扎实、充实、丰实、平实、真实,说起来好像很容易,真正做到却很难,但正是在这样追求的过程中,我们教师的专业水平才能得到提高,他的心胸也变得博大起来。同时他也才能够真正享受到教学作为一个创造过程的全部欢乐和智慧的体验。①

(二) 让课堂教学促进小学生在全面合格的基础上个性化发展

课堂是实现学校内部公平的重要场所。课堂公平就是教师在课堂中赋予每个学生平等的权利、均等的机会和底线的教育资源,根据每个学生的差异因材施教,促进学生全面而自由地个性化发展。课堂公平包括三个层面:平等性公平,即同等情况,同等对待;差异性公平,即不同情况,不同对待;发展性公平,即全面合格基础上的个性化发展。教育的最终目的是指向人的发展,课堂教学也是如此。我们讨论教育起点的平等性公平,教育过程的差异性公平,目的也是促进教育结果的公平。结果公平是教育公平的最终目标。教育结果公平以促进学生的发展为旨归,一方面使每个学生都能够全面发展,达到全面素质发展的合格要求,这是义务教育阶段国家对国民的底线要求,也是教育结果公平首先必须保证的;另一方面,在全面合格公平的基础上,使每个学生按照自己的潜力、自己的需要,选择适合自己的发展方式,使每个学生都能够成为最好的自己。全面合格基础上的个性发展是教育结果公平的目标。②

---

① 叶澜.好课,有五项基本要求[J].教育导刊,2014(6):56.
② 冯建军.课堂公平的教育学视角[J].教育发展研究,2017,37(10):63-69.

小学校提高课堂教学质量需要教师更加注重面向人人,促进因材施教。坚持有教无类,努力提供公平、优质、包容的教育教学,使教育教学选择更多样、成长道路更宽广,让人人都有人生出彩的机会。要把育人摆在更加重要的位置,全面提高课堂教学质量,注重培养学生的创新意识和创新能力。全面提高课堂教学质量就是要坚持面向小学生个性化、多样化的学习和发展需求,以小学生健康长远发展为中心,提供优质适合的教育,努力使不同性格禀赋、不同兴趣特长、不同素质潜力的学生都能接受符合自己成长需要的教育教学。①

小学课堂教学就是教师这个相对成熟、仍需成熟的生命体带领一群相对不成熟的、可以成熟的生命体不断走向成熟的过程,这个过程就是一种"善"举。这种善蕴含着真(科学性)与美(艺术性)。因此,小学课堂教学就是一场真、善、美动态和谐演绎的生命经历与意义展现。

四、更加突出师德师风建设,不断提升教师教书育人能力

(一)把师德师风作为评价教师队伍素质的第一标准

"评价教师队伍素质的第一标准应该是师德师风。师德师风建设应该是每一所学校常抓不懈的工作,既要有严格制度规定,也要有日常教育督导。我们的教师队伍师德师风总体是好的,绝大多数老师都敬重学问、关爱学生、严于律己、为人师表,受到学生尊敬和爱戴。同时,也要看到教师队伍中存在的一些问题。对出现的问题,我们要高度重视,认真解决。要引导教师把教书育人和自我修养结合起来,做到以德立身、以德立学、以德施教。"②教师思想政治状况和师德水平决定着人才培养的质量,关系着国家和民族的未来。③

《中共中央 国务院关于全面深化新时代教师队伍建设改革的意见》中把"突出师德"作为五个基本原则之一,强调"把提高教师思想政治素质和职业道德水平摆在首要位置,把社会主义核心价值观贯穿教书育人全过程,突出全员全方位全过程师德养成"。④ 教育部等五部门在《教师教育振兴行动计划(2018—2022年)》中也把"落实师德教育新要求,增强师德教育实效性"作为五大目标任务之首,并把"师德养成教育全面推进行动"作为十大行动的首要行动。⑤ "教师从事的是育人的事业,作为教师,首先要自己像人一样地活着,他才能对别人产生影响,一种使其成为人的影响。自己活得像个人,并不是说像一个圣人,而是说你很真

---

① 张庆亮.教育就是要培养担当民族复兴大任的时代新人[N].学习时报,2020-11-06(A6).
② 习近平:在北京大学师生座谈会上的讲话[EB/OL].(2018-05-03)[2020-05-20].http://www.xinhuanet.com/2018-05/03/c_1122774230.htm.
③ 2018年,习近平总书记在全国教育大会上强调,做老师就要执着于教书育人,有热爱教育的定力、淡泊名利的坚守。2020年9月9日,在第三十六个教师节到来之际,习近平总书记希望广大教师不忘立德树人初心,牢记为党育人、为国育才使命,积极探索新时代教育教学方法,不断提升教书育人本领,为培养德智体美劳全面发展的社会主义建设者和接班人作出新的更大贡献。这是对师德的精确概述。习近平总书记关于教师队伍建设一系列论述的核心之一,就是突出教师立德树人的初心和为党育人、为国育才的使命,强调教师队伍建设必须坚持师德为先。
④ 中共中央 国务院关于全面深化新时代教师队伍建设改革的意见[EB/OL].(2018-01-31)[2020-05-20].http://www.gov.cn/zhengce/2018-01/31/content_5262659.htm.
⑤ 教育部等五部门关于印发《教师教育振兴行动计划(2018—2022年)》的通知[EB/OL].(2018-03-28)[2020-05-20].http://www.gov.cn/zhengce/2018-01/31/content_5262659.htm.

实、很努力、有信仰,你在为这个信仰践行。"①这些都表明:必须切实把师德师风摆在教师队伍建设的首位,把师德师风作为评价教师队伍素质的第一标准。

(二) 教书育人能力是师德师风建设成效的最终检验

《中共中央关于制定国民经济和社会发展第十四个五年规划和二〇三五年远景目标的建议》中强调,要"全面贯彻党的教育方针,……加强师德师风建设……提升教师教书育人能力素质"。② 中共中央、国务院《关于全面深化新时代教师队伍建设改革的意见》中指出:坚持教书与育人相统一、言传与身教相统一、潜心问道与关注社会相统一、学术自由与学术规范相统一,争做"四有"好教师,全心全意做学生锤炼品格、学习知识、创新思维、奉献祖国的引路人。③《深化新时代教育评价改革总体方案》中强调,"改革教师评价,推进践行教书育人使命"。"坚持把师德师风作为第一标准。坚决克服重教书轻育人等现象。"④

中共中央、国务院《关于深化教育教学改革全面提高义务教育质量的意见》中强调要大力提高教师的教育教学能力,"不断提高教师育德、课堂教学、作业与考试命题设计、实验操作和家庭教育指导等能力"。⑤《深化新时代教育评价改革总体方案》强调,要"突出教育教学实绩。把认真履行教育教学职责作为评价教师的基本要求,引导教师上好每一节课、关爱每一个学生"。要"落实中小学教师家访制度,将家校联系情况纳入教师考核"。可见,师德师风建设不是喊口号,不是悬而不实的,更不是为师德而师德。小学教师的师德师风建设最终都要落实到小学生的培养上来,落实到上好每一节课、关爱每一个学生上来,落实到日常琐碎的作业与考试命题设计及批改上来,落实到对每一个学生的家庭提供必要的、科学的家庭教育指导服务上来。可以说,师德师风建设的出发点、抓手和落脚点就是教师的教书育人能力,不能抽象、空洞地去谈师德师风建设,现实中不存在教书育人能力低下却师德高尚的教师,也不存在师德高尚却教书育人能力低下的教师。难以想象,一位连日常的一节课都上不好,基本知识点都讲不清楚,课堂教学节奏与秩序都不能驾驭,学生思想品德都分析不清、引导不了的教师,其师德师风是怎样的一种状况。正如叶澜教授所言:"其实教师真正的能耐是在育人的过程中,不难达到所谓的'分'的要求。如果有学校或教师宣称我只'育人'不'育分',这不仅荒谬,家长也肯定不放心。因为现实世界不可能同意这样的观点:你教的学生考

---

① 叶澜:教师首先要自己像人一样地活着,才能对别人产生影响[EB/OL].(2019-10-14)[2021-02-15].https://new.qq.com/omn/20191014/20191014A0PQ8R00.html.
② 《中共中央关于制定国民经济和社会发展第十四个五年规划和二〇三五年远景目标的建议》[EB/OL].(2020-11-03)[2021-02-08].http://www.gov.cn/zhengce/2020-11/03/content_5556991.htm.
③ 中共中央 国务院关于全面深化新时代教师队伍建设改革的意见[EB/OL].(2018-01-31)[2020-05-20].http://www.gov.cn/zhengce/2018-01/31/content_5262659.htm.
④ 中共中央 国务院印发《深化新时代教育评价改革总体方案》[EB/OL].(2020-10-13)[2021-02-08].http://www.moe.gov.cn/jyb_xxgk/moe_1777/moe_1778/202010/t20201013_494381.html.
⑤ 中共中央 国务院关于深化教育教学改革全面提高义务教育质量的意见[EB/OL].(2019-06-23)[2021-02-08].http://www.moe.gov.cn/jyb_xxgk/moe_1777/moe_1778/201907/t20190708_389416.html.

试是考不好的,然而你是个好教师。"①

在我国,从孔子的"学而不厌、诲人不倦",到韩愈的"师者,所以传道授业解惑也",再到"学高为师、身正为范",无一不是告诉我们教师要有丰富、深厚的学问以支撑传递人类知识、智慧、文化的使命,教师要有宽厚、高尚的德行以支撑唤醒生命、培养人、塑造灵魂的使命。千百年来,教书育人已经成为教师职业的根本使命,成为判断一个人是否有资格成为教师和一个教师是否称职的唯一标准。1993年颁布的《中华人民共和国教师法》第三条规定:"教师是履行教育教学职责的专业人员,承担教书育人,培养社会主义事业建设者和接班人、提高民族素质的使命。"这标志着:教书育人作为教师职业的使命,在我国已经首次正式写进法律,这不仅是对教师职业使命的法律确认与规范,更是对教师排除干扰依法履行职业使命的法律保护。因此,不断提升小学教师的教书育人能力就是不断提升小学教师师德师风的根本标志。师德师风建设与教书育人能力是相辅相成、相得益彰的,辩证地统一在小学教师一生的发展实践中。

五、更加突出学校、家庭、社会协同育人,促进学生身心健康成长

(一)健全学校家庭社会协同育人机制

《中共中央关于制定国民经济和社会发展第十四个五年规划和二〇三五年远景目标的建议》(以下简称《建议》)中明确提出,"健全学校家庭社会协同育人机制"。这是对"十四五"时期建设高质量教育体系、形成广泛共识和协调行动提出的新的更高要求,是将全面贯彻党的教育方针、坚持立德树人落实到基层的重要要求,是传承弘扬中华优秀传统文化、加强社会主义精神文明建设的基础环节,是我国教育事业"五育并举"和"三全育人"相结合的实现方式。《建议》提出"健全学校家庭社会协同育人机制"的主要目的就是从实现人民对美好生活的向往与事关党和国家前途命运的大局出发,在"培养什么人、怎样培养人、为谁培养人"这一根本问题上凝聚更大共识,在完善立德树人体制机制上探索更好方式,在学校、家庭、社区和社会各方面汇集更大合力,为把一代代青少年培养成为实现中华民族伟大复兴中国梦的"梦之队",共同营造健康成长环境和良好文明风尚。②

家庭是人生的第一所学校,家长是孩子的第一任老师,要给孩子讲好"人生第一课",帮助扣好人生第一粒扣子。③ 中国教育源远流长,古有"教,上所施下所效也。育,养子使作善也"之释义,亦有"养不教,父之过;教不严,师之惰"之民间训诫,古人很早就注重学校家庭社会共育后代的责任关系,成为维系中华文明绵延不绝的价值理念之一。家庭是人发育、成

---

① 叶澜:教师首先要自己像人一样地活着,才能对别人产生影响[EB/OL].(2019-10-14)[2021-02-15].https://new.qq.com/omn/20191014/20191014A0PQ8R00.html.
② 张力.健全学校家庭社会协同育人机制的宏观政策导向[EB/OL].(2020-11-09)[2021-02-08].https://www.gmw.cn/xueshu/2020-11/19/content_34382000.htm.
③ 习近平在全国教育大会上发表重要讲话[EB/OL].(2018-09-10)[2021-02-08].http://www.gov.cn/xinwen/2018-09/10/content_5320835.htm.

长、生存的首要基地,学校是传承文化、培养人才的主要平台,社会是人谋生发展、相互交往的基本环境,三者纵贯每个人从小到大、到老的一生,构成新时代促进小学生德智体美劳全面发展的基础链环。和谐、融洽、稳定的学校家庭社会关系对优化育人制度建设将发挥"1+1+1>3"的良性倍增效应。习近平总书记明确要求,教育、妇联等部门要统筹协调社会资源支持服务家庭教育,全社会要担负起青少年成长成才的责任,并多次强调"注重家庭、注重家教、注重家风"。为此,《建议》在部署"十四五"时期"社会文明程度得到新提高"的主要目标时,要求"社会主义核心价值观深入人心,人民思想道德素质、科学文化素质和身心健康素质明显提高"。同时,在"提高社会文明程度"的文化建设部分,确定了"推动形成适应新时代要求的思想观念、精神面貌、文明风尚、行为规范""加强家庭、家教、家风建设"等一系列政策要点,这些都需要靠健全学校家庭社会协同育人机制,形成学校家庭社会各方的协调一致行动来更好地付诸实践。近年来,在全面深化教育领域综合改革、推进教育治理体系和治理能力现代化的实践中,全国各地的小学运用家长学校、家长委员会、邀请社区和企业顾问等方式,倡导校外各方参与教学和管理,进行了多样化探索试验,取得了很多实效和经验。①

(二) 学校家庭社会协同促进学生身心健康成长

《建议》强调要"健全学校家庭社会协同育人机制,……增强学生文明素养、社会责任意识、实践本领,重视青少年身体素质和心理健康教育"。② 这就需要动员学校教育、家庭教育、社会教育之间相互协调和紧密合作,各方共同搭建协同育人的有效运行机制和资源网络平台,从而以良好的学校环境、家庭氛围、社会风气巩固育人成果,帮助每一个小学生身心健康成长,在德智体美劳等方面取得全面发展,努力成为全面建设社会主义现代化国家的有用之才、栋梁之材。③

《中华人民共和国家庭教育促进法》已于2022年1月1日起施行。专章规定了家庭责任、国家支持和社会协同。强调:父母或者其他监护人应当树立家庭是第一个课堂、家长是第一任老师的责任意识,承担对未成年人实家庭教育的主体责任,用正确思想、方法和行为教育未成年人养成良好思想、品行和习惯。县级以上地方人民政府应当加强监督管理,减轻义务教育阶段学生作业负担和校外培训负担,畅通学校家庭沟通渠道,推进学校教育和家庭教育相互配合、中小学校、幼儿园应当将家庭教育指导服务纳入工作计划,作为教师业务培训的内容。针对不同年龄段未成年人的特点,定期组织公益性家庭教育指导服务和实践活动。

---

① 张力.健全学校家庭社会协同育人机制的宏观政策导向[EB/OL].(2020-11-09)[2021-02-08].https://www.gmw.cn/xueshu/2020-11/19/content_34382000.htm.
② 同上.
③ 张力.健全学校家庭社会协同育人机制的宏观政策导向[EB/OL].(2020-11-09)[2021-02-08].https://www.gmw.cn/xueshu/2020-11/19/content_34382000.htm.

本章小结

小学教育已成为终身教育和人生发展的奠基阶段。促进小学教育发展应当坚持改革的精神,以改革促发展;改革的目的在于促进发展,改革的成败不在于改革过程本身,而是要看是否以及在多大程度上促进了小学教育的发展。相反,小学教育改革的深化,又需要教育发展的支持,教育发展是促进小学教育改革的现实条件和强大动力。小学教育正在沿着坚持立德树人、全面发展素质教育、促进学生德智体美劳全面发展的方向继续前行。

思考题

1. 从目标任务、发展战略、改革方向、发展路径与保障机制等方面阐释改革开放以来我国的小学教育改革。
2. 列举并分析当前我国小学教育改革的热点问题。
3. 结合实际,论述为何要坚持把立德树人作为学校办学的根本。
4. 结合实际,论述如何进一步加强体育、美育和劳动教育。
5. 结合实际,论述如何有效提升小学教师的教书育人能力。

拓展阅读

1. 本书编写组.习近平总书记教育重要论述讲义[M].北京:高等教育出版社,2020.
2. 钱理群.写在中小学教育的边缘[M].上海:东方出版中心,2020.
3. 冯建军.回归本真:"教育与人"的哲学探索[M].北京:中国人民大学出版社,2019.
4. 顾明远.中国教育路在何方[M].北京:人民教育出版社,2016.
5. 朱永新.我的教育理想(修订版)[M].桂林:漓江出版社,2014.
6. 联合国教科文组织编.反思教育:向全球共同利益的理念转变[M].熊建辉,校译.北京:教育科学出版社,2017.
7. 张悦颖,沈祖芸.小学STEM教育实践路径与方法——上海市世界外国语小学的探索[M].上海:上海科技教育出版社,2017.
8. 阮成武.小学教育概论[M].上海:华东师范大学出版社,2011.
9. 曾文婕,皇甫全.小学教育学(第3版)[M].北京:高等教育出版社,2017.

第十三章
小学教育研究的基本方法

> **学习目标**
>
> 1. 熟悉小学教育研究的内涵、意义与特点,掌握小学教育研究的一般流程。
> 2. 了解小学教育中观察研究法、调查研究法、实验研究法、行动研究法与案例研究法的含义、特征、实施流程,初步具备运用上述研究方法开展小学教育研究的能力。

视频:小学教育研究的基本方法

> **内容脉络**

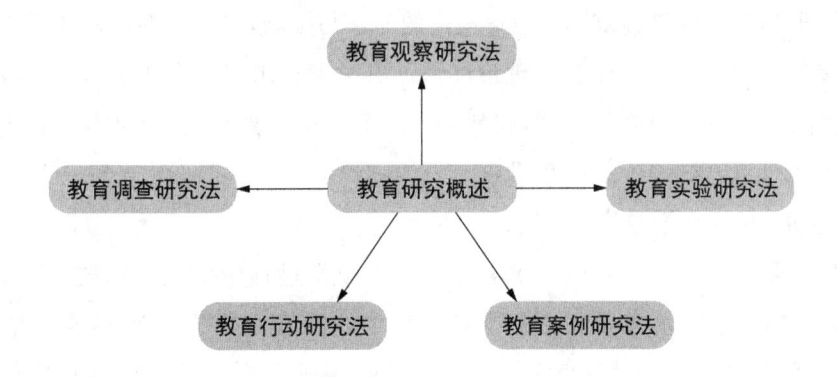

```
                    教育观察研究法
                          ↑
  教育调查研究法 ← 教育研究概述 → 教育实验研究法
                        ↙   ↘
              教育行动研究法   教育案例研究法
```

第一节 小学教育研究概述

小学教育研究是有目的、有意识地运用科学研究方法,对小学教育领域的理论与实践问题进行探索与思考,进而总结出小学教育发展规律和解决小学教育实践问题的实践活动。通过小学教育研究,能够有效地促进小学教育改革,促进小学教师专业发展,提升小学教育的质量。在此意义上,开展小学教育研究是新时代小学教育改革与发展的重要环节。

一、小学教育研究的内涵

小学教育研究是指研究者针对小学教育实践中产生的问题,采用标准化、规范化的研究工具、手段和方式进行的深入研究。具体来说,小学教育研究的对象是小学教育实践中的教育教学问题,运用科学的理论与方法解释和解决这些问题,进而明晰问题背后所蕴含的客观规律是小学教育研究的核心旨归。

理解小学教育研究的科学内涵需要把握三点。第一,小学教育研究是"面向小学教育"的研究。第二,小学教育研究是"建立在严密论证基础上的客观性、规范性、探索性与创新性"的科学研究。第三,小学教育研究是"运用科学研究方法解决小学教育问题和探索小学教育规律"的研究。

一般来讲,完整的小学教育科学研究主要包括以下几点内容:(1)课题研究的理论基础;(2)课题的正确选择;(3)有关资料文献的搜集和查阅;(4)研究计划的制定;(5)研究材料的编制和指标的确定;(6)研究方法和研究对象的选择;(7)具体研究步骤或程序的实施;(8)研究结果的整理与分析;(9)对研究结果的检验。①

二、小学教育研究的意义

(一)有助于丰富和拓展小学教育理论

小学教育理论是不断丰富与发展的,唯有此,才能持续为小学教育实践提供思想支撑。小学教育理论建设与发展的路径多种多样,小学教育研究是其中较为重要的一条途径。通过小学教育研究,能够促进传统小学教育理论的变革与更新,进而不断丰富小学教育的理论内容,建设具有中国特色的小学教育理论体系。有学者指出:"只有在不断进行教育研究的过程中,人们才能不断反思教学过程,将研究作为教学的自然行为,对已有教育理论进行修正与重构,从而使教育知识不断扩充。"②

(二)有助于解决小学教育实践问题

小学教育研究的出发点与归宿在于解决小学教学过程中的实践问题,不以解决教育实践问题为导向的小学教育研究也就不具备根本性价值。通过发现、探索与解决小学教育实践中的真实问题,能够激发小学教育教学变革,进而有效提升小学教育质量。在此意义上,小学教育实践问题是小学教育研究的根本立足点。因为在小学教育教学过程中,问题的产生与解决主要需要教育研究的积极参与与介入,小学教育研究能够科学地揭露出问题的深层缘由,明晰问题的理论经纬,进而能够为更为有效地提升小学教育教学质量构筑坚实基础。

(三)有助于促进小学教师专业化发展

在传统教育场域中,小学教师往往只关注教学本身,不注重提升自己的科学研究素养,如此一来,很多小学教育问题只能凭借自身的经验进行"感性"地解决,这对于小学教师的专业化发展无疑是十分不利的。小学教育研究能够激发小学教师的科研热情,提升小学教师

---

① 胡中锋.教育科学研究方法[M].北京:中国人民大学出版社,2018:3-4.
② 王红艳.小学教育研究方法[M].北京:北京大学出版社,2019:4.

的教学科研能力,促使其在研究小学教育问题的过程中促进自身的专业化发展。诚如有学者所言:"在教学研究中,教师要积极探索、不断创新,而这正是一位优秀教师必不可少的素质要求。通过教学研究也有助于我们科学地总结自己和优秀教师的教学经验,使之上升为理论,以弥补课程经验的局限性、片面性。"在此意义上,教学与教育研究是小学教师促进自身专业化发展的必经之路。

三、小学教育科学研究的特点

小学教育科学研究既有一般教育科学研究活动所具有的特征,又有其自身的独特性。一般来说,小学教育科学研究具有以下特征。

(一) 研究目的的针对性

小学教育科学研究是以研究目的为导向进行的有计划、有组织的活动,不同于一般的认识活动的目的,教育科学研究以获得教育知识、揭示教育规律、促进学生身心发展为研究目的。当今,迅速发展的社会不断给教育事业的改革和发展提出一些新的问题,小学教育要适应经济建设和社会的发展,就必须研究和解决这些问题,且只有加强研究目的的针对性,才能在科学理论的指导下运用科学的方法解决教育问题,提高教育研究的成效。此外,人的发展具有阶段性,在每一阶段有不同的规律与特征,教育科学研究要尊重人的发展的规律性与差异性,确定具有针对性的研究目的。

(二) 研究问题的复杂性

"问题是事物矛盾的表现形式,我们强调增强问题意识、坚持问题导向,就是承认矛盾的普遍性、客观性,就是要善于把认识和化解矛盾作为打开工作局面的突破口";"坚持问题导向是马克思主义的鲜明特点。问题是创新的起点,也是创新的动力源"[①]。教育科学理论的发现始于研究问题,研究问题的提出是反复思考的起点,也是教育科学研究的第一要素。复杂多样的小学教育事实中有大量的问题值得研究,因此小学教育科学研究的问题不仅有着丰富的来源,同时也更具复杂性。具体体现在,确定研究问题的过程是复杂的,因为教育研究问题来自教育这一复杂的系统,任何一个研究问题的提出及其解决都被包含在复杂的因果关系中,要考虑多方面的因素。此外,教育活动是具有社会性的活动,是人的创设、发展和参与的过程,研究问题的展开过程具有复杂性,因为人的行为不可简单进行测量,简单量化的自然科学研究方法并非完全适用于所有研究问题。

(三) 研究对象的变化性

小学教育科学研究的主要研究对象是教师和学生以及二者所产生的教育现象,同时涉及个体和群体两个方面,具有一定的变化性。研究者与研究对象都是具有主观能动性的个

---

① 中共中央党史和文献研究院,中央学习贯彻习近平新时代中国特色社会主义思想主题教育领导小组办公室.习近平新时代中国特色社会主义思想的世界观和方法论专题摘编[M].北京:党建读物出版社,中央文献出版社,2023:100-101.

体,在研究过程中可能会相互影响,而教育研究是探讨如何教育人的活动,因此也要掌握人的特征,尊重个体的发展变化。除此之外,教育现象具有社会性,可能会受到学校、家庭、社会等多种变量和因素的影响,表现出变化性,因为随着社会的发展,不同时期、不同背景下的教育现象表现出的状况可能存在一定的差异。

(四)研究过程的生成性

教育科学研究过程是在教育科学理论的指导下实施研究计划的完整活动过程。一方面,教育研究过程是系统性的,是一个从发现问题到解决问题的过程,同时,教育研究又要从多种角度、多个方位切入,从而使得教育研究过程又具有生成性。教育科学研究过程是一种充满变化的创造性实践活动过程。例如,研究过程中可能基于某个教育现象又生成另一个有研究价值的问题,促进研究者的积极思考。另外,在研究过程中,对多种研究方法的整合也能够生成更为科学、合理的研究程序。

(五)研究结论的特殊性

教育是追求个别性与独特性的活动,培养的是独特性的个体,因此教育研究的结论更具有特殊性。[1] 教育科学研究中的研究者与研究对象在不同的情境中会有不同的行为表现,而研究结论并非是普遍的、显而易见的结论,而是从现实问题的个别性方面说明个体的独特性。此外,教育科学理论研究和应用研究结论均具有特殊性,因为小学教育研究是基础教育研究,其研究结论既能指向特定问题,解决当下的、实际性的问题,同时也具有前瞻性,能够为教育发展提供长远的指导作用。

四、小学教育科学研究方法的一般程序

每项研究都有可操作性的基本步骤和程序,小学教育科学研究也不例外。所谓基本步骤和程序意味着小学教育科学研究方法的实施过程具有灵活性,它会根据研究的实际情况发生变动。也就是说,"教育研究是有系统的,在一个大的框架内遵循着科学的方法步骤。但是,不同的研究类型在如何完成这些步骤上存在较大弹性"[2]。一般而言,主要包括以下五个阶段的内容。

(一)选择研究问题

小学教育科学研究方法的第一步是选择研究问题,它为整个研究过程的开展提供了方向引领。并非所有的问题都可以确定为研究问题,选择的研究问题要具有研究价值,能够反映教育中存在的"真问题"。即通过多方力量的研究能够为当前教育问题的解决带来一定的实效性,进而引起社会的普遍关注;研究问题的选择要有创新性,在已有研究的基础上挖掘新的亮点,它是对前人研究的延展和开拓,避免"穿新鞋走老路"的研究现象。还需要注意研

---

[1] 胡中锋.教育科学研究方法[M].北京:中国人民大学出版社,2018:13.
[2] 维尔斯曼.教育研究方法导论[M].袁振国,译.北京:教育科学出版社,1997:5.

究问题来源的广泛性。问题主要来自小学教师实践操作中产生的疑问,社会、个人发展和教育改革的需要以及已有研究的支持和研究者自身的前期准备。[①] 小学教师可根据不同的问题来源选择适合自己的研究问题。

(二) 提出研究假设

研究假设是研究者基于科学事实和科学理论对研究问题答案的假定性陈述,它是一种因果关系的陈述,假定某些自变量(比如教师的期望)会导致某些因变量(比如学生的成绩)的变化。[②] 研究假设的提出并非来自研究者的主观臆测,研究者需从研究问题的基础上有所突破。首先,要对某一研究问题进行持续的关注,在"问题"意识的基础上有目的、有计划地展开考察。其次,在对研究问题有了系统全面的感知后,研究者再提出明确和具体化的研究假设,进而保证最终研究结果的可靠性。

(三) 设计研究方法

在明晰研究问题和研究假设之后,教育科学研究的基本程序便进入选择研究方法阶段。研究方法的恰当选择是整个研究基本程序的命脉。对于小学教育研究者而言,一般可以选择教育调查法、教育实验法、叙事研究法、个案研究法以及行动研究法等方法进行研究。[③] 能够准确选择研究方法的前提是对这些方法要了然于胸,需要明了每种方法的使用范围,掌握研究方法的优点和缺点。同时在选择研究方法时,要遵循适宜性和多样性的原则。一方面,不同的研究问题对应不同的研究方法,要做到具体问题具体分析。因为一旦选择研究方法后,整个研究方案的大体框架也就渐渐明显了,但如果整体框架出现问题,前期的准备也就白费了。可见,研究方法的选择在基本程序中起着关键作用。另一方面,每种研究方法各有各的优势,单一的研究方法不利于教育研究结果的正确性和可靠性。因此,研究者在进行某一项研究时,需树立多样综合、整体优化的意识,根据研究进程的实际情况灵活选择。

(四) 搜集研究资料

根据研究问题采用的研究方法去开展资料收集工作。在资料收集的过程中,一定要时刻回归到研究的目的和任务上,避免事倍功半。换句话说,研究者在资料搜集前要做好充分的准备工作,资料的获得要有一定的针对性,不能随意和无目的。另外,在冗杂的资料面前,研究者要学会筛选,得到最有力的支撑材料。比如,在调查研究的资料回收阶段,对于残缺不全的、雷同的、答案过于规律的问卷都要予以剔除,有效回收率在 70% 以上才能认为这次调查比较有价值。[④]

(五) 得出研究结论

研究结论的得出需建立在严谨的资料分析上,切勿出现随意捏造结论的现象。在资料

[①] 王红艳.小学教育研究方法[M].北京:北京大学出版社,2019:12.
[②] 刘良华.教育研究方法[M].上海:华东师范大学出版社,2014:68.
[③] 王红艳.小学教育研究方法[M].北京:北京大学出版社,2019:29.
[④] 同上,第 14 页。

分析中,"要坚持发展地而不是静止地、全面地而不是片面地、系统地而不是零散地、普遍联系地而不是单一孤立地"[①]。研究结论的得出是研究者向同行及社会提供教育科学研究信息的过程,其结论的呈现有利于推动教育理论的发展,对深化教育改革具有重要意义。[②] 另外,研究结论得出后要对其进行及时的评价,通过对研究结论进行价值判断,促进研究程序的完善和优化。小学教育科学研究侧重应用性研究,即可将研究嵌入教育实践中,对它的适用性和推广性作出评价。

第二节 教育观察研究法

观察是一种有目的、有计划的活动,是人类为认识事物最常用的一种方法。教育观察研究法不同于日常生活观察,属于科学观察法。教育观察研究法也是小学教育研究中经常使用的方法。

一、教育观察研究法的含义与特征

教育观察研究法是指研究者通过感官或者借助仪器,有目的、有计划地考查学生或教育现象,获取经验事实,以揭示教育现象的本质和规律的一种研究方法。观察既可以在完整的教育过程中进行,也可以观察其中的某一部分。观察研究法是一种最基本的教育研究方法。著名教育家陈鹤琴、苏霍姆林斯基等都曾使用过观察研究法对儿童进行相关教育研究。例如,陈鹤琴专著《儿童心理之研究》中的素材大多通过对儿子出生后 800 天的连续观察所获得,苏霍姆林斯基的大多数教育著作中的资料也多是通过长期观察积累而来。可见,连续性的观察对于新的教育理论的提出具有重要意义。当前,小学教育研究的研究者多为一线教师,在多数情况下,教师所运用的观察法是经验式观察,而非研究方法角度的观察研究法,教育观察研究能够帮助教师获得事实性的第一手材料,以此来支撑理论观点,进一步改进教学工作。教育观察法是研究课题形成与选择的重要路径,也是检验教育科学理论、假说的重要手段。

教育观察研究法能够在自然状态下获得更多研究资料,因此在小学教育研究中运用较为普遍。与其他研究方法相比,教育观察研究具有以下几个显著特点。

(一)目的性

教育观察研究法不同于普通观察,它是基于教育问题与教育现象进行的具有目的性的观察活动,其观察结果具有一定的教育研究价值。在教育观察活动开始之前首先要明确观察目的,在观察过程中也时刻围绕观察目的进行,试图找寻解决问题的途径。在此意

---

① 习近平.论党的宣传思想工作[M].北京:中央文献出版社,2020:130.
② 潘洪亮,杜复平.教育科学研究方法基础[M].郑州:郑州大学出版社,2004:46.

义上,小学教育观察研究不仅能够指导教育观察过程,还可以提高教育观察结果的可靠性。

(二) 计划性

教育观察研究法有完整的观察计划,包括观察目的、时间、地点、对象、内容、形式等,是经过规划的观察活动。小学教育研究对象多涉及具有特殊性的小学生,通过开展有计划的教育观察研究,能够提高观察的效率与质量,对教育现象进行更加深入的分析,为教育研究提供更加真实可靠的资料。

(三) 可操作性

教育研究观察法的可操作性表现在诸多方面。在观察方法中,实况记录法、日记描述法、轶事记录法等不需要借助各种仪器设备。[①] 此外观察时间可长可短、观察范围可大可小,因此,观察研究法操作简单、方便、便于实施。正是因为教育观察研究可操作性较强,所以观察研究法在小学教育研究中广受欢迎,成为当前小学教育研究领域最为常见的研究方法。

二、教育观察研究法的意义

教育观察研究法为小学教育现象与教育问题的解决提供了新的研究思路,在小学教育研究中应用广泛,其重要价值具体表现在以下三个方面。

(一) 有利于研究课题的选择和形成

教育观察法能够收集第一手的研究资料,它是一切科学研究的起点。人们对于问题的认识,来源于通过观察所得到的事实。因此,科学研究是从观察开始,课题的选择和形成也有赖于观察。许多有经验的教育研究者通常善于观察在教育实践中产生的现象与问题,从中受到启发,形成教育研究课题。

(二) 有利于得到更为翔实的研究资料

观察者通过与被观察对象进行直接的接触,能够获得与被观察对象直接相关的语言、神情以及动作等各种信息,这些信息反映了被观察对象的心理活动与真实想法。因此,通过与被观察对象的直接接触,能够为教育研究提供大量第一手研究资料,保障研究过程与结果的可靠性。

(三) 有利于研究者进行全方位的思考

小学教育观察研究法是一种在非人为自然状态下的科学观察法,不会对被观察对象造成很大的影响。由于观察法需要研究者长期与被观察对象进行接触。因此,不仅能够在整个实践中了解研究学生、班级以及学校的教育工作现状,而且有足够的时间对整个观察过程

[①] 徐红.教育科学研究方法[M].武汉:华中科技大学出版社,2013:71-73.

进行全方位的、持续的、深入的分析,加深对研究问题的认识,并且能够及时发现研究存在的不足。[1]

三、教育观察研究法的类型

小学教育观察研究法按照不同的分类标准可以分成不同的类型。常见的小学教育观察研究法主要有以下几种类型。

(一) 直接观察法与间接观察法

根据观察是否需要借助相关仪器设备,将小学教育观察研究法分为直接观察法和间接观察法。

直接观察法是指不借助任何仪器设备,利用研究者自身的感官,依据观察计划对被观察者进行观察,进而获得研究资料的方法。直接观察法的优点在于简便、快捷、操作性强,通过直接观察,研究者能够得到与研究问题相关的第一手资料。但是,直接观察法也存在一定的不足之处——感官对于被观察者的了解是有限的,研究者不能注意到同时发生的行为与事件。间接观察法是指研究者借助一定的仪器设备依据观察计划对被观察者进行观察,从而获得研究资料的方法。在教育观察研究中常用的仪器设备主要有录音机、摄像机、单向镜等。小学教育观察研究借助于现代化仪器设备,不仅能够扩大观察的范围,突破感官的局限性,将观察信息以恰当的方式记录下来,还能够节省观察人员的时间,提高观察效率。间接观察的局限性也是显而易见的,仪器设备的经费开支较大,使用仪器设备可能会影响被观察者的情绪状态。

(二) 结构式观察法与非结构式观察法

根据在观察活动开始前是否将观察内容设计成有一定结构的观察项目,小学教育观察研究法可以分为结构式观察法和非结构式观察法。

结构式观察法是指在观察研究实施前,根据研究目的设计好详细的观察内容与项目,在观察过程中严格按照项目表进行观察,获取资料的一种方法。结构式观察法需要提前了解观察对象,做出细致的观察类目,因而其较为翔实、合理。但是结构式观察法又在一定程度上限制过死,强调严格按照观察项目进行记录,缺乏弹性应变措施。非结构式观察法是指在小学教育观察研究实施之前,没有设计一定结构的观察内容与项目,在实施观察活动的过程中灵活选择观察内容,获得资料的一种方法。非结构式观察法更加灵活,具有弹性,但是通过非结构式观察法获取的研究资料缺乏一定的规范性。

(三) 参与式观察法与非参与式观察法

按照研究者是否参与观察过程,小学教育观察研究法可以分为参与式观察法和非参与式观察法。

---

[1] 关达.中小学教育科研[M].成都:成都科技大学出版社,1993:27.

参与式观察法是指研究者以一定的身份参与观察活动,并作为其中一员,在与被观察者的互动过程中获得资料的一种研究方法。参与式观察法可以拉近研究者与被观察者之间的距离,更加客观地看待研究问题,保证观察活动的及时性、准确性。然而,在参与式观察中,被观察者可能因为研究者的特殊身份表现出非自然的行为,进而影响研究的自然性。非参与式观察法是指研究者不参与观察活动,而是以局外人的身份进行观察,以此来获得研究资料的一种方法。非参与式观察法可以使研究者以更加中立的态度进行观察,保证观察过程的自然性。此外非参与式观察法也会出现观察浮于表面,难以深入的问题。

(四)自然观察法与控制观察法

按照观察情境是否受到控制,将小学教育观察法分为自然观察法和控制观察法。

自然观察法是指被观察者始终处于自然状态中,研究者对被观察者不采取任何措施,使得观察过程按照自然状态进行下去,以此来获取研究资料的一种方法。自然观察法可以最大程度尊重被观察者,了解被观察者真实的行为表现,减少其他因素对于观察活动的影响。但是,自然观察法缺乏一定的严谨性,因而收集到的研究资料需要经过一定的处理,筛选出符合该研究的相关信息。控制观察法是指为被观察者设定一定的人为情境,在该情境中实施观察活动,以此来获得研究资料的一种方法。控制观察法可以应用于一些特设的研究问题,可以观察在自然观察中难以观察到的行为。

四、教育观察研究法的一般过程

教育观察研究法有多种类型,每种观察法的具体实施步骤有所不同,整体而言,大部分小学教育观察研究法都要遵循明确观察目的、制作观察计划、实施观察计划、处理观察资料、撰写观察报告五个步骤。

(一)明确观察目的

教育研究首先要有明确的研究目的,因为整个研究过程都需要以研究目的为方向开展,设定科学合理的研究目的尤为重要。明确观察目的也就是选择和确定所要研究的问题,问题的确定也就意味着观察范围与观察对象的确定,因为问题的选择和确立必须考虑在某一特定环境中能否进行自然观察。[1] 因此,小学教育观察研究法也要将明确观察目的作为第一步。观察目的的确定需要研究者广泛搜集各种与本研究相关的资料,并进行归纳整理,在前人研究的基础上结合实际中存在的教育现象与问题,确立贴合实际、致力于实现问题解决的观察目的。

(二)制作观察计划

观察计划是小学教育观察活动有目的、有计划开展的重要保证。只有符合观察目的,具体、详细、可实施的观察计划才能保障观察活动的顺利进行。观察计划一般包括以下几个方

---

[1] 潘洪亮,杜复平.教育科学研究方法基础[M].郑州:郑州大学出版社,2004:122.

面:观察目的;观察范围与对象;观察提纲,即需要通过观察获得的资料的条目;观察内容,将观察内容细化和指标化,便于观察过程顺利进行和日后对观察结果的整理与分析;观察时间以及次数、观察途径;观察注意事项,这是为保证观察在自然状态下发生的有关规定等。观察计划的制定要做到符合实际情况、条理清晰、明确具体,具有一定的指导性与可行性。

（三）实施观察计划

在做好观察准备工作后,接着实施观察活动,观察者要按照不同观察类型落实观察计划。在实际观察前,研究者要注意与被观察对象以及其他相关人员进行沟通与交流,建立一种相互信任的关系,保证观察的顺利进行。在观察计划具体实施中,需注意以下几点。首先,既要严格按照观察计划展开观察过程,也要根据具体情况灵活变通,适当调整观察计划。其次,在观察活动中,研究者在执行观察计划时,要集中注意力,及时做好观察记录。观察记录要具有客观性,不能掺杂研究者个人的偏见和主观臆断。最后,研究人员要注意各种感官之间的相互配合,看、问、听、思互相配合,综合使用全面观察和重点观察的方法,达到最佳观察效果。

（四）处理观察资料

研究人员在观察活动结束之后,需要及时对在观察活动中得到的研究资料进行处理。其中,对研究资料的处理包括三个过程。首先,检查观察过程的科学合理性,对收集到的信息进行筛选,淘汰与研究问题和被观察者无关的或者不合理的资料。其次,对研究资料进行归纳整理,按照一定的分类标准将研究资料进行分类。最后,对归纳整理好的信息进行汇总统计,按照一定的方法,借助便于及时提取的手段储存信息。

（五）撰写观察报告

在观察活动完成之后,需要将整个观察过程整理成观察报告。观察报告是对已经整理完毕的研究资料的总结,是通过对事物进行分析、比较、综合等得出科学的观察结论的表现形式。观察报告主要由观察研究分析、观察研究步骤、观察研究结果、观察研究思考等几个部分组成。

第三节　教育调查研究法

调查研究是在自然状态下对研究对象进行有目的、有计划的资料收集,进而形成科学认识的一种研究方法。教育调查研究是社会学研究中应用最为广泛的研究方法之一,是人们了解和研究社会的一条重要途径,也是制定政策和实施决策的重要手段。[①] 作为一种实证研究,教育调查研究法强调研究者对事物可观测的部分及其相互关系进行测量、计算和分析,

---

① 邵光华.教育研究方法[M].北京:高等教育出版社,2016:9.

以达到对事物本质的把握。①

一、教育调查研究法的含义与特征

教育调查研究指在科学方法论和相关教育理论的指导下,围绕小学实际教育问题,有目的、有计划地通过问卷、访谈等方式搜集有关事实材料,并对搜集到的数据资料进行定量、定性分析,从而了解被调查问题的现状,发现教育现象之间的关系,探索教育规律的一种研究方法。② 教育调查研究相对于社会调查来说,研究范围较小,研究的主要问题是现实性的教育现象及其表现形式,区别于理论研究和实验研究,是一种描述性研究。教育调查研究的范围相对来说较小,研究主题也较为明确,对于一线教育工作者来说操作也更为简单,能够在短时间内获得与研究相关的数据资料。借助于调查研究法也能够获得更加全面、客观、可靠的资料与信息,促使研究者思考教育现象,解决教育问题。但是,调查结果的客观性与可靠性往往取决于调查对象的合作态度与科学精神,若调查对象不予以配合将影响调查结果的真实性与可靠性。

教育调查研究法是小学教育研究中的常用方法之一。与其他搜集资料的研究方法相比,教育调查研究具有以下几点特征。

(一) 研究情境的自然性

教育调查研究多数在自然状态下开展,研究者不参与调查,也不对研究做任何控制,避免限制调查对象的自然发挥。在自然情境下展开调查研究,被调查者能够以更加真实的表现参与调查过程,由此获得的研究资料将更加真实,提高研究结果的可靠性。若研究者在调查过程中控制调查对象,限制调查条件,那么调查结果将难以解释教育现象,降低其有效性。

(二) 研究范围的广泛性

教育调查研究操作形式简易,普适性强,许多小学教育领域存在的问题都可以采取调查研究的方法。此外,其他教育领域同样适用,能够辅助各类的教育研究课题开展,且调查研究对象的选择也更加广泛,样本容量的大小不受地域和空间的限制。可以采用调查研究法去研究范围较为广泛、涉及面更大、时间更长的教育现象。例如,小学生的学习动力取向问题研究、九年义务教育普及情况研究等都可以采用调查研究法。

(三) 研究手段的多样性

教育调查研究法可以采用访谈、问卷、评价、列表、个案等多种形式进行,这些都是调查法的有效手段,且较为方便易行。③ 每一种调查研究手段都有自身的优缺点及适用范围,研究者可以根据研究问题和研究对象选择合适的调查手段,一般来说,若样本容量较小,可以采用个别访谈和测量的方式进行,若样本容量较大,则可以采用问卷的形式来进行

---

① 姚计海.教育实证研究方法的范式问题与反思[J].华东师范大学学报(教育科学版),2017,35(03):64-71+169-170.
② 卢家楣.教育科学研究方法[M].上海:上海教育出版社,2012:118.
③ 关达.中小学教育科研[M].成都:成都科技大学出版社,1993:39.

调查。

二、教育调查研究法的意义

教育调查研究的有效开展,不仅能帮助研究者了解当前研究问题的真实现状,分析其存在的主要问题,还能通过与其他研究方法的结合运用,为综合性课题研究提供具有适用性和针对性的第一手资料。因此,调查教育研究法有十分重要的意义。

(一)促进教育教学实践问题的解决

教育教学实践问题的解决离不开对问题与矛盾出现的原因分析。教育调查研究是分析问题与矛盾的一条重要途径,因为研究者可以通过调查研究发现在小学教育教学中存在的一系列的问题,发掘并把握一系列与教学活动紧密相关的资料。例如,当前教学活动开展过程中小学生自主学习情况、在职教师面对当下课改发展形势的态度、不同区域教学活动开展模式差异等。由此,教育工作者能够了解当前教育现状,进而深刻反思当下教育的发展状况,分析教育现象与问题出现的原因。

(二)改进教育工作者的教学工作

教育调查研究是针对教育教学实际问题展开的,其研究过程与结论能够为改进教育工作者的教学工作提供理论和实践帮助。从理论上看,现如今许多一线教师在实际教学工作中花费大量精力,缺少系统性的教学反思或参与教育科研活动的时间和机会,因此调查研究可以调动教育工作者参与研究的积极性与主动性,协助研究者和教育工作者反观教学实践,总结和推广先进教育思想和经验,更好地改进教学工作,进而提高教育质量。[1] 从实践上看,研究者对比调查数据进行分析,能够发现当下教学现象背后存在的问题,努力在教学中去探求新的教学模式、教学手段、教学方法等来提高教学质量。

(三)为教育部门政策的制定提供依据

调查研究的数据均来源于教育实际,具有一定的现实意义,也是教育部门制定相关政策的主要依据。一方面,教育政策的制定需要大量真实可靠的数据提供支撑,来提高政策的可靠性与可实施性,教育调查研究能够针对某一教育现象进行普遍调查,且调查过程较为科学合理,获得教育现象的各种数据资料。因此,根据数据资料的分析结果得出研究结论,能够为各级各类教育部门修缮教育相关规定、制定教育发展战略规划和政策提供依据。另一方面,教育调查研究的适用范围较广,教育部门相关政策中的落实情况可以通过调查研究来检验,为其进一步的完善与发展提供建议。

三、教育调查研究法的类型

小学教育调查研究类型较为丰富,按照不同的分类标准可以划分成不同的类型。

---

[1] 裴娣娜.教育研究方法导论[M].合肥:安徽教育出版社,2000:161.

(一)问卷调查法和访谈调查法

依据开展调查工作的方式或具体的调查方法,可将小学教育调查研究分为问卷调查法和访谈调查法。

问卷调查法是研究者把要研究的主题分为详细的纲目,拟成简明易答的一系列问题,编制成标准化的问卷,然后根据问卷的答案,进行统计处理,得出结论的一种研究方法。[①] 问卷的结构由标题、前言、指导语、问题及选择答案、结束语五部分组成。问卷法具有多因素测试、标准化程度较高、收集资料用时短、数量多等特点,它又可分为开放式和封闭式问卷两种,但无论哪一种方法都具有自身的优点以及局限性,在使用此种方法时要注意一些问题。例如,问卷的题量要多、试题的设计要符合学生的特点、能够引起学生的兴趣、进行效度和可信度的检验等。访谈调查法又称为访谈法、访问法,是指研究者根据事先准备好的访谈提纲,采用面对面、电话或网络等方式与调查对象进行交谈,来搜集资料的一种研究方法。访谈法是教育和社会学研究科学中最重要、最常见的调查方法之一,是一种有目的、有准备、有计划的谈话,谈话的内容需紧紧围绕研究主题展开。访谈法具有灵活、准确、深入的优点,但也存在着成本较高、缺乏隐秘性、易受访谈员的影响等缺点。[②]

(二)现状调查法和发展调查法

根据调查对象所处的状态,一般将教育调查研究法分为现状调查法和发展调查法。

现状调查法是指围绕调查对象当前的状态、特征以及问题等方面进行专门调查研究的一种研究方法,其目的在于了解研究问题与现象当前的基本情况与特征。现状调查在当前小学教育研究领域应用较为广泛。例如,小学生劳动教育状况、教育惩戒实施情况、小学生消费教育调查等都属于现状调查的范围。发展调查法是指在一段相对比较长的时间内对某种教育现象进行调查,目的是探析其前后的变换与差异。[③] 主要目的是对研究对象随时间变化表现出的特征和规律进行调查。例如,探讨不同时期义务教育质量的发展状况、学生交友标准与年龄增长关系的调查等。

四、教育调查研究法的一般过程

一般而言,教育调查研究法可分为五个阶段:选题阶段、准备阶段、调查实施阶段、分析阶段和总结阶段。

(一)选题阶段

该阶段要求研究者从实际出发,在实际教育现象中发掘有价值的调查问题,确定调查主题。在确定选题的过程中,还要求研究者明晰调查的理论意义与实践价值。一般来说,教育调查研究应该发挥其指导教育实践、辅助教育决策、深化教育理论认识三方面的作用。此

[①] 杨丽珠.教育科学研究方法[M].大连:辽宁师范大学出版社,1995:189.
[②] 徐红.教育科学研究方法[M].武汉:华中科技大学出版社,2013:118-120.
[③] 卢家楣.教育科学研究方法[M].上海:上海教育出版社,2012:120.

外,研究者需从人力、物力和财力等方面综合考虑调查课题的可实施性,保障后期调查研究的顺利开展。

(二) 准备阶段

该阶段要求研究者对整个调查过程中所有项目做出合理规划。首先,要根据选题和研究的性质与目的,合理选择具有代表性的调查对象。其次,要确定调查方法和手段,编制选用调查工具,根据研究课题确定不同的调查方法和手段,如问卷法适用于规模较大且有多个不同调查地点的调查,访谈法则适用于样本数量较少的调查。最后,制定调查计划,主要包括调查目的和任务、调查规模和范围、调查步骤和日程安排、调查报告等。

(三) 调查实施阶段

调查实施是整个调查工作的中心环节,决定整个调查研究的成败。该阶段要求研究者根据已经确立的目标和计划,有步骤地展开调查过程。在调查期间,需注意调查对象的独立性,并对调查过程和数据结果做好监控与记录,确保调查结果的效率与质量。此外,在调查中要尽量尊重原计划,但不可僵硬死板进行,要根据实际情况灵活做出改动。

(四) 分析阶段

该阶段最主要的是将调查研究收集到的资料进行归纳整理和统计分析。在分析之前要对收集到的信息进行辨别,舍弃无用资料信息。一般而言,研究者对调查数据的分析一方面需要集思广益,倡导研究人员之间相互启发,相互交流。另一方面要借助于统计分析工具对搜集到的资料进行科学定量分析,再运用相关教育科学理论得出最后的分析结果。

(五) 总结阶段

总结阶段的工作是对整个调查研究过程的回顾与思考。该阶段要求研究者能够回归最初的调查目的,依据研究结果深化对教育实践的认识,进而围绕现有的教育问题提出具有针对性的建议和措施。研究结果的总结方式有很多种,既可以用文字进行系统阐述,也可借助统计图表全面直观地展示研究目的、研究方法、研究程序、研究结论以及研究展望等。

第四节 教育实验研究法

教育实验研究起源于自然科学研究,已成为教育领域的重要研究方法之一。随着教育规模扩大、学校数量增加,政府与学校都需要通过教育科学研究提供结构化、定量化的数据,了解教育实践活动中的因果关系,并以此作为教育决策和教育管理的客观依据。[①] 与此同时,教育实验研究通常是为了变革教育现实、探索教育规律、创新教育实践而展开的活动,因而不同于其他调查、观察等研究被动等待现象的自然发生或观察自然状态下的反应,而是需

---

① 齐梅.教育研究法[M].北京:高等教育出版社,2015:55.

要在实验过程中施加人工干预,从一定程度上讲,教育实验研究是一种积极主动的教育探索活动。① 教育实验研究有自己独特的个性,在教育科学研究中占有重要地位。

一、教育实验研究法的含义与特征

教育实验研究法是研究者基于一定的教育事实依据或教育理论假设,合理地控制或创设一定条件,人为地改变研究对象,并观察、记录、测定相伴随的现象的变化,从而验证假设,探讨教育现象因果关系,揭示教育工作规律的一种科学研究方法。从操作特征上看,教育实验研究是一个操纵自变量、控制无关变量、使教育行为朝着有利于因变量发生预期变化的方向运动的过程。② 自变量是由实验者所操纵的、对被试的反应产生影响的变量,是实验的核心特征;因变量是由操控变量引起的特定反应行为,是随着自变量的变化而变化的被试行为,对因变量进行观察和记录是实验研究的重要任务;无关变量,是与本实验无关,需要施加控制以防止额外干扰的变量。这三类变量是一项实验研究基本组成要素,而教育实验研究结果的质量,往往与研究者有无对这三类变量进行合理控制有关。与一般的自然实验研究不同,小学教育实验研究旨在探求教育教学规律、改进和提高教育教学质量,因变量多是学生学习行为和结果上的变化,自变量多是教育手段、教学方法、教学材料等教学行为方面的变化,一项完整的实验周期多为半年或一学期以上。

教育实验研究作为小学教育研究领域的一个基本研究方法,是研究者与教育工作者探索教育规律的重要途径,具有以下几点特征。

(一) 控制变量,具有科学性

实验一般在非自然状态下开展,即通过一定的人工干预,主动操纵自变量、控制无关变量并观测因变量可能的变化,具有一定的科学性。教育实验研究力求简化、纯化事物发展的状态,将实验误差控制在最小范围之内,进一步寻求教育现象间的因果关系,探究某种教育现象发展的规律或趋向。

(二) 提出假设,具有预见性

具有预见性也是实验研究区别于调查研究、文献研究等方法的一大显著特点。研究者需要在实验开始之前就对变量间的因果关系做出一定的假设,即需要对实验处理的效果做出一定的预判,预测该研究的假设是否获得经验依据的支持。教育实验研究通过在实验过程中对变量进行控制,比较实验处理前后研究对象的差异,以此来检验假设的真伪,得出研究结论。

(三) 聚焦关系,具有社会性

不同于其他自然实验研究类型,小学教育实验研究的研究对象是人和人所从事的教育

---

① 邵光华.教育研究方法[M].北京:高等教育出版社,2016:127.
② 徐红.教育科学研究方法[M].武汉:华中科技大学出版社,2013:145.

活动,目的是揭示教育过程与规律,着力研究的是社会中人与人、人与社会之间的关系。① 因此,教育实验研究多在一定社会情境中进行,需要研究者与研究对象进行一定的交流与互动,是有明确目的和价值取向的活动,具有社会性。

二、教育实验研究法的意义

实验作为一种相对独立的社会实践活动,能够突破教育经验本身的局限,站在更加科学的角度探求教育现象的因果联系。② 相比于其他教育研究方法,教育实验研究被认为是最严谨、最合乎科学,同时最具有解释变量间因果关系能力的研究方法。教育实验研究的意义主要包括以下几个方面。

(一) 有助于开拓新的教育研究领域

一方面,教育实验研究需要人为设置一定的环境和条件,并在科学的教育理论的指导下改革教育内容与方法,凸显促进教育发展的因素,通过实验推广促进教育活动的发展。③ 因此,教育实验研究能够检验现有教育理论的科学性、先进性,促进当前小学教育研究的发展。另一方面,教育实验研究能够促使研究者和教育工作者反思并改进教育实践,加深对教育规律的认识,提高对教育现象的敏感度与问题意识,进而开拓新的研究领域。

(二) 有助于正确认识教育现象

教育现象是由诸多因素构成的,各因素之间相互联系。教育实验研究能够对情境加以控制,用定量的方法分析影响研究结果的主要因素和次要因素,从而较为准确地探索事物间的内在联系,达到正确认识教育现象的目的。

(三) 为科学教育理论应用于实践提供思路

教育实验研究能够将教育理论运用到教育教学实践中,将一般的研究理论转化为具有可操作性的实验方案,实现教育理论由抽象走向具象的实践操作,发挥科学理论指导的现实价值。教育实验研究的具体操作步骤为教育理论在教育实践中的落实提供了思路,有利于改变当前教育工作者的教育方式,促进教师教育思想的转变。

三、教育实验研究法的类型

教育实验研究分类方式很多,常见的分类方法是按照实验控制程度不同,将小学教育实验研究法分为前实验、准实验和真实验三类。

(一) 前实验

前实验是指在实验中未严格遵守实验原则随机选择研究对象、控制实验情境和处理有关变量的研究方法。这种实验设计只是改变了某一项实验变量,而对无关变量不做任何控

---

① 裴娣娜.教育研究方法导论[M].合肥:安徽教育出版社,2000:249.
② 齐梅.教育研究法[M].北京:高等教育出版社,2015:56.
③ 裴娣娜.教育科学研究方法[M].沈阳:辽宁大学出版社,1999:169.

制,难以验证各个变量之间的因果关系。此实验设计方式简单、条件限制较少,能够在短时间内实施,效率较高。但前实验也因实验设计流程粗糙导致实验的内部效度低,可信度不高。

(二)准实验

准实验是指在难以随机分组的情况下,或为了提高实验情境与实际情境的相似性,运用原始群体,在较为自然的情况下进行实验处理的研究方法。[①] 这里的"准"有"类似""拟"或"半"之意,是从实验设计对随机均化要求的方面而言的,可见准实验对无关变量的控制并非十分严格,实验结果的可信度也远不如真实验。但由于实验过程始终处于自然状态,所以如果内在效度能够保障,外在效度往往可以优于真实验,在小学教育研究领域的应用非常广泛。

(三)真实验

真实验设计亦称为"标准实验设计"。实施真实验须具备一些必备条件,如随机指派实验对象以形成两个或多个相同的组、前测和后测、实验环境的封闭、实验刺激的控制和操纵等,[②]是在满足实验必备条件下进行实验处理、获得实验结论的一种研究方法。真实验严格服从重复、随机化和局部控制这三条基本实验原则。由于真实验条件控制极为严格,从小学生的身心发展特点和日常生活学习环境来看,进行标准实验存在困难。

四、教育实验研究法的一般过程

总体来看,实验的研究程序可分为"准备、实施、总结"三个基本阶段,进一步划分为选择实验研究课题、分析研究变量、提出研究假设、设计研究方案、实施实验研究并收集数据资料、统计分析数据、得出实验结论这七个实验步骤。

(一)准备阶段

研究者需根据实际情况选择有研究价值的研究课题、提出理论假设、进行实验设计,包括选择实验对象和测量工具、规划实验的时间和场所等。小学教育实验研究一般以小学生为被试对象,并在学生日常学习与生活场所进行实验,研究者要在实验准备阶段做好沟通与衔接工作。在准备阶段,设计研究方案环节十分重要,这是对实验过程中控制实验条件以及实验进程、实验步骤的设想。倘若设计研究方案较为严密,则既可以有效地揭示因果关系,提供合理的逻辑基础,降低实验误差,提高研究的可靠性,也可以减少无效劳动,提高实验效率。[③]

(二)实施阶段

在完成实验的准备工作后,便进入研究实施阶段。研究实施阶段要求研究者按照研究方案的设计展开具体的实验过程,着重处理好各个实验变量之间的关系,有效控制无关变量,并凸显自变量和因变量的相互关系。同时,根据实验设计要求,给予被试对象必需的前后测,收集实验过程中的有价值的数据资料,为实验积累珍贵的第一手资料,进行实验结果

[①] 张红霞.教育科学研究方法[M].北京:教育科学出版社,2009:136.
[②] 李清臣,徐艳伟.中小学教育研究的理论与方法:帮您走出教育教学的困境[M].河南:河南大学出版社,2008:231.
[③] 刘志军.教育研究方法基础[M].北京:人民教育出版社,2006:121.

分析。此外,由于实验是人为控制的,制定的实验计划也并非完全适用,因而研究者应该做发现问题的"有心人",发现、思考并解决实验中存在的问题,及时地对实验设计进行必要的修缮,推动实验顺利进行。

(三) 总结阶段

总结阶段的主要任务是对教育实验的结果进行统计分析,就是运用统计分析方法对教育实验的结果予以科学的计算、分析和解释。统计分析常用的方法有描述性统计和推断性统计两种。描述性统计分析仅限于对特定团体提供有益信息,不可推广到其他相似或不同团体中。而推断性统计可以由样本来推断总体,比较变量之间的差异性。描述性统计在小学教育实验研究中运用较多,例如方差分析和相关分析都是在实验研究中常用的推断统计方法。经过实验总结,可以明晰整个实验研究的结果,由实验结果来总结研究结论。

五、教育实验设计类型

实验设计是实验研究的范本,主要涉及实验变量的处理、被试的选择、无关变量的控制、因变量的测量以及分组的规划和安排。教育实验设计首先要注意实验效度,包括内在效度和外在效度。内在效度决定实验结果的解释;外在效度直接影响实验结果的推广,可以通过随机设置控制组、设计控制和统计控制等方法控制无关变量。[1] 教育实验设计可以分为单因素实验设计,即仅包括一个自变量的实验设计;多因素实验设计,即包括两个或多个自变量的实验设计。这里主要介绍单因素实验设计的类型,具体包括前实验设计、准实验设计以及真实验设计。

(一) 前实验设计

前实验是自然状态下的实验方法,因此前实验设计只能操纵自变量,不可以控制无关变量。前实验设计有以下几种类型。

1. 单组后测设计

单组后测设计无需随机选取被试,且只有一组被试,不设置控制组和对照组,在实验中仅对被试进行一次实验处理,处理后进行测试,以后测结果作为实验效果。例如,探究翻转课堂对学生学习效果的影响,选取一个自然班,对其采用新型的翻转课堂教学模式,一段时间后监测学生的学习效果如何。单组后测设计不能控制无关变量,且内在效度较低。

2. 单组前后测设计

单组前后测设计无需随机选取被试,且只有一组被试,不设置控制组和对照组,实验前对被试进行前测,实验中仅对被试进行一次实验处理,实验后对被试进行后测,将前后测之间的差值作为实验效果的代表。在单组前后测试设计中,被试组兼作控制组,通过前后测可以明显说明实验处理的效果。但单组前后测实验中也存在一些问题,前测可能影响后测,进

---

[1] 裴娣娜.教育研究方法导论[M].合肥:安徽教育出版社,2000:273.

而产生实验误差尤其是周期较长的实验,较难规避实验过程中历史因素、成熟因素的影响,给实验结果处理带来的影响极易造成实验结果的事实解释说服力不足的问题。

(二) 准实验设计

准实验不采用随机原则抽取和选择被试,或对自变量进行操作控制,只对无关变量做尽可能控制的实验。准实验设计主要有以下类型。

1. 不等控制组后测设计

不等控制组后测设计也被称为非随机分配实验组、控制组后测设计,仅给予实验组一次实验处理,同时两组都接受后测,但无前测,进而通过比较两组后测成绩的差异情况分析实验的处理效果。这里的不等组是指随机意义上的不相等,并不意味着实验组和控制组之间在相关特征上没有相似之处。① 这种实验设计的结论是根据实验组与控制组的后测成果比较得出的,一定程度上排除了选择、成熟和练习效应等因素对实验结果的影响。由于没有前测,消除了前测对后测的相似性影响,但也正是因为没有前测,最后结果得出的差异来源很有可能不是实验本身,而是来源于两组之间本身存在的差异。在现实教育环境之下,多数实验都是在确定的学校、班级环境中进行的,这也导致随机取样难以实现,对无关变量(如学生的疲劳、学习兴趣等)也很难完全控制,影响实验效果的判断。由此可见,这一研究方式在控制程度方面的效度是非常低的。因此,为了避免产生这些问题,改进不等控制组后测设计的一种方式是采用不等控制组前后测设计。

2. 不等控制组前后测设计

不等控制组前后测设计也称为非随机分派实验组、控制组前后测设计。在不等控制组前后测实验设计中,两组被试均为非随机选取,实验前对两组进行前测,实验中仅对实验组进行一次实验处理,实验后两组都需进行后测,通过比较两组前测和后测结果变化的情况,推断实验处理的效果。不等控制组前后测实验设计在教育实验研究方法中应用普遍。不等控制组前后测设计有控制组与前后测之间的对比,可以较好地控制实验中的历史、成熟和工具等影响因素。但非随机取样进行分组可能会影响实验的内在效度。

3. 时间序列设计

时间序列设计是针对非随机选取的一组被试群体,在实验处理前后分别进行若干次重复的测量,观测实验处理后的测量分数是否发生连续性变化,推测实验处理的效果。时间序列设计不仅能通过大量前测与后测的实验数据,揭示实验处理前后变化的真实效应,还能够表现出短暂效应、延时效应等,在一定程度上为控制成熟、历史、工具等一系列影响因素提供有利条件。但是,由于简单时间序列设计测试频率较高、实验周期较长,在过程中难以规避连续误差、测验间的交互作用或实验安排周期等客观因素给实验结果带来的影响,且多次测

---

① 卢家楣.教育科学研究方法[M].上海:上海教育出版社,2012:92.

验数据的获取工作需要耗费很多的人力、物力和时间。①

(三) 真实验设计

真实验是指严格按照实验的科学性要求,随机选择和分配被试,系统操纵自变量,全面控制无关变量的实验。真实验设计主要有以下类型。

1. 等组仅后测设计

等组仅后测设计也被称为随机分派等组后测设计。这种实验设计将被试随机分组,实验中仅对实验组进行一次实验处理,且两组只进行后测。实验组和控制组通过随机的方式进行选择和分配,因而在统计意义上是"相等"的。此设计通过严格的随机分派有效避免被试选择和历史、成熟等因素对实验结果的干扰。只进行后测而不进行前测,简化实验程序,节省人力、物力和时间。但是,等组仅后测设计不施加前测,无法进行实验处理前后的差异比较,也无法判别实验结果的差异是由实验处理引起还是由被试本身、无关变量引起。

2. 等组前后测设计

等组前后测实验设计也被称为随机分派等组前后测设计。该设计将被试随机分组,实验前对实验组与控制组均进行前测,实验中仅对实验组进行一次实验处理,控制组不予以实验处理,最后两组均进行后测。与等组仅后测设计相比,等组前后测设计的不同之处就在于有了前测,研究者便可对实验组与控制组间的前后测差异进行比较,充分地说明实验变量的作用,结果分析可靠程度更高。前测也可能给被试群体带来后测的霍桑效应、疲劳效应,以及前测与实验处理的交互影响作用,也极易因为群测与实验处理的交互作用影响实验外在效度。

3. 所罗门四组设计

所罗门四组设计也被称为重叠实验设计,要求被试随机分为四组,其中只对两组进行前测,另两组不进行前测,仅对一个前测组和一个无前测组进行一次实验处理,另两组不接受实验处理,四组被试均进行后测。所罗门四组设计可以将前测的反复效应分离出来,是一种较为理想的实验设计。所罗门四组设计做了四个实验,相当于进行四种比较,在较短时间内能产生最大效应的实验数据。当然,要在有限的条件内找到四组同质被试有些难度,且需大量样本,实验程序较为复杂,同时被试数目多时,也会给研究者的数据分析造成困难,缺乏一定的实用性。因此,在小学教育实验研究领域存在诸多局限,无法广泛应用。②

第五节 教育行动研究法

小学教育行动研究是教师在行动中研究、反思和提高的过程。尤其是在小学教师专业

---

① 卢家楣.教育科学研究方法[M].上海:上海教育出版社,2012:107-114.
② 卢家楣.教育科学研究方法[M].上海:上海教育出版社,2012:110-106.

成长的过程中,对教师习得专业知识与专业技能发挥着重要作用。教育行动研究不同于普通的调查研究,它具有科学规范的研究范式,是研究者对所从事的教育实践产生理性认识的重要方法。

一、教育行动研究法的含义与特征

行动研究诞生于 20 世纪上半叶的社会心理学和社会活动领域。"行动"是指实践者的实践活动与实际工作者的实际工作。"研究"是指受过专业训练的专业工作者、学者专家对社会与自然的探索。[①] 20 世纪 40 年代,美国社会工作者约翰·柯立尔、著名社会心理学家勒温等人进行研究时发现,如果科研人员只是一味地"闭门"研究,缺少实践活动的参与,研究便失去了社会生活素材的支撑。反之,如果教育实践者缺乏教育理论的根基,他们便不会以深度研究视角发现自身的教育困境,仅停留在教育现象和教育问题的表层。因此,为了改变这一现状,他们提倡把"行动"与"研究"合二为一,即"从实际工作需要中寻找课题,在实际工作过程中进行研究,由实际工作者与研究者共同参与,使研究成果为实际工作者理解、掌握和应用,达到解决实际问题、改变社会行为的目的",做到"没有无行动的研究,也没有无研究的行动"[②]。研究者与实践者双向参与的方式可以看作"行动研究"方法的雏形。

行动研究在 20 世纪 50 年代开始应用于教育研究领域。有学者称教育行动研究为"情境的参与者(如教师)基于解决实际问题的需要,与专家学者或组织中的成员合作,将问题发展成研究主题,进行有系统的研究,以求解决实际问题的一种研究方法"[③]。20 世纪 80 年代初,行动研究被介绍到我国,成为提高小学教师专业素养和学校科研体系建构的重要一环。

教育叙事研究

随着时代发展,小学教育行动研究被赋予了新内涵、新特征。即社会情景(教育情境)的参与者为提高对所从事的社会或教育实践的理性认识,为加深对实践活动及其依赖背景的理解所进行的反思研究。[④]

小学教育行动研究方法除了研究方法的普遍特征以外,还包含以下特性。

(一) 为行动而研究

从行动研究的目的出发,小学教育行动研究是从问题中来到问题中去的过程。它以小学教育工作者多年的从教经验和教育智慧为基石,以教育行动展开的实际教育教学问题为研究导向。在教育行动研究前、教育行动研究中以及教育行动研究后,伴随理论与实践的深入,它也成为提高小学教师处理问题实效性的关键。这也就意味着,"为行动而研究"是理论到实践的飞跃。

[①] 胡中锋.教育科学研究方法[M].北京:中国人民大学出版社,2018:148.
[②] 陈玉云.行动研究及其在中小学教育科研中的应用[J].中小学教师培训,2004(3):29-32.
[③] 宋虎平.行动研究[M].北京:教育科学出版社,2003:6.
[④] 徐红.教育科学研究方法[M].武汉:华中科技大学出版社,2013:231.

(二) 在行动中研究

立足于行动研究的流程和情景,小学教育行动研究是研究者有目的、有计划地在具体小学教育教学情境中行动的研究方法,并非静态的"书房室"研究。更重要的是,"这些研究不是停留在文字报告中,而是由研究者真正地应用于自身实践中来尝试解决问题"[1]。此外,研究流程具有动态函变性,小学教师在持续的行动、研究以及反思的提升中达成理论与实践、科研活动与小学教学活动的融合。从这一过程出发,研究与行动的相伴相随促进教育研究由单维建构转向多维建构,形成在研究中发现问题,在行动中解决和检验问题的螺旋式形态。

(三) 由行动者研究

从研究者身份出发,小学教育行动研究由中小学教师、研究专家、行政领导、学生及其家长等多方力量共同合作组成,通过形成互利互惠的小学教育研究共同体带动小学教育科研和教育实践的有机融合。研究共同体的建立是助推小学教育行动研究的重要力量,然而,目前小学教师研究参与度并不高。究其原因,首先,学校为教师提供较少的教育研究机会和空间,即使参与其中,也只能以"配角"的身份执行专家的建议,自身的研究热情较低。其次,教师未完成从一名"教书匠"到"实践的反思者和研究者"的角色转变,对现代教师教育理论未形成正确的认识,只是单纯地执行教学过程,造成理论与实践的脱节。[2] 现在,随着教育改革如火如荼地进行,小学教师逐步把教育行动研究作为提升教育素养并成为复合型卓越教师的重要路径,可见教育行动研究在教师专业发展、学校办学水平等方面具有重要的价值意义。

二、教育行动研究法的意义

小学教育行动研究是促进师生良性互动和学校发展的重要力量,其价值意义主要体现在学生、教师和学校三个层面。

(一) 学生层面:有利于促进小学生个性全面发展

小学教育行动研究立足于学生的"成人"发展目标。一方面,小学教师以小学教育实践问题为研究对象,从小学生的个性特征与成长需要出发,围绕儿童生命成长规律、阶段特质、儿童生命需要、生命样态等方面设计与组织小学教育教学,为小学生健康成长、全面发展提供个性化指导。在这一过程中,研究与教学相结合,将课堂这一学校教育活动中的关键环节从纯粹的教学活动转化为教育研究场所与教育实践场所。另一方面,小学教育行动研究有助于小学生心理问题的调适。教育行动研究法来源于师生共建的教育活动,通过师生的个性化访谈和描述性的写作,有利于教师走进学生的心灵深处,通过心理咨询和行为矫正的方式解决学生的心理健康问题。因此,教育行动研究不仅为教师专业发展提供了新视角,还推

---

[1] 曾晓洁.小学教育研究方法[M].北京:高等教育出版社,2015:191.
[2] 宋虎平.行动研究[M].教育科学出版社,2003:71.

动了小学生个性发展与健康成长。

（二）教师层面：有利于促进小学教师专业化发展

进入智能时代，小学生思维发展更加多元化，教材更新速率加快，提升小学教师学科素质和科研能力、培育实践智慧与批判性思维已成为必然趋势。首先，小学教育行动研究为小学教师专业化发展即研究意识和研究能力的塑造提供了发展平台。比如，小学教师在教研共同体中分享个人研究心得，通过经常性的、系统化的互动交流，有利于提升教师不同层次的专业发展。其次，小学教育行动研究有助于增强小学教师的合作意识和自我反思能力。具体而言，一方面，教育行动研究是团体间共生共长的促进过程，来自一线的小学教师就某一研究专题与专业研究工作者进行深度对话，在互动交流的过程中，小学教师饱含对教育的敬畏之心、敬重之心，蕴藏着依托合作进行互相提升、达成共识的内在需要。诚如学者所言："教育行动研究以'参与-合作-行动'为基本模式，通过理论工作者和其他教师的合作，有意识地改进自己的教育行为，取得最佳的教育实际效果。"[1]另一方面，"经验＋反思＝成长"，教师开展教育行动研究的过程亦是自我观察、自我反思、自我提升的契机。

（三）学校层面：有利于深化"科研兴校"的理念

教育是一个系统工程，小学教育行动研究是提升学校科研水平的重要途径。首先，有利于激发学校开展科研活动的积极性。通过长期有效的研究制度，从研究理论体系到研究实践的推行，有助于学校在不断摸索中形成个性化的研究模式。这种研究范式的形成可迁移到校本研究的开发中，将小学教育研究中的新教育理念纳入校本课程的"实验田"，不仅提高了学校的科研特色，还有利于教师研究成果的普及。其次，有利于促进"科研兴校"观念在行动中落地落实落细，进而消除学校的科研泡沫和教科研的"两张皮"现象。小学教师的教育行动研究是在学校共同指导下进行的，它具有完整的实施路径。一方面有助于考察原有计划的合理性，另一方面有助于完善下一步的研究计划。[2] 即通过对小学教师可供选择的教育行动研究方案进行评价，帮助研究者选择达到研究目的的最佳方案，增加学校教育科研的实效性。

三、教育行动研究的类型

随着教育行动研究体系的完善，人们对其类型的研究也各有不同。教育行动研究法可以划分为以下两类。

（一）"技术性行动研究""实践性行动研究"和"独立性行动研究"

这是按照小学教育行动研究的水平进行划分的。技术性行动研究需要借助一定的研究工具，特别强调信息技术、统计方法等应用工具的选择。技术性行动研究经常运用在心理学领域的心理测量方面，它提高了心理量化分析的科学性和规范性。然而，由于偏重研究工具

---

[1] 秦初生,吕志革.小学教育研究方法[M].桂林:广西师范大学出版社,2014:230.
[2] 卢家楣.教育科学研究方法[M].上海:上海教育出版社,2012:214.

的使用，往往忽视小学教师在教育教学活动中的独立自主性。此外，技术性行动研究对于其本身的"参与""民主"特性发挥不够彻底，后来遭到了一些批判。

相比前者，实践性行动研究更侧重于行动者在研究中发挥主观能动性，通过研究者将理论知识迁移到实践中，促进研究的可行性。在此种研究中，专家与研究者是合作共同体，专家贯穿教育行动研究整个过程，在其中始终扮演着引导者和组织者的角色。为研究者设立完整方案，辅助提出假设、计划行动、评价过程及其结果。可见，实践性行动研究促进了双主体的共同参与，有利于短时间内具体教育问题的解决。

独立性行动研究承载着道德伦理的价值。教育实践者意识到教育教学中的不公平现象，尝试以批判性视角切入，使教育摆脱传统政策和理论的束缚。其优点在于展现了教师的主体性和强烈的批判意识，能够提高在专业教学中发现问题、分析问题和解决问题的能力。但实际上，具有独立式行动研究能力的教师相对较少。

（二）"单个行动研究""合作型行动研究"和"学校范围内的行动研究"

根据参与者的数量差异将其划分为以上三种。单个行动研究是某一位教师将该方法运用到学科教学中，并试图寻求解决问题的方法。期间，教师可以得到学生、家长以及外部人员的帮助，但它最初受益人是实施行动的教师本人。其优点在于有利于行动研究中的特定教师对整个教育研究过程的全面深入分析，但也可能由于其他研究人员的浅层理解，影响研究结果的准确性。

合作型行动研究由教师、专家、政府部门等组成，针对课堂上出现的问题共同参与行动研究。教育实践者经常与研究员一起协作发现潜在的问题、可能的原因以及可行的干预措施。

学校范围内的行动研究指的是学校组织若干教师构建研究小组。其研究主题来自学校教职工的共同兴趣，然后由大家搜集、组织和制定决策的过程。共同兴趣是开展行动研究的前提保障，有利于研究成员之间形成合力，提高研究的效率。学校范围内的行动研究应注意以下问题，一是学校组织效率问题；二是学生是研究结果最大的受益者；三是研究评价的公平性问题。

四、教育行动研究法的一般过程

教育行动研究法以问题解决为导向，以教师实际工作中的问题为题材，以教师行为的改变为重心。其一般过程主要包括"问题的提出""问题的归因""措施与行动"和"评估与反思"。

（一）问题的提出

小学教育行动研究的首要步骤是提出问题。在小学课堂情境、疑难讨论、阅读交流中发现具体问题，在学校或学科发展中确定基本问题作为小学教育行动研究的开端。根据研究的实际情况，如果问题在行动研究中得到解决，研究者则做好总结工作，若问题未得到优化，则对问题进行调整，进入下一个循环，即从评判和剖析的角度对实际问题进行预诊并提出行动改变的初步设想。

(二) 问题的归因

确立由中小学教师、研究专家、行政领导、学生及其家长等各方人员共同组成的小学教育研究共同体重视理论和经验的启发作用,以实证的调查为最终的依据。研究共同体成员必须有与问题相关的文字、图片、录音、录像或是学校的总结报告等资料。

(三) 措施与行动

措施建立在归因的基础之上,包括拟定总体计划、制定具体计划、行动实施。总体计划是基于问题初步分析结果制定的首个系统化计划,包含研究目标、研究意义、研究问题与假设、研究对象和变量、研究方法、研究人员的任务分配等。具体计划是总体计划的分支,即具体措施。行动研究的基本特点是"为行动而研究,在行动中研究,基于行动研究,由行动者研究",行动实施作为行动研究的落实环节,对整个研究进程产生关键影响。在总体计划和具体计划的指导下,研究共同体采取干预行动,解决实际问题。

(四) 评估与反思

行动研究是循环往复、螺旋上升的过程。教育研究者应重视在实证观察基础上对措施和行动的有效性进行评估和反思,经常反思有利于发现研究过程中的新颖切入点,从而提高小学教育研究角度的多样化。具体包含科学处理资料、评价研究成果、撰写调查报告三环节。

第六节 教育案例研究法

案例研究是教育研究领域运用较为广泛的一种研究方法,强调通过对教育教学真实案例的分析,引发研究者关于教育现象的深度理性思考,揭示教育现象的内在规律。由于案例研究更为关注学生个体,能够帮助教育工作者对症下药、因材施教,因此案例研究法也日益成为小学教育研究中的一种重要研究方法。

一、教育案例研究法的含义与特征

教育案例研究是通过追踪某一研究对象,在长时间内连续调查,研究其整个行为发展全过程的研究方式。小学教育案例研究并不是孤立地采用研究方法和研究工具,而是呈现研究手段的多样化。正如伊恩从研究过程出发,提出"案例研究是在正式生活场景下对当前现象进行探索,特别适用于现象和场景的界定并不明显的状况",[1]这也就意味着教育案例研究方法和手段之间没有明显的边界。聚焦到研究对象上,小学教育案例研究中的案例是"一个类群中抽离出来的案例"。因研究对象数量极少,教育案例研究可采用"解剖麻雀"的方法,对选定研究对象作全面、深入的剖析来进一步指导教育教学工作。案例研究的实施不能仅

---

[1] 张福娟,江琴娣.特殊儿童个案研究[M].上海:上海教育出版社,2005:6.

停留在典例的考察和分析水平上,更需要上升到教育与未来发展的联系上,进而提出积极的教育理论和对策。

教育案例研究包含特有的设计逻辑、特定的资料搜集和独特的分析方法。相对于其他研究方法,能够对案例进行厚实的描述和系统的分析,其特征主要体现在以下几个层面。

（一）个案的代表性和问题的一般性

教育案例研究注重以案例为基点并对其系统分析和总结,最终解决教学问题。从研究对象出发,它是"对一个类别中感兴趣的个体的关注,尤其关注特定人群面对特定问题所采取的对策"[①]。研究对象的选择关键在于观察该研究对象是否有显著的行为方式及其测量评价指标的特殊性。虽然研究对象是单一的,但并不是一种绝对的单一,因为选定的对象承载着研究问题的大量细节和信息,以便让研究人员获得较全面和系统的观点。从案例研究过程出发,其出发点和归宿点都是围绕个体问题进行全面研究,但也包含依托个案揭露问题的一般性和普遍性。这一过程的价值在于使研究者获得经历问题的品质,这一点也是"教师即研究者"向更高要求发展的媒介。

（二）研究程度的深入性和全面性

由于教育案例研究的对象数量极少,所以研究者有充裕的时间和精力通过实地考察、亲身体验、访谈交流等形式来获得第一手确凿的素材。其深入性和全面性主要体现在既可以研究个案的现在,也可以回看个案的过去,更可以展望和追踪个案的未来发展。"一位教师优秀的案例研究中生动形象的感性事例和深入浅出的理性分析,容易引起处于相同职业背景的其他教师的共鸣,激起其他教师思考和判断该教师的具体做法和得出的结论是否得当。"[②]例如,在"思维导图在小学英语低段运用困难原因探析的个案研究"中,为明晰思维导图运用困难的原因,对一位学生展开研究,通过教师、学生访谈以及学生课堂表现等方式进行深度描摹和分析,这种研究方式无疑是深入的,研究结果无疑是具有启发性的。

（三）情景的生成性与对话的互动性

教育案例情景的设置是随着研究过程的展开而自然生成的,不会去主动控制外在的因素。"强调深入透彻地关注自然场景中的特定故事的研究方法,能够帮助我们更加全面、整体地打量教育现实,发现教育现象中各种影响因素的复杂交织。"[③]它关注的是被研究者在自然情景活动中的首创性反应形式,而不是事先规定的结果。案例研究法只为被研究者提供活动的领域,而结果是开放的。其中,研究者以旁观者的身份参与其中活动,站在被研究者的立场观察他们,用对方的沟通方式进行对话互动,具有一定的灵活性。

[①] 王红艳.小学教育研究方法[M].北京:北京大学出版社,2019:126.
[②] 朱慧主.教师教科研研读本[M].长春:东北师范大学出版社,2011:213.
[③] 余昱.教师研究场景中的个案研究——兼与行动研究比较[J].湖南师范大学教育科学学报,2003(3):28-31.

二、教育案例研究法的意义

案例研究在教师自身的职业生涯中具有重要意义。对于存在学习困难的学生，教师采用常规的教育方法收效甚微，这就需要采用教育案例研究的方法对其进行深入、细致、全面、连续的探索，寻找问题缘起和解决方案。教育案例研究方法不仅可以促进学生问题的解决，还能促进教师自身的专业发展。其意义具体体现在以下几个方面。

（一）有助于培养教师间的合作性，促进经验的累积

劳动方式的个体化与劳动成果的集体化是教师劳动特点之一，但是在具体的实践中主要表现为教师劳动的个体化，不利于教师思想的多元化和经验的共享。教育案例研究方法的发展和运用将有效克服这一弊端。"教学案例集中反映了教师在教学活动中遇到的问题、矛盾、困惑，以及由此产生的想法、思路、对策等，就这些问题和想法展开交流讨论，对于教学研究和提高教师分析能力和业务水平，是非常有益的。"[1]依托教育案例研究，教师获悉当前其他研究人员对此问题的基本观点和面临的主要问题，并把他们作为自己今后面临类似问题着手解决的中介。

（二）有助于提升教师的专业素养，提高科学研究的意识

教师的专业发展以教育实践活动为基石，小学教育行动研究有利于小学教师从时间、空间和形式上追求成长的终身性与自主性。教育案例研究方法是实现两者融合的重要途径，教师和研究对象在研究体系中获得了协同发展。教师在确立研究问题后，需要经过持久的深入细致跟踪调查，不断明晰问题的症结所在。探索问题的过程亦是促进教师发展成为真正研究者的过程，使其能有效地把理论研究和教学实践紧密结合起来。同时，教育案例研究在分析、总结、归纳的螺旋式发展中培植了教师强烈的主动研究意识，为教师职业角色的转向奠定了基础。

（三）有助于记录教师的教学生涯，完善自己的人生价值

教育案例研究不仅详细叙述了教学行为和教学问题，也记录了教师随之产生的思想、情感和经验教训。它是教师职业成长的教学档案，有独特的保存和研究价值。如果说学校、课堂是教师与学生交往并展示其自身生命价值的主要场所，那么案例研究在一定程度上成为记录教师生命成长的载体，教师在一系列真实案例中完善自我，实现了人生价值。

三、教育案例研究法的类型

案例内容的丰富性决定了教育案例研究方法类型的多样性。一般而言，主要从以下三个方面进行划分。

---

[1] 张乐."教学案例研究法"的解析[J].西北成人教育学报，2011(03)：59-61.

(一) 根据研究取向:"学术取向的教育案例研究"和"实践取向的教育案例研究"

"学术取向的教育案例"侧重知识的发展,强调教师是认知的引领者和学科内容的专家,其目的是对教育案例理论的升华。此教育案例具有一定的科学性和规范性,但容易走向对理论的孤立研究,忽视教师的实践智慧。"实践取向的教育案例"研究注重教师在教育教学活动中的技能和技巧,其目的在于培养教师分析和解决问题的能力。所开发的案例更类似于一种"范例",可以使学习者从经验丰富的教师那里学习正确看待教育教学的复杂性,使教师迅速适应真实的教育教学环境。

(二) 根据研究目的:"描述性案例研究""解释性案例研究"和"探索性案例研究"

"描述性案例研究"目的在于对研究对象进行详细而完整的揭示和描述。描述性案例对事例阐释的深入性和全面性是衡量其研究质量的标尺。比如,通过观察记录示例来追踪个体,既要完成感觉器官的参与,又要完成对现象的详细描述。"解释性案例研究"是针对案例中的因果关系和过程机制进行解释分析。它区别于只需要通过实验来验证这种假设的实验研究结构,需要突出探索情景来龙去脉的复杂性,它是多种解释框架的整合。研究者在此框架下进行数据的收集和证据的分析,并逐一进行验证。"探索性案例研究"的问题和思路都是在研究过程中逐步生成的,它追求的是学生个体反应的多元性,而不是反应的同质性,更加强调学生在具体的问题情境中的个性化表现。[①] 因此,探索性教育案例无法提供固定的解释框架,也不具有明确的解决思路。

(三) 根据研究用途:"学习型案例研究"和"研究型案例研究"

"学习型案例研究"是师生共生共长的过程,教师和学生围绕某个真实情境,针对具有代表性的且值得深入探究的问题展开相互对话,共同对案例情境中的疑问之处进行谈论与分析,以求解决疑难问题。案例研究中含涉的问题往往是具有不良结构的开放式问题,它需要学习者基于大量的阅读自己去识别、发现和界定。可以看出,学习型教育案例研究反对教师把现成的知识与结论直接奉送给学生,而主张把学生放置在真实的问题中,通过探究讨论的方式自主去寻求问题解决的方案。"研究型案例研究"是为了理解真实生活背景中的现象,它不是一种具体的研究方法,而是一种研究策略。研究型教育案例研究能帮助研究者整体性地、有深度地理解复杂的问题或事物,不断拓展和加深对教育教学的理解程度,同时,它可以被用作证实或挑战某种既有的教育理论假设,帮助研究者不断改进和修订对教育问题的原有认识。[②] 但研究型教育案例所需收集的资料较为庞杂,难以进行研究的细化,更适用于对微观层面考察。

四、教育案例研究法的一般过程

教育案例研究往往适用于对不良问题的研究或对某些难以重复、难以预测和控制的

[①] 胡中锋.教育科学研究方法[M].北京:中国人民大学出版社,2018:170-174.
[②] 同上。

事例进行研究。其基本程序包括计划的制定、资料的搜集、研究的实施、分析研究和撰写报告。

（一）制定个案研究计划

计划的制定为教育研究的顺利开展提供了方向，有助于研究者按计划系统地进行研究，是研究成果质量的重要保证。制定个案研究计划的具体内容如下。一是明确研究课题，课题的名称要表明研究对象、研究问题和研究方法。二是阐述问题提出的背景，此项研究进行的缘由、研究的价值体现以及解决何种问题。三是研究对象和范围的界定。为了使研究结果具有普遍的指导意义，应充分考虑研究对象的典型性和代表性，以保证研究结果能说明一般规律。对于研究的范围要给以界定，研究的角度具有可操作性，便于他人理解研究结果的合理性。四是研究内容的表述和研究方法的选择。研究课题要通过研究内容展现，研究内容务必做到详尽具体。其研究方法是反映"怎么做"的问题，应注意所选择的方法要适合并有利于研究问题的解决，应考虑到教育实际情况、主观能力和各方面的条件，还应该注意多种研究方法的综合运用。五是设计研究的成果形式。根据研究情况的贴切性选择合适的形式，比如，研究报告、手册、论文等便于管理者据此检查验收的形式。

（二）搜集案例材料

个案研究资料的搜集一般通过直接访问、观察和文献研究等方法完成，主要对参与观察和直接访问展开表述。首先，参与观察是指观察者参与到被观察者的社会关系中，并通过与被观察者的共同活动从内部进行观察。其参与观察的步骤主要包括：明确观察的目的和意义、搜集观察对象的文献资料形成一般认识、编制提纲并实施观察、记录分析材料最终得出结论。其次，直接访问是指教师在进行个案调研时，往往想知道研究对象的真实感受和想法，因此通过面对面交流收集个案研究资料。在访问中应注意恰当提问保证访谈质量，还应该积极倾听与回应。

（三）案例研究的实施与分析

通过前期研究的准备工作，将设计和编制好的案例研究计划纳入具体的教育教学工作的实践中，在此基础上，对完整的案例研究进行归纳分析。对个案研究的分析应注意以下几点：描述的详细性，透过描述可以看到有血有肉的人和生动形象的事；历史的追溯，注重对研究对象形成过程、发展历史的追溯和探讨，彻底弄清教育问题的来龙去脉；探讨的深层次，使研究者既要看到表象也要看到深处的东西。

（四）撰写报告

在综述报告中，为了保证研究结果的信度和效度，研究者不仅要明确列出研究者利用的信息，而且应尽可能包含最新研究动态。主要包括以下几个方面。

第一，进行背景介绍。此部分应明确提出研究的现象和问题、研究的个人目的和公众目的、研究的理论意义和现实意义。第二，文献综述。它是对搜集到的全部文献进行综述。包括对已有文献及其出现的问题进行整理，并陈述本研究与以往研究的不同之处。

第三,研究方法的选择和研究结果的呈现。研究方法要具有多样化和技术化,结果的呈现需建立在个案材料的整体把握上。第四,结论及建议。这一部分是对案例研究的回顾与总结,反思研究优势与局限性,对研究问题提出进一步的修改建议。第五,参考文献及附录。参考文献注意格式的规范性。附录主要包括访谈提纲、观察笔记及其无法呈现于报告主体的资料。[①]

思考题

1. 什么是小学教育研究?它具有什么特点?
2. 问卷法和访谈法有什么区别和联系?
3. 简述教育实验研究法的主要类型以及各自的特征。

拓展阅读

1. 叶澜.教育研究及其方法[M].北京:中国科学技术出版社,1990.
2. 袁振国.教育研究方法[M].北京:高等教育出版社,2000.
3. 杨小微.小学教育科学研究[M].北京:北京师范大学出版社,1999.

---

① 胡中锋.教育科学研究方法[M].北京:清华大学出版社,2011:248.